Josef Zierden (Hrsg.)

Literarischer Reiseführer Rheinland-Pfalz

Unter Mitarbeit von Rüdiger Diezemann,
Heiner Feldhoff, Jens Frederiksen,
Sigfrid Gauch, Verena Mahlow u. a.

Redaktion der CD-ROM
Clarissa Haenn und Rüdiger Diezemann

W0177913

Brandes & Apsel

Auf Wunsch informieren wir regelmäßig über das Verlagsprogramm:
Brandes & Apsel Verlag, Scheidswaldstr. 33, D-60385 Frankfurt am Main
E-Mail: brandes-apsel@t-online.de, Internet: www.brandes-apsel-verlag.de

In manchen Fällen gestaltete sich die Ermittlung der Rechteinhaber schwierig;
wir bitten um Nachricht.

Die Deutsche Bibliothek – CIP-Einheitsaufnahme:

Literarischer Reiseführer Rheinland-Pfalz / Josef Zierden. Unter Mitarb. von Rüdiger
Diezemann ... Red. der CD-ROM Clarissa Haenn und Rüdiger Diezemann. - 1. Aufl. -
Frankfurt a.M.: Brandes & Apsel, 2001
(Literarisches Programm; 83)
ISBN 3-86099-483-2

literarisches programm 83

1. Auflage 2001
© Brandes & Apsel Verlag GmbH, Frankfurt am Main
Lektorat: Volkhard Brandes, Frankfurt am Main
DTP: Antje Tauchmann, Frankfurt am Main
Umschlaggestaltung: Clas DS Steinmann, Trier
Karten: Walter Baumeister, Trier
Bildnachweis: S. 271 und 284, © Die Photographische Sammlung / SK Stiftung Kultur –
August Sander-Archiv, Köln; VG Bild-Kunst, Bonn
S. 410 und 472: Grafiken Werner vom Scheidt, Abdruck mit freundlicher Genehmigung
durch Dr. Berthold Roland, Mannheim
Druck und Verarbeitung: Druckerei Anders GmbH, Niederprüm. Printed in Germany.
Gedruckt auf säurefreiem, alterungsbeständigem und chlorfrei
gebleichtem Papier.

ISBN 3-86099-483-2

Inhalt

WESTERWALD

RHEINHESSEN

PFALZ

RHEINLAND-PFALZ: LITERARISCHE EXKURSE UND EXKURSIONEN

ANHANG

Zum Geleit

»Wer den Dichter will verstehen, muss in Dichters Lande gehen.« Der vielzi-
tierten Aufforderung Johann Wolfgang von Goethes können Literaturfreunde
nunmehr auch in Rheinland-Pfalz nachkommen. Denn der hier vorgelegte
Literarische Reiseführer Rheinland-Pfalz, der erste in der Geschichte unseres Landes, macht es möglich: er führt hin zu den Autoren und ihren Werken,
an die Geburtsorte und Wohnorte der Schriftsteller, an die Schauplätze der
Sagen und Geschichten, der Erzählungen und Romane, die in Rheinland-
Pfalz entstanden oder hier angesiedelt sind.

Er bietet anregende Lesereisen durch unser schönes Land der Burgen
und Berge, der Reben und Flüsse.

Mit Jacques Berndorf oder Mario Adorf in die Eifel, mit Stefan Andres oder
Georg R. Binding an die Mosel, auf den Spuren des *Schinderhannes* oder
der *Heimat* von Edgar Reitz im Hunsrück, mit Victor Hugo, Friedrich
Nietzsche, Anna Seghers oder Carl Zuckmayer unterwegs am Rhein, durch
den Westerwald, Rheinhessen oder die Pfalz: der *Literarische Reiseführer
Rheinland-Pfalz* wird immer ein nützlicher Wegbegleiter sein. Er öffnet den
Blick für Landschaft und Literatur, führt durch die Landschaft hin zur Literatur
und durch die Literatur hin zur Landschaft – eine anregende
Wechselwirkung.

Ich wünsche den Leserinnen und Lesern viele literarisch verdichtete
Reiseerlebnisse in unserem Land. Den Herausgebern und Autoren danke ich
für ihre wertvolle Arbeit.

Kurt Beck
Ministerpräsident von Rheinland-Pfalz

Josef Zierden
Lesarten eines Landes
Ein Wort vorab zum
Literarischen Reiseführer Rheinland-Pfalz

»Bitte glauben Sie mir: Wenn ein Mann, ein Spezialist für das Verschwinden und Fortziehen, keine Anstalten macht, fortzuziehen, nicht einmal umzuziehen, dann hat das etwas zu bedeuten. Vielleicht schätzt er ja diese Gegend besonders und zieht sie inzwischen sämtlichen anderen Gegenden vor.« Worte des Schriftstellers Ror Wolf in seiner Dankesrede für den Staatspreis 1997 des Landes Rheinland-Pfalz. Mehr als dreißigmal ist der Schriftsteller umgezogen in seinem Leben, im gesamten deutschsprachigen Raum. Mittlerweile aber lebt er, seit mehr als einem Vierteljahrhundert, im Raum Mainz. Anziehungskraft der Landschaft, emotionale Verwurzelung in der Region – bei gleichzeitiger Weltoffenheit im literarischen Schaffen. Ein »Kopfreisender« der Literatur mit phantastisch-grotesken Erzählwelten – und doch ein akribischer Registrator rheinland-pfälzischer Orte, die in seiner Welt der Imagination literarisch längst eingeschmolzen sind: Mainz und Olm, Boppard und Bacharach, Prüm und Ingelheim ebenso wie Zornheim und Gonsenheim.

Fiktive Welten und reale Welten, Welt der Literatur zwischen Buchdeckeln und außerliterarische Wirklichkeit: zwischen beiden möchte der *Literarische Reiseführer Rheinland-Pfalz* sinnliche Brücken schlagen, in anregender Wechselwirkung. Sich vom Fluidum des realen Ortes in fiktive Literaturwelten tragen zu lassen, ist dabei ebenso erwünscht, wie im Zauber der Lektüre die gewohnte Alltagswelt einmal mit anderen Augen wahrzunehmen, Land und Leute neu zu entdecken. Im Wechsel der individuellen poetischen Sichtweisen und im Wandel der literarischen Epochen.

Streifzüge, Spurensuchen und Gedankenreisen für passionierte Literatur-Touristen, heimische wie auswärtige: unterwegs durch Rheinland-Pfalz, von der Eifel über Mosel, Hunsrück und Westerwald bis hin zu Rheintal und Lahn, Rheinhessen und Pfalz. In der Eifel mit Literatur-Nobelpreisträger Ernest Hemingway, mit Mario Adorf und Alfred Andersch. Im Hunsrück auf den Spuren des *Schinderhannes* und der *Heimat* von Edgar Reitz. In Rheinhessen auf den Spuren von Stefan George, Carl Zuckmayer, Elisabeth Langgässer und Anna Seghers. In der Pfalz: bei Schiller in Oggersheim und bei Ernst Bloch in Ludwigshafen. Das unsterbliche Westerwaldlied und sein Schöpfer. Literarische Moselfahrten – mit und ohne Liebeskummer. Auf den

Spuren von Jean-Paul Sartre, Arno Schmidt und Friedrich Nietzsche an Mosel, Saar und im Westerwald.

Unterwegs in einem naturschönen und kulturell reichen Bundesland, geprägt von Bergen und Burgen, von Reben, Rüben und Flüssen, von Kirchen, Klöstern und Bürgerhäusern. Grenzland im Südwesten, im Herzen Europas, mit Belgien, Luxemburg und Frankreich als westlichen Nachbarn. Umrahmt von den Bundesländern Nordrhein-Westfalen, Hessen, Baden-Württemberg und Saarland. Mit rund 4 Millionen Einwohnern auf etwa 20.000 Quadratkilometer Fläche. Doppel-Land, Bindestrich-Land: 1946 aus der französischen Besatzungszone entstanden, von General Pierre Koenig verfügt, am 18. Mai 1947 durch Volksabstimmung demokratisch legitimiert. Historisch eng verbunden schon seit Jahrhunderten: von der »Germania prima« der römischen Antike über das Mittelalter bis heute. Kernland des Reiches im Mittelalter, mit den geistlichen Kurfürstentümern Mainz und Trier und dem »Kaiserdom« zu Speyer; Wiege der deutschen Demokratie im 19. Jahrhundert mit dem »Hambacher Fest« 1832 auf dem Hambacher Schloss in der Pfalz. Die heilige Hildegard von Bingen, der Kardinal und Philosoph Nikolaus von Kues, Meister Johannes Gutenberg aus Mainz, der Koblenzer Fürst von Metternich: sie sind Beispiele für historische Gestalten, die, über rheinland-pfälzische Lande hinaus, Geschichte geschrieben haben. Längst schon literarisch gespiegelt in Romanen, Erzählungen und Gedichten, längst schon verortet im regionalen Atlas der Poesie.

Mit ihnen bevölkern zeitentief die rheinland-pfälzische Literaturlandschaft, als Figuren oder Autoren: der römische Schriftsteller Ausonius (Trier), der erste Dichter der Mosel und Verfasser der ersten Liebesgedichte auf ein deutsches Mädchen; Helden wie Siegfried, Gunther und Hagen des hochmittelalterlichen Nibelungenlieds, angesiedelt am Burgunderhof in Worms, mit Spuren in den Hunsrück; die romantische Phantasiegestalt Loreley, von Clemens Brentano geschaffen und durch Heinrich Heines Verszeilen in der Vertonung von Friedrich Silcher populär geworden (»Ich weiß nicht, was soll es bedeuten«), poetisch umraunt bis heute. Auch der »Jäger aus Kurpfalz«, der »Deutsche Michel« oder das historische Vorbild des Dr. Faustus sind literarisch weithin bekannt geworden – und in rheinland-pfälzischen Landen aufzuspüren.

Der *Literarische Reiseführer Rheinland-Pfalz* führt hin zu den Autoren und ihren Werken, an die Geburtsorte und Wohnorte der Schriftsteller, an die Schauplätze der Sagen und Geschichten, der Erzählungen und Romane in phantastischer Landschaft. Ein Pionierwerk – erstmals für Rheinland-Pfalz.

Inhaltsverzeichnis und Register, Auftaktessays, Themenessays und

Ortsalphabete laden gleichermaßen ein zu Einstiegen, Annäherungen und Vertiefungen, zu linearen Lesereisen wie zu punktuellem Verweilen.

Die Auftaktessays: sie präsentieren die rheinland-pfälzischen Literaturlandschaften im Überblick, jeweils ergänzt um literarische Stimmen im Wandel der Zeit (insgesamt rund 60 Stimmen aus vielen Jahrhunderten). Die darauf folgenden Themenessays zu Orten, Autoren, literarischen Figuren, Motiven oder Gattungen: sie akzentuieren das besondere literarische Profil einer Region in einem Umfang, der bewusst und leserfreundlich über eine lexikalisch knappe Häufung von Zitatfetzen und Datenkatalogen hinausgeht (insgesamt mehr als 80 Themenessays). Literaturempfehlungen weisen den Weg zu Ergänzungen und Vertiefungen und zur eigenen Lektüre wichtiger Werke. Jeder Regionalteil schließt mit einem literarischen Ortslexikon von A bis Z (»Unterwegs – Orte im Überblick«) – als Zusammenfassung und Ergänzung, kompakt zur raschen Orientierung (insgesamt rund 300 Orte). Ganzseitige regionale Karten »Literaturschauplätze« und regionale Auftaktfotos markieren jeweils optisch die Zäsuren zwischen den Literaturlandschaften, orientierend und motivierend zugleich.

Dennoch: Vollständigkeit ist auch mit einem so umfangreichen Werk nicht zu erreichen. Wer zusätzliche Informationen zur großen Zahl rheinland-pfälzischer Gegenwartsautorinnen und -autoren sucht, dem sei das bei Brandes & Apsel erschienene *LiteraturLexikon Rheinland-Pfalz* empfohlen, sowie das vom LiteraturBüro Mainz bearbeitete Literaturlexikon online (www.literatur-rlp.de).

Das LiteraturBüro Mainz wird im Anschluss an den *Literarischen Reiseführer Rheinland-Pfalz* auch einen digitalen Literarischen Reiseführer im Internet erstellen, mit zahlreichen praktischen Informationen für touristische Spurensucher (www.literarische-reisen-rlp.de; Redaktion: Marcus Weber und Ingo Rüdiger).

Der multimedialen Ergänzung des Buchs dient die beigefügte interaktive CD-ROM, arbeitsaufwendig besorgt von Clarissa Haenn und Rüdiger Diezemann. Sie lädt ein zu spannenden Filmreisen durch die literarischen Landschaften in Rheinland-Pfalz, frei beweglich oder geführt – mit vielen Hintergrundinformationen zu den Autoren, Werken und Schauplätzen. In der Fülle originaler Ton- und Bilddokumente eine funkelnde literarische Schatzkammer – und ein Spiegel von mehr als 40 Jahren kultureller Berichterstattung des Südwestrundfunks Studio Mainz. Für diese CD-ROM hat der SWR sein Filmarchiv großzügig geöffnet. Dafür sei dem Landessender-Direktor Dr. Uwe Rosenbaum gedankt.

Insgesamt 28 Autorinnen und Autoren aus allen Teilen des Landes haben zur Feder gegriffen, um einen wohlrecherchierten und leserfreundlich formulierten *Literarischen Reiseführer Rheinland-Pfalz* in Buchform zu schaffen. Auch ihnen allen gilt mein Dank. Ganz besonders gilt er meinen Mitherausgebern Rüdiger Diezemann, Heiner Feldhoff, Jens Frederiksen, Sigfrid Gauch und Verena Mahlow: für effektive wie zügige Zusammenarbeit von der Konzeption bis zur fertigen Manuskriptlieferung und für sachorientierte Gesprächsbereitschaft zu jeder Zeit.

Undenkbar wäre das Reiseführer-Projekt ohne die tatkräftige finanzielle Unterstützung durch das Ministerium für Kultur, Jugend, Familie und Frauen Rheinland-Pfalz (jetzt Ministerium für Wissenschaft, Weiterbildung, Forschung und Kultur). Vielen Dank also an die Staatsministerin Dr. Rose Götte und an ihren Nachfolger, Prof. Dr. E. Jürgen Zöllner, für diese engagierte Literaturförderung.

Als zuständiger Literaturreferent im Ministerium hat sich Dr. Sigfrid Gauch unermüdlich auf allen Feldern und in allen Phasen für die Realisierung des *Literarischen Reiseführers*, unserer gemeinsamen Idee, eingesetzt. Ihm und seiner Frau Heide desgleichen ein herzlicher Dank aus der Eifel nach Mainz.

Von den ersten Einfällen und Anregungen bis zu überquellenden Manuskriptbergen und druckfertigem Seitenlayout ist es ein weiter und nervenstrapazierender Weg. Als Verleger ist ihn Dr. Volkhard Brandes einmal mehr souverän, diszipliniert und tempobewusst mitgegangen, zusammen mit seiner topengagierten Kollegin Antje Tauchmann. Sie haben alle Kraft und Sorgfalt in einen gelingenden Abschluss des Buchprojekts investiert.

Einmal mehr hat auch der Trierer Künstler Prof. Clas DS Steinmann einem rheinland-pfälzischen Literaturbuch eine äußerst ansprechende optische Hülle gegeben, mit einem bunten Koordinatenmikado zum Aufbruch in vielfältige Literaturwelten.

Mit seinen sorgfältig erarbeiteten Karten gibt der Trierer Kartograph Walter Baumeister der literarischen Phantasie eine geographische Basis.

Verständnis und Geduld meiner Familie: sie wurden wieder äußerst strapaziert. Einmal mehr deshalb ein schuldbewusstes Dankeschön, jetzt aber mit verstärktem Akzent auf familienfreundlichen Vorsätzen...

Allen Leserinnen und Lesern wünsche ich viel Lesespaß und Reisefreuden – in der Literaturlandschaft Rheinland-Pfalz. Eine Landschaft, wie sie im Buche steht. Individuell in ihren Lesarten.

Prüm, im Mai 2001

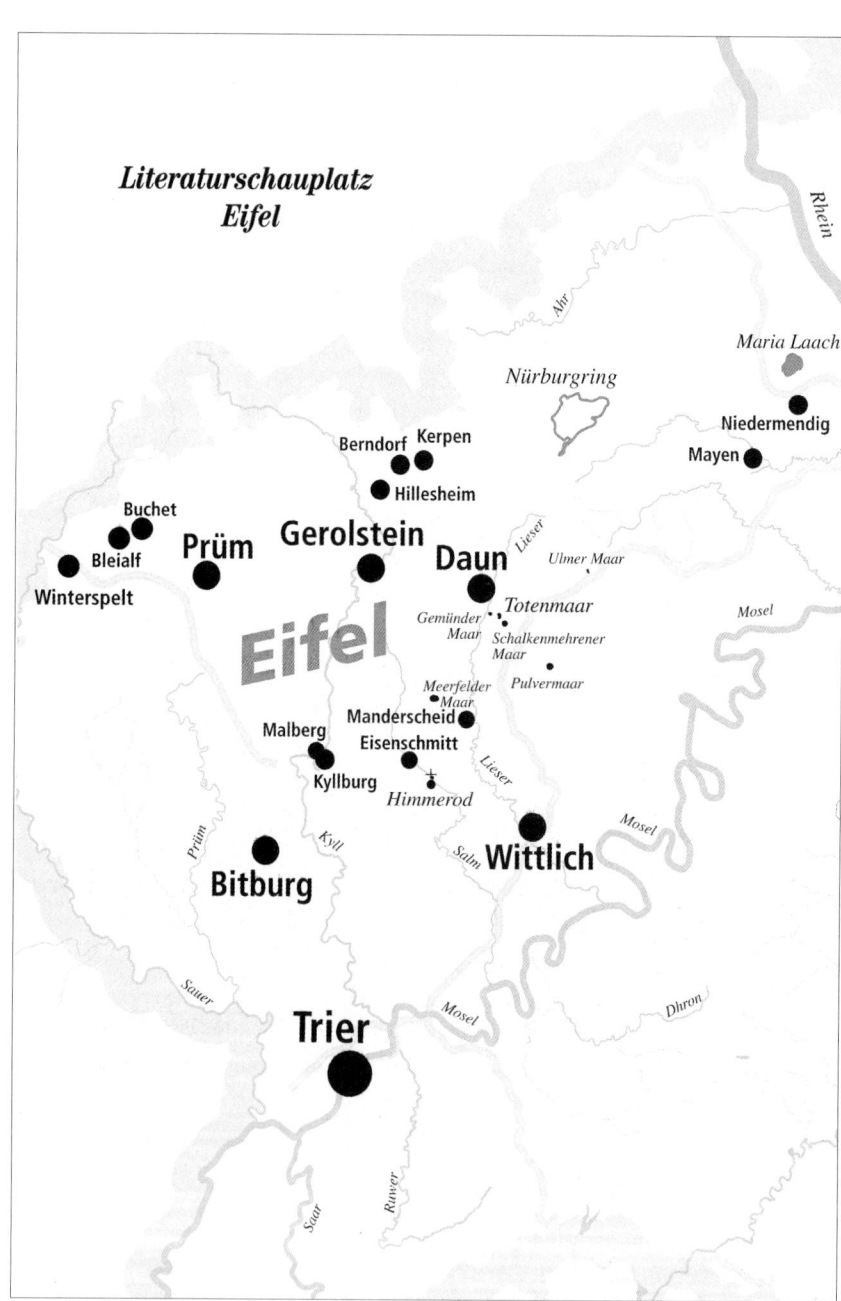

Literaturschauplatz
Eifel

EIFEL

Seit 1990 steht der »Eisenschmittener Brunnen« im Ortskern von Eisenschmitt an der »Grünen Straße Eifel-Ardennen«. Reliefs am Beckenrand erzählen Episoden aus Clara Viebigs Roman Das Weiberdorf, der in Eisenschmitt spielt und um 1900 weit über die Region hinaus für Aufsehen und Aufruhr sorgte.
(Foto: Rüdiger Diezemann)

Josef Zierden
Dornröschenschlaf im Drachenwald
Die Eifel als literarische Landschaft

»Und hinter den lachenden Rebenhügeln tauchen die runden Eifelkuppen auf, steil führen die Pfade hinan. Die Ebereschen, die den Chausseerand säumen, lassen weiße Mooszipfel im rauhen Regenwind flattern, ernste Maare ruhen schweigend im vulkanischen Bett, endlose Wälder schlagen die dunklen Wogen um einsame Dörfer, verlorene Heiden träumen im blendenden Sonnenglanz. Jungfräuliches Land noch, das im Dornröschenschlaf des erlösenden Kusses harrt – weltenfern, weltenweit das rührige Leben. Nur Kirchenglocken dröhnen durch die Stille, und der Eifelwind trägt diesen einzigen Klang hierhin und dorthin: überallhin.«

Als die naturalistische Erfolgsschriftstellerin Clara Viebig (1860-1952) um 1920 diese Zeilen schrieb, hatte sie sich längst als »Dichterin der Eifel« weithin einen Namen gemacht. Soziales Mitleiden und immer auch der Wunsch nach Veränderung führten ihr über Jahrzehnte die Feder, wenn sie in auflagenstarken Novellen und Romanen die herbe Schönheit der kargen Eifellandschaft schilderte und mit ihr die äußere und innere Not der ländlichen Bevölkerung. Vor allem in der Moorlandschaft des Hohen Venns und in der Maarlandschaft der Vulkaneifel, Symbollandschaften allemal. Schauplätze und Spiegel erloschen geglaubter, dann aber eruptiv hervorbrechender Triebkräfte im Menschen.

Clara Viebigs literarische Milieustudien zur wirtschaftlich rückständigen und katholisch geprägten Eifellandschaft abseits vom großen Strom sind gleichsam ethnographische Exkursionen einer protestantischen Preußin aus gehobenem Bürgertum. Begeistert gelesen wurden sie nicht zuletzt von stadtmüden Bürgerlichen, die in der unberührten Einsamkeit und Wildnis der Natur ihre Lebens- und Arbeitskraft aufzufrischen suchen.

Stilistisch beeinflußt ist Clara Viebig dabei auch durch die Naturbetrachtung der Romantik. Die Romantik begeisterte sich seit Beginn des 19. Jahrhunderts für Ursprüngliches, Wildes, Natürliches und Ungeordnetes. Damit forcierte sie auch eine Neubewertung der lange verkannten, da stereotyp als »kahl« und »öde«, als »arm« und »einsam« verschrienen Eifel. Werner Bergengruen fasst diesen Wandel in einem Reisebericht über die Eifel in der *Frankfurter Allgemeine Zeitung* (1953) zusammen:

»Erst seit Rousseau, dem jungen Goethe, der deutschen Romantik haben sich Augen und Herzen geöffnet für jene Erhöhung des Lebensgefühls, die

uns aus der willigen Versenkung in die von allem menschlichen Nutzge-
danken abgelöste Landschaft zuströmt. Einsamkeit, Einform, Wildnis und
Melancholie hörten damit auf, landschaftsverleidende Schreckgespenster zu
sein. Der Harz, der Schwarzwald, die Nordseeküste, die Kurische Nehrung mit
der grandiosen Verlassenheit ihrer Dünen fanden leidenschaftliche
Bewunderer. Nur die Lüneburger Heide und die Eifel – als unwirtlich und öde
verrufen –, mußten fast noch ein halbes Jahrhundert in ihrer Aschenbrödel-
rolle verharren. Heute ist das vergessen: Heide und Eifel gehören seit länge-
rem zu den geliebtesten und umworbensten Wanderzielen unseres Landes.
Aber vielleicht gibt dieser Hinweis auf ein langes Verkanntsein schon eine
Ahnung von dem abseitigen Reiz der Eifel: Wir wissen ja, daß das
Aschenbrödel unseres Märchens in Wirklichkeit die allerschönste Prinzessin
war...«

Wonach romantische Sinne strebten, das bot die Eifel geradezu in idealer
Form: »wildromantische« Waldschluchten, Felsen und Höhlen, düstere
Maare und Moore, erhabene Panoramablicke und verborgene Winkel. Und,
zumindest als Ruinen, zahlreiche Burgen, Schlösser, Klöster und Abteien.
Sie alle Zeugen jener großen, gemeinsamen weltlichen und geistlichen
Vergangenheit, deren Wurzeln man im Streben nach nationaler Einheit aller-
orten nachspürte – bis hin zum christlichen Mittelalter, ja bis zur germani-
schen Vorzeit.

Ursprüngliches Denken, Fühlen und Glauben des Volkes bezeugten in
Form literarischer Zeugnisse nicht zuletzt Sagen, Märchen und Volkslieder.
Gerade in der abgeschiedenen, zuweilen archaisch anmutenden Eifel fand
volkstümliche Erzählphantasie reichhaltigen Nährboden. In Bauernstuben
und Werkstätten, an langen Winterabenden, bei Festen oder Begegnungen
raunte sie von Wotansheeren und Wilden Jägern, von Riesen und
Spukgeistern, von Weißen Frauen und Hexen, von Raubrittern, Tempelherren und geheimnisvollen Schätzen und Zauberkräften. Es waren erzählerische Zeugnisse voraufklärerischer Weltbegegnung von Menschen, die sich
wehrlos Naturgewalten und dämonischen Kräften ausgesetzt sahen. Seit
den vierziger Jahren des 19. Jahrhunderts wurden sie zunehmend aufgezeichnet, gesammelt und in Druck gegeben nicht zuletzt von volkskundlich
interessierten Geistlichen – im Bewusstsein drohenden Verlustes mit der allmählichen verkehrsmäßigen, wirtschaftlichen und kulturellen Erschließung
der Eifel durch die Preußen seit dem Wiener Kongress 1815. Der hatte die
überwiegend katholischen Rheinlande und mit ihnen die Eifel dem protestantischen Königreich Preußen zugeschlagen. Nicht zuletzt angesichts
furchtbarer Missernten und Hungersnöte in der überwiegend bäuerlichen
Bevölkerung galt die Eifel aber schon bald in Berlin und im Reich als »preu-

ßisches Sibirien«, als »Armenhaus« – bis in das 20. Jahrhundert hinein. Von Interesse war es vor allem militärstrategisch als Aufmarschgebiet gegen den »Erzfeind« Frankreich.

Rauhe Wirklichkeiten waren das, die im öffentlichen Bewusstsein aber immer wieder übertüncht wurden. Besonders als in den zwanziger und dreißiger Jahren des 19. Jahrhunderts zuerst die Maler die Eifel entdeckten und mit Farben, Stiften, Stuhlstock und Palette durchzogen, ganze »Künstlerkarawanen« zuweilen. Ihre stimmungsvollen Skizzen und Gemälde konzentrierten sich auf bezaubernde Naturschönheiten und markante Kulturdenkmäler, unter idyllisierender Aussparung alles Unschönen und Ärmlichen.

Es entstanden zunehmend klischeehaft werdende Ansichten einer romantisch anmutenden, im Wortsinne »malerischen Eifel«. Zu rheinpreußischen Motivklassikern avancierten so vor allem die über Jahrhunderte unzerstört gebliebene Burg Eltz im Elztal, in der Vulkaneifel die Burgruinen von Manderscheid, das Kloster Maria Laach am Laacher See und die bergige Gegend um Gerolstein. Und immer wieder das Ahrtal, Einfallstor in die Eifel: mit der Burgruine Are und den Felsdurchbrüchen bei Altenahr und Mayschoß. Immer auch Zeugnisse einer wiederersehnten großen Vergangenheit auf angeblich ursprünglich gebliebenem deutschen Boden. Dem Zeitgeist absatzfördernd angepasst, wurden sie impulsstarke Anreger auch für die steigende Zahl von »Lustreisenden«. Pittoreske Stippvisiten kleiner bürgerlicher Reisegesellschaften gleichsam »zurück zur Natur«, ohne vertiefenden Blick für die wahren Lebensverhältnisse der Bauern.

Von der romantischen Maltradition geprägt ist auch Fritz von Wille (1860-1941), der bekannteste Eifelmaler bis heute. Seinen farbenfrohen und stimmungsvollen Eifelbildern fühlte sich die eingangs zitierte Eifeldichterin Clara Viebig zeitlebens verbunden. »Ich weiß mit der Feder nichts zu sagen, das nicht Wille mit dem Pinsel ausgedrückt hätte. Wir sind durch die Eifel gewandert, beide mit denselben Augen, die Liebe zum Land geöffnet hatte; uns gab ein Gott ins Herz, die Schönheit dieser Welt zu erkennen: welche Fülle in dieser Armut, welche Pracht in dieser Bescheidenheit, welche Poesie in dieser Öde«, schrieb Clara Viebig 1909 in ihrem Artikel »Der Eifelmaler Fritz von Wille« im Eifelvereinsblatt. Die Eifel symbolisierte für Clara Viebig vor allem »die unberührte Natur, Einsamkeit, mit Schönheit gepaart«. Nicht zuletzt wegen der stimmungsvollen Farbenpracht war ihr die Eifel ein »Land für Maler, das geborene Land für Maler – nein, das Land für geborene Maler, für Maler von Gottes Gnaden« (*Eifelstimmungen*).

Schon in frühesten Erzählungen der Eifeler Amme und auf Jungmädchenfahrten in die Eifel hatten Clara Viebig Häuser, Wiesen und Gärten, Berge und Täler Geschichten von Liebe und Hass, von Gelübde und Schuld, von

Treulosigkeit und Neid zugeraunt. Wie zuvor Petrarca und Apollinaire, Goethe und Hoffmann von Fallersleben durchstreifte sie die Eifel und gab ihrer poetischen Suche neue Impulse. Auf holprigen Karren oder zu Fuß, in bequemen Postkutschen oder archaischen Bussen, mit verwegenen Ballons oder in roten Bimmelbahnen folgten ihr Dichterscharen bis heute.

Während Clara Viebig bis in unsere Tage auflagenstark gedruckt und gelesen wird, sind viele andere Eifeldichterinnen und -dichter weitgehend vergessen. Wer kennt und liest noch Franziska Bram oder Emmi Elert, Nanny Lambrecht oder Antonie Haupt, Jakob Kneip, Ludwig Mathar oder Josef Ponten? Literaturgrößen zu ihrer Zeit, heute allenfalls noch Randfiguren und Fußnoten in der literaturmusealen Erinnerung.

Umso erfreulicher ist es da, dass die Eifel in unseren Tagen erstmals wieder mit Alfred Andersch Eingang gefunden hat in Erzählungen und Romane von literaturgeschichtlichem Rang. Nach dem Hörspiel und der Kurzgeschichte »Die Letzten vom Schwarzen Mann« (1954, 1961) geschah dies vor allem mit dem Roman *Winterspelt* (1974), dem »opus magnum« seines literarischen Schaffens. Hörspiel und Kurzgeschichte sind eine literarische Mahnung, die Toten des Zweiten Weltkriegs nicht zu vergessen oder zu verdrängen. Verknüpft ist dieses Anliegen mit der anarchischen Lust, gerade im deutsch-belgischen Grenzraum Grenzen zu überschreiten, zu verwischen, aufzulösen: zwischen benachbarten Staaten, zwischen Zivilisation und Natur, zwischen Rationalität und Irrationalität. Anderschs Roman *Winterspelt* versteht sich als »Kammerspiel« vor dem Hintergrund des Zweiten Weltkriegs, im Spannungsfeld von Freiheit und Determination, von Widerstand und Desertion Anderschs lebenslanges Zentralthema umkreisend. Atmosphärisch inspiriert von einer Kriegsreportage des Literaturnobelpreisträgers Ernest Hemingway aus der Schnee-Eifel vom November 1944.

Als seit Mitte der siebziger Jahre »Heimat«, »Provinz« und »Region« allenthalben literarisch bedeutsam wurden, ist auch die Eifel literarisch wiederentdeckt worden: in Romanen, Erzählungen und Gedichten auch von überregionaler Bedeutung. Der rheinland-pfälzische Teil der Eifel ebenso wie der nordrhein-westfälische, und nicht nur die deutsche Eifel, sondern auch die belgische.

Kein neueres literarisches Werk umkreist dabei die Eifel so zentral wie der Roman *Eifel* des in Trier lebenden Schweizer Schriftstellers Walter Schenker. 1982 ist er erschienen, neu aufgelegt wurde er 1998. Ambivalent ist hier die Bedeutung der Eifellandschaft und des Eifeldorfs. Teils spiegelt oder bedingt die als rückständig empfundene »Windschattengegend« und »Randzone« die Seelenlage und Schattenexistenz des arbeitslosen Lehrers Jakob Simonis aus dem Eifeldorf Hontheim bei Prüm, teils ist die Eifel aber auch haltgebende »Übermutter« und Sehnsuchtsziel. Immer wieder bilden die »sanften Linien« der Eifel, Leitmotiv des Romans, eine Gegenwelt von magischer Anziehungskraft. In Jakob Simonis, zerrissen und heimatlos, verstärken sie die regressive Sehnsucht nach heimatlicher Verwurzelung und Geborgenheit, nach Überschaubarkeit, Stabilität und eindeutiger Sinnorientierung.

Um ländliche Alltagssorgen, historische Konflikte und ökologische Probleme geht es, ähnlich wie in Walter Schenkers *Eifel*, auch in einer Fülle neuerer Gedichte, Geschichten, Romane und biographischer Skizzen über die Eifel. Es geht um die Sozialisation in dörflicher Enge, um die Sehnsucht nach Entgrenzung und Befreiung. Und es geht um blutige Spuren deutscher Geschichte in naturschöner Landschaft, um Vorboten des Dritten Weltkriegs in scheinbar ländlicher Idylle. In den Wäldern der Eifel, die einem Wolfgang Weyrauch geradezu als »Wald der Wälder« anmuteten, unübertroffen an »Menschenlosigkeit und Waldhaftigkeit«; in den Eifelwäldern, in denen sich die junge Elke Erb aus rauher Kriegszeit in eine Märchenwelt wegträumte und in denen Erich Kuby sich 1939 eine künstlerische Gegenwelt zum militärischen Massenlager erschuf, in diesen Eifelwäldern sah Heinrich Böll bei einem Spaziergang im Jahre 1967 nur noch Tarnung und Täuschung angesichts tödlicher Bedrohung. In Erinnerung an die Kriegsgreuel des Zweiten Weltkriegs, die ein Ernest Hemingway in der Eifel noch selbst erlebt hatte, in »Wäldern, die wie Kulissen zu Grimms Märchen aussahen, nur noch grimmiger«, in den »schwarzen Forsten der Schnee-Eifel, wo die Drachen hausten«.

In düstere Eifelforsten, fernab von Gesetz und Zivilisation, führen auch zahlreiche Eifelkrimis unserer Tage. Mit der Tiefe des Raums verknüpfen sie geheimnisvoll die Tiefe der Zeit, etwa in Ralf Kramps Krimi *Tief unterm Laub*. Erst müssen ein alter Dorfschullehrer, ein junger Zivildienstleistender und ein Antiquitätenhändler sterben, bevor die Spurensuche in einem alten Jagdhaus endet. Hier, wo der Geruch von Alter und Medizin die Luft beschwert, wo nicht der geringste Lichtstrahl hinein- oder herauszudringen vermag, hat der alte Schott unselige Vergangenheit über Jahrzehnte konserviert. »Hier war jemand in seine frühen Jahre zurückgekehrt. Hier hatte sich jemand sein eigenes Tausendjähriges Reich geschaffen«, resümiert der Erzähler. Und enthüllt wenig später eine schreckliche Geschichte von Verfolgung und Vernichtung im »Dritten Reich« und von nationalsozialistischer Verblendung noch in der Gegenwart.

Seit Anfang der neunziger Jahre hat der Eifelkrimi seinen bundesweiten Siegeszug angetreten, unaufhaltsam bis heute: mit hunderttausenden verkaufter Exemplare, mit besucherstarken Erlebnis-Wochenenden und Krimi-

Workshops und geplanten Fernsehverfilmungen. Vor allem die Eifelkrimis von Jacques Berndorf alias Michael Preute, dem »Guru des Eifelkrimis«, versetzen die Republik alle Jahre wieder in massenhaftes Lesefieber. Was romantisch-idyllisch anmutet, verwandelt sich bei Berndorf schon bald in Schauplätze blutigen Geschehens. Was ansonsten eher im Windschatten des öffentlichen Interesses liegt, weckt unversehens die Neugier von Presse, Mordkommissionen, Militärs und Geheimdiensten. Und wo man glaubte, Ruhe und Stille genießen zu können, zieht fieberhafte Unruhe ein.

Der Eifeler Dornröschenschlaf früherer Jahre – mit dem Eifelkrimifieber unserer Tage ist er auch literarisch vollends zu Ende gegangen.

Josef Zierden

Literaturempfehlungen

Jochen Arlt / Manfred Lang: *Vaters Land und Mutters Erde.* Eifel-Lesebuch, Brauweiler 1989; *Leben – alle Tage. 2. Eifel-Lesebuch,* Pulheim 1994

Josef Zierden: *Die Eifel in der Literatur. Ein Lexikon der Autoren und Werke,* Gerolstein 1994 (= Edition Eifel Literatur Festival)

Fred Oberhauser / Gabriele Oberhauser: *Literarischer Reiseführer durch Deutschland. Ein Insel-Reiselexikon für die Bundesrepublik Deutschland und Berlin,* Frankfurt am Main 1983

Stimmen zur Eifel

»Von der Eyfel. Wiewohl diß ein trefflich rauh Land und birgig ist, stoßt an den Hunesruck (= Hunsrück) und an das Lützelburger (= Luxemburger) land, hatt es doch Gott nit unbegabet gelassen, der dann einem jeden Land etwas gibt, darvon sich die einwoner mögen besorgen und erneren. Zu Bertrick (= Bertrich) ist ein warm bad, den krancken heilsam, ligt anderthalb meil von der Mosel. Unfern von der graveschafft Manderschid in den herrschaften Keila, Kronenberg und Sleida (= Schleiden) im thal hellenthal macht man fürbündig gut schmideisen, man geußt auch eysen ofen, die ins oberland, als Schwaben und Francken verkauft werden.(...) In der rechten Eyfel ist ein rauher boden von wälden, und do wenig mehr dann habern wechßt, aber gegen den Rhein und gegen der Mosel ist es ffruchtbar.(...) Es schreibt von diesem land doctor Simon Richwin, der es wol durchfaren und besichtiget hatt, also: diß land ist von natur ungeschlacht, rauch von bergen und tählern, kalt und mit ungestümen regen überschüttet, aber wasser und brunnen halb gar lustig. Die einwohner seind gar arbeitssam, haben sinnreiche köpff, aber sie hangen an dem ackerbauw, und warten des viech.«

Sebastian Münster, Kosmographie (1544)

»Von welcher Seite man auch hineinkommen mag, nirgend wollen die Leute in der Eifel wohnen, überall fängt sie erst drei Stunden weiter an. Aber sie schämen sich ihrer mit großem Unrecht; denn die Eifel ist kein unwirtliches Land, auch weder so einförmig wie der Hunsrück, noch so rauh und wüst wie der Westerwald: sein Plateau unterbrechen zahlreiche tief und eng eingeschnittene Täler, und die vulkanischen Kegel, die aus ihm hervorragen, geben ihm Mannigfaltigkeit, Schönheit und Größe. Neben diesen malerischen Reizen, die in der Vordereifel, so bei Manderscheid, Daun und Gerolstein, wahrlich nicht gering anzuschlagen sind, bieten seine Burgen, Klöster und Kirchen ein großes romantisches Interesse. Wir fühlen uns bald in einem Lande alter Kultur. Von allen Höhen blicken Burgen und Schlösser herab, einst Sitz edler Geschlechter, mächtiger Dynasten, deren Namen der deutschen Geschichte nicht fremdgeblieben sind.«

Carl Simrock, Das malerische und romantische Rheinland (1840)

»Hügel und Wald, die Elemente der Eifel. Der Wald auf dem Hügel, das Symbol der Eifel. Das Maar, die Erscheinung wider die irdische Landschaft. Ich bin auf keinem Hügel gewesen, ich habe hundert Wälder auf hundert Hügeln aus der Nähe und Ferne gesehen, ich bin viele Stunden durch einen Wald gewandert. Die Waldhügel, die Hügelwälder ähneln liegenden Riesinnen. Ich bin zwei, drei, vier Riesinnen gleichzeitig begegnet. Ich bin stehengeblieben und habe darauf gewartet, daß die Riesinnen sich räkeln, sich erheben und zu tanzen beginnen. Aber sie taten mir nicht den Gefallen. Wahrscheinlich tanzen sie nachts.«

Wolfgang Weyrauch, Hundert Wälder auf hundert Hügeln (1959)

»Die Straße führte oben auf den Kamm hinauf, und von dort aus hatte man einen endlosen Blick über einen Ozean von flachen Tälern und Wäldern, die aus dem Westen herandrängten, von St. Vith und Malmedy. Ein ziemlich geographisches Gefühl. Roland liebte Grenzen, weil an ihnen die Länder unsicher wurden. Sie verloren sich in Wäldern, zerfransten sich in Karrenwegen, die plötzlich aufhörten, in Radspuren, in Fußpfaden, unterm hohen gelben Gras, das niemand schnitt, in Sümpfen, Ödhängen, Wacholder, verrufenen Gehöften, Einsamkeit, Verrat und Bussardschrei. Schnee-Eifel hieß das, Ardennen, Hohes Venn...«

Alfred Andersch, Die Letzten vom Schwarzen Mann (1961)

»Was hat die Eifel zu bieten? Es gibt den Hollywoodstar Mario Adorf, der aus der Eifel stammt. Ich könnte schildern, wie der überdachte Swimmingpool aussieht, den Verwandte von ihm sich haben einrichten lassen. Eifelklatsch. Da bin ich nicht verlegen. Rosemarie Nitribitt. Die Frankfurter Lebedame. Aber auch sie entstammt der Eifel. Ihr Grab ist in Mendig. Nur ihre Mutter sei bei der Beerdigung gewesen. Maria Laach. Der Laacher See. Überhaupt die Maare. Vulkaneifel. Müllers Aap, Boxer. Der Nürburgring. Werner Höfer stammt aus Kaisersesch, Eifel, er leitet ein Vierteljahrhundert den Frühschoppen am Sonntagmorgen (...). Bitburger Pils. Abends Bit, morgens fit. Der graue Mayener Stein. Karl Marx, Trier, gehört nur noch am Rand zur Eifel. Heino vielleicht noch, der Sänger mit dem weißen Haar und der Sonnenbrille. Blau blüht der Enzian. Die schwarze Barbara. In Giselas Schreibtischschublade habe ich Heinos Autogrammadresse entdeckt: Heino, 5331 Zülpig-Ölpenich.«

Walter Schenker, Eifel. Roman (1982)

»Hoch oben in den Eifelbergen liegt ein See, dunkel, tief, kreisrund, unheimlich wie ein Kraterschlund. Einst tobten unterirdische Gewalten da unten, Feuer und Lavamassen wurden emporgeschleudert. Jetzt füllt eine glatte Flut das Becken, wie Tränen eine Schale. Es geht hinunter in bodenlose Tiefe. Keine Bäume, keine Blumen. Nackte vulkanische Höhen, gleich riesigen Maulwurfshügeln, stehen im Kranz, zu nichts gut als zu armseliger Viehweide. Mageres Strandgras weht, blasses Heidekorn duckt sich unter Brombeergestrüpp. Kein Vogel singt, kein Schmetterling gaukelt. Einsam ist's, zum Sterben öde. Das ist das Weinfelder Maar, das Totenmaar, wie's die Leute heißen. Es hat keinen Abfluß, keinen Zufluß als die Tränen, die der Himmel drein weint. Es liegt und träumt und ist todtraurig, wie alles ringsumher. Wenn Herbstwinde über die Eifel gehen und Nebel in den Tälern hocken, ist's hier oben noch kälter. Wind, wilder Gesell, stöhne nicht so laut! Zerre nicht die letzten braunen Blätter von den dornigen Ranken, stürze nicht die morschen Holzkreuze um, die dort um das Kirchlein stehen, das grau und düster am Seeufer trauert. Es ist das einzige Werk der Menschenhand hier oben, viel hundert Jahre alt, nicht schön, nicht häßlich, doch voll schwermütiger Poesie.«

Clara Viebig, Totenmaar (1897)

»Nirgends (...) kann auch das geologisch ungeschulte Auge mit solcher Eindeutigkeit ein Stück Erdgeschichte an der heutigen Landschaftsgestalt ablesen, nirgends haben sich Ergebnisse der vulkanischen Träger, Krater, Lavaströme, Basaltkuppen, Tuff- und Traßlager so vortrefflich erhalten, und nirgends hat ihr Zusammenspiel mit allen übrigen Teilstücken der Landschaft so malerische Anblicke geschaffen wie in der Eifel. Die Maare sind alte Kraterschlünde, die sich mit Wasser gefüllt haben und zu runden Seen geworden sind. Manche liegen heiter inmitten von Wiesen und Feldern, andere sind grün umwaldet, wie der Laacher See, an dem sich die stolze Benediktinerabtei mit dem kostbaren Kleinod ihrer romanischen Kirche fünftürmig erhebt, wieder andere umgibt dunkler, unfruchtbarer Lavasand oder düsteres Felsgestein, von dessen Hängen zur Frühlingszeit der gelbe Ginster leuchtet. Bald sind es die lachend aufgeschlagenen Augen des sonnenbeschienenen Landes, bald die Augen einer geheimnisvollen unteriridischen Totenwelt, die mit schwermütiger Gelassenheit, mit geduldig wartendem Ernst zu den hastigen, lauten, vergänglichen Menschen aufschaut. Und dieser Gegensatz zwischen Lieblichkeit und Schwermut zieht sich in zahllosen Abwandlungen durch alle Landschaftsformen der Eifel, ja, er spaltet sich auf in eine wunderbare Vielfältigkeit. (...) In ihrer Vielfältigkeit wirkt die Eifel als ein Urbild deutscher Landschaftsgestaltung.«

Werner Bergengruen, Die Eifel (1953)

Poetischer Wanderhändler aus Niederkail
Peter Zirbes, erster volkstümlicher Dichter der Eifel

Nein, ein epochemachender Schriftsteller war er nicht. Und auch keiner, der über den engeren Kreis der Südeifel hinaus bekannt geworden wäre. Dass er überhaupt einmal zur poetischen Feder greifen würde, war dem Sohn armer Hausierhändler nicht in die Wiege gelegt worden. Und der Überlebenskampf um das tägliche Brot ließ zuweilen nur in späten Nachtstunden Zeit, sich brotlosen Schreibkünsten zu widmen.

Und dennoch: gerade die niederdrückende »Prosa« seines Alltag stärkte bei Peter Zirbes die Sehnsucht nach poetischen Gegenwelten, im beständigen Wechsel von Phantasie und Wirklichkeit. Mit den Worten seines berühmtesten Gedichts »Prosa und Poesie«:

»Ich bin ein fahrender Sänger,
gebürtig zu Niederkail,
und habe nebst Gedichten
auch Glas und Steingut feil.

Das eine gewährt mir Freude,
das andere gibt mir Brot
und so beschützen mich beide
vor inn'rer und äußerer Not.

Oft, wenn zum Staube nieder
die Prosa mich gedrückt,
hat mich die Dichtung wieder
zum Himmel selig entrückt.

Hab so ich das Leben vergessen,
die Prosa erinnert mich dran.
So kreisen um mich im Wechsel,
die Wirklichkeit und der Wahn.
So schlingen zur Lebenskette
sich beide Ring an Ring.
Was brauche ich da noch zu wünschen,
dass es mir besser ging.«

Am 25. Januar 1825 wurde Peter Zirbes als Sohn wandernder Steinguthändler in Niederkail im ehemaligen Kreis Wittlich geboren. Es war ein Ort,
in dem sich seit altersher ambulante Handelsleute für Steingutwaren, Haus-
und Küchengerät niedergelassen hatten. Waren, die mit Hotten oder Kiepen
oder in Strohkörben transportiert wurden, meist zu Fuß, seltener mit Esel-
chen oder gar mit Pferden. Wenn im Frühjahr zugleich mit den Zugvögeln der
Treck der Händler in Niederkail aufbrach, zum Hunsrück und in das Nahetal,
war der kleine Peter mit seinen Eltern schon früh dabei, zu Fuß oder auf dem
Arm, bei Wind und Wetter. Strohbündel dienten als Lager, bescheidenste
Kost als Nahrung. Schulbesuch, unregelmäßig genug, war nur im Winter
möglich, in Niederkail (1831-1837) und im nahen Landscheid (1838/39). Eine
Jugendzeit verpasster Lebenschancen.

Der geistliche Schulinspektor wollte, beeindruckt von einem Vortrag der
Kreuzigung Christi, den jungen Zirbes fördern – starb aber wenig später.
Wegen seiner schwächlichen Figur vom Militärdienst zurückgestellt, boten
dem jungen Zirbes Musterungskommission und der Bürgermeister den
Besuch der »polytechnischen Schule« in Berlin an: Zirbes lehnte ab, wegen
Unkenntnis der Wortbedeu-
tung und mit Rücksicht auf
die bedürftigen Eltern. Eine
Entscheidung, die er le-
benslang bereut hat.

Hausierhändler, Krämer,
Privatfeldhüter, Versiche-
rungsagent – was immer
Zirbes beruflich begann, es
hat seine lebenslange Ar-
mut kaum verringert, und
auch nicht die schwierigen
Beziehungen zu seiner dörflichen Umwelt. Die bedeu-
tete dem unsteten »Dich-

Zirbes-Wohnhaus in Niederkail bei Wittlich

terpittchen« immer wieder mal, ob er seine Zeit und Arbeitskraft nicht für nützlichere Dinge verwenden könne als fürs Dichten.

20 Jahre alt war Zirbes, als er dem frühen Drang »zum Dichten müssen« nachgab und die ersten Verse schrieb. Er verfasste poetische Reflexionen auch über seinen eigenen Lebensweg, hymnische Preisungen der naturschönen Eifelheimat im Wandel der Tages- und Jahreszeiten und immer wieder gereimte Annäherungen an die geheimnisumwitterte Eifeler Sagenwelt am Kailbach, im Kylltal und an den Maaren. 1852 erschien zum ersten Mal eine Sammlung von Zirbes-Gedichten, wesentlich gefördert und herausgegeben von »W. O. Horn«, Pseudonym für den erfolgreichen Volksschriftsteller und Superintendenten Örtel aus Sobernheim. Der fühlte sich angezogen vom religiösen Gehalt der Zirbes-Gedichte und von der Persönlichkeit des autodidaktischen Autors. Groß war der Verkaufserfolg: Alle 800 Gedichtbände, im Selbstverlag erschienen, waren innerhalb weniger Wochen abgesetzt. 700 Subskribenten hatte Zirbes auf seinen Wanderfahrten geworben. Enttäuschend hingegen der Absatz der zweiten Auflage dreizehn Jahre später, nicht zuletzt infolge behördlicher Beschränkungen des Selbstvertriebs. Verschuldet kehrte Zirbes von seiner Verkaufsreise nach Hause, wo ihn aber eine gute Nachricht erwartete. Der berühmte Schriftsteller Gustav Freytag hatte seine Gedichte im Sonntagsblatt der *New Yorker Staatszeitung* lobend besprochen:

> »Wenn man aber die Gedichte liest, ohne zu wissen, auf welchen Seitenpfaden der Verfasser sich die Bildung der Sprache erwarb und wie er in dem Empfingungskreise moderner deutscher Lyrik heimisch geworden ist, wird man schwerlich ahnen, dass der Dichter nicht den gewöhnlichen Weg der Schule und Universität gegangen ist. Seine Sprache ist die eines gebildeten Mannes, ja sein Wortschatz ist nicht klein. Er hat Freude an originellem Ausdruck und weiß mit Bewußtsein seltene Wörter zu poetischer Färbung zu verwenden. Auch sein poetisches Empfinden ist so völlig das eines gebildeten Dichters, dass sich bei ihm der ganze herkömmliche Vorrat von poetischen Bildern und Anschauungen von Variationen Goethe'scher Ideen findet, welche den Gedichtsammlungen der meisten modernen Dichter gemeinsam sind. Er hat ein frommes Gemüt; die lyrischen Stimmungen, welche dem Christen in der Natur aufgehen, sind ihm vorzugsweise gelungen. In manchen Strophen gewinnt innige Empfindung auch schöngehaltenen Ausdruck. Auch wo er die Natur betrachtet, ist es ganz in unserer gebildeten Weise. Grundton ist auch ihm die uralte, heimische Auffassung: Freude über das Erwachen des Frühlings und Herzbeklemmung über das Welken im Herbst. Röslein, Waldbach, Burgruine, Morgen und Abend fehlen nicht.« (Gustav Freytag, *Gesammelte Werke*, Bd. XVI)

Finanziellen Erfolg und eine breitere öffentliche Anerkennung hat Zirbes auch mit der 3. Auflage seiner Gedichtsammlung 1891 nicht erlebt.

Am 14. November 1901 starb Peter Zirbes, vielfältig verkracht und verfeindet mit dem katholischen Pfarrer und der Gemeinde, nicht zuletzt wegen seiner Konversion zur evangelischen Kirche im Mai 1900.

In seinen letzten Gedichtzeilen hatte Zirbes das Ende von irdischem Kampf und Leiden herbeigesehnt:

»Und sollen wir in dieser Nacht
vielleicht vom Leben scheiden.
Wir jubeln auf: ›Es ist vollbracht!
Nun enden Kampf und Leiden!
Wir fürchten weder Tod noch Grab,
der Geist streift seine Fesseln ab,
geht ein zu ew'gen Freuden!‹«

Auf dem Friedhof von Landscheid liegt Zirbes begraben, unmittelbar an der Friedhofsmauer. An seinem 50. Todestag 1951 enthüllte der Eifelverein eine Bronze-Gedenktafel am Wohnhaus in Niederkail mit der Inschrift: »Dem ersten Dichter der Eifel.« Im Dezember 1973 erwarb die Gemeinde Niederkail das Wohnhaus von Peter Zirbes und den künstlerischen Nachlass. Aus Anlaß des 75. Todestags 1976 gab die Verbandsgemeinde Wittlich-Land eine neue Auswahl von Gedichten und Sagen heraus. Seither trägt auch die Grundschule im Nachbardorf Landscheid den Namen des Eifeldichters, späte Anerkennung für einen jederzeit unbequemen Mitbürger.

Josef Zierden

Literaturempfehlung

Peter Zirbes: *Eifeldichter und wandernder Steinguthändler aus Niederkail. Auswahl seiner Gedichte und Sagen.* Herausgegeben aus Anlass seines 75. Todestages im Jahre 1976 von der Verbandsgemeinde Wittlich-Land. Einführung und Zusammenstellung: Hans Erben, Wittlich 1976

Eisenschmitt – das »Weiberdorf«
Clara Viebigs Bestseller von 1900 sorgte für einen Literaturskandal

Eisenschmitt im Salmtal, nahe dem Kloster Himmerod. Ruhig gelegen inmitten ausgedehnter Wälder, die von zahllosen Wanderwegen durchzogen werden. Ein anerkannter Erholungsort mit rund 700 Einwohnern, der mit Angeln, Kahnfahrten und Schwimmen zu beschaulich-naturnahen Freizeiten einlädt.

Da erinnert wenig an die Blütezeit der alten Hüttenindustrie, als Hunderte von Arbeitern Jahr für Jahr Tausende von Tonnen Roheisen, Stabeisen und Schmiedeeisen produzierten. Als Eisenschmitt mit rund 2000 Einwohnern eine der größten Gemeinden im Kreis Wittlich war, eine wahre »Eisen-

schmiede«, heute noch symbolisch erinnert in den aufragenden Brunnengestalten vor der Dorfkirche. Ein Meister und drei Gesellen schmieden da mit gewaltigen Hämmern auf einem Amboss ein Stück Eisen, während Köhler, Eisenschmelzer, Gießer und Ziseleure eine gerade bearbeitete Takenplatte umstehen. Zu ihren Füßen fällt der Blick auf Wälder und Bäche, Existenzgrundlagen in einer Zeit, als in Köhlermeilern Holz verkohlte. Zuhauf gelagert in den Kohleschuppen der Eisenhütten. Brunnenprofile einer Blütezeit, die im ausgehenden 19. Jahrhundert ihr Ende fand, in einer Zeit des Niedergangs, die zu Abwanderungen zumindest der Männer in die Industriezentren zwang, in die Bergwerke und Stahlbetriebe des Ruhrgebiets. Zurück blieben in Ei-

Relief-Porträt Clara Viebigs am
»Eisenschmittener Brunnen«.
Die Schriftstellerin erregte um 1900 Aufsehen mit ihrem Roman Das Weiberdorf, *dessen Handlung im Eifeldorf Eisenschmitt spielt.*

feldörfern wie Eisenschmitt monatelang die Frauen und Kinder, die der Landwirtschaft karge Erträge abringen mussten.

Genau diese Zeit des ökonomischen Niedergangs ist auf der unteren Brunnenebene dargestellt: in reliefartigen Romanbildern nach Clara Viebigs Roman *Das Weiberdorf*, unmittelbar unter den vier Brunnenarmen, aus denen das Wasser sprudelt – und schmiedeeiserne Figurengruppen zu phantasievollem Leben erweckt: Die Rückkehr der Männer aus den Industrierevieren ins Dorf »Eifelschmitt«. Wiedersehensfreude mit Liebe und Lust. Das wieder verwaiste Dorf fast ohne Männer. Der zurückgebliebene Schlosser Pit Miffert als Hahn im Korb. Entfesselung der Leidenschaften. Pits Traum vom schnellen Geld und sein Ende als Falschmünzer. Die vergebliche Gegenwehr der Frauen gegen die Verhaftung des einzigen Mannes im Dorf.

Brunnenbilder eines Romans sind hier zu betrachten, der vor 100 Jahren einen Skandal auslöste. Sahen doch die Eisenschmitter ihr Nest beschmutzt und die Kirche ihre Institution und obendrein die gesamte gläubige Eifelbevölkerung. So stark war die Empörung, dass im Vorabdruck in der *Frankfurter Zeitung* schon bald der authentische Ortsname Eisenschmitt in »Eisendorf« geändert werden musste (in der Buchausgabe: »Eifelschmitt«). Die Autorin fühlte sich 1899 beim Besuch des Eifelorts Manderscheid tätlich bedroht:

> »Mein Mann geht mit dem Revolver auf Anraten des Bürgermeisters; für Sonntag, wo man eine Insulte der Eisenschmitter befürchtet, ist der Gendarm in unserer Nähe stationiert und die Feuerwehr von Manderscheid wird zu einer Übung aufgeboten. Wenn's nicht so traurig wär, wär's zum Totlachen. Im übrigen fürchten wir uns nicht und denken nicht daran, das Feld zu räumen. Und ich denke, die Eisenschmitter werden trotz der Hetzerei des Pfaffen bald zu Vernunft kommen.«

So schrieb Viebig im August 1899 aus Manderscheid. Sie hatte Recht. Schon bald glätteten sich die Wogen der Empörung: »Man hat damals mein Schreiben bedroht. Die Weiber zogen in hellen Haufen nach dem nicht ferne gelegenen Manderscheid, Furien, die, wie sie drohten, mich mit ihren Mistgabeln picken und mir die Haare ausreißen wollten. Heute präsentiert man schmunzelnd eine hübsche Ansichtskarte, auf der unter dem Ortsnamen gedruckt steht: ›Clara Viebigs `Weiberdorf`‹«, erinnerte sich Clara Viebig ein Vierteljahrhundert später.

Freilich: so manchem Eisenschmitter ist Viebigs *Weiberdorf* noch heute ein Ärgernis. Katharina Schuberts Dokumentarfilm »Clara Viebig – die Vergessene« hat das 1986 eindringlich dokumentiert. Selbst der 1990 eingeweihte Dorfbrunnen hatte auf diese Stimmungslage Rücksicht zu nehmen. Bewusst auf der untersten Ebene, am Beckenrand, zeigt er die zentralen

Szenen des Romans – als sichtbarer Ausdruck der »eher untergeordneten Bedeutung« des Romans in der Geschichte Eisenschmitts, so eine Prospektauskunft der Gemeinde.

»Kriminalroman«, »moderner Frauenroman«, »soziale Prosa«, »Schulbeispiel des Naturalismus« – derartige Etiketten markieren Leseweisen des Romans. Dass der Falschmünzer Pit Miffert weniger Täter als Opfer ist, der ärmlichen Lebensverhältnisse nämlich, daran lässt der Roman keinen Zweifel. In typisch naturalistischer Manier zeigt er die Bedingtheit allen menschlichen Handelns durch Abstammung, Umwelt und Zeitumstände, geistig, sozial, wirtschaftlich und politisch. Das gilt auch für die enttabuisierende Darstellung der Frau. Während der langen Abwesenheit der Männer wird Pit Miffert zum Objekt weiblicher Begierden, die sich in elementarer Triebhaftigkeit Bahn brechen und die Frauen zum sexuellen Kollektivwesen verschmelzen: »Sie hielten ihn umstellt, wie ein Rudel ausgehungerter Wölfe den waidwunden Bracken; ihre Augen glänzten und glitzerten, sie maßen sich untereinander mit Raubtierblicken – wem fiel er zu? Dumpf knurrend zeigten sie sich die Zähne.« Und: »Ein Ungeheuer, vielfüßig, vielköpfig, schiebt sich langsam die Weiberschar bergab. Sie hat den Weg verloren. Über Gestein und Geröll, durch Acker und Gestrüpp, ohne Pfad wälzt sie sich zu Tal, mit fortreißend, was nicht Kraft hat, sich zu wehren. Einer Lawine gleich, die verheert und zerstört; furchtbar in fühlloser Lebendigkeit, unheimlich in unerbittlichem Vorrücken, todbringend in grausamer Geschlossenheit.«

Das hinkende Pittchen und die »Weiber«, Clara Viebig hat sie in Eisenschmitt kennengelernt und beobachtet:

> »Als ich dann einige Jahre später in dem benachbarten Dörfchen Eisenschmitt das hinkende Pittchen kennenlernte und mit dem verschmitzten Schwätzer am Wirtshaustisch zusammensaß, kam mir der Gedanke: ›Das möchtest du niederschreiben, was der erzählt!‹ Und überall, wohin ich sah, nur Weiber auf der Wiese, auf dem Kartoffelacker, auf den kleinen Feldern. So erstand mir das Weiberdorf.«

Eine schonungslose literarische Bestandsaufnahme, getragen von der Hoffnung, Elend und Armut zu überwinden und menschenwürdigem Leben den Weg zu bahnen.

Clara Viebig und die Eifel

Clara Viebig zählt zu den erfolgreichsten deutschen Schriftstellerinnen der ersten Hälfte des 20. Jahrhunderts. Sie gilt als bedeutendste Erzählerin des deutschen Naturalismus der Jahrhundertwende und als literarische Entdeckerin der Eifel, als »Dichterin der Eifel«. Mit Clara Viebig hat die Eifel als literarische Landschaft erstmals und nachhaltig Eingang in die deutsche Literatur gefunden.

Clara Viebig war das dritte Kind des Oberregierungsrats Ernst Viebig und seiner Frau Clara aus Posen. Geboren wurde sie am 17. Juli 1860 in Trier, in der damaligen Simeonsstiftstraße 387, heute Kutzbachstraße 10. Auch ihre frühen Kinderjahre verbrachte sie in Trier. 1868 wurde der Vater nach Düsseldorf versetzt, die Familie zog um. Um 1876 verbrachte Clara Viebig ein Pensionatsjahr in Trier im Haus des Landgerichtsrats Mathieu, eine Zeit, die Clara Viebig später als »bestimmend« für ihre künftige schriftstellerische Entwicklung ansah. Auf den Untersuchungsfahrten Mathieus sowie bei vielen Ferienaufenthalten lernte sie die Menschen der Eifel kennen, schulte ihr soziales Bewußtsein und erhielt viele Anregungen für ihr zukünftiges literarisches Schaffen.

Mit der Novellensammlung *Kinder der Eifel* debütierte sie 1897, mit dem Roman *Das Weiberdorf* gelang ihr 1900 der literarische Durchbruch. In der Eifel angesiedelt sind auch die Romane *Rheinlandstöchter* (1897), *Das Kreuz im Venn* (1908), *Unter dem Freiheitsbaum* (1922) und *Prinzen, Prälaten, Sansculotten*, die Geschichte *Vom Müller Hannes* (1903) sowie die Novellensammlungen *Naturgewalten* (1905), *Die heilige Einfalt* (1910), *Heimat* (1914) und *West und Ost* (1920). Hauptschauplätze sind die Vulkaneifel (Maare, Manderscheid, Eisenschmitt, Kloster Himmerod, Bad Bertrich), die Nordeifel mit dem Venngebiet (Monschau, Kalterherberg, Mariawald, Baraque Michel), vereinzelt die Westeifel (Prüm). Weitere Werke sind angesiedelt an der Mosel und im Hunsrück.

Clara Viebig starb am 31. Juli 1952 in Berlin, vereinsamt und vergessen. Nach 1933 hatte sie sich zurückgezogen, da sie sich als Frau eines jüdischen Verlegers zunehmend Diffamierungen ausgesetzt sah. Sie selbst sprach von einem Verbot ihrer Bücher ab 1935. Lange Zeit in Vergessenheit geraten, fand Viebig seit Anfang der achtziger Jahre durch zahlreiche Neuauflagen ihrer Werke (erstmals auch in Taschenbuchausgaben) wieder neue Leser. Auch die Clara-Viebig-Gesellschaft in Bad Bertrich fördert die Viebig-Renaissance mit Werkausgaben und Vortragsveranstaltungen.

Josef Zierden

Literaturempfehlungen

Clara Viebig: *Das Weiberdorf. Roman aus der Eifel*, 1900; Taschenbuchausgabe u.a. Briedel / Mosel 1993

Über den Roman Das Weiberdorf:

Sabine Doering-Manteuffel: »*Das Weiberdorf* – ein Exempel lokaler Verödung«, in:

dies.: *Die Eifel. Geschichte einer Landschaft*, Frankfurt am Main / New York 1995, S. 207-216

Hajo Knebel: »Clara Viebig und das *Weiberdorf*«, in: *Doppelspur. Von Ausonius bis Zuckmayer*, Landau 1984, S.178-181

Hermann Gelhaus: »Nachwort«, in: Clara Viebig, *Das Weiberdorf*, Briedel / Mosel 1993, S. 175-182

An der Siegfried-Linie, im Drachenwald...
Ernest Hemingway als Kriegsreporter in der Schnee-Eifel

> Es war kalt, es goss,
> ein halber Sturm wehte, und vor uns lagen
> wie eine Mauer die schwarzen Forsten der
> Schnee-Eifel, wo die Drachen hausten.
> *Ernest Hemingway*

Auch in der Schnee-Eifel hat er gelebt, auch über die Schnee-Eifel hat er geschrieben: Ernest Hemingway (1899-1961), weltberühmter amerikanischer Schriftsteller und Nobelpreisträger für Literatur (1954 für den Roman *Der alte Mann und das Meer*). Hemingway war dabei, als den Amerikanern im September 1944 im Raum Bleialf der Durchbruch durch den Westwall gelang. Als Reporter hatte er begonnen, als Verfasser von Kurzgeschichten und Romanen mit harten Männerhelden war er berühmt geworden (*Wem die Stunde schlägt*, 1940). Umwittert war Hemingways Privatleben: Frauenschwarm war er und Globetrotter, passionierter Angler und Jäger, ein Mann, der im Golf von Mexiko angelte, in Afrika auf Großwildjagd ging und sich in Spanien vom Stierkampf faszinieren ließ. Auch literarisch hat er sich immer wieder mit Jagd und Tod auseinandergesetzt.

Als Kriegsberichterstatter der US-Army betrat er 1944 den europäischen Kriegsschauplatz. Er nahm teil an der Invasion der Alliierten in der Normandie (Juni 1944). Er erlebte den Fall von Paris im August 1944, und er war im September 1944 dabei, als die ersten amerikanischen Truppen deutschen Boden betraten und den Westwall durchbrachen. Beho (Belgien), Hemmeres an der Our, Schweiler und Buchet hießen in jenen Tagen die Stationen des 22. Regiments der 4. amerikanischen Infanteriedivision, dem Ernest Hemingway angehörte. Im Westeifel-Dorf Buchet, im »Fuchs-Meyer«-Haus (»Frammes«-Haus), hat er gewohnt. Im Nachbardorf Bleialf traf er gelegentlich mit Militärs und anderen Berichterstattern zusammen.

Diese Kriegstage in der Schneifel (Kurzform für »Schnee-Eifel«) hat Hemingway festgehalten in der berühmten Reportage »Krieg an der Siegfried-Linie«. Als Drahtbericht wurde sie erstmals veröffentlicht in der amerikanischen Illustrierten *Collier's* am 18. November 1944. In Buchform erschien sie erstmals 1969, als berühmte 46. der *49 Depeschen* aus aller Welt. Es waren Reportagen, für den Tag geschrieben, doch über den Tag hinaus bedeutsam – nicht zuletzt wegen ihres literarischen Rangs. »Siegfried-Linie«, so nannten die Amerikaner den 630 Kilometer langen Westwall mit seinen Höckerlinien und Panzern. An das düstere gemanische Heldenepos erinnert auch Hemingway bei seiner Schilderung der Kriegstage in der Schneifel: »Es war kalt, es goß, ein halber Sturm wehte, und vor uns lagen wie eine Mauer die schwarzen Forsten der Schnee-Eifel, wo die Drachen hausten.« Unwirtlich und unheimlich muten ihn die weiten Wälder des Schneifelkamms an, zumal wenn Granateneinschläge sie gespenstisch zerfetzen. In der Finsternis dieser Wälder lauern Hinterhalt und Tod auf gnadenloser Menschenjagd: »Wälder, die wie Kulissen zu Grimms Märchen aussahen, nur noch grimmiger!«

Detailgenau und chronologisch registriert Hemingway unfassbare Kriegsgreuel, über weite Strecken erzählt von Captain Howard Blazzards – karg, abgebrüht, in rüdem Ton. Von zerfetzten Körpern und abgerissenen Gliedmaßen schreibt Hemingway, vom Jammern und Stöhnen verwundeter und sterbender Deutscher und über die Lust auf der anderen Seite, angesichts getöter Kameraden immer mehr der verhassten »Krauts« aus ihren Bunkern zu locken und zu töten.

Alfred Anderschs Roman *Winterspelt* wurde durch diese Kriegsreportage Hemingways stark beeinflußt.

Literarisch kehrte Hemingway noch einmal in die Schnee-Eifel zurück. Mit dem Roman *Über den Fluß und in die Wälder* (1950): Der todkranke Oberst Richard Cantwell blickt in Venedig zurück auf Erlebnisse während des Ersten und Zweiten Weltkriegs, darunter auch auf das Kriegsgeschehen in der Schnee-Eifel und im Hürtgenwald / Nordeifel.

Josef Zierden

Literaturempfehlung

Ernest Hemingway: »Krieg an der Siegfried-Linie. 18. November 1944«, in: *49 Depeschen*, 1989; *Über den Fluss und in die Wälder. Roman*, 1951

»Das Mädchen Rosemarie«
Deutschlands berühmtestes Callgirl, »die Nitribitt«, stammte aus der Eifel

»Kurtisane des Wirtschaftswunders.« – »Das sündige Leben der Rosie Nitribitt.« Als im November 1957 das Callgirl Rosemarie Nitribitt ermordet wurde, überschlugen sich die Gazetten mit ihren Schlagzeilen. Die junge Bundesrepublik hatte ihren ersten großen Gesellschaftsskandal. Die »Nitribitt« war die berühmteste Prostituierte des Wirtschaftswunderlands. Mit einem Luxus-Mercedes ging sie im Mief und Muff der fünfziger Jahre auf Kundenfang. Erschlief sich Pelze, Schmuck und viel, viel Geld. Eine illustre Männergesellschaft aus den obersten Etagen der aufstrebenden Wirtschaftsmetropole ging in ihrem Luxusappartement in der Frankfurter Stiftstraße 36 ein und aus: Doppelmoral in der christlichen Adenauer-Republik. Der Mordfall wurde nie aufgeklärt. Der Mörder wurde nie gefasst. Rosemaries gutbetuchte Kunden wurden von Polizei und Justiz nachhaltig geschützt. Ihr tragisches Ende bleibt geheimnisumwittert.

Filme und Bücher machten die »Nitribitt« vollends zum Mythos – bis heute.

Der Film »Das Mädchen Rosemarie«, mit Nadja Tiller in der Hauptrolle, gedreht von Rolf Thiele nach einem Drehbuch von Erich Kuby wurde zum Kassenknüller des Jahres 1959 und bleibt ein Filmklassiker bis heute. Als Remake wurde das Thema 1996 neu verfilmt vom Regisseur und Produzenten Bernd Eichinger.

Auch der mehr als 300 Seiten starke Roman von Erich Kuby *Rosemarie, des deutschen Wunders liebstes Kind* wurde rasch zum Bestseller, übersetzt in 17 Sprachen. Es war ein literarischer Angriff vor allem auf Rosemaries Kunden: Wirtschaftsbosse und Industriekapitäne, zwielichtige Leitbilder der Gesellschaft. Ein Roman von ungebrochener Aktualität, seit 1958 immer wieder neu aufgelegt.

Brisant ist das Thema »Nitribitt« in der Eifel bis heute. Das hat die Autorin Martina Keiffenheim bei ihren Recherchen über die Kindheit und Jugend Rosemaries erfahren müssen. In den Köpfen vieler Mendiger und Mayener Bürger lebe sie weiter, schreibt Keiffenheim. Als ein ungeliebter, ungewollter Star, dessen man sich schäme.

Am 1. Februar 1933 als uneheliches Kind in Düsseldorf geboren, kommt Rosemarie – wie auch ihre Schwester Irmgard – Fronleichnam 1939 zu Pflegeeltern in das Eifeldorf Niedermendig, in der »Pellenz« gelegen, zwischen Mayen, Koblenz und Andernach, unweit des berühmten Klosters Maria Laach. Die sechsjährige Rosemarie wohnt bei den Eheleuten Elsen in der Kaplan-Schlicker-Straße 10 (ehemals: Alte Kirchhofstraße 474), bei einfachen, anständigen und fleißigen Leuten. Rosemarie findet schnell Kontakt: in der Nachbarschaft und in der Volksschule am Marktplatz (heute gegenüber der neuen Mendiger Verbandsgemeindeverwaltung). In Zeiten, in denen Nazi-Terror auch die Eifeldörfer überzieht. Und schließlich auch der Krieg, hautnah zu spüren im Luftkrieg über der Eifel seit Mitte 1944. Eine Zeit, in der auch Rosemaries Kindheit endet: mit der Vergewaltigung durch einen 18jährigen Niedermendiger, der wenig später Soldat wird. Eine Gewalttat, die nie gesühnt, eher tabuisiert und totgeschwiegen wird.

Auf die schiefe Bahn kommt Rosemarie wohl spätestens mit dem Einmarsch der alliierten Besatzer. Ausgelassen fröhlich sehen Klassenkameradinnen die blonde Rosemarie immer wieder in Jeeps der Amerikaner sitzen, auch in Sperrstunden. Und als im Juli 1945 die Franzosen einmarschieren, treibt sich Rosemarie nächtelang auf dem Flughafen von Niedermendig herum. Im Unterricht erscheint sie immer seltener.

Angesichts ihrer Ausschweifungen erwirken Pfarrer, Lehrerin und Pflegeeltern schließlich die Einweisung in ein Fürsorgeheim. Es folgen weitere Heimunterbringungen u.a. in Dormagen und Koblenz, Einzelhaft im Kloster »Vom Guten Hirten« in Trier, immer wieder Ausreißversuche Richtung Frankfurt, Haft in einem Frankfurter Jugendgefängnis wegen Landstreicherei, dazwischen Arbeit als Haushaltshilfe oder Zimmermädchen in Andernach und Mayen. Doch Rosemaries streng überwachte Schritte in ein sittsames bürgerliches Leben sind immer wieder von Rückschlägen geprägt. Ihre Sehnsucht nach einem Leben in Freiheit und Unabhängigkeit, in Luxus und Reichtum wird dabei nicht schwächer.

Im August 1953 schließlich, die gerichtlich verfügte Fürsorgeerziehung ist vorzeitig aufgehoben, zieht Rosemarie endgültig nach Frankfurt. Zielstrebig beginnt sie dort ihre »Karriere«. Und hält dabei immer Kontakt nach Niedermendig, ihrer Heimat. Mit dem legendären schwarzen Mercedes SL 190 Cabriolet taucht sie immer mal wieder in der Eifel auf. Auch um allen zu zeigen, wie weit sie es gebracht hat. An der Pflegemutter hängt sie und an ihrer Schwester Irmgard, die mit Mann und zwei Kindern beengt auf dem Rulandshof lebt, aber auch an ihrer Schulfreundin Christine. »Sie wollte immer nur wissen, wie es mir geht, wie es den Kindern geht. Und wenn sie mit dem Opel oder dann mit dem Mercedes zu uns gefahren kam, da haben sie alle gegafft! Da hab' ich die Niedermendiger dann reden hören: ›Bohär hat dat Rös dann dat ville Jeld her? Dat hat dee doch net ehrlech verdeent?‹« erinnerte sich ihre Schwester Irmgard.

Aber auch dies ist überliefert: wie Rosemarie an Weihnachten 1956 kurz bei ihrer Freundin Christine und ihrer Familie in Niedermendig vorbeischaut. Im eleganten Kostüm, schlank, dezent geschminkt, wie einer Illustrierten entsprungen, steht sie im geschmückten Wohnzimmer. Kerzen brennen am Weihnachtsbaum, das Radio spielt leise Weihnachtsmelodien, Tee dampft auf dem Couchtisch, gleich neben dem Selbstgebackenen. Auf dem Sofa der erkältete Sohn, dem Christine aus einem Buch vorliest. »Ich beneide dich, Christine!« flüstert Rosemarie nach einem kurzen Gespräch beim Abschied. Es ist die letzte Begegnung der beiden Freundinnen.

Zehn Monate später ist »die Nitribitt« tot. Und während sich die Gazetten der Republik in ihren reißerischen Schlagzeilen übertrumpfen, findet sich im Regionalteil der Eifelzeitungen nicht eine Zeile über den Mord. Am 11. November 1957 wird Rosemarie Nitribitt auf dem Düsseldorfer Nordfriedhof beigesetzt. Ohne geistlichen Segen und ohne größeres Geleit. »Nichts besseres ist darin denn fröhlich sein im Leben«, bilanziert der Sinnspruch auf ihrem Grabstein.

Josef Zierden

Literaturempfehlungen

Erich Kuby: *Das Mädchen Rosemarie. Liebe, Leben und Tod des Callgirls Rosemarie Nitribitt*, Reinbek 1998 (Roman; ursprünglicher Titel: *Das Mädchen Rosemarie. Des deutschen Wunders liebstes Kind*, zuerst erschienen 1958). – Erich Kuby, geboren am 28. 6. 1910 in Baden-Baden, gilt als einer der streitbarsten Publizisten Deutschlands. Heinrich Böll würdigte ihn als einen »Nestbeschmutzer von Rang«. Über die Eifel schreibt Kuby in seinem Buch *Mein Krieg* (1975; u.a. auch 1977, 1989), kritische Aufzeichnungen zum Zweiten Weltkrieg, der für Kuby in der Eifel begann: im November 1939 in einem Waldlager bei Daleiden an der deutsch-luxemburgischen Grenze, schließlich in Prüm. Hier beginnt die einzige enge Freundschaft, die Kuby im Krieg knüpfte: mit dem jungen Bildhauer Hansheinrich Bertram aus Peine. Mit der »Kriegsreise durch Frankreich« ab Mitte Mai 1940 endet allerdings die Eifelruhe vor dem militärischen Sturm. Kubys Kriegsaufzeichnungen im engeren Sinne fangen jetzt erst an.

Über Rosemarie Nitribitts Kinder- und Jugendjahre in der Eifel:

Martina Keiffenheim: *Edelhure Nitribitt. Die Rosemarie aus Mendig*, Aachen 1998

Mario Adorf – der »Mäusetöter«
Der Filmstar aus der Eifel als Erzähler

Mario Adorf, 1930 geboren, ist einer der wenigen deutschen Stars im internationalen Film. Mit zahlreichen Hauptrollen seit den fünfziger Jahren, etwa in den Kino-Filmen »Nachts, wenn der Teufel kam«, »Die verlorene Ehre der Katharina Blum« oder »Die Blechtrommel« von Robert Siodmak, Volker Schlöndorff und Margarethe von Trotta. Nicht zuletzt aber auch in Fernsehserien wie »Via Mala«, »Kir Royal«, »Allein gegen die Mafia« oder »Der große Bellheim«. Häufig abgestempelt als »Schurke vom Dienst«, aber auch geschätzt als Komiker und Komödiant.

Mit 60 Jahren macht Adorf auch literarisch von sich reden: mit dem Bestseller *Der Mäusetöter. Unrühmliche Geschichten* (1992). Darin erzählt er erstmals von seiner Kindheit und Jugend im Eifelstädtchen Mayen – und von seinem Sprung aus der Eifel in die weite Welt.

Seine Entstehung verdankt *Der Mäusetöter* der 700-Jahr-Feier Mayens im Jahre 1991:

> »Im Juli dieses Jahres ließ ich mich anläßlich der 700-Jahrfeier meiner Heimatstadt Mayen zu einem Auftritt überreden. Zu diesem Zweck hatte ich mich aus Furcht vor einem Steckenbleiben beim freien Vortrag zum erstenmal gezwungen, oft Erzähltes oder frisch Erinnertes aufzuschreiben. Danach wurde ich verschiedentlich ermuntert oder gar gedrängt, die dort gelesenen Geschichten in Buchform zu bringen. Ich sträubte mich lange. Eines Tages lernte ich einen großen Kollegen kennen. Er hatte schon vor Jahren seine Lebenserinnerungen veröffentlicht und riet mir, mein Buch doch zu schreiben. Das sei schon insofern praktisch, als man dann von Freunden und Kollegen nicht immer gedrängt werde, seine Geschichten zum besten zu geben.«

Was Mario Adorf schrieb, ist noch nicht seine Autobiographie, aber es sind doch Bausteine: Erinnerungen an die Kindheit und Jugend in der Eifel während der Nazizeit, an die Hunger- und Lehrjahre nach dem Krieg und an die Karriere als Schauspieler. »Meist kleine Episoden, Ereignisse und Begegnungen am Rande, die mir aber etwas bedeuten«, so Adorf. Nicht unbedingt wahrheitsgetreu in allen Details, aber immer unterhaltsam. Kurzweilige biographische Plaudereien. Bis zum Ur-ur-ur-Großvater Jacob Adorf, Dorfschullehrer in Kürrenberg bei Mayen, verfolgt Mario Adorf die urkundlich belegte Familiengeschichte zurück. Das Kapitel »Zugvögel«, in dem er den Ursprüngen des familiären Wandertriebs nachspürt, endet mit der Geburt Marios in Zürich (nach der Zeugung in Rom) und mit der Fahrt von Mutter Alice und Sohn Mario nach Mayen zur Weihnachtszeit. Als »Christkindchen« stellt die Mutter ihren »Bankert« dort vor. Während die Mutter in Mayen als Näherin ihr Brot verdient, ist der kleine Mario bei »Tante Lotzen« untergebracht oder im Marienhaus der Borromäerinnen. Mit Tante Lotzens Mann, einem Steinhauer, erkundet Mario das Basaltgrubenfeld, »die Ley«. Hindenburgs Tod, Kriegsvorbereitungen, Judendeportationen, erfolglose Aufnahmeprüfung für die »Napola« im Mai 1941, Kreisparteitag der NSDAP in Monreal im Mai 1943, verwegene Fahrradfahrten zu verschiedenen Truppenteilen: immer stärker rückt die Nazizeit in den Blickpunkt der Adorfschen Erinnerungen. Dann die Eroberung Mayens durch die US-Army und »die Hungerjahre der Nachkriegszeit«, mit Hamstern und Schulboxen in Mayen (Oberrealschule) und dem Studienbeginn in Mainz – bei Professor Holzamer, dem Gründungsintendanten des ZDF.

Und der seltsame Titel *Der Mäusetöter*? Er geht zurück auf eine Episode aus dem ersten Semester an der Mainzer Universität. »Hungerbekämpfung« war Hauptfach in der Nachkriegszeit, wollte man nicht während der Vorlesungen entkräftet in längere Schlafperioden verfallen. Ein neuer Job in der Großküche des Barackenlagers Fort Gonsenheim schien Mario Wege ins Schlaraffenland zu öffnen. Abschreckende Bedingung allerdings: mit einer Kohlenschaufel als »Mordinstrument« umherspringende Mäuse erschlagen und dann in einen feurigen Ofen werfen. Die Erinnerung an einen Verzweiflungskampf mit einer riesengroßen Ratte im kriegszerstörten Mayen half bei der Selbstüberwindung. Rasch entwickelte sich der hungergeschüttelte Student Mario in Mainz zum »perfekten Mäusetöter«.

Josef Zierden

Literaturempfehlungen

Mario Adorf: *Der Mäusetöter. Unrühmliche Geschichten*, Köln 1992
Über Mario Adorf:
Meinolf Zurhorst / Heiko R. Blum: *Mario Adorf. Seine Filme – sein Leben*, München 1992

Ein Eifeldorf schreibt Literaturgeschichte
Alfred Andersch und sein Roman Winterspelt

Spuren eines Autorenlebens in der Eifel: Eine kleine Straße im Dorf Winterspelt bei Prüm heißt seit 1985 »Alfred-Andersch-Straße«. Eine große Bildtafel in der Ortsmitte gibt seit dem Frühjahr 2000 eine Übersicht über den Autor und den Roman, der den Dorfnamen im Titel trägt und international berühmt gemacht hat: *Winterspelt.* Gegenüber im Gemeindehaus findet der Besucher eine Dauerstellung, mit Originalmanuskripten und Fotos.

Alfred Andersch-Literaturtafel zum Roman Winterspelt, *gegenüber dem Gemeindehaus Winterspelt, in dem ein Andersch-Archiv entsteht (Foto: Hubert Serve)*

Vielfache Erinnerungen, mit gutem Grund, denn mit Anderschs letztem Roman *Winterspelt* ging die 900-Seelen-Gemeinde an der belgischen Grenze in die Literaturgeschichte ein. Bis heute gilt *Winterspelt* als Anderschs bedeutendstes Werk, als Höhepunkt seines literarischen Schaffens.

    Es ist ein »Kammerspiel« vor dem Hintergrund des Zweiten Weltkriegs, im Spannungsfeld von Freiheit und Determination Anderschs lebenslängliches Zentralthema umkreisend. Im Mittelpunkt steht als fiktiver Gegenentwurf zur

historischen Realität der Plan des deutschen Majors Dincklage, einen aus-
sichtslos gewordenen Krieg unblutig zu beenden und sein Bataillon kampflos
an die Amerikaner zu übergeben. Der Roman ist ein eindringlicher Appell,
Geschichte nicht als unabänderlich und schicksalhaft hinzunehmen, sondern
Widerstand zu leisten, wo sich inhumane Entwicklungen anbahnen.

Im Mittelpunkt steht ein einziger Tag: der 12. Oktober 1944, wenige Wochen vor Beginn der deutschen Ardennen-Offensive. Es ist die Ruhe vor dem
mörderischen Sturm im deutsch-belgischen Grenzgebiet.

Im Dorf Winterspelt ist der deutsche Major und Ritterkreuzträger Joseph
Dincklage mit seinem 1200 Mann starken Bataillon stationiert. Ihnen gegenüber haben auf belgischer Seite, im Dorf Maspelt, der amerikanische Captain
Kimbrough und Teile der 106. amerikanischen Infanterie-Division Quartier
bezogen. Bewegungslos liegen sich Amerikaner und Deutsche gegenüber,
getrennt nur durch einen Streifen Niemandsland.

Major Dincklage verfolgt einen verwegenen Plan. Er möchte sinnloses
Sterben vermeiden und sein Bataillon an die Amerikaner übergeben. Ein
Plan, nur andeutungsweise möglich in der historischen Realität jener Tage,
aber durchaus möglich in der literarischen Fiktion. »Geschichte berichtet, wie
es gewesen ist. Erzählung spielt eine Möglichkeit durch.« Mit diesem
berühmten Rankewort verweist Andersch auf den Gegensatz zwischen Fakten und Fiktion, aber auch auf die Möglichkeiten des Erzählens und die
Freiheit des Erzählers: literarisch durchzuspielen, was nicht war, aber hätte
sein können und jederzeit wieder sein kann. »Wenn man darauf verzichtet,
sich vorzustellen, wie etwas hätte sein können, verzichtet man auf die Vorstellung von einer besseren Möglichkeit überhaupt. Dann nimmt man die
Geschichte hin, wie sie eben kommt«, lautet Anderschs Credo im Roman.

An seinem spielerisch-freien Umgang mit der historischen Realität lässt
Andersch von Erzählbeginn an keinen Zweifel. Selbst bei der titelgebenden
Ortswahl des Geschehens hat er sich erklärtermaßen große Freiheiten her-
ausgenommen:

> »Die größte Veränderung wurde mit Winterspelt vorgenommen; das Dorf die-
> ses Namens ist überhaupt kein Kalkmuldendorf, sondern es liegt ausgesetzt
> auf einem Höhenzug des Westabfalls der Eifel zum Ardennnen-Vorland. Als
> Modell für Winterspelt wurde ein im östlichen Teil des Landkreises Prüm gele-
> genes Dorf benutzt. Schlussendlich wird eingestanden, dass nicht einmal der
> Frontverlauf historisch genau rekonstruiert worden ist. Winterspelt befand
> sich im Herbst 1944 keineswegs mehr in deutscher, sondern bereits in ame-
> rikanischer Hand, musste den Amerikanern zu Beginn der Ardennen-
> Offensive entrissen werden und wurde von ihnen im Januar 1945 zurücker-
> obert. Wenn wir sie zu Anfang Oktober noch auf dem westlichen Ufer der Our

verweilen lassen, so nur, um der Realisation von Major Dincklages eine größere topographische Chance zu geben«.

Im Gegensatz zur Geschichte kann die Erzählung (als Sandkastenspiel) sich solche Retuschen erlauben, verteidigt Andersch seinen Umgang mit historischen und geographischen Tatsachen. Nicht einmal dem vordergründigen Ablauf und dem Ausgang des Übergabeplans gilt Anderschs Hauptinteresse. Dass dieser Plan zum Scheitern verurteilt ist, weil die Amerikaner nicht mit »Verrätern« zusammenarbeiten wollen, darüber unterrichtet er den Leser schon früh. Umso mehr gilt Anderschs Interesse dem »Kammerspiel« auf dem Hintergrund des Krieges, der Beziehung der Hauptpersonen zueinander, ihren biographischen Werdegängen, ihren Motiven, ihrem Denken, ihren unterschiedlichen Welthaltungen.

Winterspelt, 1972 bis 1974 geschrieben, hat eine lange Entstehungsgeschichte. Vor allem die Zeichnung *Winterspelt* von Gisela Andersch, 1947 entstanden, hat der Autor immer wieder als Keimzelle des Romans bezeichnet. »Aus einem ihrer frühen Bilder ist mein Buch entstanden: Regenwolken über einem Land, das in Wogenzügen, endlos, nach Westen läuft, unter ihnen das Dorf, wie begraben.« (»Seesack«) Und: »In meinem Arbeitszimmer hängt ein Pastellbild von 1947. Ein Dorf in der Eifel. Ein paar Häuser, Hänge, ein Himmel, in Braun, Gelb, Blau, Dieses Bild ist die Ur-Zelle meines Buches WINTERSPELT.« (»Einige Zeichnungen«)

Unschwer lässt sich in der Beschreibung des Dorfes »Winterspelt« das Dorf Rommersheim östlich von Prüm erkennen. Die Kommandantur, der Thelenhof, die Kirche und so manche Romanfigur – in Rommersheim kann man sie aufspüren. Hier lebte Anderschs spätere Frau, die Malerin Gisela Groneuer, von

Eifeldorf, gezeichnet von Gisela Andersch (1947)

1941 bis 1945. Als »Käthe Lenk», Motor des Übergabeplans und Geliebte von Major Dincklage, hat sie Eingang in den Roman gefunden. Ihr hat Andersch seinen letzten Roman gewidmet.

Andersch und die Eifel – Weitere Literatour-Tips

Landschaft ohne Grenzen: Schnee-Eifel, Ardennen, Hohes Venn

Besondere Berühmtheit hat eine suggestive Textpassage in Anderschs Eifelerzählung »Die Letzten vom Schwarzen Mann« (1961) erlangt. Längst schon ist diese Passage zum Dauerzitat in Reisereportagen über die Eifel geworden:

> »Roland schnürte wie ein Fuchs über die Straße, die von Bleialf nach Prüm führt. (...) Die Straße führte oben auf den Kamm hinauf, und von dort aus hatte man einen endlosen Blick über einen Ozean von flachen Tälern und Wäldern, die aus dem Westen herandrängten, von St. Vith und Malmedy. Ein ziemlich geographisches Gefühl. Roland liebte Grenzen, weil an ihnen die Länder unsicher wurden. Sie verloren sich in Wäldern, zerfransten sich in Karrenwegen, die plötzlich aufhörten, in Radspuren, in Fußpfaden, unterm hohen gelben Gras, das niemand schnitt, in Sümpfen, Ödhängen, Wacholder, verrufenen Gehöften, Einsamkeit, Verrat und Bussardschrei. Schnee-Eifel hieß das, Ardennen, Hohes Venn...«

Ekstatisches Entgrenzungserlebnis gerade im Grenzland wird bei Andersch immer wieder spürbar, die anarchische Lust, Grenzen zu überschreiten, zu verwischen, aufzulösen: zwischen benachbarten Staaten, zwischen Zivilisation und Natur. Erhabener Panoramablick zu Anfang, bewegtes Höhengefühl im Einswerden mit dem Unendlichen. Dann Eintauchen in die Tiefen der Wildnis, Rückzugsorte des Dämonischen, von denen verwunschene Sagen geheimnisvoll raunen. Gerade die Grenzlage, die Randlage hat Alfred Andersch an der Eifel geliebt, neben der urwüchsigen Natur und dem geheimnisvollen Sagenschatz, war er doch in seinem unbequem-engagierten Literatenleben immer wieder selbst ein Außenseiter, ein Individualist von zuweilen anarchischem Widerstandsgeist. Der gerne Grenzen überschritt, etwa erstarrten Denkens, wie er das in der Erzählung »Die Letzten vom Schwarzen Mann« mit ihrem Lobpreis der Grenzenlosigkeit tut.

Kerpen/Hillesheim (Vulkaneifel)

Eine Gedenkplatte an der Burg Kerpen nahe Hillesheim erinnert daran, dass hier von 1950 bis 1952 Alfred Andersch mit seiner Familie gelebt hat. In Kerpen vollendete er seine erste Erzählung »Kirschen der Freiheit«, ein autobiographischer Bericht über eine Desertion im Juni 1944. Revolutionär in einer Zeit, in der in der Bundesrepublik über die Wiedereinführung der Wehrpflicht diskutiert wurde. Unberechenbar, unbequem, schockierend radikal zuweilen ist Andersch zeitlebens geblieben. Er war Kommunist in seiner Münchener Jugendzeit, individualistischer Ästhetizist im »Dritten Reich« und sozialistisch orientierter Mahner gegen die Restauration in der Nachkriegs-zeit. 1958 zog er sich schließlich aus der politisch-gesellschaftlichen Realität der Bundesrepublik ins schweizerische Tessin zurück, um Jahre später mit lyrischer Kritik an Radikalenerlass und Bespitzelung erneut zu schockieren.

Alfred Andersch starb am 21. Februar 1980 in Berzona bei Locarno. Der Eifel blieb er zeitlebens verbunden.

Josef Zierden

Literaturempfehlungen

Alfred Andersch: *Winterspelt. Roman*, Zürich 1974; Neuauflage u.a. 1977. Verfilmt u.a. mit Katharina Thalbach, Hans Christian Blech und Claus-Theo Gärtner 1978. Regie: Eberhard Fechner

Alfred Andersch: »Die Letzten vom Schwarzen Mann«, in: *Geister und Leute. Zehn Geschichten*. München 1961; Neuauflage u.a. 1990

Über Alfred Andersch:

Stephan Reinhardt: *Alfred Andersch. Eine Biographie*, Zürich 1990

Josef Zierden: *Die Eifel in der Literatur*, Stichwort: »Alfred Andersch«. Gerolstein 1994, S. 9-14

»Die sanften Linien der Eifel«
Walter Schenkers klassischer Gegenwartsroman Eifel

Die Eifel als magische Sehnsuchtslandschaft und als Urgrund auswegloser Depression. Die Eifel als ländliche Idylle und als düstere Totenlandschaft. Die Eifel als dröhnender Geschwindigkeitsrausch auf dem Nürburgring und als weltverlorene Stille am Totenmaar. Die Faszination der sanften Eifellinien. Und die Schwermut der erloschenen Vulkane.

Zwiespältig ist das Eifelbild, das Walter Schenkers Roman *Eifel* zeichnet. 1982 erstmals erschienen, ist er bis heute der klassische Gegenwartsroman zur Eifel. Gerade wegen seiner vertrackt widersprüchlichen Landschafts-sicht.

Zerrissen und heimatlos

Schenkers Roman *Eifel* gestaltet das menschliche Drama eines arbeitslosen Lehrers aus dem Eifeldorf Hontheim bei Prüm. Lautlos vollzieht es sich und endet in tödlicher Verzweiflung. *Eifel* ist nicht nur ein »Arbeitslosenroman«, sondern immer auch ein »Heimat-Roman« im weiteren Sinne. Thematisiert er doch Heimat als Problem, protokolliert er doch den schmerzlichen Verlust von Heimat und den vergeblichen Versuch einer Wiedergewinnung.

Der arbeitslose Gymnasiallehrer Jakob Simonis erzählt im Rückblick die Geschichte seines Lebens. Eine Lebensgeschichte voller Sprünge und Risse, Gegensätze und Schwankungen, die sich linearem Erzählen in streng chronologischer Abfolge entzieht. Immer wieder gerät Jakob Simonis beim Erzählen »vom Hundertsten ins Tausendste«, erliegt er dem Zwang seiner labyrinthisch verworrenen Gedankengänge, dem wilden Wirbel der Assoziationen.

Hontheim und Prüm in der Westeifel, Trier, Heidelberg, Neuweiler bei Trier und schließlich Daun in der Vulkaneifel: diese biographischen Stationen markieren völlig gegensätzliche und auch in sich schmerzlich ambivalente Lebensphasen und Wertewelten des Ich-Erzählers. Hier die autoritär geprägte, ich-schwächende Kindheit und Jugend in der Westeifel der Nachkriegszeit: in katholisch-konservativer dörflicher und kleinstädtischer Enge, mit elitär-humanistischer Gymnasialbildung und sittenstrenger Theologieausbildung im Priesterseminar. Dann, in jähem Bruch und Wechsel, das Lehramtsstudium in Heidelberg der enttabuisierenden 68er-Revolte. Danach das Examen im politisch gemäßigten Trier, nach intensivem Studium des frühen Marx und des anderen Geschlechts. Und schließlich zermürbende Arbeitslosigkeit und unaufhaltsames Abgleiten in Depression und Resignation – in Zeiten neokonservativer Wende um die Mitte der siebziger Jahre.

Da vollends radikalisiert sich die ewige Gespaltenheit, Zerrissenheit und Unbehaustheit des Jakob Simonis. Und zugleich verstärkt sich die regressive Sehnsucht nach dem kleinen Eifeldorf der Kindertage, nach heimatlicher Verwurzelung und Geborgenheit, nach Überschaubarkeit, Stabilität und Sinnorientierung. Jede Annäherung macht aber nur um so schmerzlicher die zwischenzeitliche Entfernung, Entwurzelung und Entfremdung bewusst.

Ersehnte Heimat: die »sanften Linien« der Eifel

Ambivalent ist die Bedeutung der Eifellandschaft und des Eifeldorfes. Teils spiegelt oder bedingt die als rückständig empfundene »Windschattengegend« und »Randzone« Jakobs düstere Seelenlage und Schattenexistenz: »Vielleicht ist die Depression die Eifel. Vielleicht ist es gar nicht die Depression, sondern es ist die Wirklichkeit selber. Die Situation. Die Herkunft. Die Eifel.« Teils ist die Eifel aber gerade die haltgebende »Übermutter« und das Sehnsuchtsziel. Immer wieder bilden die »sanften Linien der Landschaft«, die leitmotivisch beschworenen »Eifellinien« vor allem bei Neuweiler eine positive Gegenwelt von magischer Anziehungskraft. Es fasziniert Jakob daran das »Sanfte« und »Leichte« von Aufstieg und Abstieg als harmonischer Ausgleich zwischen Extremen.Es fasziniert ihn daran die klare Linearität im Kontrast zu verworrener Gegensätzlichkeit und labyrinthischem Durcheinander. Und es fasziniert ihn die als idyllisch empfundene Naturschönheit, die alles gegenwärtige oder vergangene Unschöne, Hässliche und Disharmonische vergessen macht.

Toteninsel und ewige Heimat

In einem letzten dialektischen Umschlag dieses an Widersprüchlichkeiten und Umschwüngen reichen Lebens beschleunigt sich das bittere Ende eines menschlichen Dramas paradoxerweise mit der Aussicht auf einen Arbeitsplatz an einem Dauner Gymnasium. Gerade als Jakob Simonis von seinen beruflichen Träumen radikal Abschied genommen hat, wird der verlorene Traum doch noch wahr, kann aber jetzt nur noch lähmender Alptraum sein – angesichts der vielfältigen innerschulischen und kleinstädtischen Anpassungs- und Integrationszwänge. Weder fähig zur Anpassung noch zum Widerstand, flüchtet Jakob Simonis in eine »neue«, »andere« Sicht der Dinge, entrückt er der Wirklichkeit – mit dem Anspruch, sich nunmehr mit ihr versöhnt zu haben. Der Prozess der radikalen Desillusionierung schlägt um in magische Illusionierung. Die deprimierende Realität wird überhöht zum märchenhaften Traum. Jakob, der ewig Unzufriedene und rastlos Schwankende, verspürt nunmehr in sich Zufriedenheit und Ruhe von lähmender Schwere, die schon auf tödliche Erstarrung verweist. Gerade in Daun, in der Vulkaneifel, nahe den Eifelmaaren als dem Inbegriff des längst Erloschenen und Toten, wandelt sich Jakob die Eifel-

Titelseite der Erstausgabe von Walter Schenkers Roman Eifel Zürich 1982

landschaft zur Toteninsel (Arnold Böcklins Bild »Die Toteninsel« von 1883 ziert nicht zufällig den Umschlag des Buches). Der Brückenbogen der Eisenbahn in Daun wird zum Tor ins ewige Leben, zur ewigen Heimat. Jakob Simonis, dem auf Erden nicht zu helfen war, wird am 10. November 1977 tot am Fuße dieses Brückenbogens gefunden. Auf dem kleinen Friedhof von Hontheim, im Eifeldorf seiner Kindheit, findet er seine letzte Ruhestätte.

Josef Zierden

Literaturempfehlungen

Walter Schenker: *Eifel. Roman*, Zürich 1982. Taschenbuchausgabe: Elsdorf 1998. – Geboren am 16.7.1943 in Solothurn/Schweiz, lebt Schenker als freier Schriftsteller in Trier. 1974 bis 1984 unterrichtete er als Professor für Germanistische Linguistik an der Universität Trier. Weitere Romanveröffentlichungen u.a. *Professor Gifter* (1979), *Anaxogoras oder der Nord-Süd-Konflikt* (1981), *Gudrun* (1985) und *Am andern Ende der Welt* (1988). Der Roman *Eifel* wurde 1988 vom Südwestfunk für das Fernsehen verfilmt (Regie: Günther Klein).

Über Walter Schenkers Roman Eifel:

Josef Zierden: »Sanfte Linien, trügerische Wälder. Die Eifel in der zeitgenössischen Literatur«, in: *Fluchtpunkte. Rheinland-pfälzisches Jahrbuch für Literatur 2*, Frankfurt am Main 1995, S. 268-277

Mordsappetit auf Eifelkrimis
Jacques Berndorf & Co. beleben mit Leichen die Eifel

Der Regionalkrimi boomt – und mit ihm der »Eifelkrimi«. Autoren über Autoren entdecken seit einem Jahrzehnt die Eifel als Kriminallandschaft, finden sie »mörderisch gut« als Schauplatz auflagenstarker Kriminalromane und Polit-Thriller. Ob vermeintliche Spionageaffären oder private Eifersuchtsdramen, ob Geldraub oder Mord: sie bringen Medienrummel und kriminologische Hektik in die Eifel. Sie schaffen Unruhe und Spannung in einem Landstrich, der von den Autoren nur allzu häufig als »abgelegen«, »einsam« und »beschaulich« charakterisiert wird. »Ausgerechnet in der verschlafenen Eifel« geschieht der größe Geldraub in der Geschichte der Bundesrepublik Deutschland. 18,6 Millionen DM verschwinden mit einem Geldtransporter bei dem Dorf Wiesbaum in der Vulkaneifel. »Robin Hood« in der Eifel, wie sich am Ende des Kriminalromans *Eifel-Gold* von Jacques Berndorf herausstellt.

»Vater des Eifelkrimis«: Jacques Berndorf und die Vulkaneifel

Jacques Berndorf war es, der die Eifelkrimis bundesweit zum Markenzeichen machte. Oder genauer: Michael Preute, langjähriger Journalist für *Spiegel* und *Stern*, Sachbuchautor und Krimiautor, 1936 in Duisburg geboren. Bei Presserecherchen über den Regierungsbunker in Adenau hatte er eine Lebensgefährtin kennengelernt und sich im Winter 1983 in ihrem Bauernhaus im Eifeldorf Berndorf in der Vulkaneifel niedergelassen. Diesem Dorfnamen entlieh Preute das Autoren-Pseudonym für seine Eifelkrimis.

Dem Eifelkrimi-Debüt 1989 mit *Eifel-Blues* folgten in rascher Folge viele weitere Berndorf-Krimis wie *Eifel-Gold* (1993), *Eifel-Filz* (1995), *Eifel-Schnee* (1996), *Eifel-Feuer* (1997), *Eifel-Rallye* (1997), *Eifel-Jagd* (1998), *Eifel-Sturm* (1999) und *Eifel-Müll* (2000). Gesamtauflage: Rund eine Million Exemplare. Stets mit dem programmatischen Etikett »Eifel« im Titel. Sie begründeten Berndorfs Ruf, »Vater des Eifelkrimis«, wenn nicht gar »Guru des Eifelkrimis« zu sein *(Die Zeit)*. So groß war die Nachfrage nach seinen Werken, dass Berndorf seinen älteren Roman *Der General und das Mädchen* flugs zu *Eifel-Feuer* umarbeitete. Und schon hat das ZDF mit der Verfilmung seiner Eifelkrimis begonnnen – an Originalschauplätzen.

In vielfältigen Bezügen hat die dörfliche Alltagsrealität in der Eifel, vor allem in der Vulkaneifel, Eingang gefunden in Berndorfs Krimiwelt. So der langjährige Nachbar und Freund Alfred, so die Katze Krümel, die Freundin Else oder die Stammkneipe »Die Tasse« in Hillesheim. Sie begleiten in den Kriminalromanen die Hauptgestalt Siggi Baumeister, freier Journalist mit kriminalistischen Neigungen, leidenschaftlicher Pfeifenraucher und Katzenfan – wie der Autor. Eine unkonventionelle Detektivgestalt, die mit den Dorfbewohnern gemeinsam Spurensuche betreibt. Die ihre Informationen in der Dorfkneipe bezieht, in Gesprächen auf der Dorfstraße wie im Amtsstübchen des Ortsbürgermeisters

Der Schriftsteller Michael Preute alias Jacques Berndorf (Foto: Ch. Plöthner)

und in der Praxis des Landarztes. Oder auf Recherchenfahrten in die Nordeifel oder an die Ahr oder in die nahegelegenen Metropolen Bonn und Köln.

Einen »Eifelfreak« nennt sich Jacques Berndorf, und das könnte auch für Siggi Baumeister gelten. »Ich lebe hier in holder Einsamkeit und arrangiere mich mit der Welt, indem ich sie verachte«, lautet ein Lebenscredo Baumeisters und ein Lobpreis der Abgeschiedenheit. Immer wieder gerät Baumeister ins Schwärmen über die Ruhe und Schönheit der Eifellandschaft, über die aufrechte Art und die Heimatverbundenheit ihrer Menschen. So sehr, dass Freundin Elsa einmal die Frage stellt: »Hat dein Vulkaneifel-Mensch eigentlich auch Fehler?«

Selbst da, wo er Probleme der Vergangenheit und der Gegenwart anspricht, tut er es aus Sympathie zur selbstgewählten Heimat Eifel. Immer wieder notiert er neben der Schönheit die Kargheit der Landschaft. Oder die fehlende Abwechslung, die Neugier und Redelust fördere. »Hier wird schon geredet, wenn der Reißverschluss meiner Hose defekt ist.« Oder: »Ein Eifeler Junge macht erst mit sechs Monaten die Augen auf, aber dann sieht er alles!«, wie Ortsbürgermeister Jupp in *Eifel-Gold* meint. Nicht immer zur Diskretion geneigt, misstrauisch und wortkarg gegenüber Fremden, fatalistisch zuweilen: so begegnet uns der Eifelbauer in den Berndorf-Krimis allenthalben.

Die historische Bedingtheit derartiger Charakteristika wird immer wieder aufgezeigt. Den gelegentlichen Fatalismus der Eifeler sieht Baumeister etwa in deren jahrhundertelanger Armut begründet. »Sie haben über Jahrhunderte sämtliche besitzgeilen Europäer über sich ergehen lassen müssen. Dann waren sie ein Armenhaus, wie man das nannte. Das färbt ab. Die Jungen sind anders«, erklärt Baumeister in schnoddrig-vulgärer Umgangssprache dem pensionierten Kripobeamten Rodenstock aus Trier. Grund genug zu immer neuen geschichtlichen und aktuellen Exkursen: etwa über die Rolle der Schafzucht in der kargen Eifel, über die Größe der Eifeler Kuh, über die jahrhundertelange Härte der Arbeits- und Lebensbedingungen, über die Probleme des Strukturwandels im ländlichen Raum (Höfesterben und Preisverfall). Warnungen fehlen nicht, vor allem vor einem forcierten Strukturwandel, der bäuerliche Kultur zerstöre. »Die meisten Steinbrüche hier liegen still, und ein paar Idioten warten darauf, dass sie voll Wasser laufen. Sie träumen von Bratwurstbuden und Colaverkauf an Leute, die auf zweihundert Quadrametern surfen wollen«, heißt es sarkastisch in *Eifel-Blues*. Es fehlen auch nicht Einblicke in schwierige Kapitel der Geschichte, etwa zur Geschichte der Juden im Ahrtal.

Mehr als ein Jahrzehnt Eifelkrimis von *Eifel-Blues* bis *Eifel-Müll* – da hat

Jacques Berndorf nicht nur viele literarische Nachahmer gefunden. Er hat inzwischen auch selbst vermehrt Eingang gefunden in Eifelkrimis der Konkurrenz: als »Michael Herzen« in die Kriminalromane *Der Retter* (1997) und *Das Wasser* (1999) seiner damaligen Ehefrau Angelika Koch, satirisch verfremdet als pfeiferauchende *Spiegel*-Journalistin Hermine Hühnerbein in dem Roman *Das Doppeldings* von Andreas Izquierdo und als »oller Jakob Birkenbusch« im Eifel-Kinderkrimi *Wenn Goldfinger rauskommt* von Ralf Kramp. »Um seinen weißen Schnauzbart hatte sich ein verkniffener Zug in sein Gesicht gegraben. Seine Augen waren geweitet, und seine Stirne hatte er in nachdenkliche Dackelfalten gelegt. Um seinen Kopf kräuselten sich schneeweiße lustige Löckchen. Viel zu lange Haare für sein Alter, das zwischen sechzig und siebzig liegen mochte«, heißt es da über Michael Preute alias Jacques Berndorf. Als »altem Hasen« hat Kramp seinem bewunderten Vorbild seine Kinderkrimi-Premiere gewidmet.

Krimischauplatz Südeifel – »Bitte ein Mord«

Spielen Berndorfs Eifelkrimis überwiegend in der Vulkaneifel und an der Ahr mitsamt dem Nürburgring, so weiten andere Autoren den Krimischauplatz Eifel nach Süden, Westen und Norden aus. Besonders reizvoll ist die südwestliche Eifel im Tal der Kyll. Dort lockt, im bewaldeten Talkessel an der Kyllschleife, Malberg mit dem hoch aufragenden Barockschloss. Dort lockt ebenso die kleine Kurstadt Kyllburg mit Stiftsberg, gotischer Stiftskirche und Gedenkstätte für die Gefallenen der Weltkriege. Kyllburg und Malberg: sie sind die Hauptschauplätze des Eifelkrimis *Bitte ein Mord* von Edgar Noske. »Wie eine Felswand ragte die Stiftskirche plötzlich vor ihm auf. Licht kam nur von einer dreiarmigen Laterne vor dem Westportal, unterstützt vom matten Schein, der aus einigen Fenstern der gegenüberliegenden Landvolkshochschule fiel, die sich mit der Kirche das Gipfelplateau des Berges teilte«, heißt es bei Noske. Und: »Von oben sah Malberg aus wie ein Spielzeugdorf, das ein unordentliches Kind aufgebaut hatte. Von dem schwarz-weißen Einerlei stachen vereinzelt, wie handkoloriert, rote Ziegeldächer und ockerfarbene Fassaden ab.« Was romantisch-idyllisch anmutet, verwandelt sich schon bald in Schauplätze blutigen Geschehens. Konrad Walterscheidt, Seniorchef der (erfundenen) Kyllburger Brauerei, erliegt auf dem Stiftsberg dem Pfeil einer Armbrust. Und nahe dem finsteren Kyllwald, im Schein des abnehmenden Halbmonds, findet man inmitten einer blökenden Schafsherde Hermann Windeck, ebenfalls von einer Armbrust tödlich getroffen. Ein sinniges Mordinstrument in einer Eifelgegend, die in den zwanziger Jahren mit den berühmten Tell-Festspielen über hunderttausend Zuschauer von nah und fern anzulocken vermochte.

»Um Moneten, Macht und Marktanteile« geht es in *Bitte ein Mord*. Vor allem um den Konkurrenzkampf zwischen der kleinen Kyllburger Brauerei und der übermächtigen Bitburger Brauerei mit dem Slogan »Bitte ein Bit«, eine schon 40 Jahre währende Feindschaft zwischen zwei »Brauerei-mogulen«. Neben Malberg und Kyllburg bilden Malbergweich, Mohrweiler, Michelbach, St. Thomas und Wilsecker die Raumkoordinaten dieses Eifelkrimis. Eine Prachtvilla in Malberg, eine geheimnisumwitterte Jagdhütte bei Mohrbach und eine »Ponderosa« in Malbergweich sind wichtige Schauplätze. Für »Amateurdetektiv« Harry Kaplan, der eigentlich nur zur Beerdigung seiner Tante Martha von Köln nach Malberg gereist ist, wird es eine turbulente Wiederbegegnung mit der Eifel und zugleich eine Erinnerungsreise in Eifeler Kindheitstage. »Sie haben aber auch die Seuche im Gepäck, Kaplan«, flucht schon bald Kommissar Seydlitz. »Das letzte Kapitalverbrechen in dieser Gegend liegt fünf Jahre zurück. Da hat ein Landstreicher dem Bürgermeister von Steinborn die Milchflasche vor der Haustür geklaut. Seit Sie hier sind, gibt es mehr Morde als Autounfälle.«

Mit präzisen Ortsbeschreibungen beschreibt Krimi-Autor Edgar Noske die Schönheit der herbstlichen Eifellandschaft. Immer wieder spürt er ihrer traditionsreichen Geschichte und dem eher konservativen Wesenszug der Bewohner nach. Auch in seinem zweiten Eifelkrimi *Rittermord*, der neben dem Ritterturnier-Ort Satzvey in der Nordeifel wiederum in Kyllburg in der Südeifel spielt.

Schauplatzwechsel: der Flugplatz der Kreisstadt Bitburg. Go-Karts drehen ihre Runden, im Hintergrund staffeln sich Tower, Hangars und Stacheldrahtzäune und immer neue Firmenschilder vor alten Gebäuden. Die ehemalige Air-Base der Amerikaner ist auf dem Weg zur zivilen Nutzung. Sie ist Hauptschauplatz des Polit-Thrillers *Familienzauber* von Edwin Klein, einst international berühmter Hammerwerfer aus Konz bei Trier. Wer heute in freier Fahrt sein Auto über die Air-Base rollen lässt, kann nur spekulieren über das geheime Innenleben der Hangars, über die dichten Sicherheitskontrollen von ehedem, über Leben und Treiben der amerikanischen Soldaten in den Clubs und in der Kantine.

In Kleins Thriller lebt die Zeit des Kalten Krieges zwischen West und Ost noch einmal auf, wird doch hier die Air-Base zum streng abgeschirmten Tummmelplatz rivalisierender Geheimdienste vor dem Hintergrund globaler Spannungen zwischen Ost und West, zwischen den USA und der Sowjetunion. Kleinere Eifelorte im Bitburger Land wie Speicher, Wolsfeld, Meckel und Irrel werden Teil einer schwer durchschaubaren Agentenwelt, deren Wurzeln in die DDR und in die Sowjetunion führen und die in globaler Vernetzung noch mit dem fernsten Weltgeschehen verbunden ist. Tarnexistenzen enthüllen ihr wahres Gesicht, hochrangige amerikanische Militärs erweisen sich als Agenten des sowjetischen KGB.

Kleins Thriller *Kampf der Götzen* (1997) siedelt wichtige Szenen in der Waldstadt Prüm an. Die Existenz Berthold Kilians, einst Gymnasiallehrer in Trier und glücklicher Familienvater, ist zerstört. Er soll eine Schülerin vergewaltigt haben. Unschuldig hat er fünf Jahre Haft abgesessen. Als Redakteur einer kleinen Tageszeitung beginnt er ein neues Leben – und die Suche nach den wahren Tätern und Hintergründen. Auch im Krimi *Rabenschwarz* (1998) von Ralf Kramp führen entscheidende Spuren in die Eifelstadt Prüm. Das düstere Geheimnis um Räben-Paul klärt sich im Gespräch mit Frau Krechel im Prümer Altenheim – unweit der größten Krähenkolonie Westdeutschlands, beim Prümer Berghang »Die Held«.

Ansonsten sind die Kriminalromane Ralf Kramps mehr in der Nordeifel Nordrhein-Westfalens angesiedelt, zwischen Euskirchen und Bad Münstereifel, mit Ausläufern an die Ahr. Darin ähnlich den Eifelkrimis von Andres Izquierdo und Heinz Küppers. Spannung ohne (Länder-)Grenzen – gerade die Eifelkrimis laden dazu ein.

Jo Pestums rätselhafte Vulkaneifel

In seiner Detektivreihe »Luc Lucas« hat der bekannte Kinder- und Jugendbuchautor Jo Pestum ebenfalls spannnende Detektivgeschichten in der Eifel angesiedelt – frühes Lesefutter für den späteren Eifelkrimi-Autor Ralf Kramp. Der Inhalt: Kommissar Luc Lucas hat seine Arbeit bei der Kriminalpolizei in Köln aus gesundheitlichen Gründen aufgegeben und ist aufs Land gezogen: auf den »Rabenhof« nahe der Brunnenstadt Gerolstein. Seine Frau Doris hat ihn geerbt. Immer wieder wird Luc Lucas hier in rätselhaftes Geschehen verwickelt, in Juwelendiebstahl wie Juwelenschmuggel. Dabei wird die Vulkaneifel als hinreißende Landschaft beschrieben. Die besondere Sympathie der Detektivgestalt aber gilt dem Pulvermaar: »Ich war wie immer hingerissen von dieser kargen Eifellandschaft. Und von allen Maaren – diesen klaren, kalten Seen in den Kegeln der erloschenen Vulkane – mochte ich das Pulvermaar am liebsten.«

Eifelkrimis von Berndorf bis Pestum, von der Nordeifel über die Vulkaneifel bis zur Südeifel. Da geht es nicht nur um Mord und Spionage, um Geldraub und Schmuggel. Da geht es immer wieder auch um Land und Leute der Eifel, um Themen und Probleme eines oftmals verkannten Landstrichs in Geschichte und Gegenwart.

Literarische Annäherungen an die Eifel, wie sie spannender kaum sein könnten. Mörderisch gut.

Josef Zierden

Literaturempfehlungen

Jacques Berndorf: *Eifel-Blues*, Dortmund 1989; *Eifel-Gold*, Dortmund 1993; *Eifel-Filz*, Dortmund 1995; *Eifel-Schnee*, Dortmund 1996; *Eifel-Feuer*, Dortmund 1997; *Eifel-Rallye*, Dortmund 1997; *Eifel-Jagd*, Dortmund 1998; *Eifel-Sturm*, Dortmund 1999; *Eifel-Müll*, Dortmund 2000; *Eifel-Wasser*, Dortmund 2001

Gisbert Haefs: *Matzbachs Nabel*, München 1993

Andreas Izquierdo: *Der Saumord*, Dortmund 1995; *Das Doppeldings*, Dortmund 1996; *Jede Menge Seife*, Dortmund 1997

Edwin Klein: *Familienzauber*, München 1991; *Kampf der Götzen*, Hamburg 1997

Angelika Koch: *Der Retter*, Elsdorf 1997; *Jemand wie Ginsterblum*, Elsdorf 1997; *Das Wasser*, Elsdorf 1999

Georg R. Kristan: *Das Jagdhaus in der Eifel*, München 1985, 7. Aufl. 1990

Ralf Kramp: *Tief unterm Laub*, Elsdorf 1996; *Der Spinner*, Elsdorf 1997; *Rabenschwarz*, Elsdorf 1998; *Der neunte Tod*, Elsdorf 1999; *Still und starr*, Elsdorf 2000; *Wenn Goldfinger rauskommt*, Gladenbach 2000

Edgar Noske: *Bitte ein Mord*, Köln 1996; *Rittermord*, Köln 1997

Jo Pestum: *Lange Schatten in der Nacht*, München 1985; *Das Rätsel der Bananenfresser*, München 1985

Über Eifelkrimis:

Klaus-Peter Walter: »Vom Eifelkrimi und anderen Markenartikeln. Laudatio auf Jacques Berndorf und Ralf Kramp«, in: Sigfrid Gauch/Gabriele Weingartner/Josef Zierden (Hrsg.): *Unterwegs. Rheinland-pfälzisches Jahrbuch für Literatur 4*, Frankfurt am Main 1997 (Anlässlich der Verleihung des Eifel-Literatur-Preises 1996, Sparte Eifelkrimi, beim Eifel Literatur Festival in Prüm)

Klaus-Peter Walter: »Der Eifelkrimi. Ein Überblick«, in: *Eifel-Jahrbuch 1998*, S. 165-168

Josef Zierden: »Mordsappetit auf Eifelkrimis. Anregungen für eine spannende Litera-Tour durch die Eifel«, in: *Eifel-Jahrbuch 1998*, S. 23-27

Ufos und Teufel haben Konjunktur
Die Eifel – eine Sagenlandschaft von Rang

Einst saß man an langen Winterabenden in der Eifel in Bauernstuben oder Werkstätten zusammen und lauschte den Erzählern und ihren Geschichten – von Rittern und Tempelherren, von Hexen, Tod und Teufel, von Wegekreuzen, Pest und zauberkundigen Pfarrern. Schauplätze dieser Geschichten waren finstere Klöstergewölbe und schaurige Burgruinen, einsame Kapellen, Wegekreuze und Totenbahren, finstere Wälder und Hexentanzplätze. Derartige bäuerliche Vorstellungswelten leben in Eifelsagen selbst heute noch fort, wie nur in wenigen Sagenlandschaften Deutschlands.

Besonders bedeutsam ist die Sagensammlung von Matthias Zender aus Niederweis bei Bitburg, Ergebnis langjähriger Sammelfahrten zwischen den beiden Weltkriegen. Rund 400 Erzähler hat der spätere Bonner Volkskundeprofessor in seiner Studienzeit befragt. Mehr als 10.000 volkstümliche Sagen und Geschichten zur Eifel trug er zusammen, nicht zuletzt in den Westeifelkreisen Bitburg und Prüm. Das Schwergewicht der Sammlung lag auf Gespenstersagen, Hexensagen und geschichtlichen Sagen.

Heute ist dies eine unschätzbare Dokumentation volkstümlichen Erzählens und eine volkskundliche Quelle ersten Ranges, nicht zuletzt wegen der besonderen thematischen Vorlieben und der typischen bäuerlichen Erzählweise. Es sind Sagen, die weiterleben auch in der Erzählkunst der Gegenwart. Wichtigstes Beispiel ist Tilman Röhrigs spannende Neuerzählung der volkstümlichen Eifel-Sage »Die Seele des Gerbers wird gerettet« aus der Sammlung Zender.

Teuflischer Kampf: Alte Eifelsage – neu erzählt

Der Teufel kommt um Mitternacht. Zuerst donnert er mit einem feuerglühenden Pferdegespann über den Friedhof von Prüm zum Grab des reichen Gerbers Jeeps. Dann lockt er listig mit Gold und Geld. Und schließlich lässt er ein riesengroßes Rabenheer mit eisernen Schnäbeln und scharfen Krallen das Gerbergrab umpflügen und die Gerberleiche häuten.

Ein teuflischer Kampf um die Haut des Gerbers und damit um die arme Seele eines reichen Geizkragens hat begonnen. Ängstlicher Gegner im ungleichen Duell: der arme Prümer Schuster Mathias Hecht, dem der Gerber einst in Todesangst Leder geborgt hat gegen das Versprechen, drei Nächte lang sein Grab zu bewachen. Bei Nacht und Nebel kauert der schmächtige Mann zitternd am modrigen Grab, inmitten teuflischer Geruchsschwaden.

Bewehrt mit einem eisernen Haken und geschützt von einem Bannkreis, den der Prümer Pastor mit Weihwasser, Weihrauch und Kreuzeszeichen gezogen hat. Vom Fenster der Sakristei aus unterstützt der fromme Mann den Schuster mit donnernden Gebeten, Aufmunterungen und Mahnungen.

»Der Schuster und die Haut des Gerbers« ist der Titel der Erzählung, die zum Spannendsten zählt, was die Eifelliteratur zu bieten hat. Autor ist kein Geringerer als der bekannte und preisgekrönte Kinder- und Jugendbuchautor Tilman Röhrig. Ein seltenes Beispiel dafür, wie ein moderner Schriftsteller eine alte Eifelsage in ein prächtiges Erzähljuwel verzaubern kann. Denn nüchtern und karg kommt die ursprüngliche Teufelssage daher, die der Volkskundler Mathias Zender in den dreißiger Jahren in Prüm aufgezeichnet hat. Kaum mehr als ein skizzierter Erzählkern, inhaltlich komplett, sprachlich jedoch im Bettelgewand. Lichtjahre entfernt von der faszinierenden Erzählkunst eines Tilman Röhrig, wie auch Viktor Baurs motivgleiche Eifelballade »Der Gerber zu Prüm« aus dem Jahre 1965. Armut und Not des kinderreichen Schusters, Geiz und Hartherzigkeit der Gerber, der mitternächtliche Teufelskampf auf dem Friedhof zu Prüm und schließlich der Sieg des Schusters über die entfesselten Teufelsmächte – das wird von Röhrig ungemein eindringlich, lebendig und spannend erzählt: dialogreich, bilderstark, mit effektvoller Erzähldramaturgie.

In der Feder eines meisterlichen Erzählers weitet sich so eine lokale Sage zu einem Exempel von Reichtum und Not, von Frömmigkeit und Sündhaftigkeit. »Und hast du Angst um deine Seele. Geh nach Prüm! Denk daran, dort wird dem Teufel mit Haken und Gottvertrauen die Seele abgejagt«, schließt Tilman Röhrig sein kleines erzählerisches Meisterwerk.

Ufos aktuell: Eifelsagen und Ufoforschung

Von fliegenden Feuerkutschen erzählt die Eifelsage, von glühenden Rossen und Rädern im Feuermeer. Über Äcker und Gärten schweben sie unheimlich hinweg, stürzen mit fürchterlichem Gerassel auf die Flüsse hinab und verschwinden urplötzlich im Grund. Von weißen Spukdamen wissen Eifeler Sagenerzähler. Den Sauerfluten entsteigen sie und schweben bergaufwärts uralten Buchen zu. Koboldartige Männchen bevölkern die Sage, gehen etwa am Hauchenbach um, Zufluss der Prüm zwischen Peffingen und Wettlingen. Ganz weiß mit Hut, groß nur wie eine Pfanne, nehmen sie ahnungslose Wanderer mit auf ihre verwegenen Luftreisen. Beim Menhir von Holsthum, beim Dianadenkmal in Weilerbach am Fuße des Ferschweiler Plateaus, auf der dunklen Landstraße von Hersdorf nach Schönecken bei Prüm: überall im Eifelland lässt ein Glühen und Fliegen, ein Sausen und Brausen und Rauschen die Leser Eifeler Gespenstersagen erschaudern.

Es sind Dokumente einer längst untergegangenen bäuerlichen Vorstellungswelt, gruselig-schauerliche Unterhaltung in noch fernsehloser Zeit. Für manche Zeitgenossen von heute freilich auch Ausgangspunkt pseudowissenschaftlicher Nachforschungen. Wenn diese Zeitgenossen etwa mit Gamma-Strahlungswarngeräten ausrücken, um volkstümliche Phantasielandschaften zu durchleuchten. Oder das Kleiderrauschen weißer Sagenfrauen als elektromagnetische Felder deuten, um ufoähnlichen Erscheinungen auf die Spur zu kommen.

Ufos in Eifel und Ardennen aufzuspüren, das ist auch die erklärte Absicht Willi Schillings aus Langerwehe nunmehr schon in seinem zweiten Buch. Ein »Eifel-Däniken« gewissermaßen, dem die Spukgestalten und Hexentanzkreise zu Beweisen außerirdischer Flugobjekte werden. Da entsteht in der versuchten wissenschaftlichen Deutung alter Eifelsagen schon wieder neues phantasievolles Erzählgut, gipfelnd in aktuellen Ufosichtungen im Dreiländereck, als moderne Gruselschmöker eher genießbar denn als wissenschaftliche Abhandlungen. Die uralte Eifelsage entlässt ihre phantasievollen Kinder – ins irrlichternde Zeitalter moderner Ufoforschung.

Josef Zierden

Literaturempfehlungen

Eifeler Sagensammlungen:

Hans-Peter Pracht: *Sagen und Legenden der Eifel*, Köln 1983

Matthias Zender: *Sagen und Geschichten aus der Westeifel*. 4. Aufl., Bonn 1986 (zuerst erschienen 1935)

Neuerzählung einer Eifelsage:

Tilman Röhrig: »Der Schuster und die Haut des Gerbers«, in: *Abendgrauen. Schauergeschichten aus der Eifel*. Herausgegeben von Ralf Kramp und Manfred Lang, Elsdorf 1999, S. 184-190

Über Eifelsagen:

Willi Schillings: *Ufos und alte Steine. Neue Sichtungen in Eifel und Ardennen*, Eupen 1995

Matthias Zender: »Bei den Erzählern von Sagen und Märchen in der Eifel«, in: *Die Eifel 75* (1980), S.162-164

Michael Zender: *Die Eifel in Sage und Dichtung*, Trier 1900

»Grüne Hölle« und »Geldmaschine«
Mörderisches Rennfieber am Nürburgring

Röhrende Motoren in stiller Eifellandschaft, verwegene Rennpisten rund um eine romantische Burgruine, Hunderttausende von Zuschauern im Formel 1-Fieber: der Nürburgring in der Hocheifel hat bis heute nichts von seiner Faszination verloren.

Als eine der schönsten und schwierigsten Rennstrecken der Welt gilt er nach wie vor, von Ex-Weltmeister Jackie Stewart respektvoll wie hymnisch als »schöne, grüne Hölle« gepriesen. »Schwer zu fahren, und leicht zu sterben!« resümierte einst der österreichische Rennfahrer Jochen Rindt, 1942 in Mainz geboren und 1970 posthum zum Weltmeister ernannt, nach seinem tödlichen Trainingsunfall in Monza.

Längst schon ist der Formel 1-Boykott gegen den Nürburgring nach dem schweren Unfall von Weltmeister Niki Lauda im Jahre 1976 Geschichte. Längst schon rast mit Michael Schumacher eine neue deutsche Rennsportlegende rund um den »Ring«, dort, wo einst Rudolf Carraciola und Bernd Rosemeyer, Juan Manuel Fangio und Stirling Moss, Graf Berghe von Trips, Jack Brabham und Jim Clark Rennsportgeschichte schrieben.

Eine »reine Geldmaschine« sei der Formel 1-Zirkus inzwischen, schimpft Detektiv Siggi Baumeister in Jacques Berndorfs Kriminalroman *Eifel-Rallye* (1997). Mindestens 8 Milliarden Dollar setze dieser Rennzirkus jährlich weltweit um. Und irrsinnige Gelder flössen mit jedem Grand Prix auch in die Eifelregion: »Wenn ich lese, dass allein zum Großen Preis von Luxemburg in einem einzigen Ort wie Nürburg 47 Bierzelte aufgestellt werden, hat so eine Veranstaltung gigantische Ausmaße. Die Betreibergesellschaft rechnet bei diesem einen Rennen mit 250.000 Zuschauern, die runde 70 Millionen Mark in die Region bringen werden. Das sind Ausmaße, die niemand mehr durchschaut.« Um Riesengelder, die unkontrolliert fluten, um Schwarzgelder, die heimlich über die Grenze nach Luxemburg gebracht werden, darum geht es in dem Krimi *Eifel-Rallye*. Er beleuchtet kritisch den gigantischen Geschäftsrummel rund um das »Goldene Kalb«, den Formel 1-Zirkus um Moneten, Macht und Sex. Ein zuweilen blutiges Geschäft: fünf Menschen bezahlen in dem Roman ihr gefährliches Wissen mit dem Leben, ein Sportjournalist, ein Motorradfreak, eine Hure, ein kleiner Zuhälter und die Assistentin eines Rennsportmanagers. Schrotflinte und vor allem Zyankali besorgen das endgültige Verstummen der fünf. Höhepunkt und Finale: eine blutige Verfolgungsjagd durch die Eifelwälder rund um Niederehe und Heyroth, höllische Eifel-Rallye mit 220-PS-Mantas und russischen Torpedos.

Übrigens: auch das Bonner Autorengespann »Georg R. Kristan« (das sind die Eheleute Georg und Renate Cordts) verlegt im Krimi *Anschlag auf Bonn* das Aufklärungsfinale auf den Nürburgring. Im Gasthaus *Monoposto* bei Adenau quartieren sich Kommissar Freiberg und Mitarbeiterin Sabine Heyden ein, um ein vermutetes Gangsternest zu beobachten. Kaltblütige Erpresser drohen, das Trinkwasser der damaligen Bundeshauptstadt Bonn zu vergiften.

Niki Lauda oder »Der Tod fährt immer mit!«

»Der Tod fährt immer mit!« So resümiert melancholisch der Student Jakob Simonis in Walter Schenkers Roman *Eifel* den schweren Rennunfall von Formel 1-Weltmeister Niki Lauda auf dem Nürburgring im Jahre 1976. Ein spektakulärer Wendepunkt in der Geschichte des »Rings« – und nicht weniger ein Kontrast zum ereignislos-monotonen Alltag des arbeitslosen Lehramtsstudenten aus der Eifel. Jenes Ereignis wird zum Ausgangspunkt für quälende Erinnerungsprozesse, die sprunghaft-assoziativ immer neue Zeitschichten streifen: von einem Familienausflug auf den Nürburgring am Ostersonntag 1975 über Geschehnisse in Bitburg in der vorangegangenen Osternacht bis hin zu kirchlichen Osterfeierlichkeiten in frühesten Kindertagen im Eifeldorf Hontheim und in der Kleinstadt Prüm. Erinnert wird all das in der Gegenwart des Jahres 1980, teilweise bei Einkaufsfahrten nach Trier, auf der abschüssigen wie kurvenreichen »Bitburger« vor den Toren der Moselmetropole.

Lauda im lebensgefährlichen Flammeninferno auf dem »Ring«, auf dem Bildschirm mitverfolgt: es weckt bei Jakob unwillkürlich frühkindliche Vorstellungen vom Jüngsten Gericht, von Höllenfeuer und Auferstehungshoffnungen. Der erinnerte österliche Familienausflug auf den Nürburgring: im komplexen Durcheinander an den Boxen und auf der Rennpiste (wer liegt vorne, wer ist längst abgeschlagen?) spiegelt sich das innere Durcheinander des schwermütigen Arbeitslosen. Und in der pausenlosen Wiederholung der Rennrunden scheint das unaufhörlich-soghafte Kreisen quälender Erinnerungen und leidvoll erlebter Feiertage des Kirchenjahres auf. »Man müsste einen Wagen haben, der so schnell ist, dass man von allem loskommt, los von allem Vergangenen, das mich nicht loslässt«, wünscht sich Jakob vergeblich und versinkt tiefer in die Trübnis der Vergangenheit. Zunächst in die Erinnerung an die vorangegangene Osternacht in Bitburg. Während Frau und Schwägerin in der Messe andächtig die Auferstehung Christi und die Erleuchtung der Welt feiern, geraten Jakob und sein Schwager in eine orgiastische Party mit Lichterprozession, blasphemischem Kruzifixumzug und alkoholisierten Nacktszenen. Ein Skandal, der im frommen Jakob heftige Schuldgefühle weckt – und tiefergehende Erinnerungen an fromme Osternachtsmessen in der Kindheit in Hontheim und Prüm. Tod und Auferstehung, Dunkelheit und Licht, Fleischesqualen und Fleischeslust, Sündenlast und Lebensfreude: Jakobs Erinnerungen an vergangene Ostertage, ob auf dem Nürburgring, in Bitburg oder Prüm, sind durchsetzt von Schuldgefühlen und Gewissensqualen. Unverklemmter Lebensgenuss kann sich da allenfalls momenthaft entfalten.

In Jakobs Erinnerungssog eingefügt sind immer wieder Eifeler Meinungshappen zum Nürburgring, samt kleineren historischen Exkursionen des studierten Geschichtswissenschaftlers:»Der Nürburgring ist für die Eifel gewissermaßen das, was für Paris der Eiffelturm. (...) Ohne Nürburgring käme die Eifel sozusagen nie im Fernsehen.« Und an anderer Stelle:»Ohne den Nürburgring käme wahrscheinlich außer den Holländern, die hier Berge finden, kaum mehr jemand in die Eifel.« Oder:»Der Nürburgring gilt als die gefährlichste Rennstrecke der Welt. Man muß wohl alles in allem mit dreihundert Toten rechnen. Erstes Opfer war sein Gründer, ein Landrat, die Arbeiten an der Rennstrecke wurden ja damals, 1925, im Rahmen eines Arbeitsbeschaffungsprogramms für die unterentwickelte Eifel-Region begonnen, und als der Landrat in den Verdacht geriet, von den 14 Millionen Mark an Baugeldern einen gewissen Betrag abgezweigt zu haben, erschoss er sich. Später stellte sich seine Unschuld heraus.« Schuld, Strafe, Tod: auch bei seinen historischen Recherchen stößt der grüblerische Jakob immer wieder auf wesensverwandte Problemlagen. Der Nürburgring wird zum Seelenspiegel.

Unproblematischer als Schenkers Roman nähert sich die Gedankenskizze »Zwiesprache mit dem Nürburgring« von Reinold Louis dem Thema »Nürburgring«. Dies geschieht vor allem im fiktiven inneren Monolog des deutschen Grand-Prix-Helden der frühen sechziger Jahre, Graf Berghe von Trips. Louis lässt wesentliche Karrierestationen des Rennfahrers ebenso Revue passieren wie einen Renntag auf dem Nürburgring. Am Ende heißt es dann:»Nach all der Härte des Tages, dem Schleudern und Stoßen des Wagens, dem Widerstand der tausend Kurven und Steigungen, trägt der Ring uns unmerklich dahin, und vielleicht sehen wir jetzt zum erstenmal, wie schön es rechts und links dieser Straße eigentlich ist. Bezaubernder, einmaliger Nürburgring.«

Josef Zierden

Literaturempfehlungen

Jacques Berndorf: *Eifel-Rallye. Kriminalroman*, Dortmund 1997

Georg R. Kristan: *Anschlag auf Bonn. Kriminalroman*, München 1990

Reinold Louis: »Zwiesprache mit dem Nürburgring«, in: *Vaters Land und Mutters Erde. Eifel-Lesebuch*, hrsg. von Jochen Arlt und Manfred Lang, Pulheim 1989, S. 239-244

Walter Schenker: *Eifel. Roman*, Zürich 1982 (Kapitel »Am Nürburgring«, S. 50-65)

Dunkler Kraterschlund in den Eifelbergen
Mit Clara Viebig am Totenmaar

»Hoch oben in den Eifelbergen liegt ein See, dunkel, tief, kreisrund, unheimlich, wie ein Kraterschlund. Einst tobten unterirdische Gewalten da unten, Feuer und Lavamassen wurden emporgeschleudert; jetzt füllt eine glatte Flut das Becken, wie Tränen eine Schale. Es geht hinunter in bodenlose Tiefe. Keine Bäume, keine Blumen. Nackte vulkanische Höhen, gleich riesigen Maulwurfshügeln, stehen im Kranz, zu nichts gut als zu armseliger Viehweide. Mageres Strandgras weht, blasses Heidekorn duckt sich unter Brombeergestrüpp. Kein Vogel singt, kein Schmetterling gaukelt. Einsam ist's, zum Sterben öde.

Das ist das Weinfelder Maar, das Totenmaar, wie's die Leute heißen. Es hat keinen Abfluß, keinen Zufluß anders als die Tränen, die der Himmel drein weint. Es liegt und träumt und ist todestraurig, wie alles rings umher.

Wenn Herbstwinde über die Eifel gehen und kalte Nebel in den Tälern hocken, ist's hier oben noch kälter. Hui, pfeift das! Wind, wilder Gesell, stöhne nicht so laut! Zerre nicht die letzten braunen Blätter von den dornigen Ranken, stürze nicht die morschen Holzkreuze um, die dort um das Kirchlein stehen, das grau und düster am Seeufer trauert! Es ist das einzige Werk der Menschenhand hier oben, viel hundert Jahre alt.

Einst lag das Dorf Weinfelden, seine Hütten scharten sich um das Gotteshaus wie Küchlein unter die Flügel der Glucke. Es ist lang her, das Dorf ist verschwunden – zerstört, versunken? Wer weiß! Am sichersten verhungert. Einzig das Kirchlein ist übriggeblieben und reckt seinen schwärzlichen Turm gen Himmel. Gottesdienst wird nicht mehr viel darin gehalten, die Lebenden kommen nur herauf, ihre Toten zu begraben.«

Mit einem landschaftlichen Stimmungsbild voller Öde und Einsamkeit, mit Vergänglichkeitsklage und Todestrauer beginnt die Eifeldichterin Clara Viebig eine ihrer berühmtesten Novellen: »Am Totenmaar.« Der düstere Kratersee, ein einsames Kirchlein als einziger Überrest eines versunkenen Dorfes, ein verwitterter Friedhof hoch auf dem Berg: sie stehen für Höhen und Tiefen, für eruptive Gewalten und düstere Erstarrung nicht nur in der vulkanischen Landschaft, sondern auch im Leben der Eifelbewohner. Einfache Menschen, auf kargen Höhen und in ärmlichen Hütten ein bescheidenes Dasein fristend, und zuweilen doch tragische Helden in jäh wechselnden Höhen und Tiefen des Lebens.

Es ist eine Doppeltragödie, die Tragödie von Vater und Tochter, die Clara Viebig in düsterer Totenlandschaft entfaltet. Eine menschliche Tragödie in drei Akten: Unvermutetes Wiedersehen von Vater und Tochter auf den kahlen Höhen und jähe Verstoßung nach dem Geständnis der Tochter, auf ihrem Arbeitsplatz in einem Dauner Hotel gestohlen zu haben, aus leidenschaftlicher Liebe zu ihrem Freier Hannes; sodann stürmische Nacht mit überraschendem Wintereinbruch, quälende Schlaflosigkeit der Eltern und vergebliche Heimkehrversuche der Tochter; am Morgen schließlich verzweifelte Suche des Vaters nach der Tochter, die er auf dem Friedhof, an der Schwelle des Kirchleins, nur noch erfroren auffindet. Freudiger Vaterstolz und herber Vatergram, herzlicher Empfang und feindselige Trennung, gefühlvolles Geständnis und gewalttätige Bestrafung, rohe Verwünschung und schließlich Reue: ein Staccato jäher Änderungen und Wechsel entfaltet Clara Viebig im engen zeitlichen Rahmen nicht einmal eines Tages. Eine Eruption untergründiger menschlicher Leidenschaften wie einst der Ausbruch vulkanischer Gewalten. Jäh wie der Wechsel der Jahreszeiten, Spiegelbild auch mitmenschlicher Gefühlskälte und letztlich von Totenstarre, wenn über Nacht der Winter den Herbst vertreibt und »ein weißes Totenhemd« über die Landschaft legt. Umso unheimlicher im Kontrast der tiefschwarze Spiegel des Totenmaars, ein majestätisches »Bild des Todes«.

Das Maar, das Kirchlein, der Friedhof: sie bilden rahmend auch das Schlussbild der Novelle. Erst in winterlicher Totenerstarrung zur Ruhe gekommen ist das verzweifelte innere Ringen der jungen Schäferstochter zwischen Leidenschaft und Moral. Ein einmaliger Fehltritt draußen in der Stadt, heftig bereut, und doch wird sie zermalmt im gnadenlosen Mahlwerk väterlicher Ehrvorstellungen und religiöser Prinzipien. Der Vater aber, von Gewissensqualen gepeinigt in stürmischer Winternacht und schmerzlich geläutert, kann seinen Fehler, die gewaltsame Verstoßung der Tochter, auf Erden nicht mehr korrigieren. Eine Einsicht, die ihn den Wahnsinn treibt. Mit den Schlusszeilen der Novelle gesprochen, die mit dem Schäfer endet, wie sie mit ihm begonnen hat:

»Auf den Höhen am Weinfelder Maar hütet der Schäfer Steffen Kohlhaas aus Schalkenmehren noch immer die Schafe. Er ist ein uralter Mann. Ich habe ihn oft gesehen. Wenn die Abendsonne hinter den Mäuseberg sinkt und das Heidekraut purpurn erglüht, dann hebt sich seine Gestalt, wie ein dunkler Schatten, weithin sichtbar ab vom lichtdurchglühten Firmament. Der Hund liegt zu seinen Füßen, um ihn her weidet die Herde. Er steht regungslos, die Hand über die Augen gelegt, und späht den Pfad entlang, der hinunter gen Daun führt. Ein blödes Lachen zieht um seinen verschrumpften Mund: ›Jao, ons Annemarei, dat is ze Daun im Hodel – jao, jao!‹«

Josef Zierden

Literaturempfehlung

Clara Viebig: »Am Totenmaar«, in: *Die Kinder der Eifel*. Zuerst erschienen 1897. Häufig nachgedruckt, u.a. Rastatt 1994. Ebenfalls im zweiten Eifel-Lesebuch *Leben – alle Tage*, Pulheim 1994

Auf der Suche nach einer menschlicheren Welt
Eifelklöster in der Gegenwartsliteratur

Himmerod und das Geheimnis der weißen Mönche

Eisige Sturmnacht in der Eifel. In gespenstischem Gewitter, von Regen und Hagel umpeitscht, zieht ein junger Fährmann mühsam einen Eselskarren hügelaufwärts. Darauf krümmt sich unter nassen Decken ein alter, todkranker Mönch. Gefühllos klammern sich die Hände des Fuhrmanns um die festgefrorene Deichsel, kraftlos schleppen sich die Füße durch schlammige Pfade. Düstere Waldstücke, schwarz wie Henkerstücher, verschlucken ihn, bis er schließlich auf freiem Feld steht und die Silhouette des Klosters Himmerod im Salmtal erkennen kann. Ausgerechnet in diesem abgelegenen Kloster der »weißen Mönche«, wie der Volksmund die Zisterzienser wegen ihres grau-weißen Habits nennt, ausgerechnet im Kloster Himmerod sucht der schweigsame Mönch Ruhe und Genesung. Ein gefährliches Unternehmen, wie sich bald herausstellte, voller dunkler Geheimnisse und Rätsel.

Eine packende Geschichte hebt an von Flucht und Verfolgung, von Folter und Mord, von Inquisition und Hexenwahn um die Mitte des 17. Jahrhunderts, kurz nach dem 30jährigen Krieg. *Das Geheimnis der weißen Mönche* heißt der spannende historische Roman für junge Leser. Rainer

Maria Schröder, einer der erfolgreichsten deutschsprachigen Jugendbuchautoren, hat ihn 1996 veröffentlicht. Er ist ein eindringliches literarisches
Plädoyer für mehr Menschlichkeit und Toleranz vor dem Hintergrund blutiger
Glaubenskämpfe und Hexenverfolgungen, in wesentlichen Teilen angesiedelt in der Südeifel um Himmerod und Maria Laach, mit Trier und Koblenz als
weiteren Hauptschauplätzen.

Hauptperson des Romans ist der junge Fuhrmann Jakob Tillmann. Mit ihm
geht der Leser auf Entdeckungsreise durch das weltabgeschiedene Eifelkloster und die benediktinische Klosterwelt: vom ersten Klostertor über die
Klosterpforte in die innere Klosteranlage. Stallungen, Remisengebäude,
Abteikirche, Konventsgebäude, Refektorium und Parlatorium, Mühle,
Weberei, Bäckerei, Brauerei und viele weitere klösterliche Werkbetriebe –
labyrinthisch mutet den jungen Jakob die Klosterwelt an. Und aufregend
spannend: mit seltsamen Todesfällen, rätselhaften Gestalten, verwirrenden
Begegnungen, geheimnisvollen Gesprächen und merkwürdigen Wand-
öffnungen. Da stirbt im Fieber ein ehemaliger Abt – und hinterlässt ein
Geheimnis, das der herbeigeeilte erzbischöfliche Domherr mit Verhören und
Folter zu lösen sucht. Bald schon wird ein junger Novize tot im Kellergewölbe
des Himmeroder Wirtschaftsgebäudes gefunden, inmitten großer und schwe-
rer Fässer voll Mehl, Butter, Ölen, Schmalz und Sirup. Ruchloser Mord, als
Unfall getarnt, wie Jakob richtig mutmaßt. Einem drohenden Folterverhör
entkommt er nur knapp durch überstürzte Flucht in verschneite Eifelwälder.
Er hat erlebt, dass sich auch in der Idylle eines Eifelklosters die Saat des
Bösen entfalten kann. Und dass manche Ordensleute mehr um die
»Erlangung irdischer Vorteile (...) als um die Einhaltung ihrer Ordens-
gelübde« ringen.

Aber auch das hat Jakob erlebt: eindrucksvolle Frömmigkeit in einsam-
kargen Klosterzellen und ergreifende Andacht und feierliches Gotteslob der
gesamten Mönchsgemeinschaft in der nächtlichen Basilika. So gibt ihm die
zeitentrückte Klosterwelt Himmerods »eine schwache Ahnung von dem, was
Menschen seit vielen Jahrhunderten bewegte der Welt zu entsagen und hinter Klostermauern ein gottgeweihtes Leben zu führen«.

An einen Umberto Eco der Eifel fühlt man sich erinnert, *Der Name der
Rose* scheint ins Salmtal der frühen Neuzeit verlegt. Versehen mit einem
Grundrissplan des Klosters und zahlreichen Worterklärungen im Anhang,
von »Antichrist« bis »Zisterzienser«, von »Apsis« und »Horarium« bis »Kon-
vent«, Profess« und »Tonsur«. Übrigens: dem Autor Rainer Maria Schröder
ist Himmerod schon seit Jahren zur spirituellen Heimat geworden, zum
Rückzugsort in selbstgewählte Einsamkeit: zur Selbstsuche und Selbstfindung jenseits des hektischen Alltagsbetriebes.

»Himmerod nimmerrot«

Anflügen von Klosterfaszination begegnet man auch im Eifelroman *Hecht in Himmerod* von Albert Pütz:

> »Innigster Wunsch seines Vaters war einmal gewesen, selber im Kloster zu leben. Von diesem Wunsch ist ihm geblieben, mehrmals im Jahr wenigstens eine Woche lang abseits vom Treiben der Welt innere Einkehr zu halten, zu singen, zu beten und den fünf Kindern vorzuleben, wie schön, wie leicht, wie gottgefällig es ist, in allen Dingen klösterlich zu sein. Kost und Logis bei den Mönchen zu nehmen, hat die Mutter jedesmal wie Urlaub empfunden. Zu beten ist ihr leichter gefallen als zu kochen. Birtler junior kennt sich in Klöstern aus. Für Labyrinthe, aus halbdunklen Fluren, Stiegen, Winkeln spürte er schon früh einen Hang. Unwiderstehlich sind ihm Mönchszellen, hohe Säle mit vollen Bücherregalen, hierarchische Sitzordnungen, Kapuzenmänner in barockem Gestühl, wenn sie lesen, hymnisch singen, im Gleichklang der Stundengebete verharren.«

Aber es sind nicht nur Mönche, die sich im Roman von Albert Pfütz am 5. Oktober 1950 im Salmtal versammeln, und es sind nicht nur fromme Gebetsübungen, die sie zusammenführen. Vielmehr treffen sich an diesem Herbsttag (historisch verbürgt) ehemalige Hitleroffiziere im hermetisch abgeriegelten Kloster Himmerod zu einer Geheimtagung. Ihr Plan: Aufbau einer neuen Wehrmacht zum Kampf gegen den Bolschewismus.

Auch den Maler Guido Pagels treibt es an diesem Tag in die Eifel, wo er gegen Ende des Zweiten Weltkriegs Sanitäter war. Pagels Sehnsucht ist es, sich in scheinbar paradiesischer Landschaft künstlerisch zu regnerieren und »das blaue Licht der Südeifel« zu malen: »Erleben möchte er wieder dieses unfassliche Blau, von dem er nicht loskommt, seit er es zum ersten Mal hier gesehen hat, im Oktober 1944, sechs Jahre ist es her. Nie wieder sonst, nirgendwo sonst ist ihm ein so atmosphärisches Blau begegnet, ein tief gestaffeltes spezifisches Blau mit scharfen Übergängen – das blaue Licht der Südeifel, wie er es nennt.« In der Einöde des Salmtals sucht er sein Paradies, als Befreiung von künstlerischer Produktionshemmung: »Das Paradies hat eine Hintertür. Er ist sich dessen nicht sicher, er hält es für möglich. Diese Hintertür zu finden, ist alles. Das Schlupfloch in die Welt, in der er gern leben möchte, vermutet er in einer Einöde – hier.« Vor allem im Herbst ergeht es ihm so, wenn er die Schwermut der flachwelligen Landschaft und der kargen Dörferansammlungen im Licht zerfließen sieht:

> »Sobald aber, zumal im gefilterten Herbstlicht, über diesem Panorama der Himmel aufblaut, weicht alle Tristesse. Die Grautöne zergehen in einem stahligen Glanz. Für Stunden, für Tage, manchmal nur für Augenblicke ist alles

hier oben dann von glasig durchscheinender Anmut und Eleganz. Alles zergangen in pures Licht.«

Guido Pagels sucht nach einem irdischen Paradies, mit Reminiszenzen an den Klostergründer Bernhard:

»Gefunden ein Paradies, im Jahre 1135. Der Reisende aus Burgund, beritten und von Adel, entschied, hier ist der Platz für ein Kloster. Er, in grauer Mönchskutte. Fleischlos ist die Kost der grauen Mönche. Erlaubt ist ihnen Fleisch nur von Fischen. Er, ein Zisterziensermönch, ein Mystiker, ein Eiferer. Er predigte den Krieg. Er rief zu den bewaffneten Wallfahrten gen Jerusalem auf. Paradiese erfand er. Gottesliebe im Sinn. Er, Bernhard de Fontaines, Bernhard von Clairvaux genannt. Kein Geringerer. Das Vademecum für Pilger im Bistum Trier von 1834 beschreibt den Weg zu der Stelle hin, wo Bernhard stand, als er in die Talmulde von Himmerod schaute.«

Ein Paradies freilich, das sich zuweilen als Hölle entpuppt. Denn in Himmerod trifft der Maler Guido Pagels auch Bekannte aus Zeiten barbarischer Nazidiktatur wieder: Gregor Kuckoff und Horst Birtler, beide getarnt durch Mönchskutten und die Aliasnamen »Basil« und »Jonas«. Vor der Gestapo geflohener KZ-Häftling und Atheist der eine, steckbrieflich gesuchter Major der SS der andere. Opfer und Täter. Im Kloster Himmerod der französischen Besatzungszeit schicksalhaft zusammengeschmiedet durch Dienst in der Küche und am Fischteich.

Der Abt des Klosters hat über den einen während der Nazi-Diktatur schützend den Mantel der christlichen Nächstenliebe gelegt, über den anderen nach deren Untergang. Zu nachhaltigem Protest gegen die Nazibarbarei hatte er sich nicht entschließen können. Protestbriefe an Kirchenobere hat er zwar verfasst, aber nie abgeschickt. Und auch an diesem Herbsttag 1950 findet er nicht die Kraft, sich den drohenden Entwicklungen zu widersetzen.

Als »Exerzitienbrüder« getarnt, schmieden in den heiligen Räumen des Himmeroder Klosters »Generäle des Teufels« neuerliche Aufrüstungspläne, bereiten sie nach zwei verlorenen Weltkriegen einen dritten vor. Der »Jude Marx« aus Trier und die »rote Sturmflut« sind einmal mehr die Feinde. »Himmerod nimmerrot« ist die antikommunistische Losung der Stunde. Geschichtlicher Hintergrund: der Ausbruch des Koreakriegs mit dem Einmarsch des kommunistisch regierten Nordkorea in das westlich orientierte Südkorea. Es ist der schwerste bewaffnete Konflikt seit dem Ende des Zweiten Weltkriegs. Er ruft die Großmächte auf den Plan. Der Krieg eskaliert in einem geteilten asiatischen Land in dem gleichen Jahr, in dem mit der Gründung der Bundesrepublik und der DDR die politische Spaltung der Welt auch im Herzen Europas festgeschrieben wird. Kreuzzugsstimmung herrscht unter den Architekten einer neuen Wehrmacht in Himmerod, mit Reminiszenzen an die Kreuzzüge des Mittelalters. Mit den Worten von Bruder Vitus:

>»Das hier ist die Herausforderung des Bösen in unserer Zeit. Die neue Ketzerei. Die Ketzerei aus Trier. Wir auf der Gottesseite der Welt berufen uns auf Bethlehem. Die auf der anderen Seite, die auf der Teufelseite der Welt, die in Moskau, Pankow, Peking, Pjöngjang berufen sich auf Trier. (...) Wir aber hier in Himmerod, wir schaffen die neuen Fakten. Wir schließen die Lücke an der Elbe. Wir werfen den Damm auf. Wir führen die Kreuzzüge fort. Wir, die Söhne des heiligen Bernhard. Von Himmerod aus, so wird man einst rühmen, ist ins Dunkel, ist in die Trübsal, ist in die Verzweiflung der Nacht wieder ein Stern aufgegangen.«

Vergeblich versucht Gregor Kuckoff alias »Basil«, über seinen sozialistischen Journalistenfreund Antoine aus Paris die Weltöffentlichkeit über die Geheimbündelei in Himmerod aufzuklären. Für die Genossen ist Himmerod tabu, möglicherweise als Rechtfertigung für eine Aufrüstung der DDR.

Höhepunkt und Endpunkt des Romans ist das Hechtsmahl im Speisesaal des Klosters, serviert von Basil, assistiert von Jonas. Mit einem apokalyptischen Schlussbild, Produkt einer malerischen Halluzination, schließt der Roman: »Die blaue blaue Flut« riesiger Wassermassen begräbt Speisesaal und Kloster wie in einer Sintflut, »Himmer-Schlimmer-Nimmerod. Vineta im Salmtal«.

Die Haupthandlung des Romans, streng im Zeittakt eines Klostertages gegliedert, ist räumlich und zeitlich eng begrenzt. Biographische Rückblenden vertiefen die Gegenwartshandlung und verknüpfen Nazivergangenheit und bundesrepublikanische Nachkriegszeit mit ihren restaurativen Tendenzen. Der Himmeroder Hecht im Karpfenteich als Leitmotiv des Romans, von Klostergeschichten umrankt, steht in vielfältiger Symbolik sowohl für darwinistische Selektion wie für göttliches Strafgericht. »Bei Karpfen und bei allem, was in einer Fischzucht sonst noch anfällt, ja da – wie soll ich sagen, da selektiert er. Krummzeug und Mickerlinge merzt er aus. Sorgt für gesunden Nachwuchs. Hält Ordnung im Revier. Veredelt den Bestand«, schwärmt Fischmeister Jonas alias SS-Major Birtler. »Hecht sein und nicht Karpfen, darauf kommt es an. Und Hecht bleiben. Tarnfarben spielen, wenn's mal dick kommt«, ist sein Lebens- und Überlebenscredo. Warnend wird vor dem Himmeroder Nachtmahl aber auch an eine alte Klosterlegende erinnert:

>»Nach Sonnenuntergang füllt sich das Wasserrevier mit grünstichigem Licht. Fahl, wie erloschene Augen, starren darin die zur Talseite ausgelegten Fenster der Abtei. Im allerletzten Licht wächst und blüht eine Stille wie hinter

dick verstaubten Tüllvorhängen. Die Legende lebt. Noch heute hält sich jeder Fischer im Himmeroder Talgrund für verflucht, wenn er in diesem Moment der großen kosmischen Energie, ein Christ würde sagen, in diesem Moment der Gottesgegenwart, sein Netz oder seinen Köder auswirft, um Fisch zu landen. Ein nichtswürdiger Fischmeister. Zu dieser Stunde treibt er sein Fischwesen. In einem Kahn, den er eigens angebohrt hat, schaukelt er. (....)Traulich dümpelt der Hecht im Kahn.«

Literarische Klosterlandschaft im Überblick:
Maria Laach und Prüm

Jahrhundertealte Sagen umranken das 1093 gegründete Benediktinerkloster Maria Laach. Sie erzählen von Fischerknaben und Raubrittern am Laacher See und – aus der Feder des berühmten Romantikers Friedrich Schlegel – vom versunkenen Schloss im See. Auch die geheimnisvollen Geschichten des Zisterziensermönchs Caesarius von Heisterbach (etwa 1180-1240), gefeiert als »Umberto Eco des Mittelalters« (Helmut Herles, *Frankfurter Allgemeine Zeitung*), führen wiederholt nach Maria Laach. Johannes Butzbach (1478-1516), Prior zu Maria Laach, verfasste dort eine Reihe von Schriften, u.a. das berühmte *Wanderbüchlein*. Er berichtet darin auch über sein Mönchsleben in der Eifel seit dem Eintritt in das Kloster Maria Laach am 18. Dezember 1500. »Wie im Paradies« fühlte sich Johannes in der Lebensgemeinschaft der Mönche und im prächtigen Klostergebäude.

In dem Roman *Spiel am Ufer* (1927) von Rudolf Huch, dem Bruder der berühmten Erzählerin Ricarda Huch, bilden der Laacher See und das Kloster eine besonders wichtige Reisestation. Die Tage am Laacher See werden »Tage der Wonne«, Tage heiteren Glücks, aber auch größten Unglücks. Denn an einem Ort, der erdgeschichtlich an das Rasen der Elemente gemahnt, werden auch aggressive sexuelle Triebe entfesselt. Der Laacher See wird schließlich zum Inbegriff von Tod und Untergang.

In seinem Reiseessay über die Eifel »Hundert Wälder auf hundert Hügeln« (1959) zeigte sich der Schriftsteller Wolfgang Weyrauch beeindruckt von der Aura des Klosters am See. In der Gegenwart schreibt der Mönch Drutmar Cremer (geboren 1930) im Kloster Maria Laach geistliche Gedichte von Rang. Veröffentlicht u.a. in dem Band *Heimwehstraßen. Eingebrannt ins Windgehäuse der Welt* (1988).

Das Eifelkloster Prüm war im frühen Mittelalter Lieblingskloster der Karolinger. An diese »goldene Zeit« erinnern immer noch alte Sagen und Legenden. Vor allem an Kaiser Lothar I., der in Prüms St.-Salvator-Basilika begraben liegt. Im Herbst 855 entsagte er aller Macht und allem weltlichen Glanz und wurde reuiger Büßer und einfacher Mönch. Noch heute, so weiß die Sage, spukt er um Mitternacht ruhelos vor dem Hochaltar im Kloster und fleht um Gnade.

Im Kloster Prüm schrieb Mönch Wandalbert (813-870) didaktische Gedichte und eine Lebensgeschichte der Hl. Goar und gab eine Wundersammlung heraus. Regino von Prüm, Mönch seit 892, verfasste in der Eifel die erste, bis 906 reichende Weltchronik des frühen Mittelalters. Carl Ferdinands Jugendbuch *Normannensturm* (1908) erzählt von den Normannenüberfällen auf das reiche Eifelkloster Prüm im ausgehenden 9. Jahrhundert – mit Einblicken in den mittelalterlichen Klosteralltag.

In unseren Tagen spürt Sven Korzilius mit seinem Erstlingsroman *Karls des Großen vergessener Sohn* (1996) einem Vergessenen der Geschichte nach: Pippin dem Buckligen, wegen seiner Verkrüppelung als Versager abgestempelt. Nach einer Rebellion gegen seinen Vater Karl den Großen anno 792 zu Klosterhaft in Prüm verurteilt, unternimmt er im Schatten der Basilika immer neue Phantasiereisen in sagenhafte Traum- und Freiheitswelten.

Josef Zierden

Literaturempfehlungen

Albert Pütz: *Hecht in Himmerod. Roman*, Landau 1990. – Geboren 1932 in Saarburg, war Pütz bis 1994 Richter in Idar-Oberstein. Schrieb zahlreiche Erzählungen und Romane, u.a. *Das Wirtshaus im Hunsrück* (1977)

Rainer M. Schröder: *Das Geheimnis der weißen Mönche*, Würzburg 1996. – Geboren 1951 in Wuppertal, lebt Schröder seit 1977 in den USA. Wurde mit seinen Abenteuerromanen einer der erfolgreichsten deutschsprachigen Jugendbuchautoren. Weitere Titel: *Die wundersame Weltreise des Jonathan Blum* und *Die wahrhaftigen Abenteuer des Felix Faber*

Im Kloster Himmerod schreibt der Mönch Pater Stephan Reimund Senge (geboren 1934) geistliche Lyrik, in einem Auswahlband veröffentlicht 1994 (*Er dazwischen*). Kennzeichnend ist die Suche nach Gott, das beständige Ausfahren, Hoffen, Warten und auch die Zweifel. – Die Mitglieder der europäischen Autorenvereinigung »Die Kogge« treffen sich jährlich im Mai in Himmerod zu Lesungen, Werkstattgesprächen und Diskussionen. Daraus entstand u.a. die Veröffentlichung *Himmerod und anderswo* (1994) mit Prosatexten und Gedichten rund um die klösterliche Idylle.

Unterwegs – Eifelorte im Überblick

Adenau: In Rodder bei Adenau wurde 1825 der Pfarrer und Heimatforscher Johann Baptist Wendelin **Heydinger** geboren. Bedeutsam ist seine Sammlung *Die Eifel. Geschichte, Sage, Landschaft und Volksleben im Spiegel deutscher Dichtung* (1853). Heydinger starb 1907 in Schleidweiler bei Trier.

Altenahr: »Altenahr hoch! dreimal hoch!« beginnt ein trunkenes Ahrgedicht des berühmten Schweizer Kulturhistorikers Jacob **Burckhardt** (1818-1897). Zugleich auch eine Hymne auf das Vaterland aus der Feder eines spätromantischen Wandervogels. Burckhardt hatte im Mai 1841 und Mai 1843 Kunstreisen und Wanderungen durch die Eifel unternommen.

Bad Neuenahr-Ahrweiler: In Bad Neuenahr wirkte von 1926 bis 1933 Johannes **Kirschweng** als katholischer Priester und Schriftsteller. Als »Altenkrähe« verschlüsselt ist Bad Neuenahr Schauplatz der Novelle *Geschwister Sörb.* Drei Schwestern, die mit Bosheiten und Verleumdungen so manches Gift ausgestreut haben, werden mit Männergeschichten plötzlich selbst zum Stadtgespräch. Bekannt ist auch Kirschwengs Ahr-Novelle *Der Nussbaum* (1934). – Wie die Ahrweiler Bürger in einem Tunnel quer durch den Silberberg Schutz fanden vor den Tiefflieger-Bombardements des Zweiten Weltkriegs 1944/45, schildert Mathilde **Husten** in ihrem Roman *Die Stadt im Berg* (1953). – In B. leben die Schriftsteller Ernst-Edmund **Keil** (*1928, *Einladung

nach Schuld*, 1982; *Rückkehr an die Ahr*, 1990) und Horst **Saul** (*1931). – In B. schrieb der Facharzt und Schriftsteller Josef **Kreutzberg** (1896-1968) die Gedichte und Erzählungen des Buchs *Blick nach innen.* – In Ahrweiler lebte der Verleger und Schriftsteller Ernst Karl **Plachner** (*1896 Ahrweiler). In der Sammlung *Im Ahrtal* (1930) brachte er in sieben Gedichten und 13 Kurzprosa-Texten den »romantischen Zauber« des Ahrtals vielen Lesern näher. – Heinrich **Roggendorfs** Reisedichtungen *Durch Zeit und Landschaft* (1971) führen auch an die Ahr. – Theodor **Seidenfadens** Roman *Till Eulenspiegel im Ahrtal* (1972) spielt wesentlich in B. Till, 800 Jahre alt und unsterblich, kurt in Bad Neuenahr und schreibt darüber. Dabei wirbelt er Zeit und Raum durcheinander. – Emma **Trosse** (*1863), die zuletzt in B. lebte und hier 1949 starb, begleitete die Ahr lyrisch von der Quelle bis zur Mündung (*Was die Ahr rauscht*, 1899). Sie besingt Dörfer und Städte, Berge, Burgen und Schlösschen und immer wieder die Liebe und den roten Wein.

Berndorf: Dörflein in der Vulkaneifel bei Hillesheim. Hier ließ sich 1983 der Journalist und Schriftsteller Michael **Preute** (*1936) nieder und schuf 1989 den ersten Eifelkrimi *Eifel-Blues.* Sein Krimiautor-Pseudonym »Jacques **Berndorf**« ist dem Eifeldorf entlehnt.

Bettenfeld: Was verbindet den kleinen Eifelort Bettenfeld in der Vulkaneifel, nahe dem Mosenberg, mit der Seine-Metropole Paris? Die Antwort:

»Paris ist wie / bettenfeld: überall / kommt der besucher / ohne auto / schnell hin.« Ein pointierter poetischer Brückenschlag aus der Feder von Gregor **Brand**, der 1957 in Bettenfeld geboren wurde, in Prüm das Abitur machte und inzwischen aus der Eifel hinausgezogen ist in den hohen Norden, nach Schleswig Holstein. Auch dem eifelverwurzelten Lebenslauf des berüchtigten NS-Mörders Klaus Barbie (»Der Schlächter von Lyon«) hat Brand ein Gedicht gewidmet: »So wurde er / ein berühmter / sohn / der eifel«, schließt es bilanzierend. Barbies Mutter stammte aus Mehren, nahe dem Totenmaar. – In den Eifelwäldern am Mosenberg, an der Kyll und um Bettenfeld ist Heinrich **Malzkorns** Jagdroman *Die schwarze Lies* (1934) angesiedelt. – Einen Geschwisterkampf auf der Bettenfelder Höhe schilderte Clara **Viebig** in der Novelle *Maria und Josef* (Sammlung *Naturgewalten*, 1905).

Bitburg: Eine Skulptur in der Fußgängerzone gestaltet die Sage von den »**Beberigern Geißenstreppern**«: in Ziegenfelle gehüllt, täuschten Bitburger Bürger schwedischen Belagerern große Fleischvorräte vor. Die Belagerer gaben schließlich auf. – Als Bitburger Mundartdichterinnen haben sich Ella **Hüweler** (1896-1951) und Gerda **Dreiser** (1906-1991) einen Namen gemacht. – Auf der Air-Base in B. spielt der Polit-Thriller *Familienzauber* von Edwin **Klein** (*1948 Konz). – In B. lebt und schreibt Klaus-Peter **Walter**, Herausgeber des *Lexikons der Kriminalliteratur*.

Bleialf: Der spätere Literatur-Nobelpreisträger Ernest **Hemingway** (1899-

1961) war dabei, als den Amerikanern im September 1944 im Raum Bleialf der Durchbruch durch den Westwall gelang. In Bleialf traf er gelegentlich mit Militärs und anderen Berichterstattern zusammen.

Bodendorf: Der Arbeiterschriftsteller Heinrich **Lersch** (*1889) bezog hier, an der Ahr, 1932 seinen letzten Wohnsitz. Er starb 1936 in Remagen.

Bollendorf: Schauplatz der literarischen Erinnerungen *Meine Sippe. Ein Lied des Heimwehs* (1925) des Facharzts und Schriftstellers August **Hauer**, 1886 in B. geboren.

Buchet: Im Dorf Buchet bei Bleialf wohnte zeitweilig Ernest **Hemingway** (1899-1961) im »Frammes«-Haus (Gedenktafel an der Mauer). Hier beginnt ein Hemingway-Wanderweg durch die Schneifel.

Büchel: Hier wurde geboren, lebte und starb der Heimatschriftsteller Wilhelm **Hay** (1891-1962). Er wohnte im Turm einer alten Windmühle bei Büchel. Er schrieb u.a. *Aus meinen Bergen. Eifeler Dorfgeschichten* (1920), *In meiner Heimat Haus* (1926) und *Spaß beim Ernst* (1954). – Eine *Geschichte vom Bücheler Turm* erzählt Bernhard Michael **Steinmetz** (*1881 Niederleuken/Saar) in seiner Sammlung *Altgold und Neusilber* (1917). Steinmetz starb im Juli 1945 in Büchel.

Burg Kray: Der französische Lyriker Guillaume **Apollinaire** (1880-1918) verbrachte das Winterhalbjahr 1901/ 1902 auf Burg Kray am Laacher See. Er unterrichtete die Tochter der Baronin, unternahm ausgedehnte Spaziergänge und schrieb im kleinen Turmzimmer über dem Burgtor an seinem Zyklus *Rheinlieder.*

Dahnen: Gilt als »Eifeler Schilda«, erzählt in den *Dahner Sprüngen.* Auch Till Eulenspiegel soll hier schon aufgetaucht sein. In unseren Tagen sammelt Pfarrer Gerd **Hagedorn** in D. solche Eulenspiegeleien und Schildbürgergeschichten.

Daleiden: In Daleiden in der Verbandsgemeinde Arzfeld, Kreis Bitburg-Prüm, wurde Michael **Zender** 1866 als Sohn eines Lehrers geboren. Seit 1903 war Zender Rektor in Bonn, seit 1909 Schriftleiter des Eifelvereinsblatts. 1900 veröffentlichte er seine poetische Wanderung *Die Eifel in Sage und Dichtung.* Sie führt von der Ahr bis in die Westeifel und verquickt sagenhafte Überlieferungen mit einer werbenden Schilderung der Schauplätze. Zender starb 1932 in Bonn. – Der streitbare Publizist und Autor Erich **Kuby** (*1910 in Baden-Baden; Hörspiele, Drehbücher, Kinderbücher, Romane) kam als Soldat der Wehrmacht am 6. 11. 1939 an den Westwall bei Daleiden. In seinen biographischen Aufzeichnungen *Mein Krieg* (1975) schildert er die Zeit im militärischen Massenlager, vor dem er in Waldspaziergänge und künstlerische Versuche flüchtete. Trügerische Ruhe vor dem Frankreichfeldzug Mai 1940.

Daun: Eine Geschichte zunehmender Vereinsamung und fortschreitenden Wahnsinns erzählt Andreas **Höfele** (*1950) in seiner kafkaesken Anti-Idylle *Das Tal* (1979). Höfele, 1950 in Bad Kreuznach geboren, siedelt seine Anti-Idylle im »Dorf N.« bei Daun an. –

In D. endet Walter **Schenkers** Roman *Eifel* – mit dem tragischen Sturz der Hauptperson Jakob Simonis von der Eisenbahnbrücke (Ortsausgang, Richtung Autobahn). (→ »Schenker«-Essay) – In D. leben die Schriftsteller Heinz-Paul **Bies**, Anton **Elsen** und Lotte **Schabacker**. – Viktor **Baur**, Autor der *Eifelballaden* (1965), wurde 1898 in D. geboren und starb hier 1967. Er war Pressereferent in der Landwirtschaftskammer Rheinland. – Dieter **Eues** »Trip durch die Republik«, *Alles Kino* (1989) betitelt, führt auch nach D. mit vergeblicher Suche nach einem Asylquartier. – Clara **Viebigs** Erzählung »Die Liste« rund um Alkoholismus und Ausschankverbot spielt in D. (abgedruckt in der Sammlung *Naturgewalten,* 1905).

Dreis-Brück: Hier lebt und schreibt der Eifelkrimi-Autor Jacques **Berndorf** (*1936) nach seinem Wegzug aus Berndorf bei Hillesheim.

Duppach: Geburtsort des Ordensbruders und Schriftstellers »**Jodokus**« (1857-1927), der 1925 die lustigen Gedichte *Frohe Sänge* veröffentlichte, die in die Welt der Kindheit und Jugend in der Eifel zurückblenden.

Eifel: Besessene Sammler Eifeler Geschichten sind Jochen **Arlt** (*1948) und Manfred **Lang** (*1959). In ihren Eifel-Lesebüchern *Vaters Land und Mutters Erde* (1989) und *Leben – alle Tage* (1994) bieten sie einen Querschnitt durch die Eifelliteratur, von längst vergessenen Heimatdichtern bis zu renommierten Autoren unserer Tage. »Für die Eifeler von Geburt und für die Eifeler aus Überzeugung.« Balladenfreunden sei die Sammlung von Viktor **Baur** *Eifel-Balladen* (1965) empfohlen. In rund 80 Gedichten geht es vor allem um die Ritterzeit des Mittelalters. Alte Sagen und Geschichten, Märchen, Legenden und Schwänke der Eifel haben hier versifiziert Eingang gefunden.

Abschied von der Eifel ist ein Gedicht von Rainer **Brambach** (1917-1983) betitelt. Brambach gilt als einer der originellsten Dichter deutscher Sprache. Er hat sein Leben lang Basel kaum verlassen. Umso überraschender das Eifelgedicht voller Wehmut des Abschieds und des Weggangs aus vertrautem Alltag.

In Martin **Walsers** Roman *Finks Krieg* (1996) findet sich ein Brückenschlag in die Eifel. Die Vorfahren des »Beamten Fink«, Verbindungsmann zu den Kirchen in der Hessischen Staatskanzlei, stammen aus der Westeifel. Folglich grüßt ihn der Landtagspförtner in heimischer Tonart jeden Morgen mit »Grüß Gott, Herr Bischof«. Walser macht damit letztlich einen Eifeler zum Widerstandshelden der Republik.

Die Eifelwälder durchstreiften poetisch u.a. die Schriftsteller Alfred **Andersch** (1914-1980) und Wolfgang **Weyrauch** (1904-1980).

Thomas **Kling**, 1957 in Bingen geboren, gilt als einer der experimentierfreudigsten Lyriker in Deutschland. In seinem Gedicht *Brief. Probe in der Eifel* häuft er sprachkühn Negativa, um eine kranke, gefährliche, brutale und mitunter beschränkte Welt zu zeichnen (»kurzangebundne mit brettern zugenagelte gegend«). Nicht einmal die Landschaft bietet da ein schönes Bild (»ein weggesperrt / von schmuddligen hügeln«). Eine lyrische Anti-Idylle.

»Diese Nacht ist die Heilige Nacht. –

In den Dörfern und Höfen geht niemand zur Ruh'.« Mit diesen ruhig-besinnlichen Zeilen beginnt die berühmteste Geschichtensammlung zur Eifelweihnacht: *Der Gang zur Mette* von Peter **Kremer**. Schneeverträumte Weihnachtsgeschichten aus fernen Kindertagen. Kremer, 1901 in Kaisersesch geboren und 1989 dort verstorben, gilt vielen heute noch als »der« Heimatdichter der Eifel. 1965 erhielt er einen Literaturpreis des Eifelvereins. Seit den zwanziger Jahren schilderte er unermüdlich das katholisch geprägte Dorfleben in der Eifel mit seinen Käuzen und Originalen.

Für ihren Roman *Sizilianer des Gefühls* erhielt 1994 Ursula **Krechel** (*1947) den ersten Eifel-Literatur-Preis des Eifel Literatur Festivals in Prüm. Bis in die siebziger Jahre des 19. Jahrhunderts und in ein kleines Dorf »auf der baumlosen Hochfläche der Eifel« führen die Familienerinnerungen. Über die Eifelwelt von Großvater Bruno heißt es: »Das Feld, auf dem er ackert, ist schmal. Will er es vergrößern, muss er tüchtig sein, Baumlosigkeit, kalte Winde, Äcker mit dürftigem Ertrag. Der Reichtum sitzt in den Flusstälern, die Städte sind weit entfernt. Es scheint, dass in den Städten auch die Sünde sitzt. Das weiß Bruno nicht so genau, aber andere sagen es. Die Sünde muss rosafarben und fett sein, sehr weich, fleischlich eben. Er kennt sie nicht und meint, dass es besser so sei. Doch im Dorf wird auch gesündigt, aber das sind keine Sünden, über die man munkeln muss. Sie heißen Hartherzigkeit, Geiz und Roheit.«

Eifelmühlen und **Eifelmüller**: sie sind ein beliebtes Motiv in der klassischen Eifelliteratur. *Die Grundmühle* heißt ein Roman von Emmi **Elert**

(1908), *Die Sündenmühle* ein Roman von Hanns Gisbert **Mostert** (1864-1922), ebenfalls zu Beginn des 20. Jahrhunderts. *Vom Müller Hannes* nennt Clara **Viebig** eine ihrer Eifelgeschichten. Um Habgier und Geldsucht, um Schuld und Sünde, um Aufstieg und Untergang geht es da. Immer wieder wird das Mühlrad selbst zum Symbol: für das Auf und Ab der Zeit, für Bewegung und Stillstand, für Blüte und Verfall. Und schließlich für das Schicksal, das manch prahlerischen Müller zermalmt, wie ein Mühlstein ein Körnchen.

Francesco **Petrarca**, Dichter und Humanist (1304-1374), reiste 1333 in das linksrheinische Deutschland und durchstreifte auch die Eifel. Briefe und zwei Ardennen-Sonette zeugen von der Reise.

»Das Königreich der Eifel und Ardennen muss staatenlos bleiben; es will als ›composition‹ verstanden sein, und sein Wesen liegt nicht in der Einheit, sondern in der Verschiedenheit«, schreibt Hans-Joachim **Friederici** (*1919 Berlin) in seinen Eifeler Reisegeschichten *Zwischen Höhen und Eifel* (1989).

Wer sich für Heinrich **Bölls** Eifel interessiert, muss einen Abstecher in das benachbarte Bundesland Nordrhein-Westfalen unternehmen. In Langenbroich nahe Düren hatte sich Böll ein Bruchsteinhaus gebaut. 1974 war der ausgewiesene sowjetische Literatur-Nobelpreisträger Alexander Solschenizyn hier zu Gast.

Eisenschmitt: Hauptschauplatz des Romans *Das Weiberdorf* von Clara **Viebig** (1860-1952), das im Erscheinungsjahr 1900 deutschlandweit für Furore sorgte. Der Dorfbrunnen vor der Kirche zeigt die wichtigsten Stationen der Romanhandlung (→ »Weiberdorf«-Essay).

Geichlingen: Hier wurde am 20. 2. 1908 der Heimatschriftsteller Peter **Freppert** geboren. Der Sohn Eifeler Kleinbauern schrieb auch überregional beachtete Romane, u.a. *Das ewige Rufen* (1938). Er starb in G. 1965.

Gerolstein: Nahe der Brunnenstadt lebt Kommissar Luc Lucas, jedenfalls in den Eifelkrimis von Jo **Pestum** (*1936). – In g. schreiben die Heimatschriftstellerin Wilma **Herzog** (*1934; *Spass äm Platt om Jirrelsteener Land*, 1994) und Ursula **Rielau** (Pseudonym »**Jill Steinberg**«; *Polly und Pippa*, 1986, *Mama wird's schon regeln*, 1995). – In G. wirkte lange Jahre der Heimatforscher und Erzähler »Batti« **Dohm** (eigentlich Johann Josef Baptist Dohm). In dem Roman *Madame* (1948) schrieb er über eine Offizierstochter, der das obere Moseltal zur Heimat wurde. – Der englische Romanschriftsteller Charles **Kingsley** (1819-1875) nannte G. auf seiner Reise 1851 »den wunderbarsten Ort, den ich je in meinem Leben besucht habe«. – Der Diplomat und Autor Karl **Wand** wurde 1920 in G. geboren. In seinem Gedichtband *Leier, Schwert und Liebe* (1992) reflektiert er über Jugend, Krieg, Gefangenschaft und Liebe. G. ist für ihn das »Herz der Eifel«.

Hillesheim: »Die Tasse« heißt die langjährige Stammkneipe des Eifelkrimi-Autors Jacques **Berndorf**. – Auf dem Standesamt in H. heiratete Alfred **Andersch** am 25. 4. 1950 die Malerin Gisela **Groneuer**, geb. Dichgans.

Himmerod: In eisiger Sturmnacht retten sich ein junger Fährmann und ein mysteriöser Mönch in das Eifelkloster Himmerod – in dem Jugendbuch *Das Geheimnis der weißen Mönche* von Rainer-Maria **Schröder** (1996). Der in Amerika lebende Autor (*1951) zieht sich nahezu jährlich zu Besinnungstagen in das Kloster zurück. – Von der Geheimtagung ehemaliger Hitleroffiziere am 5. Oktober 1950 in H. erzählt Albert **Pütz** (* 1932 Saarburg) in seinem Roman *Hecht in Himmerod* (1990). – In H. lebt und schreibt der Mönch Stephan Reimund **Senge** (*1934; *Er dazwischen*, 1994). – Die Mitglieder der Europäischen Autorenvereinigung »**Die Kogge**« (→ »Kloster«-Essay) treffen sich jährlich im Mai in H.

Hontheim: Jakob Simonis, Hauptfigur in Walter **Schenkers** Roman *Eifel*, wächst in dem Eifeldorf bei Prüm auf. Hierher zieht es den depressiven Arbeitslosen immer wieder zurück (→ »Walter Schenker«-Essay).

Kaisersesch: Geburtsort von Peter **Kremer** (1901-1989), einem der bekanntesten Eifeler Heimatautoren. Schilderte seit den zwanziger Jahren unermüdlich das katholisch geprägte Dorfleben in der Eifel. Kremer starb in Kaisersesch.

Kelberg: Sagen und Geschichten der Verbandsgemeinde K. haben Alois **Mayer** und Erich **Mertes** 1986 herausgegeben.

Kerpen: Auf der Burg Kerpen in der Vulkaneifel, nahe Hillesheim, wohnte Alfred **Andersch** von 1950 bis 1952 mit seiner Familie. Hier vollendete er seine erste Erzählung »Kirschen der Freiheit«. Viele Literaturgrößen kamen zu Besuch, darunter Heinrich Böll. (→ »Andersch«-Essay)

Kyllburg und Malberg: Hauptschauplätze des Eifelkrimis *Bitte ein Mord* von Edgar **Noske** (*1957).

Landscheid: Seit Jahrzehnten schon lebt der Schriftsteller Theodor **Weißenborn** (*1933) in der Südeifel, auf »Hof Raskop« bei Landscheid. International bekannt wurde er vor allem durch seine psychiatriekritischen Hörspiele. Eifelspuren finden sich in dem Roman *Wohltaten des Regens* und in der Skizze »Altweibersommer«. Hier erkundet der Erzähler an einem Herbstabend im Jahre 1975 erstmals die Eifelgegend: auf einem Gang zum Raskoper Hammer, zu Lieser und Sülz, vorbei an einer alten Häuserzeile, hin zum Wasserfall des Mühlbachs. Ein Gang durch den Raum, aber auch ein Gang durch die Zeit, in die Vergangenheit. Verbunden mit eindringlichen Reflexionen über das Wesen der Zeit, über Vergänglichkeit und Erinnerung. Einige Passagen seines Romans *Die Wohltaten des Regens* (1994) spielen in L. – Auf dem Friedhof von L. liegt Peter **Zirbes** (1825-1901), »der erste Dichter der Eifel«, begraben. Die Grundschule in L. trägt seinen Namen.

Maare: Zu den vielbesungenen Maaren führen u.a. Walter **Bathes** Tagebuch *Fahrende Gesellen. Die Begegnung mit dem Tode* (1925), Peter **Kremers** Schnurrenbuch *Das lachende Eifeldorf* (1940; 1990), Anna **Molls** Erlebniswanderungen *Wo die Eifelmaare dunkeln* (1951), Arnim

Renkers Sagen *Zwischen Venn und Maar* (1948), Heinrich **Rulands** Erzählungen und Gedichte *Land der Maare* (1955), Simon **Salomons** Sagensammlung *Im Lande der Quellen* (1899), mehrere Novellen von Clara **Viebig**, vor allem die Erzählung *Das Totenmaar* (1897, → »Maar«-Essay), Edmund **Webers** Gedichtbuch *Aus der Eifel* (1903), Richard **Wenz'** Romane *Heinrich der Mittler* (1910) und *Das Irrlicht auf dem Eifelmaar* (1940). »Ernste Maare ruhen schweigend im vulkanischen Bette« notierte Clara **Viebig** im Vorwort der Novellensammlung *West und Ost*, 1920. Als »malerisch« empfand Werner **Bergengruen** 1953 in der Eifel gerade die Maare. »Das Maar, die Erscheinung wider die irdische Landschaft«, schrieb Wolfgang **Weyrauch** 1959 in einer Reportage für die *Frankfurter Allgemeine Zeitung*. Am »Trockenmaar« spielt Emmi **Elerts** Eifel-Roman *Die Grundmühle* (1908). Der englische Romanschriftsteller Charles **Kingsley** (1819-1875) sammelte am Pulvermaar vulkanische Asche für seine Tochter Rose. Enthusiastisch pries er die Wunderwelt der Maare: »Ich habe solche Wunder wahrgenommen. Ich weiß nicht einmal, wo ich anfangen soll. Krater mit gespensterhaft blauen Seen..., mit Ufern von vulkanischer Asche und – zuweilen wunderlicher Weise – neben Roggenfeldern und Schnittern.« – Luc Lucas, Eifeldetektiv aus der Feder von Jo **Pestum**, schwärmt vor allem vom Pulvermaar: »Ich war wie immer hingerissen von dieser kargen Eifellandschaft. Und von allen Maaren – diesen klaren, kalten Seen in den Kegeln der erloschenen Vulkane mochte ich das Pulvermaar am liebsten«, heißt es in Pestums

Detektivroman *Lange Schatten in der Nacht* (1985).

Maifeld: Eifelschauplatz des Romans *Sizilianer des Gefühls* (1993) von Ursula **Krechel** (*1947 Trier).

Manderscheid: In das Hochmittelalter der Stauferkaiser führt Berthold **Bärs** Versgesang *Die Grafen von Manderscheid* (1895). Ebenso die Erzählung *Die letzte Gräfin von Manderscheid* von »Antonie **Haupt**« (d.i. Victorine **Endler**, *1853 in Trier). – In der weltentrückten Eifeleinsamkeit der Heidsmühle bei Manderscheid, unweit der Mühle von Clara **Viebigs** »Müller-Hannes«, findet im Jagdroman *Die schwarze Lies* (1934) von Heinrich **Malzkorn** der Jäger Straubinger sein Eifelquartier. – In Manderscheid wurde 1807 der Pfarrer, Heimatforscher und Sagensammler Johann Hubert **Schmitz** geboren. Bedeutsam ist seine Sammlung *Sagen des Eifellandes* (1847). – In Clara **Viebigs** Roman *Rheinlandstöchter* (1897) sucht die junge Nelda Dallmer Erholung in der Vulkaneifel und bezieht Quartier bei ihrem Onkel, seit 25 Jahren Bürgermeister von Manderscheid. Sie erlebt seinen Kampf gegen bäuerliches Festhalten am Alten, gegen Hunger und Not am Meerfelder Maar. – In der Eifelgeschichte »Vom Müller-Hannes« (1903) von Clara **Viebig** siegt der reiche »Laufeld« aus M. über den hochverschuldeten Müller-Hannes, Besitzer einer großen Schneide- und Mahlmühle am Meerbach zwischen M. und Meerfeld. – Im »Kronenhaus« in M., Mosenbergstraße, hat Rose-Marie **Gericke-Frischeisen** 1998 ein Literaturzentrum für die deutsch-jüdische Lyrikerin Rose **Ausländer** (1901-1988) eingerichtet.

Maria Laach: Jahrhundertealte Sagen umranken das Kloster, u.a. von Friedrich **Schlegel** (1772-1829). – Johannes **Butzbach** (1478-1516) verfasste hier sein spätmittelalterliches *Wanderbüchlein*. – In dem Roman *Spiel am Ufer* (1927) von Rudolf **Huch** (1862-1943) ist Maria Laach eine wichtige Reisestation. – Den Schriftsteller Wolfgang **Weyrauch** (1904-1980) beeindruckte die besondere Aura des Klosters am Maar. – In Maria Laach schreibt der Mönch Drutmar **Cremer** (*1930) Lyrik von Rang. – Ein Tuffstein-Relief an der Klosterschänke erinnert noch heute in Maria Laach an **Goethes** Eifelbesuch am 28. 7. 1815. Goethe fand das Kloster verödet vor, war es doch 13 Jahre zuvor im Zuge der Säkularisation aufgehoben worden. Der See »mit seinen gelinden Hügeln und Buchenhainen« hinterließ gleichwohl einen tiefen Eindruck auf den Dichterfürsten. – Guillaume **Apollinaire** gilt als einer der bedeutendsten französischen Lyriker der klassischen Moderne. Eine poetische Leitfigur der ersten Jahrzehnte des 20. Jahrhunderts. Neben Ardennen und Rhein gehörte die Eifel früh zu seinen prägenden Landschaftserlebnissen. Im Winterhalbjahr 1901/02 unterrichtete er als Hauslehrer die Tochter der deutschen Baronin von Milhau, Gabrielle, auf Burg Kray am Laacher See in französischer Geschichte und Literatur. Nach ausgedehnten Waldspaziergängen pflegte er sich in seinen »Dichterturm« zurückzuziehen, ein kleines Turmzimmer über dem Burgtor. Hier schrieb er an seinem Zyklus der *Rheinlieder*, der durch Übersetzungen in mehr als 20 Sprachen die Rhein- und Eifellandschaft einmal mehr bekannt machte. – *Dichterklänge vom Laacher See und seiner Umgebung von Andernach bis Mayen* gab 1906 der Mayener Lehrer Joseph **Hilger** heraus. – Der Eifelroman *Die Sündenmühle* der Koblenzer Schriftstellerin »Hanns Gisbert **Mostert**« (d. i. Johanna Gisberta Mostert, 1864-1922) ist am Laacher See angesiedelt (»Maria-Roth« heißt die Benediktinerabtei des Romans). – Als bleibende Erinnerung an M. notierte Wolfgang **Weyrauch** 1959 in einer Zeitungsreportage u.a. die Erinnerung »an die Erschütterung durch die Aura« und die Erinnerung »an eine Szene voll heiterer Serenität, in der ein Mönch den Besuchern vom Klosterleben berichtete und dabei auch den Bruder Kartoffelschäler erwähnte, eine Beziehung, die Würde, Einfachheit, Homogenität und Ehrfurcht vor der Simultaneität enthielt und bewies.«

Maspelt: Im belgischen M. im Grenzgebiet bei Winterspelt wurde 1977 Alfred **Anderschs** Roman *Winterspelt* verfilmt. Katharina Thalbach und Hans-Christian Blech spielten die Hauptrollen, Regie führte Eberhard Fechner.

Mayen: Mario Adorf (*1930) wuchs hier auf, erinnert in seinem Buch *Der Mäusetöter. Unrühmliche Geschichten* (1992) (→ »Adorf«-Essay). – Ein »Spiel vom Schiefen Turm der St. Clemenskirche in Mayen« schrieb Paul **Geiermann** 1949 (*Das Wahrzeichen*). – Der Schriftsteller Werner **Helmes** (u.a. *Die Scherbe des Ikarus. Roman*, 1957, *Air Base. Roman*, 1985) wurde 1925 in Mayen geboren. – In M. spielt der Roman *Die Hexe von Mayen* (1914) von Charlotte **Niese** (1854-1935). Zeithintergrund: das Jahr 1675, als

Soldaten des Sonnenkönigs Ludwig XIV. das linke Rheinufer verwüsten und auf ihrem Vormarsch nach Trier auch Mayen streifen. – M. ist Schauplatz des Romans *Philipp zwischen gestern und morgen* (1935) des Schriftstellers Gottfried **Stein**, 1893 in Mayen geboren. Ein autobiographischer Roman, der ausgiebig von der Kindheit und Jugend »Philipp Gottfried Malers« in Mayen erzählt. Zeithintergrund: Kaiserreich, Erster Weltkrieg, Deutsche Revolution 1918/19. – Wolfgang **Weyrauch** bewunderte in einer Zeitungsreportage 1959 in Mayen vor allem die St.-Veit-Kirche von Professor Böhm (»...eines der radikalsten neuen Gotteshäuser, die ich, Berlins Kirchen eingeschlossen, bisher gesehen habe«). – Mit der Mayener Burg verknüpft sich die **Genoveva**-Legende (»Genoveva-Burg«): Genoveva, Gemahlin von Graf Siegfried, wird von einem verschmähten Liebhaber verleumdet. Als Ehebrecherin soll sie sterben, wird aber von einem Knecht in die Wildnis gerettet. Hier entdeckt sie eines Tages ihr Gemahl in der Höhle...

Mendig: Die »Lebedame« Rosemarie **Nitribitt**, über die Erich **Kuby** das Drehbuch für die Verfilmung (1959) schrieb, wuchs in M. auf. (→ »Nitribitt«-Essay)

Neroth: Im Wanderlied »Wir geh'n auf große Fahrt« singt der Volkssänger Manfred **Ulrich** über die jugendbewegten Nerother Wandervögel (erschienen im Band *Vagabund*, 1992). N. ist auch Heimat der »Mausfallskrämer«, die Ulrich ebenfalls besingt.

Niederhersdorf: Hier lebte lange die 1923 in Krefeld geborene Schrift-

stellerin Marianne **Junghans**, Verfasserin zahlreicher lyrischer Eifel-Bilder (u.a. *Aber noch zählt das Licht*, 1990).

Niederkail: Am 25. 1. 1825 wurde hier Peter **Zirbes** geboren, »der erste Dichter der Eifel«. Am 14. 11. 1901 ist er hier gestorben. Das kleine Wohnhaus des Dichters in N. kann besichtigt werden. Der Nerother Volkssänger Manfred **Ulrich** hat das Zirbes-Gedicht »Mein kleines Dorf« vertont. (→ »Zirbes«-Essay)

Niederraden: Johannes **Nosbüsch**, 1929 in N. bei Neuerburg geboren, später Professor für Philosophie in Landau, ist mit seinen biographischen Erinnerungen *Als ich bei meinen Kühen wacht* (1994) und *Es werde Licht!* (2001) zum Chronisten Eifeler Zeitenwenden geworden. Eifeler Hütekindjahre in den zwanziger und dreißiger Jahren. Eifelheimat im Umbruch: bei Nosbüsch wird sie anschaulich und detailliert erinnert. – In N. wurde 1916 auch Johannes **Rausch** geboren, 1971 Professor für Philosophie an der Erziehungswissenschaftlichen Hochschule Koblenz. 1979 veröffentlichte er die Mundartgedichte *Watt mol wor. Dee zwanziger Johr an da Äfel.* – Auch Hans **Theis**, späterer Rektor der Grund- und Hauptschule Neuerburg und Heimatschriftsteller, kam in N. zur Welt (*15. 8. 1921). Sein Erzählwerk lebt weiter in dem von Willi Hermes herausgegebenen Buch *Die Sage raunt in alten Mauern. Eifeler Sagen, Schnurren, Anekdoten, Geschichten und Erzählchen* (1991).

Niederweis: In N. bei Bitburg liegt der große Sagensammler der Eifel, Professor Matthias **Zender** (1907-1993), begraben. Bis 1975 war Zender Professor für Volkskunde an der Universität Bonn. Als Sohn alteingesessener Eifelbauern fühlte er sich seiner Eifelheimat immer verbunden. (→ »Sagen«-Essay)

Nürburgring: Schauplatz des Eifelkrimis *Eifel-Rallye* von Jacques **Berndorf** und des Romans *Eifel* von Walter **Schenker.** (→ »Nürburgring«-Essay)

Oberbettingen: Hier wurde 1937 Maria **Kraemer** geboren, Verfasserin der Erzählung *Eifelwind* (1985), angesiedelt im Eifeldörfchen »Büsch« bei Pelm in der Vulkaneifel.

Pelm: Bei P. in der Vulkaneifel spielt Maria **Kraemers** Erzählung *Eifelwind* (1985).

Prüm: Alte Sagen und Legenden erinnern an Prüms »goldene Zeit« im frühen Mittelalter, vor allem an Kaiser Lothar I. (der in der Basilika begraben liegt). Im Kloster P. schrieben die Mönche **Wandalbert** und **Regino** wichtige Werke, u.a. die erste Weltchronik des Mittelalters. – Der Roman *Karls des Großen vergessener Sohn* von Sven **Korzilius** erinnert literarisch an Pippin den Bucklingen, Sohn Karls des Großen (792 zu Klosterhaft in P. verurteilt); ebenso der Eifelkrimi *Denn sterben muß David* von Ralf **Kramp.** – Auch der Weltbestseller *Die Päpstin* von Donna **Cross** streift das P. des Frühmittelalters. – Über die alles überragende Größe der St. Salvator-Basilika wunderten sich Wolfgang **Weyrauch** (1904-1980) und Alfred **Andersch** (1914-1980). – Der Philosoph Gerhard **Nebel** (1903-1974),

zeitweilig als Gymnasiallehrer in P., gab am Bahnhof P. Fernwehgedanken nach. – Am Prümer Regino-Gymnasium unterrichtete seit 1942 die Malerin Gisela **Groneuer**, die spätere Frau von Alfred Andersch. – Die Gymnasialzeit in P. wird erinnert in Walter **Schenkers** Roman *Eifel* (1982) und in den Erzählungen des saarländischen Autors Alfred **Gulden** (*1944), selbst einmal Schüler in P. (*Auf dem großen Markt*, 1977; *Die Leidinger Hochzeit*, 1984; *Ohnehaus*, 1991). – In der grotesken Kurzgeschichte »Wahrheit und Wirklichkeit in Prüm« von Ror **Wolf** (*1932) schwankt Boxweltmeister Max Schmeling durch P. – Hoffmann von **Fallersleben** (1798-1874) verbrachte hier im Herbst 1819 eine unbequeme Nacht. – Der Publizist Erich **Kuby** genoss in P. im Herbst 1939 die kleinstädtische Ruhe vor dem Frankreichfeldzug. – In den Krimis *Kampf der Götzen* von Edwin **Klein** und *Rabenschwarz* von Ralf **Kramp** (*1963) führen wichtige Spuren in die Waldstadt. – 1951 wurde der Schriftsteller Norbert **Scheuer** in P. geboren. In dem Gedichtband *Ein Echo von allem* (1997) unternimmt er einen Streifzug durch das Eifelstädtchen seiner Kindheit. Er lebt heute in der Nordeifel bei Kall und veröffentlichte 1999 den preisgekrönten Roman *Der Steinesammler*. – Im Bischöflichen Konvikt in P. erlebte Oskar **Lafontaine** prägende Jahre, von Ostern 1953 bis März 1962. Der ehemalige Ministerpräsident des Saarlandes, Kanzlerkandidat der SPD 1990 und kurze Zeit Finanzminister unter Bundeskanzler Schröder, hat hier sein Durchsetzungsvermögen schulen können. Die Biographie *Oskar Lafontaine* von Werner **Filmer** und Heribert **Schwan** (1996) weiß mehr zu erzählen. – In dem Eifelroman *Flieger-marsch oder der Tag, an dem die Eifel-republik gegründet wurde* entfaltet Ulrich **Mehler** literarisch den Traum von einer freien Eifelrepublik. Hauptstadt ist übrigens »Prom« (verschlüsselt für P.). Köstlich sind die satirischen Charakterisierungen der Eifeler. Witze über Eifeler Trinkfestigkeit, Neugier und Wachsamkeit (»in der Eifel haben Pflaumenbäume Augen«) fehlen ebenso wenig wie über die Inflation von Hochsitzen oder über Eifeler Vereinsmeierei. Die Sage »Der Schuster und die Haut des Gerbers« von Tilman **Röhrig** spielt auf dem Friedhof von P. (→ »Sagen«-Essay) – In P. spielt schon das »vaterländische Schauspiel« *Aus der Franzosenzeit* (1911) von Johann **Becker**. Es geht um heldenhaften Widerstand gegen französische Fremdherrschaft im P. des Jahres 1800 (historisch verbürgt). – In Prüm wurde 1994 das »**Eifel Literatur Festival**« gestartet, das 1996, 1998 und 2001 wiederholt wurde, zuletzt ausgeweitet auf den Landkreis Bitburg-Prüm, mit vielen prominenten Autoren, u.a. Ralph Giordano, Ludwig Harig, Herta Müller, Arnold Stadler und Walter Kempowski. (→ »Kloster«-Essay)

Rommersheim: Das Kalkmuldendorf östlich von Prüm ist räumliches Vorbild des Ortes »Winterspelt« im gleichnamigen Roman von Alfred **Andersch**. Hier wohnte Anderschs spätere Frau, die Malerin Gisela **Groneuer**, von 1941 bis 1945 im städtisch wirkenden Haus gegenüber dem Hof des Bauern Bischof. Wenn Alfred Andersch sie hier besuchte, ging er zu Fuß vom Bahnhof Prüm den bewaldeten Talkessel hinauf durch die »Held«. (→ »Andersch«-Essay)

Scherbach: Die bekannte Lyrikerin Elke **Erb** kam im Dezember 1938 in S. in der Eifel auf die Welt. Hier verbrachte sie ihre Kindheit, literarisch festgehalten in ihren 1970 verfassten »Eifel-Erinnerungen« (im Buch *Nachts, halb zwei, zuhause*, 1991).

Schnee-Eifel: In der Einsamkeit der Schnee-Eifel ist der heitere Familienroman *Oh, diese Mutter!* (1983) von Jill **Steinberg** angesiedelt. Ein Familienleben von aufregender Kurzweiligkeit, »fern jeder Zivilisation«. – Ernest **Hemingway** beschreibt die Kriegstage in der Schneifel in seiner berühmten Reportage »Krieg an der Siegfrid-Linie«, d.h. am Westwall. – Nach der höchsten Erhebung der Schneifel, dem »Schwarzen Mann«, hat Alfred **Andersch** eine Erzählung und ein Hörspiel benannt *Die Letzten vom Schwarzen Mann*. Hier fasziniert den Erzähler der panoramische Blick über die Grenze nach Belgien.

Speicher: In S. lebte der blinde Heimatschriftsteller Daniel **Kirchen**. 1886 in Heckenmünster im Kreis Wittlich geboren, starb er 1950 in Speicher. 1991 erschien als Zusammenfassung seines Werks *Der blinde Dichter aus Speicher*, eine Sammlung von rund 150 lyrischen, epischen und anderen Dichtungen.

Sülm: In dem kleinen Eifelort bei Bitburg lebte der Landwirt, Dirigent, Komponist und Heimatdicher Bernhard **Lemling** (1904-1961). Von ihm erschienen u.a. *Eifelland – du meine Heimat* (1979), *Eifelland, wie bist du schön* (1982), *Eifelland in frohem Sange* (1986), *Eifelland im Laienspiel* (1987).

Totenmaar oder »Weinfelder Maar«: Eine der berühmtesten Novellen von Clara **Viebig**, *Am Totenmaar*, entfaltet dort das Drama um die junge Schäferstochter Annemarie. In einer Herbstlandschaft von vollendeter Einsamkeit und düsterer Trauer (→ »Totenmaar«-Essay).

Vulkaneifel: Umschwärmt von Werner **Bergengruen** (1892-1964). Hauptschauplatz der Eifelkrimis von Jacques **Berndorf**. Auch die Detektivreihe *Luc Lucas* des Kinder- und Jugendbuchautors Jo **Pestum** ist hier angesiedelt.

Waxweiler: Die Erinnerungen an eine Kindheit in der Eifel *Kindertage* (1990) von Irmburg **Schaus** (*1944 Prüm) umkreisen W. in der Westeifel.

Winterspelt: Alfred **Anderschs** letzter Roman *Winterspelt* (1974) machte den Ort berühmt. Zu sehen sind: eine Alfred-Andersch-Straße, ein Andersch-Archiv im Gemeindehaus und, gleich gegenüber, eine Literaturtafel zum Roman. Im benachbarten Hotel »Haus Hubertus« kehrten Andersch und seine Frau Gisela häufiger ein (Eintragungen im Gästebuch). Leicht zu erreichen von hier: der Grenzort Hemmeres an der Our mit dem zerstörten Viadukt. Hier liegen sich im Roman Amerikaner und Deutsche gegenüber. Einen kleinen literarischen Wanderführer auf den Spuren von Alfred Andersch gibt es seit Sommer 2001. Vorbild für das »Winterspelt« des Romans ist das Dorf Rommersheim bei Prüm.

Josef Zierden

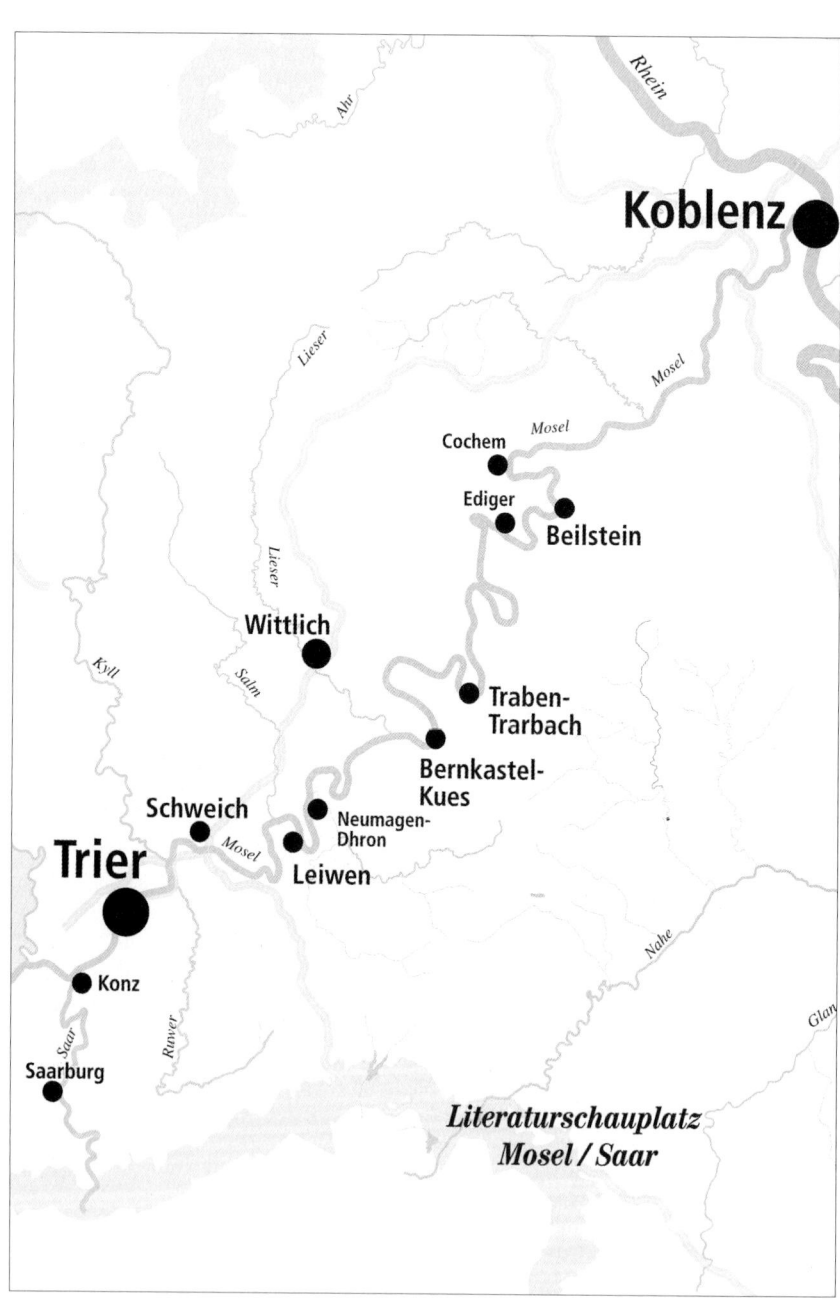

Koblenz

Rhein

Ahr

Lieser

Mosel

Cochem

Mosel

Ediger

Beilstein

Lieser

Wittlich

Kyll

Salm

Traben-
Trarbach

Bernkastel-
Kues

Schweich

Neumagen-
Dhron

Trier

Mosel

Leiwen

Konz

Nahe

Glan

Saar

Ruwer

Saarburg

*Literaturschauplatz
Mosel / Saar*

Mosel und Saar

*Das Elternhaus des Nicolaus Cusanus in Kues an der Mosel. Das Gebäude,
in dem der große Philosoph und Theologe 1401 als Sohn des begüterten
Schiffers Chryfftshenne (Johannes Krebs) geboren wurde, unterhält die
Cusanus-Gesellschaft als Gedenkstätte.
(Foto: Rüdiger Diezemann)*

Josef Zierden
Vom Zugleich des Gegensätzlichen
Mosel und Saar als literarische Landschaften

Neumagen an der Mosel, Park an der Peterskapelle. In Togafalten fällt der Stein dem kantigen Sockel entgegen. Über Lyraseiten legt sich die steinerne Hand. Efeu umkränzt steinern das verträumte Dichterhaupt. Ein Denkmal steht da, im August 1929 mit Böllerschüssen und Fanfarenklängen, mit Fahnenschmuck, Festzelt und Sängerwettstreit volksfestartig eingeweiht. Gewidmet dem »Sänger der Mosel«, Decimus Magnus Ausonius (310-395), Rhetorikprofessor in Burdigala (Bordeaux), später Prinzenerzieher und Konsul in Trier. Verfasser der *Mosella* (371), des ersten poetischen Lobgesangs auf die Mosel. Bach, Fluss, See, Meer: alles zugleich ist da die Mosel. Verlockend schön mit ihren weinduftenden Rebhängen, mit ihrem windungsreichen Flussbett und den krönenden Landvillen samt Panoramablick. Ländliche Vers-Idylle wie in zeitlosen Touristenträumen: bevölkert von phantastischen Faunen und Nymphen, von geschäftigen Winzern, weinseligen Wanderern und fröhlichen Schiffern. Während in Wirklichkeit auf dem Land die Villen verfielen, die Parks verwilderten und die Felder brachlagen – und die spätrömische Kaiserresidenz Trier, das zweite Rom, vor Barbarenüberfällen zitterte. Die *Mosella* des Ausonius, 483 wohlgesetzte Verse über eine Moselfahrt: sie waren eine poetische Imagekampagne in unsicherer Zeit, zur Beruhigung der feinen Gesellschaft und zur Werbung neuer Investoren.

Fast 1600 Jahre später noch werbewirksam, aber auch problematisch geworden in national-patriotischer Zeit. Durften doch 1929, beim Neumagener Denkmalfest, bei aller Feierfreude vorwurfsvolle Hinweise auf die fehlende germanische Abstammung des Dichters und die Erinnerung an römische Kultur nicht fehlen. Dass man Ausonius auch jenseits der Grenzen, beim »Erbfeind Frankreich«, auf Denkmalsockeln schätzte, wollte man damals wohl kaum wissen – ein Jahrzehnt nach dem verlorenen Ersten Weltkrieg, nach »Schmachfrieden« und Versailler »Schanddiktat«, nach Reparationsquerelen, Ruhrkampf und separatistischen Bewegungen auch im Rheinland.

Moselstadt Traben-Trarbach, im »Rosengarten«. Auf einem unbehauenen Stein prangt eine Bronzetafel. Darauf ist konturhaft eingemeißelt das Porträt des Dichters Rudolf Georg Binding, umrahmt von der Widmung »Dem Dichter der Moselfahrt aus Liebeskummer«. 1959 wurde der Gedenkstein errichtet, als man dem Dichter posthum den »Deutschen Weinkulturpreis« verlieh. Allerdings: Binding war schon im Jahre 1938 gestorben, nicht erst

1958, wie auf der Bronzetafel zu lesen. Aber gerade in den fünfziger Jahren erlebte Bindings Novelle *Moselfahrt aus Liebeskummer* (1932), die auflagenstärkste Moselerzählung überhaupt, eine besondere Renaissance. Brachte doch Kurt Hoffmann 1953 die Novelle bundesweit auf die Leinwand, mit Oliver Grimm, Liselotte Müller und Albert Florath in den Hauptrollen (eine Extrapremiere des Films gab es in Trier, in Anwesenheit von Regisseur und Hauptdarstellern). Und kreierte doch die Winzergemeinde Traben-Trarbach 1954 höchst erfolgreich einen »Liebeskummer«-Wein. Dazu einen »Liebeskummer«-Wagen im Festzug der 700-Jahr-Feier, einen »Liebeskummer«-Marsch und später, bei einem Weinfest, sogar noch einen »Liebeskummer«-Brunnen vor dem Rathaus: mit solchen Marketingideen konnte Traben-Trarbach auch einen Binding-Gedenkstein am Moselufer für sich beanspruchen.

Prägend bis heute, beschwört Bindings Moselklassiker »leichte Ruhe« und »ruhige Leichtigkeit« als Charakter der Mosellandschaft, die »westlicher«, »französischer« sei als alle anderen Flusslandschaften Deutschlands. »Vielgenannt – kaum bekannt«, dieses »Los des Flusses und der Landschaft« möchte er erzählerisch wenden. In betonter Abkehr von Moselbildern der Romantik, die geradezu geschwelgt habe in der phantastischen Wildheit und Zerrissenheit der Berge und Hügel und im Übermaß der Ruinen. Allerdings, dem Zauber und der Schönheit von Fluss und Land erliegt Binding gleichwohl, kaum weniger schwärmerisch und idyllisierend als weiland die Romantik. Wenn ihn »schmale dörfliche Weinnester« und »zerfallene Burgen und Schlösser« schon im Vorbeifahren beeindrucken; wenn er auf nächtlicher Moselterrasse mit durchscheinendem Rebendach ruhmvollen Moselwein kostet und »Moselaal blau« genießt, der noch nichts weiß von »fetten Abwässern, Schlamm, Kanälen und Industrie«; wenn er in der Moselmetropole Trier das Übereinander der Kulturen bestaunt und den unvergleichlichen Reichtum an historischen Zeugnissen. Das alles in Begleitung einer anmutigen Frau, die in ihrer natürlichen Art und mit ihrem Faible für das Ruhige, Stille, Bescheidene und Einfache zunehmend als Verkörperung der Mosellandschaft erscheint. Kein Zweifel: In Bindings Novelle ist die Moselwelt noch in Ordnung. Mit ihrem Faible für französische Leichtigkeit und Grazie der Landschaft, mit ihrer liebevollen Schilderung des pittoresken Judendörfchens Beilstein, mit ihrer einfühlsamen Beschreibung moselländischer Volksfrömmigkeit vor allem in Ediger macht die Erzählung vergessen, dass sie im Jahre 1932 erschienen ist. Als die braunen Nazihorden in Deutschland bereits auf dem Weg zur Macht waren und Judenhass schürten sowie nationalistische Revanchegelüste gegen Frankreich.

Heile Moselwelten vor unheilem Zeithintergrund, bei Binding wie bei

Ausonius, um 371 n. Chr. wie um 1932. An dieses Bild eines Moselarkadien können die zahlreichen weinseligen Mosellieder, Moselromane und Moselromanzen nahtlos anknüpfen. Berauschte Stunden auf rebumlaubten Terrassen, an illustren Stammtischrunden, im gemütlichen »Saufbähnchen« oder in dahinträumenden Nachen. Im holprigen Reimklang singt es da von »Sommerglut« und »Rebenblut«, von »Düfteparadies« und »Rebenblühn so mystisch süß«, von »Lebenselixier« und »Pfropfenzieh'r«. Stimmungsvolle Moselromantik, wie sie im Buche steht. »Ooooh Mosella!«

Romantik ade? Schattenseiten der Mosel

Ganz anders die naturalistische Erzählerin Clara Viebig in ihrem Moselroman *Die goldenen Berge*, 1926 erschienen. Politische Krisen der jungen Weimarer Republik wie Inflation, Besatzung, Separatismus und aktuelle Absatzkrisen auf dem Weinmarkt: da machen sich Hunger und Armut, Not und Verzweiflung im Moselland breit. Die einstmals goldenen Moselberge verwandeln sich in nebelgraue Totenacker. Die Klage wird laut, »dat die Mosel immer dat Stiefkind war«, beim »Herrgott« wie beim Reich: »Wir liegen seitab im Winkel, in der Sackgasse, kein Mensch kennt uns, wir sind denen ja auch ganz egal. Verlorener Posten fürs Reich.« Da fehlt es gerade noch zum Unglück, dass sich der sonst so friedliche Fluss nach heftigen Regenfällen in reißende Hochwasserfluten verwandelt. Winzernot und Winzerelend sind groß.

Mit der mörderischen Unberechenbarkeit der Mosel hatte schon Clemens Brentano gehadert, als im Februar 1830 winterliches Hochwasser eisige Spuren des Grauens hinterließ und Tod und Zerstörung brachte. Als »Kindesmörderin« und »Vogesenwölfin«, die in Lay ein Lamm gewürgt habe, beschimpft er die Mosel, in nationalistisch gefärbter Anspielung auf den Quellort in Frankreich. Am Col de Bussang in den Südvogesen, rund 30 Kilometer von Mülhausen entfernt, entspringt die Mosel, der größte Nebenfluss des Rheins. Von der Quelle bis zur Mündung am »Deutschen Eck« zu Koblenz ist sie rund 550 Kilometer lang, allerdings nur 278 Kilometer Luftlinie – ein Hinweis auf den stark mäandrierenden Flusslauf. Erst Bach, dann Fluss, dann Strom, durch viele Nebenflüsse gestärkt, fließt die (Ober-)Mosel zunächst über 304 Kilometer durch Frankreich, durch lothringisches Bauernland und lothringische Industriereviere, mit Hochöfen und den Atommeilern von Cattenom. Auf einer Länge von 35 Kilometern bildet sie die Grenze zwischen Luxemburg (linkes Ufer) und Deutschland (rechtes Ufer), von Schengen bis Wasserbillig, von Perl bis Wasserliesch (»Tor zur Obermosel«). Weinberg reiht sich an Weinberg, Winzerdorf an Winzerdorf.

Mosellandschaft im Dreiländereck: »Nirgendwo sonst hat der große Blutsäufer Mars so gewütet«, bilanziert Walter Henkels feindselige Nationalstaatszeiten, an die zahllose Kriegerdenkmäler und Soldatenfriedhöfe erinnern – mehr als in jeder anderen Gegend Europas.

Auf den weiten Trierer Talkessel folgt von Schweich bis Cochem die Mittelmosel, bis Koblenz dann die Untermosel. Burgen- und Schlösserromantik pur, ein Paradies für Weinkenner. Im engen Mäandertal windet sich die Mosel dahin, zuweilen in langen Schleifen wie bei Bernkastel-Kues, Traben-Trarbach, Zell und Cochem. Inzwischen gestärkt durch zahlreiche Nebenflüsse: von links durch Orne, Sauer, Kyll, Salm, Lieser, Alf und Elz, von rechts durch Moselotte, Meurthe, Saar, Ruwer und Dhron.

Allein schon im äußeren Bild der Mosellandschaft, im Gegeneinander von Berg und Tal, von Erde und Wasser, von Mäandrieren und zielstrebiger Direktheit, in der spannungsreichen Ausgeglichenheit und bewegten Ruhe von Fluss und Land sah der Philosoph Gerhard Nebel in den fünfziger Jahren die Lehre von der Einheit der Gegensätze des Nikolaus von Kues vorgeprägt. Früh schon warnte er vor technisch-industriellen Eingriffen des Menschen in die Natur und beschwor noch einmal das Bild eines unversehrten, ursprungsnahen Moseltals mit Buhnen, Laichplätzen, Katarakten und Furten, mit stillen Fähren und gemütlichen Dämmerschoppen. Den Flussdämon vertreibe man mit Kanal, Schleusen, Begradigungen und Staudämmen.

»Die Romantik ist kaputt«, überschrieb Jahrzehnte später, 1973, der Journalist Walter Henkels ein Moselstenogramm. Breite Autouferstraßen, Massentourismus mit Kneipeninflation, verlogene Weinromantik, amerikanische Militärlastwagen vom nahen Nato-Flugplatz, Frauen auf Traktoren: die Moselgegenwart ernüchterte und schmerzte ihn. Der Ausbau der Mosel zu einer internationalen Großschifffahrtsstraße, im Mai 1964 feierlich eingeweiht, wird in Henkelschen Zitatcollagen allerdings sogar als »Verschönerung des Moseltals« gefeiert (Verkehrsminister Seebohm), in jedem Falle aber »als wichtiger Beitrag zur europäischen Integration« (Bundespräsident Lübke, Staatspräsident de Gaulle). Wegen des gestiegenen Güterverkehrsaufkommen hat man die Fahrbahnrinnen der Mosel in den neunziger Jahren sogar noch vertiefen müssen. Was hätte der Philosoph Gerhard Nebel, was hätte der Journalist Walter Henkels wohl zu den »Atomgiganten« im lothringischen Cattenom gesagt, provozierend nah an der Grenze zu Deutschland errichtet? Einst idyllische Wald- und Wiesenlandschaft – jetzt »der Welt größter Atompark«. »Kernkathedralen«, »ebenso majestätisch wie drohend«, charakterisierte der Trierer Schriftsteller Jürgen Wichmann 1982 die Kernkraftriesen – in seinem Thriller *Porta nigra in weiß*.

Die Hochwassergefahr an der Mosel freilich, die einst Clara Viebig und Clemens Brentano engagiert zur Feder greifen ließ, ist noch von keiner modernen Technik gebannt. Im Gegenteil: Menschliche Eingriffe wie Flussbegradigungen und Bodenversiegelungen haben die Aufeinanderfolge der »Jahrhunderthochwasser« nur beschleunigt, gerade in den neunziger Jahren – mit enormen Schäden für die Moselanlieger. Und die Arbeit im Weinberg, sie ist seit Viebigs *Goldenen Bergen* eine harte Fron geblieben, bei aller äußeren Romantik. Die erfolgreiche Fernsehserie *Moselbrück*, nach dem gleichnamigen Buch von Hans Georg Thiemt und Hans Dieter Schreeb Ende der achtziger Jahre gedreht, hat Millionen von Zuschauern die archaisch anmutende Härte auch des modernen Winzeralltags vor Augen geführt.

»Die Lese ist oft beschrieben worden. Für jemanden, der am Wegrand sitzt und ihr zusieht, ist sie reine Romantik. Für den, der die Trauben abschneidet und sie in Kiepen zu den Bütten schleppt, ist sie pure Fron. Doch, und das muss man zugeben, romantische Fron. Da ist das Licht des Herbstes, die Farben der Stöcke (...). Es ist Oktober. Die Sonne dringt nicht oft bis ins Tal, lässt nur die Trauben an den hochgelegenen Hängen glühen und die Blätter leuchten, sie sind fest und wie aus Wachs. Wie man die Perkel in die Hand nimmt, sind sie schwer und erinnern mit ihrem Tau und Perlenschimmer an Goldschmiedearbeit. Man glaubt, Reichtum in der Hand zu halten und Leben. Irgend etwas Besonderes muss die Arbeit umgeben. Dieses Besondere, nicht der Lohn, bewegt die Leute, hier mitzumachen«,

heißt es im Buch. Es beschreibt Fron und Romantik zugleich. Und blendet nicht einmal die Weinpanschereien an der Mosel der achtziger Jahre aus.

Alles zugleich: der Moselaner

Romantik und Fron, Natur und Technik, Idyllen und Elendsbilder: das Zugleich des Gegensätzlichen prägt die Mosellandschaft und die Moselliteratur. So auch im Roman *Die große Reise* (1963) von Jorge Semprun. Da wird im Jahre 1943 ein junger Kommunist per Güterwaggon in das KZ Buchenwald deportiert und erlebt doch das Moseltal als Ort unvergleichlichen Lebensgenusses gerade in der Unsicherheit tödlicher Bedrohung. Oder Stefan Andres: Schon in seinen Kindertagen hat er gerne die kleine Wald- und Wiesenwelt des Dhrontals phantasievoll entgrenzt, die Enge der Weite geöffnet. Die bäuerliche Welt, die katholische Welt, die antike und humanistische Welt schon der alten Römerstadt Trier wie auch Roms: als Formkräfte seines Schaffens haben sie spannungsvoll-gegensätzlich sein Leben und Dichten bestimmt. Oder Nikolaus von Kues, Kardinal, Kirchenreformer und Philosoph, Schöpfer der Lehre von der »Einheit des Gegensätzlichen«: der grenzenlosen Weite des Kosmos und der Enge und Geborgenheit des Winzernestes Kues fühlt er sich gleichermaßen verbunden – jedenfalls in dem Cusanus-Roman *Das Tor der Freude* von Johannes Kirschweng (1940). Oder Arno Schmidt an der Saar, in Kastel: Welten prallten da in den fünfziger Jahren aufeinander mit dem poetischen Freigeist in einem katholisch-konservativen Dorf. Oder Kaiser Konstantin und Karl Marx: Prediger der Nächstenliebe der eine, Philosoph und Theoretiker des Klassenkampfs und des revolutionären Sozialismus der andere, beide waren in Trier zuhause und prägten die Welt. Trier: einst als »zweites Rom« gepriesen, wird es heute vielfach als »Nest« oder »Kaff« belächelt. Und spiegelt doch im relikthaften Übereinander dreier Kulturen die Gleichzeitigkeit des Gegensätzlichen.

Jene Gleichzeitigkeit des Gegensätzlichen, die dem Trierer Journalisten Alfons Krisam zufolge eine Grundcharakteristik des Moselaners überhaupt ist. Etwas »verschlagen« und »träge« sei der, aber auch »hellwach« und »fleißig«. »Entsetzlich provinziell« sei er, zugleich aber »verblüffend weltoffen«.

Wir laden ein, Land und Leute an Mosel und Saar im Spiegel der Literatur zu entdecken. Landschaften von spannungsvoller Gegensätzlichkeit und belebender Dynamik.

Literaturempfehlungen

Hermann Erschens: *Literarische Schauplätze an der Mosel*, Husum 1990

Fred Oberhauser / Gabriele Oberhauser: *Literarischer Reiseführer durch Deutschland. Ein Insel-Reiselexikon für die Bundesrepublik Deutschland und Berlin*, Frankfurt am Main 1983

Stimmen zur Mosel

»Gruß dir, mein Strom, den die Auen rühmen, lobpreisen die Siedler,
dir, dem der Belger verdankt jene Mauern, der Kaiserstadt würdig,
Strom zwischen Reben an Hängen, wo duftende Weine gedeihen,
Strom zwischen grasige Ufer gebettet, tiefgrünster der Ströme.«

Ausonius, Mosella (371)

»Im weiten deutschen Lande fließt mancher Strom dahin.
Von allen, die ich kannte, liegt einer mir im Sinn.
O Moselland, o selig Land, ihr grünen Berge, o Fluß und Tal,
ich grüß' euch von Herzen viel tausendmal!«

Das Mosellied (um 1845)

»Weinland – Sonnenland! Das ist kein Land, das man in fegenden Schauern, in starrenden Frösten erleben darf. Wallende Nebel erfüllen dann, alles verschleiernd, die Tiefen. Um die zerrissenen Leyen der Höhen heult wie wilde Jagd der Wintersturm. Nackt und scheinbar tot friert der Rebstock am wüstgrauen Hang. Nein, an der Mosel muß Sonne lachen, Wein kochen! Strahlende lichtgoldene Sonne, schwellende reifende Traube! Dann erglänzt wie ein blanker smaragdgrüner Spiegel Mosella im schimmernden Tal.«

Ludwig Mathar, Die Mosel (1924)

»Vielgenannt – kaum bekannt: das ist noch immer das Los des Flusses und der Landschaft. Man spricht den Namen der Mosel rasch und geläufig, zugehörig und vereinend mit dem des Rheines aus. Aber es liegt nur eine Gewohnheit, eine Oberflächlichkeit, eine wirklich falsche Vorstellung darin. Die Mosel liegt abseits. Auch ihre Schönheit, ihre Reize sind abseits. Fast könnte man sagen: fremd. Fein, zart, unmerklich ist ihr Zauber, den dennoch jeder Empfindende an sich erfährt. Er ist sanft aber sehr eigen. Er ist licht aber gedämpft. Er ist tief aber ungewöhnlich. Er ist bestimmt aber nicht handgreiflich. Er ist unvergeßlich aber leicht. (...)

Mit keinem anderen Fluß unseres Vaterlandes (...) ist die Mosel zu vergleichen. Sie ist landschaftlich westlicher, man möchte ruhig sagen: französischer als alle. Sie ist sehr anders geartet als der Rhein, mit dem sie so häufig verglichen wird als sei sie ein ›kleiner Rhein‹. Wo er erregt, da beruhigt, beglückt sie. Wo er Sehnsüchte weckt, da bringt sie Erfüllung. Wo er berauscht, macht sie gefaßt. Wo er ins Weite treibt, da schließt sie ab. Wo er überschwenglich wird, da hält sie inne.«

Rudolf G. Binding, Moselfahrt aus Liebeskummer (1938)

»Nun kamen wir auf die Höhe, wo der Weg aus dem kleinen Tal der Dhron in das große Moseltal hinüberläuft. Ich fühlte, wie mein Blick, der drunten am Bach immer gegen den Berg anstieß, in die Ferne fliegen konnte, weiter und noch weiter. ›Dat is de Mosel‹, sagte Vater, und sein langer Finger wies in die Tiefe vor uns. Was mir bis dahin nur aus den Worten der anderen bekannt war, nun sah ich es. Der grünglänzende und gewundene Wasserlauf, das Flußtal, die Weinberge, die blauen Höhen der Eifel – alles war nun zu mir gekommen, so wie ich zu ihm. Während ich schaute, fühlte ich mich angeschaut vom Fluß und von den Bergen. Und mir war, als hätten sie auf mich ebenso gewartet, wie ich auf sie. Eine große Freude schaukelte mich, das Schütteln der alten Chaise hatte nun etwas mit dieser Freude zu tun, mit dieser stillen Lust der Augen, so hoch oben im Licht zu fahren. ›Da‹, sagte der Vater, ›jetzt siehste den Berg Kron besser. Hier oben hat de Kaiser Konstantin sein Haus gehabt. Hier oben is ihm de Herrgott erschienen un hat ihm gesagt, dat er Christ werden müßt.‹ Ich nickte nur – wer der Kaiser Konstantin war, wußte ich nicht; aber daß ihm der Herrgott hier oben erschienen war, das konnte man diesem Berg über dem Fluß ansehen.«

Stefan Andres, Der Knabe im Brunnen (1953)

»Aber nun ist hier das Moseltal. Ich schließe die Augen und genieße das Dunkel, das sich in mir auftut, genieße die Gewißheit des Moseltals draußen im Schnee. Diese blendende Gewißheit im einförmigen Grau, in den hohen Tannen, den schmucken Dörfern, den stillen Rauchfahnen am Winterhimmel. Ich bemühe mich, die Augen möglichst lange geschlossen zu halten. Der Zug fährt sanft dahin, mit eintönig knirschenden Achsen. Plötzlich pfeift er. Das muß die Winterlandschaft zerrissen haben, wie es mein Herz zerreißt. Schnell öffne ich die Augen, um die Landschaft zu überraschen, sie zu überfallen. Aber da ist sie. Ganz einfach da, etwas anderes kennt sie nicht. Und wenn ich jetzt stürbe, aufrecht in dem mit künftigen Leichen vollgestopften Wagen stürbe, sie wäre trotzdem da. Vor meinen erloschenen Augen läge das Moseltal, gewaltig schön wie ein Wintergemälde von Brueghel. (...) Ich schließe die Augen, öffne sie. Mein Leben ist nur noch dieser Wimpernschlag, der mir das Moseltal enthüllt. Alles Leben ist aus mir entwichen und schwebt über dem winterlichen Tal, ist selber nichts anderes mehr als das sanfte, anheimelnde Tal in der winterlichen Kälte. (...) Nie habe ich noch einmal die gleiche Dichte des Augenblicks erlebt, diese gelassene, unbändige Freude des Moseltals, diesen Menschenstolz angesichts der menschlichen Natur.«

Jorge Semprun, Die große Reise (1963)

»505 Kilometer lang ist die Mosel nach Pierer's Konversationslexikon von 1891, 514 Kilometer nach dem Großen Brockhaus von 1955, 520 Kilmeter nach der Internationalen Mosel-Gesellschaft Trier von 1966 (...), 545 Kilometer nach dem amtlichen Luftbildatlas von Rheinland-Pfalz von 1970 und 550 Kilometer nach einem Granitstein an der Moselquelle.

Die Nationalfarbe der Mosel ist grün, demgemäß sind so auch die Mosel-weinflaschen. Wer die Farben der Kolportage wählte, würde auch von Schwarz reden; Schwarz nicht im Sinne der politischen Charakterisierung, weil das Katholische hier so hoch im Kurse steht und sich von selbst versteht, sondern weil die Berge buchstäblich schwarz sind. Schließlich auch müßte die Farbe Blau im südlich-sinnlichen Sinne genannt werden. Der Fluß zwischen den schwarzen Bergen ist blau. Diese drei Farben, Grün, Schwarz und Blau, sind Anschauungsmaterial. Meistbegünstigung, um das zu sagen, erfährt Grün.«

Walter Henkels, Bacchus muß nicht Trauer tragen.
Moselfahrt ohne Liebeskummer (1973)

»›Guten Morgen, Beilstein!‹ sagt die Sonne und kippt ein paar Eimerchen Morgengold über die kleine Stadt an der Mosel, die noch sehr schläfrig ist. So eine Art Ruhe vor dem Sturm. Irgendwo in Mainz, Köln, Sötenich, Oberhausen oder Heerlen fahren jetzt die großen Busse los, die die Stadt in ein paar Stunden mit Touristen jeglicher Art füllen werden. Gestern haben sich die letzten Gäste erst kurz vor der Polizeistunde verzogen, ein wiederholt letztes Glas gekippt und ein letztes Lied gegrölt – jetzt sind die Beilsteiner noch unter sich. Am späten Vormittag wird dann wieder zum großen Touristenhalali geblasen! Aus Geschäften, Imbißbuden, Kneipen, Kaffeehäusern und Andenkenläden werden große und kleine Schilder auf die Straße gezerrt – jeder preist sich an, daß es preiser nicht mehr geht, und alle brutzelnden Schnitzelküchen sind sperrangelweit geöffnet. Jeder annonciert Besonderes – und im Hinblick auf den Nachbarn, der auch am großen Sommer- und Herbstgeschäft beteiligt ist, steht jedes Angebot im Zeichen erbitterter Konkurrenz. So freuen sich dann die Damen und Herren Niederländer auf der Autobahn im Stau bei Maria Laach auf die Mosel und besonders auf Beilstein – und die Beilsteiner freuen sich auf die Niederländer und alle anderen Völkerstämme, die da im Anrollen sind.

Aber bevor es soweit ist (...), ist es wunderbar still.«

Peter M. Thouet, Wer fährt schon an die Mosel (1984)

Ausonius – der erste Dichter der Mosel

In wallender Toga, die Lyra in der Linken, efeuumrankt das edle Haupt, so steht er in Stein und auf hohem Sockel in Neumagen-Dhron: Ausonius, der Verfasser des ersten Moselgedichts, der »Mosella« aus dem Jahre 371. »Dem Sänger der Mosel. Der Männergesangverein ›Liederkranz‹ Neumagen 1929« steht eingemeißelt in goldenen Lettern auf dem Sockel. Mit Böllerschüssen und Fanfarenklängen hatte man im August 1929 das Dichter-Denkmal feierlich eingeweiht. Fahnengeschmückt der Ort, tannen- und wimpelgeziert schon der Bahnhof für die zahllosen Gäste, ein riesiges Festzelt auf den Moselwiesen, darin ein Sängerwettstreit um den Siegeslorbeer. Mit musischem Wetteifer und weinseliger Lebensfreude feierte das Moseltal einen Sommertag lang seinen frühesten Dichter. Der war, mehr als 1600 Jahre zuvor, nach einsamen Wegen durch den frühherbstlichen Hunsrück, endlich auf »Noviomagus« (altrömischer Name für Neumagen-Dhron) gestoßen. Zu sehr hatte ihn der »öde Urwald« bedrückt, zu sehr die fehlenden Spuren menschlicher Kultur. Die stolze kaiserliche Festung an der Mosel, in heiteres Sonnenlicht getaucht: schon der Anblick entschädigte Ausonius für die Strapazen der Reise und weckte Heimweh in ihm:

»Und endlich erblick' ich zuerst im belgischen Lande Neumagen, des seligen Constantin erlauchte Feste. Reiner liegt hier die Luft auf den Feldern, und Phoebus erschließt in heiterm Licht den prächtigen Himmel, – jetzt ist verscheucht der Nebel! Und nicht mehr sucht man durch das Astwerk, das sich in dichtem Gewirre verschlingt / nach des Himmels heiterem Blau, verdeckt durch das grünliche Dunkel: nein, schimmernden Glanz und strahlende Helle zu schau'n wehrt nicht die freie Luft des klaren Tags. Da wirkte alles mit schmeichelndem Blick, dass ich wohl glaubte zu sehen die Schönheit und Pracht meiner strahlenden Heimat Bordeaux: / die Giebel der Villen, an hangenden Ufern hoch oben gelegen, die Hügel, die von Reben grünen, die lieblichen Fluten der Mosel, die unten mit stillem Gemurmel dahinfließt.« (*Mosella*, Verse 10-22)

In »Burdigala« in Südfrankreich (heute: Bordeaux) wurde Ausonius etwa um 310 nach Christus geboren. Der Vater Julius Ausonius arbeitete dort als angesehener Arzt. An der Garonne besaß die wohlhabende Familie ein Erbgut von etwa 1100 Morgen. Seine erste Schulbildung erhielt der junge Ausonius in Bordeaux und Toulouse. Im Alter von 25 Jahren bekam er in seiner Heimatstadt eine Anstellung als Lehrer für Grammatik, bald schon einen Lehrstuhl für Redekunst (Rhetorik). Den hatte er bereits 30 Jahre inne, als ihn Kaiser Valentinian (366-375) etwa 367 als Erzieher seines Sohnes und designierten Nachfolgers Gratian nach Trier berief, in die Kaiserresidenz des weströmischen Reiches. Hier stieg Ausonius zum einflussreichen Hofmann und schließlich sogar ins höchste Amt, zum Konsul (379) auf. Auch seine Verwandten wusste Ausonius in hohe Ämter zu bringen. So sehr, dass nach Vermutung des Historikers und Philologen Walther John von 376 bis 380 wohl »die gesamte Verwaltung der westlichen Reichshälfte in

Ausonius-Denkmal,
Neumagen-Dhron, 1929
(Foto: Hubert Serve)

den Händen der Familie des Rhetors lag«. Ausonius verstarb etwa 393 nahe Bordeaux, in seiner französischen Heimat, in die er 389 zurückgekehrt war. Er hinterließ ein umfangreiches literarisches Werk, Lyrik vor allem. Mit den Versen auf seine schwäbische Sklavin Bissula hat Ausonius »die ersten Liebesgedichte auf ein deutsches Mädchen« geschrieben (Harenbergs Lexikon der Weltliteratur). Ihn einen »Dichter« im heutigen Sinne zu nennen, zögern jedoch nicht nur die Philologen. Zu sehr war er gebunden an die strengen Schreibregeln seiner Zeit, in rhetorischen Handbüchern genauestens niedergelegt. Zu sehr orientierte er sich an den Schreibmustern klassischer römischer Dichtergrößen wie Vergil, Horaz, Ovid, Lucan und Statius. Wie man über Flüsse, Landschaften, Städte und Menschen lobend zu reden und zu schreiben hatte, wie man Landschaftsdetails poetisch auszumalen und anzuordnen hatte, durch gelehrsame Einflechtung berühmter Namen aus Mythologie, Geographie und Dichtkunst, durch steigernde Vergleiche, effektvolle Kontraste und überschwengliches Pathos etwa: das alles gaben wälzerdicke Handbücher in musterreichen Details lückenlos vor. So dürfen wir die Originalität des »Mosella«-Gedichts und seine Ausdrucksqualitäten nicht überschätzen. Nur selten stoßen wir auf persönliche, unverwechselbare Erlebnisse und Schilderungen einer tatsächlichen Moselreise. Nur selten stoßen wir auf unverfälscht-typische Schilderungen der Mosellandschaft. So sehr bedient sich Ausonius rhetorischer Figuren und Kunstgriffe, so sehr gefällt er sich in effekthaschenden Formenspielen, dass man ihn zuweilen als puren Epigonen abgetan hat.

Worüber schreibt nun Ausonius in seiner »Mosella«, dem bis heute immer noch beliebtesten und bekanntesten Werk des spätantiken Autors? Was besticht daran bis heute? Von Bingen am Rhein in die Moselmetropole Trier führt die Fahrt, von der Provinz Germania superior in die Provinz Belgica prima, über die Römerstraße. Dem düsteren Herbstbild eines blutigen Schlachtfelds bei Bingen kontrastiert gleich zum Auftakt des Gedichts der strahlende Anblick von Neumagen-Dhron, der Anlass ist für einen ersten Gruß an die Mosel:

»Gruß dir, mein Strom, den die Auen rühmen, lobpreisen die Siedler. Dir, dem der Belger verdankt jene Mauern, der Kaiserstadt würdig. Strom zwischen Reben an Hängen, wo duftende Weine gedeihen, Strom zwischen grasige Ufer gebettet, tiefgrünster der Ströme.« (V. 23-28)

Es folgt ein superlativischer Lobpreis der Mosel mit ihren natürlichen Vorzügen (Quell, Bach, Fluss, See, ja Meer: alles zugleich ist die Mosel), die effektvolle Schilderung der Flusstiefe, die (unrealistisch üppige) Aufzählung eines Fischkatalogs sowie, ein Höhepunkt, die Schilderung der Moselufer:

»Nun sei es genug, die fließenden Wege wie auch der Fische schlüpfrigen Schwarm betrachtet zu haben, genug, so weit ich aufgezählt die mannigfachen Scharen! Jetzt möge das rebenumpflanzte Theater uns einen anderen Festzug bieten, und Bacchus' Gaben sollen die schweifenden Blicke ergötzen, dort, wo eine erhabene Kuppe in langem Zug über steilem Hang, / wo Felsen und sonniges Hochland und Biegungen, Windungen rebenumwachsen hochstreben und eine natürliche Schauburg bilden. (..) Bis dort, wo der Hügel hoch oben am Joch schon himmelwärts strebt, bis dorthin ist der Uferrand mit grünem Wein bepflanzt.« (V. 150-163).

Zum natürlichen Theaterraum wandelt sich das hoch ragende Moselufer, und die endlos aufsteigenden Rebenreihen bilden gleichsam die hinaufziehenden Sitzreihen. Geschäftige Winzer, fröhliche Wanderer und Schiffer bevölkern schon bald, stereotyp-klischeehaft beschrieben, das ländliche Bühnenbild, ebenso phantastische Faune und Nymphen. Zu den Höhepunkten der *Mosella* zählen auch die ausmalenden Beschreibungen reizvoller Wasserspiegelungen (V. 189-199) und der Ruderwettspiele zu Ehren des Wassergotts Neptun (V. 200-239) als durchaus realistische Einblicke in die Religiosität des Alltags. Der Beschreibung des Fischfangs vor allem mit Schleppnetzen (V. 240-282) folgt die eingehende Beschreibung stolzer Villen als besondere Zierden der Mosel (V. 283-348, vor allem ab V. 321), Landsitze an reizvollen Orten, mit eindrucksvollen Rundblicken, prachtvollen Säulenhallen, Dächern und Schwimmbädern, die keinen Vergleich zu scheuen brauchten. Die aber an der Mosel erschwinglicher seien als in hochberühmten Badeorten: diesen Werbehinweis kann sich Ausonius nicht versagen (V. 347/348). Respektvoll erweisen sodann die Nebenflüsse der Mosel ihre Ehrerbietung, indem sie ihre Wasser in den größeren Fluss ergießen (V. 349-388). Wobei geographische Realitäten auch hier weniger wichtig sind als der Effekt der Worte. Geschichtlich interessant ist die Darstellung eines Steinsägewerks an der Ruwer, in dem vermutlich aus dem Süden importierte Marmorblöcke für den Baubedarf der Kaiserresidenz Trier zurechtgeschnitten wurden.

Nach dem Lob der Mosel und den Reizen der Landschaft preist Ausonius, bereits in den Schlussakkorden des Gedichts, das reich entfaltete Kulturleben der Treverer, ihre Kriegstüchtigkeit, ihre Bildung, ihr feines Benehmen und ihren Witz. Der Dichter stellt sich namentlich vor und kündigt ausblickhaft an, im Ruhestand den Ruhm der Moselaner noch ausgiebiger preisen zu wollen.

Das Ende des Gedichts sieht die Einmündung der Mosel in den Rhein: »So fließet denn gemeinsam weiter und ziehet in geschwisterlichem Lauf hin in das purpurfarbne Meer.« (V. 426f.) Als Geschenk an den Rhein bringt die

Mosel den Triumph Kaiser Valentinians über die Alemannen nach dem Krieg der Jahre 368/69 mit. In einem Abschlusschor lobpreisen alle Flüsse den Moselstrom. Aber nicht ihm, sondern seinem französischen Heimatstrom, der Garonne, gilt charakteristischerweise das letzte Wort des Ausonius in der *Mosella*.

Das Gedicht *Mosella* entwirft in 483 Versen, alles in allem, ein Bild tiefsten moselländischen Friedens. Und das zu einer Zeit, in der immer wieder Germanen feindselig die römischen Reichsgrenzen bedrohten und durchbrachen. Auffallend ist zudem: Ein Loblied stimmt die *Mosella* mehr auf den Fluss und die Landschaft an als auf die Städte, die dem Fluss ihre Blüte verdanken. Neben der Kaiserresidenz Trier, das als neues Rom des Westens gepriesen wird, finden nur noch Neumagen und Konz Erwähnung, und das auch nur knapp. Der politischen Aussageabsicht der *Mosella* als hymnischem »Lobgedicht« und »Empfehlungsgedicht« scheint genau dies zu entsprechen.

> »›Kommt wieder hierher, hier ist es schön, hier herrscht ja jetzt nach den Germanensiegen des Kaisers tiefster Friede, hier findet ihr allen behaglichen Lebensgenuß so gut wie in Italien!‹ – Und gerade an ein Publikum in Italien scheint das Gedicht gerichtet zu sein: daß es in Rom zuerst Verbreitung fand, bezeugt Symmachus (...). Die Absicht, die Grenzlande durch starke nationalrömische Besiedlung wieder zu festigen, paßt gut zu den innerpolitischen Tendenzen Valentinians (...), und so mag unser Moselgedicht geradezu vom Kaiser gefordert oder gewünscht worden sein. Auf (...) feste Besiedlung des freien Landes kam alles an, dann wurden die Städte, die jetzt nur militärische Bedeutung hatten, von selbst zu kulturellen Mittelpunkten und konnten dem Lande eine neue Blütezeit verheißen. Die Städte freilich, in die die Not der Zeit die Menschen schon sowieso zusammendrängte, brauchten keinen weiteren Zustrom etwa gar aus anderen Ländern. Darum will Ausonius die Reize des freien Mosellandes in den schönsten Farben malen, uns aber mutet das alles an, als wäre dies Land abseits gelegen von der rauhen Luft des wirklichen Lebens.«

Mit diesen Worten schließt der Philologe Walther John treffend seine Werkerläuterung der *Mosella* des Decimus Magnus Ausonius. Dem Lesegenuss nach über 1600 Jahren muss dieses Urteil keinen Abbruch tun.

Josef Zierden

Literaturempfehlungen

Textausgaben und Erläuterungen:
Decimi Magni Ausonii Mosella. Mit einer Einführung in die Zeit und die Welt des

Dichters. Übersetzt und erklärt von Walther John, Trier 1932 (Ausonius-Zitate im Text sind dieser Ausgabe entnommen)

Ausonius: *Mosella*. Herausgegeben und in metrischer Übersetzung vorgelegt von Berthold K. Weis, Darmstadt 1989

Harenbergs Lexikon der Weltliteratur, Bd. 1, Dortmund 1989, S. 253

Kindlers Neues Literatur Lexikon, Bd. 1, S. 882 (mit weiterführender Literatur)

Hermann Erschens: *Literarische Schauplätze an der Mosel*, Husum 1990, S. 53-60: »Ein Denkmal für Ausonius, den ersten Sänger der Mosel«

Dem Unendlichen auf der Spur
Nikolaus von Kues, der große Sohn des Mosellandes

Das Jahr 2001 wird nicht nur im Moselland in Erinnerung bleiben: als Cusanusjahr zu Ehren des Theologen und Philosophen, des Kardinals und Kirchenfürsten Nikolaus Krebs, genannt »Nikolaus von Kues« oder »Nicolaus Cusanus«. Nach dem Hildegard-von-Bingen-Jahr 1999 und dem Gutenberg-Jahr 2000 ein neuerliches Jubiläumsjahr in Rheinland-Pfalz: aus Anlass der 600. Wiederkehr des Geburtstages »eines Menschen, der 1401 in dem Winzerdorf Kues an der Mosel geboren, als erster die Unendlichkeit der Welt lehrte und damit der Menschheit ganz neue Horizonte eröffnete«.

So hieß es auf der Internet-Seite »www.nikolaus-von-kues.de« einleitend zum Jubiläumsprogramm. Zentrum und Höhepunkt des Cusanus-Jahres war die Festwoche in Bernkastel-Kues mit der großen Ausstellung »Horizonte – Nikolaus von Kues in seiner Welt«, mit Pontifikalämtern, einem großen wissenschaftlichen Symposion, einem »Jahrmarkt der Krämer, Zünfte und Vaganten« und mit der Welturaufführung der Kantate »Vom verborgenen Gott« des tschechischen Komponisten Petr Eben. Ein Jubiläumsjahr, zu dem sich Bischöfe, Vertreter christlicher Konfessionen und Bundespräsident Rau ebenso einfanden wie Professoren, Wissenschaftler und Musikfreunde aus der ganzen Welt. Selbst die »Cusanus«-Schulen, sieben aus Deutschland und eine aus Südtirol, beschäftigten sich in Projektwochen mit ihrem Namensgeber und seiner Zeit.

Lebendige Annäherungen an die Zeit um 1400, an der Schwelle vom Mittelalter zur Neuzeit, Annäherungen an die Lebenswelten des Nikolaus von Kues und an die Genialität eines Universalgelehrten. 1401 wurde er als »Nikolaus Chryphs« oder »Cryf(f)tz«, das heißt »Krebs«, in Kues geboren.

Der Sohn eines Moselfischers und Kaufmanns promovierte 1423 in Padua im Kirchenrecht. Anschließend stand er in Diensten der Trierer Erzbischöfe Otto von Ziegenhain und Ulrich von Manderscheid. Letzteren vertrat er als Kanzler auf dem Basler Konzil, wo er in der Diskussion um die Vorrangstellung von Papst oder Konzil große Aufmerksamkeit erregte. 1440 veröffentlichte er sein Hauptwerk *De docta ignorantia, Vom belehrten Nichtwissen.* Eine philosophische Schrift, in der Cusanus der Möglichkeit nachspürt, aus dem Endlichen heraus das Unendliche, Absolute, Ewige, Göttliche zu erkennen – verstanden als Zusammenfall alles Entgegengesetzten, als höhere Einheit des Gegensätzlichen (»coincidentia oppositorum«). Eine Lehre, die der Philosoph Gerhard Nebel vor über 50 Jahren scherzhaft schon im Landschaftsbild der Mosel angelegt sah:

> »Die Mosellandschaft faßt also scharf gearbeitete Gegensätze zusammen, und so hat die Schläfrigkeit, die sich sonst in unserm Bezirk gern ausbreitet, hier keine Gelegenheit, sich anzusiedeln. Der steile Berg steht gegen das eingeschnittene Tal, die Erde gegen das Wasser, das Mäandrieren gegen das Streben des Flusses, direkt seinem Ziel zuzueilen, die Besonntheit der südlichen Hänge gegen die Düsterkeit des übrigen Tales, die Dürftigkeit der Krume gegen die Hervorbringung der edelsten Frucht, die Rebreihen gegen die Pappeln, die Mauern der Weinberge gegen die senkrechten Felskanten, und das alles vereint sich zu einer spannungsreichen Ausgeglichenheit, zu einer bewegten Ruhe, zu einer verhaltenen Heiterkeit, zu einem ahnungsvollen Süden, zu einer geometrischen Fruchtbarkeit. Man könnte in diesem Zusammenhang daran denken, daß das Moselland zur Geschichte des abendländischen Geistes in Nikolaus von Cues einen großen und eigenwilligen Metaphysiker beigesteuert hat, den man jetzt wieder freimütig anerkennen kann, ohne sich einer Teilnahme an jenem Unfug der ›deutschen Philosophie‹ schuldig zu machen, den unsere Professoren unter der Despotie getrieben haben und bei dem neben Paracelsus, Jakob Böhme und andern auch der Cusanus gerupft wurde. Wenn man zu scherzhaftem Spiel aufgelegt ist, und einige Flaschen Bernkasteler Doktor getrunken hat, kann man seine coincidentia oppositorum aus der Struktur seiner heimischen Landschaft ableiten, so wie man etwa einmal das einsame Sein des Parmenides auf die Eintönigkeit der Bucht von Elea hat zurückführen wollen.« (*An der Mosel*, 1948)

Architektonisch gespiegelt findet sich die »Lehre von den Gegensätzen« übrigens im Kreuzgang des Cusanusstift in Kues, in der beständigen Verschiedenheit des Maßwerks, das doch als Einheit wirkt.

Weitere biographische Stationen, die den Theologen, Priester, Kirchenpolitiker, Philosophen und Wissenschaftler in die höchsten Ränge des öffentlichen Lebens führten, waren: päpstlicher Legat in Deutschland, Kardinal der römischen Kirche (1448, Titelkirche: San Pietro in Vincoli, und Bischof von Brixen, 1450). Als er im Kampf um geistige Erneuerung der Brixener Kirche am Widerstand von Graf Sigmund von Tirol scheiterte, wurde er Generalvikar unter Papst Pius II., von 1458 bis 1464. Nikolaus von Kues verstarb am 11. August 1464 in Todi / Italien. Sein Leib ruht in Rom, in der Titelkirche »St. Peter in den Ketten«, sein Herz in der Kapelle des von ihm gestifteten St.-Nikolaus-Hospitals in Bernkastel-Kues. Sichtbarer Ausdruck der lebenslangen Verbundenheit des Fischerjungen von Kues mit seiner Moselheimat. Mit den Schlussworten einer pathetischen Versballade vom Leben des »Cardinal Cusanus«, 1880 veröffentlicht in der Sammlung *Sagen und Erzählungen, historische Skizzen und Mittheilungen aus dem Moselthale* von P. Chr. Plein:

»Als ein treuer Sohn der Mosel,
Deren Stolz er war und Zierde,
Ruht sein Herz dem Orte nahe
Dessen Namen er einst führte. –
Wenn einst seiner Stiftung Mauern
Längst dem Zahn der Zeit verfallen,
Wird sein Name fort noch leben
In des Ruhmes hehren Hallen.«

Den Plan zu einem Armenhospital zum St. Nikolaus, auch Nikolaushospital oder »Cusanusstift« genannt, hatte »Meister Clais« schon 1446 gefasst. Nach dem Tod des Vaters 1450 brachte er das väterliche und mütterliche Erbe in die Stiftung ein, Häuser, Höfe, Weingärten, Renten und Kapitalien. 1453 war das Hospital errichtet, wenige Jahre später die Kapelle. Aufnahme im Hospital sollten nach der Stiftungsurkunde vom 3. Dezember 1458 33 Arme finden, gemäß den Lebensjahren Jesu: »(...) abgearbeitete Greise von fünfzig Jahren und darüber, nur männlichen Geschlechts, von ehrlichem Rufe, Berufe, Lebenswandel und Namen, niemandem dienst- oder schuldpflichtig, freien Standes, ledig, aus der Diözese Trier und zunächst aus den Orten, welche dem Hospital näher liegen, sechs Priester, sechs Adelige und 21 gemeine Leute«. Einen Schatz von Urkunden, Handschriften und Drucke birgt bis heute die Bibliothek des Stifts, darunter päpstliche Bullen, deutsche und lateinische Bibeln und Kommentare, philosophische, mathematische und astronomische Werke und zahllose Grammatiken. Prachtvoll das Pontifikale von Papst Nikolaus V., 1450 dem neuernannten Bischof von Brixen geschenkt. Ebenso die drei Bände *De docta ignorantia*, das Hauptwerk des Stifters, 1440 in Kues vollendet. Kostbare literarische Schätze im Spitalsgewölbe, nach dem Willen des Kardinals einst von Rom nach Kues

gebracht. Durch ein Fensterchen kann man in den Chor der Kapelle hinab-
schauen und auch auf die Grabplatte, unter der das Herz des Cusanus ruht.

Das Tor der Freude
Johannes Kirschwengs Roman vom Sterben des Nikolaus von Kues

Todi in Mittelitalien, 1464: Kardinal Nikolaus von Kues liegt im Sterben. In
sommerlicher Hitze war er in Rom aufgebrochen nach Ancona am Adria-
tischen Meer: als Berater des Papstes bei Verhandlungen mit dem Böhmi-
schen König über die Einheit der Christenheit. Da zwangen ihn unerwartet
Fieber und Herzschwäche aufs Krankenbett. Zuerst in der Krankenstube der
Minderen Brüder in Todi, dann im Gemach des Bischofs ringen die Ärzte um
Heilung. Und der berühmte Kardinal: er denkt am Ende seines Lebens immer
wieder an seine Anfänge, an Kindheit und Jugend zurück, er erinnert sich in
Italien immer wieder an die ferne Moselheimat, an das »Winzernest Cues«;
und er entgrenzt in Gedanken an Gott und das Jenseits immer auch alles
Menschliche und Diesseitige, und in visionären Fieberträumen immer auch
die Realität. Gespräche, Erinnerungen, Reflexionen, Visionen und Träume:
sie prägen den Roman *Das Tor der Freude* des saarländischen Schriftstellers
Johannes Kirschweng. Am 19. Dezember 1900 in Wadgassen/ Saar geboren, verstarb er am 22. August 1951 in Saarlouis. Nach seiner Ausbildung im
Priesterseminar in Trier (1918-1924) war er zunächst als Kaplan in Bernkastel tätig (1924-1926), später dann in Neuenahr (1926-1933). Dann ließ er
sich vom Priesteramt beurlauben, um sich ganz seiner schriftstellerischen
Begabung hinzugeben. Schon 1932 hatte er in einer Skizze den Plan eines
Cusanus-Romans entworfen, 1940 erschien er schließlich.

Im beständigen Wechsel der Gegensätze umkreist der Roman Vergangenheit und Gegenwart, Ferne und Nähe, Enge und Weite, Endliches
und Unendliches, Weltliches und Göttliches. Als Bischof, Kardinal und
Papstberater, als Kirchenreformer und Gelehrter von Rang ist Cusanus, so
der Erzähler, »weit (...) aus dem Boden seiner Heimat hinausgewachsen«.
Aus dem »Fischersohn aus Cues« ist längst »ein großer Herr« geworden.
Und doch träumt er sich noch oft in die Moselheimat zurück, zu den
Ursprüngen: die Familie, die Weinbauern, die ersten kindlichen Wanderungen in den Moselbergen über Kues. Damals schon hin- und hergerissen
zwischen Rastlosigkeit und Verweilen, zwischen »Verweilen und Ruhen« und
»Vorwärtsschießen ins Ferne und Ungewisse hinein«. Wandelnd zwischen
Erde und Himmel, vom emsigen Treiben im Tal ebenso angezogen wie von
der Wolkenferne des Himmels. Den vertrauten Straßen an der Mosel ebenso
verbunden wie den abseitigen Wildpfaden der Moselberge. Reich und

geheimnisvoll und grenzenlos hat sich ihm die Schöpfung entfaltet im Laufe seines Lebens:

>»Mundus, die Welt: das war vorher die Mosel mit ihren Bergen, ein paar Dörfer und irgendwo in der Ferne die Stadt Trier. Jetzt aber war es diese ganze runde Erde, die Gottes Hand ins All hineingesetzt hatte, nicht als einen ruhenden, für ewig festgelegten Punkt, sondern als einen Teil jener großen schwingenden und klingenden Harmonie, die sich in tausend und aber tausend Sternen um die Sonne bewegte und nichts anderes war als die geheimnisvolle Musik der Sphären, von der die Alten ahnungsvoll gesprochen und geschrieben hatten. Mundus: das war dann die Fülle aller Sterne und war die Sonne, die sie mit ihrem glühenden machtvollen Leben an sich band, und das waren andere unbekannte Sonnen, gewaltiger als die unserer Welt und unseres Lebens, und das war schließlich die ungeheure Ahnung der Unendlichkeit, die alles in ihren glühenden Atem hüllte.«

Mit der Ahnung von der Unendlichkeit der Welten und der Zentralstellung der Sonne bahnt sich bei Cusanus ein neues Weltbild an, an der Schwelle zur Neuzeit. Der grenzenlosen Weite des Kosmos und der Enge und Geborgenheit des Winzernestes Kues weiß sich der Kardinal gleichermaßen verbunden:

>»Der Kardinal malte sich so die stillen Wunder der Heimat aus, und er beneidete die, denen sie vergönnt waren. Das war das Ende: Sehnsucht nach der Wärme des Nestes, wie weit man sich auch hinausgeschwungen hatte und wie sehr man sich auch der Unendlichkeit verschworen glaubte, ihrer Kühle und Freiheit.«

So schwingen ihm im dünnen Glockenklang von Todi »die schweren dunklen Glocken des Moseltals« immer mit. Im südländischen Menschengeschnatter erklingen ihm immer auch die »behaglichen und fast bequemen Stimmen der Heimat«. Und in den sommerlichen Wind des Südens mischt sich ihm auch ein Hauch von Kühle, »von den Eifelbergen her, deren tiefste Schluchten auch im Sommer noch ein wenig winterlich waren«.

Das Ineins der Gegensätze, in den philosophischen Schriften des Cusanus entfaltet zur stufenweisen Annäherung an das Absolute, Göttliche – es prägt auch Kirschwengs Roman. Am tiefsten im elften der insgesamt 17 Kapitel, gleichsam die poetische Herzkammer des Romans. In Traumbildern bewegt sich Nikolaus von Kues da durch die »Bischofsstadt seiner Heimat«, durch das »liebe alte Trier, das ihm nach Rom selber alle Zeit als die ehrwürdigste und geheimnisvollste Stadt der Christenheit erschienen war«. Im hochummauerten Bischofsgarten im Schatten des Trierer Doms, nahe der Mosel, und im tiefen Keller unter dem Dom, bei heimischem Moselwein, fühlt sich der Kardinal wieder wirklich zu Hause. Erst recht, als sich in traumhaften Erzählsequenzen in der Tiefe des Raumes auch die Zeitentiefe entgrenzt, in die Vergangenheit wie in die Zukunft, in jenseitige Sphären hinein. Bischof und Kurfürst Balduin von Lützelburg, ein Großer des Reiches und der Kirche, verstorben seit mehr als 150 Jahren, gesellt sich geisterhaft zur Runde mit Cusanus und Erzbischof Jakob von Sierk. Über die Jahrhunderte hinweg ist er ein Sendbote des geheimen und dauernden Rats des Trierer Sprengels und des Reiches. Wie wenig später auch Bischof Eucharius, Apostel Galliens, Angehöriger nicht nur des Rats des Reiches und der Kirche, sondern auch des heiligen Rats Gottes selbst. Im weltentrückten Erzkeller der trierischen Kirche und des Heiligen Römischen Reiches unter dem Dom leuchtet, bei funkelndem Moselwein, die geheimnisvolle Ahnung eines kommenden Gottesreiches allumfassender Liebe auf. In der mystischen Weinrunde an der Mosel löst sich jede Gegensätzlichkeit von Reich und Kirche, von Rom und Trier, von Diesseits und Jenseits auf und verschmilzt zu einer höheren Einheit, zur Einen, Heiligen und Allgemeinen Kirche.

Nikolaus von Cusanus erscheint in dieser Runde als ein Trierer, »der Römer geworden und doch Trierer geblieben ist«; der sich zum »Moseldeutsch der Zunge und des Herzens« offen bekennt; der viel gelitten hat um seiner Liebe wegen; der als »Lehrer der Docta ignorantia« weithin berühmt ist. Zuweilen freilich nennen ihn Gegner mit abschätzigem Blick auf seine Herkunft den »deutschen Bauernkardinal«. Aus der Vita des Kardinals greift Kirschweng heraus: das schwierige Verhältnis zum Vater, der den Sohn gerne als Fischer sähe; die Begegnung des redegewandten Bauernjungen mit dem Grafen von Manderscheid; die zunächst spannungsvolle Beziehung zum Einsiedler Eberhard; die zuweilen ungeduldige Reformfreudigkeit und Strenge des Kardinals; seine bibliophile Sammelleidenschaft; der Bau eines Nikolausspitals für arme alte Menschen in Kues als Herzensanliegen. Mag sich der Kardinal auf dem Sterbebett auch selbstkritisch als »ungeduldiger Bischof«, als »unvollkommener Priester« und »sündiger Christ« sehen, so ist er zeitlebens doch »ein Liebender« gewesen, der Eintracht und Frieden bringen wollte der Welt und der Kirche. Im Sterben stößt er das »Tor zur Freude« auf. »›Laqueus contritus est, et nos liberati sumus! Der Strick ist zerrissen, und wir sind frei!‹ sind in Kirschwengs Roman die letzten Worte des Nikolaus von Cues:

»Danach sank er zurück und haucht seine Seele aus. Es war am Nachmittag des elften August 1464. Sein Leib wurde in seiner Kardinalskirche San Pietro in Vincoli begraben, aber sein Herz ruht in der Kapelle des Nikolaushospitals, das er seiner Heimat geschenkt hat, vor dem Altare. Da soll auch dieses Buch ruhen und mit dem unsterblichen Herzen des Nikolaus von Cues die Barmherzigkeit Gottes auf dieses Land herabflehen, das nicht aufhört zu glauben und zu lieben.«

Josef Zierden

Literaturempfehlungen

Johannes Kirschweng: *Das Tor der Freude. Roman vom Sterben des Nikolaus von Cues*, Bonn 1940; Neuauflage: *Gesammelte Werke*, Bd. X, Saarbrücken 1984

Hermann Erschens: »Bernkastel-Kues' berühmter Sohn«, in: *Literarische Schauplätze an der Mosel*, Husum 1990, S. 61-68

Der Kampf des Priesters und Poeten
Friedrich Spee gegen den Hexenwahn

Als 1991 der Trierer Domkapitular Anton Arens beim Heiligen Stuhl beantragt, Friedrich Spee von Langenfeld zum 400. Geburtstag seligzusprechen, lehnt Rom mit der Begründung ab, eine für diesen Akt erforderliche »weitgehende Verehrung« Spees könne nicht nachgewiesen werden. Dabei muss jedem, nur eben der Kirche nicht, an einer nachträglichen Ehrung des Mannes gelegen sein, dem mit Sicherheit tausende, wahrscheinlich zigtausende Menschen, Frauen vor allem, das Leben verdankten; denn Initiative und Mut Spees trugen entscheidend dazu bei, einem besonders finsteren Kapitel in der Geschichte des Christentums, und zwar beider Kirchen, ein Ende zu bereiten: der über drei Jahrhunderte tobenden Hexenhatz. Dass dieser Friedrich Spee selbst Geistlicher war, Jesuitenpater, Moraltheologe, Beichtvater, lässt ihn in den Augen seiner kirchenhörigen Kritiker als Störenfried und Nestbeschmutzer, als Deserteur und Abweichler erscheinen. Auch käme eine Seligsprechung dieses Mannes einem späten kirchlichen Eingeständnis eigenen Irrglaubens, eigener Schuld gleich. Einzelnen prominenten Opfern, wie den als Häretikern verbrannten Savonarola, Hus oder Bruno, wurde spätes Recht zuteil, doch bei den als vermeintliche Hexen Ermordeten gerät man in Dimensionen, die eine nachträgliche Rehabilitation unmöglich erscheinen lassen: Die katholische Kirche selbst räumt knapp 500.000 Opfer ein, der *Spiegel* hat etwa sechs Millionen recherchiert, der die Unfehlbarkeit des Papstes anzweifelnde und darob abgestrafte Theologe Hans Küng gar neun Millionen errechnet.

Am Niederrhein, auf der Pfalz bei Kaiserswerth, wird Friedrich Spee von

Langenfeld 1591 geboren, Sohn des Burgvogts, eines gutsituierten, streng katholischen Amtmannes, Kind einer von Krieg und Seuchen, von Religionskämpfen und Aberglauben erschütterten Zeit. Alles Unheil kommt vom Teufel und von Hexen, die mit zerstörerischer Absicht zaubern. Diese Verderber zu erkennen und auszurotten, dient der 1486 auf Geheiß Papst Innozenz VIII. von den deutschen Dominikanern Krämer und Sprenger verfasste *Hexenhammer*, ein unheilvolles Buch, das, von widerwärtigen Phantasien durchtränkt, systematisch die Angst vor einer satanischen Weltverschwörung schürt und, hasserfüllt, vor allem auf Frauen zielt, denen der Makel der Ursünde anhafte.

Als Spee an einem von Jesuiten geleiteten Gymnasium in Köln den Grad eines Baccalaureus erwirbt, hat die Hexenverfolgung in Deutschland einen schaurigen Höhepunkt erreicht. Mit 19 Jahren tritt Spee als Scholastikernovize in die Gesellschaft Jesu ein, in Trier, in der Kranengasse, heute das Mutterhaus der Borromäerinnen. Die Jesuiten sind gefürchtete Hexenjäger. Auf ihre Kappe gehen zahllose Scheiterhaufen im Trierer Land. Auch Spee ist noch im Hexenwahn befangen; erst später werden ihm Zweifel kommen.

Nach den ersten Gelübden absolviert er ein Philosophiestudium an der Würzburger »Alma Julia«, wird 1615 zum Magister artium promoviert und leistet drei Jahre lang pflichtgemäß Schuldienst in Speyer, Worms und Mainz. In dieser Zeit entstehen seine ersten Kirchenlieder, Gleichnisse und Anleitungen zu geistlichen Übungen, die später Eingang in sein *Güldenes Tugendbuch* finden, einer Sammlung von katechetischen Schriften, Gedichten und Psalmen zu den drei göttlichen Tugenden Glaube, Hoffnung und Liebe. Spee will dieses *Tugendbuch* als eine Anleitung verstanden wissen, »wie eine andechtige Seel Gott loben könne tag vnd nacht, vnd mit den Engelen ohn einige vnterlaß singen Heylig, Heylig, Heylig«.

Im November 1617 bittet Spee den Ordensgeneral in Rom, er möge ihn, gleich seinem großen Vorbild, dem Apostel Xaverius, als Missionar nach Asien schicken. Doch die Societas Jesu hat anderes mit ihm vor. Wenige Wochen nach der Absage an Spee beginnt der Dreißigjährige Krieg, in dessen Verlauf das Heilige Römische Reich Deutscher Nation in eine nahezu entvölkerte Wüste verwandelt werden wird. Statt der Genehmigung zur Heidenmission erhält Spee die Erlaubnis zum Theologiestudium.

Im Herbst 1622, nach vier mit glänzendem Examen abgeschlossenen Hochschuljahren an der Mainzer Jesuitenfakultät, wird der 31jährige Spee zum Priester geweiht. Der Orden schickt ihn nach Paderborn. Die Domstadt an der Pader bietet dem Glaubenskämpfer, Poeten und Philosophie-Professor ein breites Betätigungsfeld: Zum einen kann er geistlichen Einfluss auf etwa 900 Studenten nehmen; zum anderen sind im Umland etliche

Bürger von Stand lutherisch geworden, und Spee, der sich von der Reformation herausgefordert fühlt, vermag innerhalb kurzer Zeit eine beachtliche Zahl Glaubensabtrünniger zur Rückkehr in den »Schafstall Christi« zu bewegen. Manche seiner ergreifendsten Kirchenlieder entstehen in dieser Zeit – und sein bekanntestes: »O Heiland, reiß die Himmel auf, / herab, herab vom Himmel lauf; / reiß ab vom Himmel Tor und Tür, / reiß ab, wo Schloß und Riegel für! / Wo bleibst Du, Trost der ganzen Welt, / darauf sie all ihr Hoffnung stellt? / O komm, ach komm vom höchsten Saal, / komm, tröst uns hier im Jammertal!«

Dieses trostlose Jammertal, in das der Hexerei Beschuldigte gestoßen werden, erlebt der junge Spee hautnah. Als Beichtvater zahlreicher Opfer beginnt er erstmals zu zweifeln, ob es überhaupt Hexen gibt. Er bekennt: »Persönlich kann ich unter Eid bezeugen, dass ich bis jetzt noch keine verurteilte Hexe zum Scheiterhaufen begleitet habe, von der ich hätte sagen können, dass sie wirklich schuldig sei.« Er fordert, die »peinliche Befragung (...) völlig abzuschaffen und nicht mehr anzuwenden«, denn sie »produciert« Hexen.

Spee kollidiert mit der offiziellen Position der Societas Jesu; im Orden gilt er als »verworrener Kopf« mit umstürzlerischen Ansichten. Man versucht ihn mundtot zu machen, beordert ihn zur Ableistung des Tertiats nach Speyer, anschließend zum Schuldienst nach Köln, danach, 1628, ins Hildesheimsche, um dort das protestantische Peine zu rekatholisieren. Rasch gewinnt Spee, als beredter Milizionär der Gegenreformation, seiner Kirche 20 Gemeinden zurück, bis er an einem Aprilsonntag 1629, auf dem Weg zur Messe in Woltorf, von einem unbekannten Attentäter mit Säbelhieben »gräßlich verschimpfieret« wird. Er überlebt, schwer verletzt. Für Spee erfüllt sich so das Martyrum des Missionars nicht im fernen Osten, sondern im eigenen, vom Religionskrieg zerrütteten Vaterland.

Als Rekonvaleszent lebt er auf dem Stiftsgut Falkenhagen, mitten im Weserbergland. Der weitläufige, idyllische Garten wird zu seinem Dichterrefugium. Hier entsteht ein Großteil der Lieder seiner *Trvtz-Nachtigal*, einer Sammlung von 52 geistlichen Liedern für eine gebildete Leserschaft, gleichwohl mit Bedacht in deutscher und nicht, wie seinerzeit üblich, in lateinischer Sprache abgefasst, um »...einer recht lieblichen Teutschen Poetica die baan...« zu weisen. »Trutz« steht für »wetteifern, es aufnehmen mit« der Nachtigall, die als Synonym für »Sänger« oder »Dichter« herhält. Spees Erbauungsschrift gilt als das herausragende Werk katholischer Barocklyrik.

Mit 24 Liedern steht Spee ganz vorn in der Autorenliste des offiziellen Gesangbuchs der Katholiken, dem *Gotteslob*. Die Innigkeit, Naturverbundenheit und mystische Jesusliebe Spees deckten sich weitgehend mit der

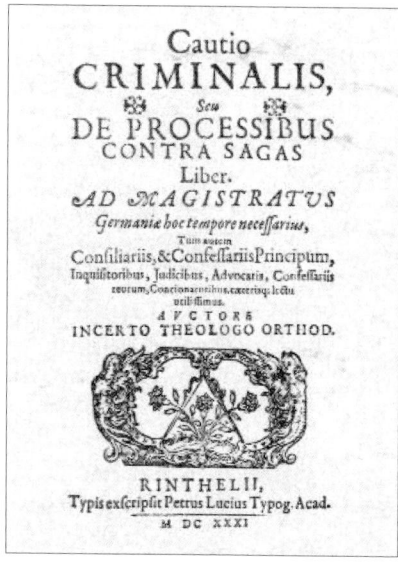

Friedrich Spees anonym erschienene Cautio Criminalis, 1631

Empfindsamkeit der Romantiker. Als »religiöse Minnelieder« bezeichnete Joseph von Eichendorff, der katholischste Lyriker der deutschen Romantik, Spees Gedichte. Auch Clemens Brentano war ein Bewunderer Spees. Er nahm mehrere Lieder in das *Wunderhorn* auf und ließ 1817 eine Neuauflage der *Trvtz-Nachtigal* erscheinen, erweitert um die Lieder aus dem *Güldenen Tugendbuch*.

1629 erhält Spee erneut den Lehrstuhl für Moraltheologie an der Paderborner Jesuiten-Universität und überwirft sich sogleich mit dem Rektor und mit seinem Orden, vor allem in der Hexenfrage. Anderthalb Jahre schreibt er an den 400 Seiten seiner *Cautio Criminalis*, zu deutsch *Strafrechtliche Warnschrift*, die den Untertitel *Buch gegen die Hexensagen* trägt: eine der segensreichsten Abhandlungen, die je verfasst wurden. Sie erscheint im März 1631 in der Universitätsstadt Rinteln an der Weser – wohlweislich anonym; denn, so der Mainzer Historiker Helmut Mathy, »[h]ätte er [Spee] das Werk mit seinem Namen versehen, wäre er ohne Umschweife hingerichtet worden«.

Der Philosoph Gottfried Wilhelm Leibniz, der 1697 das Geheimnis um den Verfasser der *Cautio Criminalis* lüftete, nannte es »...das männlichste Buch, das je der Feder eines Kämpfers für Wahrheit und Recht gegen Lüge und Unrecht entflossen ist«.

Kühn redet Spee der übermächtigen Obrigkeit und dem Klerus, der sich für unfehlbar hält, ins Gewissen. Er wirft fünfzig provozierende Fragen auf, die er mit bestechender Logik beantwortet und sagt so aller Welt die Wahrheit über den organisierten Massenmord der Kirche. Spee kommt ungeschoren davon. Zwar wird hinter der *Cautio* seine Handschrift vermutet, doch ist ihm die Autorenschaft nicht nachzuweisen. Das Buch ist sofort vergriffen, seine Thesen sind in aller Munde. Von dem »allerverderblichsten Buch« sprechen die meisten Kleriker, von einer mutigen und barmherzigen Schrift Spees Vertraute und Gönner, zu denen auch der Kölner Provinzial der Jesuiten gehört, der seinen Schützling entgegen der Anordnung aus Rom, den aufsässigen Priester des Ordens zu verweisen, nach Trier versetzt, ans

Trinitäts-Kolleg, als Professor für Kasuistik (Sittenlehre) und Exegese (Bibelauslegung). Sein Rektor bezeichnet die *Cautio* als ein »überaus nützliches Buch«, mit dessen Hilfe erreicht worden sei, »dass man an vielen Orten ein milderes und vorsichtigeres Verfahren einzuhalten« begonnen habe. Das große Morden lässt deutlich nach; doch erst 1775, mit der Hinrichtung der letzten deutschen »Hexe«, hat der Wahnsinn ein Ende. Der Jesuitentheologe Karl Rahner stellte fest, Spee sei »nicht nur Vorbild mutiger Kritiker gegen den Zeitgeist und nicht nur eine große Gestalt in der deutschen Literatur, sondern auch ein Vorbild für die gewöhnlichen Arbeiter im Weinberg Gottes (...)«.

Dafür steht auch Spees Tod. Er infiziert sich bei der selbstlosen Pflege pestkranker Soldaten und stirbt am 7. August 1635, mit 44 Jahren. In der Krypta der Trierer Jesuitenkirche findet er seine letzte Ruhestätte.

Aus der *Trvtz-Nachtigal*, die er ein Jahr vor seinem Tod vollendete und deren autografische Reinschrift in Triers Stadtbibliothek aufbewahrt wird, kann jedermann, der mag, Lebensmut gewinnen:

> »Auff, auff dan, last erschallen
> All frewd, vnd frölichkeit,
> Dem Herren wird's gefallen,
> Fort, fort, o Trawrigkeit.«

Rüdiger Diezemann

Literaturempfehlungen

Robert Browning: *Deutsche Lyrik des Barock*, Stuttgart 1980

Friedrich Spee: *Trvtz-Nachtigal*, Stuttgart 1985

Cautio Criminalis. Erste vollständige deutsche Übersetzung von Joachim-Friedrich Ritter, Weimar 1939; 5. Aufl. 1987

»Der frühe Marx«

»Am frühen Marx bist du schuld gewesen, das weißt du so gut wie ich«, erinnert Jakob Simonis seine Frau Gisela. – Schuld! Die Beiden haben sich während des Studiums an der Uni Trier auf Giselas Anregung hin am interdisziplinären Seminar »Der frühe Marx« beteiligt, sind darüber einander nähergekommen und haben später geheiratet. Jakob ist Protagonist und Ich-Erzähler im Roman *Eifel* von Walter Schenker (1982), der in eigenwilliger

Atemlosigkeit und mit feiner Ironie von einem stellungslosen Gymnasiallehrer berichtet, von verzweifelten, letztlich vergeblichen Bemühungen, nicht ins Bodenlose zu fallen.

Der »frühe Marx«: das ist der Trierer Gymnasiast, der unentschlossene Student, der Redakteur der *Rheinischen Zeitung*, der junge Ehemann, der Emigrant. Den mittleren Lebensabschnitt prägt das *Manifest der kommunistischen Partei*, die Sozialistische Internationale, den späten das *Kapital*, der dialektische Materialismus: zwei mächtige Säulen, auf denen der Marxismus steht, auf denen aber gleichzeitig auch das gespaltene Verhältnis der Konservativen zu Marx beruht, das von allenfalls diffuser Kenntnis seines Werks und großer Unsicherheit gegenüber seiner Doktrin zeugt. Jakob versucht, seinen Vater, einen rechtschaffenen, sturen Eifeler Landwirt, von der Notwendigkeit der wissenschaftlichen Auseinandersetzung mit Marx zu überzeugen:

> »Als er mich aber fragte, was ich nun in Trier studiere, und ich vom frühen Marx anfing, mein Vater war so hinter dem Mond daheim auch wieder nicht, sagte er, Jakob, entweder du wirst etwas Rechtes oder deine ganze Studiererei hört auf. Ich sagte: Du begreifst nicht, wie das heute ist, ich mach ja nicht Marx, weil ich Kommunist bin –
> Mein Vater: Marx ist ein Kommunist.
> Ich: Ja, schon –
> Mein Vater: Dann kannst du ja gleich in die Zone gehen, um den Kommunismus richtig an Ort und Stelle zu studieren, aber, das sage ich dir, ohne mein Geld, und Kommunismus auch in Trier ohne mein Geld.
> Ich: Ich kann doch überhaupt nichts dafür. Ich muß doch meine Scheine machen. Und diese beiden Professoren, und beide prüfen mich am Schluß, stehen nun mal auf Marx, und wenn ich kneife, dann kriege ich auch keine Scheine und verliere das Semester, ich kann ja nun gar nicht anders.
> Er kannte ja damals Gisela noch nicht.
> Mein Vater: Ist das in Trier unten also so eine Kommunistenuniversität?
> Ich: So ist es nun auch wieder nicht.
> Mein Vater: Will ich auch hoffen. Ich bin dir dankbar, daß du's mir erklärt hast. Es geht um dein Studium, aber so, wie du's mir jetzt erklärt hast, wenn du's wegen der Scheine tust, auch unser Pfarrer hier sagt, man kann auch am Schlechten lernen.«

Noch immer gibt es Besucher, meist von fern her, die ehrfurchtsvoll den Fuß ins Geburtshaus des großen Vordenkers in Triers Brückenstraße Nr.10 setzen, obschon das als Marx-Museum eingerichtete Barockgebäude, das in der Obhut der sozialdemokratischen Friedrich-Ebert-Stiftung steht, beileibe nicht den Charakter einer weihevollen Kultstätte hat.

In diesem Haus, in dem die Familie weiland zur Miete wohnt, kommt Karl Marx am 5. Mai 1818 zur Welt. Seine Eltern sind der Rechtsanwalt Heinrich Marx, ein Voltairianer, der zu den Honoratioren der Stadt zählt, und Henriette Marx, Niederländerin von Herkunft, Tochter des Rabbiners von Nijmegen. Auch Vater Marx entstammt einer Rabbinerfamilie; er tritt 1817 vom mosaischen Glauben zum Protestantismus über, um als Advokat in den preußischen Staatsdienst übernommen werden zu können. 1824 lässt er auch seine Kinder taufen. Sohn Karl hat zeitlebens seine jüdische Herkunft als Makel empfunden und, so gut es ging, verheimlicht.

Zwei Jahre nach der Geburt des Sohnes erwirbt Heinrich Marx das Haus Simeonstraße Nr.8, einen Steinwurf von der Porta Nigra entfernt. Hier verbringt Karl Marx seine Jugend. Man lebt in bescheidenem Wohlstand, beschäftigt eine Köchin und zwei Mägde; der Wein wächst auf dem eigenen Wingert. Neun Kinder bringt Henriette Marx im Verlauf ihrer Ehe zur Welt, nur vier überleben: drei Mädchen und der »Mohr«, wie Karl gerufen wird. Mit allen überwirft er sich, am unversöhnlichsten mit der Mutter; nur den Vater achtet er. Heinrich Marx ist Anteilseigner des Kasinos, eines Neubaus, der mit Bibliothek, Leseräumen und einem Ballsaal rasch zum Mittelpunkt des gesellschaftlichen Lebens in der abgeschiedenen preußischen Garnisonstadt wird. Hier tritt Heinrich Marx gelegentlich als Festredner in Erscheinung. Von Versammlungen subversiven Charakters wird gemunkelt. Es sollen liberale Ansprachen gehalten, heimlich die Trikolore gezeigt, sogar die Marseillaise intoniert worden sein! Ohne Frage: Die Trierer sympathisieren mit Frankreich – und nicht nur die Leute von Stand. Die Moselaner fühlen sich »verpreußt«. Die ihnen durch die Beschlüsse des Wiener Kongresses aufgezwungenen preußischen Regierungsbeamten und Militärs werden als »Besatzungsmacht« empfunden. Auch Karl Marx bezeichnet sich Zeit seines Lebens als »Preußenhasser«.

Trier ist im ersten Drittel des 19. Jahrhunderts eine auf 15.000 Einwohner geschrumpfte, zu politischer Bedeutungslosigkeit verkommene Ortschaft mit unbeschreiblichen sanitären Verhältnissen, ein enges, ödes Nest mit vielfach leerstehenden, verfallenden Häusern. Noch 1792 hatte Goethe einen Ort vorgefunden, der innerhalb der erhaltenen Stadtmauern »...von Kirchen, Kapellen, Klöstern, Konventen. Kollegien, Ritter- und Brüdergebäuden belastet, ja erdrückt, außerhalb von Abteien, Stiften, Kartausen blockiert, ja belagert« wurde. Die ehrenvolle Aufgabe, den großen Goethe durch das kurfürstliche Trier zu führen, war dem jungen Pädagogen Hugo Wyttenbach zuteil geworden. 38 Jahre später ist dieser Wyttenbach, ein verkappter »Liberaler« und heimlicher »Hambacher«, Direktor des humanistischen Friedrich-Wilhelm-Gymnasiums in der Jesuitenstraße, das Karl Marx seit

Karl Marx, Zeugnis der Reife (1835)

1830 besucht. Hier erfährt er eine solide Bildung, Basis seines später so überragenden Wissens. 1835 entlässt eine königliche Prüfungskommission den 17jährigen Zögling mit dem Zeugnis der Reife,»...indem sie die Hoffnung hegt, dass er den günstigen Erwartungen, wozu seine Anlagen berechtigen, entsprechen« werde. Seine Ausführungen im Abituraufsatz zum Thema »Betrachtungen eines Jünglings bei der Wahl eines Berufes« sind recht vage und allgemein gehalten, weil er wohl wirklich nicht weiß, was er werden will: Dichter, Theaterkritiker, Philosoph, Schriftsteller, Dozent, Publizist. Er entscheidet sich, halbherzig und ratlos, für ein Jurastudium in Bonn.

Andererseits aber legt er sich beizeiten fest: Er verlobt sich heimlich mit seiner vier Jahre älteren Jugendfreundin Jenny von Westphalen, Schwester seines Schulfreundes Edgar, Tochter des Geheimen Regierungsrats Ludwig von Westphalen, der einen starken intellektuellen Einfluss auf den jungen Marx hat. Jenny ist von auffallender Schönheit, der Schwarm der jungen Männer Triers. Dass »Schwarzwildchen«, wie sie ihren Karl nennt, trotz seiner Jugend das Rennen macht, spricht wohl auch für die Überzeugungskraft seiner schmachtenden poetischen Ergüsse, mit denen seinerzeit Verliebte das Herz der Angebeteten zu erobern suchten:

»Jenny! Darf ich kühne es sagen,
daß die Seelen liebend wir getauscht,
daß in eines sie glühend schlagen,
daß e i n Strom durch ihre Wellen rauscht?«

Das mag Jenny beeindruckt haben…

Der Jakob Walter Schenkers sieht die Situation weit nüchterner: »[E]s muß fast ein Skandal gewesen sein, die Jenny war die Ballkönigin von Trier, daß ein Judensohn um sie freite, und dann muß Karl Marx noch so arrogant gewesen sein, daß er die Ballkönigin beinah sitzen oder wenigstens überlang warten ließ; kein Wunder das Stadtgespräch…« Hinzu kommt, dass Jennys Stiefbruder Ferdinand, aus der ersten Ehe des Vaters, hoher preußischer Staatsbeamter, später gar Innenminister in Berlin ist. Der Marx-Biograph Richard Friedenthal schreibt: »Auf das seltsamste geht diese Verwandtschaft mit einem der führenden Reaktionäre der Zeit in Berlin nebenher zu dem führenden Revolutionär in London…«

Sei's drum: Jenny und Karl halten ihr Leben lang zusammen, trotz des preußischen Bruder-Schwagers, trotz des Geredes, trotz siebenjähriger Brautzeit, trotz eines ruhelosen, gehetzten Lebens, trotz des folgenschweren Seitensprungs des Denkers mit der Haushälterin Helene Demuth, trotz drückender Armut. Jahrzehnte später schreibt Marx anlässlich eines seltenen Trier-Besuchs an seine Frau in London: »Ich bin täglich zum alten Westphalen-Haus gewallfahrtet, das mich mehr interessiert hat als alle römischen Altertümer, weil es mich an die glückliche Jugendzeit erinnert und meinen besten Schatz barg.« Und weiter: »Außerdem fragt man mich täglich nach dem quondam schönsten Mädchen von Trier. Es ist verdammt angenehm für einen Mann, wenn seine Frau in der Phantasie einer ganzen Stadt so als verwunschene Prinzessin fortlebt.«

Der junge Jurastudent hält die Bonner Professoren für »geistige Stinktiere«. Er wechselt die Uni, zieht nach Berlin. Pro forma belegt er zwar Rechtsvorlesungen, befasst sich aber fast ausschließlich mit Philosophie. Die »Hegelei« hat ihn gepackt; er sucht die kritische Auseinandersetzung mit dem Werk des »riesenhaften Denker[s]«, reibt sich an seiner »groteske[n] Felsenmelodie« bis zur Gegnerschaft. Dabei nimmt er auf sich selbst keine Rücksicht, liest wie ein Besessener die Nächte hindurch, exzerpiert, diskutiert, besserwisserisch, hochfahrend, beleidigend. Carl Schurz, der spätere amerikanische Innenminister, erinnert sich: »Niemals habe ich einen Menschen gesehen von so verletzender, unerträglicher Arroganz des Auftretens.« Der Anarchist Michail Bakunin nennt ihn »verbittert, eitel und falsch«. Für Wilhelm Fensterer, Redakteur der *Rheinpfalz* ist er ein von »Eigenliebe, Eitelkeit und Egozentrik erfüllter Ideenfanatiker«. Und der Vater bezeichnet ihn als »Egoisten«; zu Recht, denn der Sohn liegt ihm auf der Tasche, lebt in Saus und Braus. Heinrich Marx hält dem Verschwender vor: »Als wären wir Goldmännchen, verfügt der Herr Sohn in einem Jahr für beinahe 700 Thaler, gegen alle Gebräuche, während die reichsten keine 500 ausgeben!« Richard Friedenthal stellt fest, »daß Karl Marx in dialektischer Umkehrung seiner tiefgründigen Analysen über Geld und Kapital in finanziellen Fragen des eigenen Lebens ein Kind war und blieb. Der Freund Friedrich Engels übernahm später darin die Vaterschaft.« Verständlich die lapidare Bemerkung der Mutter, besser wäre wohl gewesen, »[w]enn die Karell Kapital gemacht hätte, statt« über das Kapital zu schreiben.

Gleichwohl schickt sie, als Verwalterin des kleinen Vermögens, das ihr früh verstorbener Mann hinterlassen hat, ohne Umschweife ihrem Sohn nach Berlin »die Summe von 160 Thaler welche du zum pronowieren brauchst«. Diese Promotionsgebühr sendet Karl Marx nebst einer Dissertation über ein selbst gewähltes Thema aus der antiken Philosophiegeschichte ans Dekanat der Philosophischen Fakultät der Universität Jena, eine Hochschule, die er nie betreten hat und nie betreten wird, und erhält neun Tage später das Doktor-Diplom, ausgestellt auf »Carolus Henricus Marx, Trevirensis«: ein »Dr. phil.« wie aus dem Versandhauskatalog.

Selten noch kommt Marx nach Trier, und wenn, dann nur, um seiner Mutter, der »Alten«, wie er sie gehässig nennt, Geld abzuluchsen. Das Zerwürfnis geht so tief, dass er bei diesen Besuchen nicht in der Simeonstraße nächtigt, sondern ostentativ im Gasthof »Zur Stadt Venedig« absteigt.

Als Redakteur der neu gegründeten, liberalen *Rheinischen Zeitung*, zunächst in Bonn, später in Köln, verfasst er seine ersten bissigen Artikel über Zensur und Pressefreiheit in Preußen, über den Sozialismus in Frankreich und – über Wirtschaftsfragen im Trierer Raum. Ein Viertel der Bürger, zumeist kleine Handwerker, Moselschiffer oder Weinbauern, gilt als bedürftig oder arm und ist auf Almosen angewiesen. Gegen den ärgsten Hunger soll Brot aus Kartoffeln und Roggenmehl oder gar aus Sägemehl helfen. Marx deckt die Missstände am Beispiel der Weinbauern auf, nennt die Dinge beim Namen: »Der desolate Zustand der Winzer war höheren Orts lange Zeit in Zweifel gezogen und ihr Notgeschrei für freches Gekreisch gehalten worden.« Er, der »häufig die rücksichtslose Stimme der Not in der umgebenden Bevölkerung« vernehme, halte es für seine Pflicht, seine Schilderung »in grobe und, wenn man will, rohe Farben« zu tauchen.

Solch aufmüpfige Polemik lässt die Herrschenden aufhorchen. Der preußische Polizeipräsident hält fest, man wisse höheren Orts sehr wohl, dass Marx »in einer Zehenspitze mehr geistigen Fonds als die übrige Gesellschaft in ihren Köpfen« habe. Wilhelm Bracht, ein späterer Marx-Analytiker, kommt zu dem Schluss: »[D]urch die Beschäftigung mit dem Notzustand seiner Heimat war der Keim zu einer wissenschaftlichen und politischen Entwicklung gelegt, die Marx zu einem der großen Beweger der Weltgeschichte gemacht hat.« Braut Jenny, die seit Sommer 1842 mit ihrer Mutter in Kreuznach lebt, schreibt ganz besorgt:» Ach, lieb' lieb' Liebchen: Nun mengelierst Du Dich noch gar in die Politik! Bedenk' Du nur immer, daß Du daheim ein Liebchen hast, das da hofft und jammert und ganz abhängig von Deinem Schicksal ist.«

Das nimmt jetzt, rasch, seinen Lauf: Die *Rheinische Zeitung* wird verboten, »Schwarzwildchen« und »Jennely« heiraten am 19. Juni 1843 in der Kreuznacher Pauluskirche, unternehmen eine kurze Hochzeitsreise, nach Bingen, und verlassen Ende Oktober den preußischen Staat »mit seiner Luft, die leibeigen macht« via Paris.

Hier endet das Kapitel vom frühen Marx. – Walter Schenkers Jakob bilanziert:

> »Wir kriegten für unsere Gruppenarbeit die Note 2. Wir hätten sehr gründlich und sorgfältig recherchiert, ein bißchen fehle dem Ganzen der rote Faden oder die historische Perspektive, und die hätte sich bei Marx mit dem Kapital geradezu aufgedrängt, also diesen Vorgriff auf *Das Kapital* müsse man leider vermissen. Ich sagte, wir dachten, das hat damals Marx selbst nicht gewußt, und wir wollten uns auf die Zeit beschränken, in der er an der Dissertation gearbeitet hat. Der Professor sagte: Ich habe Ihnen ja durchaus das sorgfältige Quellenstudium bescheinigt, was fehlt, ist das Finale, also wozu der marxistische Ansatz letztlich führt, die Konsequenzen, das Theorie-Praxis-Problem, wie es auch in der Diskussion leider nur kurz angeschnitten wurde, also nicht Marxismus im 19. Jahrhundert, wie Sie das mit auffallender Gründlichkeit getan haben, sondern Marxismus heute, Sie verstehen, wie ich das meine.
> Wie verstanden.
> Der frühe Marx für die Katze.«

Rüdiger Diezemann

Literaturempfehlungen

Richard Friedenthal: *Karl Marx. Sein Leben und seine Zeit*, München / Zürich 1981

Walter Schenker: *Eifel. Roman*, Zürich 1982

Werner Blumenberg: *Karl Marx in Selbstzeugnissen und Bilddokumenten*, Reinbek 1962

Der literarische Bestseller zur Mosel
Rudolf G. Bindings Moselfahrt aus Liebeskummer

Moselfahrt aus Liebeskummer: Der Titel ist längst schon sprichwörtlich geworden. Eine halbe Million mal verbreitet hat ihn die erstmals 1932 erschienene Novelle des 1867 in Basel geborenen und 1938 in Starnberg verstorbenen Schriftstellers Rudolf G. Binding. Erst recht die Verfilmung im Jahre 1953 mit Oliver Grimm unter der Regie von Kurt Hoffmann hat Titel und Novelle populär gemacht. Kein anderes literarische Werk hat wohl so wirkungsvoll und auflagenstark für die Mosellandschaft geworben.

Und keine andere Novelle des Autors hat eine ähnliche Resonanz gefunden. Rudolf G. Binding, Meister der kleinen Form und einer der Lieblingsautoren des konservativen deutschen Bürgertums vor allem zwischen den Weltkriegen, wäre mehr als 60 Jahre nach seinem Tode wohl weitgehend vergessen, gäbe es diese Moselnovelle nicht. Denn das Aristokratisch-Ritterliche, das Männlich-Soldatische wie das Pathosbefrachtete seines übrigen Werks sind uns fremd geworden.

Anders die Novelle *Moselfahrt aus Liebeskummer.* Die »ruhige Leichtigkeit« und »leichte Ruhe« des Werks wie der Landschaft entfaltet noch heute ihren Zauber. Die Novelle wandelt weitaus stärker auf der gefühlvoll-pathetischen und idealisierenden Fährte der alten Romantiker und ist weit weniger realistisch und sachlich gehalten, als sich dies der Autor vorgenommen hatte. Wäre das Humorvolle nicht, geriete die Novelle zuweilen in Gefahr, in Kitsch abzugleiten. Schon in den dreißiger und vierziger Jahren stark verbreitet, hat die Novelle ihre öffentliche Breitenwirkung vor allem in den fünfziger Jahren entfaltet, im Umfeld der Kinoverfilmung. So wurde im Herbst 1953 dem Schriftsteller Binding posthum, 15 Jahre nach seinem Tod, der »Deutsche Weinkulturpreis« in Neustadt an der Weinstraße, anlässlich der Wahl der deutschen Weinkönigin verliehen. Am 14. November 1953 wurde, einen Tag nach der Uraufführung in Frankfurt am Main, in Trier der Film »Moselfahrt aus Liebeskummer« aufgeführt: in einem Festakt mit vielen Ehrengästen, darunter Oberbürgermeister Dr. Raskin, die Hauptdarsteller Liselotte Müller, Albert Florath und Oliver Grimm sowie der Regisseur Kurt Hoffmann.

Die Winzergemeinde Traben-Trarbach, in der Novelle nur beiläufig erwähnt (»hier können sie in Wein ertrinken – und der Tod schmeckt auch noch gut«), warb besonders eifrig mit dem »Liebeskummer«-Titel. »Vom Wein ist die beste Nummer / der Traben-Trarbacher Liebeskummer« hieß der preisgekrönte Weinslogan eines großangelegten Preisausschreibens im Jahre 1954. Auch die 700-Jahr-Feier Traben-Trarbachs stand im Zeichen des »Liebeskummers«: ein »Liebeskummer«-Wagen rollte im Festzug mit, ein »Liebeskummer«-Marsch erklang, und der Werbering warb überregional für den neuen Traben-Trarbacher »Liebeskummer«-Wein mit Original-»Liebeskummer«-Flaschenetiketten, wie Hermann Erschens recherchiert hat. Eine halbe Millionen Flaschen Wein sollen innerhalb eines halben Jahres verkauft worden sein, ehe die Werbewirkung nachließ. Schon bald verschwand der »Liebeskummer«-Wein wieder vom Markt. Die Idee einer Binding-Gedenktafel war da schon überdauernder: Am 16. Juni 1955 enthüllt, ist sie bis zum heutigen Tage im »Rosengarten« in Traben-Trarbach zu sehen. Sie zeigt in Bronze ein Porträt des Dichters mit der Umschrift: »Dem Dichter der ›Moselfahrt aus Liebeskummer.‹« Das Sterbejahr Bindings vermerkt die Tafel mit »1958« statt »1938«. Das Traben-Trarbacher Weinfest im Jahr der Denkmalenthüllung fand folgerichtig unter dem Motto »Liebeskummer sei dein Wein« statt. Passend dazu sprudelte vor dem Rathaus der »Liebeskummer«-Brunnen. Festakte, Festreden, Filmpremieren, Weindebüts: Immer wieder betonten Weinbauminister, Weinköniginnen, Bürgermeister, Literaturfreunde und Journalisten werbekräftig Bindings große Liebe zum Moselwein und zur Mosellandschaft.

Rudolf G. Binding-Gedenktafel in Traben-Trarbach, 1955
(Foto: Hubert Serve)

Anders als der Film, der auf Liebesromanze und Happy End setzt und Handlung und Personentableau erweitert, beschränkt sich die Novelle auf die stimmungsvolle Reiseschilderung eines einzigen Tages. Von Koblenz fährt der Ich-Erzähler moselaufwärts nach Cochem. Vor der ersten Übernachtung trinkt er auf der Flussterrasse eines Gasthofs, unter einem Rebendach, Moselwein. Dazu isst er »Moselaal blau«, angeregt von einer kleinen Dame am Nachbartisch, die sich früh zurückzieht und die er am nächsten Morgen vor dem Gasthof wiedertrifft. Dem Wanderer mutet sie zunächst wie ein »kleines Scheusal« an. Dann aber überwältigt ihn ihre geheimnisvoll schimmernde Zahnpracht. Als die beiden ins Gespräch kommen, lässt die Dame den Ich-Erzähler wissen, dass sie »aus Liebeskummer« an die Mosel gekommen sei. Hier wolle sie die »ruhige Heiterkeit« der Landschaft heilend auf sich wirken lassen. Unter vorsorglichem Hinweis auf ihre »Ungefährlichkeit« lädt sie den Moselreisenden ein, mit ihr im Auto flussaufwärts zu fahren. Zuvor bummeln beide aber noch gemeinsam eine Stunde lang durch Cochem.

Schlendergänge durch zauberhafte Moselörtchen, Gespräche und Gedanken über Land und Leute, über Fluss und Wein prägen die Erzählstruktur der Novelle. Cochem vor allem, aber auch die Weinorte Beilstein, Ediger und Bernkastel und schließlich Trier sind die Hauptstationen der »Moselfahrt aus Liebeskummer«. Als Ortsnamen werden Treis, Cond und Karden, Alf, Reil und Kröv, Valwig, Bruttig und Ellenz ebenso wie Bremm, Neef und Bullay, sowie Merl, Zell und Traben-Trarbach, aber auch Ürzig, Zeltingen und Graach knapp notiert.

Einleitende Reflexionen über den Charakter der Mosellandschaft und über die Eigentümlichkeiten des Moselweins gehen der eigentlichen Erzählhandlung voran. »Vielgenannt – aber kaum bekannt« sei die Mosel, mehr als ein »kleiner Rhein«, unvergleichlich im Gleichgewicht von Rebland und Fluss, von Ruhe und Leichtigkeit der Landschaft. Unvergleichlich auch in der Vielfalt und Qualität seiner Weine und im Fleiß seiner Winzer.

Als Auftaktort der Novelle erhält Cochem besonders breiten Raum, eröffnet sich doch den beiden Reisenden schon hier das Typische auch anderer Moseldörfer und Moselstädte: das Übereinander und Untereinander der Häuser auf engem Raum; das »mildmatte Blau« der steilen Schieferdächer; die winzigen Gemüsegärten und emporrankenden Weinstöcke; die Dürftigkeit der Fachwerkhäuser und der bäuerlichen Kirchlein. Beilstein fasziniert als pittoreskes Judendorf mit langer Geschichte (im »Dritten Reich« fiel dieser Novellenteil der Zensur zum Opfer; ein Foto ersetzte die gestrichene Passage). Der eigentümlichen Volksfrömmigkeit der Moselaner begegnen die Reisenden vor allem in der Kreuzkapelle auf dem Berg des Weinorts Ediger mit der Skulptur »Christus in der Kelter«:

> »Christus steht, Hände und Füße vom Kreuz gelöst, aber mit Leib und Haupt noch kühn mit dem Kreuzesstamm verbunden, der von hinten ins Bild ragt: über der Kelter. Das Blut des Heilands fließt aus den Nagelwunden der Hände und Füße in die Kelter und mischt sich dem Wein. Blut und Wein, so nahe zusammengebracht von der Kirche –: erst der Weinbauer dieses Landes ließ sie ganz zusammenfließen.«

Als sie »das wohlhabende Bernkastel« und damit das »Herz des Landes« erreichen, sind die beiden Reisenden müde und erschöpft. Ein freistehendes Kruzifix mit zweifachem Leichnam wird als Beispiel für unbekümmerte Volksfrömmigkeit nur noch knapp registriert. Zu sehr ermüdet der »Millionenaufmarsch« der Reben und die zunehmende Gleichförmigkeit der Flusswindungen, der Weinberge und Orte: »Die Weinberge verschoben sich noch, aber es waren immer die gleichen. Die Orte wechselten ihre Namen, aber nicht mehr ihr Aussehen.«

Dem Ich-Erzähler erscheint die mitreisende »Zigeunerin« immer mehr als Verkörperung der Mosellandschaft: in ihrer natürlichen Art, der alles Künstliche wie etwa Schmuck und Schminke und Spiegel und Uhr fremd ist; mit ihrem Faible für das Ruhige, Stille, Bescheidene und Einfache. Das Heilsame der Natur lässt erotische Spannung bis zum Ende der Fahrt immer nur unterschwellig anklingen. Wenn etwa der Ich-Erzähler seine Begleiterin beim mitternächtlichen Abschlussessen in Trier zum Erröten bringt mit der anspielungsreichen Frage: »Sind Sie nicht wirklich wie die Landschaft, die Sie so sehr lieben – aber noch mit natürlichen, tätigen Vulkanen in der Tiefe?« Woraufhin die Frau ihren Reisebegleiter mit beherrschtem Zorn und vorwurfsvoll an ihren Schwur erinnert, sich so bald nicht wieder zu verlieben. Beim nächsten Kummer könne sie nicht einmal mehr eine Moselfahrt unternehmen.

Am nächsten Morgen ist die Dame verschwunden. Bleibt dem Ich-Erzähler nur noch ein letzter Gang durch Trier. Das Übereinander der Kulturen fasziniert ihn, die römische Baukunst und vor allem die einzigartige Porta Nigra:

> »Hier ist Trier. Die älteste Stadt Deutschlands – Das heißt viel. Drei Kulturen lagern hier übereinander – alle in Trümmer. Keltentum, Römertum, christliches Germanentum folgen einander in der Zerstörung. Keine Stadt der Welt hat solche Zeugnisse auf dem gleichen engen Grunde. Dieses römische Tor wäre nicht das gleiche in einer Ruinenstadt nur römischen Ursprungs. Hier steht es, die Porta Nigra, gen Norden gerichtet, der Eingang – nicht zu einer Stadt – der nördliche Eingang zu einem Reich, das einmal die Welt bedeutete. Kein anderes Reich hat je die Welt bedeutet. Die Ansammlungen römischer Altertümer, römischer Kunst im Museum wirken erdrückend, steinern, tot. Kunst war nicht Roms Sache. Aber zu bauen wußten die Römer. Doch das wußten sie auch in Rom. Aber was an Triumphbogen, Theatern, Tempeln und Palästen dort steht oder verfiel: Rom hat keine Porta Nigra. Dieser Ausdruck, hier im Lande nordischer Notwendigkeiten und Derbheiten, ist einzig. Schön ist die Stadt im weiten Becken von Trier, aber ihre Größe ist in die Schwärze des Tores gehüllt.«

Am nächsten Tag fährt der Erzähler wieder im Zug moselabwärts, in distanzierter wie potenzierter Beobachtung der Mosellandschaft, indem er einen Mitreisenden beobachtet, der mit glänzenden Augen in das Moseltal hinausschaut.

»Und manchmal kommt eine kleine merkliche Erregung über ihn. Und dann geschieht es daß er, ohne den Blick zu verwenden, in die Westentasche greift und sanft und zärtlich einen Weinpfropfen aus der Tasche nimmt, um ihn verzückt an die Nase zu führen und ein Weilchen fromm daran zu riechen.«

Wo Bindings »Moselfahrt aus Liebeskummer« endet, beginnt 40 Jahre später Walter Henkels Moselfahrt »ohne Liebeskummer«:

»Bindings ›Zigeunerin‹ und das ›kleine Scheusal‹ sind uns nicht begegnet. Aber wir saßen dem Manne aus der Binding-Novelle ›Moselfahrt aus Liebeskummer‹ gegenüber, ›der in die Westentasche greift und sanft und zärtlich einen Weinpropfen aus der Tasche nimmt, um ihn verzückt an die Nase zu führen und ein Weilchen fromm daran zu riechen. Unsere Moselfahrt war ohne Liebeskummer. Wer sich noch etwas Schaulust bewahrt hat, sollte an die Mosel fahren. Die Mosel fließt immer noch dahin, und auch die Berge stehen, unerschütterlich.« (Walter Henkels, *Bacchus muß nicht Trauer tragen. Moselfahrt ohne Liebeskummer*, 1973)

Henkel verbeugt sich vor Bindings Moselklassiker wie schon Jahrzehnte zuvor Carl Zuckmayer:

»Ich schließe diese ebenso andachtsvolle wie dankbare Besprechung ›Moselfahrt aus Liebeskummer‹, indem ich eine Flasche 1929er Wiltinger Hölle und Kupp entkorke und eine Flasche 1920er Lieserer Niederberg ›Helden‹, edelste Beerenauslese, kalt stelle. Es ist die letzte Flasche. Rudolf G. Binding weiß, was das bedeutet, und ich trinke sie als eine Libation zu seinen Ehren. Nächste Woche aber fahre ich an die Mosel.«

Josef Zierden

Literaturempfehlungen

Rudolf G. Binding: *Moselfahrt aus Liebeskummer. Novelle in einer Landschaft.* Erstmals Frankfurt am Main 1932
Neuausgabe:
Herausgegeben von Eckbert Maul, Traben-Trarbach 1998, in: *Das große Rudolf G. Binding Buch.* Eine Auswahl aus dem Werk, München 1979, S. 205-225
Über Bindings Novelle:
Hermann Erschens: *Literarische Schauplätze an der Mosel*, Husum 1990, S. 91-106: »An der Mosel entlang mit Bindings ›Moselfahrt aus Liebeskummer‹«

Artikel »Moselfahrt aus Liebeskummer«, unter »Rudolf Georg Binding«, in: *Kindlers Neues Literatur Lexikon*, München 1988 ff, Bd. 2, S. 685

Weite in der Enge
Stefan Andres Kindheit und Jugend im Moselland

Der Stefan-Andres-Brunnen im Schulzentrum der Moselgemeinde Schweich: phantasievoll erinnert er an Leben und Werk eines der bedeutendsten Dichter des Mosellandes, der am 26. Juni 1906 in einer Mühle im Dhrontal geboren wurde. Von 1910 bis 1917 wuchs er in Schweich auf. Gestorben ist er am 29. Juni 1970 in Rom, wo er auf dem Campo Santo Teutonico der Vatikanstadt begraben liegt. Seit 1937 lebte Andres in Italien, in Positano im Golf von Salerno. Es waren Exiljahre eines Dichters, der 1931 mit Dorothee Freudiger eine »Halbjüdin« geheiratet und deswegen 1935 seine Anstellung beim Reichssender Köln verloren hatte. Ein Jahrzehnt nur währte, ab 1950, die Rückkehr nach Deutschland nach Unkel am Rhein. 1961 zog es Andres wieder zurück in den mediterranen Süden, nach Rom. Dort lebte und arbeitete er im Schatten des Vatikans, dem katholischen Glauben zeitlebens verbunden, bei aller kritischen Distanz.

Auf drei bronzenen Reliefwänden, gehalten von drei mehrgesichtigen Speierköpfen auf einer hohen Basaltsäule, lässt der Wittlicher Bildhauer Johannes Scherl Andres' Leben und Werk Revue passieren. Vor allem an Hand des autobiographischen Romans *Der Knabe im Brunnen* aus dem Jahre 1953 als Rückblick auf Kindheit und Jugend an der Mosel. Da reitet der »kleine Steff« auf den Schultern seines großen Vaters, einen Stock zum Bogen über sich gespannt, umstanden von Mutter, Geschwistern und Pferden. Links daneben das Mühlrad der väterlichen Mühle »im Dhrönchen« und der kleine Steff, der im gaukelnden Spiegelbild eines Ziehbrunnens einen wirklichen kleinen Jungen zu sehen meint, einen guten Freund

Stefan Andres-Brunnen in Schweich
(Foto: Hubert Serve)

tief unten im steinernen Schlund, unter wellenbewegtem blauem Himmel – eben jenen berühmten »Knaben im Brunnen«, der Stefan Andres' bis heute populärstem Moselroman den Titel gegeben hat. Rechts daneben, weiter zurückgestaffelt, sehen wir beim Schweicher Fährturm den kleinen Steff mit der frühen Freundin Kätta, die ihn einst über die Unvereinbarkeit von geistlichem Beruf und Heiraten belehrt hatte. Die zweite Reliefwand zeigt einen in den Himmel träumenden Steff, inmitten weidender Kühe. In Trier schließlich, auf der dritten Reliefwand, sehen wir den kleinen Steff an der Hand der Mutter, umrahmt von mittelalterlichen Säulen, von Porta Nigra und Dom. Erinnerungen an die erste Trierfahrt mit der Mutter im Jahre 1914, auf der den kleinen Steff die gewaltigen Massen des düsteren Römertors (»en Rommerombomm!«) ebenso beeindruckt haben wie Dom, Domstein und Domplatz – ein verwirrender Tummelplatz von Heiden und Christen, von Teufeln und Heiligen, von bösen Römern und ehrwürdigen Bischöfen. Zurückgestaffelt am rechten Bildrand blickt schließlich der alte Dichter Stefan Andres zurück auf sein Leben und Werk – und auf den Betrachter, von der Terrasse seines Hauses nahe beim Petersdom.

Die bäuerliche Welt, die katholische Welt, die antike und humanistische Welt der alten Römerstadt Trier wie die Welt Italiens haben als »Formkräfte seines Schaffens« Andres' Dichterleben bestimmt. Damit verknüpft war immer auch die Spannung zwischen Enge und Weite, Nähe und Ferne, Tradition und Fortschritt. Schon in seinen Kindheitstagen hat Andres leidenschaftlich gern die kleine Wald- und Wiesenwelt des Dhrontals entgrenzt: nicht nur in Träumen, sondern auch auf Wanderungen und Kutschfahrten und in Gesprächen mit fremden Besuchern im Mühltal. Da leckt er förmlich die »weite Welt«, da treibt ihn die Sehnsucht aus dem engen Tal.

Auch im Moseldorf Schweich, wohin die Familie 1910 zog, mit seinem Häusergewirr, den vielen Menschen und der großen Kirche, den vielen Schlupfwinkeln und Überraschungen treibt es den kleinen Steff schon bald zu Entdeckungsreisen über die engere Nachbarschaft hinaus. Erst recht lockt den achtjährigen Steff Trier mit seinem unermesslichen Reichtum an Denkmälern und Geheimnissen. Und auch mit dem Kanonendonner und den Kriegserzählungen von der Westfront, den riesigen Silberzeppelinen, dem großen Autokorso des Kaisers und den Trappistenmissionaren streift und entgrenzt immer wieder die bewegte große Welt die eher stille, kleine Welt im beschaulichen Moselwinkel.

Der kleine Steff aus dem Dhrontal, ursprünglich für ein geistliches Amt vorgesehen, hat es schließlich zum berühmten christlichen Dichter gebracht: nach Anfangserfolgen in den dreißiger Jahren (*El Greco malt den Großinquisitor*, 1936; *Wir sind Utopia*, 1943) vor allem in den fünfziger Jahren mit Romanen und Novellen, die immer wieder Schuld und Sühne oder diktatorische Gewalt und künstlerische Freiheit thematisieren und weit über die moselländische Heimat hinausführen. Dort galt er manchen schon früh als Außenseiter, als nichtsnutziger Träumer oder gar als »Lügensteff«, wenn er einmal hinter dichterischer Freiheit unbequeme Dorfwirklichkeiten und Dorfwahrheiten allzu deutlich aufleuchten ließ. Andere wiederum schätzten und schätzen ihn als moselländischen »Heimatdichter« so sehr, dass sie darüber die Komplexität seines Gesamtwerks unzulässig verkürzten und verkürzen.

Dass Stefan Andres auch heute noch Leser findet und im Gespräch bleibt, dafür sorgt seit 1979 die Stefan-Andres-Gesellschaft mit Sitz in Schweich, wo im Niederprümer Hof ein Stefan-Andres-Archiv und eine Stefan-Andres-Ausstellung zur Beschäftigung mit Leben und Werk einladen. Nicht zu vergessen der historische Weinkeller, in dem man Stefan Andres als besonderen Liebhaber und Kenner des Weins würdigen kann. Am Schweicher Elternhaus des Dichters in der Bahnhofstraße 5, ehemals Wilzgasse, kündet eine Gedenktafel:

»In diesem Haus verbrachte der Dichter Stefan Andres Kindheit und Jugend, wie in seinem Roman ›Der Knabe im Brunnen‹ nachzulesen ist. Er schrieb 50 Werke, in denen er seine Heimat nicht vergaß. Er ruht in Rom. * 26. 6. 1906, + 29. 6. 1970«

Anlässlich der Stadtwerdung 1984 haben die Schweicher Ratsherren sogar einen Stefan-Andres-Förderpreis ausgelobt für Autoren deutscher Sprache, deren literarisches Werk in der christlich-humanistischen Tradition wurzelt. 1985 schließlich richtete die Stefan-Andres-Gesellschaft einen Stefan-Andres-Wanderweg ein und legte dazu 1988 einen zuverlässigen literarischen Begleiter mit präzisem Kartenwerk vor: eine Ganztagstour über 20 Kilometer an der Mosel entlang – und zugleich eine anregende Lesereise in ein literarisches Werk, das wieder einmal neu zu entdecken wäre.

Josef Zierden

Literaturempfehlungen

Stefan Andres über das Moselland:

Die unsichtbare Mauer. Roman, Jena 1934; *Moselländische Novellen,* Leipzig 1937; *Die Hochzeit der Feinde,* Zürich 1947; *Der Knabe im Brunnen. Roman,* München 1953; *Novellen und Erzählungen,* München 1962; *Main Nahe (zu) Rhein-Ahrisches Saar-Pfalz-Mosel-Lahnisches Weinpilgerbuch,* Neuwied 1951

Über Stefan Andres:

Hermann Erschens: *Literarische Schauplätze an der Mosel*, Husum 1990 (zu: *Der Knabe im Brunnen, Die Hochzeit der Feinde, Der Abbruch ins Dunkle*)

Herbert Pies / Hermann Erschens: *Der Stefan-Andres-Wanderweg. Ein literarischer Begleiter*, Schweich 1988

Artikel »Stefan Andres«, in: *Kindlers Neues Literatur Lexikon*, München 1988ff, Bd.1 (zu den Werken: *El Greco malt den Großinquisitor, Der Knabe im Brunnen, Wir sind Utopia*)

Christoph F. Lorenz: Artikel »Andres, Stefan«, in: *Kritisches Lexikon zur deutschsprachigen Gegenwartsliteratur*, Bd. 1

Durchs Moseltal nach Buchenwald
Auf den Spuren von Jean-Paul Sartre und Jorge Semprun

Der Petrisberg über der Moselstadt Trier: buntes Gebäudegewirr und verschlängelte Fußpfade rund um die Universität, um das ehemalige französische Militärhospital und um alte Kasernengebäude. Bewegtes akademisches Leben überall – heute. Vor mehr als einem halben Jahrhundert stand hier ein primitives Barackenlager für ausländische Kriegsgefangene, Schauplatz von Willkür und Gewalt deutscher Bewacher. Prominentester Gefangener war in Trier in den Jahren 1940/41 der weltberühmte französische Schriftsteller und Philosoph Jean-Paul Sartre (1905-1980).

Schauplatzwechsel: Hauptbahnhof Trier, zu Füßen des Petrisbergs, schmucklos wiedererstanden nach der Zerstörung im Zweiten Weltkrieg. Hier machte im Winter 1943 der Spanier Jorge Semprun zwangsweise Station, der seit den sechziger Jahren als Schriftsteller weltweit berühmt geworden ist. Damals war er, 18jährig mit 119 Widerstandskämpfern eingepfercht in einem einzigen Güterwaggon. Im französischen Exil Mitglied der Résistance geworden, beseelt vom marxistischen Traum einer klassenlosen Gesellschaft. Schicksalhaft erscheint ihm der Zwischenstopp ausgerechnet in der Stadt, in der Karl Marx geboren wurde. Ebenso ein Schlüsselerlebnis gerade auf dem Trierer Hauptbahnhof und die prägenden Eindrücke im winterlichen Moseltal, einer Landschaftsidylle, die für Momente das Fahrtziel der Deportierten vergessen lässt: das Todeslager Buchenwald.

»Wie ein Wintergemälde von Brueghel«
Jorge Sempruns Waggonfahrt durch das Moseltal

18 Jahre alt war der spanische Kommunist Jorge Semprun, als ihn die Gestapo 1943 in Frankreich verhaftete und vom Lager Compiègne in das KZ Buchenwald deportierte. Eine Winterreise ins Verderben, mit 119 anderen Widerstandskämpfern eingepfercht in einem verriegelten Güterwaggon. Stehend im Halbdunkel, ineinandergekeilt, immer in der Angst, erdrückt zu werden oder zu ersticken. Persönliche Erlebnisse, die Sempruns Buch *Die große Reise* (1963) keimhaft zugrundeliegen. Ein »Roman« ist es, und damit mehr als ein persönliches Erinnerungsbuch. Der Roman setzt ein mit dem vierten Tag der Fahrt. Durch das Moseltal rollt der Zug, zuweilen sichtbar in der stacheldrahtverhangenen Waggonöffnung. Streit und Gezänk der Waggoninsassen, Todesschreie alter Menschen, vor allem aber Gespräche des Erzählers mit dem Nebenmann, einem 16jährigen Jungen aus Semur, ausschweifende Gedanken und Erinnerungen und immer wieder spärliche Blicke in die Landschaft prägen die raue Fahrt. Als »Tor zur Verbannung«, als »Weg ohne Wiederkehr« empfindet Gérard, der Ich-Erzähler, das Moseltal. Aber auch als Ort unvergleichlichen Lebensgenusses gerade angesichts tödlicher Bedrohung:

> »Aber nun ist hier das Moseltal. Ich schließe die Augen und genieße das Dunkel, das sich in mir auftut, genieße die Gewißheit des Moseltals draußen im Schnee. Diese blendende Gewißheit im einförmigen Grau, in den hohen Tannen, den schmucken Dörfern, den stillen Rauchfahnen am Winterhimmel. Ich bemühe mich, die Augen möglichst lange geschlossen zu halten. Der Zug fährt sanft dahin, mit eintönig knirschenden Achsen. Plötzlich pfeift er. Das muß die Winterlandschaft zerrissen haben, wie es mein Herz zerreißt. Schnell öffne ich die Augen, um die Landschaft zu überraschen, sie zu überfallen. Aber da ist sie. Ganz einfach da, etwas anderes kennt sie nicht. Und wenn ich jetzt stürbe, aufrecht in dem mit künftigen Leichen vollgestopften Wagen stürbe, sie wäre trotzdem da. Vor meinen erloschenen Augen läge das Moseltal, gewaltig schön wie ein Wintergemälde von Brueghel. (...) Ich schließe die Augen, öffne sie. Mein Leben ist nur noch dieser Wimpernschlag, der mir das Moseltal enthüllt. Alles Leben ist aus mir entwichen und schwebt über dem winterlichen Tal, ist selber nichts anderes mehr als das sanfte, anheimelnde Tal in der winterlichen Kälte. (...)
> Nie habe ich noch einmal die gleiche Dichte des Augenblicks erlebt, diese gelassene, unbändige Freude des Moseltals, diesen Menschenstolz angesichts der menschlichen Natur.«

Augen schließen, Augen öffnen: erst im Blick auf die Wirklichkeit der Mosellandschaft, im Kontrast zur inneren Versenkung, erfährt sich der Ich-Erzähler als wirklich. Wie er auch wieder Menschlichkeit verspürt im Angesicht einer von Menschen über Jahrhunderte gestalteten Landschaft. Doch der Blick auf abendliche Spaziergänger in den Moseldörfern macht auch schmerzlich die Diskrepanz zwischen dem Gefangensein im Waggon und dem freien Leben in der Landschaft bewusst – und nimmt spätere Leidenserfahrungen im Lager Buchenwald vorweg. Wenn an sonnigen Frühlingstagen Väter, Frauen und Kinder an Wachttürmen und elektrischem Stacheldraht vorbeispazieren und vergnügt wieder nach Hause zurückkehren. Gespräche über Wein und Winzer der Mosel, der junge Mitfahrer nutzt sie vor allem zur Abrechnung mit den Deutschen und zur Aufwertung der eigenen Nation. Der Ich-Erzähler weiß von den Moselwinzern vor allem aus den Schriften von Karl Marx. Ausgerechnet in dessen Geburtsort, am Hauptbahnhof in Trier, erfährt der Erzähler beispielhaft die Naziverblendung eines ganzen Volkes, als ein kaum 10jähriger Junge die Gefangenen mit Steinen bewirft und unflätig beschimpft. Er wird ihm zum Inbegriff einer »entmenschten und irregeführten Gesellschaft«. Die Fahrt durch das Moseltal mit dem Wechsel zwischen innerer und äußerer Betrachtung bleibt dem Erzähler dennoch positiv in Erinnerung:

> »Zum Glück war das Zwischenspiel mit der Mosel gekommen, diese sanfte, dämmrige, zärtliche, schneebedeckte, brennende Gewißheit der Mosel. Dort erst hatte ich wieder zu mir selber gefunden, war wieder zu dem geworden, was ich bin (...). Nie habe ich noch einmal die gleiche Dichte dieses Augenblicks erlebt, diese gelassene, unbändige Freude des Moseltals, diesen Menschenstolz angesichts der menschlichen Natur.«

Schreiben und Philosophieren in barbarischer Zeit
Sartre als Kriegsgefangener in Trier

Vor mehr als fünfzig Jahren auf dem Petrisberg über Trier: Da hausten Tausende von Menschen in Holzbaracken, eingepfercht hinter Stacheldraht, dem Hunger, der Kälte und dem Ungeziefer ebenso ausgesetzt wie der Willkür und Gewalt der deutschen Bewacher: Flamen, Wallonen und Elsässer ebenso wie Tschechen und Polen. »Stalag 12 D«: ein deutsches »Stammlager« für Kriegsgefangene während des Zweiten Weltkriegs, im Wehrkreis 12 gelegen.

Sartre kam Anfang Juli 1940 als Kriegsgefangener hierher. Im März 1941 gelang ihm mit gefälschten Papieren die vorzeitige Entlassung. Der französische Geistliche und Mitgefangene Marius Perrin hatte Sartre ein Attest besorgt, das Schielen mit Richtungsstörungen bescheinigte und damit Arbeitsunfähigkeit.

1939 war Sartre, damals Gymnasiallehrer für Philosophie, zum Kriegsdienst einberufen worden. Seine Hoffnungen auf eine rasche Niederringung Hitlers hatte der Zusammenbruch des französischen Verteidigungssystems nach dem Einmarsch der deutschen Truppen am 10. Mai 1940 zunichte gemacht. Im Juni 1940 geriet Sartre bei Padoux in Lothringen in Kriegsgefangenschaft und von dort nach Trier.

Auf Sartres Zeit in Trier hat Ende 1980, nur wenige Monate nach Sartres Tod, der ehemalige Mitgefangene Marius Perrin verstärkt aufmerksam gemacht: mit einem Augenzeugenbericht, der Gerüchten entgegentrat, Sartre habe seine Entlassung der Kollaboration mit den Deutschen zu verdanken gehabt. Perrins Buch belegte aber noch mehr: die Wichtigkeit dieses Zeitraums für die Entstehung des literarischen wie philosophischen und politischen Lebenswerks Sartres. Denn im Gefangenenlager Trier beendete Sartre seinen ersten Roman *Die Zeit der Reife*, und dort konzipierte er sein philosophisches Hauptwerk *Das Sein und das Nichts*, das 1943 erschien.

Und in Trier schrieb er sein erstes Theaterstück *Bariona oder Der Sohn des Donners*. Von Sartre selbst einstudiert, mit Sartre in der Rolle einer der Heiligen Drei Könige (Mohr Balthasar), erlebte dieses Spiel bei der Lagerweihnachtsfeier 1940 in Trier seine Uraufführung. Seither konnte es niemals wieder aufgeführt werden. Auch ein Versuch des Stadttheaters Trier 1997 scheiterte am Veto der Lizenzinhaber. Immerhin liegt es seit 1970 gedruckt vor, seit 1983 auch in deutscher Übersetzung. Zeitkritik in historischem Gewand, die Sartresche Freiheitsphilosophie mit christlicher Verkündigung verknüpft und erstaunlicherweise die Lagerzensur passieren konnte. Immerhin geht es um ein unterdrücktes Volk in einem besetzten Land, um Widerstand und Auflehnung gegen die Römer in Judäa zur Zeit von Christi Geburt.

Sartres Zeit im Gefangenenlager Trier hat aber noch weitere Spuren in seinem literarischen Werk hinterlassen: im Romanzyklus *Die Wege der Freiheit* in Band 3 *Der Pfahl im Fleische* und in Band 4 *Die letzte Chance*. Nicht zuletzt auch im Anhang zu Band 3, in *Mathieus Tagebuch*, nach Sartres Tod 1982 erstmals veröffentlicht. Dort notiert der Philosophielehrer Mathieu seine Erfahrungen im Gefangenenlager Trier, denkt nach über Formen der Abwehr und Verweigerung wie über Gewalt, Macht und Strafe. In Momenten intensiver Reflexion und Analyse vergisst er über der inneren Freiheit sogar die äußere Unfreiheit zwischen Stacheldraht und Wachmannschaften:

> »Frei zwischen dem Stacheldraht, den man kaum wahrnimmt, zu klug, um mich von seinen Dornen zerfetzen zu lassen, habe ich nicht einmal die Erfahrung meiner Knechtschaft. (...) Ich bleibe immer zwei Meter von der Einzäunung entfernt: zwei Meter von der Einzäunung entfernt ist man frei; man denkt, man unterscheidet, man analysiert.« (*Mathieus Tagebuch*, S.349)

Die geographische Höhenlage des Lagers, an das die Stadt im Tal nur mit gelegentlichen Geräuschen heranreicht, nährt zusätzlich das Gefühl moralischer Überlegenheit, wie die Kommunikation mit der einsamen, wilden Hochebene auf der anderen Seite des Tals das Gefühl grenzenloser Einsamkeit und Freiheit inmitten realer Massenxistenz und Gefangenschaft erweckt.

Jost Krügers Schauspiel *Der Wetterbeoachtungssoldat*, eine Auftragsarbeit des Stadttheaters Trier, brachte Sartres Kriegsgefangenschaft in Trier 1997 erstmals auf die Bühne. In 18 Kurzszenen konzentriert es sich auf den Zeitraum zwischen Weihnachten und Silvester 1940/41, vor allem auf die Zeit nach der Aufführung des Theaterstücks *Bariona*. Das Stück stellt neben Sartre die Mithäftlinge in den Mittelpunkt: den Geistlichen Perrin und den jungen Kommunisten und Stalinanhänger Lacoeur. Ferner den Stellvertretenden Lagerkommandanten Arndt und den Gestapo-Hauptkommissar Gell. Motor der Handlung sind die Nachforschungen und Verhöre Gells. Sein Hauptinteresse gilt dem antideutschen Propagandagehalt des Sartreschen Weihnachtsspiels und den möglichen Folgen. Dagegen entfalten Sartre, Perrin und Lacoeur in ihren Unterhaltungen über Anpassung und Widerstand, über Freiheit und Unfreiheit, Macht und Moral eine Welt gedanklicher Vielfalt und Freiheit in der Enge der Gefangenschaft in totalitärer Zeit. So wird Krügers Stück zu einer Parabel über die Macht des Philosophierens und Schreibens in barbarischer Zeit.

Josef Zierden

Literaturempfehlungen

Jean-Paul Sartre: *Wege der Freiheit*, Bd. 3: *Der Pfahl im Fleische. Roman*, Reinbek 1988 (französische Erstausgabe 1949, deutsche Erstausgabe 1951). Im Anhang: *Mathieus Tagebuch*, Reinbek 1988 (französische Erstausgabe unter dem Titel *Journal de Mathieu* 1982)

Marius Perrin: *Mit Sartre im deutschen Kriegsgefangenenlager*, Reinbek 1983 (französische Originalfassung 1980)

Jost Krüger: »*Der Wetterbeoachtungssoldat. Jean-Paul Sartre als Gefangener im Stalag 12 D in Trier*«, Uraufführung 1997, Stadttheater Trier

Jorge Semprun: *Die große Reise*, Frankfurt am Main 1994 (Franz. Erstausgabe 1963)

Über Jean-Paul Sartre und Trier:

Josef Zierden: »*Frei sein zwischen Stacheldraht. Sartre im Gefangenenlager Trier 1940/41*«, in: *Unterwegs. Rheinland-pfälzisches Jahrbuch für Literatur 4.* Herausgegeben von Sigfrid Gauch, Gabriele Weingartner und Josef Zierden. Frankfurt am Main 1997, S. 191-202 (mit Textauszügen aus dem Theaterstück und weiterführenden Literaturangaben)

Über Jorge Semprun:
Traugott König / Michi Strausfeld: Artikel »Jorge Semprun«, in: *Kritisches Lexikon zur fremdsprachigen Gegenwartsliteratur,* Bd. 8
Artikel »Jorge Semprun«, in: *Kindlers Neues Literatur Lexikon,* Bd. 15, München 1988 ff

---

Saarlandschaft mit Pocahontas
Arno Schmidts Nachkriegsjahre in Kastel/Saar

3. Dezember 1951, ein Montag. Ein Auto windet sich langsam durch die Dorfstraße von Kastel, nahe der Kreisstadt Saarburg bei Trier. Ein Dorf, das rund 500 Einwohner zählt, einen Edeka-Laden, zwei Gasthäuser und eine kleine Schule. Vor dem Haus des Ortsvorstehers steigen zwei Menschen aus, während das Auto weiterfährt: Alice und Arno Schmidt, freier Schriftsteller seit fünf Jahren, sind, aus dem rheinhessischen Gau-Bickelheim kommend, in der neuen Saarheimat eingetroffen.

1914 wurde Arno Schmidt in Hamburg geboren, wuchs in ärmlichen Verhältnissen auf, an der Elbe wie später in der schlesischen Heimat seiner Mutter. 1937 heiratete er Alice Murawski, eine Bekannte aus einer schlesischen Berufskleiderfabrik. Die Erzählungen *Leviathan* (1949) und *Brand's Haide* (1951) waren erst unlängst veröffentlicht worden: literarische Erinnerungen an die Flucht aus Schlesien, an die Kriegsgefangenschaft und an die Versuche, ein neues Leben aufzubauen. Keine Verkaufserfolge, die zeitraubende Brotarbeiten für Zeitungen und Zeitschriften überflüssig gemacht hätten. Doch literarische Achtungserfolge, die 1951 sogar mit dem Großen Literaturpreis der Akademie der Wissenschaften und Literatur in Mainz gewürdigt wurden.

»Alice im Hinterland, Arno Schmidt in Rheinland-Pfalz«, wird der in Saarburg geborene Schriftsteller Albert Pütz Jahrzehnte später die Ankunft des »heimatvertriebenen« Arno Schmidt an der Saar kalauernd bilanzieren, die Ankunft eines avantgardistischen und tabubrechenden Schriftstellers im hintersten Winkel der katholischen Provinz. In einem Dorf, in dem niemand etwas mit einem Schriftsteller anzufangen wusste, geschweige denn mit Literatur. In dem als Kultur vor allem galten: Gesangverein, Kirchenchor, Heimatkalender und Volksbildungswerk. In dem nicht zuletzt unter den Ackerbauern einzig Schwielen an den Händen und das Schwarze unter den Nägeln zählten. Ob der Ortsvorsteher wohl wusste, wer an jenem Dezembertag vor ihm stand? Als Flüchtling, der Obdach suchte. Dann hätte er gewiss nicht das Kasteler Pfarrhaus als Domizil vorgeschlagen. Arno Schmidt lehnte dankend ab, sicher voller Schrecken an Priester und Weihrauch denkend.

Schmidtsches Quartier wurde das benachbarte Haus in der Hauptstraße 63 (heute Kirchstraße 18): ein stattliches Bauernhaus mit einem großen Misthaufen davor, an der Seite ein alter Nussbaum. Zwei Bauernstuben bezog das Ehepaar, im Erdgeschoss, rechts und links des Hausflurs, zur Dorfstraße hin gelegen. Eine asketisch karge Wohn- und Arbeitswelt hinter schmalen, gardinenlosen Sprossenfenstern. »Ziemlich möbelleer«, wie Arno Schmidt einmal schrieb, »aber ich kann zur Not den Schreibmaschinenkoffer als Kopfkissen nehmen und mich mit der Stubentür zudecken.« Mitbewohner im Haus waren eine Katze und ein lärmfreudiger Rabe. Auch von einem Tandem weiß man, mit dem die beiden Schmidts gelegentlich durchs Dorf radelten. Und von äußerst ärmlichen Lebensverhältnissen, die vor allem durch Care-Pakete der Schmidt-Schwester Luzie Kiesler aus den USA und durch Lebensmittelzuwendungen der Vermieter, der Familie Neises, gemildert wurden. Weniger von Verlagszusagen, die bei allem postalischen Versandeifer eher ausblieben. Scheu lebten die Schmidts im Dorf. Arbeiteten schreibmaschinenlärmend bis tief in die Nacht hinein, während andere längst schliefen. Gingen am hellichten Tag spazieren, während andere arbeiteten. Mieden den Kirchgang. Hatten keine Kinder. Häufiger sozialer Treffpunkt: die Poststelle, alltägliches Schmidtsches Launenbarometer je nach verlegerischen Ab- oder Zusagen.

»Da ist es sehr einsam, hinten an der Saar«

Außenseiter und Einsiedler waren die Schmidts in Kastel, nahe der Einsiedlerklause hoch über der Saar. In Buntsandstein gehauen, vereint mit der Ruhestätte für den blinden König Johann von Böhmen, dem Königsgrab an der Saar.

> »Da ist es sehr einsam, hinten an der Saar. Schluchten mit senkrechten Wänden aus triassischem Buntsandstein; haushohe Felskerle sperren den Weg, in rostroter Buschklepperrüstung, den riesigen Wackelstein als Schädel; (›da kommen Berge, auf denen sollen Leute wohnen mit Ziegenfüßen; und, wenn man hinüber ist, welche, die schlafen sechs Monate lang‹ – ich habe solche Stellen bei Herodot immer gerne gelesen. (Mein erstes Epos, ›Sataspes‹.)) In das schläfrige Dörfchen, in dem ich damals wohnte, war ich eben von einem Waldgang zurückgekommen; die üblichen unsichtbaren Spinneweben hatten knisternd mein bißchen Stirn überklebt, im Weiterkrümmen durch Gebüsch und Hartwuchs. Oben, zu beiden Seiten der

Chaussee, stürmten die Weiden heran, Säbelbüschel über den Wirrköpfen; Wind duckte hierhin und dorthin; das Wetter schien umzuschlagen. Dann saß ich erschöpft und zufrieden in meiner einen Stube; ziemlich möbelleer, aber ich kann zur Not den Schreibmaschinenkoffer als Kopfkissen nehmen, und mich mit der Stubentür zudecken. Außerdem denkt man besser bei wenig Geräten: mein Ideal wäre ein leeres Zimmer ohne Tür; zwei nackte Fenster, ohne Vorhänge, in deren jedem das magere Kreuz renkt – unschätzbar bei Himmelsorten wie morgens um vier; oder abends, wenn dürre rote Schlangenzungen der Sonne nachzischeln, (schon bogen sich meine Finger dementsprechend).«

So heißt es in der Erzählung »Schlüsseltausch« aus jenen Tagen an der Saar, die Geschichte einer leidenschaftlichen Sammlerin von Wohnungsschlüsseln Prominenter, von Dwight D. Eisenhower bis Greta Garbo.

Literaturskandal und Flucht

Brisanter und anstößiger war da schon der Inhalt des Prosastücks »Seelandschaft mit Pocahontas«, das Arno Schmidt 1955 in der Literaturzeitschrift *Texte und Zeichen* von Alfred Andersch veröffentlichte. Der Inhalt: eine Reise von Serrig an der Saar nach Norddeutschland. Der Zustieg einer Nonne in Trier bietet Anlass zu kirchen- und bibelkritischen Anmerkungen:

»Die Saar hatte sich mit einem langen Nebelbaldachin geschmückt; Kinder badeten schreiend in den Buhnen, gegenüber Serrig (›Halbe Stunde Zollaufenthalt!‹) dräute eine Sächsische Schweiz. / Trier: Männer rannten neben galoppierenden Koffern; Augenblasen argwöhnten in alle Fenster: bei mir stieg eine Nonne mit ihren Ausflugsmädchen ein, von irgendeinem heiligen Weekend. Gestalten mit wächsernem queren Jesusblick, Kreuze wippten durcheinander, der suwaweiße Gürtelstrick (mit mehreren Knoten: ob das ne Art Dienstgradabzeichen iss?). / die Bibel: iss für mich n' unordentliches Buch mit 50.000 Textvarianten. Alt und buntscheckig genug, Liebeslyrik, Anekdoten, das ist der Ana, der in der Wüste die warmen Quellen fand, politische Rezeptur; und natürlich ewig merkwürdig durch den Einfluß, den es dank geschickter skrupelloser Propaganda und vor allem durch gemeinsten äußerlichen Zwang, compelle intrare, gehabt hat. Der ›Herr‹, ohne dessen Willen kein Sperling vom Dach fällt oder 10 Millionen im KZ vergast werden: das müßte schon 'ne merkwürdige Type sein – wenn's ihn jetzt gäbe!«

Eine Erzählung mit Folgen, empörte sie doch einige Buchhändler im Rheinland und auch etliche Rezensenten. Deren Urteil: »halb erotoman, halb christenfeindlich«. Eine Anzeige wegen Gotteslästerung und Pornographie ließ nicht lange auf sich warten – beim Generalstaatsanwalt zu Berlin. Ebenso eine Vorladung vor Gericht: am 22. August 1955 zum Amtsgericht Saarburg, wenige Wochen später vor das zuständige Gericht in Trier. Da waren die Schmidts schon längst fluchtartig von Kastel nach Darmstadt verzogen (am 24. September 1955). Aus verfahrenstechnischen Gründen übernahm den Fall das Oberlandesgericht Stuttgart, das sich von einem Gutachten Hermann Kasacks, des damaligen Präsidenten der Deutschen Akademie für Sprache und Dichtung, vom Kunstcharakter der Erzählung überzeugen ließ.»Ein ernst zu nehmendes Sprachkunstwerk. Arno Schmidt gehört in seiner sprachrevolutionären Art zu den interessantesten Erscheinungen unserer Nachkriegsliteratur. Ich halte es durchaus für möglich, daß später einmal die Literaturgeschichte die Prosadichtungen von Arno Schmidt zu den notwendigen Sprachexperimenten unserer Zeit zählen könnte«, urteilte Kasack weitsichtig. Am 26. Juli 1957 wurde das Verfahren schließlich eingestellt. Arno Schmidt war froh, der »hochkatholischen Trierer Gegend« entronnen zu sein:»Das Verfahren gegen mich als Schmutz- und Schundautor ist inzwischen nun doch eingestellt worden. Es hat sich gelohnt, daß ich mich vom Heil'gen Rock zu Trier weit absetzte (was ja auch Anlaß und Zweck meines Umzugs nach hier war)«, schrieb er im Oktober 1956 in einem Brief.

Arno Schmidt zog weiter von Darmstadt nach Bargfeld in der Lüneburger Heide. Hier schrieb er, abgeschirmt von der Welt, in den kommenden drei Jahrzehnten seine epochemachenden Werke, darunter die Romane *Kaff auch Mare Crisium* (1960), *Zettels Traum* (1970) und *Abend mit Goldrand* (1975). Als er am 3. Juni 1979 in Celle im Alter von 65 Jahren starb, würdigte ihn Literaturnobelpreisträger Heinrich Böll als »den ersten in der Bundesrepublik verfolgten Schriftsteller«. Und dachte dabei an »Pocahontas« und die Folgen in den fünfziger Jahren unserer Republik.

Josef Zierden

Literaturempfehlungen

Arno Schmidt: »Schlüsseltausch«, in: *Trommler beim Zaren*, Frankfurt am Main 1964; *Seelandschaft mit Pocahontas*, Frankfurt am Main 1955

Über Arno Schmidt:

»Arno Schmidt in Kastel«, in: Hermann Erschens: *Literarische Schauplätze an der Mosel*, Husum 1990, S. 152-160

»Arno Schmidt wittert Weihrauch. Pocahontas in der Umlaufbahn«, in: Albert Pütz: *Störverdacht*, Blieskastel 1996, S. 45-55

Weinland Moselland
Von Winzerlust und Winzernot in Romanen und Liedern

Von Ausonius bis Zuckmayer, von Rudolf Binding bis Kurt Tucholsky: für die poetischen Moselgäste aller Zeiten ist das Moselland zuallererst Weinland gewesen. »Die Reben an den der Sonne zugewandten Hängen geben dem Land etwas Südliches Mediterranes. Die Mosel ist Wein«, bilanzieren Rudolf Bauer und Romulus Candea im Nachwort ihrer besinnlichen Moselimpressionen *Zwischen Trier und Koblenz*. »Von Deutschlands ältestem Weinfluss« spricht Stefan Andres in seinem hymnischen *Weinpilgerbuch*. Bevor auf den Moselhügeln um die römischen Villen herum die ersten Weinberge angelegt worden seien, habe man an der Mosel bereits den Weingenuss geschätzt. Welcher Gott auch diesem Land die Rebe anvertraut habe: noch vor den Römern seien die Kelten als trinkfeste Weinzecher gerühmt worden. Die Waffen so mancher Wettkämpfer hätten aus Weinhumpen bestanden. Wie Rasende, so heißt es in einem zeitgenössischen Brief an den Papst, tränken die Kelten auf ihre Gesundheit. Glücklich müsse sich preisen, wer in einem solchen Gelage mit dem Leben davonkomme. Bei Ausonius schließlich, dem ersten Künder der Mosel, verwandelt sich das steile Moseltal in einen rebenumpflanzten Freiluft-Theaterraum, mit endlos aufsteigenden Rebenreihen als grünende Sitzreihen. Flink huschen Winzer bald am Gipfel, bald am Abhang, während Nymphen heimlich an den Trauben naschen. Schiffer in gleitenden Kähnen rufen säumigen Winzern Schmähworte zu.

Da ist es ein arger Zeitsprung ins 20. Jahrhundert, als Kurt Tucholsky im Saufbähnchen moselabwärts dem Moselwein in geradezu keltischem Übermaß zusprach, von Trier bis Bullay und weiter bis zum Deutschen Eck:

»Wir soffen uns langsam den Fluß hinab, wir fuhren mit dem Saufbähnchen von Trier nach Bulley hinunter, und auf jeder dritten Station stiegen wir aus und sahen nach, wie es mit dem Weine wäre. Es war. Wenn wir das festgestellt hatten, stiegen wir wieder ein: Der Zug führte einen Waggon mit, der sah innen aus wie ein Salonwagen, von hier aus hätte man ganz bequem Krieg führen können, so mit einem Telefon auf dem Tisch, mit dicken Zigarren und: ›Seiner Majestät ist soeben der Sturmangriff gemeldet worden.‹ Wir führten aber keinen Krieg, sondern drückten auf die Kellnerin, und dann erschien ein Klingelknopf, oder umgekehrt, und dann konnte man auf dem langen Tisch einen naturreinen Mosel trinken und dabei Würfel spielen. Und es entstanden in diesen Bahnstunden die Spiele: Lottchen dick / Spix ist stolz / und: / Georgine, die ordentliche Blume/ sowie: / Karlchen und die Rehlein – / das letztere Spiel zur Erinnerung an Karlchen seine Liebesabenteuer im freien, frischen, frommen Walde, wo ihm einmal die kleinen Rehlein zugesehen hatten. Ich verlor auf das Grauenerregendste und mußte immer bezahlen. Aber so ist alles. Bernkastel, Traben-Trarbach, Bulley... dann aber setzten wir uns in einen seriösen Zug und fuhren nach Kolbenz. (Diese Aussprache wurde adoptiert, falls Jakopp ein künstliches Gebiß hätte: es spricht sich leichter aus.) In Koblenz tranken wir der Geographie halber einen Rheinwein, und der konnte Papa und Mama sagen, wir aber nicht mehr.«

Eine weinfrohe Zugfahrt in der Moseltalbahn, die Jahrzehnte später in Walter Henkels Moselbuch *Moselfahrt ohne Liebeskummer* nachklingt, mit Anspielungen auf Bindings Novelle *Moselfahrt aus Liebeskummer:* »Bindings ›Zigeunerin‹ und das ›kleine Scheusal‹ sind uns nicht begegnet. Aber wir saßen dem Manne aus der Binding-Novelle ›Moselfahrt aus Liebeskummer‹ gegenüber, ›der in die Westentasche greift und sanft und zärtlich einen Weinpfropfen aus der Tasche nimmt, um ihn verzückt an die Nase zu führen und ein Weilchen fromm daran zu riechen.« In die wehmütig-duftenden Erinnerungen mögen miteingeflossen sein berauschte Erinnerungen an Weinlieder auf rebumlaubten Moselterrassen. Im holprigen Reim singen sie von »Sommerglut »und »Rebenblut«, von »Düfteparadies« und »Reben-blühn so mystisch süß«, von »Lebenselixier« und »Pfropfenzieh'r«.

Freilich: über Lieder, Reiseskizzen, Weinpilgerbücher und Landschafts-hymnen hinaus haben sich auch moderne Versepen, Romanzen und Ro-mane des Themas Moselwein angenommen, von verklärenden Idyllen bis hin zu milieutreuen Elendsschilderungen.

Weinselige Moselmärchen: Joseph Lauffs Trilogie »Brixiade«

Es muss eine legendäre Tafelrunde gewesen sein, einst in Cochem-Cond, in der Gastwirtschaft »Zur Goldenen Traube«. Die Honoratioren der Stadt, zwei Amtsgerichtsräte, ein Medikus, ein Jurist, ein Redakteur, der Wirt und schließlich der Poet: sie alle trafen sich im moselanischen Weinparadies. Eine Männerrunde, trinkfest, gesangsstark und erzählfreudig. Jauchzend vor feierabendlicher Lebenslust im Funkelschein des Moselglases, beglänzt vom Schein des Mondes, der träumerisch unverhüllten Moselnixen nachsinniert... In sommerlicher Rebenlaube sinntäuschenden Moselmärchen hingegeben: wenn nach vielen Flaschen edlen Moselweins bauchige Weinflaschen anfangen, lebendig zu werden und sich zu drallen Moseldirnen zu formen.

Eine sinnenfreudige Vermählung von Wein, Weib und Gesang, an die in unseren Tagen noch in Cochem-Cond das Hotel »Brixiade« erinnert, als Hotel »Zur Traube« einst Schauplatz der illustren Stammtischrunde. Im Schaukasten und in der Brixiadenstube des Hotels erinnern Buchausgaben,

Manuskripte, Briefe und Zeichnungen daran, dass die illustre Zecherrunde von einst gleich dreifach literarisch verklärt worden ist: in einer Trilogie von Wein- und Moselmärchen, die der Erfolgsschriftsteller Joseph Lauff 1915, 1918 und 1920 veröffentlicht hat: *Die Brixiade, Die Martinsgans* und *Die Sauhatz*. Eine dreiteilige *Brixiade*, benannt nach dem Besitzer des Hotels »Zur Traube«, Hermann Joseph Brixius – weinbelebendes Element der Tafelrunde. Der »Poet« der Runde, der Autor Joseph Lauff, verbrachte seit 1902 etliche Moselsommer auf Haus Krein bei Cochem (»Der Dichter dort im Laubgeschwirre / Erscheint mir lorbeerkranzumweht / Und ist doch, wenn ich mich nicht irre, / Ein mittelmäßiger Poet«, charakterisiert er sich selber in der ersten *Brixiade*).

Lauff starb auf seinem Sommersitz bei Cochem am 20. August 1933. In Kalkar am Niederrhein, wo er am 16. November 1855 geboren wurde, liegt er in einer Ehrengruft begraben. Lauff war seit 1877 beim kaiserlichen Militär, seit 1898 Dramaturg des königlichen Theaters Wiesbaden und danach freier Schriftsteller. Kaiser Wilhelm II. schätzte ihn als bedeutendsten deutschen Bühnendichter, renommierte Theaterkritiker wie Karl Kraus verspotteten ihn hingegen als trivialen kaiserlichen Hofdramatiker. Gerade das fröhliche Moselepos *Brixiade* aber ist bis heute einer breiteren Leserschaft bekannt. Statt nach Kapiteln ist es konsequenterweise nach »Flaschen« gegliedert, umrahmt von »Auftakt« und »Ausklang«. Weinseliger Frohsinn prägt die unterhaltsamen Verse, die sich ihres eingeschränkten dichterischen Anspruchs und ihrer Zeitgebundenheit bewusst sind:

> »Die schöngereimte Brixiade
> Will plätschern wie ein Fisch im Teich;
> Will Freude suchen, Freude werben –
> und wenn dahin das muntre Spiel,
> Dann soll sie wie ein Falter sterben,
> Der taumelnd zwischen Blumen fiel«,

singt der Poet in der »Zehnten Flasche«, um sich gleich wieder der weinseligen Minne der Phantasie hinzugeben. Im alkoholberauschten Vexierspiel der Sinne scheint ein üppig-blondes Mädchen von Ürzig kichernd in die Tafelrunde zu springen, Inbegriff von Leben und Sonne, von Liebe und Glück. So entgrenzt sich die Männerrunde phantasievoll weit nach Mitternacht, in der gefühlvollen Zweisamkeit der Träume und der Herzen. Immer auch abgeschirmt von einer Realität, die von den Wirren des Ersten Weltkriegs und den Krisen der Weimarer Republik geprägt war. Im nächtlichen Kreisen der perlenden Moselbecher kann man für Momente vergessen, was das Vorwort immerhin als düsteren Zeithintergrund anklingen lässt:

»Noch sind vom roten Gefieder
Des Krieges die Länder umloht,
Und du, mein Lied, ziehst wieder
Ins blutige Morgenrot.
Doch lächelt vom ewigen Himmel
Die Sonne mit goldigem Strahl
Und reitet auf lichtem Schimmel
Der Friede ins Moseltal.«

Mit Saufbähnchen und Nachen im Weinparadies

Einen *Roman um Mosel und Rhein* nennt der Unterhaltungsschriftsteller
Josef Maria Frank sein Buch *Herbstliche Romanze*. 1954 ist es erschienen,
gleich in mehreren Auflagen. Gewidmet ist der Roman der Stadt der
»Schwarzen Katz«, der Stadt Zell an der Mosel. Hier ist die Hauptstation der
weinseligen Moselfahrer des Romans: von Dr. Matthias »Thyss« Stein, welt-
gereister Geschäftsmann auf melancholischer Spurensuche nach seinen heimatlichen Wurzeln, und seinen Reisebegleitern, der Tochter einer verflosse-
nen Liebe, Renate »Renée«, und Pfarrer Lauterborn. Mit dem Auto (bis
Trier), mit dem gemütlichen »Saufbähnchen« (bis Bernkastel) und schließlich
mit einem beschaulichen Nachen (bis Zell) taucht man auf dieser
»Wiedersehensfahrt« immer mehr in die Mosellandschaft ein.

> »Weil eine Moselfahrt mit so einem Kilometerfresser keine Moselfahrt is'! Weil
> Sie da nur an der Mosel vorbeifahren, wie in 'nem Expreß! Weil Sie da durch
> ein Fenster und nur die Hälft' sehn und nix von der Mosel wissen, wenn Sie
> se hinter sich han. Mir wollen et gemütlich machen, wie in der alden Zeit. Mir
> fahren – met dem Saufbähnchen. Met dem ›Flaschen-Zug‹«,

rät Pfarrer Lauterborn dem Doktor Stein vom Auto ab, um den Bummelzug
der Moseltalbahn zu empfehlen, der in gemächlichem Tempo Trier mit Bullay
verbindet – über Bernkastel, Traben-Trarbach und Zell. In Bernkastel
schließlich überrascht Pfarrer Lauterborn die Reisenden mit einem schau-
kelnden Nachen:

> »Ja, ich han mir gedacht, et wär' eigentlich schön, wenn mir die Tour nach Zell
> met dem Bötchen machten. Dat euch dat Spaß machen würd'! Eine schöne
> Tour! An Graach vorbei, Wehlen, Zeltingen, Uerzig, Erden, Kinheim, Cröv,
> Traben-Trarbach – da legen mir die Mittagspaus' ein. Dann Enkirch, Reil,
> Pünderich, unner der Marienburg vorbei – ja, on' dann wären mir in Zell, wo
> se uns im alten Kurfürstlichen Schlößchen schon erwarten. Mir schaffen dat
> schön, dat Bötchen hat eine Außenbordmaschin', aber eilig han mir et nit. Wie
> han ich dat arrangiert, ihr Trabanten?«

Zum Reiseproviant gehört vom Start weg ein Henkelkorb voller Weinflaschen, Garant für beschwingte und stimmungsvolle Moselromantik. Jedem Moselörtchen will mit einem Gläschen Wein zugeprostet sein, so sehr, dass die Moselfahrt bald schon wie eine erlesene Reise durch die Welt des Moselweins anmutet. Ruwer, Longuich, Trittenheim, Neumagen und Dhron, Niederemmel-Piesport, Wintrich, Brauneberg, Mülheim – die Moselörtchen bis Bernkastel geben schimmernd und leuchtend, süß und säuerlich, leicht und kräftig, firnig und edel und immer wieder spritzig perlend mit kleinem Schäumchen ihre Visitenkarte ab. Mit einem 49er »Avelsbacher Vogelsang«, einem 47er »Longuicher Probstberg«, einem 49er »Laurentiusberg«, einem 48er »Neumagener Rosengärtchen«, einem 47er »Dhroner Sängerei«, einem 47er »Piesporter Goldtröpfchen«, einem 48er »Ohligsberg«, einem 47er »Hasenläufer« und schließlich einem 49er »Himmelsleiter«. Weinselig prostet man sich durchs Moseltal, mit munterem Geplauder rund um Weingüter, Winzer, Lagen, mit geschichtlichen Verzällchen und immer neuen reizvollen Landschaftsimpressionen. Ein eindrucksvoller Beleg für den Hausspruch der Bernkasteler Doktorstube: »Vinum Mosellanum est omni tempore sanum!« Oder mit dem Sargfabrikanten Hännes gesprochen, einem Reisebegleiter, der in Bernkastel in den Nachen steigt:

»Stemmt! De Muselwein es allzeit gesond! Wer den drenkt, mäßig ond in Grenzen versteht sich, zwei Fläschchen em Dag, auf den kann sein Sarg lang warten. Dä es god gegen alles. Gallenstein', Blasenleiden, Gicht, Typhus, Leber- und Magenleiden ond Herzzuständ'. Sogar gegen de Kinderlosigkeit. Drenkt Muselwein, dat nötzt on' frommt, probatum est, dat Kindche kommt!«

Für Doktor Stein jedenfalls bewahrheitet sich diese flammende Werberede. Bei Reiseantritt noch schwer krank, hat sich an ihm am Ende der paradiesischen Moselfahrt ein medizinisches Wunder vollzogen: »Sie dürfen sich rühmen, verehrter Herr, ein medizinisches Wunder zu sein – oder meinem Hamburger Kollegen muß eine Verwechslung der Röntgenfilme unterlaufen sein. Da letzteres so gut wie ausgeschlossen ist, muß also ersteres zutreffen«, eröffnet ihm ein Medizinprofessor in Frankfurt. Thyss und Renate jedenfalls, auf der Moselfahrt zu einem Liebespaar geworden, sind überzeugt, dass neben der Liebe auch die angewandte Weinmedizin der Moseltour den Heilungsprozess beschleunigt hat. Pfarrer Lauterbach stimmt dem zu in einer weinfrohen Schlusssentenz:

»Jo! Wein, und wenn man ihn nit säuft ond stattdessen in Maßen trinkt, ond – Liebe, wenn se hinfällt, wo se dem Herrgott wohlgefällig is, sein doch de beste Medizin auf der Erd'! Ond wenn die Doktoren auch der Schlag trifft!«

Winzernot und Winzeraufstand an der Mosel
Clara Viebigs Roman *Die goldenen Berge*

Die zwanziger Jahre des letzten Jahrhunderts. Es gärt an der Mosel, und nicht nur in den Weinkellern. Die Krisen der jungen deutschen Republik nach dem Ersten Weltkrieg belasten auch die Moselwinzer: Besatzung, Inflation und die Separatistenbewegung im Rheinland. Dazu sinkende Nachfrage nach Wein, fallende Preise und Erlöse, steigende Steuerschulden, Strafgebühren und Zwangsvollstreckungen: »Kein Geld, kein Brot.« Hunger und Armut, Wut und Verzweiflung machen sich breit und werfen düstere Schatten über die ehedem »goldenen Berge an goldenem Fluss«. Erst recht, als die sonst so friedlichen Wassermassen der Mosel nach heftigen Regenfällen wild aufgewühlt durch die Täler donnern. Unheilvolle Fluten, entfesseltes Hochwasser: »Wenn sie auch im Sommer ein Lamm war, das geduldig und sanft unter Blumen spielt, jetzt war sie Löwin. Eine Löwin, graugelb, die wütend daherjagt, mit zornigen Pranken um sich greift, an sich reißt, was ihr in den Weg kommt, und es auffrißt«, heißt es bilderreich in dem Roman *Die goldenen Berge* (1927) von Clara Viebig. Ein Roman von den Sorgen und Nöten der Moselwinzer in den frühen zwanziger Jahren. Ein düsteres Gemälde von Winzernot und Winzerverzweiflung an der Mosel, gipfelnd im Winzeraufstand in Bernkastel im Februar 1926.

»Die Not war so groß im Weinbergsland, wie sie noch niemals gewesen war. Überall Demonstrationen. An der Mosel fanden sie statt; überall taten sich Menschen zusammen, die angesichts ihres Untergangs Besinnung, Überlegung, Einsicht, Geduld und – Hoffnung verloren hatten. Aus war's, auf was sollte man denn noch hoffen? ›Auf Gott‹, sprach der Geistliche. O was, Gott ist immer mit den stärksten Bataillonen, das hatte man ja im Kriege gelernt – nein, auch auf Gott hoffte man jetzt nicht mehr. Nicht nur die Menschen hatten ihr Gesicht verändert, auch die Landschaft. Diese wunderbar liebliche, sich allen Sinnen einschmeichelnde Landschaft war herb und streng. Jede Heiterkeit fortgewischt. Die Sonne schien frühlingshaft golden schon, aber die goldenen Berge blickten trauernd, langsam schlich die Mosel dahin, es war so, als ob sie weinte. Nicht einmal zur Zeit des Hochwassers, als die Sonne nicht schien, graue Wasserdünste sich mit grauen Wolken vereinten und alles im Nebel verfloß, war es so voller Melancholie hier gewesen. Die gleiche

Stimmung lag über dem Moseltal wie auf dem Totenacker, darin man Geliebtes begraben hat
und mit fröstelndem Schauer eigenen Todes gewiß wird.«

Der Winzer Simon Bremm und
Kaspar Dreis, zwei Hauptgestal-
ten des Romans aus den Moselorten »Porten« und »Munden«
(das sind Bremm und Neef nahe
der »Kreisstadt« Zell), fahren mit
der Moseltalbahn nach Bernkastel. Menschenmassen von der
ganzen Mittelmosel winden sich
schon an den Weinbergen vorbei,
auch zu Fuß und auf Rädern.
Sammeln sich hinter der schwarzen Winzerfahne, strömen in
schwarzer Trauerschar über die
Brücke von Cues in Richtung
Marktplatz, Landratsamt, Finanzamt. »Nieder mit dem Finanzamt!« und »Raus mit den Blutsau-
gern!« skandiert immer erregter
die Menge. Wut, Wirrwarr und
Empörung steigern sich:

Clara Viebig, Die goldenen Berge,
Taschenbuchausgabe, Moewig Verlag,
Rastatt 1988

»Das waren keine friedlichen Winzer mehr, keine Männer, die nicht einer
Fliege etwas zuleid taten, das waren Verrückte, Tolle, die gereizt waren wie
Stiere durch ein rotes Tuch. Sie benahmen sich sinnlos – Unglückliche, vom
Verstand völlig Verlassene. Alles war bald durcheinandergeworfen und über-
einander: Tische, Pulte, Stühle. Fenster, Spiegel und Bilder zertrümmert, die
Aktenschränke erbrochen, Akten, Steuerveranlagungen, Hypothekenpfand-
briefe, Mahnzettel – alles verfluchte Papier, auf dem es steht, was man dem
Winzer abnehmen will, wie man es macht, um ihn an den Bettelstab zu bringen, nein, an den man ihn schon gebracht hat – Papiere, Papiere, vermale-
deites Geschmiere, steckt es an, laßt es brennen! Das ganze Amt mit!«

Das Finanzamt als »Tollhaus« – doch auf Aufruhr und Empörung, auf anfängliche Verhaftungen und neuerlichen Massensturm gegen das Landratsamt
von Bernkastel folgt schließlich ein friedliches Happy End. Vergessen ist die

kummervolle Winzerklage, dass die Mosel, anders als der Rhein, immer schon »unserem Herrgott sein Stiefkind« gewesen sei. Statt Klagen, Protesten und Resolutionen erfüllen jetzt Lieder das Moseltal, einem hoffnungsvollen Frühling entgegen:

»Im weiten deutschen Lande
zieht mancher Strom dahin,
von allen, die ich kannte,
blieb einer mir im Sinn:
O Moselland, o selig Land,
ihr goldenen Berge, o Fluß im Tal,
ich grüß euch von Herzen viel tausendmal!

Sie sangen es mit Begeisterung; das ganze Lied. Und dann setzte sich Kolonne auf Kolonne in Marsch: ›ich hatt' einen Kameraden, / einen bessern findst du nit.‹ Gesänge zogen die Mosel entlang, Lieder, als ob alle froh wären – und alle satt. Die aus dem Cröver Reich, die Winzer von Wintrich und Filzen, von Dusemond, Mühlheim und Andel, die so glücklich, Ackerland zu besitzen, nicht nur Weinberge, hatten sich zusammengetan: Am Tage nach Bernkastel waren schon hundert Zentner Kartoffeln beisammen. Die wurden verteilt. Aus dem Grau und der Not des Winters heraus wird der Frühling geboren, und der rührte sich jetzt überall. In den Weinbergen tränten die Reben, sie schlugen ihre Augen auf und zeigten, daß Leben in ihnen war. Und neues Leben schlug auch in Dorf und Stadt seine Augen auf: Hoffnungen, Versprechungen für die Zukunft. Es würde jetzt wieder besser werden, denn die Weinsteuer, die Weinsteuer war ja gefallen. Und die im vergangenen Jahr gewährten und schon gekündigten Kredite wurden dem Weinbauer weiter belassen, und neue Kredite noch zu den alten gegeben. Berlin merkte auf. Und das Finanzamt auch: Steuerstundungen, Nachlaß der Reichssteuer für die Winzer. (...) So hoffte man. Und nun nur viel Sonne, viel Sonne des Himmels, daß das neue Leben, die neue Hoffnung, die sich gezeigt hatte, auch weiter gedeihen konnte! Und die Sonne schien, so hell, so freudig, als schiene sie einem glorreichen Sieg.«

**Winzeralltag heute – realistisch
Roman und Fernsehserie »Moselbrück«**

Noch heute ist man in Ürzig stolz auf »Moselbrück«. Denn der malerische, uralte Weinort an der Mittelmosel war Drehort dieser erfolgreichen Fernsehserie mit der Schauspielerin Hanna Hielscher in der Hauptrolle als Winzerin Hanna Zerfass. Einige Jahre ist es her, doch heute noch kann man auf den Spuren der realitätsnahen Geschichten aus dem Winzeralltag wandeln – das Pauschalangebot »›Moselbrück‹-Programm in 7 Tagen« macht es möglich. Ürziger Winzer und die Gastronomie haben es zusammengestellt: mit Weinprobe samt Kellerführung und einer Flasche Wein inclusive, mit Panorama-Weinbergswanderung und Ausflügen nach Trier und Bernkastel, per Bus und per Schiff. Weitere Schauplätze der Romanhandlung, neben »Moselbrück«: Bernkastel, »das Rothenburg an der Mosel«, und Cochem, »die Metropole der Mittelmosel«. Grundlage der Fernsehserie ist der Roman *Moselbrück* des Schriftstellergespanns Hans Georg Thiemt und Hans Dieter Schreeb, zwei der produktivsten und erfolgreichsten Autoren des deutschen Fernsehens.

Hanna Zerfass ist die Hauptperson von Serie und Roman. Eine Frau, die nach dem plötzlichen Tod ihres Mannes Roland allein dasteht mit der Verantwortung für das verschuldete traditionsreiche Weingut. Eine Frau, die um den Erhalt des Gutes kämpft, nicht zuletzt gegen die Mobbingintrigen und Spekulationen ihres Schwagers Ludwig. Hart ist die Arbeit im Weinberg noch im Zeitalter modernster Technik:

> »Der Alltag ist für die Winzer seltsam archiasch. Sie ziehen Rebe für Rebe, wie das ihre Vorfahren getan haben. Siebzehn Mal im Jahr gehen sie um jeden Rebstock, wie sie das nennen, schneiden und binden und lesen, in immer gleicher Weise. So haben sie auf den großen Besitzungen der Klöster gearbeitet, als die und die geistlichen Fürsten noch die Herren des Landes waren, so haben sie auf ihren kleinen Parzellen gerackert, auf Stücken, die in immer neuen Erbteilungen auf Größen geschrumpft waren, kaum länger und breiter als ein Sarg. Ihre Keller sind dunkel wie Höhlen und die eichenen Fässer uralt.«

Freilich: Tagesschau, Aktenzeichen XY und *Bild-Zeitung* gehören zum Winzeralltag an der Mosel. Ebenso die Lektüre der neuesten EG-Verordnungen im *Trierischen Volksfreund* oder in der *Winzer-Zeitung*. Und ein Grundzug von Fatalismus und Skepsis, ob sich an der Lage der Winzer nachhaltig etwas ändern wird.

> »Es ist Mißtrauen und Unvermögen und unglückliche Erbschaft, daß sie zu kleine Stücke Rebfläche haben, an Hängen, so steil wie nirgends sonst auf der Welt. Daß die Wege zu schmal und zu ausgefahren, daß die Maschinen alt und ausgelaugt sind. Sie haben von allem zu wenig: Zu wenig Land, zu wenig Sonne, zu wenig Geld. Es reicht nicht aus, die neuesten Geräte zu kaufen (sie sind auch zu groß und zu unwirtschaftlich für die kleinen Mengen, die anfallen), und notgedrungen bleibt man bei den alten Methoden von Anbau und Ausbau und Verkauf. Ungefähr die Hälfte der Winzer ist in einer Genossenschaft. Aber auch die mindert die Sorgen nur, verteilt die Not gerechter. Die andere Hälfte schlägt sich durch, grapscht nach jedem

Fremden, der vorbeikommt, versucht die Zufallskunden zu Dauerkunden zu machen. Die Weinpanschereien, der billigste Weg aus der Misere, gehören zum Leben. Der hilfreiche Zucker bringt Geschmack und Alkohol und macht aus einem ärmlichen Tröpfchen eines kleinen Jahrgangs einen milden und lieblichen Wein. (Im Erfinden geschmacklicher Adjektive haben sich ganze Generationen von Weinpoeten verdient gemacht.) Eine Weile geht es gut, und niemand wundert sich, daß auch in den verregnetsten Sommern noch Spätlesen heranreifen. Dann, wegen Neid oder ehrpusseligen Eifers eines Kontrolleurs, bricht wieder ein Weinskandal aus. (...) eines Tages ist glücklich alles vergessen. Die Welt hat andere Sorgen. Nur die Arbeit im Weinberg bleibt, harte, risikoreiche Arbeit und ein zu geringer Ertrag und ein mit der Erde verwachsener, altmodischer, geerbter Stolz, Moselwinzer zu sein.«

Für Hanna heißt es, dem Weingut Brückenhof in Moselbrück neue Märkte zu erschließen, etwa in Amerika. Werbekonzeptionen und Werbekampagnen zu entwickeln. Geld in die Kasse zu bringen und Schulden abzutragen. Im Büro ist sie ebenso gefragt wie im Wingert, etwa bei der herbstlichen Lese. Und verliert bei aller Härte des Alltags nicht den Blick für die Schönheit der Mosellandschaft:

»Die Lese ist oft beschrieben worden. Für jemanden, der am Wegrand sitzt und ihr zusieht, ist sie reine Romantik. Für den, der die Trauben abschneidet und sie in Kiepen zu den Bütten schleppt, ist sie pure Fron. Doch, und das muß man zugeben, romantische Fron. Da ist das Licht des Herbstes, die Farben der Stöcke; wie viele Schattierungen von rot allein, ziegelrot und fuchsrot, rot wie Mohn und Möhren und Fleisch, mahagonirot, rot von Burgunder, rot von Bordeaux. Es ist Oktober. Die Sonne dringt nicht oft bis ins Tal, läßt nur die Trauben an den hochgelegenen Hängen glühen und die Blätter leuchten, sie sind fest und wie aus Wachs. Wie man die Perkel in die Hand nimmt, sind sie schwer und erinnern mit ihrem Tau und Perlenschimmer an Goldschmiedearbeit. Man glaubt, Reichtum in der Hand zu halten und Leben. Irgend etwas Besonderes muß die Arbeit umgeben. Dieses Besondere, nicht der Lohn, bewegt die Leute, hier mitzumachen. Und nicht nur ganz junge Leute pflücken, auch alte. Es ist erstaunlich, wieviel Kraft sie noch haben. Denn das wird gefordert: Kraft und Ausdauer. In Rheinhessen, auch in Baden fahren Erntemaschinen über weitgestreckte Felder, saugen die Trauben ab, halten die Preise konkurrenzfähig und töten die Tradition. An der Mosel freut man sich, wenn irgendwo eine Winde oder ein Aufzug die Arbeit erleichtert.«

Hanna Zerfass schafft es: das Weingut selbst zu leiten und die Familie zusammenzuhalten. Und sie bleibt neugierig auf Neues, bereit, irgendwo anders wieder von vorne zu beginnen: »Was sie hier machte, Wein anpreisen und Kunden besänftigen und auf die nächste Arbeit warten, das kannte sie. Die nächste Wiederholung und die darauffolgende ersehnte sie nicht. Sie wußte nicht, was sie erwartete. Sie wußte nicht, ob sie es finden konnte. Aber war das ein Grund, es nicht zu suchen?« heißt es am offenen Schluss des realistischen Winzerromans *Moselbrück*.

Josef Zierden

Literaturempfehlungen

Stefan Andres: *Main Nahe (zu) Rhein-Ahrisches Saar-Pfalz-Mosel-Lahnisches Weinpilgerbuch*, Neuwied 1951

Rudolf Bauer / Romulus Candea: *Zwischen Trier und Koblenz. Besinnliche Tage an der Mosel*, Düsseldorf 1988

Josef Maria Frank: *Herbstliche Romanze. Ein Roman um Mosel und Rhein*, Berlin 1954

Walter Henkels: *Bacchus muß nicht Trauer tragen. Moselfahrt ohne Liebeskummer*, Düsseldorf / Wien 1973

Joseph von Lauff: *Die Brixiade. Ein komisches Mondschein-, Wein- und Moselmärchen*, Berlin 1915; *Die Martinsgans. Der Brixiade zweiter Teil. Ein komisches Gänse-, Wein- und Moselmärchen*, Berlin 1918; *Die Sauhatz. Der Brixiade dritter und letzter Teil. Ein komisches Sau-, Wein- und Moselmärchen*, Berlin 1920

Hans Georg Thiemt / Hans Dieter Schreeb: *Moselbrück. Roman*, Frankfurt am Main / Berlin 1987

Clara Viebig: *Die goldenen Berge*, Rastatt 1988 (Erstausgabe 1927)

Tatort Mosel – voll im Trend
Regio-Krimis zu Trier und dem Moselland

Vielfältig ist Deutschlands Krimilandschaft. Boomten parallel zur TV-Serie »Tatort« (ab 1970) zunächst die Großstadtkrimis, in Berlin, Frankfurt am Main, Hamburg, Köln oder München angesiedelt, so folgte später die Entdeckung ganzer Landstriche als »Krimilandschaften«. Dem Eifelkrimi, 1989 von Jacques Berndorf kreiert, folgte seit Mitte der neunziger Jahre der Moselkrimi, angesiedelt im Moselland, mit Trier als Zentrum, doch immer wieder ausgreifend moselabwärts bis Wittlich, Bernkastel, Trarbach und Koblenz, und in die Vulkaneifel und in die Südeifel hinein. Moselaufwärts Grenzen überschreitend bis Luxemburg und Frankreich.

Porta Panica von »Carlos Caldera« machte 1996 den Auftakt. Ein »Mosel-krimi« mehr dem Untertitel nach als im strengen Gattungssinne. Um einen Aufstand der Tiere im Jahre 1999 geht es da in der Bischofs- und Universitätsstadt »Opportunika« (d. i. Trier), nur kurz nach der Oberbürger-meisterwahl. George Orwells »Animal Farm« an der Mosel. Ein wahres Schlaraffenland, in dem Arbeit und Geld verboten sind und in dem Wein und Bier in Strömen fließen. Ein Aufstand des Animalischen, dem erst der zum Tyrannosaurus Rex mutierte Oberbürgermeister Hans Damp vor Triers Porta ein Ende bereitet: die tierischen Besatzer werden in die Flucht geschlagen. Ein Krimiauftakt, der die Leserschaft spaltete, der aber den Trierer Autor Karl-Josef Prüm (*1955 in Lieser / Mosel) zu Fortsetzungen ermutigte, auch unter dem Pseudonym »Carl von Lieser«. In den Moselkrimis *Schwarzer Septem-ber*, *Vorsicht Rotlicht* und *Sekten, Sekt und Selters* griff er dabei überwiegend auf wahre Begebenheiten zurück. So auf den Tod des angolanischen Staatsbürgers Daniel Massivi Lopes in einem Trierer Gefängnis im Oktober 1993 oder auf den »Trierer Rotlichtskandal« mit dem mysteriösen Mord an einer farbigen Prostituierten, der bundesweit für Schlagzeilen sorgte. Ein Hobbyjournalist, im Hauptberuf Gymnasiallehrer, und seine farbige Freundin Naomi Beilstein ermitteln und bewegen sich dabei vor allem in der Trierer Szene: vom Eroscenter über die Szenekneipe »Havanna« bis zum Kulturzentrum »Tuchfabrik« mit der Kneipe »Textorium«.

Im Trier der Nachkriegszeit spielt der Krimi *Der Untermieter* von Albert Reinig (*1950 in Trier). Ella und Johann Schores, ein älteres Ehepaar, holen sich einen Untermieter ins Haus, der sich als rücksichtsloser Ganove aus der Ostzone entpuppt. Mit ständigen Drohungen und Erpressungen macht er dem Ehepaar das Leben zur Hölle, bis es im Mord die einzige Rettung sieht. Mit der Erwähnung authentischer Firmen, Stadtteile, Straßennamen und urtrierischer »Vieztempel« in Paulin und Tarforst und moselspezifischer Speisen und Getränke fließt viel Lokalkolorit in den Roman ein.

Nicht weniger in den Romanen *Akte Mosel* und *Soko Mosel* des Verlegers Michael Weyand alias »Mischa Martini«, die sich vom Start weg als Markt-führer unter den Trier-Krimis etabliert haben. Da geht es im Debütroman um die Jagd nach einem Kinderschänder und um Goldmünzen aus der Römerzeit, im Folgeroman um die Erpressung eines Tabakkonzerns mit mysteriösen Drohungen und vergifteten Zigaretten. »Trierer Lokalkolorit pur« dank akribischer Recherchen vor Ort.

Der historische Kriminalroman *Von Trier zur Hölle* von Eberhard Kunkel (*1931) führt in die Jahre 1791 bis 1793. Der Spätlesereiter Karl und sein Freund Pater Anselm müssen von Gensingen an der Nahe in die alte römi-sche Kaiserstadt Trier reisen, um einen heimtückischen Mord aufklären zu können. Mit einer ungewöhnlichen Weinprobe und Dantes *Göttliche Komödie* gelingt es, die Wahrheit ans Licht zu bringen. *Von Trier zur Hölle* ist der sechste Band der Krimi-Reihe um Karl, den comicbekannten Spätlesereiter aus dem Rheingau, allesamt angesiedelt im ausgehenden 18. Jahrhundert.

Den erfolgreichsten historischen Kriminalroman zu Trier, auflagenstark bundesweit, schrieb Helga Glaesener (*1955) aus Aurich / Ostfriesland. Die schöne und geschäftstüchtige Marcella Bonifaz ist »Die Safranhändlerin« im Trier des 14. Jahrhunderts. Mit dem Handel mit Schönheitsmitteln, Parfüm und Farben ist sie schon längst erfolgreich in einer Männerdomäne in einer ohnehin männerdominierten Stadt. Im Jahre 1327 aber wird ihr Handelszug mit wertvollem toskanischem Safran überfallen. Auftakt zu einer gefährlichen Suche nach den Raubmördern und dem gestohlenen Gewürzgold. Sie führt u.a. in das Kloster Himmerod und auf die Burg der Gräfin Sponheim, die mit dem Erzbischof von Trier in Fehde liegt... Eine spannende Reise in das späte Mittelalter, in der Fernkaufleute die Wirtschaftswelt revolutionieren und die Demokratisierung der mittelalterlichen Ständegesellschaft entscheidend vorantreiben.

Der Boom der Trier- und Moselkrimis seit Mitte der neuziger Jahre bescherte sogar einem frühen Vorreiter des Genres eine Neuauflage: dem archäologischen Kriminalroman *Der dritte Arm von rechts* (1988) des promovierten Gymnasiallehrers, Hobbyarchäologen und stadtbekannten Touristenführers Hans-Joachim Kann. Der amerikanische Germanistikstudent Mike Horridge klärt darin einen 450 Jahre zurückliegenden Mord auf, nachdem auf einer Großbaustelle auf dem Viehmarkt ein Schädel gefunden worden ist.

Vergangenheit wie Gegenwart, sie werden die Krimizunft im Moselland noch reichlich nähren.

Josef Zierden

Literaturempfehlungen

Helga Glaesener: *Die Safranhändlerin. Roman*, München 1997

Hans-Joachim Kann: *Der dritte Arm von rechts*, Trier 1988; Neuauflage Trier 1998

Eberhard Kunkel: *Von Trier bis zur Hölle. Ein historischer Roman*, Walluf 2000 (= Krimi Karl Roman)

Mischa Martini: *Akte Mosel*, Trier o.J. (1999); *Soko Mosel*, Trier o.J. (2000)

Carlos Caldera (= Karl-Josef Prüm): *Porta Panica. Ein tierischer Moselkrimi*. Trier 1996; *Schwarzer September. Der zweite Moselkrimi*, Trier 1998

Carl von Lieser (= Karl-Josef Prüm): *Vorsicht Rotlicht! Kriminalroman*, Briedel / Mosel 1999 (= RMV-Regio-Romane); *Sekten, Sekt und Selters. Ein Moselkrimi*, Trier 1999; *Die Affäre D. Ein Trierer Moselkrimi*, Trier 2000

Albert Reinig: *Der Untermieter. Ein Roman aus Trier*, Briedel / Mosel 1999 (= RMV-Regio-Romane)

»Die Zierde des Stroms, Trier...«
Literarische Streifzüge durch Deutschlands älteste Stadt

Wer sich der ältesten Stadt Deutschlands nähert, der Moselmetropole Trier, der steigt auf die Höhe der Berge oder hinab in die Tiefe der Zeit. Der sucht aus luftiger Höhe den räumlichen Überblick oder spürt in den Tiefen der Jahrhunderte nach Fundamenten und Zeitschichten, nach Dauer und Wandel. So Matthäus Merian, der schweizerische Kupferstecher (1593-1650), berühmter Schöpfer Tausender von Stadtansichten und Karten: »So hoch über Trier aber, wie Merian gesessen haben muss, als er die Stadt in Kupfer stach, kann niemand sitzen, außer dem lieben Gott im Himmel. Und Gott muß wohl Merian in seinem Schoß gehalten haben, als dieser seinen Stichel handhabte«, schreibt der saarländische Schriftsteller Ludwig Harig 1983 in seinen *Trierer Spaziergängen*. Mit Merian sieht Harig die Stadt behaglich ruhend zwischen Apollinisberg und Martisberg, sieht Häuser und Kirchen umschlungen von einer roten Sandsteinmauer, mit einem römischen Stadttor im Süden (Porta Alba) und einem römischen Stadttor im Norden (Porta Nigra). Im Gedicht »Panorama« in ihren lyrischen Landschafts-impressionen *Trierische Erde* (1974) läßt die Trierer Schriftstellerin Maria Schröder-Schiffhauer den Blick von der Höhe schweifen »zum Relief des Tales«, zum »Horizont der Türme« und »dem Netz der Straßen«. Von der Höhe des Raumes zur Tiefe der Zeit. Den »geschichtshaltigsten Fleck deutscher Erde« nennt Werner Picht die Stadt Trier im *Merian*-Heft von 1949. Sein Fazit wenige Jahre nach dem Zweiten Weltkrieg:

> »Trier ist eine Stadt der Geschichte. In keiner anderen deutschen Stadt ist große Geschichte seit der Vorzeit in ununterbrochener Folge wie hier zu Stein geworden und umwittert noch heute das Gemäuer der Vergangenheit. Eine Wanderung durch Trier wird also notwendig zur Wanderung durch die Zeiten, zu dem Versuch, die Rede der Steine zu vernehmen und zu deuten. – Eine Stadt der Vergangenheit? Eine Stadt, die uns lehrt, uns inmitten der Vergänglichkeit zu behaupten, die unser Dasein von innen und außen zu überspülen droht.«

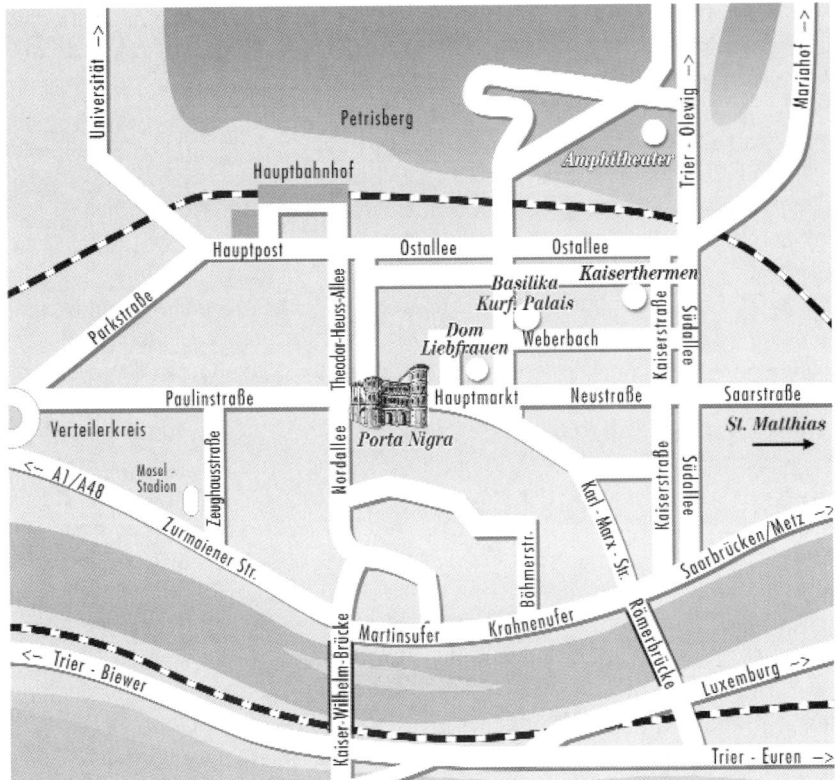

Weltstadt und »Nest im Winkel«

»Hauptstadt des sinkenden Römerreichs, dann eine mittelalterliche Pfaffenstadt ersten Rangs mit Säulenheiligen, kriegerischen Bischöfen, verlogenenen Geschichtsurkunden, großen Dombauten«: ein wenig abschätzig rafft der Erzähler und Lyriker Viktor von Scheffel (1826-1886) in einem Brief an Anton von Werner 1868 Trierer Geschichte von der römischen Antike an. 30 Jahre zuvor hat Karl Simrock (1802-1876), der Volkskundler und Dichter, vom Schiff aus der Moselstadt ihre große Vergangenheit in Erinnerung gerufen: »Fahr wohl, Augusta Trevirorum, zweite Stadt des Weltreichs, reichste, beglückteste, ruhmwürdigste, ausgezeichnetste, größte aller Städte diesseits der Alpen!« Hundert Jahre später zeigte sich Rudolf G. Binding (1867-1938) begeistert vom Übereinander dreier Kulturen: »Die älteste Stadt Deutschlands – Das heißt viel. Drei Kulturen lagern hier übereinander – alle in Trümmer. Keltentum, Römertum, christliches Germanentum folgen einander

in der Zerstörung. Keine Stadt der Welt hat solche Zeugnisse auf dem gleichen engen Grunde.« (*Moselfahrt aus Liebeskummer*, 1932). Für den
Schriftsteller Wolfgang Weyrauch (1904-1980) amalgamiert sich in Trier »die
deutsche Gravidität mit der westeuropäischen Grazie«. »Eine blühende, reiche Stadt«, »Zierde des Stroms«, »alt und mächtig«, »höchstberühmt«, »die
vornehmste Stadt Galliens«, »Stadt der Städte«, »Das zweite Rom«, »kein
ältere statt«, »ältester Bischofssitz auf deutscher Erde«: durch alle Zeiten
hindurch, von der Antike über das Mittelalter bis in die Neuzeit hinein wird
Trier gerühmt und gepriesen – von römischen Schriftstellern wie Pomponius
Mela (30-40 n. Chr.) oder Ausonius (371 n. Chr.), von mittelalterlichen Schriftstellern, Liedersammlungen und Erzählsammlungen wie Godefried von
Viterbo (um 1150), »Carmina Burana« (12. Jh.) oder »Gesta Treverorum«
(12. Jh.), und von neuzeitlichen Schriftstellern und Malern wie Sebastian
Münster (1548), Karl Friedrich Schinkel (1826) oder Stefan Andres (1949).

Freilich: wo so viel historischer Glanz die Zeiten überstrahlt und so viel
Ruhmespathos erklingt, ist zuweilen auch respektlose Häme über die
Gegenwart nicht weit. Vom »kleinsten, erbärmlichsten Nest voll von Klatsch
und lächerlicher Lokalvergötterung«, spricht höhnisch der junge Karl Marx
(1818-1883). Vom »Pfaffennest« schreiben Friedrich Christian Laukhard
(1757-1822) und Johann Wolfgang von Goethe (1749-1832), von einer
»Weltstadt im Winkel« und dem »größten Dorf der Eifel« Matthias
Schrecklinger in *Merian* (1952). »Es ist schwer, nicht trunken zu werden von
der Größe der Vergangenheit. Trier heute – ein Kaff?« grübelt Michael
Freitag 1988 in seinem Essay »Die Stadt der Kaiser: Trier«. »Trier ist ein
Nest, aber eins mit Nesseln ausgekleidet«, sieht es Ludwig Harig in seinen
Trierer Spaziergängen (1983).

»En Rommerombomm« oder »Porta niagara«

Die Porta Nigra, das durch die Zeiten geschwärzte römische Stadttor aus
dem letzten Viertel des 2. Jahrhunderts n. Chr., ist Triers Wahrzeichen
schlechthin. »Oh, en Biest! En Massik! En Rommerombomm!« ruft der kleine Stefan Andres, um Worte ringend, aus, als er im Alter von acht Jahren
zum ersten Mal vor dem übermächtigen schwarzen Bau steht. »Groß«,
»schwer«, »mächtig«, ein »schwarzes Ungeheuer«: beklemmend bis zur
Sprachlosigkeit mutet dem kleinen Jungen vom Land die Porta Nigra an. Wie
»düstere Augen« erscheinen ihm die »schmalen, hohen Fensterhöhlen«,
beängstigend »regungslos und gleichgültig«. Nach dem wiederholten Ausruf
»Ja, en Rommerombomm!« schaut er vorsichtig auf, als hätte er die Porta
»aus ihrer uralten Ruhe« gereizt und zum wütenden Nachlaufen provoziert.
»Ihr, Mutter, wenn die Porta Nigra jetzt Bein hätt –.« Von dieser

Kindheitsbegegnung in Trier hat Stefan Andres in seinem autobiographischen Roman *Der Knabe im Brunnen* (1953) erzählt. Nicht weniger berühmt ist das Gedicht »Porta nigra« von Stefan George (1868-1933), Lyriker, in Bingen geboren.

»Daß ich zu eurer zeit erwachen mußte
Der ich die pracht der Treverstadt gekannt
Da sie den ruhm der schwester Roma teilte,
Da Auge glühend groß die züge traf
Der klirrenden legionen, in der rennbahn
Die blonden Franken die mit löwen stritten,
Die tuben vor pälasten und den Gott
Augustus purpurn auf dem goldnen wagen!«

beginnt das vierstrophige Gedicht. Herrisch-elitär sieht hier George die Porta. »Streiten« nennt er es, wenn gefangene Franken Bestien zum Fraß vorgeworfen werden. Ruhm, Pracht und Größe der Römerstadt, der römischen Legionen und ihres göttlichen Herrschers Augustus feiert George. Die Bürgerhäuser wertet er hingegen als »barbarenhöhlen« und »schlechte hütten« ab, die Frauen als Huren, »die ein sklav zu feil befände«. Sein Vorwurf an Triers Bürger: »Das edelste ging euch verloren: blut...« Die Porta, sein »geliebtes tor«, spiegelt so des Dichters eigene Verachtung. Dem verächtlichen Pöbeldasein gegenübergestellt ist in den Schlusszeilen des Gedichts Georges gleichgeschlechtlich-aristokratische Lebensform: »Ich ging gesalbt / Mit perserdüften um dies nächtige tor / Und gab mich preis den söldnern der Cäsaren!« Der amerikanische Schriftsteller Ford Madox Ford (1873-1939) beschreibt die Porta Nigra als »großes schwarzes Ganzes, ein römisches Tor, /

Porta Nigra
Stahlstich aus der Mitte des 19. Jahrhunderts

Hoch wie ein Berg, schwarz wie ein Gefängnis«. 1911 hatte er Trier besucht. Den Zauber der Vergangenheit sieht er allerdings zunehmend schwinden im Zeitalter elektrischer Straßenbahnen, die um die Porta herum bis in die Nacht hinein quietschen und bimmeln. Als »Werk eines Herrenvolks« beeindruckte das Tor die Schriftstellerin Ricarda Huch (1864-1947). »Die schwarze Färbung, die die Zeit ihm gab«, lasse »seine Größe düster erscheinen« (*Neue Städtebilder*, 1929). »Torso von Anfang an. (...) Ein Zyklopenbau, ein Mammutbau, ein versteinerter Dinosaurier, ein wohlorganisierter Steinbruch. Unvollendet und schon wieder zerstört, ein knöchernes, verbittertes, abweisendes altes Weib, das nie zum Zuge kam. Das Wort ›ur‹ fällt mir ein: dies ist ein Urbau«, schreibt Bernhard Rübenach 1959 in seinem Buch *Rom des Nordens*. Fasziniert ist er besonders von der späteren Verwandlung der Porta in eine doppelstöckige Kirche:»Domestizierung des Heidnischen in Stein«, zugleich aber auch Rettung des Heidnischen,»Bewahrung vor der Vernichtung durch Verwandlung«.

Als Wechseltor der Zeiten empfindet der poetische Flaneur Ludwig Harig die Porta:»Unter den Torbögen lustwandeln die Trierer mit ihren Gästen aus aller Welt. Sie wechseln aus der Überflusskultur in die nordische Barbarei und aus der robusten Vergangenheit wieder zurück ins weichere, nachgiebigere Leben zu Schweppes und Softlan.« Die Trierer Schriftstellerin Maria Schröder-Schiffhauer (1911-1997) liest aus den Steinen»des römischen Riesen« ein»Epos der Trauer«, mit narbigen Spuren der Vergänglichkeit. (*Trierische Erde*, 1974) Als»Porta niagara« charakterisiert der Lyriker Wolfgang Kaussen das Römertor im Gedicht»Du, heilige Stadt«:»Porta Niagara: aschene Fälle, / Glanzspiegelnd auf dem / Asphaltland über dem vom / Hufschlag der Göttin gestampften / Boden fruchtbarer Schollen.« *La Porte Noire* heißt der Roman des Franzosen Michel Peyramaure (Paris 1986): Trier im Jahre 476 – letztes römisches Bollwerk gegen die germanischen Barbaren, am Ende des Weströmischen Reiches.

Dem Trierer Autor Jürgen Wichmann (*1930) wird die»Porta Nigra in Weiß« (1982) zum Symbol eines möglichen atomaren Supergaus, der sich im Atomkraftwerk Cattenom im nahen Lothringen jederzeit ereignen kann. Dabei würde in der atomaren Hitze und im atomaren Schnee das Schwarz der Porta aufhellen:»Die Porta wird wieder weiß.«»Auch wurde die Porta Nigra zu fragen vergessen, ob sie für ein drittes Jahrtausend immer noch schwarz dastehen wollte oder im Atomzeitalter lieber angepasst totenbleichweiß. Dolomitgesteinhöhlenbleich-weiß«, endet der Trier-Thriller. In der Erzählung»Rex Goriax – oder die gestörten Spiele« von Carla Broderson (*1954) kann man dagegen King Kong auf der Porta Nigra erleben, in einer Satire auf altphilologische Texteditionen. (*Zwischensteinzeit*, 1984)

Schriftsteller im Schatten der Porta. Clara Viebig, 1860 in Trier geboren, die bedeutendste Erzählerin des deutschen Naturalismus und literarische Entdeckerin der Eifel, verbrachte in der Simeonstiftstraße 387 (heute: Kutzbachstraße 10) ihre frühe Kindheit. 1868 zog sie mit den Eltern nach Düsseldorf. Nahe der Porta, in der Simeonstraße, hat auch Karl Marx seine Kindheit und Schulzeit verbracht. Vom Wohnhaus der Familie (heute: Optik Mahr) ging Karl Marx Tag für Tag die Simeonstraße hinauf und über

Hauptmarkt und Brotstraße zum Friedrich-Wilhelm-Gymnasium im alten Jesuitenstift. Der heilige Simeon und Karl Marx in räumlicher Nähe: das reizte Ludwig Harig in seinen *Trierer Spaziergängen* zu einem Vergleich. Simeon, der Grieche aus Syrakus, habe sich der gesellschaftlichen Verhältnisse wegen in einer Zelle der Porta Nigra einmauern lassen. Und Karl Marx habe sich von Geburt an in den Verhältnissen der Gesellschaft eingemauert gefühlt. Marx verließ Trier, Simeon kam nach Trier.

Heilige Plätze, fromme Hallen: Vom Dom nach St. Matthias

Die Kirchtürme der Stadt Trier hat der Schriftsteller Stefan Andres von klein auf erspäht, wenn er fernwärts in den goldenen Abendhimmel schaute und zu träumen begann: von den großen elektrischen Wagen, die dort durch die Straßen fuhren; von dem Grab des Apostels Matthias, dem einzigen jenseits der Alpen, und von dem Dom, in dem die Kaiserin Helena gewohnt haben soll. Heilige Plätze, getränkt vom Blut der Märtyrer. Nicht zuletzt »auf dem Domplatz, wo der Domstein lag, den der Teufel selber dorthin geworfen, hatte sich früher der Christenverfolger Rixus Varus herumgetrieben, bis ihn ein heiliger Bischof in den Meulenwald gebannt hatte«, erzählt Andres im Roman *Der Knabe im Brunnen* (1953). Im Weihrauchduft der Jahrtausende, in der frommen und ernsten Atmosphäre des Doms, im Haus des Kaisers Konstantin und seiner heiligen Mutter Helena erwächst dem kleinen Steff bei seinem ersten Besuch in Trier eine Ahnung von göttlicher Ewigkeit.

In dem Roman *Das Tor der Freude* (1940) von Johannes Kirschweng (1900-1951) fühlt sich der Kardinal Nikolaus von Kues gleich in der »Heimatkammer unseres lieben trierischen Landes«, als er mit dem Erzbischof durch den Kreuzgang des Doms wandelt und in einem tiefen Weinkeller unter dem Dom eine mystische Zeitentrückung erfährt. »Hier ist, Stein und Gestalt geworden, das wichtigste Ereignis der europäischen Geschichte, die Begegnung von Römertum und Germanentum«, schreibt Kirschweng 1933 in seinem Buch *Zwischen Welt und Wäldern – Heimat an der Saar*.

In dem Roman *Porta nigra oder die Berufung des Martin Krimkorn* (1932) von Jakob Kneip (1881-1958) erscheint dem frommen Martin »der Dom (...) als der Mittelpunkt der Stadt; die benachbarte Liebfrauenkirche ist ihm ein steinernes Blütenwunder«. Als »Kathedrale des Lächelns«, schlank, leicht im Farbenspiel der Sonne, »immerwährender Sang« von Freude und Heil sieht Maria Schröder-Schiffhauer in einem Gedicht die Liebfrauenkirche. Im Gegensatz dazu die Massen des Doms: »Helenas Palast«, Haus der Ewigkeit, mit »der gewaltigen Halle«, mit heroischer Gewölbelast. Ort der Einkehr im Glauben. *Domsta Domsta* heißt der 1986 erschienene Roman des Trierer

Autors Winfried Croon. Der Titel nennt »ein labyrinthisches Klostergebäude im Schatten des Doms«, in dem ein Lehrerseminar untergebracht ist. Angesiedelt in der Stadt »Domsta«, »zweitausend Jahre alt, ein Touristen-Idyll, erbaut auf sieben mal siebenzig Schutthügeln und Massengräbern, die Residenz eines Kaisers, Muttersöhnchens und Serienmörders, der die Nächstenliebe zur Weltreligion Eins, sowie die Heimat eines vollbärtigen Messias des sozialen Mitleids, der den Klassenhass zur Weltreligion Zwo macht. Domsta, meint mancher Domstaner, sei demnach der Nabel der Welt«, so der Klappentext des Buchs.

In Clara Viebigs Roman *Unter dem Freiheitsbaum* (1922) weht auf Domfreihof und Hauptmarkt die Trikolore, und ein Freiheitsbaum ragt hier – »junge schlanke Eichen von Eifelhöhen. Die unteren Äste sind ihnen abgestutzt, die oberen mit dreifarbenen Bändern umwunden, ihren Wipfel krönt eine Jakobinermütze«, heißt es im Auftaktbild des Romans. Ein langer Zug von geistlichen und weltlichen Honoratioren, von Bürgern, Studenten, Schülern und Stadtmusikanten zieht vom Domgässchen »Sieh um dich« über den Domfreihof zum Hauptmarkt, von dort durch die Fleischstraße und Nagelstraße zum Promotionssaal der alten Universität (heute Priesterseminar neben der Jesuitenkirche). Ein Meer von Kokarden an Hüten und Hauben, dazu girlandenschwingende Jungfrauen, schmetternde Trompeten, dröhnende Tambours und Soldaten zu Fuß und zu Pferd, von neugierigen Gaffern umstanden. Ein prächtiger Festzug am 1. Vendemiaire des Jahres V. der neuen Zeitrechnung, am 22. September 1796, zur Feier der revolutionären Gründung der französischen Republik. Eine blasphemische Demonstration gegen Geistlichkeit und Fürstenmacht, trampeln doch bacchantische Kinder splitterfasernackt auf dem Kurhut und dem erzbischöflichen Kreuz herum, vor den Augen eines nackten Weibsbilds und eines gotteslästerlichen Priesters. Und das nur wenige Steinwürfe vom Dom entfernt, vom Zentrum des Katholizismus im Trierer Land. Wo, rund um Domstein und Heiligem Rock, fromme Legendenspuren tief in christliche Frühzeit führen. Als die hl. Helena im Heiligen Land das ungenähte Gewand des Herrn und Heilands aufgefunden und nach Trier mitgebracht hatte und ihren Palast in einen herrlichen Dom umbauen ließ.

Selbst den Teufel soll der listige Baumeister eingespannt haben: aus dem Odenwald ließ er ihn schwere Marmorsäulen herbeischaffen, angeblich für ein neues Wirtshaus mit verbotenem Glücksspiel. Als der Teufel erkannte, dass er an einem Gotteshaus mitgeholfen hatte, ließ er voller Zorn die vierte Säule mit einem Donnerschlag vor dem Dom niederfallen – genau vor das Portal. Dort rutschen heute noch nicht nur Trierer Kinder herum, festgehalten in den bekannten Trierer Kinderversen:

»Om Dumstaan sei m'r eromgerötscht
Et wor net emmer ginstig,
De Box zerröß, de Kaap verlor,
De Kopp zerschonn, blutrönstig.«

Das mittelalterliche Spielmannsepos »Orendel« erzählt von der Erwerbung des Heiligen Rocks und dessen Überführung in den Trierer Dom, wo er seit dem Ende des 12. Jahrhunderts als Reliquie aufbewahrt wird. Für Martin Luther nur eine »große Bescheißerey«, für Ulrich von Hutten nur »altes, lausiges Wams«. Übrigens: Im Trier-Krimi *Der dritte Arm von rechts* (1988) von Hans-Joachim Kann ist der »Orendel« beständiger Wegbegleiter bei einer spannenden Zeitreise ins Mittelalter, bei archäologischen Ausgrabungen im Bereich des heutigen Viehmarkts.

Wo in Clara Viebigs Roman *Unter dem Freiheitsbaum* der revolutionäre Triumphzug mündet, bei der alten Universität, da liegt ein berühmter Jesuitenpater begraben: Friedrich Spee. »In diesem Hause hat gewohnt und in der Kirche nebenan liegt begraben Friedrich Spee von Langenfeld, S. I., der tapfere Bekämpfer des Hexenwahns und fromme Dichter der ›Trutznachtigall‹, geb. 1591, gest. 1635«, heißt es auf der Tafel am Priesterseminar. In der Jesuitenkirche schaut uns Spee auf einem Denkmal an der Südwand an. Ein wabenartiger steinerner Okulus am Boden gibt den Blick frei auf die darunterliegende Gruft. Als Inschrift trägt er die Speeverse: »O Gott, ich sing von Herzen mein: / Gelobet muss der Schöpfer sein.« Die schmiedeeiserne Tür am Eingang der Gruft ist in ihrer Ornamentik ein einziger Lobpreis von Gottes Schöpfung ganz im Geiste Spees; mit einem bellenden Hund vor einer Burg zugleich eine kunstvolle Anspielung auf Spees Selbstverständnis als Prophet, der die Obrigkeit wachrütteln wollte. In der Gruft schließlich sehen wir den Sarkophag Spees, dazu ein Bildnis vor dem Altar. 1980 erst hat man bei Ausgrabungen Spees Sarg entdeckt und die Gruft neu gestaltet.

Nimmt man die Jesuitenkirche aus dem 14. Jahrhundert und nebenan die Gebäudeflügel des ehemaligen Jesuitenkollegs / der alten Universität / des alten Gymnasiums / des Priesterseminars zusammen, dann haben hier, unter einem Dach, zu je verschiedenen Zeiten gelebt und gearbeitet, gelehrt und gebetet Friedrich Spee, Karl Marx und Triers Ehrenbürger Oswald von Nell-Breuning, Nestor der katholischen Soziallehre in Deutschland. Spannungsvolle Trierer Dreifaltigkeit. Marx und Nell-Breuning erhielten hier, in der Aula des Friedrich-Wilhelm-Gymnasiums (vormals »Dekadensaal« der Französischen Revolution, davor Promotionssaal) das Zeugnis der Reife – Karl Marx aus der Hand des Direktors Wyttenbach, der als junger Lehrer Goethe durch Trier führte. Und in der Jesuitenkirche wurde Marx 1834 konfirmiert; die evangelische Gemeinde hatte hier Hausrecht bekommen. Eine handgeschriebene Volksliedersammlung für seine geliebte Jenny von Westphalen und einen handgeschriebenen Gedichtband für den Vater (*Waldquelle*, *Mondmann*): Marxens frühe poetische Ausflüge können in den Vitrinen des Karl-Marx-Hauses in der Brückenstraße 10 eingesehen, weniger bewundert werden. Marx hat sie selbstkritisch schon früh verworfen, zu Recht übrigens:»Alles Wirkliche verschwimmt, (...) nichts Naturhaftes, (...) rhetorische Reflexionen statt poetischer Gedanken«, schreibt der 19jährige Marx im einzig erhaltenen Brief an den Vater.

Ganz anders Spee, Theologe und Dichter geistlicher Lieder, vor allem der *Trutz Nachtigall. Oder Geistlichs-Poetisch Lust-Waldlein*, 1649 posthum erschienen, entstanden seit etwa 1630. Die geistlichen Lieder brachten Spee den Ruhm ein, einer der bedeutendsten katholischen Barock-Dichter zu sein und einer der ersten Lyriker, die in deutscher Sprache gedichtet haben. Eine von zwei erhaltenen *Trutz Nachtigall*-Handschriften des Jahres 1634 kann in Trier eingesehen werden, in der Schatzkammer der Stadtbibliothek in der Weberbach (die andere in der Nationalbibliothek Straßburg). Gedichte und Lieder Spees finden sich in der berühmten romantischen Liedersammlung *Des Knaben Wunderhorn* von Achim von Arnim und Clemens Brentano, ebenso im katholischen Gebets- und Gesangbuch *Gotteslob*. 1975 erschienen, verzeichnet es sieben Lieder von Friedrich Spee. Darunter so bekannte Titel wie »O Heiland, reiß die Himmel auf« (1622) oder »Zu Bethlehem geboren« (1637). Über 150 Kirchenlieder hat Spee insgesamt verfasst.

In seinen *Trierer Spaziergängen* bewegt sich Ludwig Harig auf den Spuren eines Spee-Lieds in Trier. Zum Zurlaubener Ufer drängt es ihn, wo auch Spee zuweilen spazierte und wo einst die verschwundene Abtei St. Marien lag (heute stehen dort ein Schwimmbad und eine Jugendherberge). Die Sandsteinfelsen am gegenüberliegenden Moselufer faszinieren Harig: die bizarre Gestalt der roten Klippen und der kleine Weinberg darunter, »Im Augenschein« genannt. »Ach Jesus!« soll Spee von hier, von St. Marien aus, gerufen haben – mit deutlichem Echo vom jenseitigen Ufer. Anlass für das Gedicht »Ein spiel der Gespons Jesu mitt einer Echo oder Widerschall«. Ein Klageruf aus tiefem Herzen, ein Seelenseufzer im frühlingshaften März: »Ach Iesu« diesseits und jenseits der Mosel, »gen einer steinen Klausen« – gegen eine steinerne Klause. Die Klause im Fels, am jenseitigen Moselufer gelegen: auch sie spürt Harig auf, erkennt in ihr die Höhle des heiligen Hieronymus, des Kirchenlehrers und Einsiedlers, des Übersetzers und Bücherwurms, der einst über der Mosel in der Felswand gehaust habe. Über die Kaiser-Wilhelm-Brücke fährt Harig, rückt vor zur Höhle, klettert im Stein, durchquert dorniges Gestrüpp, springt über Gräben – und findet die

Sandsteinhöhle samt steinerner Bücherwand über dem Moseltal. Dazu die Quelle, von der Friedrich Spee erzählt.

Spee und Trier: 1610 war er hier als Novize in den Jesuitenorden eingetreten, 1632 war er als Professor für Moraltheologie hierher (nach Jahren u.a. in Fulda, Würzburg, Speyer, Worms und Mainz) zurückgekehrt und hatte die Gedichtsammlung *Trutz-Nachtigall* vollendet. Im Jahre 1635 wurde er, Seelsorger und Samariter in Straßenkämpfen, in Trier von der Pest hinweggerafft. »So viel hatte er mitgelitten, daß es ihm war, als habe er sein Leben damit aufgezehrt und müsse sterben, weil ihm die Kraft zu leiden, ausgegangen sei«, schrieb Ricarda Huch über ihn in ihrem Roman *Der große Krieg in Deutschland* (1914). Spees Ruhm heute gründet nicht zuletzt auf seiner *Cautio criminalis*. Eine einzige Kampfansage an den unchristlichen Hexenwahn seiner Zeit, an mörderische Hexenjagden, Folterkammern und Scheiterhaufen. Sie hat wesentlich zur Abschaffung der Hexenverfolgungen beigetragen. Das Jugendbuch *Das Geheimnis der weißen Mönche* (1996) von Rainer Maria Schröder (*1951) setzt Spee als Kämpfer gegen den Hexenwahn ein literarisches Denkmal. In Trier tragen heute ein Chor und ein Gymnasium Spees Namen, beschäftigt sich eine Friedrich-Spee-Gesellschaft mit dem Priester, Professor und Poeten. »Hexenbrennen« heißt das Schauspiel, das die junge Autorin Jutta Schubert für das Stadttheater Trier zu Spees Leben und Werk schrieb – 1996 uraufgeführt, 1997 gedruckt.

Übrigens: die Touristinformation Trier hat einen »Dämonologischen Stadtrundgang – Auf den Spuren der Hexenverbrennung« im Programm, ebenso einen Rundgang »Auf den Spuren Friedrich Spees«. Eine Renaissance also des lange Vergessenen? »Wird Spee (...) von den Seinen genug geliebt? (...) Trotz Heinrich Bölls Bemerkung, Spee sei voller Untröstlichkeit gewesen, das Kennzeichen für jeden guten Autor. Und trotz Wolfgang Lohmeyers Romantrilogie – *Die Hexe, Der Hexenanwalt, Das Kölner Tribunal* – sowie seinem Theaterstück *Cautio Criminalis*«, fragte und zweifelte Rudolf Jürgen Bartsch noch in der SWF-Literatursoiree »Mauern, Moos und Melancholie« im Trierer Jubiläumsjahr 1984.

Zu einem anderen Grab in Trauer strömen Jahr für Jahr ganze Pilgerscharen, aus der Eifel, aus dem Hunsrück und vom Niederrhein. Ein Apostelgrab ist es, das einzige nördlich der Alpen. In einer Abtei gelegen, die dem französischen Schriftsteller Victor Hugo (1802-1885) kunsthistorisch wie ein Durcheinander der Zeiten anmutete: »ein Bauwerk des Rokoko und der Romanik (...). Alles in allem: das zwölfte Jahrhundert verziert durch das achtzehnte, Kaiser Barbarossas Zeit trifft sich mit der Ludwigs XV.« (*Reisetagebuch 1862-1865*) Hier, in der Basilika St. Matthias, ruht in einem Marmorsarkophag an den Stufen des Altars der Heilige Apostel Matthias. Im

Roman *Eifel* (1982) des Trierer Schriftstellers Walter Schenker (*1943) erhält der Sohn des depressiven arbeitslosen Lehrers Jakob Simonis den Namen des Apostels geradezu wie ein Programm:

»Du bist getauft nach dem Apostel Matthäus. Er war Zöllner in Kapharnaum. Er ließ sich bestechen und hat wieder bestochen, es war ein armseliger Beruf, Matthias, hier in der Eifel an den Grenzen zu Luxemburg und Belgien in der Zeit nach dem Krieg, so ungefähr war es auch anno dazumal, und Zollbeamte kamen ins Gefängnis, weil sie mit den Schmugglern unter einer Decke steckten. Matthias, daß du über alle Grenzen hinweg gehst, und daß einmal keine Grenzen sind, keine Wände, nicht diese gräßlichen Wände, die Innenwände von meinem Kopf. (...) Matthias, vielleicht bist du mal ein Zöllner und setzt dich über alle Grenzen hinweg«, wünscht der Vater eindringlich dem Sohn.

Rüdiger Senheim, Hauptgestalt im Roman *Zweiter Hand* (1997) des Mainzer Schriftstellers Sigfrid Gauch (*1945), fühlt sich in seiner Trierer Jugendzeit immer wieder von der Krypta der Matthiasbasilika angezogen:

»Moder, Weihrauchreste, Kühle, die Treppen in die Krypta hinabgegangen. Dort, im Dämmerlicht, schon damals das Gefühl für jahrtausendealte Geschichtlichkeit, Verbundenheit, Nähe, Hingabe zu den massiven Steinsärgen, die um, hinter, vor dem Altar stehen, Särge mit den Überresten mehrerer Heiliger: des Apostels Matthias, der frühchristlichen Bischöfe von Trier. Ein Gefühl der Geborgenheit, des Vertrauens: eher als einem unsichtbaren, ungreifbaren, unvorstellbaren Gott konnte er diesen Toten erzählen von seinen Problemen, führte Gespräche mit Heiligen, die anwesend waren, körperlich anwesend, erzählte ihnen mehr als dem Pater im Beichtstuhl.«

Im Gedicht »Wallfahrt nach St. Matthias« der Trierer Lyrikerin Maria Schröder-Schiffhauer erwachen in herbstlicher Wallfahrtszeit die heiligen Bischöfe in den Nischen, lauschen die Toten in den Grüften. »Torwächter südlich der / Stadt / weise und einsam / mitten im Lärm der / Straßen –.« Letztlich ein Warten auf die Auferstehung in der strudelnden Hektik der Zeit.

»Labyrinthische Gänge«: Von den Kaiserthermen zur Römerbrücke

»Carlo zieht es ins Dunkel. (...) Für Carlo wird das Dunkle hell, wenn er es betritt. Ihn locken die Sehenswürdigkeiten der Stadt. Sie sind steinern, und sie sind römisch. Er ist mit ihnen aufgewachsen, sie stehen da, wo er geht. Die Bewohner der Stadt gehen mit Gleichmut um die Sehenswürdigkeiten herum. Die Gemäuer stehen im Weg, die Straßenspuren krümmen sich um sie herum.«

Den homosexuellen Schauspieler Carlo Saager, Hauptperson des Romans *Sizilianer des Gefühls* (1993) der Schriftstellerin Ursula Krechel (*1947 in Trier), ziehen immer wieder die dunklen Tiefen der Kaiserthermen an: die fremden Touristen »mit dem genauen Blick«, die »labyrinthischen Gänge der Bäderanlage«, die antiken Badephantasien, die Erregung im Halbdunkel der feuchten, hallenden Kellergewölbe, die körperliche Nähe auf engem Raum. Abgründig-dunkle Triebwelten im katholischen Trier der Nachkriegszeit, ein Mann im gesellschaftlichen Abseits. Symbolraum Kaiserthermen.

Hier bewunderte Karl Friedrich Schinkel im April 1826 »die enormen Mauermassen«, und Ricarda Huch fühlte sich wunderbar umfangen von der »heilige(n) Macht der Vergangenheit«, vom »Leben Gewaltiger«. Alfons Paquet (1889-1944) erinnerten die Ruinen der Kaiserthermen an die »Reste einer Hagia Sophia«. Stefan Andres weilte besonders gerne in den Ruinen des vermeintlichen »Kaiserpalastes«, wo er sich in der Abendsonne einen thronenden Kaiser Konstantin unter riesigen, goldenen Kuppeln vorstellte. »Schwammen einst die Nixen aus den Bögen hervor?« fragte sich Ludwig Harig bei einem Gang durch die Badesäle.

Und wenige Meter weiter nördlich, im Amphitheater im Ortsteil Olewig, sinnierte Harig über die Versessenheit des römischen Publikums auf Brot und Spiele und über den Blutrausch römischer Caesaren und Dichter. Auch für Ricarda Huch ist das Amphitheater zuallererst die blutige Arena, »wo Konstantin tausend gefangene Franken mit ihren Königen von den wilden Tieren zerreißen ließ« (1929). Stefan Andres schauderte 1949 noch in der Erinnerung an die Wilden, die in dieser Arena »soviel Christen zerrissen hatten«: »Diese Erde vor uns hatte das Blut der Zeugen Christi getrunken.« »Arena des Todes / Theater der Lust«: beides zugleich ist das Amphitheater für Maria Schröder-Schiffhauer im gleichnamigen Gedicht. Dichterfürst Goethe, der im August und Oktober 1792 in Trier weilte, vor und nach der »Kampagne in Frankreich«, fand die Ruinen des Amphitheaters immerhin »respektabel«und bewunderte vor allem die zweckmäßige Ausnutzung des Naturgeländes »zwischen zwei Hügeln (...), wo die Gestalt des Bodens an Exkavation und Substruktion dem Baumeister vieles glücklich ersparte«. Goethe wohnte damals nahe dem Hauptmarkt in der Dietrichstraße, im Pfarrhaus von St. Gangolf (Gedenktafel).

Im Sommer 1792 saß der französische Schriftsteller François-René de Chateaubriand (1768-1848) zwei Tage lang in den grasüberwucherten Ruinen der Arena. Eben erst war er aus Nordamerika zurückgekehrt, um als Monarchist gegen Frankreich ins Feld zu ziehen. In der kurzen Wartezeit nahm er die Blätter seiner neuen Erzählung »Atala« aus dem Tornister, breitete sie auf dem Arenaboden aus, überlas sie und korrigierte sie. In seinen

Erinnerungen (deutsch 1968, französisch *Mémoires d'outre-tombe*, 1848-50) hat sich Chateaubriand an diese Zeit erinnert – und an bestialische Mordszenen zur Römerzeit im Trierer Amphitheater.

Von der Römerbrücke aus, dort, wo die Südallee an der Mosel endet, genoss Goethe im Oktober 1792 den Blick auf eine »gesegnete Gegend«. Hier spürte er ein »Gefühl von Wohlfahrt und Behagen« in sich erweckt, »welches über den Weinländern in der Luft zu schweben scheint«. Der Schriftsteller Stefan Andres sieht in seinem Essay »Erhabene Stadt der Trierer« (1949) die Römerbrücke als neues Symbol Triers in einem werdenden Europa:

»Heute ist Trier bereits wieder eine Stadt, die aus ihrer einst provinziellen Abgeschlossenheit herausgefunden hat. Das trotzige, abweisende Römertor steht fast im Kern der weit über ihre alten Mauern hinausgewachsenen Stadt und darf nicht mehr als Wahrzeichen Triers angesehen werden. Das Symbol, das dem neuen Trier gerecht wird, ist die Römerbrücke, die mit ihren Pfeilern alle Zerstörungswut der Zeiten überstanden hat. Trier ist die nach Westen ausgestreckte Hand Deutschlands geworden. Die Stadt, die so lange im toten Schatten der Grenze lag, wird in einem Europa, das seine den Handel und Wandel lähmenden Barrieren überwindet, einen neuen Auftrieb erhalten – und vielleicht sogar einen geschichtlichen Auftrag.«

Josef Zierden

Literaturempfehlungen

Lesebücher zu Trier als Einstieg:

Kleine Geschichten von der Mosel, gesammelt und hrsg. v. Elisabeth Görg, Stuttgart 1991

Trier. Ein Lesebuch, hrsg. v. Diethar H. Klein / Teresa Müller-Roguski, Husum 1986

Trier in alten und neuen Reisebeschreibungen, hrsg. v. Hans-Ulrich Seifert, 1993

Trier. Deutschlands älteste Stadt. Reisebuch, hrsg. v. Michael Schroeder, Frankfurt am Main 1994

Unterwegs – Mosel- und Saarorte im Überblick

Alf: War Station der Moselfahrt von Heinrich **Hoffmann** (1809-1894; *Der Struwwelpeter*) im Jahre 1849.

Bad Bertrich: Station der Moselfahrt von Heinrich **Hoffmann** (1809-1894; *Der Struwwelpeter*) im Jahre 1849. »Man fürchtet, irgendeiner packt dieses Spielzeugbad in eine Schachtel und trage es davon«, schrieb er entzückt. – Clara **Viebig** (1860-1952) verbrachte hier im »Bädchen« (Novelle *Der Lebensbaum*, 1903) mehrfach ihren Eifelurlaub. – Die Schriftstellerin Emmi **Elert**, 1864 in Bremen geboren, starb am 27.10.1927 in B. Sie schrieb u.a. die Eifelromane *Auf vulkanischer Erde* (1903) und *Die Grundmühle* (1908). – B. ist Sitz der Clara-Viebig-Gesellschaft.

Beilstein: Wird breit erwähnt in Rudolf G. **Bindings** Novelle *Moselfahrt aus Liebeskummer*, zusammen mit Cochem, Ediger, Bernkastel und Trier. Es fasziniert als pittoreskes Judendorf mit langer Geschichte (→ »Binding«-Essay). – An die Dreharbeiten zum Film »Moselfahrt aus Liebeskummer« nach der gleichnamigen Novelle von Rudolf G. **Binding** (1867-1938) erinnert sich der Erzähler Roland **Steines** (*1936 Trier) in seiner Erzählung »Steinbeil, Beilstein, Moselkummer, Liebesfahrt«. Abgedruckt ist sie in der Samlung *Die Entführung aus dem Trierer Rathaus* (1984). Erinnerungen an die Schauspieler Will Quadflieg, Günter Reim und Ingrid Müller auf einer Moselterrasse in Beilstein vermischen sich phantasievoll mit Erinnerungen an die Gymnasiastenzeit in Trier in den frü-

hen fünfziger Jahren. Fazit am Ende der Erzählung: »Es schrieb sich so, wie die Mosel fließt. Auch Worte, Sätze haben eine Strömung.« – Der Roman *Wenn wir alle Engel wären* von Heinrich **Spoerl** (1887-1950) ist in B. angesiedelt. – *Wer fährt schon an die Mosel*, fragt im Romantitel Peter M. **Thouet** (1984). Hauptschauplatz des humorvollen Romans über eine ferienfrohe Familie ist der Touristenmagnet B. an der Mosel. Ausflüge führen vor allem nach Trier, das als »historischer Superplatz« gepriesen wird.

Bernkastel-Kues: Hauptstation in der Novelle *Moselfahrt aus Liebeskummer*, von Rudolf G. **Binding** zusammen mit Beilstein, Cochem, Ediger und Trier. Dort beschrieben als »Herz des Landes«. – Geburtsort des Philosophen und Theologen »**Cusanus**« (Nikolaus von Cues), 20.10.1401-1464; der 600. Geburtstag wurde 2001 in B. feierlich begangen. Johannes **Kirschweng**, der 1924-26 Kaplan in B. war, schrieb den Cusanus-Roman *Das Tor der Freude* (→ »Cusanus«-Essay). Den Streit und die schließliche Versöhnung zwischen Cusanus und Eberhard gestaltet der Trierer Schulrat Josef Feiten (1888-1957) in dem Mysterienspiel *Cusanus und Eberhard. Ein Spiel von Weisheit und Wundern* (1923) – B. ist eine wichtige Zwischenstation der weinseligen Moselfahrt in Josef Maria **Franks** Roman *Herbstliche Romanze* (→ »Weinland Moselland«-Essay). – In B. lebt Anton **Bernard** (*1922 in Graach), der in dem Buch *»Bonjour« sollte man schon sagen können. 1941/47 – Ein Moselaner schlägt sich* *durch* seine Lebenserinnerungen erzählt hat (1994). – *Eine Reise nach Bernkastel* unternimmt der Schriftsteller Anton **Gabele** in seinem gleichnamigen »heiteren Roman« aus dem Jahre 1954. Der Zeithintergrund: das ausgehende 18. Jahrhundert mit vielfältigen revolutionären und antirevolutionären Gärungen. Prominente historische Gestalten und Familien wie Joseph Görres, die Familien Laroche und Brentano bevölkern den Roman. Ein besonderes Kapitel gilt dem großen Moselaner Nikolaus **Cusanus**. – Nahe B., im Longkamperbachtal, »liegt die Pierenkämpfer-Rowohlt-Mühle, einst Sommerrefugium des Verlegers und ›Möselchen‹-Liebhabers Ernst **Rowohlt**«.

Bremm: Einer der Hauptschauplätze in Clara **Viebigs** Winzerroman *Die goldenen Berge* (→ »Weinland Moselland«-Essay).

Bruttig: Am Moselufer Geburtshaus des Humanisten Petrus **Mosellanus** (d. i. P. Schade, 1493-1524). Ihm verdanken wir die älteste Beschreibung Martin Luthers. Gedenktafel am Haus.

Bullay: Endstation des literarisch vielfach verewigten *Saufbähnchens* (Josef Maria **Frank**, Walter **Henkels**, Kurt **Tucholsky** → »Weinland-Moselland«-Essay). – In B. wurde 1971 Marcus **Braun** geboren, dem 1999 mit dem Roman *Delhi* ein bundesweit vielbeachtetes Debüt gelang. Der Roman *Nadiana* erschien 2000. Braun lebt heute in Berlin.

Burg Eltz: Station der Moselfahrt von Heinrich **Hoffmann** (1809-1894; *Der Struwwelpeter*) im Jahre 1849. – Eifel-

balladen und Eifelsagen umranken die Burg (*Der Durchlöcherte Harnisch* von Viktor **Baur**; *Die Elzer Fehde* von Nikolaus **Hocker**, *Die Ritterburg Elz* von Johann Hubert **Schmitz**). – »Burg Eltz, die uralte, herrliche Ritterfeste« in der Einsamkeit tiefer Bergwälder ist Schauplatz des Romans *Im Burgfrieden* von Hans **Werder**, zu Beginn des 20. Jahrhunderts erschienen (Erscheinungsjahr nicht angegeben). Es geht um die Fehde (um 1300) zwischen Erzbischof Balduin von Trier und Werner zu Eltz, Vogt von Rübenach, verflochten mit dem Familienalltag auf der Burg. – Einen ausgedehnten Ausflug auf Burg Eltz unternehmen Moselgäste im Roman *Das Moselhaus* von Louise **Schulze-Brück** (1910).

Burg Thurant: Station der Moselfahrt von Heinrich **Hoffmann** (1809-1894; *Der Struwwelpeter)* im Jahre 1849.

Cochem: Der Ich-Erzähler der Novelle *Moselfahrt aus Liebeskummer* von Rudolf G. **Binding** trifft, von Koblenz kommend, in C. auf seine spätere Reisebegleiterin, die Dame mit Liebeskummer. Mit dieser Begegnung beginnt die Erzählhandlung (→ »Binding«-Essay). – In C. wurde der Schriftsteller Ernst **Heimes** 1956 geboren. Seit mehr als einem Jahrzehnt erforscht und dokumentiert er die Schrecken nationalsozialistischer Gewaltherrschaft an der Mosel. Seine bisherigen Bücher zum Thema: *Ich habe immer nur den Zaun gesehen. Suche nach dem KZ Außenlager Cochem* (1992), *Jude in Lehmen* (1993) und *Schattenmenschen* (1996). Ein mutiges Anschreiben gegen Vergessen und Verdrängen. – In C. wurde 1961 der Schriftsteller und Lektor Udo **Marx**

geboren, Verfasser von Gedichten, Kurzprosa und Roman. – C. ist Geburtsort des Volkspredigers und religiösen Schriftstellers Martin von **Cochem** (13. 12. 1634-10. 9. 1712). Hauptwerk: *Leben und Leiden Jesu* (1677).

Cond: Schauplatz der weinseligen »Brixiade« des Schriftstellers Joseph von **Lauff** (→ »Weinland-Moselland«-Essay). »Haus Krein« war der Sommersitz des von Kaiser Wilhelm II. geschätzten Autors (1855-1933).

Dhrontal: In einer Mühle im Dhrontal wird am 26. 6. 1906 der Dichter Stefan **Andres** geboren. In der kleinen Wald- und Wiesenwelt wächst er auf, dargestellt im Roman *Der Knabe im Brunnen* (→ »Andres«-Essay).

Ediger: Breit erwähnt in Rudolf G. **Bindings** Novelle *Moselfahrt aus Liebeskummer,* zusammen mit Cochem, Beilstein, Bernkastel und Trier. Die Skulptur »Christus in der Kelter« begeistert als Spiegel der moselländischen Volksfrömmigkeit.

Ernst: Dort lebt und arbeitet der Schriftsteller und Lektor Udo **Marx**, 1961 in Cochem geboren. Er schreibt Gedichte, Kurzprosa und Romane, u.a. *Landeinwärts nach Süden. Roman* (1995), *Das Katzenhaus* (1999).

Igel: »Die Mosel fließt unmittelbar vorbei, mit welcher sich gegenüber ein ansehnliches Wasser, die Saar, verbindet; die Krümmung der Gewässer, das Auf- und Absteigen des Erdreichs, eine üppige Vegetation geben der Stelle Lieblichkeit und Würde«, schreibt **Goethe** am 23. August 1792 in seiner *Campagne in Frankreich.* Da zeigt er

sich angetan vom römischen Monument in Igel, der »**Igeler Säule**«: »Man sieht immer noch die Lust und Liebe, seine persönliche Gegenwart mit aller Umgebung und den Zeugnissen von Tätigkeit sinnlich auf die Nachwelt zu bringen.« Im Mai 1829 erhielt Goethe ein Modell des Denkmals und gab ihm in seinem Juno-Zimmer einen besonderen Platz.

Konz: Wird neben Trier und Neumagen-Dhron in der *Mosella* des **Ausonius** erwähnt.

Lay: Hauptschauplatz des Gedichts »Das Mosel-Eisgangs-Lied« (1830) von Clemens **Brentano** (1778-1842). Der Titel im vollen Wortlaut: »Das Mosel-Eisgangs-Lied von einer wunderbar erhaltenen Familie und einem traurig untergegangenen Mägdlein in dem Dorfe Lay bei Koblenz, am 10. Februar 1830.« Das Langgedicht des Romantikers Brentano umfasst 43 Strophen. Brentano hatte bald nach der Nachricht vom Unheil an der Mosel im Freundes- und Bekanntenkreis Spenden zugunsten des besonders schwer betroffenen Dorfes Lay gesammelt. Der Ertrag des Liedes, in einer Auflage von 1000 Exemplaren gedruckt, kam einem Tagelöhner mit neun Kindern zugute, der bei dem eiskalten Hochwasser sein Haus und sein jüngstes Kind verloren hatte.

Löf: Hier lebt der Buchhändler, Schriftsteller und literarisch-politische Kabarettist Ernst **Heimes**, 1956 in → Cochem geboren (u. a. *Jude in Lehmen, Schattenmenschen*). Seit 1988 ist er in der Region bekannt. Seine satirischkritische Sammlung *Die Nacht geht Farben holen. Worte wider den herr-*

schenden Klamauk (1999) enthält Gedichte und Texte, z. T. auch in Mundart, über das Leben an der Mosel.

Mehring: Im Moseldorf Mehring wurde er am 14. 8. 1875 geboren, am 29. 11. 1935 ist er in Trier-Pallien gestorben: Peter **Schroeder**, besser bekannt als »Peter von der Mosel«, Volksschullehrer, Heimatdichter und Heimatforscher. Er veröffentlichte zahlreiche Gedichte, Lieder und Erzählungen in Hochdeutsch und Mundart. Mit einem europabeflaggten Peter-Schroeder-Platz und einem Gedenkstein erinnert M. seit 1975, anlässlich des 100. Geburtstags, an seinen bekannten Musensohn. Wieder greifbar im Buchhandel ist seit 1997 Schroeders populärster Geschichtenband *Der Gehlhänschenbaum und andere lustige Geschichten.* Der Enkel hat die Neuausgabe besorgt.

Mosel: In seinem Gedicht »Das Mosel-Eisgangs-Lied« (1830) hadert der Dichter Clemens **Brentano** mit der Mosel als »Kindesmörderin« (Strophe 25) und »Vogesenwölfin«, die in Lay das Lamm gewürgt habe (Strophe 22) – eine nationalistisch gefärbte Anspielung auf den Quellort der Mosel in den Vogesen, auf einem im Volksmund »Wetterhahn« genannten Berg: »Man sieht's der Mosel an, / An ihrer Quelle steht / Ein Berg, heißt Wetterhahn, / Sie tut, wie der ihr kräht. / Die Meurth', die Orn', die Saur, / Die Saar und dann die Kyll / Stehn all ihr auf der Laur, / Sie kann nicht, wie sie will. / Im Schlangenbett gestemmt / Muß sie doch los zuletzt, / Aus jeder Schlucht ja kömmt / Ein Hündlein, das sie hetzt«, schreibt Brentano über die Moselquelle. Weitere Stationen des Gedichts: die Abtei Sankt Matthias in Trier, Neuendorf, die Koblenzer Pfarrei St.-Kastor, das Bürgerhospital und das Deutsche Eck. Eine eisige Spur des Grauens, in dem sich mitmenschliches Erbarmen bewähren kann. An einem Fachwerkhaus gegenüber der alten Fähre erinnert die höchste Hochwassermarkierung an den Eisgang am 10. 2. 1830.

Ein »Städtchen von Weinbergen umgeben in einem Nebental der Mosel« ist Schauplatz des Romans *Huguenau oder die Sachlichkeit* (1931), Bd. 3 der Romantrilogie *Schlafwandler* von Hermann **Broch** (1886-1951).

Im Moselland unterwegs mit poetischer Schere ist Annette **Craemer** (*1923). In Cochem geboren, wohnt sie in Trier. Seit mehr als einem Vierteljahrhundert sammelt und schreibt sie Märchen und Geschichten aus Trier und der Umgebung. Zum Riverisdrachen, zur Walpurgisnacht in Schweich, zum Kornmarktbrunnen in Trier oder zum Herbst in Oberemmel entführen ihre Scherenschnitte im Erzählbändchen *Unterwegs im Moselland* (1992). »Über Rosenholzduft und Lavendelgeruch: / Nussbäume alt am Ufer der Mosel; / Sprich das Wort Mosel wie Moldau, Garonne.« So beginnt das Gedicht »Lob der Mosel« des früh verstorbenen Lyrikers Helmuth **de Haas**. 1928 kam er in Mehring auf die Welt, 1970 verstarb er. Sein Gedichtband *Lineaturen* erschien 1955.

Heinrich **Hoffmann** (1809-1894), Autor des berühmten Kinderbilderbuchs *Der Struwwelpeter* (1849), unternahm 1849 eine »höchst fröhliche Moselfahrt«. In 13 Tagen fuhr er moselaufwärts von Koblenz nach Trier, unterbrochen von zahlreichen Fußwanderungen und Besuchen in Moselorten, in Burgen und Gasthäusern.

Stationen der Reise, die er in seinen *Lebenserinnerungen* erwähnt: Burg Thurant, Moselkern, Burg Eltz, Cochem, Alf, Bad Bertrich (»Miniaturbad«), Trarbach, Bernkastel, Kues und Trier.

»Es scheint zuweilen, als wolle der Fluss wie eine Schlange, die sich in den Schwanz beißt, wieder zu seiner Quelle zurück. Die meisten dieser Krümmungen sind sehr kurz, und fast immer kehrt der Fluss sehr bald in die alte Richtung zurück. Er wird dadurch gleichsam in eine Menge Stücke zerschnitten. Oft ist der Abschnitt so klein und sind die Enden desselben hinter Bergen so versteckt, dass man bei einer Wendung glaubt, man sei in einen Sack geraten, man befinde sich auf einem kleinen, einsamen Bergsee, fern und abgelegen von jeder Welt, oder fürchtet, der Fluss möchte sich dort bei jener Felswand in einem Erdschlunde verlieren, bis dann auf einmal bei einer neuen Wendung der schöne Silberfaden gerettet hervortaucht, weit hinaus sichtbar fortläuft und der Zusammenhang mit der übrigen Welt sich wiederherstellt«, schreibt Johann Georg **Kohl** in seinen *Skizzen aus Natur und Völkerleben* (Dresden 1851). Seine Moselskizzen finden sich, zusammen mit Sagen, Legenden und Geschichten von Christian **von Stramberg** (*Das Moseltal zwischen Zell und Konz, mit Städten, Ortschaften und Ritterburgen*, Koblenz 1832), Friedrich **Menk** (*Des Moseltals Sagen, Legenden und Geschichten*, Koblenz 1840) und Adam **Storck** (*Darstellungen aus dem Preußischen Rhein- und Mosellande*, 1818) in der Sammlung *Fahrt um 1000 Rebenberge*. – *Moselreise auf den Pfaden der Romantik von der Burg Arras bis*

zur Porta Nigra. Landschaft, Weinkultur, Geschichte, Sage, Volkserzählung von Karl **Christoffel** (Trier 1959).

Vor allem als Weinland feiern seit altersher die Dichter die Mosel, von **Ausonius** bis **Zuckmayer**, von **Binding** bis **Tucholsky**. In Weinliedern, Weinpilgerbüchern, Reiseskizzen, Landschaftshymnen, Versepen, Romanzen und Romanen. »Deutschlands ältesten Weinfluss« nennt Stefan **Andres** die Mosel. Hervorzuheben sind besonders Joseph **Lauffs** verklärende Trilogie *Brixiade* (1915, 1918, 1920), weinselige Moselmärchen (Hauptort: Cochem-Cond); der Roman *Herbstliche Romanze* von Josef Maria **Frank** (1954), in der sich eine lustige Reisegruppe mit Saufbähnchen und Nachen im Weinparadies fortbewegt, von Trier über Bernkastel bis Zell; Clara **Viebigs** naturalistischer Roman von Winzerlust und Winzernot *Die goldenen Berge* (1927), angesiedelt in Bremm, Neef, Zell und Bernkastel; die realistische Darstellung des Winzeralltags heute im Roman *Moselbrück* der Autoren **Thiemt** und **Schreeb**, verfilmt in Ürzig an der Mosel. (→ »Weinland Moselland«-Essay)

Als »Bonner Hofchronist« zu Zeiten der Bundeskanzler Adenauer und Erhard wurde er berühmt: Walter **Henkels**, Buchautor und Journalist. Legendär sind vor allem seine Sammlungen von Adenauer-Anekdoten *...gar nicht so pingelig, m.D.u.H.* und *Doktor Adenauers gesammelte Schwänke*. In seinem bekannten Mosel-Buch *Bacchus muß nicht Trauer tragen. Moselfahrt ohne Liebeskummer* (Düsseldorf / Wien 1973) plauderte er sich munter durch das Moseltal: von der Quelle in den Vogesen über Trier und Cochem bis zur Mündung in den Rhein bei Koblenz. Mit Zitateinsprengseln aus mehreren Jahrhunderten. Und mit vielen Informationen über Staustufen, Fähren, Brücken, Campingplätze, Bootshäfen, Sportboote – und über Wein. Die *Neun Schwaben* von Hans-Wilhelm **Kirchhof** (1525/28-1602) überqueren auf ihrer Reise auch »die Mosel – ein moosiges, stilles und tiefes Wasser (...), darüber nicht viele Brücken gemacht sind, sondern man an mehreren Orten sich mit einem Schiff überführen lassen muss«. Alle neun ertrinken aber, weil sie das trierische »Wat, wat?« für »Was, was?« missverstehen als »waten«. Das bloße Hinüberwaten ließ und lässt die Mosel nicht zu. Nachzulesen in Elisabeth Görgs Sammlung *Kleine Geschichten von der Mosel* (1991).

Vergilbte Seiten, heftiges Fragezeichen: »Die Römer muß man als die ›Entdecker‹ der Mosel bezeichnen. Sie brachten die Rebkultur ins Tal«, schreibt der Geheime Hofrat A. **Trinius** in seinem Buch *Die Mosel und ihre Burgen. Eine Sammlung von Moselliedern, Gedichten, Sagen und Geschichten und einer Wanderfahrt durch's Moseltal* (Leipzig 1913). Trinius feiert in vaterländischer Zeit die Mosel als »Des deutschen Rheines Braut«, wie 1846 schon die Moselhymne. Gleich zwei Fragezeichen und eine heftige Unterschlängelung eines erzürnten Lesers stellen indes die Kulturleistung der Römer in Frage, den Wein an die Mosel gebracht zu haben. Dass vor den Römern schon die keltischen Treverer Weingenießer waren, hat Stefan **Andres** bereits in seinem *Weinpilgerbuch* betont. Der lokalstolze Leser von einst hätte hier sicherlich ein bestätigendes Ausrufezeichen gesetzt.

Eine »heitere Betrachtung mit hintergründigem Ernst« nennt Alfons **Krisam** (1928-1991) seinen Versuch, die Moselaner zu beschreiben (*Deutschland und die Moselaner*, 1980, 1998). Mit Karl Marx, Nikolaus von Kues, Joseph Görres, Fürst Klemens Wenzel Lothar von Metternich, Jürgen von Manger (»Koblenzer«) und Beethovens Mutter (»Koblenzerin«) porträtiert Krisam »waschechte Moselaner«. Hauptcharakteristika der Durchschnitts-Moselaner: »verschlafen, ein bisschen viel träge, stur, bigott, provinziell, leise und proportionsfreundlich«. Oder differenzierter: »verschlafen, auch gleichzeitig hellwach«, »träge und trotzdem fleißig«, »stur und trotzdem von einer umwerfenden Freundlichkeit«, »entsetzlich provinziell und gleichzeitig verblüffend weltoffen«. Fürwahr: ein schillernder Menschenschlag.

»Des deutschen Rheines Braut«, so sieht sinngemäß auch der Sagensammler P. Chr. **Plein** die Mosel in seinem Buch *Sagen und Erzählungen, Historische Skizzen und Mittheilungen aus dem Moselthale mit einem Anhange: Dichterklänge aus dem Moselthale* (1880). In seinem Vorwort schwärmt der Mann aus Andel an der Mosel: »›Wohl ist‹, wie Julius Otto singt, ›im weiten deutschen Land, manch' schöner Strom zu schau'n‹, doch keine Gegend, keine Landschaft, wie schön sie auch sein mag, bietet des Erhabenen, Geist, Seele und Gefühl Belebenden mehr, als die herrlichen, romantischen Ufer der Mosel, des deutschen Rheines Braut. Was der Rhein im breiten Rahmen in seinen weiten Thälern spendet, das reflexirt die Mosel ›en miniatur‹.«

Von einer vergnüglichen Ausflugsfahrt mit einem Moseldampfer erzählt der populäre Unterhaltungsschriftsteller Heinrich **Spoerl** (1887-1955; *Die Feuerzangenbowle*) in seinem Roman *Wenn wir alle Engel wären* (1948). Die Bootsfahrt bei strahlendem Sommerwetter scheint für Frau Hedwig in den Armen eines Casanovas zu enden. Sie beginnt in »Weinheim an der Mosel« und führt vorbei an Beilstein (»Felsennest«) und Cochem bis nach Koblenz.

Von einer weinseligen Moselfahrt »mit dem Saufbähnchen von Trier nach Bulley«, über Bernkastel und Traben-Trarbach, erzählt Kurt **Tucholsky** (1890-1935). Im überreichlichen Genuss von »naturreinem Mosel« verschwimmen allmählich die Realitätskonturen. Von Bullay geht es weiter in einem »seriösen Zug« bis »nach Kolbenz. (Diese Aussprache wurde adoptiert, falls Jakopp ein künstliches Gebiß hätte: es spricht sich leichter aus.). In Koblenz tranken wir der Geographie halber einen Rheinwein, und der konnte Papa und Mama sagen, wir aber nicht mehr.« Ein Spaziergang anderntags führt zum Deutschen Eck mit dem Denkmal Kaiser Wilhelms I., »ein Faustschlag aus Stein«. Nachzulesen in Tucholskys *Gesammelten Werken*, Bd. III (»Denkmal am Deutschen Eck«), 1960.

Der Gerolsteiner Heimatforscher und Erzähler Batti **Dohm** (1897-1977) schrieb in dem Roman *Madame* (1948) über eine Offizierstochter, der das obere Moseltal zur Heimat wurde.

Während am Abend des 27. Februar 1933 der Reichstag brennt, trinkt Sebastian **Haffner** (1907-1999) mit Freunden gerade einen »Moselwein« (beschrieben in dem postum veröffentlichten Buch *Geschichte eines Deut-* schen. *Die Erinnerungen 1914-1933*, Stuttgart / München 2000).

Neef: Einer der Hauptschauplätze in Clara **Viebigs** Winzerroman *Die goldenen Berge* (→ »Weinland Moselland«-Essay).

Nennig: Hier wurde 1959 die Schriftstellerin Andrea **Hensgen** geboren (*Dich habe ich in die Mitte der Welt gestellt*, 1996; *Hamlet redet zuviel*, 1997). Sie lebt heute in Karlsruhe.

Neumagen-Dhron: Vom Denkmalsockel herab grüßt **Ausonius** (310-393), der Verfasser des ersten Moselgedichts überhaupt (*Mosella*, 371). Nach einsamer Wanderung durch den Hunsrück war Ausonius erfreut, auf die stolze kaiserliche Festung an der Mosel zu stoßen (→ »Ausonius«-Essay). – Nikolaus **Hocker**, Sammler von Moselsagen (*Des Mosellandes Geschichte*, 1851) stammt aus N. – Seit 1980 lebt und arbeitet in N. der Schriftsteller Wolfgang Hermann **Körner**, 1941 in Sindelfingen geboren. Bis heute hat er mehr als 15 Romane und Erzählsammlungen veröffentlicht, in der die technikgeprägte Leistungsgesellschaft kritisiert wird, u. a. *Der Ägyptenreisende* (1999), *Fronäcker* (2000), *Sommerhofen* (2001).

Saarburg: Als »faustischer Gottsucher« hat der Priester und Dichter »Ernst **Thrasolt**« vornehmlich regionale Literaturgeschichte geschrieben. Matthias Josef **Tressel**, so sein bürgerlicher Name, wurde am 12. 5. 1878 in Saarburg-Beurig, Kammerforstraße 6, geboren. Nach langem inneren Ringen wurde er 1904 zum Priester geweiht. Bis 1908 war er Priester in

Haag im Hunsrück, das er nach lokalen Affären verlassen musste. Ging als Militärseelsorger im Ersten Weltkrieg an die Front. Zuletzt war er Hausgeistlicher in einem Berliner Waisenheim. Schrieb schon als Pfarrer von Haag zahlreiche »Gedichte aus Natur und Leben«, veröffentlicht in *De profundis* (1908) und *Stillen Menschen* (1909). Thrasolt galt lange als »Erneuerer der religiösen Lyrik Deutschlands« (Mumbauer). Schon 1938, anlässlich seines 60. Geburtstags, sprach man aber bereits von einem zu Unrecht vergessenen Dichter. Thrasolts Gedichte werden im Trierer Raum bis heute nachgedruckt, zumeist in Heimatkalendern und Jahrbüchern. – In S. wurde am 15.3. 1932 der Schriftsteller Albert **Pütz** geboren. Nach dem Abitur 1952 in Saarburg studierte er Jura in Bonn und Köln. Bis zum Ruhestand 1994 arbeitete er als Richter in Idar-Oberstein. Er schrieb Erzählungen und Romane, u.a. *Hecht in Himmerod* (1990). – In S. lebt und arbeitet der Thrillerautor Edwin **Klein** (*1948 Konz), einst Hammerwerfer von internationalem Rang. Schrieb u.a. die Romane *Bitterer Sieg* (1992) und *Kampf der Götzen* (1997).

Schweich: Der Stefan-Andres-Brunnen im Schulzentrum erinnert an Leben und Werk von Stefan **Andres** (1906-1970). Die Familie zog 1910 aus dem Dhrontal hierher. Gedenktafel für den Dichter am Elternhaus in der Bahnhofstraße 5, ehemals Wilzgasse. Seit 1984 Vergabe eines Stefan-Andres-Förderpreises für Literatur, 1985 Gründung einer Stefan-Andres-Gesellschaft. Zentrale Station des Stefan-Andres-Wanderwegs. (→ »Andres-Essay«)

Traben-Trarbach: Der Schriftsteller Werner **von Beumelburg** wurde in Trarbach geboren (19. 2. 1899; gestorben am 9. 3. 1963 in Würzburg). Geburtshaus in der Kirchgasse 11, Grab auf dem Friedhof. Der aus dem Pfarrhaus stammende Offizier und Redakteur arbeitete seit 1926 als freier Schriftsteller. Lebte seit 1945 in Würzburg. Verklärte in seinem Werk Krieg und Deutschtum, u.a. in *Sperrfeuer um Deutschland* (1929) und *Kaiser und Herzog* (1936). Gab sich nach 1945 betont unpolitisch. – In der Casinostraße Gedenktafel für **Goethe**, der im Oktober 1792 auf der Rückkehr von der »Kampagne in Frankreich« im Hause Böcking übernachtete (heute Mittelmosel-Museum). Goethe war hier »in Wassernot geraten« (Oberhauser). – T. ist Hauptschauplatz in Edward **Bulwer-Lyttons** Reisebuch *Die Pilger des Rheins* (1835). – Heinrich **Hoffmann** (1809-1894; *Der Struwwelpeter)* machte in T. Station auf seiner Moselreise im Jahre 1849. – T. warb in den fünfziger Jahren besonders eifrig mit Rudolf G. Bindings Novelle *Moselfahrt aus Liebeskummer.* Man kreierte einen »Liebeskummer«-Wein, der sich rasant verkaufte, ebenso einen »Liebeskummer«-Marsch. Im »Rosengarten« in T. ist aus dieser Zeit eine Binding-Gedenktafel zu sehen. – T. wurde auch bekannt durch die Liederwettbewerbe um das beste Mosellied der Casino-Gesellschaft 1846 und 1899, zuweilen als »Sängerkriege« bezeichnet. Dank der Vertonung des Trierer Organisten Georg **Schmitt** ist das (nicht preisgekrönte) Lied von Theodor **Reck**, Pfarrer in Neuwied, heute noch bekannt (teilweise zitiert in → »Stimmen zur Mosel«).

Trier: Ganze Heerscharen von Dichtern haben Deutschlands älteste Stadt seit der Antike besungen und gepriesen, aber auch kritisch beäugt – im Spannungsfeld von antiker Weltstadt und gegenwärtigem »Nest« (→ »Literarischer Streifzug durch Trier«). In der Antike römische Schriftsteller wie Pomponius **Mela** (30-40 n. Chr. oder **Ausonius** (371 n. Chr.), im Mittelalter etwa Godefried **von Viterbo** (um 1150), die *Carmina Burana* (12. Jh.) oder die *Gesta Treverorum* (12. Jh.). In der Neuzeit z.B. Martin **Luther**, Ulrich **von Hutten**, Sebastian **Münster** (1548), Friedrich **Christian Laukhard**, Ferdinand **Lassalle** (*Franz von Sickingen*, 1859), Johann Wolfgang **von Goethe** (1792), Hoffmann **von Fallersleben** (1852), Stefan **Andres** (*Der Knabe im Brunnen*, 1953), Karl **Simrock** (1840), Stefan **George** (»Porta nigra«), Clara **Viebig** (*Unter dem Freiheitsbaum*, 1922), Ricarda **Huch** (1929), Rudolf G. **Binding** (*Moselfahrt aus Liebeskummer*, 1932), Jakob **Kneip** (*Porta nigra oder die Berufung des Martin Krimkorn*, 1932), Johannes **Kirschweng** (*Das Tor der Freude*, 1940), Wolfgang **Weyrauch** (1959), Maria **Schröder-Schiffhauer** (*Trierische Erde*, 1974), Jürgen **Wichmann** (*Porta nigra in Weiß*, 1982), Hans-Joachim **Kann**, Walter **Schenker** (1982), Ludwig **Harig** (*Trierer Spaziergänge*, 1983), Ursula **Krechel** (*Sizilianer des Gefühls*, 1993) oder Sigfrid **Gauch** (*Zweiter Hand*, 1997).

Neben deutschen Autoren schrieben auch englische, amerikanische und französische Schriftsteller über Trier, großenteils aus eigener Anschauung: Christopher **Marlowe** (*Faust*, 1592), Victor **Hugo** (*Reisetagebuch 1862-1865*), James Fenimore **Cooper** (1831), Ford Madox **Ford** (1911), Graham **Greene** (1924), D.H. **Lawrence** (1885-1930), Henry **Miller**, Michel **Peyramaure** (1986). Besondere Neugier erregen als Überreste aus großer römischer Zeit Porta Nigra, Kaiserthermen, Amphitheater und Römerbrücke, dazu die katholische Kirchenlandschaft rund um den Dom, bis hin nach St. Matthias.

In der Brückenstraße 10 wurde Karl **Marx** am 5. Mai 1818 geboren (heute Marx-Museum in der Trägerschaft der sozialdemokratischen Friedrich-Ebert-Stiftung). In der Simeonstraße 8 nahe der Porta (heute Optik Mahr) verbrachte Marx seine Jugend. Seit 1830 besuchte er das Friedrich-Wilhelm-Gymnasium in der Jesuitenstraße, die Reifeprüfung legte er 1835 ab. Über den frühen Marx schreibt Walter Schenker in seinem Roman *Eifel.* (→ »Marx«-Essay)

Friedrich **Spee** tritt 1610 in der Kranengasse (heute »Mutterhaus«) als Novize in den Jesuitenorden ein. Wird 1632 nach Trier versetzt, stirbt 1635 bei der Pflege pestkranker Soldaten. Liegt in der Krypta der Trierer Jesuitenkirche begraben (zu besichtigen: Spee-Denkmal, Okulus mit Spee-Versen, Grufttür mit symbolischer Ornamentik, Sarkophag und Bildnis). Die Gedichtsammlung *Trutz-Nachtigal* wird in der Trierer Stadtbibliothek aufbewahrt. Das Theaterstück *Hexenbrennen* von Jutta **Schubert**, 1996 uraufgeführt am Stadttheater Trier, gestaltet Spees Leben und Werk. Rainer Maria **Schröders** Jugendbuch *Das Geheimnis der weißen Mönche* (1996) setzt Spee ein literarisches Denkmal. (→ »Spee«-Essay)

Seinen *Eifeler Skizzen und Erzäh-*

lungen (1903, 1904) ließ der Lehrer, Heimatkundler und Erzähler Hermann **Ritter** (1864-1925) 1906 die *Trierer Skizzen und Bilder* folgen, 25 atmosphärevolle Schilderungen von Land und Leuten, mit Abstechern in die Geschichte. Der hundertste Geburtstag des Trierer Dichters Philipp Laven 1905 wird besonders gewürdigt. Den Band literarischer Skizzen eröffnet ein Panoramablick vom Gangolfsturm über Trier, den Abschluss macht eine »Weinlese im Regen«, eher ein verdrießliches Bild. Originell: eine Zeitreise in das Jahr 2004, mit einem Rückblick auf 100 Jahre Pressegeschichte.

Trier ist Schlussstation in **Bindings** Novelle *Moselfahrt aus Liebeskummer*, nach Beilstein, Bernkastel, Cochem und Ediger. Ein mitternächtliches Essen krönt die Reise. Den Erzähler fasziniert in der ältesten Stadt Deutschland das Übereinander der Kulturen. (→ »Binding«-Essay)

Im Alter von acht Jahren unternahm der junge Stefan **Andres** seine erste Trier-Fahrt, dargestellt im Roman *Der Knabe im Brunnen* (1953). Den kleinen Steff lockt die große Stadt mit einer Fülle von Geheimnissen und Reichtümern. (→ »Andres«-Essay)

Jorge **Semprun** (*1923) machte im Winter 1943 zwangsweise Station auf dem Trierer Hauptbahnhof, in einem Güterwaggon auf dem Weg ins Konzentrationslager Buchenwald. Erinnert im Roman *Die große Reise*. Schicksalhaft erscheint dem jungen Kommunisten der Zwischenstopp ausgerechnet in der Geburtsstadt von Karl Marx. (→ »Semprun / Sartre«-Essay)

Jean Paul **Sartre** (1905-1980) war in den Jahren 1940/41 der prominenteste Gefangene im Kriegsgefangenenlager Stalag 12 D auf dem Petrisberg (heute Universitätsgelände). Sartre schrieb hier sein erstes Theaterstück *Bariona oder Der Sohn des Donners*, 1940 im Lager uraufgeführt. Jost Krüger schrieb über Sartres Zeit in Trier das Theaterstück *Der Wetterbeobachtungssoldat*, 1997 in Trier uraufgeführt. (→ »Semprun / Sartre«-Essay)

Seit Mitte der neunziger Jahre boomen die Moselkrimis, Hauptautoren: Helga **Glaesener**, Hans-Joachim **Kann**, Eberhard **Kunkel**, Mischa **Martini**, Karl-Josef **Prüm** (»Carlos Caldera«, »Carl von Lieser«) und Albert **Reinig**. Die Moselkrimis sind wesentlich in Trier angesiedelt, moselabwärts ausgreifend bis Wittlich, Bernkastel, Trarbach und Koblenz. (→ »Moselkrimi«-Essay)

»Den Wein aus Trier, den lob ich mir!« singt (in deutscher Fraktur) ein Galeerensklave in dem **Asterix**-Comicband Nr. 30: *Obelix auf Kreuzfahrt*. Ein Skandal bahnt sich an für den großen Cäsar: Galeerensklaven sind mit einem gestohlenen Boot aus seiner Flotte unterwegs...

In das Trier der Renaissance-Zeit, genauer: ins Jahr 1523, führt der Krimi *Die Burg der Alchimisten* (1996) von Peter Gustav **Bartschat**. Richard Greifenclau, Kurfürst und Bischof von Trier, fürchtet eine Verschwörung. Sein Geheimagent Edgar Frischlin soll daher nicht zuletzt einen rätselhaften Mord auf der Schönburg aufklären.

Werner **Bergengruen** (1892-1964) schildert im Roman *Herzog Karl der Kühne* (1930) die Begegnung von Kaiser Friedrich und Herzog Karl von Burgund in der Abtei Maximin in Trier.

Lederstrumpf-Autor James Fenimore **Cooper** (1789-1851) besuchte im September 1831 Trier: »Wir kamen in Trèves an, das für sich in Anspruch nimmt, die älteste Stadt Europas zu sein und das auf Rom als eine Stadt relativ neuerer Entstehungszeit herabblickt – auf einem der Häuser an dem großen Platz steht in großen Buchstaben, dass Trèves um dreizehnhundert Jahre älter sei als Rom. – Wir sahen hier einige wunderschöne Ruinen der wirklichen Altertümer und einige moderne Überreste der Römer, so die Konstantin-Thermen, Ruinen eines Amphitheaters«, schrieb er in einem Brief.

Der berühmte englische Schriftsteller Graham **Greene** siedelte seinen Roman *The Name of Action* in Trier an. Besucht hat er Trier 1924.

Heinrich **Hoffmann** (1809-1894; *Der Struwwelpeter*) machte auf seiner Moselfahrt 1849 auch in Trier Station.

Im August 1852 besuchte August Heinrich **Hoffmann von Fallersleben** (1798-1874) die Stadt Trier. Der amtsenthobene Professor und poetische Kämpfer gegen Restauration, Verfasser des »Lieds der Deutschen«, wurde dabei polizeilich streng observiert. Von der Polizei wegen angeblicher mangelnder Legitimation der Stadt verwiesen, fuhr er »in einem Omnibus« zum Fährhaus nach Schweich. Bevor er das Dampfschiff besteigen konnte, musste ihn der Bürgermeister von Schweich nach politischen Schriften untersuchen – ergebnislos. Immerhin: das Moseldampfschiff konnte erst mit einer Stunde Verspätung loslegen. An Bord wurde der Dichter allseits freundlich begrüßt.

»Es gibt hier mehr Geistliche als Soldaten«, klagte der englische Schriftsteller und Maler D.H. **Lawrence** (1885-1930) in einem Brief aus Trier seiner Ehefrau Frieda, einer

Schwester des deutschen Piloten Manfred Freiherr von Richthofen. Lawrence besuchte Trier im Mai 1912, wobei er sich u.a. den Markusberg mit Mariensäule und den Dom ansah: »Trier ist eine nette Stadt... ich habe einen erfrischenden Spaziergang gemacht – einen großen, steilen Hügel hinauf, beinah wie eine Klippe, jenseits des Flusses... Man kann in einer netten Gaststätte Kaffee trinken und auf die Stadt hinunterschauen. Überall gibt es Vögel. Und ich ging an einer Madonna vorbei, die mit Blumen besteckt war, jenseits der Hügelkuppe unter all den Falten und Aufwürfen von Hügeln: hübsch wie im Himmel. Hier gibt es mehr Priester als Soldaten. Von der Art, die ich gesehen habe – kein bisschen jesuitisch – ich hab sie lieber. Der Dom ist verrückt: innen eine Grotte, keine Kathedrale – barock, barock. Die Stadt ist immer angenehm, und die Leute sind es auch.«

Als »Trierer Erzpoeten« bezeichnet in seinen *Trierer Spaziergängen* (1983) Ludwig **Harig** (*1927) den Trierer Gymnasiallehrer, Stadtbibliothekar und Dichter Philipp **Laven** (1805-1859). Er verfasste als erster Gedichte in Trierer Mundart.

»Nachdem wir nun, mein guter Mephistopheles / mit Freude die stattliche Stadt Trier überflogen hatten, / umgeben rings von luftigen Bergeshöhn, / von Mauern aus Feuerstein und tief gegrabenen Seen, / nachdem Paris verlassen, Frankreich überflogen war, / sahn wir dann den Main fallen in den Rhein«, nennt Christopher **Marlowe** (1564-1593), Zeitgenosse Shakespeares, in seinem *Faust*-Drama (1592) Trier in einem Atemzug mit Paris (3. Akt). Sein Stück ist das erste *Faust*-Drama der Literaturgeschichte.

Der weltbekannt gewordene amerikanische Schriftsteller Henry **Miller** (1891-1980) erwähnt in seinem Roman *Wendekreis des Krebses* (1934) die Heilig-Rock-Ausstellung in Trier. Gehört hatte er wohl von ihr bei seinem Besuch in Luxemburg im Juni 1933:»Am gleichen Tag (neben allerlei Welt-Klatsch), im Dom zu Trier, stellen die Deutschen den Rock Christi aus.«

In seinem Drama *Franz von Sickingen* (1859) bringt Ferdinand **Lassalle** (1825-1864) auch die Belagerung Triers auf die Bühne. Meuternde Bürger auf dem Trierer Hauptmarkt hoffen auf die Befreiung von kurfürstlicher Herrschaft durch Franz von Sickingen. »Mir sein och noch dao!« Trotzig klingt die Überschrift des Gedichtbands, den die Trierer Mundartautorin Cläre **Prem** 1976 vorgelegt hat.»Ein bunter Strauß von moselfränkischen Mundartgedichten«, von Philipp Laven (1805-1859), dem ersten Dichter in Trierer Mundart, bis zu Emil Arenz, Maria Croon, Peter Christoffel, Ida Conrath, Josef Feiten oder Addi Merten. Mit Lobpreisungen auf Mosel und Moselwein und immer auf Trier. »Eich sein en Trierer«, bekennt unerschütterlich Dora Rendenbach.»Ons Welt öß Trier!« ruft Hans Karl Schmitt geradezu enthusiastisch aus. Cläre Prem wurde am 30. 8. 1899 in Duisburg-Ruhrort geboren. Ihre Mutter war eine Winzerstochter von der Mosel. Cläre Prem schuf die Trierer Originale »Koorscht u Kneisjen«, alljährlich präsentiert von der Karnevalsgesellschaft »Heuschreck«. Sie war Ehrenmitglied des »Vereins Trierisch«. 1991, drei Jahre nach ihrem Tod, wurde am Palais Walderdorff eine Plakette zur Erinnerung an die große Trierer Mundartdichterin angebracht.

Seit 1997 verleiht die Landeszentrale für politische Bildung Rheinland-Pfalz den »Gerty Spies Preis für Literatur«. Benannt ist er nach der Schriftstellerin Gerty **Spies**, die am 13. 1. 1897 als Tochter einer jüdischen Familie in Trier geboren wurde. In der Brotstraße 39 ist sie aufgewachsen. 1942 wurde sie in das KZ Theresienstadt deportiert. Dort begann sie zu schreiben, um zu überleben. 1945 kehrte sie nach München zurück. Von ihr erschienen die Werke *Theresienstadt* (Gedichte, 1947), *Im Staube gefunden* (1987), *Das schwarze Kleid* (1992) und *Bittere Jugend. Ein Roman von Verfolgung und Überleben im Nationalsozialismus* (1997). Gerty Spies verstarb am 10. 10. 1997, nachdem sie wenige Monate zuvor in einem jüdischen Seniorenheim in München noch ihren 100. Geburtstag hatte feiern können.

In Trier leben und arbeiten u.a. die Schriftsteller Gisela **Brach** (*1926 Trier), Rainer **Breuer** (*1955 Trier), Annette **Craemer** (*1923 Cochem), Winfried **Croon** (*1933), Klaus **Hönig** (*1932 Fulda), Hans-Joachim **Kann** (*1943 Neuwied), Walter **Liederschmitt** (*1949 Trier), Walter **Schenker** (*1943 Solothurn), Werner **Schmitt** (*1964 Pirmasens) und Therese **Zilligen** (*1947 Koblenz). – In Trier geboren wurde 1947 die Lyrikerin, Erzählerin und Hörspielautorin Ursula **Krechel**, 1952 die Jugendbuch-Autorin Regina Maria **Kaiser** (u.a. *Lukios. Abenteuer im Alten Rom, Xanthippe, schöne Braut des Sokrates*).

Wittlich: Geburtsort des Romanautors Max René **Hesse** (17. 7. 1885), der am 15. 12. 1952 in Buenos Aires starb. Lebte nach dem Studium der

Medizin, Jura und Geisteswissenschaften 1910-1927 in Argentinien. Weitere Lebensstationen: Berlin, Wien, Spanien, Argentinien. Publikumserfolge wurden die gesellschaftskritischen Romanzyklen *Morath* (1932, 1935) und *Dietrich Kattenburg* (1937, 1944, 1949). – In W. leben und arbeiten der Schriftsteller Roland **Steines** (*1936 Trier; *Die Leute von Pfalzel*,

1995) und der Sammler Eifeler und moselländischer Geschichten, Reinhold **Wagner** (*1946).

Zell: Hauptstation der weinseligen Moselreise in Josef Maria **Franks** Roman *Herbstliche Romanze* (→ »Weinland Moselland«-Essay).

Josef Zierden

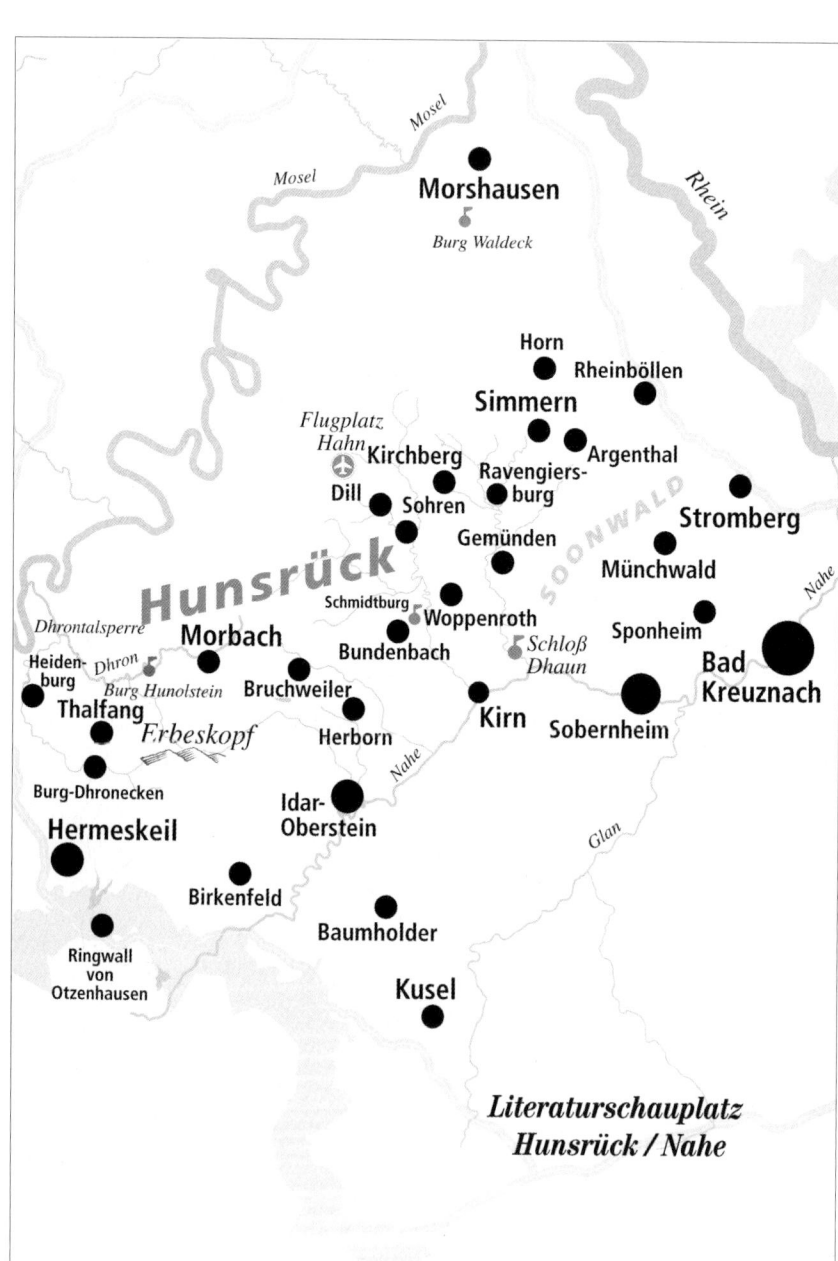

Mosel

Mosel

Morshausen

Burg Waldeck

Rhein

Horn

Rheinböllen

Simmern

Flugplatz Hahn **Kirchberg**

Argenthal

Ravengiers-burg

Dill

Sohren

Stromberg

Gemünden

S O O N W A L D

Münchwald

Hunsrück

Schmidtburg

Woppenroth

Dhrontalsperre

Morbach

Bundenbach

Schloß Dhaun

Sponheim

Nahe

Heiden-burg

Dhron

Burg Hunolstein

Bruchweiler

Bad Kreuznach

Thalfang

Erbeskopf

Herborn

Kirn

Sobernheim

Nahe

Burg-Dhronecken

Idar-Oberstein

Glan

Hermeskeil

Birkenfeld

Baumholder

Ringwall von Otzenhausen

Kusel

Literaturschauplatz Hunsrück / Nahe

HUNSRÜCK

»Heimat« nannte der aus Morbach stammende Drehbuchautor und Regisseur
Edgar Reitz sein elfteiliges Filmepos, das er Anfang der achtziger Jahre im
Hunsrück-Dorf Woppenroth alias »Schabbach« produzierte.
(Foto: Rüdiger Diezemann)

Verena Mahlow
»Hunsrück! Heimat?!«
Literarisches aus dem Land zwischen den Flüssen

»Hinter Koblenz hörte meine Karte auf. Aber mehr als hundert Kilometer konnten es nicht mehr sein, als ich die Autobahn verließ, um mir meinen Weg durch den Hunsrück zu suchen.

In einer Senke zwischen zwei bewaldeten Hängen hielt ich vor einem Gasthaus, das aussah, als wäre es vor langer Zeit eine Station für Postkutschen gewesen... Die Gäste saßen dicht an dicht um den großen runden Tisch vor dem Büffet und brüteten schlecht gelaunt vor sich hin.«

Der erste Eindruck, den Bruno Rabau, der Protagonist in Wolfgang Brenners Kriminalroman *Welcome, Ossi* von den Hunsrückern hat, ist nicht gerade positiv. Der zweite erst recht nicht, denn Rabau muss der Kellnerin Elvira nur etwas zu lang in die Augen schauen, um von einem betrunkenen Stammtischbruder zusammengeschlagen zu werden. Und das ist nur der Beginn seiner zweifelhaften Freundschaft mit der Provinz links des Rheins, die so harmlos scheint und – für den Fremden – voller Fußangeln ist: »Bubach tat nur tagsüber so, als wäre es ein stark frequentierter Hunsrückflecken mit einfachen Menschen, die wenig wissen wollten von dem, was in der übrigen Welt vorging, und am liebsten ihre Ruhe hatten und freundlich zu ihren Nachbarn waren.«

Sollte das etwa typisch hunsrückerisch sein: verlogene Engstirnigkeit und Intoleranz gegenüber dem Fremden, dieses Hahn-im-Hennenhof-Gehabe und eine stets locker sitzende Faust? Wolfgang Brenner, der zwischen dem Hunsrücker Morbach, das dem fiktiven Bubach deutlich ähnelt, und Berlin hin- und herpendelt, hatte mit *Welcome, Ossi* eine Gesellschaftssatire im Sinn und ihr Personal – rauhe Kerle, Flintenweiber – manchmal bewusst bis zum Klischee überzeichnet. Doch entbehrt die Satire nicht einem realen Kern, und so kreidet der Autor den zu engen Horizont und diese großspurige Art, »zu allem eine Meinung, aber kaum etwas gesehen« zu haben, den Hunsrückern nicht nur literarisch an: die Provinz als »eine große Falle für Menschen, die aus der Stadt kommen«.

Lange vergangen ist die Zeit, als der Volksschriftsteller W. O. von Horn, ein passionierter Hunsrücker, seinem Völkchen Qualitäten mit einem Touch des »edlen Wilden« zuschrieb: »Der alten Sitte ergeben, einfach, treu, betriebsam... ein Volk, das sich ebenso sehr durch körperliche Kraft als Schönheit auszeichnet.« Während der Romantiker Karl Simrock dessen

Bescheidenheit lobte: »ein derber, rühriger Menschenschlag, der den unwirtlichen Boden mit dem Schweiße seines Angesichts düngt und nicht murrt, wenn Schmalhans Küchenmeister ist«, und Ende des 19. Jahrhunderts Adolph Liese eine gewisse Bauernschläue ins Auge stach: »Nach Art der Gebirgsbewohner sind die Hunsrücker vorsichtig, mißtrauisch, klug berechnend und den eigenen Vorteil nicht hintansetzend. Sie sind fleißig, mäßig und nüchtern.«

»Nein«, räumt Wolfgang Brenner in einem Zeitungsinterview ein, »richtig feindlich ist die Gegend auch nicht. Eher im Gegenteil.« Aber sie wickle einen ein, wenn man nicht aufpasse, und überhaupt: »Die Fernsehidylle gibt es hier nicht.«

Reine Idylle war der Hunsrück wahrscheinlich zu keiner Zeit, dieses karge Zwischenflussland, begrenzt von Rhein, Mosel, Nahe und Saar, ein europäisches Mesopotamien im Kleinformat. 4444 Quadratkilometer, durch die sich die dunklen Höhenrücken des Hoch-, Idar- und Soonwalds ziehen, kalkarme Böden, Schiefer und Quarzit. Ein Land, das dem römischen Dichter Ausonius, dem als ersten Hunsrückreisenden hier ein Kapitel gewidmet ist, erschreckend öde und einsam vorkam. Ein »Gebirge wie eine Verleugnung«, wie Heinrich von Kleist schrieb, und laut Jakob Kneip, dem wohl bekanntesten Hunsrücker Dichter, ein düsteres Land: »Die Scholle liegt dort rauh und wild. / Tief braust der Wald, scharf weht der Wind.«

Doch wie das Land zwischen Euphrat und Tigris, ist auch der Hunsrück ein Gebiet mit einer überaus interessanten Vorgeschichte: der eigenständigen Eifel-Hunsrück-Kultur in der La-Tène-Zeit, den keltischen Treverern, von denen reich bestückte Hügelgräber und die Reste mächtiger Fliehburgen und Ringwälle zeugen. Besonders der Ringwall von Otzenhausen, der dicht an der Grenze zum Saarland gerade noch als Hunsrücker durchgeht, kann als gesamtdeutscher Superlativ gelten und wurde 1833 von Friedrich Schinkel als »dieses fabelhafte Werk menschlicher Hände« bestaunt. Seine Ausmaße verraten, dass die heute einsamen Berghöhen einmal von genügend Menschen bewohnt gewesen sein müssen, die imstande waren, Hunderttausende von Kubikmetern Stein anzuhäufen. Ein Volk, geführt von mächtigen keltischen Gaufürsten, deren Hinterlassenschaften, wie Archäologen vermuten, noch immer darauf warten, unter den Hunsrücker Wäldern ausgegraben zu werden. Ebenso wie hier immer wieder Funde aus der Römerzeit gemacht werden; in unwirtlichen Böden, die voller Zeugnisse großer Kulturen stecken. Und wie sich in den dichten Wäldern hinter Ranken und Gebüsch die Ruinen von fast fünfzig Burg- und Schlossanlagen verbergen, die am »Hunsrücker Zerstörungs- und Jammertag« von den Franzosen vernichtet wurden.

Die abwechslungsreiche Frühgeschichte des Hunsrücks spiegelt sich auch in der Bevölkerung wider. Jakob Kneip, der seine Heimat zum zentralen Thema seines Schaffens machte, schreibt aus dem Blickwinkel des Beobachters:

> »...wenn er die hageren, von harter Arbeit oft frühzeitig gebeugten Gestalten der Bauern und Bäuerinnen ansieht, wird er bald wahrnehmen, dass hier keineswegs ein einheitlicher Menschenschlag lebt. Da finden sich blonde und rothaarige Hünengestalten von heller, sonnensprossiger Hautfarbe und daneben, oft sogar in derselben Familie, kleine Gestalten mit pechschwarzem Haar und südländisch braune Gesichter mit dunklen Augen und Habichtsnasen. Sollten es die Nachkommen jener Sarmaten sein, von denen uns der Römer Ausonius erzählt, dass Konstantin sie hier angesiedelt hat?«

Noch weitere Völker haben ihre Spuren auf dem Hunsrück hinterlassen. Dänen und Normannen im 9. Jahrhundert, die Ungarn im 10., Schweden und Spanier im Dreißigjährigen Krieg, mit dem der tapfere Hunsrücksohn Johann Michel Obertraut zur Legende wurde. Die Franzosen unter dem erbgeilen Sonnenkönig Ludwig XIV., der sich Simmern einverleibte und fast alle Hunsrücker Burgen schleifen ließ. In der napoleonischen Zeit wieder die Franzosen, die sich mit unserem »Volksheld par excellence«, dem Schinderhannes herumschlagen mussten, bis es ihnen schließlich gelang, ihn unschädlich zu machen. Zuletzt die Amerikaner, die ähnlich mächtiges Geschütz wie die Kelten aufbauten, um vom Hunsrück aus den »freien Westen« zu verteidigen. Vermutlich hatte kaum einer der letztgenannten je zuvor von dem Landstrich mit dem vertrackten, für Yankee-Zungen kaum aussprechbaren Namen gehört, wo es weder ein New York noch ein Babylon gibt, nur ein Simmern, ein Kastellaun, ein Morshausen und schließlich die »Hahn Airbase«, wie ein Ufo auf einem einsamen Planeten, heute als Zivil- und Cargoflughafen genutzt. Und kaum ein Einheimischer hätte den Amerikanern erklären können, wo der Name Hunsrück überhaupt herrührt. Geht er auf die Hunnen zurück, denen fälschlicherweise der Ringwall von Otzenhausen zugeschrieben wird, und die sich laut Nibelungenlied ganz in der Nähe aufhielten? Den Feinden Hagen von Tronjes, den heimische Legenden, mancher Forscher und in Romanform der Bauernschriftsteller Albert Bauer als Hunsrücker bezeichnen? Meint der Name einen »befestigten Platz der Hunnen«, wie Sebastian Münster glaubte? Oder rührt er von den Hünen her, den mystischen Riesen, die dem Volksglauben nach in den keltischen Hünengräbern schlummern? Auch eine keltische Wortkombination mag der Namensgeber sein, mit der die Region als »nasser, sumpfiger Gebirgsrücken« bezeichnet wird. Oder ist der im Schöpfen von Namen besonders erfindungsreiche Abt Trithemius, von dem noch zu lesen sein wird, der Urheber, der die Bewohner des Hunsrücks nicht eben respektvoll »Cynotos«, die Hündischen, genannt haben soll? Führt er auf »Hundsge-ding« zurück, wie Eutrop fabuliert, einer siebenjährig stattfindenden gericht-lichen Zusammenkunft der Dorfweisen »um Ravengeresburg herum«?

Tatsache ist jedenfalls, dass der Name »hundesrucha« erstmals in einer Ravengiersburger Klosterurkunde Ende des 11. Jahrhunderts auftaucht. Da er jedoch nirgendwo schlüssig erklärt wird, neigen die Einheimischen dazu, ihn schlicht vom Wort Hund abzuleiten, was den heimatdichtenden Lokalpa-trioten Karl Röhrig zu wütenden Protesten in Reimform veranlasst hat. »Ob's hoher Rücken heißt / ob's auf die Hunnen weist – / war es der Hunen Ort, / hausten die Hünen dort – / jedenfalls tu ich's kund: / Hunsrück kommt nicht von Hund!« Dennoch hat sich der »Hundsbuckel« besonders unter der respektlosen jüngeren Bevölkerung breitgemacht, die damit – bei allem aus-geprägten Lokalstolz als »Hunsricker« – gelegentlich doch auch auf das öde »Hundeleben« in einer Gegend, »wo sich Hund und Katz' Gute Nacht sa-gen« anspielen wollen. Auf die optische Form des Mittelgebirges hingegen bezieht ein Sprichwort im *Rheinischen Wörterbuch* den Namen: »Wie sieht mer am beste den Hunsrück? Wenn mer dem Hund vom Schwanz iewer de Buckel no dem Kopp guckt.«

Geheimnisvoll wie der Name des Hunsrück sind auch die Sagen, Legen-den und die vielleicht im Kern wahren Geschichten, die sich hier abgespielt haben sollen. Die aus dem 14. Jahrhundert stammende Geschichte der Lauretta von Sponheim beispielsweise, der »ersten Hunsrücker Emanze«, die sich den Besitzansprüchen des Trierer Kurfürsten Balduin widersetzte und ihn solange gefangenhielt, bis er nicht nur Einsicht, sondern sogar Respekt und Zuneigung zeigte. Oder die vierhundert Jahre alte Sage vom »Boorsticksmännche«, das heute noch in Simmern herumgeistern soll, weil es niemals einem Menschen ohne Fehl und Tadel begegnete, der es erlösen konnte. Und die vielen Geschichten von verwunschenen Jungfrauen, wilden Jägern und den Riesen vom Lützelsoon wie auch die unzähligen Anekdoten vom Schinderhannes, der im Hunsrück sein Unwesen trieb und bis heute als Volksheld gefeiert wird.

Selbst den Teufel, heißt es, habe es auf den Hunsrück verschlagen. In Bundenbach wollte er sich einmal ein paar arme Seelen abholen und bei der Gelegenheit auf Wunsch seiner Großmutter das Gotteshaus zertrümmern. Mit einem ordentlichen Felsen beladen erklomm er also die Höhe und kam dabei so ins Schwitzen, dass er seine Last abwarf, um ein wenig zu verschnaufen. Als ein altes Weiblein mit einem Korb vorbeikam, fragte er es ausgesucht höflich nach dem Weg nach Bundenbach, worauf die schlaue Hunsrückerin, die angesichts des Fremden sofort Unheil ahnte, behauptete:

»Lieber Herr, ich komme gerade von dort, das ist noch sehr weit.« Und ihn in den Korb blicken ließ, in dem lauter verschlissene Schuhe und Schlappen lagen: All die habe sie schon durchgelaufen, so weit sei es. Der dumme Teufel, der nicht ahnte, dass sie die Frau des Dorfschusters war, die die kaputten Schuhe bei der Kundschaft abgeholt hatte, gab daraufhin frustriert auf. Er ließ den Fels an der Stelle zurück, wo er heute noch liegt und »Teufelsfels« genannt wird, und verschonte so die Bundenbacher vor der Hölle. Bauernschläue hatte gegen Dämonie gesiegt.

In dem sehr schönen Buch mit dem Titel *Im Land des Schinderhannes* (Spee-Verlag, Trier) hat Kurt Bach viele Hunsrücker Sagen und Geschichten zusammengetragen aus alten Kalendern, Jahrbüchern, Schulchroniken, Archiven und mündlichen Erzählungen.

Die Literatur des Hunsrücks weist nicht die ganz großen Namen auf. Wir haben keinen Goethe – der immerhin einmal bis Idar-Oberstein reiste, aber weniger am Land als an den Edelstein-Manufacturen interessiert war –, keinen Carl Zuckmayer wie die Rheinhessen, keinen Hugo Ball wie die Pfälzer und nicht einmal einen richtig großen Namen in der Unterhaltungsliteratur wie den Eifler Jacques Berndorf, der seine Heimat im Krimi bundesweit bekannt machte. Hunsrückliteratur, zumal die frühere, ist Heimatdichtung, Dorflektüre, wie die »erbauenden« Schriften des W. O. von Horn oder die augenzwinkernden, charmanten »Verzielcher, Stickelcher un Lierer« des Peter Josef Rottmann, die wegen ihrer mundartlichen Sprache nicht den Weg über die Regionalgrenzen fanden. Wir haben einen Albert Bauer, der stets fatalistisch in seiner Bäuerlichkeit verharrt: »Haus und Scholle halten den Menschen fest umklammert«, einen Jakob Kneip, der zwar bekannt ist, aber nicht mehr aufgelegt wird, einen Hajo Knebel, der so viel über den Hunsrück geforscht und geschrieben hat, seinen einzigen wirklich »großen« Roman aber dem schlesischen Geburtsland widmete.

Albert Pütz, dessen Bücher den Hunsrück aus der bäuerlichen Enge lösen und in die »große, weite Welt« eingliedern, hätte sicher mehr Aufmerksamkeit verdient, ebenso die sprachgewaltige Realistin Nanny Lambrecht, die mit ihrem mutigen, die heuchlerische Frömmigkeit der Dörfler anprangernden Roman *Armsünderin* zwar eine Zeitlang in aller Munde war, dann aber wieder vergessen wurde. Über wahre Berühmtheit oder Bekanntheit im kleinen Rahmen entscheidet oftmals wohl der Zufall: Wäre einem Regisseur zum rechten Zeitpunkt das *Tagebuch meines Lebens* der Kümbdcherin Maria Elisabeth Glasmann in die Hände gefallen, diese ebenso anrührende wie zeitdokumentarische »Familiensaga vom Hunsrück 1860-1942«, wer weiß, ob nicht ein Erfolg wie Anna Wimschneiders *Herbstmilch* daraus hätte werden können.

»Heimat! Hunsrück! Wie stoffelig, wie blaustrümpfig das klang«, hat die Verfasserin dieses Essays einmal in einer Kurzgeschichte geschrieben, die 1997 in der *Frankfurter Allgemeinen Zeitung* erschien. Tatsächlich hatte der Begriff »Heimat« lange Zeit eine negative Konnotation – nicht nur wegen der Anklänge an die Blut-und-Boden-Terminologie der Nazis. Wie viele Hunsrücker, wenn auch selbst mit später Geburt »begnadet«, mögen mit »Heimat« all das verbunden haben, was bei anderen oft Fluchtinstinkte auslöste: Die dörfliche Enge, das Beschauliche und Ruhige, auch das Derbe und wenig Mondäne. Für die Schönheit der Natur, die Qualität der Ruhe, die »Luft prickelnd wie Champagner«, wie Wanda Icus-Rothe schrieb, für das Traditionelle blieb kaum ein Blick. In den späten sechziger Jahren zogen »progressive« Jugendliche auf die Burg Waldeck, wo große Chansons- und Folklore-Festivals stattfanden. Da traf sich die alternative Szene im – nicht nur für fremde Augen – romantischen Baybachtal und kritisierte die Bourgeoisie. Da kam die Welt in den Hunsrück, endlich war »was los«

Noch später Geborene – zumal Simmerner – erlebten Sternstunden mondänsten Flairs, als Anfang der siebziger Jahre ein Hunsrücker, der wie so viele in die Stadt gezogen war, für kurze Zeit zurückkehrte: Edgar Reitz kam aus München, um hier einen Teil des Films »Die Reise nach Wien« zu drehen. Plötzlich wimmelte es in Simmern von Filmleuten. Elke Sommer spielte Skat im »Hotel zur Post«, Hannelore Elsner unterhielt sich freundlich mit den Hunsrückern, und Jugendliche, die gerade erst ihre langen Mähnen durchgesetzt hatten, ließen sich willig die Köpfe auf Pimpf und die Strähnen in Gretchenzöpfe trimmen, um als Statisten mitwirken zu können.

Zehn Jahre später dann brachte Reitz sogar internationalen Glanz und Ruhm über den Hunsrück. Mit der elfteiligen Serie »Heimat«, einer »deutschen Chronik«, »dem ersten echten Filmroman«, wie die Kritik lobte, heimste der in Morbach geborene Regisseur zahlreiche Filmpreise ein. »Heimat« wurde in vielen Ländern ausgestrahlt und machte den Hunsrück schlagartig international bekannt. Das fiktive Dorf »Schabbach«, das zu großen Teilen in Woppenroth angesiedelt ist, war plötzlich Ziel filmbegeisterter Touristen, der derbe Zungenschlag des »Hunsrücker Platt« avancierte zur liebevoll gepflegten Sprachmelodie. Reitz gab dem Hunsrück die Idylle zurück, eine gefährdete, angreifbare, niemals heile Idylle, vielleicht nicht mehr als eine Fernsehidylle, doch mit ihr setzte er dem Land zwischen den Flüssen für immer ein Denkmal. Und das Tabuwort »Heimat« war zum Zauberwort geworden, das noch heute strahlt.

Verena Mahlow

Literaturempfehlungen

Wolfgang Bartels: *Hunsrück*, Köln 1996

Uwe Anhäuser: *DuMont Kunst-Reiseführer Hunsrück und Naheland*, Köln 1987; *Sagenhafter Hunsrück I. Ein Buch der Geschichte, Geschichten und Geheimnisse zwischen Mosel, Nahe, Saar und Rhein*, Briedel 1994; *Sagenhafter Hunsrück II. Merkwürdiges und Mysteriöses zwischen Mittelrhein und Westrich, im Nahe- und Moselland*, Briedel 1995

Kurt Bach: *Im Land des Schinderhannes*, Trier 1989

Wolfgang Brenner: *Welcome Ossi*, Zürich 1993

Maria Elisabeth Glasmann: *Tagebuch meines Lebens: eine Familiensaga vom Hunsrück*, Würzburg 1980

Der Hunsrück. Festschrift zum 100jährigen Bestehen des Hunsrückvereins, Birkenfeld 1990

Der Hunsrück. Merian – Monatsheft der Städte und Landschaften, 15. Jg., Heft 6, 1962

Gustav Schellack / Willi Wagner: *Der Hunsrück zwischen Rhein, Mosel und Nahe*, Stuttgart 1984

––––––––––

Stimmen zum Hunsrück

»Waldeinsamkeit umfing mich, verödet sind die Fluren,
Und nirgends nah noch fern von Menschenwerk die Spuren.
Vorbei ging's an Dumnissus, verdörrt vom Brand der Sonnen,
Vorbei auch an Tabernae mit seinen kühlen Bronnen.«

Ausonius, Mosella

»Im Schneppenbacher Forschte, do geht de Deiwel rumdidum!
Die Ank voll schwarze Berschte und legt die junge Weibsleit um.
Im Soonwald, im Soonwald steht manche dunkle Tann,
drunter liegt begraben so mancher Wandersmann.«

Carl Zuckmayer, Schinderhannes

»Spätherbst im Hochwald des Hunsrücks. Sturm peitscht die Forsten, jault über Tag, heult und brüllt durch die Nacht. Schwarz ist der Himmel, grau die Erde. Düster stehn die unendlichen Wälder.«

Alfred Bauer, Hagen von Troneck

»Man übt sich nicht im Lächeln auf diesem kargen Gebirge.«
Nanny Lambrecht, Armsünderin

»Haste dir schon emol klargemacht, wenn man von Paris nach Berlin reitet,
dass man da durch Schabbach kommt? ... Und wenn du eine Linie ziehst vom
Nordpol zum Südpol, die geht auch genau durch Schabbach durch.«
Edgar Reitz / Peter Steinbach, Heimat

»Oben auf dem hohen Rücken / Welchen weinbekränzte Ströme,
Mosel, Rhein und Nah umgeben. / Wo der Nord die starke Eiche
Und die schlanke Föhre schüttelt, / Wo des Idars hohe Firste,
Die sich bald in Himmelsbläue, / Bald in Nebelschleier kleidet,
Hochgewitter hält und scheidet, / Wo der Soonwald wellenförmig
Edles Wild in Masse bergend, / Von dem Idar bis zum Rheine
Bildend eine Parallele / Mit der Eifel, sich erstrecket,
Wo die wohlbestellten Fluren / Ihrer Bauern Fleiß bekunden:
Dort in mancherlei Nuancen / Ist die eigne Mundart heimisch,
Welche meine Kinder sprechen / Die die Muse mir geboren.«
Peter Josef Rottmann, Vorwort zu den
Gedichten in Hunsrücker Mundart, 1. Aufl.

»Der Frühling hat es freilich nicht sehr eilig, zu uns zu kommen; da blühen an
der Mosel oft schon die Kirschen, wenn die Bäume hier bei uns noch tief unter
der Last des Schnee's sich biegen... Aber die Luft hier ist prickelnd wie
Champagner.«
Wanda Icus-Rothe, Sonne der Heimat

»Er war für mich zu einer mystischen Personifikation des heimatlichen
Hunsrücks geworden. In seiner Gestalt liefen die Linien dieser für mich
schönsten deutschen Landschaft zu einem menschlich gebundenen,
menschlich den Hunsrück enthaltenden Bilde zusammen. Das flüsternde
Schweigen des Baybachtales, die erstickte Klage des Käuzchen, das mythische
Silberschuppentier des Baches, der den Schlossfels umwand und seine
knisternden, im Knistern rieselnden Bewegungen mit geheimem Echo im
Herzen fortsetzte...«
Werner Helwig, Der Äskulap des Hunsrücks

»Das is meine Heimat. Da hinten hab ich schon als kleines Kind am allerlieb-
sten gespielt. Und guck hier, unner der Heck, da han mir als Kinner, immer
Räuber und Schandarm gespielt. Und aus Laub und alten Kartoffelsäcken han
wir uns Hütten gebaut. Da drüben, guck mal da rein, wos so dunkel ist im
Gestrüpp. Und das da is ein Schlehenbusch. Weißt du, Lucie, die Schlehen, die

sind so sauer, dass man sie überhaupt net essen kann. Und deshalb werden sie Hunsrückwein genannt... Und weißt du, was das ist, was da an den Bäumen wächst, Lucie, da oben? Das sind ›Knäpperscher‹! Das sind wilde Kirschen, die werden ganz schwarz, wenn sie reif sind. Ganz schwarz werden die. Sowas hast du noch nicht gegessen. Die schmecken, als ob du noch nie in deinem Leben Kirschen gegessen hättest.«

Peter Steinbach / Edgar Reitz, Heimat

»Ich fühle den Beruf, die Ehre des Hunsrücks zu retten, weil ich ihn kenne, weil ich ihn liebe... sein biederes Volk hat meine Liebe gewonnen, – ich bin ein Hunsrücker geworden mit Leib und Seele.«

W. O. von Horn, Die Deserteure

»Seit jeher hat die Hunsrückliteratur gern das Vergangene gefeiert und ihre Gegenwart verschwiegen. Famose Texte wurden geschrieben, die aber zumeist verblühten Reizen das Wort zu reden suchten.«

Uwe Anhäuser, Sagenhafter Hunsrück, Vorwort

»Ringsum lechzende Landschaft« Vor mehr als 1600 Jahren überquerte Ausonius den Hunsrück

Im Jahre 368, vielleicht auch 369 n. Chr., erklomm ein Wagen der römischen Reichspost, von Mainz kommend, die Binger Tafelberge und fuhr über Neumagen an der Mosel nach Trier. Darin der gallo-romanische Grammatiklehrer, Rhetorikprofessor und Dichter Decimus Magnus Ausonius, der zu dieser Zeit bereits seit vier Jahren in der Colonia Augusta Treverorum als Erzieher des Prinzen und zukünftigen Kaisers Gratian tätig war, und daher den Hunsrück mit Sicherheit nicht erst jetzt kennenlernte. Doch was er rechts und links der Römerstraße sah, erfüllte ihn, scheint's, mit Grauen: Einen undurchdringlichen Urwald ohne eine Spur menschlicher Zivilisation meinte er zu erblicken, trockene, verödete Felder, ein Nebelland, durchdrungen von Wolfsgeheul und Einsamkeit.

Vielleicht war Ausonius schlechter Stimmung, weil Kaiser Valentinian ihn trotz seines hohen Alters von fast siebzig Jahren verdonnert hatte, am Alemannenfeldzug teilzunehmen, der nur unter größten Mühen gewonnen werden konnte. Vielleicht sehnte er sich nach den Mühen der Reise auch nur an die luxuriöse Kaiserresidenz und die weinreichen Hänge der Mosel zurück und war schlichtweg zu verwöhnt für die bescheidenen Hunsrücker Villae Rusticae, in denen es keine Bäder, sondern nur Ziehbrunnen gab. Vermutlich war jedoch das negative Bild, das der Dichter wenig später in seinem berühmten, in 483 Hexametern verfassten Preislied »Mosella« vom Hunsrück zeichnete, nichts als ein rhetorisches Stilmittel, um das eigentliche Objekt seiner lyrischen Begierde, die Mosel unter der Herrschaft der Römer, besonders hervorzuheben.

Dabei mag politische Propaganda eine Rolle gespielt haben: Ausonius, der am Trierer Hof eine raffinierte Vetternpolitik betrieb, indem er sich erst selbst unentbehrlich machte, um dann seinem gesamten Familienclan aus dem fernen Gallien zu hohen Staatsämtern im Trevererergebiet zu verhelfen, mag die nahende Zeitenwende, das Ende des lustigen römischen Lebens, vorausgesehen haben. Umso mehr legte er es darauf an, der Welt in der Abenddämmerung der tausendjährigen Regentschaft eine unantastbare und florierende Pax Romana auch in der Nordzone des Imperiums vorzugaukeln.

Jedenfalls kann die Reise des Dichters über den Hunsrück nicht ganz so trostlos gewesen sein, wie er es darstellt: »Vorbei an Dumnissus, das wasserlos ist, wo rings die Fluren dürsten, vorbei an Tabernae, von einem ewigen Quell bewässert, vorbei an den Feldern, die jüngst sarmatischen Siedlern zugeteilt.« Denn die Straße, auf der er reiste und die heute noch in großen Teilen erkennbar ist, gehörte zu einem System von gut ausgebauten Verkehrsachsen, auf denen die Römer ihr Reich in erstaunlicher Schnelligkeit durchqueren konnten. Die sogenannte Tabula Peutingeriana, eine genaue Landkarte aus dem 3. Jahrhundert, verzeichnete schnurgerade Trassen mit einer Mindestbreite von sechs Metern. Sie waren gesäumt von Stationen zum Wechseln der Pferde, von Gasthäusern, Heiligtümern, Wachttürmen, Gutshöfen und römischen Siedlungen wie Belgium am Stumpfen Turm von Hinzerath oder dem Ort Raimund – ein Name, der auf die Kelten zurückweist – am Strimmiger Berg, wo die Reste einer veritablen Therme und einer Tempelanlage ausgegraben wurden. Dünn besiedelt waren die kargen Hunsrückhöhen wohl, keineswegs aber menschenleer.

Auch Ausonius' Fortbewegungsmittel wird, wie die Darstellung einer hochräderigen römischen Kutsche auf der sogenannten Igler Säule bei Trier zeigt, nicht allzu unbequem gewesen sein, und zudem befand er sich in angenehmer Begleitung: Nach dem gerade überstandenen Feldzug hatte ihm der Kaiser als Dank für ein paar Auftragsverse eine bildhübsche, junge Schwäbin als Sklavin geschenkt, und obwohl Ausonius sie sogleich beschämt in die Freiheit entlassen wollte, entschloss sich das Mädchen, bei dem sympathischen Greis zu bleiben und seine Geliebte zu werden.

Der Dichter, der die Klugheit und Schönheit der »virguncula Sueba« in anrührenden Versen besang – weiße Lilien und rote Rosen müsse ein Maler mischen, um ihr Antlitz zu malen – war so verliebt, dass ihm ihr für Römerohren barbarischer Name – Bissula – wie »Lerchengesang« erklang.

Obwohl Ausonius – aus rhetorischen oder anderen Gründen – dem Hunsrück also keine guten Seiten abgewinnen konnte, ist sein Reisebericht als die älteste uns bekannte literarische Schilderung des römischen Trevererlandes von so großer Bedeutung, dass selbst überzeugteste Hunsrücker dem Gallier längst verziehen haben. So wurde eine Schule und eine Gaststätte in Kirchberg nach ihm benannt, es gibt ein Ausonius-Denkmal, und auch die über einhundert Kilometer lange Strecke von Bingen nach Trier, die der Dichter mit seiner Bissula zurücklegte, heißt heute »Ausoniusweg« und ist mit dem Symbol des Römerkopfes als Wanderweg markiert. Etappen auf diesem Weg sind Dumnissus, Kirchberg-Denzen, das im Gegensatz zu dem, was Ausonius sagte, gar nicht so wasserlos war, sondern bereits in der Keltenzeit über einen besonders starken Quellbrunnen verfügte. Noch viele Jahrhunderte später, bis zum Bau einer Wasserleitung, holten die Denzer hier ihr Trinkwasser, und als 1921 in Kirchberg einmal das Wasser versiegte, bildeten die Bürger der Stadt lange Wagenkolonnen, um im »Römerbrunnen« ihr Trinkwasser zu schöpfen.

Über Ausonius' »Tabernae« gibt es Unstimmigkeiten. Betrachten einige Forscher diese lediglich als Gasthäuser auf seiner Strecke, deren Standort der Reisende nicht näher beschrieb, setzen andere sie mit mit Heidenpütz bei Elzerath, mit Belgium oder in der Nähe von Dumnissus mit der Eichenmühle am Kyrbach gleich. Hermann Rössel vom Hunsrückverein schreibt, solange es keine beweiskräftigen Neufunde wie eine Inschrift oder ähnliches gebe, könne die Antwort auf die Frage nach den Tabernae nur »non liquet« heißen. Keine Unsicherheiten gibt es über Ausonius' sarmatische Siedlungen; sie meinen das Gebiet um Sohren, Niedersohren und Sohrschied, in deren Namen noch die der rebellischen Sarmatenvölker mitschwingen, die von den Römern auf den Hunsrück deportiert worden waren, wo sie ein Leben als Viehbauern fristeten und »keinen Schaden« mehr anrichten konnten.

Verena Mahlow

Literaturempfehlungen

Ausonius, hrsg. von Manfred Joachim Lossau. *Wege der Forschung,* Bd. 652, Darmstadt 1991

Uwe Anhäuser: »Römerstraßen durch den Hunsrück«, in: *Sagenhafter Hunsrück*, Bd. II, Briedel 1995

Hermann Rössel: »Eine epochale Wanderung über den römischen Hunsrück – Ausonius«, in: *Der Hunsrück. Festschrift zum 100jährigen Jubiläum des Hunsrückvereins e.V.*, Birkenfeld 1990

War Hagen von Tronje ein Hunsrücker?
Nicht nur der Volksmund glaubt daran

An den Ausläufern des Erbeskopf zwischen Morbach und Hermeskeil liegt das idyllische Hochwalddorf Drohnecken an der Kleinen Drohn, in dessen Zentrum sich hinter grauem Mauerwerk das Dhronecker Schloss erhebt. Lange Zeit war es Verwaltungssitz der Mark Thalfang und ist seit 1817 Sitz des Forstamts, doch davor stand an seiner Stelle eine Trutzburg, deren Überreste heute noch beeindrucken: Eine Anlage mit einem wuchtigen Rundbogentor, den Trümmern von zwei, einst bis zu zwei Meter dicken Ringmauern, Wehrtürmen, Bergfried und einem – heute zugeschütteten – vier bis fünf Meter breiten und zwanzig Meter tiefen Burgraben. In dieser Burg, die jahrhundertelang »Tronege« genannt wurde, vermutet der Volksmund, mancher Heimatforscher und selbst der eine oder andere ernsthafte Literaturhistoriker den Stammsitz des grimmigen Hagen von Tronje aus der Nibelungensage, während auf der zehn Kilometer entfernten Burg Hunolstein sein Waffenbruder Hunold gehaust haben soll.

»Droben, im Hunsrück«, heißt es im *Literarischen Führer durch Deutschland*, »erzählt man sich noch heute, sollen Hagen von Tronje und Hunold, König Gunthers Kämmerer, gelebt haben: Hagen auf Burg Dhronecken, Hunold auf dem Hunolstein. Siegfrieds Todesstätte (er)fand die Sage auch: den Hahnenborn (oder Hagenborn) zwischen Dhronecken und Hermeskeil, und Tranenweiher, am Südrand des Erbeskopfes, verwies auf Kriemhilds ›Tränenweiher‹.«

Hagen, eingeschworener Vasall des Burgunderkönigs Gunther, der zum Mörder des jungen Königsohns Siegfried wird, weil Kriemhild Gunthers Frau Brünhild tödlich beleidigt, gilt als der Antiheld des späteren Mittelalters. Als furchtbare Erscheinung wird er beschrieben, einäugig, unbarmherzig, der nicht davor zurückschreckt, aus »eislicher rache« den Leichnam Siegfrieds vor Kriemhilds Tür zu legen, und der später sogar ihren Sohn umbringt, worauf Kriemhild ihm mit einem einzigen Schwertstreich den Kopf abschlägt. Zugleich ist Hagen ein eher dumpfer Recke, dessen sprichwörtliche »Nibelungentreue« letztlich für den Untergang des gesamten Burgunder-reichs sorgt und der – welch Schande für einen mittelalterlichen Helden – durch die Hand einer Frau stirbt.

Auch wenn an keiner Stelle des Nibelungenlieds Hagen von Tronjes Her-kunft erläutert wird, liegt die Vermutung, dass er aus hiesigen Gebieten kommt, tatsächlich nicht ganz fern. Dass der Hunsrück eigentlich nicht zum Machtbereich der Burgunder zählte, muss da kein Einwand sein, war er doch, so Anhäuser, vom rheinischen Burgund und dessen Hauptstadt Worms abhängig, und genau da deute die Geschichte hin:

> »Denn Hagen von Tronje, den das Nibelungenlied ausdrücklich als Onkel des Ritters Ortwin von Matz und als Freund des Spielmanns Volker von Alzey sowie des schwertmächtigen Mitstreiters Hunold bezeichnet, dürfte seinen Stammsitz sicher in denselben linksrheinischen Gegenden wie jene drei und nicht etwa in Siegfrieds Niederlanden... besessen haben. Insofern weist Hagens Fährte direkt in den Hunsrück.«

Anfang der vierziger Jahre griff der Heimatdichter Albert Bauer den Mythos vom »Hunsrücker Hagen« auf und widmete ihm den Roman *Hagen von Troneck – Die Nibelungensage im Hunsrück*, da ihm der Stoff »stets heimat-lich und vertraut« war. Auch wenn sein Freund Jakob Kneip ihn dringend warnte, sich dem »überflüssigen Kampf der Germanen mit den Christen« zuzuwenden, eine Thematik, die zu jener Zeit als Anbiederung an die ideo-logische Germanenseligkeit der Nationalsozialisten missverstanden werden konnte, blieb Bauer bei der Sache. In seinem Buch, das 1995 im Rhein-Mosel-Verlag neu erschien, zeigt er Hagen als im Grunde verantwortungs-bewussten Menschen, der Einheit schaffen will, um Blutvergießen zu vermeiden, letztlich aber scheitert: »Von den Verantwortlichen lebt nicht einer seiner wahren Bestimmung. Das ist unsre Schuld, schafft uns das Ende, wie – Siegfried«, erkennt er, und auch: »Dass Unschuldige mit daran untergehen müssen, – ein Volk für die Fürsten –, das ist das Schlimmste.« Somit definiert Bauer die düstere Gestalt des Hagen ganz neu. Er versetzt sich, wie es im Vorwort zur Neuauflage heißt,

> »in die Figur des germanisch-heidnischen Menschen, verleiht dessen Taten und Denken Sympathie. Doch steht dem gegenüber der Respekt und die Überzeugung des reformierten Christen Albert Bauer, der allerdings wie Hagen an göttliche Vorsehung glaubt. Hagens Ablehnung des Christentums begründet sich letztlich vor allem in der Tradition, in der Treue zu den Vorfahren. Und der Dichter lässt Hagens Tragik auch darin aufscheinen, dass

der in seiner unerbittlichen Treue den Weg verneinen lässt, der allein seinen eigenen und den Untergang Burgunds hätte verhindern können. Die christliche Lehre bot die bessere Lösung. Hagen fühlte da, blieb aber stur; und nannte es Treue.«

Glück hatte Albert Bauer mit seinem *Hagen von Troneck* allerdings nicht: Als das Buch 1941 erscheinen sollte – 25.000 Exemplare waren schon gedruckt und lagerten lieferbereit in Zugwaggons in Leipzig und Nürnberg –, gingen Bombenhagel über diesen Bahnhöfen nieder und verbrannten die Auflage bis auf sechs bis zehn Exemplare...

Doch zurück in die fernere Vergangenheit. Im Jahre 1274 wird die Burg Tronege zum ersten Mal urkundlich erwähnt; ab 1223 tauchte als Besitzer ein Wildgraf von Kirburg auf, der sie als Lehen des Grafen von Luxemburg trug. Zu diesem Zeitpunkt kursierten bereits eine Reihe von Handschriften des Nibelungen-Epos, das um 1200 von einem anonymen Schreiber verfasst worden war. Ob damals die Leser – bzw. Zuhörer – den Beinamen des Hagen sicherer einer Gegend zuordnen konnten, als wir heute, ob sie in ihm den früheren Besitzer der Burg Tronege erkannten, können wir nur ahnen. Auch ob der »Hagenborn« bei Hermeskeil oder der »Hachenbach« nahe Hoxel der Ort gewesen ist, an dem Hagen seinen Widersacher rücklings ermordete, ob die Siegfriedsquelle nicht doch auf den Nibelungenkönig verweist oder der nahegelegene Thranenweiler auf die Stelle, wo Kriemhild so viele bittere Tränen vergoss, dass sich angeblich ein ganzer See mit ihnen füllte, wird vermutlich für immer im Bereich des Sagenhaften bleiben. Beginnt nicht auch das Nibelungenlied mit den Worten: »Uns ist in alten maeren / wunders vil geseit...«

Verena Mahlow

Literaturempfehlungen

Albert Bauer: *Hagen von Troneck – Die Nibelungensage im Hunsrück*, Briedel / Mosel 1995

Uwe Anhäuser: »Mutmaßungen über Hagen von Troneck«, in: ders: *Sagenhafter Hunsrück*, Bd. I, Briedel 1994

Wolfgang Bartels: »Hagen von Tronje – ein Sohn des Hunsrücks?«, in: ders.: *Hunsrück. Natur und Kultur. Praktische Tips*, Köln 1996

Hajo Knebel: »Der Bauer und Dichter Albert Bauer«, in: *Biochronik / Hunsrück*, Bd.1, hrsg. v. Karl Georg Böhmer, Simmern 1966

Fred und Gabriele Oberhauser: *Literarischer Führer durch Deutschland*, Frankfurt am Main 1983

Von Mächten und Mützen –
Drei berühmte Hunsrücker namens Johannes

Jeder der drei berühmten Hunsrücker namens Johannes ist historisch bezeugt und auf seine Art eine literarische Gestalt. Der erste, der so genannte Trithemius, kam 1462 als Johannes von Heidenberge in dem hübschen Hunsrückdörfchen Heidenburg bei Thalfang zur Welt. Johannes, der schon als Kind von großer Auffassungsgabe gewesen sein muss und gegen den Willen seines Stiefvaters nachts heimlich Sprachen und Wissenschaften studierte, haute mit sechzehn von Zuhause ab, um in Heidelberg Griechisch und Hebräisch zu studieren. Trotz seiner Jugend machte er bald mit seinem erstaunlichen Wissen auf sich aufmerksam, so dass er laut Willy Mathern sicher ein Fachgelehrter von hohem Ruf geworden wäre, hätte er nicht die Lust verspürt, seiner Heimat einmal einen Besuch abzustatten.

Im Januar 1482 machte er sich mit einem Freund auf den Weg vom Neckar in den Hunsrück. Als sie gerade das Kloster von Sponheim passiert hatten, heißt es, seien die Studenten von einem Schneesturm überrascht worden. Die Mönche boten ihnen Unterschlupf, und obwohl Johannes sich anfangs weigerte, auch nur eine Nacht hinter Klostermauern zu verbringen, fand er überraschend großen Gefallen am Leben der Benediktiner, so dass er, ohne noch einmal nach Heidelberg zurückzukehren, dem Orden beitrat. Schon ein Jahr später – da war Johannes gerade 21 Jahre alt – wurde er von seinen Brüdern einstimmig zum Klosterabt gewählt. Welch eine Parallelität zu jenem anderen Hunsrücker Johannes, dem Schinderhannes, der im gleichen Alter ebenfalls Chef wurde – wenn auch unter entgegengesetzten Vorzeichen.

Im Kloster nannte Johannes von Heidenberg sich nun Trithemius nach dem Ort Trittenheim an der Mosel, wohin er als Kind mit seiner Mutter gezogen war. In seinem Amt, schreibt Uwe Anhäuser, empfand er seinen

Trithemius-Porträt an der Klosterkirche Sponheim

ursprünglichen Namen als vulgär:»Wozu auch hätte ein frommer Abt, den seine laxen und liederlichen Mönche sowieso permanent bespöttelten, noch den blöden Makel mit sich schleppen sollen, ausgerechnet von einer ›Burg der Heiden‹ ins Kloster Sponheim gekommen zu sein?«

Die Sitten dort müssen erstaunlich unheilig gewesen sein:»Lüderliche Dirnen trieben sich mit den Mönchen in den geweihten Räumen herum.« Trithemius sorgte für Zucht und Ordnung, indem er die Fratres dazu verdonnerte, den»schnöden Gelüsten« zu entsagen und die Klosterbücherei auf den neuesten Stand zu bringen. Dies gelang ihm so gut, dass die Bibliothek der Sponheimer 1505 mehr als 2000 Bände umfasste, darunter viele Kostbarkeiten und uralte Pergamente in den mannigfaltigsten Sprachen, und zu einem bewunderten Ort der Gelehrsamkeit wurde.

Trithemius' eigenes Werk – rund achtzig theologische, literaturhistorische, naturkundliche und mythische Bände und Chroniken – brachten seine Zeitgenossen dazu, ihn als einen»der Größten unter den Gelehrten seiner Zeit« zu würdigen. Heute ist er eher umstritten. So schreibt Anhäuser über ihn: »Immerhin ließ er sich als Geschichtsschreiber tatsächlich zu Fälschungen verleiten, die auch seine historisch seriösen Forschungsbeiträge ins Zwielicht des Unverlässlichen tauchen.« Geradezu gruselig wirkt Trithemius' *Antipalus maleficorum*, ein Buch zur Abwehr von Hexen, aus dem Uwe Anhäuser im 2. Band seines Werkes *Sagenhafter Hunsrück* Kostproben gibt.

Nicht nur die angeblichen Hexen, auch unser zweiter hier genannte Johannes hatte unter den Anwürfen des Abtes Trithemius zu leiden: Johannes Faust»ex Symera«, geboren um 1480 in Stromberg, das damals zur Pfalzgrafschaft Simmern gehörte. Der Anhänger der Reformation, der in Bad Kreuznach, wo man heute noch das Faust-Haus besichtigen kann, als Lateinlehrer arbeitete und nebenher mit Astrologie, Alchemie und Magie experimentierte, ist laut Anhäuser mit hoher Wahrscheinlichkeit der historische Dr. Faust, der große Suchende nach ewigen Wahrheiten. 1895 schrieb Otto von Vacano in seiner»Romanze vom Herzog Reichardt« über ihn:

>»Faust von Stromberg, dein Verdienst
>Hätte längst im Licht gedunkelt,
>hätt' nicht heller, als du schienst,
>deinem Haus ein Stern gefunkelt:
>Jener Magus, Doktor Faust,
>dem's vor keinem Teufel graust.«

Auch Gustav Pfarrius bezeichnet den Magister Faustus in seiner 1921 veröffentlichten Erzählung»Schein und Sein« als Abkömmling der Burgherren von der Stromberger Fustenburg, wobei er Fausts Höllenfahrt im Drama auf pragmatische Weise ummünzt: Trithemius, der in Faust ganz in der Nachbarschaft einen unerwünschten und dazu noch protestantischen Konkurrenten in den Künsten ahnte, zu denen er selbst sich berufen fühlte, warf Faust öffentlich Wahnsinn, Anmaßung und Unzucht mit Knaben vor – Diffamierungen, die Fausts Ruf übel beschmutzten. Also beschloss er, bei seiner Mutter in ihrer Mühle im Guldental bei Stromberg unterzutauchen, wo er sich als entfernter Verwandter Berthold ausgab. Allerdings hörte er auch dann nicht auf, den Klerus zu ärgern. So vermochte er laut Pfarrius einen ebenso abergläubischen wie geilen katholischen Pater, der hinter seiner Cousine Agnes her war, mit ein paar simplen Zaubertricks so zu erschrecken dass dieser das Weite suchte und nie mehr gesehen ward.

Pfarrius' Faust-Erzählung ist als Story spannend, und zugleich wird in ihr das Gebiet um Stromberg für die Freunde der Region interessant geschildert. Ob der Hunsrücker Faust jedoch der »echte« oder der »wahre« Faust ist, bleibt, trotz aller Indizien, letztlich ungeklärt.

»Der Deutsche Michel« –
Historisches Porträt des
Johannes Michael Elias Obentraut

Keine Spekulation hingegen ist die Identität des dritten Johannes, des Johannes Michael Elias Obentraut, der 1574 auf der Fustenburg über Stromberg geboren wurde und somit vermutlich sogar ein jüngerer Verwandter des Dr. Faust war. Der als »Deutscher Michel« in die Literatur eingegangene General, der im Dreißigjährigen Krieg so wacker gegen die Spanier kämpfte, dass er von ihnen den respektvollen Beinamen »Miguel Aleman« erhielt, ist im Laufe der Geschichte mehrfach kontrovers uminterpretiert worden – mal als streitbarer Draufgänger, mal – und nachhaltiger – als schlafmütziger Spießbürger, was zumindest unserem Hunsrücker Michel nicht gerecht wird. Er ist auch nicht der erste »Deutsche Michel«, denn bereits vor seiner Geburt nannte man so den Erzengel Michael, Schutzpatron der Deutschen, während später Goethe reimte: »Lass den Witzling uns besticheln! / Glücklich, wenn ein deutscher Mann / Seinem Freunde, Vetter Micheln / Guten Abend bieten kann.« Im 19. Jahrhundert, spätestens seit Heinrich Heines 1848 verfasstem Spottgedicht auf den Deutschen Michel, in dessen Folge sich auch die Karikaturisten über ihn hermachten, wurde sein Bild dann zementiert. Von den Eigenschaften des Johann Obentraut, der gerühmt wurde als »auffricht teutscher Edelmann, / Fromm, redlich, tapffer, lobesahm, / Keck, freudig, treu, klug, unverzagt, / Welches ihn zu hohen Ehren bracht«, blieb nur das Zerrbild des biederen, treudoofen Deutschen mit der Zipfelmütze übrig, die auch den deutschen Gartenzwerg schmückt. Ein Trost: Wenigstens wurde so die Hunsrücker Volkstracht: Kniehosen, Wams und Zipfelmütze, in der General Obentraut es sich gerne bequem machte, wenn er die Rüstung abgelegt hatte, zum modischen Dauerbrenner.

Verena Mahlow

Literaturempfehlungen

Willy Mathern: »Johannes Trithemius, der westdeutsche Geschichtsschreiber«, in: *Hunsrück-Kalender 1967*

Uwe Anhäuser: »Trithemius schreibt über Hexerei. Der Abt des Klosters Sponheim und sein ›Antipalus maleficiorum‹«, in: ders.: *Sagenhafter Hunsrück*, Bd. II, Briedel 1995

Gustav Pfarrius: »Sein und Schein«, in: *Öffentlicher Anzeiger*, Bad Kreuznach 1921

Uwe Anhäuser: »Tapfer, treu und unverzagt. Das ritterliche Leben und Sterben des Deutschen Michels«, in: ders. (Hrsg.): *Sagenhafter Hunsrück*, Bd. I, Briedel 1994

»Lustig ist die Jägerei«
Ju ja ju ja ... und dennoch gab es Zoff
Der Jäger aus Kurpfalz

»Ein Jäger aus Kurpfalz« kann als eines der bekanntesten deutschen Volkslieder gelten und wird in allen Gegenden gesungen, doch gibt es kaum Zweifel, dass mit seiner »grünen Heid« die linksrheinischen Hunsrückwälder gemeint sind, in denen heute noch der »Diplomatenjagd« nachgegangen wird. Schon ab 1356 gehörte der Soonwald zur Kurpfalz, bis der letzte Kurfürst Maximilian I. ihn 1801 im Frieden von Lunéville an Frankreich abtreten mußte. Einer Forscherquelle zufolge soll, als Kurfürst Carl Theodor die bayerische Erbfolge antrat und mit seinem pfälzischen Hofstaat nach

München zog, dort ein junger Geistlicher das Lied geschrieben haben, was angesichts des erotischen Inhalts, der sich aus dem Jagdmotiv entwickelt, ziemlich erstaunlich – aber nicht ausgeschlossen – scheint: »Ich hab' mich zu mein'n Schatz gemacht, / Ju ja, ju, ja...« Eine andere Quelle hingegen berichtet, dass die Mannheimer Schriftstellerin E. Diethoff 1871 in einer – heute verschollenen – Erzählung den Oberjägermeister Karl von Hakh das Lied an den Mannheimer Hof bringen ließ, worauf er zum Dank mit dem Ehrentitel »Jäger aus Kurpfalz« ausgezeichnet worden sei. Auch dies eine denkbare Möglichkeit, doch letztlich bleibt, wie bei vielen Volksliedern, der Verfasser des Jägerliedes unbekannt. Gesichert ist lediglich, dass es als Einblattdruck erstmals 1763 auftauchte, um 1807 in folgender Version in der *Sammlung Deutscher Volkslieder* verewigt zu werden:

Ein Jäger aus Kurpfalz / Der reitet durch den grünen Wald,
Er schießt das Wildpret her, / gleich wie es ihm gefallt.
Ju ja, ju ja, / Lustig woll'n wir leben, / All hier auf grüner Heid;
Ju ja, ju ja, / Lustig ist die Jägerei.

Ich sattle mir mein Pferd, / Setz' mich auf meinen Mantelsack
Und reite weit umher / Als Jäger aus Kurpfalz.
Ju ja, ju ja, / Lustig ist die Jägerei, / Allhier auf grüner Heid;
Ju ja, ju ja, / Lustig ist die Jägerei.

Hubertus auf der Jagd, / Der schoss ein'n Hirsch und ein'n Haas;
Er traf ein Mädchen an / Und das von achtzehn Jahr.
Ju ja, ju ja, / Lustig ist die Jägerei, / Allhier auf grüner Heid;
Ju ja, ju ja, / Lustig ist die Jägerei.

Des Jägers feine Lust, / Die hat der Herr noch nicht gewusst,
Wie man das Wildpret schießt. / Er schießt es in die Bein' hinein;
Ju ja, ju ja, / Da muss das Thier getroffen sein, / Allhier auf grüner Heid;
Ju ja, ju ja, / Lustig ist die Jägerei.

Jetzt geh' ich nicht mehr heim, / Bis dass der Kuckuck Kuckuck schreit,
Er schreit die ganze Nacht; / Ich hab' mich zu mein'n Schatz gemacht,
Ju ja, ju ja, / Und bleib' bei ihr die ganze Nacht, / Bis dass der Kuckuck schreit.
Ju ja, ju ja, / Lustig ist die Jägerei.

Wurde die Frage nach dem Verfasser zunehmend fallengelassen, versuchte ab 1900 eine Reihe rheinland-pfälzischer Heimatforscher herauszufinden, mit wem denn der Liedheld zu identifizieren sei. Vor allem ein Speyerer Regierungsdirektor namens Keiper versteifte sich in zahlreichen Vorträgen und Veröffentlichungen auf die Behauptung, der Jäger aus Kurpfalz könne niemand anderes als der Kurfürst selbst gewesen sein, und zwar der von

1583 bis 1592 regierende Johann Casimir, der als Sohn des Grafen Friedrich des Frommen im Herzogschloss zu Simmern geboren wurde und somit als waschechter Hunsrücker gelten kann. In jüngster Zeit ging Hermann Müller dieser These nach, kam aber wie andere Forscher vor ihm zu dem Schluss, dass es nicht den geringsten historischen Beleg für Keipers Vermutung gibt. Zwar muss Johann Casimir, der täglich ausritt und über seine Jagdpraktiken akribisch Buch führte, ein großer Jäger und seine Ehe ein einziges Fiasko gewesen sein – was des Jägers Hang zu nächtlichen Eskapaden erklären könnte –, doch darüber hinaus gibt es nichts, das Keipers These belegt.

Als zweiter Kandidat für den Jäger aus Kurpfalz gilt der 1683 geborene Johann Adam Melsheimer, der einer traditionellen Jägerfamilie entstammte. Nachdem er 1722 den Erbbestandsbrief des Kurfürsten erhalten hatte, baute er den für Hunsrücker Verhältnisse architektonisch spektakulären Jägerhof »In der Struth« bei Münchwald aus, wo er neben der Jagd eine florierende Landwirtschaft betrieb, die ihn zum vermögenden Mann machte. Die Mauer seines Hauses schmückte das stolze Jägerwappen, das schon seine Ahnen getragen hatten. Sein Grab mit Inschrift befindet sich auf dem Friedhof von Argenthal.

Während eines Familientreffens 1939 ließen die Nachfahren Melsheimers am Struthhof eine Bronzetafel anbringen, die ihren Ahnen als einzig legitimen Liedhelden darstellte: »Der Erbauer war von 1719 bis 1757 Kurpfälzischer reitender Förster im unteren Soon und hieß nach Überlieferung und Forschung: ›Der Jäger aus Kurpfalz.‹, gez.: Die Sippe Melsheimer.« Dieser – nach wissenschaftlichen Kriterien ebenso ungesicherten – Behauptung war ein Forscherstreit vorausgegangen, der den dritten Kandidaten ins Spiel brachte: Friedrich Wilhelm Utsch, den späteren Alleinbesitzer der Rheinböllerhütte, der 1760 als Förster das Revier Entenpfuhl übernahm, 1795 im dortigen Forsthaus starb und auf dem idyllischen Waldfriedhof an der Willigeskappelle von Auen am Rande des Soonwalds begraben liegt. Wie bei seinen Mitbewerbern ist seine Übereinstimmung mit dem Liedhelden äußerst ungewiss, und sein Ruhm beruht, wie Willy Mathern schreibt, eher auf einem kuriosen Zufall. Eigentlich hatte einer der zahlreichen Nachfahren Utschs, der Schriftsteller und Kunstmaler Friedrich Wilhelm Utsch aus München, nur ein paar private Forschungen angestellt und darauf seinem Ahnen, dem Hunsrücker Förster, den er nur für sich »Jäger aus Kurpfalz« nannte, ein bescheidenes Denkmal setzen wollen. Doch ein weiterer Verwandter, der unter Kaiser Wilhelm II. Minister für Domänen und Forsten war, blähte die Sache auf, indem er vor dem Kaiser mit seiner angeblichen Abstammung vom kurpfälzischen Jäger angab. Der Monarch, seines Zeichens »Oberster deutscher Jagdherr«, verfügte daraufhin, das bekannte pompöse Denkmal für den »Jäger aus Kurpfalz« am Entenpfuhl zu errichten und nahm selbst, unter dem Jubel der gesamten Jägerschaft des Hunsrück-Nahe-Raums, an der Denkmalsenthüllung teil.

Letztlich scheint es müßig, über die wahre Identität des Liedhelden zu spekulieren. Betrachtet man die Zeilen selbst, kann jeder berittene, schießfreudige Jäger, der jemals den Soonwald durchstreifte und über einem Techtelmechtel mit einem jungen Mädchen die Jagd auf »Hirsch und Haas« vergaß, gemeint gewesen sein. Denn die Rede ist dort immer nur von »einem«, nicht jedoch von »dem« Jäger aus Kurpfalz.

Verena Mahlow

Literaturempfehlungen

Willy Mathern: »Der Jäger aus Kurpfalz«, in: *Rhein-Hunsrück-Kalender 1971*
Hermann Müller: »Der Jäger aus Kurpfalz – eine historische Gestalt?«, in: *Rhein-Hunsrück-Kalender 1988* und: *Der Hunsrück. Festschrift zum 100jährigen Jubiläum des Hunsrückvereins e.V.*, Birkenfeld 1990

Ein Räuber wie im Buche
Über die immerwährende Beliebtheit des Schinderhannes

Im Hunsrück kennen wir: Schinderhannes-Brot, Schinderhannes-Bier, Schinderhannes-Spießbraten, diverse Schinderhannes-Kneipen und -Hotels, eine Schinderhannes-Brennerei, eine Schinderhannes-Loipe, Schinderhannes-Zinn aus der einzigen Zinngießerei in Krummenau und, veranstaltet vom Rotary-Club in Simmern, eine Schinderhannes-Rallye. Etliche Prospekte werben mit Ferien im Schinderhannes-Land, mit dem Pferdewagen kann man des Räubers Wege nachfahren, und gleich mehrere Heimatmuseen locken Besucher mit seiner »Original«-Ausstattung: Hut, Wams, Pulverbeutel und Flinte. Ende der 1970er Jahre, als die Studenten noch politisch aktiv waren, gab es für kurze Zeit an der Mainzer Universität eine aufrührerische, kleine Partei von Hunsrückern, die als erste Amtshandlung einen Aufkleber mit dem Slogan »Eich sinn en Hunsricker« drucken ließ, den – wer sonst – das Konterfei des Schinderhannes zierte. Und als im Schinderhannes-Jahr 1983 ein in Mainz ansässiger Kleinverlag, mehr als Gag denn ernsthaft gemeint, eine polizeilich angemeldete Demonstration mit dem Ziel veranstaltete, ein Skelett »heimzuholen«, das unter der Bezeichnung »Schinderhannes« im Anatomischen Institut der Heidelberger Universität aufbewahrt wurde, reagierten die Medien bis hin zum *Spiegel* mit aufgeregten Artikeln. Der Mainzer Oberbürgermeister Jockel Fuchs wurde flugs zum »Schinderhannes-Beauftragten« ernannt, was wiederum die Hunsrücker, allen voran die Simmerer, empörte. Unter dem Motto »Die Knochen nicht den Henkern« forderten sie nun selbst das Skelett, oder wenigstens, wie eine Reliquie, eine Knochenhand – ungedenk der Tatsache, dass streng genommen sie selbst zu den »Henkern im Geiste« gehören. Denn im Jahre 1799 war der Räuber, der sich selbst lieber »Johann durch den Wald« als Schinderhannes nannte, bei Kirn festgenommen und in einen Gefängnisturm in Simmern gebracht worden, wo ihm der Prozess gemacht worden wäre, hätte er sich dem nicht durch eine spektakuläre Flucht entzogen: Er durchbrach die eisernen Gitter eines Küchenfensters, sprang hinaus, schleppte sich mit gebrochenem Bein bis in den Bergenhauser Wald und in die Sicherheit seiner Kumpanei. Noch vor dem Gericht in Mainz dachte er mit Schrecken an seine sechs Monate Zwangsaufenthalt in Simmern zurück: »Ich schaudere noch in diesem Augenblick, wenn ich mich der Härte der Gefangenschaft, welche ich da empfunden habe, erinnere.« Das Verlies, das bald darauf »Schinderhannesturm« genannt wurde, beherbergt heute eine Bildergalerie.

Schinderhannes ist Legende, der genius loci des Hunsrück. Vorbild für eine ganze Reihe von literarischen und trivialliterarischen Werken, Gedichten, »authentischen« Erinnerungen und »biographischen« Flugblättern, darunter eines noch zu Schinderhannes Lebzeiten 1802, das »ächt und wahrhaft« sein will und wie die anderen doch nur der Mystifizierung des Räubers dient. Denn in Wirklichkeit ist nicht einmal sicher, ob Johannes Bückler, wie der

Johannes Bückler,
genannt Schinderhannes,
vier und zwanzig Jahr alt,
gebohren zu Mühlen bei Rastädten,

wahre Name des Schinderhannes lautete, wirklich 1783 geboren wurde oder, wahrscheinlicher, schon ein paar Jahre früher. Sicher ist, dass er der Sohn eines Abdeckers, auf Hunsrückerisch »Schinders« war, eines als »unehrenhaft« angesehenen Berufs.

Seine Räuberkarriere begann mit der Unterschlagung eines Goldlouisdor und dem Diebstahl mehrerer Kuhfelle, wofür er in Kirn öffentlich ausgepeitscht wurde, eine Strafe, die ihn »tief geschmerzt aber auch für sein ganzes zukünftiges Leben entschieden habe«. Denn danach war der Hannes für die Bürgerlichkeit verloren. Er schloss sich einer Räuberbande an, in der er, als bei weitem Jüngster, rasch zum Anführer aufstieg. Sein »Revier« zwischen Glan und Hunsrück erlebte darauf Terror: Die Schinderhannes-Bande überfiel Kutschen, Wanderer und Reisegruppen, drang in einsame Gehöfte und Mühlen ein, um mitzunehmen, was nicht niet- und nagelfest war und betätigte sich als frühe Schutzgelderpresser. Dennoch galt Johannes bald schon als »edler Räuber«. Öffentlich konnte er in Gasthäusern zechen und das Tanzbein schwingen, ohne dass ihn einer verpfiff, und nachdem er 1799 seine große Liebe Julchen Blasius getroffen hatte, residierte er ganz offiziell mit ihr auf der Schmidtburg im Hahnenbachtal, wo er, wenn sich ein Trupp französischer Polizisten näherte, verlässlich von einem Bauern aus der Gegend gewarnt und im Notfall versteckt wurde. Dabei beruhte der gute Ruf des Schinderhannes wohl darauf, dass er sich kaum die Mühe gemacht haben dürfte, den bitterarmen Dörflern ihr Weniges zu nehmen und sich, ohne unnötige Gewalt anzuwenden, lieber an die Reichen und an die – oft jüdischen – Händler hielt. Schwelender Antisemitismus und der Hass auf die französische Besatzungsmacht, die der Hannes zum Narren hielt, seine Geschicklichkeit und Intelligenz und nicht zuletzt seine Liebenswürdigkeit im Umgang mit Frauen ließen ihn als Teufelskerl erscheinen und später, als er sich vor dem Tribunal mehr um sein mitgefangenes Julchen und seinen Vater sorgte als um sich selbst, als tragische Gestalt.

Nach der Hinrichtung des Schinderhanns 1803 in Mainz, die zum Volksspektakel mit Tausenden von Zuschauern geriet, sorgten zahllose Moritaten und Bänkellieder, Romane, Theaterstücke und nicht zuletzt Filme dafür, dass der Name dieses eigentlich nur missratenen Sohnes »von der niedrigsten Classe, mit nur wenig Begriff von Ehre und Schaamhaftigkeit« bis heute in einem romantisch-idealisierten Licht steht. Hajo Knebel, der Schriftsteller und große Hunsrück-Kenner, meint treffend: »Schinderhannes-Zeit ist alle Zeit. Die Literatur, geschrieben oder ungeschrieben, aufgezeichnet oder im Volksmund weitererzählt, hat Schinderhannes unsterblich gemacht.«

Ein erstes Beispiel dafür sei ein Gedicht, das Albert Pütz ausgegraben und übersetzt hat. Es stammt von dem französischen Dichter Apollinaire, der es

1904 nach einer Reise durch das Rheinland und den Hunsrück schrieb und schlicht »Schinderhannes« betitelte. Mehr oder weniger brachial reimte er: »Räuberlager tief im Wald / Hannes hat schon abgeschnallt / Hat die Bläsius dabei / Wiehert Lust im hellen Mai...« Doch in der Pariser Bohème kam die unflätige, teutonische Räuberballade so gut an, dass Apollinaire sie sogar 1913 als eines der »Rhénanes« (Rheinlieder) in seine legendäre Gedichtsammlung *Alcools* aufnahm. In einer Erzählung erwähnt Pütz den Schinderhannes als Wegelagerer, der die Kutsche der Pariser Primaballerina Cécile Vestris anhielt. Einer Einladung des Präfekten Jeanbon folgend, war sie gerade zu einem Engagement am Mainzer Theater unterwegs, als der Räuber ihr in die Quere kam, aber: »Sie machte gute Miene zum bösen Spiel und tanzte für Schinderhannes im Saal« – und zwar, wie Albert Pütz erwähnt: »Toute nue, nackt, trat sie auf und tanzte vor ihm.« Jeanbon raufte sich die Haare, dass der vermaledeite Räuber und »seine Cécile...«, doch Pütz beruhigt: »Dank der Migräne, die ihr nach Bedarf zur Verfügung stand, blieb Cécile davor bewahrt, auch noch vor allem Volk, vor der Plebs hüllenlos tanzen zu müssen, im Gasthaus Keßler zu Griebelschied. Allzu gerne hätte Hannes oben im Hunsrück auch den Tagelöhnern, Bauern und dem Wirt so'n Spaß gegönnt.«

Als einer der bekanntesten deutschen Literaten der neueren Zeit befasste sich Carl Zuckmayer gleich zweimal mit dem Schinderhannes-Stoff: Erstmals als junger Dramaturg 1922/23 in Kiel, als er eine in Ems gefundene, nur bruchstückhaft erhaltene Moritat aus purer Lust am Derben und Volkstümlichen weiterschrieb – und ihm darauf prompt gekündigt wurde. 1927 lieferte er mit dem Schauspiel in vier Akten »Schinderhannes«, das im Lessingtheater in Berlin uraufgeführt wurde, zugleich die Vorlage für zwei Schinderhannes-Filme, die den Räuber endgültig zum Star machten. Die Identifikation mit dem legendären Hunsrücker ging soweit, dass, als der Musiklehrer Kopp in den 1970er Jahren für das Hotel »Schinderhannes« in Sohren eine Tafel mit dem Zuckmayerschen Räuberlied anfertigte, ein Streit entbrannte, ob der Text wirklich von Zuckmayer oder nicht doch aus alter Zeit stamme:

»Im Schneppenbacher Forschte, do geht de Deiwel rumdidum!
Die Ank voll schwarze Berschte und legt die junge Weibsleit um.
Im Soonwald, im Soonwald steht manche dunkle Tann,
darunter liegt begraben so mancher Wandersmann.
Das war der Schinderhannes, der Lumpehund, der Galgenstrick...«

dichtete Zuckmayer eher rheinhessisch als hunsrückerisch eingefärbt – und dennoch brauchte es einer persönlichen Erklärung des Dichters, um die sturen Hunsrücker zu überzeugen, dass der Text nicht aus alten Zeiten war.

Eine weitere, heute noch bekannte Schinderhannes-Adaption ist der Hei-
matroman *Unter dem Freiheitsbaum* der Eifelautorin Clara Viebig, die den
Räuber 1922 tendenziös als Kämpfer gegen die französische Staatsautorität
präsentierte. In der Weimarer Republik mit ihren Ressentiments gegen den
»Erbfeind« konnte sie so mit einer zahlreichen Leserschaft rechnen. Curt
Elwenspoek, der drei Jahre später die Biographie *Schinderhannes – ein rhei-
nischer Rebell* vorlegte, nahm die Tendenz Viebigs auf, bemühte sich aber
»Nach Akten, Dokumenten und Überlieferungen« um mehr Objektivität. 1953
wurde seine Biographie zum zweitenmal aufgelegt, worauf 1968 mit Edmund
Nackens *Schinderhannes* die »wahre Geschichte des Johann Wilhelm
Bückler« und 1977 der *Schinderhannes* von Manfred Franke als »Kriminal-
geschichte, voller Abentheuer und Wunder und doch streng der Wahrheit
getreu, 1802«, versehen mit Dokumenten und Bildern, erschienen.

Die bislang letzte Roman-Adaption ist der *Schinderhannes* des weit über
die Regionalgrenzen bekannten Schriftstellers Gerd Fuchs, der in Hermeskeil aufwuchs. Er löst den Stoff aus dem Mythos der romantischen Räuber-
pistole und schildert Hannes als Rebellen gegen die autoritäre Vätergesell-
schaft und etablierte Ordnung, was ihn mit dem tragischen Spion Baron Veit
und dem schon erwähnten französischen Präfekten Jeanbon vereint, den
Bonaparte ausschickte, um die Schinderhannesbande unschädlich zu
machen.

Verena Mahlow

Literaturempfehlungen

Guillaume Apollinaire: *Dichtung. Zweisprachige Ausgabe*, hrsg. von Flora Klee-
Palyi, Wiesbaden 1953

Carl Zuckmayer: *Schinderhannes. Schauspiel in 4 Akten*, S. Fischers Schulaus-
gaben moderner Autoren, Frankfurt am Main 1956

Gerd Fuchs: *Schinderhannes. Roman*, Hamburg 1986

Clara Viebig: *Unter dem Freiheitsbaum*, Stuttgart 1922

Helmut Mathy: *Der Schinderhannes. Zwischen Mutmaßungen und Erkenntnissen*,
Mainz 1989

Uwe Anhäuser: »Abschied vom Schinderhannes. Episoden und Nachhall eines ›romantischen Räuberlebens‹«, in: ders. (Hrsg.): *Sagenhafter Hunsrück*, Bd. I, Briedel
1994

Albert Pütz: *Störverdacht. Erkundigungen über Durchreisende*, Blieskastel 1996

»...die Ehre des Hunsrücks zu retten«
Warum W. O. von Horn so gerne über seine Heimat schrieb

Hatten seit Ausonius' Zeiten zwar eine ganze Reihe von Schriftstellern das Land zwischen Rhein, Mosel und Nahe gelegentlich erwähnt, sollte es noch bis in die Mitte des 19. Jahrhunderts dauern, dass einer den Hunsrück zum literarischen Schauplatz selbst machte. Dieser war ein echter Hunsrücker Bub und wurde 1798 als Wilhelm Oertel in dem Dorf Horn bei Simmern geboren. Obwohl er schon als Sechsjähriger mit seiner Familie nach Bacharach, dann in die Viertälergemeinde Manubach übersiedelte und später lange Jahre als Pfarrer in Sobernheim lebte, muss er sich seinem Geburtsort sehr verbunden gefühlt haben, denn er legte sich den Schriftstellernamen W. O. von Horn zu, um Zeit seines Lebens darunter zu firmieren. Nach drei heute vergessenen Novellensammlungen brachte er 1845 einen Roman mit dem Titel *Friedel* erstmals unter seinem Pseudonym heraus und erntete einigen Erfolg. Ein Jahr später folgte die erste Ausgabe des jährlichen Volkskalenders *Die Spinnstube*, mit dem er endgültig auf das große Interesse der Leserschaft stieß. Spinnstuben, berichtet der Volkskundler G. Walter Diener, der über W. O. von Horn promoviert hat, »gab es zu Oertels Lebzeit fast in jedem Hunsrücker Bauernhaus, wo man aber nicht nur zum Spinnen zusammenkam; Spinnstuben waren damals die ›dörflichen Nachrichtenbüros‹, wo beim Spinnen erzählt, berichtet, kritisiert und diskutiert wurde.«

W. O. von Horn war aufgefallen, dass die Kalender, die den abgeschieden lebenden Dörflern als einzige Unterhaltungsliteratur dienten, von ebenso zweifelhafter Moral waren wie die Unterhaltungen, die gelegentlich in diesen Spinnstuben geführt wurden: »...rohe und schlechte Witze..., welche die Röte der Scham auf keusche Wangen jagten.« Auf Anregung des damaligen Oberpräsidenten der Rheinprovinz beschloss der sittenstrenge Pfarrer deshalb, einen eigenen Kalender zu veröffentlichen, der die religiöse Erziehung der Hunsrücker auf unterhaltsame Art unterstützen sollte: »Man findet in ihm ›moralische Unterweisung‹ aller Art«, schreibt Alfons Glowik vom Bacharacher Verein für Geschichte: »Sonntagsheiligung, Kinderzucht, Gesindel, Brauchtum, Lob der alten Trachten, Warnung vor dem in der damaligen Zeit häufigen Branntweingenuss, Ratschläge für die Ehe...« Niemand Geringeres als Ludwig Richter illustrierte mit seinen volkstümlichen Holzschnittzeichnungen die ersten elf Jahrgänge.

Der *Spinnstube*-Kalender wurde zum Bestseller. Über zwanzig Jahre lud Oertel unter dem Eingangsmotto »Gott zum Gruße und dem Herrn Jesum zum Trost« sein Publikum zur geistigen und intellektuellen Läuterung ein. Da die Bände jedoch nicht nur bei den Hunsrückern, sondern weit über die regionalen Grenzen hinaus so gut ankamen, dass sie trotz der damals enorm hohen Auflage von 22 000 Exemplaren stets schnell vergriffen waren, ließ Oertel die darin enthaltenen Geschichten später in Sammelbänden abdrucken. Zahlreiche dieser Geschichten wurden in andere Sprachen übersetzt und die *Spinnstube* selbst in Amerika, Brasilien und Argentinien von den Hunsrücker Auswanderern als sehnsüchtig erwartetes Verbindungsglied zur alten Heimat abonniert.

Zusätzlich veröffentlichte Oertel insgesamt rund 75 erbauende Jugendschriften und ab 1858 die Monatszeitschrift *Die Maje* – nach der Hunsrücker Redewendung »maje gehe«, d.h. jemanden besuchen gehen, um Tratsch, Informationen und Meinungen auszutauschen –, ein »Volksblatt« der unterhaltenden Art für, wie es auf dem Titelblatt hieß, »Alt und Jung im deutschen Vaterlande«. Daneben schrieb Oertel weitere belletristische Werke und 1866 ein Historienbuch: *Der Rhein. Geschichte und Sagen seiner Bürger, Abteien, Klöster und Städte*, das die Mythen und Sagen des Rheins mit der realen Geschichte verbindet und als lesenswertes Dokument der Zeit mehrfach neu aufgelegt wurde, zuletzt 1978 als aufwendiger Faksimile-Druck.

Oertels Dorfgeschichten, in denen sich die Schicksale des einfachen Mannes auf dem Hunsrück, des wandernden Handwerksgesellen und des Bauern, die Untaten der Räuberbanden und die Franzosenzeit als lebhaftes Zeitkolorit widerspiegeln, haben wenig mit realistischem Schreiben zu tun, sondern idealisieren: »Ich fühle den Beruf, die Ehre des Hunsrücks zu retten«, schreibt er pathetisch in *Die Deserteure*, weil ich ihn kenne, »weil ich ihn liebe... An seiner Wiesengründe frischem Grün, am Saatengold seiner Fluren, am dunklen Kranze seiner Höhen, am Blumenteppich seiner Täler hab' ich mich erfreut und sein biederes Volk hat meine Liebe gewonnen, – ich bin ein Hunsrücker geworden mit Leib und Seele.«

Heute mag Oertels teilweise arg blumiger Stil und die treuherzige Zeigefinger-Methode, mit der er seine Leserschaft zur Redlichkeit mahnt, gelegentlich ebenso zum Schmunzeln anregen wie sein Bemühen, den Hunsrücker mit heiliger Einfalt auszustatten: »Ein biederes, treues, der alten Sitte ergebenes, einfaches, betriebsames und frommes Volk..., ein Volk, das sich ebenso sehr durch körperliche Kraft als Schönheit auszeichnet...«

Ausgeklügelte Variationen in den Charakteren gibt es in Oertels Dorfgeschichten selten; dagegen herrscht Schwarz-Weiß-Malerei vor: Durch die Bank müssen sich keusche und »engelschöne« Mädchen gegen hässliche Taugenichtse behaupten, die, weil sie so schlecht sind, natürlich »brennrotes« Haar haben; tugendsame »Weibel« tummeln sich neben harten Kerlen, denen allerdings bei jeder sich bietenden Möglichkeit das Wasser in die Augen steigt. In der Erzählung »Hand in Hand« etwa, schreibt G. Walter Diener, gibt es »nicht weniger als 15 mal Gelegenheit oder Anlass, in Tränen auszubrechen«.

Über die literarische Qualität der Schriften Oertels kann man also streiten, doch muss man bedenken, dass dieser Autor bewusst zu dem einfachen, literarisch wenig gebildeten Volk seiner Zeit sprach und sprechen wollte.

Darüber hinaus ist und bleibt es Wilhelm Oertels großer Verdienst, Hunsrücker Leben, Brauchtum und Sitten der Welt bekannt gemacht zu haben. Seine anschaulichen Schilderungen von Festen und Hochzeitsvorbereitungen, seine Beschreibungen des Hunsrücker Bauernhauses, der Landschaft, des Handwerks und der typischen Trachten, die er so detailgetreu wiedergibt, dass man sie nachnähen könnte, sind auch in unserer Zeit noch von großem volkskundlichem Interesse. In diesem Sinne setzte Karl Röhrig, ein weiterer Volksdichter, der etwas mehr als ein halbes Jahrhundert nach Oertel zur Welt kam, dem Landsmann in seinem *Hunsrücker Liederbuch* von 1906 ein lyrisches Denkmal:

> »W. O. von Horn – Hunsrücker Dorfgeschichten
> Keiner wie du kann sie uns so berichten.
> Du hast das Volk in seinem Leben, Lieben,
> Leiden und Tun treu belauscht und beschrieben...«

Heute wäre W. O. von Horn trotz seines damaligen Ruhms selbst in seiner Heimat weitgehend vergessen, gäbe es nicht ein paar überzeugte Hunsrücker, die die Erinnerung an ihn aufrecht erhalten. Zu seinem 200. Geburtstag 1998 etwa initiierte der rührige Schauspieler und Komödiant Hotte Schneider im Rahmen des Rheinland-Pfälzischen Kultursommers ein Theaterprojekt, das eine Auswahl der Spinnstuben-Geschichten in dramatisierter Form auf die Bühne brachte.

Die Tradition des jährlichen *Volksbuchs*, die W. O. von Horn auf dem Hunsrück zwar nicht begründete, der er aber zu hohen Ehren verhalf, wird auch heute noch aufrechterhalten: Der *Rhein-Hunsrück-Kalender*, den der gleichnamige Kreis herausgibt, nennt sich ein »Volksbuch mit Beiträgen zur Natur und Kultur, Geschichte und Gegenwart« und dürfte – ohne jegliches Moralin – für die Freunde der Region von großem Interesse sein.

Verena Mahlow

Literaturempfehlungen

Literatur von W. O. von Horn ist heute schwer aufzutreiben:

Die Gesammelten Erzählungen, Bd. 1-13, Frankfurt am Main 1855

Der Rhein, seine Geschichte und seine Sagen, Wiesbaden 1866

Der Verein für die Geschichte der Stadt Bachararch und der Viertäler e.V. führt ein Archiv über den Schriftsteller und hat 1986 in seiner Kleinen Schriftenreihe den Band: *W. O. von Horn – der unvergessene Volksschriftsteller* herausgebracht.

Hajo Knebel: »Hunsrücker Schriftsteller des 19. und 20. Jahrhunderts«, in: *Der Hunsrück. Festschrift zum 100jährigen Jubiläum des Hunsrückvereins e.V.*, 1990, S. 194-204

»W. O. von Horn – Wilhelm Oertel / Hunsrücker Dorfleben vor hundert Jahren«, in: *Hunsrücker Heimatblätter*, Nr. 105, Jg. 38, Aug. 1998

»Verzielcher, Stickelcher un Lierer«
Der Mundartdichter Rottmann
und seine Erben

Im Allgemeinen herrscht die Meinung, dass Mundartdichtung eher veraltet und auch früher aus dem Gedächtnis der Leserschaft verschwindet als Lyrik in Hochsprache, die erstens mehr – verstehendes – Publikum erreichen kann und zweitens, weil eben in »hohem« Ton geschrieben, erinnerungswürdiger sei. Bei den Gedichten des Hunsrücker Dialektdichters Peter Josef Rottmann, der 1799 in Simmern geboren wurde und dort 1881 starb, ohne seine Heimatstadt jemals verlassen zu haben, ist das anders. Selbst heutige Hunsrücker, die in die Stadt ziehen, wo lediglich eine gewisse rauhe Musikalität des Akzents an ihre Herkunft erinnert, haben oftmals noch die Verse im Gedächtnis, die sie in der Schule auswendig lernen mussten. Wer etwa könnte je den Schwank vom Pirmasenser Schuhverkäufer vergessen, dem eine Hunsrückerin auf dem Maimarkt ein paar Tanzschuhe abkauft und die ihm die Pest an den Hals wünscht, als nach dem ersten Tanz die Sohle abgeht:

»O hätt datt doch die Pestelenz
Datt Schuhminsch lo von Permesenz!
Eich hatt m'r vor de Märdesmatt
Nein Batze Geld Geld sesamm gespart
Unn kaafe bei-em, vor se danze,
Meer Schuh dervor, – recht scheene ganze.
Die harr eich norerst ähmol an,
Do war aag schunn käh Suhl meh dran...«

Worauf der »Schuhmensch« entgegnet, der Schaden hätte ja vermieden werden können: »Häst Dau die Schuh nitt angedohn / Dau häst se kinne ewig honn.« Denn schließlich sollten die nur verkauft, nicht getragen werden: »Die sinn gemaach vorse verkaafe, / Unn nit vor drinn erimm se laafe.«

Diese augenzwinkernde Entlarvung menschlicher Eitelkeiten und Schwächen, der zeitlos humorvolle Blick für das »Allzumenschliche«, gekleidet in den derben Wams des Hunsrückers, ist typisch für Rottmann, der nie ein richtiger Dichter werden wollte. Zuerst arbeitete er in der französischen Verwaltung des »Arrondissement Simmern« und brachte sich selbst so viel juristisches Fachwissen bei, dass er bald als selbstständiger Rechtskonsulent tätig war. Da das Auskommen für seine wachsende Familie – Rottmann und seine Frau bekamen acht Kinder – jedoch zu gering war, übernahm er 1840 auch noch eine Gaststätte. In den fünf Jahren als Wirt, die mit seiner Ernennung zum Simmerner Bürgermeister endeten, entstanden die meisten der Gedichte, die Rottmann zunächst einzig zur Unterhaltung seiner Gäste abends vortrug.

Als einmal der Bonner Professor Karl Simrock in seine Kneipe »Zum Hunsrück« einkehrte, merkte er gleich, welch Naturtalent er da vor sich hatte, einen Dichter, der nicht nur grandios rezitieren konnte, sondern zudem ein feines Gefühl für Versmaß, die sprachlichen Möglichkeiten des Dialekts und ein unbestechliches Auge für sein Milieu hatte. »Ganz erstaunlich ist sein Formgefühl«, schreibt G. Wytzes, »mit dem es ihm gelingt, die Heimatsprache den verschiedenartigsten Versmaßen anzupassen und stets Form und Inhalt in Einklang zu bringen.«

Simrock überredete Rottmann, seine Hunsrücker Stickelcher zu veröffentlichen, – und wahrscheinlich war niemand erstaunter als der Dichter selbst, als die erste – auf eigene Kosten verlegte – Auflage von 1700 Exemplaren im Nu vergriffen war. Auch wenn einige – humorlose – Leser sich beschwerten, dass er in seinen ungeschminkten Darstellungen die ehrbaren Hunsrücker dem Spott preisgebe, hatten die meisten seiner Landsleute ihre helle Freude an den lyrischen Gestalten, die geradewegs ihrem Lebenskreis entnommen waren: Mägde, Handwerker und Handelsjuden, der prozesssüchtige Bauer und der Pfarrer, der in gepflegtem Hochdeutsch einen Säufer mahnt, bei der »Anschauung des Heiligsten« in sich zu gehen – worauf er erfahren muss, dass das dem Trinker eine viel zu trockene Angelegenheit ist: »Da kenne Sie de Borkard schleegt! / Datt iß dehm viel zu drucke; / Wo't neist derbei zu saufe gitt, / Do geht er gar nitt gucke!«

Eine zweite und eine dritte Auflage folgten, und längst hatte das »Rottmannbuch« in Hunsrücker Haushalten seinen festen Platz neben der Bibel, als der inzwischen erblindete Rottmann im Vorwort der 4., um eine Reihe neuer Gedichte erweiterten Auflage 1874 seinen Abschied von der Dichtkunst nahm. Das »Verdemol« (vierte Mal) werde wohl das »Letztemol« sein, denn: »Eich sitze jo imm Waartesaal schunn drinn / Un honn der Gleckelche schunn bimbele heere...« Doch der »Schaffner Sensmann« sollte noch fünf Jahre auf sich warten lassen. Nachdem Rottmann am Grauen Star operiert worden war und sein Augenlicht zurückerhielt, erlebte er noch die fünfte Auflage seiner Gedichte und blieb gelassen im Wartesaal des Todes sitzen, »bis datt der Herr meich rieft«.

Auf einer kleinen Lichtung der »Eich«, einem Wäldchen, das die Stadt Simmern vor dem Lärm der Bundesstraße schützt, steht ein steinernes Denkmal mit den Erinnerungsworten: »Dem Dichter Rottmann – seine Freunde.« Die schlichten und zugleich liebevollen Worte gelten sicher auch dem leutseligen Bürgermeister, der vierundzwanzig Jahre lang unangefochten sein Amt innehatte, für eine Eisenbahnlinie nach Simmern warb, die Freiwillige Feuerwehr gründete und ein modernes Hospital in Simmern gründete. Doch in erster Linie sagen sie Dank für das Denkmal aus Worten, das der Dichter ihnen, den Hunsrückern und dem Hunsrück gesetzt hat.

Heute haben wir sage und schreibe die 15. Auflage der *Gedichte in Hunsrücker Mundart* vorliegen und können uns immer noch über einen typischen Rottmann-Schwank wie »Des Säufers Höchstes – ist das Saufen« oder das köstliche Streitgespräch zwischen »Annlies« und »Mrikett« in »Pack schlägt sich, Pack verträgt sich« amüsieren.

Auch sind eine ganze Reihe Hunsrücker Mundartdichter in Rottmanns Fußspuren getreten; unter ihnen gleich drei »Schneider«. So veröffentlichte 1981 der in Heyweiler geborene Schneidermeister Horst Hohl, der auch die »Autorengruppe Hunsrück« mitbegründete, sein erstes Büchlein mit »Steckelcher, wie se die Alte verzielt hon«. In einigen Texten – insbesondere der Titelgeschichte »De verlorene Brustlappe« um einen Bauern, der von seiner Frau zum Baden geschickt wird, weil er »noch no'm Mistfahre« riecht und erst beim nächsten Waschen Monate später merkt, dass er seinen »Brustlappe« nicht verloren, sondern versehentlich unters Hemd gezogen hat – spürt man deutlich den Geist des Ahnen durch die Verse wehen. Zuletzt brachte der H.-J. Fischer-Verlag in Kastellaun von Horst Hohl die Geschichten um seine »Oma Marie« heraus. Auch der vielfach mit Mundart-Preisen ausgezeichnete Kirner Lehrer Norbert Schneider, der in seinem selbstverlegten Buch *De Baggemohler* erzählt, wie die Schullehrer zu ihrem Namen kommen, zeigt sich von Rottmanns Witz inspiriert.

Die wirklich legitimen Erben dieses größten Hunsrücker Mundartdichters dürften jedoch der Schauspieler und Komödiant Hotte Schneider und der Sänger Jürgen Thelen sein, die im Sommer mit einem Pferd und einem Packsattel voller Instrumente über die Dörfer ihrer Heimat ziehen. Auf Dorfplätzen und in Kneipensälen begeistern sie als »Rottmanntross« das Publikum mit den Texten des Dichters, die Thelen kongenial in Liedform umgesetzt hat. Auch in weiteren Programmen – mit wechselnder Besetzung – verschafft Hotte Schneider dem Hunsrücker Platt ausdrucksstark Gehör: So erlebte sein Soloprogramm »Die Tigerin« nach der »Geschichte der Tiger« von Dario Fo in einem gemäßigten Dialekt, den Schneider »Niederchinesisch mit Einfärbung« nennt, bislang über 200 umjubelte Aufführungen und machte den italienischen Nobelpreisträger im Hunsrück vermutlich bekannter als in jedem anderen Landstrich Deutschlands. Auch ein »Schinderhannes«-Programm und die Spektakel von Hotte Schneiders »Bulldog-Bänd« beweisen, wie lebendig und aktuell Hunsrücker Mundart auch heute noch vorgetragen werden kann.

Verena Mahlow

Literaturempfehlungen

Peter Joseph Rottmann: *Gedichte in Hunsrücker Mundart* (hier nach der 12. Aufl., Trier 1950)

Peter Joseph Rottmann zum 200. Geburtstag: Sondernummer der Hunsrücker Heimatblätter, Simmern, April 1999 (mit Beiträgen von Karl Windhäuser, Walter Diener, Gustav Schellack u.a.)

Willi Wagner: »Mundartdichter und Bürgermeister Peter Josef Rottmann«, in: *Biochronik*, hrsg. von Karl Georg Böhmer, Simmern 1966

»Peter Josef Rottmann. 1799-1881. Jürgen Thelen und Hotte Schneider spielen Lieder und Gedichte vom großen Hunsrücker Heimatdichter«, CD des »Rottmanntrosses«, zu beziehen über die Homepage von Jürgen Thelen: Thelonius-Dilldapp.de.

Klassiker der Hunsrückliteratur
Nanny Lambrecht, Jakob Kneip und Albert Pütz

Zahlreiche Dichtergrößen von Ausonius bis Günter Grass, von Goethe bis Ernst Jünger haben den Hunsrück in ihren Werken gestreift, ohne sich deshalb auch nur annähernd als »Hunsrückdichter« zu begreifen. Auch einer der großen Schriftsteller unserer Region, Stefan Andres, der 1906 als Sohn eines Müllers am Dröhnchen auf der Hunsrückhöhe über dem Ort Leiwen geboren wurde, fühlte sich eher als Moselaner und dann, nachdem er Deutschland den Rücken gekehrt hatte, um im italienischen Positano zu leben, als Weltbürger. Doch in seinem Roman *Die unsichtbare Mauer* (1934) und besonders in der romanhaften Autobiographie *Der Knabe im Brunnen* (1953) beschwört er das Land seiner ersten elf Lebensjahre als Mikrokosmos voller Spannung zwischen Tradition, Religiosität, Idylle und der Lust, auch das Leben »draußen« kennenzulernen; eine Erinnerung, die ihm »so wunderträchtig« dünkte, »und so wirklich zugleich: rauschende Muschel, Bienenstock, Brunnen...«

Andere Dichter, die sich ohne Zweifel unter dem Begriff »Heimatkunst« subsumieren lassen und eine gewisse literarische Qualität aufweisen wie Fritz Stoffel, Wanda Icus-Rothe oder Albert Bauer werden heute nicht mehr aufgelegt. Ihre Romane und Erzählungen befassen sich mit der bäuerlichen Welt, die auch auf dem Hunsrück längst nicht mehr den Stellenwert hat, den Bauer ihr in seinem ersten Roman *Das Feld unserer Ehre* zuschreibt: »Haus und Scholle halten den Menschen fest umklammert im Guten wie im Bösen; ohne Ausweichen und Entrinnen formen sie Leben und Schicksal.« Allein Bauers Roman um *Hagen von Troneck*, der den grimmigen Antihelden des Nibelungenlieds im Hunsrück ansiedelt, erschien 1995 im Rhein-Mosel-Verlag neu.

1990 wagte der Autor und Kritiker Hajo Knebel in der Festschrift zum 100jährigen Bestehen des Hunsrückvereins eine Bestandsaufnahme der »Hunsrücker Schriftsteller des 19. und 20. Jahrhunderts«. Dabei würdigte er besonders die 1868 in Kirchberg geborene Nanny Lambrecht, deren Werke leider auch nur noch in Bibliotheken und Antiquariaten zu fin-den sind. Zwei ihrer zwanzig Romane und eine Reihe anderer Schriften befassen sich schwerpunktmäßig mit dem Hunsrück. »Die realistisch-sozialkritische Erzählerin von hohem Rang«, schreibt Knebel, »vielleicht durch ihre Ehrlichkeit, Unbedingtheit und den scharfen Blick ihrer Erzählweise im Hunsrück bis heute unterschätzt, verdiente es, aus dem Dunkel des Fast-Vergessens geholt und der literarischen Öffentlichkeit neu vorgestellt zu werden.«

Für ihren wohl bekanntesten Roman *Armsünderin* (1909) wählt Nanny Lambrecht die Gegend um Sohren und Kirchberg als Schauplatz. Die Sprache, in der sie den Hunsrück darstellt, ein Land, in dem der Einzelne nur als Teil der Gemeinschaft bestehen kann, hat einen geradezu magischen Sog:

»Es ist Mittag und zum Greifen finster. Wie eine große, schwere Enttäuschung liegt es auf der Hochebene. Die Baumschatten hocken um die Kleinstadthäuser, und die Bäume haben weißgrüne Wuschelköpfe. Wenn ab und zu die Finsternis am Himmel zerreißt, flutet grell das Sonnenlicht herunter.«

Jule, die Protagonistin, ist die »Armsünderin«. Allein die Tatsache, dass sie aus der Kesselflickersiedlung Scheidbach stammt, lässt sie für die Bauern sozial nur am Rande existieren. Nachdem sie aber ein Verhältnis mit einem Bauernsohn eingeht und von ihm im Stich gelassen wird, als sie ein Kind erwartet, wird sie als Paria geächtet. Verzweifelt versucht Jule, Reue zu zeigen, um wieder in die dörfliche Gemeinschaft aufgenommen zu werden. Sie lässt sich sogar in der Kirche in den Stuhl der Armsünderinnen stellen, doch weder ihre Nachbarn noch der Pfarrer kennen Pardon. Die Schmach gilt mehr als mitleidige Gefühle. Als der Bischof Jules Not erkennt und einschreiten will, ist es zu spät. Jule und ihr neugeborenes Kind sterben in einem Gewittersturm.

Der Roman *Armsünderin*, in dem Nanny Lambrecht schwere Anklagen gegen die heuchlerische Frömmelei der Dörfler, gegen sittliche, soziale und allgemein menschliche Missstände erhebt, machte Nanny Lambrecht so bekannt, dass ihr folgender Roman *Das Lächeln der Susanna. Roman aus dem Hunsrück* (1918) bereits ein Jahr nach seinem Erscheinen im 10. Tausend vorlag. Doch auch dieses – stark autobiographische – Werk, in dem die Autorin ihrer Heimatstadt Kirchberg ein literarisches Denkmal setzte und das 1919 als die »beste unter den modernen Romandichtungen« rezensiert wurde, sorgte nicht dafür, dass Nanny Lambrecht auf dem Hunsrück eine wirkliche Würdigung erfuhr. Laut Hajo Knebel erklärt sich das »vielleicht aus der unbestechlich scharfen Beobachtungsgabe und der naturalistisch überdeutlichen Darstellungskraft dieser Autorin, in deren Werk man sich nicht gern widergespiegelt findet in seinen Schwächen und Nöten«. »Man übt sich nicht im Lächeln auf diesem kargen Gebirge«, schreibt Lambrecht selbst, aber auch: »Es ist, trotz allem, ein gesegnetes Gebirge.« Immerhin wurde im Jahre 1955 in Kirchberg eine Straße nach ihr benannt.

Die Auseinandersetzung mit Heimat und Glauben bestimmt auch das Werk des 1881 geborenen Jakob Kneip, der aus Morshausen stammt, wo kürzlich im alten renovierten »Backes« (Backhaus) ein Jakob-Kneip-Museum eröffnet wurde. In seinen Gedichtbänden wie *Der lebendige Gott*, den *Gesammelten Gedichten* oder *Fülle des Lebens*, Erzählungen wie *Hunsrückweihnacht*, der autobiographischen Trilogie *Porta Nigra* und dem »fröhlichen Roman« *Hampit, der Jäger* rückt er den Hunsrück so vollständig ins Zentrum des Geschehens, dass dieser in der Folge häufig als »Jakob-Kneip-Land« betitelt wurde. Ein Auszug aus einem seiner Gedichte mag dieses Verhältnis Jakob Kneips zu seiner Heimat verdeutlichen:

> »In seinen Feldern, seinen Wiesenbuchten,
> In seinen Wäldern mit den dunklen Schluchten,
> Auf seinen Hügeln, wo die Lerchen steigen –
> O, wem gehört dies Land wie uns zu eigen!
> Dies Land, das wir in unsrer Seele tragen,
> Dies Land, das unsrer Seele Atem gibt –
> Wie haben wir dies Land geliebt...«

Besonders der erstmals 1927 veröffentlichte *Hampit, der Jäger*, der als Schelmenroman in der Nachfolge Eulenspiegels interpretiert wurde, machte Kneip populär. Doch ist die Geschichte um den leidenschaftlichen Jäger Hampit aus dem Baybachtal mehr als »Schabernack über Schabernack«. Hampit, der voller Streiche steckt und besser als jeder andere im Dorf Gespenstergeschichten erzählen kann, wird vom Schicksal in die Welt getrieben und findet, als er im Alter zurückkehrt, seinen geliebten Jagdgrund an einen gut zahlenden Städter verpachtet. Der Armut, der ewigen Geißel des bäuerlichen Hunsrücks, hat Hampit seinen Tribut gezollt, und krank und einsam stirbt er in seinem verlorenen Wald.

Einen Hunsrücker Jäger stellt auch Albert Pütz ins Zentrum seiner Erzählung »Das unbotmäßige Leben des Nikolaus Haffner«, die erstmals 1976 erschien und 1998 im Band *Aufrührer und Glückssucher* neu aufgelegt wurde. Die Handlung spielt im deutschen Vormärz und den Revolutionsjahren 1848/49 und stellt mit viel Ironie das Schicksal des preußentreuen Forstaufsehers Haffner dar, der sich in Zeiten von Hungerkrawallen und Rebellionen oftmals selbst mit knurrendem Magen gegen sture Hunsrücker, listige Weiber und besonders gegen seinen ungleichen Bruder behaupten muss, der, republikanisch gesinnt, auf der Gegenseite kämpft. In den »unerhörten Geschichten« von Pütz schließlich, die 1977 erstmals unter dem Titel *Das Wirtshaus im Hunsrück* erschienen, 1984 als erweiterter Roman *Villa Erholung* und 1997 nochmals unter dem Titel *Villa mit Gästen*, findet der Hunsrück seine vorerst letzte literarische Würdigung. Im Mittelpunkt des Romans steht eine Landpension bei Herborn, die, von einer tatkräftigen Frau um die Wende zum 20. Jahrhundert erbaut, zur Drehscheibe zahlloser Schicksale, Affären, Skandale und Lieben wird: »Weltgeschichte in der

Nussschale Dorf« an einem authenthischen Ort platziert und von Albert Pütz mit ebenso klugem wie satirischem Witz erzählt.

Verena Mahlow

Literaturempfehlungen

Stefan Andres: *Der Knabe im Brunnen*, zuletzt München 1970

Werke von Nanny Lambrecht stehen in der Stadtbücherei von Kirchberg und sind ansonsten nur noch antiquarisch zu erhalten; z.b. über Internet im Zentralen Verzeichnis antiquarischer Bücher (zvab.com)

Albert Bauer: *Hagen von Troneck. Die Nibelungensage im Hunsrück*, Briedel 1995

Jakob Kneip: *Hunsrückweihnacht*, Reprint des Hunsrückvereins 1996

Hajo Knebel: »Jakob Kneip, 24. April 1881 – 14. Februar 1958«, in: *Hunsrücker Heimatblätter*, Nr. 50 / 1981

Albert Pütz: *Villa mit Gästen. Roman*, Blieskastel 1997

ders.: *Aufrührer und Glücksucher. Zwei Erzählungen*, Blieskastel 1998

ders: *Störverdacht. Erkundigungen über Durchreisende*, Blieskastel 1996

Siehe auch: Hajo Knebel: »Hunsrücker Schriftsteller des 19. und 20. Jahrhunderts, in: *Der Hunsrück. Festschrift zum 100jährigen Jubiläum des Hunsrückvereins*, Birkenfeld 1990

Vom Hinterwald in die Welt
Minnesänger, Wandervögel und Burg Waldeck-Mythos

Die Hunsrücker sind ein musisches Völkchen und hatten schon immer, trotz ihres angeblichen »Hinterwäldlertums«, einen Hang zur großen, weiten Welt. Bereits im 13. Jahrhundert tat sich der Minnesänger Willehalm von Heinzinburch, später bekannt als Wilhelm von Heinzenburg aus dem Kellenbachtal mit Herz-Schmerz-Gesängen hervor. »...Ihr Mund ist rot. / Ruh' ich nicht bald in ihren Armen, / Bin ich tot«, dichtete er mehr oder minder kunstvoll, worauf er, wenn auch nicht in die erste Riege der mittelalterlichen Barden, so doch mit fünfzehn Liedzeilen in die große Heidelberger Liederhandschrift, den *Codex Manesse*, aufgenommen wurde.

Während die Nachfahren des Wilhelm von Heinzenberg dann für siebenhundert Jahre verstummten, wurde am Rande des Hunsrücks die Liedkunst weiter gepflegt. Von Uwe Anhäuser stammt die Schilderung eines bemerkenswerten Phänomens, das sich auf die Region um Baumholder und Kusel, den sogenannten »Westrich«, bezieht: Ein ganzes Jahrhundert lang zwischen 1830 und 1930 war dort nicht die Landwirtschaft, sondern das Wandermusikantentum die größte Einkommensquelle. Männer aus dem Westrich bestritten diese Kunst »geradezu monopolartig«, schreibt Anhäuser, »auf den großen Ozeandampfern jener Zeit, in Zirkus- und Militärkapellen sowie in den berühmtesten Seebädern und buchstäblich ›auf allen Straßen der Welt‹.« Ein Georg Drumm aus Erdesbach bei Kusel zum Beispiel komponierte die Melodie, die heute noch im amerikanischen Nationalmarsch »Hail America« erklingt; aus Eßweiler kommt Hubertus Kilian, der mit seiner »Bande« in Shanghai zur »Kaiserlich-Chinesischen-Hofkapelle« ernannt wurde, und selbst Frank Sinatra feierte seine ersten Erfolge mit der Musik von »Bill Henry and the Headliners«, Musikern, die aus Mackenbach stammten.

Im Musikantenland-Museum, das 1985 in der Burg Lichtenberg bei Kusel eröffnet wurde, finden sich noch viele weitere beeindruckende Zeugnisse, und auch in der Architektur zahlreicher Häuser der Region lassen sich die Erfolge und der Wohlstand später heimgekehrter »Weltmusiker« aus dem Hunsrück ablesen. Statt der schlichten Bauernhäuser finden sich da »Bauten im Kolonialstil«, schreibt Anhäuser, »Blendarkaturen, Zier- und Treppengiebel wie in Londoner Villenvierteln, Wetterfahnen in Form einer Lyra und manches ähnlich auffällige Detail. Allein in Mackenbach stehen noch mehr als 150 dieser Musikantenhäuser.«

Ab 1922 strömten auch die singenden und klampfenden »Nerother Wandervögel« vom Hunsrück aus in die Welt. Der Jugendbund um Karl Oelbermann hatte sich die Burgruine Waldeck im Baybachtal, einem der schönsten Hunsrücktäler überhaupt, als bündischen Hauptsitz ausgesucht und errichtete in 50 Jahren Arbeit an Stelle der ehemaligen Oberburg ein trutziges Burghaus. Der Philosoph Rabindranath Tagore, der 1930 als Gast auf der Burg weilte, war begeistert von der herrlichen Landschaft: »Wäre nicht Bengalen meine Heimat, so möchte ich wohl hier wohnen.«

Nach dem Ende des NS-Reichs, in dem der Jugendbund verboten worden war, splitterten die Nerother sich in Traditionalisten, die weiter ihrem eigenen, strengen »Führerprinzip« anhingen, und in die musisch und geistig weltoffenere »Arbeitsgemeinschaft Burg Waldeck« auf. Werner Helwig, der »Hofpoet von Burg Waldeck«, berichtet in seinen Erinnerungen *Auf der Knabenfährte* (1950) und weiteren Werken wie *Die Bienenbarke* (1953) von seiner Zeit als Nerother im »melancholisch schönen Baybachtal«. Er hatte seinen eigenen Standpunkt längst gefunden, als dort – erstmals 1964 – unerhört progressive Klänge ertönten.

Mit den internationalen Chansons- und Folklore-Festivals, die bis 1969 jährlich stattfanden, schwang die musikalische Bewegung vom Hunsrück hinaus in die Welt in eine Gegenbewegung um: Die Welt kam nun in den Hunsrück! Liedermacher und Kabarettisten wie Dieter Süverkrüp, Franz-Josef Degenhardt, Hanns-Dieter Hüsch, die Zwillinge Hein und Oss Kröher, Hannes Wader und viele mehr brachten eine neue, alternativ-kritische Wort- und Liedkultur ins entlegene Baybachtal. Mit den markigen Gesängen der Nerother Wandervögel und deren Hierarchien hatten sie nichts mehr zu tun – so sehr die Traditionalisten von ihrer Jugendburg aus auch mit Schmähreden und lautem Geklampfe gegen die »dekadenten Großstädter« anzulärmen versuchten.

Vielmehr gaben sich die kommenden Stars der aufblühenden Liedermacherszene hier ein Stelldichein: Für Katja Epstein wie für das Politsong-Duo Schobert & Black wurde die Festivalbühne vor der Burg Waldeck zum Sprungbrett auf die Karriere; der schüchterne Reinhard Mey musste erst überredet werden, bevor er dort seine gesellschaftskritischen Songs zum Besten gab, die ihn bald in ganz Deutschland berühmt machen sollten; Dieter Dehm alias Lerryn sang und diskutierte eifrig über Freiheit und Sex; Abgesandte aus der Folkszene der DDR wurden kritisch im Hinblick auf ihr Rebellionspotenzial befragt; und um dem Anspruch »international« gerecht zu werden, brachte man verwandte künstlerische Seelen aus Frankreich, Schottland und den USA wie Colin Wilkie oder Odetta auf die Bühne.

Auch im weiteren Umfeld der Burg Waldeck war der Hunsrück in der damaligen Zeit ein Anziehungspunkt für Liedermacher. Anfang der siebziger Jahre pilgerten viele Jugendliche zu einem Bauernhaus in Dill bei Kirchberg, um sich in der Kunst des Gitarrenspielens unterrichten zu lassen. Dort hatten sich zwei Musiker eingemietet, die unter dem Namen »Witthüser & Westrup« populär waren. Ihrem Vermieter, der den kommenden und gehenden »Langmähnigen« und den vom Haschischnebel umwehten Feten mit stoischer Duldsamkeit gegenüber stand, widmeten die Liedermacher eine legendäre Langspielplatte mit dem Titel »Bauer Plath«. Im gleichnamigen Titelsong wird die glückliche Sorglosigkeit jener Zeit im Hunsrück beschworen. Die Phase des Protests, des gesellschaftskritischen Aufbruchs war schon wieder vorbei; angesagt waren Aussteigertum und Rückzug:

Hinter den weißen Bergen, nahe der kleinen Stadt,
Da steht ein Haus, wo Bauer Plath sich niedergelassen hat.
Hier lebt er mit Frau und Tochter in glücklichem Bund
Zusammen mit Karl, dem kleinen schwarzen Hund.

Die Tage kommen und die Tage gehen,
Bauer Plath hat uns bei sich aufgenommen.

Und oft sitzen wir zusammen bis in die Nacht hinein
Bei Kerzenschimmer und Kräuterwein

Die Nächte sind lang und die Tage sind kurz,
Hier leben wir frei ohne Sorgen.
Wir lieben die Welt und wir werden geliebt,
Und wir denken nicht mehr an morgen.

Heute ist die Festival-Herrlichkeit auf der Burg Waldeck endgültig Vergangenheit, doch die ABW, die Arbeitsgemeinschaft Burg Waldeck, besteht immer noch – wie auch gleich nebenan der Bund der Nerother Wandervögel mit ihren Wimpeln, kurzen Hosen und Bruderschaftsgesängen – und veranstaltet in loser Folge Konzerte, Liedermacherwerkstätten und Seminare zu interdisziplinären Themen. Auch wird erstmals seit dem Jahr 2000 mit dem »Peter-Rohland-Singewettstreit« zu Ehren des früh verstorbenen Texters, Sängers und Liedforschers Peter Rohland, der auf der Waldeck »groß« wurde, wieder an die alten Traditionen angeknüpft. Bündisches Singen im weiteren Sinne, kritisches, seelenvolles und unterhaltsames Liedgut und Folk finden hier ein Forum. Und wenn die alten Revoluzer wieder zusammenkommen, wie vor einiger Zeit, als Franz-Josef Degenhardt im »Säulenhaus« seinen sechzigsten Geburtstag zusammen mit den alten Waldeck-Kumpels feierte; wenn sich, wie unlängst geschehen, Wolfgang Niedecken mit Richie Havens auf der Bühne zur Welturaufführung eines Programms mit Bob-Dylan-Songs auf Kölsch trifft, weht der Geist der großen Waldeck-Zeit noch einmal wie ein warmer, nostalgischer Wind durchs Baybachtal.

Verena Mahlow

Literaturempfehlungen

Uwe Anhäuser: »Streifzüge durchs ›Musikantenland‹«, in: *Hunsrück und Naheland. Streifzüge zwischen Mosel, Nahe, Saar und Rhein*, Köln 1987, S. 248-278

Informationen zur Arbeit des ABW und der Burg Waldeck unter www.burg-waldeck.de und www.peter-rohland-stiftung.de. Viermal jährlich gibt die ABW zudem die Zeitschrift *»Köpfchen« – Einblicke – Ausblicke – Rückblicke* heraus.

Der Autor und Zeichner Georg Giesing hat ein Buch veröffentlicht: *Die Zecher – Geschichten von der Waldeck und aus dem Hunsrück*, Rhein-Mosel-Verlag 1998

»Bauer Plath« von Witthüser & Westrup ist im Sampler auf CD neu bei 2001 zu beziehen.

Eine umfassende Dokumentation der Festivaljahre auf der Burg Waldeck steht noch aus.

Die Wiege der »Heimat«
Fernseh-»Schabbach« und Edgar Reitz

Wo liegt Schabbach? Das ist eine Frage, die 1984 Tausende von Menschen interessierte. In jenem Jahr wurde der Hunsrückort mit der Ausstrahlung von »Heimat« berühmt – ohne dass es ihn je gegeben hätte. Edgar Reitz erzählte in einem Mammut-Filmprojekt die Geschichte des fiktiven Dorfes und seiner Menschen von 1919 bis 1982. Zehn Millionen Zuschauer pro Folge machten »Heimat« in der elfteiligen Fernsehfassung zu einem der größten deutschen Erfolge. Es war ein Werk, das alle Dimensionen sprengte. Der Film dauert ungefähr 16 Stunden und kostete in der Produktion rund zehn Millionen Mark. Er wurde in 282 Drehtagen gedreht. Mehr als 4000 Laiendarsteller wirkten daran mit, die meisten von ihnen Hunsrücker. »Heimat« wurde die Filmsensation des Jahres 1984 und heimste Auszeichnungen von Rang ein – vom Adolf-Grimme-Preis bis zur Goldenen Kamera.

Doch nicht die Superlative allein machten »Heimat« zu einem nationalen und internationalen Erfolg. Das Thema barg Sprengstoff genug. »Heimat« erzählt die Geschichte der kleinen Leute über die Dauer eines Menschenlebens. Der Titel provozierte. Der Begriff »Heimat«, seit dem Ende des »Dritten Reiches« ein Tabuwort, war plötzlich in aller Munde. Durch den Film fand das Wort »Heimat« sogar Eingang in die englische und französische Sprache. Ganze Busladungen voll Menschen ergossen sich nach der Fernseh-Ausstrahlung in der ARD in den Hunsrück auf der Suche nach der Heimat von Maria Simon, ihrer Familie, den Wiegands und den anderen Dorfbewohnern von Schabbach. Zu Tausenden landeten sie in Woppenroth, einem 300-Einwohner-Ort im Hahnenbachtal, dort, wo ein Großteil der Dreharbeiten tatsächlich stattgefunden hatte.

Doch »Schabbach« fanden die Filmfreunde nicht. Denn der Ort ist »in der Mitte der Welt«, wie Reitz im Film den Bauern Wiegand sagen lässt, »und gleichzeitig nirgends«. Regisseur Edgar Reitz hat den fiktiven Ort in mehr als 50 Dörfern durch die Kamera gesehen. Mit der Schere hat er dann die Filmgeschichte in das erfundene Dorf verlagert. Schon 1984 erkannte man »Schabbach« nicht wieder. Das Haus des Bauern Wiegand war eine Attrappe gewesen, die Anton'sche Fabrik stand in Griebelschied und die Schmiede des alten Mathias in Gehlweiler, im Film jeweils nur einen Schnitt voneinander entfernt.

Sei's drum, die Woppenrother bewirteten die neugierigen Besucher mit Kaffee und Kuchen. Die »Heimat-Touristen« sprachen jeden an, der sich auf der Straße sehen ließ. Autogramme mussten sie geben. Gastwirt Rudi Molz schaffte sich einen Stempel an, auf dem zu lesen stand: »Schabbach (Heimat) Hunsrück«.

Den Stempel hat er bis ins neue Jahrtausend aufbewahrt, ebenso wie ein Foto vom Abschluss der Dreharbeiten, das in einem Nebenraum der Gaststätte hängt. Wenn Rudi Molz von »Heimat« erzählt, dann greift er auch gern zu seinen Alben, in denen viele Fotografien von den Dreharbeiten erzählen. Reitz wollte nicht ausschließlich mit Profi-Schauspielern arbeiten, erinnert sich der Gastwirt. Manche Kollegen glaubten, es reiche, wenn ein Schauspieler einen Hammer in die Hand nimmt, um einen Schmied darzustellen. Doch Reitz, selbst ein Handwerkersohn, »traut eher einem Schmied das Schauspielern zu, als einem Schauspieler das Schmieden«. Und deshalb wurde der alte Mathias Simon vom Laienschauspieler Willi Burger aus Nannhausen gespielt. Doch nicht nur das Schmieden will gelernt sein – auch das Hunsrücker Platt. Was den einheimischen Statisten nicht schwer fiel, den professionellen Schauspielern dafür um so mehr.

Sie hielten sich Wochen vorher in Woppenroth, oder »Hollyroth«, wie später am Dorfeingang scherzhaft zu lesen war, auf und schauten den Dorfbewohnern »aufs Maul«, um den schwierigen Dialekt zu erlernen. Nur Karin

»Schabbach« hieß bei Edgar Reitz das Dorf Woppenroth im Hunsrück, in dem er Anfang der achtziger Jahre große Teile seines Film-Epos »Heimat« produzierte. Toni Sulzbach, damals Ortsbürgermeister, heute Ehrenbürger der Gemeinde, spielte den Postboten. (Foto: Rüdiger Diezemann)

Rasenack durfte sich aufgrund ihrer Film-Rolle als Lucie durch den Film berlinern.

»Wie Menschen vom anderen Stern« sind den Woppenrothern die Filmleute zunächst vorgekommen, erinnert sich der Gastwirt, in dessen Wirtschaft sich die Filmleute nach den Dreharbeiten trafen. Dort hockten sie beieinander, »um auszupendeln«, wie Molz erzählt. Nicht nur für Edgar Reitz, auch für die Woppenrother war »Heimat« ein Großprojekt. Wie aufwändig die Verwandlung in »Schabbach« war, lässt sich allein an der Veränderung des Ortsbildes ermessen: Der Straßenbelag wurde mit Steinen verdeckt, Häuserfassaden wurden mit Fachwerk auf alt getrimmt, laute Traktoren und Melkmaschinen mussten verstummen. Manche Garage verschwand hinter Attrappen. Die Durchgangsstraße wurde während der Dreharbeiten komplett gesperrt. Auch Petrus haben die Filmleute öfter ins Handwerk gepfuscht. »Nur wenn Schnee auch auf den Dächern zu sehen ist, dann hat es wirklich geschneit«, verrät der Woppenrother Gastwirt. Wenn er nur auf der Straße lag, dann hatten die Techniker Kunstschnee erzeugt.

An seinem Tresen hat Molz mit Edgar Reitz auch über den Filmtitel diskutiert. »Heimat muss er heißen«, habe er den Filmemacher immer wieder zu überzeugen versucht. Doch der Begriff war negativ besetzt, wurde mit der Blut-und-Boden-Ideologie des Nationalsozialismus in Zusammenhang gebracht.

Wenn nicht Heimat, wie dann? »Geheichnis«, der Hunsrücker Begriff für Vertrauen und Geborgenheit, wurde verworfen, weil er anderswo nicht verstanden wurde. »Made in Germany« ist schließlich auf einem Stein im Vor- und Abspann des Films zu lesen – darüber läuft das Wort »Heimat«, denn nach Abschluss der Dreharbeiten erhält der Film schließlich doch den umstrittenen Namen. Dass ein ähnlicher Stein heute in Woppenroth zu sehen ist, ist kein Zufall. Den Ursprungsstein hatte die Produktionsgesellschaft nach den Dreharbeiten den Woppenrothern vermacht. Später wurde er in München für die Dreharbeiten für »Die zweite Heimat« benötigt. Dort verschwand er. Die Woppenrother holten kurzerhand aus dem Soonwald einen neuen. Ein Steinhauer aus Rhaunen verpasste ihm – gestiftet von der Produktionsgesellschaft von Edgar Reitz – die korrigierte Aufschrift »Heimat«. Er ist bis heute neben der Woppenrother Kirche zu sehen.

»Heimat« war für Edgar Reitz der Durchbruch, und mehr als das. Der Film sollte zur Grundmelodie seines künstlerischen Schaffens werden. Nach dem Erfolg von Heimat produzierte er »Die zweite Heimat«, die im Ausland noch mehr Beachtung fand als der Ursprungsfilm. Der dritte Teil ist in Arbeit.

»Ich habe immer filmen wollen, was ich liebe«, erklärt Edgar Reitz bei einer Diskussion in Trier und gibt damit eine Antwort auf das Biografische in seinem Film. Er will mit filmischen Mitteln Erinnerungen aufarbeiten. Seine Filme handeln vom Weggehen und vom Dableiben – wohl wissend, dass die Heimat, denen, die sie verlassen haben, stets mehr bedeutet als denen, die dort bleiben. Nicht zufällig ist Paul Simon, eine der Hauptfiguren, ein leidenschaftlicher Radio-Bastler mit einem »Draht« zur Welt. Er wird nach Amerika auswandern. Seine Maria sagt zu ihm: »Paul, du bist ganz anders als die Jungen im Dorf. Du hast etwas in dir, was die anderen nicht haben.« Etwas, das der gebürtige Morbacher Edgar Reitz offenbar auch hat und das ihn, knapp 20-jährig, nach München zog. Daheim stieß er mit seinen künstlerischen Interessen auf wenig Verständnis. »Was man mir in meiner Umgebung sagte – Familie, Eltern, Lehrer – war: Du musst einen anständigen Beruf erlernen, dann kannst du dir vielleicht so etwas leisten«, sagt Reitz in *Edgar Reitz – Film als Heimat*.

Wer sich in Morbach selbst auf Spurensuche nach dem wohl bekanntesten Sohn des Ortes begibt, wird schnell fündig. In der Biergasse steht noch das Haus seiner Eltern, in dem Bruder Guido ein Uhrengeschäft betreibt. In großen Lettern ist über dem Geschäft der Name des Vaters »Robert Reitz« zu lesen. Seinem Vater hat der Filmemacher in »Heimat« übrigens ein kleines Denkmal gesetzt.

Um Laden und Werkstatt von Uhrmacher Gröber, einer Figur aus dem Film, auszustatten, erzählt Reitz in *Drehort Heimat*, wie er Gegenstände aus dem Elternhaus holt: Werkzeuge, Maschinen, Ersatzteil-Schränke und Werktische. Für den Uhrmachersohn ist das ein bewegender Moment: »Ich zitterte mit meinen Händen, aber ich merkte, ich kann es noch. Das, was mir mein Vater im Alter von sieben Jahren beigebracht hatte, ich konnte es noch! Ich konnte die Unruh aus ihrem Werk entnehmen, den Anker, das Werk ablaufen lassen, ich konnte die Uhr in ihre Bestandteile zerlegen, wieder zusammensetzen, ohne etwas kaputtzumachen, ohne von irgendeinem der Gegenstände, den Brücken, Rädern, Wellen und Zapfen nicht zu wissen, wohin sie gehören.«

Die Passage in seinem Buch ist ebenso eine Liebeserklärung an den Vater wie der Film eine Liebeserklärung an die verlorene Heimat. Diese Liebe ist schwierig, ist ambivalent: »Es ist die Angst vor der Nähe und gleichzeitig eine Sehnsucht in mir.«

Ilse Rosenschild

Literaturempfehlungen

Edgar Reitz: *Drehort Heimat. Arbeitsnotizen und Zukunftsentwürfe*, Frankfurt am Main 1993

Reinhold Rauh: *Edgar Reitz – Film als Heimat*, München 1993
»Rund 4000 Laiendarsteller bei der Hunsrück-Serie ›Heimat‹«, in: *Trierischer Volksfreund*, 20. 10. 1984 und Interviews mit Edgar Reitz und Rudi Molz.

Unterwegs – Hunsrückorte im Überblick

Argenschwang: Otto **von Vacano** stellte die Trinkgewohnheiten der Hunsrücker Noblesse – unter ihnen besonders trinkfest der Herr von Argenschwang – in seiner 1895 verfassten Romanze vom Herzog Reichard augenzwinkernd folgendermaßen dar:

»Nicht Venedigs goldnes Buch
hat die Edlen aufzuweisen,
die der Nahe Rebenstrand
froh als ihre Heimat preisen,
die des Hunsrücks bergig Land
ihrer Wiege Wächter nennen.
Fragt nur: ›Ist kein Dalberg da?‹
Jeder Bauer wird ihn kennen
Zwischen Waldgebirg und Nah. –
Neben ihm von gutem Klang
Sickingen aus stolzem Hause. –
Dann der Herr von Argenschwang
Im verschabten Sammetflause,
den er schon seit Jahren trug
(er vertrank das teure Tuch) (...)
Weder Stadt noch Grafenkrone
Nannte sein der Gegenpart;
Nur zwei Dörfchen in der Soone,
wo der rechte Holzdieb karrt,
nannte sein der Koppensteiner;
reich an Wild und arm an Geld,
schlug er sich, vergnügt wie keiner
immer durstig durch die Welt. –
Wartenstein von andrer Mache,
ritt ein Pferd von schwer Gewicht.

›Wasser aus dem Hahnebache,
färbte schwerlich sein Gesicht‹,
also stichelte der Abt
Ravengiersburgs, dessen Speicher
Korn und Haberzehnt' begabt (...)
wäre nur an Weingült reicher
Seines Kellers weit Gelaß!«

Argenthal: Auf dem Dorffriedhof befindet sich das mit einer Inschrift versehene Grabmal des Johann Adam **Melsheimer**, der jener »Jäger aus Kurpfalz« gewesen sein soll, der im bekannten Volkslied über einen Flirt die Jagd vergaß. Zumindest seine Ahnen waren von seiner Identität mit dem Liedhelden überzeugt; es gibt aber noch weitere Kandidaten.

Ausoniusweg: Nach dem gallischen Prinzenerzieher und Dichter Decimus Magnus **Ausonius** (310-395) wurde die rund einhundert Kilometer lange Strecke von Bingen nach Trier benannt, die mit dem Symbol des Römerkopfes als Wanderweg markiert ist und in Teilen auch noch die alte Römerstraße erkennen lässt. Die »ringsum lechzende Landschaft«, über die Ausonius sich im 4. Jahrhundert n. Chr. beschwerte, zeigt sich heute als beschauliche Landschaftsidylle. (→ Ausonius«-Essay)

Balduinseck: Die in der Nähe des Dorfes Buch gelegene Burgruine erinnert an den mächtigen und tyrannischen **Balduin** von Luxemburg, Erzbischof und Kurfürst von Trier, der sich in den Fängen der schönen Lauretta **von Sponheim** als erstaunlich sanftmütig und kompromissbereit entpuppte. (→ Starkenburg)

Baumholder/Kusel: Zentrum des »Musikantenlands Westrich«, von wo aus zahlreiche musizierende Hunsrücker die Welt eroberten – von Shanghai bis Hollywood. Selbst die amerikanische Nationalhymne »Hail America« wurde von einem Westricher ersonnen.

Baybachtal: Romantisches Tal, laut Werner **Helwig** »schönste deutsche Landschaft«, in dem die Burg Waldeck liegt, legendäre Heimstatt der Waldecker Internationalen Chansons- und Folklorefestivals 1964-1969. Zugleich Hauptsitz der kurzbehosten, wimpeltragenden Nerother Wandervögel, die mit ihren Klampfen die alternativen Gesänge zu übertönen versuchten.

Binger Tafelberge: Der aus Büdesheim bei Bingen stammende Stefan **George** (1868-1933) sehnte sich inmitten seines hoch ästhetisierten Kreises wohl doch gelegentlich nach der sonst so verschmähten Natur, schreibt er doch über das Land jenseits der Binger Tafelberge: »Die zusammenhängende ruhe von wiesen, wasser und blauer ferne wird nur manchmal unterbrochen durch das wehen einer flagge oder durch einen feiertagsklang der umliegenden weiler. In langen zwischenräumen schreien truthähne auf dem meierhof... Wäre es möglich in dieser friedfertigen gediegenen landschaft seine seele wiederzufinden?«

Birkenfeld: Der Literat Friedrich **Sieburg** (1893-1964), vor dem letzten Weltkrieg Korrespondent der *Frankfurter Zeitung* in Paris und seinerzeit als Frankreichspezialist bekannt wie heute Ulrich Wickert, ließ sich unwidersprochen als »Evangelist des Dritten Reiches« feiern, um später – wie so viele – abzuschwören. 1945 wurde er von den Franzosen als angeblicher Virusträger, wie Albert Pütz schreibt, in »quarantaine«, d.h. ins Zwangsdomizil nach Birkenfeld geschickt – welch grausames Schicksal für den Mann von Welt, der die Monate auf dem Land folglich als »gespenstische Zeit« empfand. Pütz: »Birkenfeld im November, Hunsrück im Winter – Verbannung muss ihm geschwant haben, Sibirien im Sinn...« Doch schon 1946 konnte Sieburg erleichtert nach Frankfurt zurückkehren, wo er 1955 als Chef-Literaturkritiker der *Frankfurter Allgemeinen Zeitung*, als Vorläufer Reich-Ranickis, die Autoren der jungen Avantgarde heftig wegen »literarischen Unfugs« attackierte. Einen Fuß in den Hunsrück setzte er niemals mehr.

Bundenbach: In der Nähe des Dorfes liegt der so genannte »Teufelsfels«, um den sich eine Sage spinnt, der zufolge eine bauernschlaue Hunsrücker Schusterfrau, die nicht auf den Mund gefallen war, selbst den Teufel austrickste. Uwe **Anhäuser**, Hunsrückkenner und Autor des hochinteressanten zweibändigen Werkes *Sagenhafter Hunsrück* lebt in Bundenbach.

Bruchweiler: Eine bemerkenswerte Hunsrücker Geschichte von 1611 hat

Albert **Reitenbach** 1957 ausgegraben. Alten Akten zufolge wohnte der Pfarrer **Schwab** aus Bruchweiler mit Familie einem Hochzeitsessen bei. Der ebenfalls anwesende Amtmann, Richter von der Wildenburg und »Schultheiß von Veitsrodt«, bildete sich viel auf die Künste des Kochs aus Oberstein ein, den er eigens für die Gelegenheit besorgt hatte. Als der Koch an der Tafel erschien, um wie üblich von den Gästen ein Trinkgeld zu fordern, rückte die Pfarrersfrau nur vier Kreuzer heraus, was den Amtmann so erboste, dass er – maßlos in seinem Suff – den Pfarrer zuerst mit Gläsern bewarf und dann verprügelte. Danach musste der Kirchenmann wochenlang das Bett hüten, und der Gottesdienst fiel aus. Seine Beschwerde an die sponheimische Kirchenbehörde in Birkenfeld half wenig; vielmehr riet man ihm, schleunigst den Kirchendienst wieder aufzunehmen, da der Amtmann sonst wegen Dienstversäumisess Klage erheben und die Einkünfte aus dem Bruchweiler Kirchenzehnten, die die Herren von Wildenburg der Kirche eh nicht gönnten, sperren könne.

Burg Waldeck: Schauplatz internationaler Chansons- und Folklore-Festivals seit 1969. (→ »Burg Waldeck«-Essay)

Denzen: Der Stadtteil von Kirchberg ist das römische Dumnissus, das **Ausonius** so öde und wasserarm dünkte, obwohl dort schon seit den Zeiten der Kelten eine kräftige Quelle sprudelte. Noch heute zu sehen: der »Römerbrunnen«.

Schloss **D**haun: Eines der imposantesten steinernen Zeugnisse der Huns-

rücker Geschichte, das auf römischen und keltischen Fundamenten ruht, beschreibt Otto **von Vacano** in seiner Romanze vom Herzog Reichard: »Hoch auf steiler Felsterrase wo der Waldschlucht Abgrund gähnt / Und an breiter Mauermasse enggeschmiegt das Dörflein liegt: / Ragt – ein zweifacher Dynast – Rhein- und Nahegaus Palast, / rauher Berge stolze Krone. / In der Tiefe braust vom Soone Schaumgewog und Wasserdruck, / drängt die Flut durch grüne Matten, bis sich Nah' und Simmer gatten.«

Dhronecken: Im Zentrum des idyllischen Hochwalddorfs erhebt sich das gigantische graue Mauerwerk einer ehemaligen Trutzburg, die – der Sage, dem Heimatdichter Albert **Bauer** und einigen ernsthaften Forschern zufolge – die Heimat des düsteren Hagen von Tronje gewesen sein soll, der in der Nibelungensage den Königsohn Siegfried hinterrücks ermordete. (→ »Hagen von Tronje«-Essay)

Dill: Anfang der siebziger Jahre eine Art Pilgerstätte für Folk-Fans und Wohnort des Bardenduos »Witthüser & Westrup«, die ihren toleranten Vermieter auf der LP »Bauer Plath« verewigten.

Erbeskopf: Mit 816 Metern die höchste Erhebung des Hunsrücks. An seiner Ostseite liegt die in Bruchstein gefasste »Siegfriedsquelle«, wo einer Hunsrücker Volksmär zufolge die Ermordung des Nibelungenprinzen durch den (Hunsrücker?) Hagen stattgefunden haben soll.

Gemünden: Noch ein Hunsrückdichter, geboren 1866 auf dem

Schmiedel bei Simmern, ist der Pfarrer Karl **Röhrig**, der neben geistlichen Liedern und literarischen Betrachtungen ein Hunsrücker Liederbuch verfasste. Ein Gedicht darin erzählt vom Pfarrer aus Gemünden, der einem Bauern die letzte Ölung bringen will, unterwegs aber von der Schinderhannesbande beraubt wird. Mutig fordert er den Kelch zurück, denn:

»Der alte Niklas, sterbenskrank,
begehrte Jesu Speis und Trank.
›Herr Hauptmann, könntet doch auch ihr
einst sterben wie der Niklas hier.‹
Da schrein die Räuber voller Wut
›Schmeißt doch hinaus die Pfaffenbrut!
Daß der in unsrer Mitte wagt
und vor uns solche Frechheit sagt!‹
Ein Räuber zieht ihn rasch hinaus
und gibt ihm das Geleit nach Haus.
›Der Pfarrerin‹, so klang's zum Schluß,
›vom Schinderhannes einen Gruß!‹
Da gruselt es dem Pfarrer doch...«

Griebelschied: Dorf in der Nähe von Kirn. Im dortigen Gasthaus Keßler soll die Pariser Primadonna Cécile Vestris laut Albert **Pütz** nackt für den Schinderhannes getanzt haben, was dessen Feind und Häscher Jeanbon maßlos ärgerte.

Hahn: Die Air-Base auf dem Hahn und die auf dem Hunsrück versteckt liegenden »batteries« der amerikanischen Streitkräfte sorgten lange für Ärger, Arbeitsplätze und angstvolle Reime z. B. im Gedicht *Der Hunsrück* von Hajo Knebel, das 1972 in der Zeitschrift *DIE HOREN* erschien. Darin heißt es: »(...) Die schimmernde Wehr, / hinter Dornröschen-Stacheldraht-Hecken / an verträumten, verschlafenen Plätzen, / in einem ver-

träumten, verschlafenen Land, / bereit, den Frieden zu sichern. / 1 Donnerschlag am Tage X – morgen – / Der Friede des Hunsrücks ist gesichert. / Für immer.«

Heidenburg: Das idyllische Dorf bei Thalfang ist der wahre Geburtsort des **Trithemius**, dem es allerdings peinlich war, über seinen Namen Johannes von Heidenberg mit einem Ortsnamen assoziiert zu werden, der gänzlich unchristlich klingt. Deshalb nannte er sich Trithemius nach dem Ort → Trittenheim, wohin er als Kind zog. (→ »Johannes«-Essay)

Heinzenberg: Aus dem Dorf im Kellenbachtal stammt der Minnesänger Wilhelm **von Heinzenburg**, von dem immerhin fünfzehn Gedichtzeilen in den *Codex Manesse* aufgenommen wurden.

Hennweiler: Hier wurde am 28. 3. 1945 der bekannte Kinder- und Jugendbuchautor Tilman **Röhrig** geboren (*Thoms Bericht*, 1973; *In dreihundert Jahren vielleicht*, 1983).

Heyweiler: An Hajo **Knebel** (*1929), der in Heyweiler seine erste Lehrerstelle innehatte und jetzt in Simmern lebt, kommt keiner vorbei, der sich mit der Kultur auf dem Hunsrück befasst. Obwohl er ursprünglich mit dem Roman *Jahrgang 1929* (1962) über seine Geburtsstätte in Schlesien bekannt wurde, hat er so viel über seine Wahlheimat, den Hunsrück, und so gut wie jeden, der in der Region Rang und Namen hat(te), veröffentlicht, dass er zweifellos als Hunsrückautor gelten kann. Seine umfangreiche Bibliographie umfasst Erzählungen, Novellen, Gedichte, Fortsetzungsromane in Zeitungen, Aufsätze, Essays, zeit-, literatur- und kunstgeschichtliche Betrachtungen, Features und Porträts, Reiseführer, Biographien, Anthologien, Hör- und Fernsehspiele, Dokumentarfilme und zahlreiche journalistische Arbeiten.

Herborn: In der Nähe siedelt Albert **Pütz** (*1932 Saarburg) seine »unerhörten Geschichten« an, die sich zunächst zwischen den Buchseiten des Werks *Das Wirtshaus im Hunsrück* abspielten. Als erweiterter Roman erschienen sie dann 1984 unter dem Titel *Villa Erholung* und 1997 nochmals als *Villa mit Gästen* im Gollenstein-Verlag.

Horn: Dorf bei Simmern und Geburtsort des »Spinnstuben«-Schriftstellers Wilhelm **Oertel** alias W. O. **von Horn** (1798-1867), der es als Bestandteil seines Künstlernamens verewigte. (→ »Horn«-Essay)

Hunoltstein: Wenn es denn wahr sein sollte, dass Hagen von Tronje (vom Dhron, von Dhronecken?), der düstere Recke aus dem Nibelungenlied, ein Hunsrücker war, wäre es nur logisch, seinen Waffenbruder Hunold auf die benachbarte Burg Hunoltstein zu verpflanzen.

Hunsrückberge: Heinrich **von Kleist** (1777-1811) stattete den Rhein und die darüberliegenden Hunsrückberge mit menschlichen Eigenschaften aus, wobei letztere mal wieder ziemlich schlecht wegkommen: »...still und breit und majestätisch strömt der Rhein bei Bingen heran und sicher, wie ein Held zum Siege, und langsam, als ob er

seine Bahn wohl vollenden würde – und ein Gebirge wirft sich ihm in den Weg wie die Verleumdung der unbescholtenen Tugend. Er aber durchbricht es und wankt nicht, und die Felsen weichen ihm aus und blicken mit Bewunderung und Erstaunen auf ihn herab...«

Hunsrückeinsamkeit: In seinem Roman *Hundejahre* läßt Günter **Grass** (*1927) seinen traurigen Helden Walter Matern zusammen mit dem ihm zugelaufenen Hund Pluto durchs Nachkriegs-Deutschland reisen, um an seinen ehemaligen Peinigern, Denunzianten und Vorgesetzten Rache zu üben; dabei verschlägt es ihn auch auf den »einsamen Hunsrück«.

Hunsrückfiktion: *Die Liebe des Ulanen* nannte Karl **May** (1842-1912) einen Romanzyklus um den heldenhaften deutschen Offizier Richard von Königsau, der zur Zeit des deutschfranzösischen Krieges auf dem Hunsrück und in den Ardennen spielt. Zwar kam es dem Radebeuler Schriftsteller nicht in den Sinn, den Hunsrück einmal wirklich – außer mit dem Finger auf der Landkarte – zu besuchen, doch schließlich war er auch niemals persönlich im Wilden Westen, am Rio de la Plata oder im wilden Kurdistan, und hat dennoch die spannendsten Abenteuer dort angesiedelt.

Kirchberg: Geburtsort der Schriftstellerin Nanny **Lambrecht** (1868-1942) Die Gegend um Sohren und Kirchberg ist auch Schauplatz von Lambrechts bemerkenswertem Roman *Armsünderin*, während sie ihrem Geburtstädtchen selbst mit dem stark autobiographischen Folgewerk *Das*

Lächeln der Susanna ein Denkmal setzte. Im Neubaugebiet »Acht« in Kirchberg ist eine Straße nach ihr benannt.

Kirn: In der Nahestadt beging nicht nur der Schinderhannes seinen ersten Diebstahl, auch Julius **Zerfaß** wurde hier 1886 als Sohn eines Hunsrücker Arbeiters und Kleinbauern geboren. Schon 1933 wurde er ins KZ Dachau eingewiesen, flüchtete 1934 in die Schweiz und stand seit 1937 als kämpferischer, antifaschistischer Schriftsteller neben Thomas Mann und Carl Zuckmayer auf der »Geheimen Gestapoliste zu Erfassung gefährlicher Staatsfeinde«. Neben seinen politischen Schriften, Essays, Romanen und Betrachtungen hat er auch ein lyrisches Werk hinterlassen, das sich mit der Natur, seinen Erinnerungen an Kirn und die Hunsrücker Kindheit und Jugend auseinandersetzt. Hajo Knebel, der 1985 im Auftrag der Stadt Kirn begann, das Oeuvre Zerfaß' in einer siebenbändigen Ausgabe herauszugeben, schreibt: »Manche der Texte Julius Zerfaß' werden die Zeiten überdauern. Auch Wolf Biermann hält einen Vers wie ›In die verhaltne Stille tropft hart die Frucht vom Baum...‹ für einen der schönsten Verse deutscher Poesie.« Nachdem Zerfaß selbst in seiner Heimatstadt lange Zeit vergessen war, erinnert heute ein Denkmal nahe der Kirner Nahe-Brücke an den »großen Sohn unserer Stadt«.

Koppenstein: Der **Jungfrau von Koppenstein**, oder auch dem »**Koppensteiner Gretchen**«, hat Rottmann ein langes Gedicht gewidmet, dem er die Zeilen voranstellt: »Im Wesentlichen so wiedergegeben, wie der Verfasser es am 8. August 1819 aus dem Mund der Jungfrau selbst gehört, beziehungsweise aus eigener Wahrnehmung geschöpft hat.« Tatsächlich beruht das Gedicht auf einem wahren Fall: Lange Jahre lebte Maria Margaretha Rosenstein, eine vermutlich unehelich geborene Außenseiterin, in einer Erdhöhle am Fuß der Burgruine Koppenstein bei Gemünden. Ihre einzige Gesellschaft waren zwei Ziegen, ihre einzige Beschäftigung die Pflege eines kleinen Gärtchens. In einem Aufruf aus dem Jahre 1805 wollten gutmeinende Bürger Spenden sammeln, um ihr »wenigstens eine menschliche Wohnung zu verschaffen«. Die Freifrau von Schmidtburg schließlich baute ihr eine Hütte unterhalb der Ruine, wo sie, wie das Sterberegister von Gemünden bezeugt, 1821 starb. Gustav Schellack, der den Fall recherchiert hat: »Anzumerken wäre, dass sich auch Geschichte wiederholt. Auch der erste Koppensteiner war wie die letzte Bewohnerin der Burgruine – wenn man es so bezeichnen will – ein Kind der Liebe, gezeugt von Graf Johannes II. von Sponheim und Jutta, der Tochter eines Burgmannes. Er wurde als Walram (Walrab) von Koppenstein vom Kaiser legitimiert und in den Freiherrenstand erhoben und führte als Familienwappen die ›Sponheimer Schachen‹.«

Kümbdchen: Maria Elisabeth **Glasmann**, eine Lehrersfrau bäuerlicher Herkunft aus Kümbdchen, wollte eigentlich nur ihre Lebenserinnerungen für ihre Kinder und Enkel aufschreiben. Doch die fanden den Text so gut, dass sie ihn veröffentlichen ließen, zunächst in dem evangelischen Sonntagsblatt *Glaube und Heimat*, später in Buchform. Das *Tagebuch meines Lebens. Eine Familiensaga vom Hunsrück 1860-1942* ist von ähnlicher Qualität wie Anna Wimschneiders *Herbstmilch*, wenn es auch noch kein Filmregisseur entdeckt hat.

Laufersweiler: »Freudlose Tage auf dem Hunsrück, und Vater war nicht da!« erinnert sich Ludwig **Harig** (*1927) im Roman *Weh dem, der aus der Reihe tanzt* (1990) an Ferientage bei Tante Lina in Laufersweiler im Jahre 1939 – überschattet vom Beginn des Zweiten Weltkrieges.

Leiwen: In dem Dorf am Dhrönchen wurde der große Schriftsteller Stefan **Andres** (1906-1970) als Sohn eines Müllers geboren. Allerdings empfand er sich eher als Moselaner denn Hunsrücker.

Morbach: Nicht nur der Geburtsort des »größten« lebenden Hunsrückers Edgar **Reitz** (*1932), sondern auch zweite Heimat des Autors Wolfgang **Brenner** (*1954). In dem fiktiven Städtchen Bubach zwischen der Hunsrückhöhenstraße und Birkenfeld, Schauplatz seines Romans *Welcome Ossi*, der bei Diogenes erschien, lässt sich unschwer Morbach erkennen. Der »Ossi«-Held Bruno Rabau in Brenners Buch, das eher eine Gesellschaftssatire als ein Krimi ist, kennt den Hunsrück, der auf keiner DDR-Karte verzeichnet ist, anfangs nicht einmal vom Hörensagen: »Hinter Koblenz hört meine Karte auf.«

Morshausen: In dem Dorf im Vorderhunsrück wurde am 24. April 1881 Jakob **Kneip** als Sprössling eines alten Hunsrücker Bauerngeschlechts gebo-

ren. Da am Tag seiner Geburt ein schwerer Schneesturm herrschte, wie er in seinem autobiographischen Werk *Spiegelbild und Traum* schreibt, prophezeiten die »Dorfbasen« seiner Mutter: »Das Kind ist unter schlimmen Vorzeichen zur Welt gekommen. Ihr werdet eure liebe Not mit ihm haben, aus ihm will etwas Besonderes werden.«

Niederhosenbach: Gerüchte, dass die Heilige **Hildegard von Bingen** (1098-1179) eine waschechte Hunsrückerin sei und nicht, wie lange geglaubt, in Bermersheim neben Alzey geboren, scheinen sich nach jüngsten Forschungsergebnissen zu bestätigen. Hildegard, heißt es, stamme aus Niederhosenbach bei Birkenfeld. »Tu kund die Wunder, die du erfahren!«, wie die Benediktineräbtissin selbst sagte. Und während Niederhosenbach jubelt, sind die Bermersheimer schockiert.

Otzenhausen, Ringwall: Fast schon im Saarland gelegen, kann dieses laut Friedrich Schinkel »fabelhafte Werk menschlicher Hände«, gerade noch als Hunsrücker durchgehen. Die mächtige Wallanlage, die aus rund 230.000 Kubikmeter Stein besteht, wurde vermutlich im letzten vorchristlichen Jahrhundert von den keltischen Treverern gebaut und legt nahe, dass der Hunsrück seinerzeit gar nicht so dünn besiedelt war.

Pfalzfeld: Was die Eifel kann, kann der Hunsrück schon lange, mag sich der Journalist Heinz-Peter **Baecker** (*1945 Trier) gedacht haben, als er sich nach Pfalzfeld zurückzog, um seine »Hunsrückkrimis« zu schreiben.

1999 erschien im Pandion-Verlag *Herzflimmern in Simmern*, 183 Seiten Mord und Totschlag, angereichert mit viel Simmerner Lokalkolorit. Ein Jahr später folgte *Koblenzer Schängel jagt Hunsrücker Bengel*. Darin verlegt Baecker die Brutstätte von Verbrechen und Zockerei ins Bermudadreieck zwischen Sohren, Simmern und Rheinböllen; Zentrum ist das sonst so beschauliche Ravengiersburg. Baecker: »Meine Krimis sind ganz bewusst als Regionalliteratur verfasst, die ihren Reiz aus dem Hunsrück und dem Großraum Koblenz ziehen.«

Ravengiersburg: In diesem Ort, einem der schönsten Hunsrücker Dörfer mit einer über 1000jährigen Geschichte und dem imposanten Hunsrückdom samt (ehemaligem) Kloster, mussten 1150 die Fratres beim Bau der dreischiffigen romanischen Kirche selbst mit anpacken, worüber sie sich in einem Brief an die heilige Hildegard von Bingen bitter beklagten: Härter als die Hebräer in Ägypten würde ihr Abt sie behandeln! – Wie den Pfarrern ging es auch den Dorfschulmeistern auf dem Hunsrück nicht immer rosig. 1729 verdiente ein solcher, wie mein Vater Theodor Schauder, selbst Lehrer in Ravengiersburg – wenn auch zum Glück 250 Jahre später – im *Hunsrückkalender 1966* berichtet, nicht mehr als ein Tagelöhner, Feldschütz oder Hirte. Dafür waren die Prüfungsbedingungen auch eher bescheiden; der Pfarrer in Funktion des Schulinspektors prüfte die Kandidaten nur auf die rudimentärsten Kenntnisse: Ein Jakob Mehl etwa, gelernter Weber, sang inbrünstig »O Mensch beweine«, wobei das Protokoll vermerkt: »Melodie ging ab in viele andere Lieder. Stimme

sollte stärker sein, quiekte mehrmalen, so doch nicht sein muss. Gelesen Josue 19, 1 bis 7, 10 Fehler, buchstabiert Josue 18, 28 bis 29, ohne Fehler. Drei Handschriften gelesen, schwach und mit Stocken, drei Fragen aus dem Verstand. Hierin gab es Genugtuungh. Aus dem Katechismo die 10 Gebote und die 41. Frage aufgesagt, ohne Fehler, dictando drey Reihen geschrieben, 5 Fehler. Des Rechnens ist nit kundig.« Von den insgesamt fünf Kandidaten galt Jakob Mehl trotz seiner Rechenschwäche übrigens als der kapabelste, – und bekam den Job. – Hauptschauplatz des Hunsrück-Krimis *Koblenzer Schängel jagt Hunsrücker Bengel* (2000) von Heinz-Peter **Baecker.**

Raversbeuren: Geburtsort des Hunsrücker Schriftstellers Albert **Bauer** (1890-1960), dessen Thema immer seine Heimat war: »Was soll näher liegen, wenn man Bauer ist und alle Vorfahren solche gewesen sind, als von Bauernland, Bauernarbeit und -schicksal zu erzählen?« Diese rhetorische Frage stellte Bauer – wo sonst – 1936 im Wochenblatt der Landesbauernschaft.

Rheinböllerhütte: Mitte des 18. Jahrhunderts im Alleinbesitz des Friedrich Wilhelm **Utsch**, der 1760 als Förster das Revier Entenpfuhl übernahm. Nach seinem Tod wurde für ihn – als vermeintlich wahren »Jäger aus Kurpfalz« – von keinem Geringeren als Kaiser Wilhelm II. ein Denkmal enthüllt.

»Schabbach«: → Woppenroth

Schmidtburg: Auf der Ruine im

Hahnenbachtal residierte der **Schinderhannes** mit Julchen **Bläsius**, seiner »Beyschläferin«, wie es in den Gerichtsprotokollen von Mainz heißt. Doch war sie nicht das Opfer oder die »verführte Jungfer«, als die der Hannes selbst sie vor dem Richter darzustellen versuchte. »... ich habe das Mädchen verführt, und sie wußte das Wenigste von seinem Leben«, betonte er uneigennützig ihre – vorgebliche – Unschuld. Tatsächlich entging Julchen so dem Schafott und musste für ihre Mittäterschaft an seinen Raubzügen lediglich zwei Jahre Haft absitzen. Danach genoss sie in den achtundvierzig Jahren, die ihr noch blieben, des Räubers Nachruhm. »Beim Hannes«, seufzte Julchen am Ende ihres Lebens, »war es doch am schönsten.« (→ »Schinderhannes«-Essay)

Schneppenbach: Im Schneppenbacher Forst ging laut Carl **Zuckmayer** (1896-1977) der Deiwel um – in Gestalt des Schinderhannes. Zuckmayers Lied wurde vom Volksmund so stark verinnerlicht, dass viele glaubten, es stamme tatsächlich aus des Räubers Zeiten.

Simmern: Die heutige Kreisstadt ist nicht nur Geburtsort des Kurfürsten Johann **Casimir**, einem der möglichen historischen Vorbilder für den »Jäger aus Kurpfalz«, sondern auch Heimat und lebenslange Wirkungsstäte des großen Hunsrücker Mundartdichters Peter Josef **Rottmann** (1799-1881), dessen Gedichte nach anderthalb Jahrhunderten nichts an Beliebtheit verloren haben (→ »Rottmann«-Essay). In Simmern gibt es neben dem Rottmann-Denkmal auf der Eich – unter anderen – noch zwei bemer-

kenswerte Gedenkstätten: Zum einen das Grabdenkmal mit den Konterfeis von Herzog Reichard und Juliane von Wied in der Simmerner Stephanskirche. Die zwei sind die Helden der *Romanze vom Herzog Reichard*, die der ehemalige Staatsprokurator von Simmern und spätere Oberlandesgerichtspräsident Otto **von Vacano** 1895 verfasst hat. Obwohl die Romanze in zwei Auflagen erschien und in ihren sieben Gesängen eine zarte Liebesgeschichte mit eindrucksvollen Schilderungen des Hunsrücks und seiner Bewohner verknüpft, ist Vacano heute völlig vergessen. Zweites bemerkenswertes Denkmal ist das des »**Zementgretchens**« von Clemens **Pometzki**, das unterhalb der Kreissparkasse in der Fußgängerzone steht. Es erinnert an eine kleine, wunderliche Frau, die in den siebziger Jahren jeder Simmerner kannte. Sie lebte in einer engen Wohnung voller Puppen, ihren ›Kindern‹, und ließ sich von den Menschen, die sich um sie kümmerten, täglich den Wecker aufziehen, um ja den Gang zur Kirche nicht zu verpassen. Der Spitzname »Zementgretchen« rührt übrigens von einem bösen Unfall her: In der Zeit, als der Verkehr noch ungehemmt durch die Simmerner Innenstadt donnerte, war ein Zementlaster zu schnell in die Kurve gegangen, hatte Margarete Scherschlicht überrollt und, wie sie selbst immer erzählte, ihr Handicap bewirkt. – Hauptschauplatz des Hunsrück-Krimis *Herzflimmern in Simmern* (1999) von Heinz-Peter **Baecker**.

Sohren: Die Gegend um Sohren, Niedersohren und Sohrschied ist zweifellos identisch mit jenen »sarmatischen Feldern«, an denen **Ausonius**

auf seiner Reise über den Hunsrück vorbeifuhr. – Schauplatz von Nanny **Lambrechts** Roman *Armsünderin* (1909).

Sponheim: Im dortigen Benediktinerkloster suchten zwei Studenten einst während eines Schneesturms Unterschlupf. Einer von ihnen, der sich später **Trithemius** nannte, wollte eigentlich keine Nacht dort bleiben – und wurde ein Jahr später zum Abt gewählt. (→ »Johannes«-Essay)

Starkenburg: Oberhalb der Mosel bei Starkenburg zwischen Traben-Trabach und Enkirch sind von der ehemaligen Sponheimer Landesburg nur noch spärliche Überreste vorhanden. Sie erinnern an die »erste Hunsrücker Emanze«: **Lauretta von Sponheim** herrschte nach dem Tod ihres Gatten Heinrich 1323 zwar nur über ein kleines Reich, das Sponheimische Hinterland, doch ließ sie sich dessen Bedrohung durch den expansionslüsternen Erzbischof Balduin von Trier nicht gefallen. Als der die Mosel herunter geschippert kam, fing Lauretta ihn mit einer langen Eisenkette, die sie quer über den Fluss hatte spannen lassen, ab und hielt ihn und die Seinen so lange gefangen, bis er alle ihre Forderungen erfüllte, selbst ihrer saftigen Lösegeldforderung zustimmte und sich eigens beim Papst, der Lauretta wegen ihrer Tat exkommuniziert hatte, dafür einsetzte, den Kirchenbann wieder aufzuheben. Worauf sich Historiker bis heute wundern, was den bösen Balduin so sanft gestimmt haben mag. Christliche Einsicht? Die Reize der jungen Witwe? Liebe? Respekt vor ihrer Persönlichkeit, die »männliche Kühnheit und weibliche Klugheit« paarte?

Welch ein Stoff für einen Historienroman!

Stromberg: Auf der dortigen Stromburg, auch Fustenburg genannt, wurde der Johannes **Faust** »ex Symera« geboren, der ein großer Anhänger der Reformation und somit gottgegeben der Feind des Trithemius war. Möglich, dass dieser Faust das Vorbild des ewig nach Weltsinn und -durchforstung suchenden Dr. Faustus abgab. (→ »Johannes«-Essay) Sicher ist, dass ein späterer Bewohner der Stromburg, Johann Michael Elias **Obentraut**, jener »Miguel Aleman« war, der den Spaniern im Dreißigjährigen Krieg Hochachtung abrang und zugleich als Vorbild für den zipfelmützigen, tumb-deutschen »Deutschen Michel« steht.

Trittenheim: Von dem Ort an der Mosel, wohin er als Kind mit seiner Mutter zog, ließ sich **Trithemius** zu seinem Künstlernamen inspirieren, da ihm, hochgeistlicher Kirchenmann unter dem Herrn, sein wirklicher Name Johannes von Heidenberg zu unchristlich klang. (→ »Johannes«-Essay)

Winterburg: Johann Nikolaus **Götz**, geboren 1721 in Worms und genannt die »Winterburger Nachtigall«, kam als Lehrer und Superintendent nach Winterburg am Soonwald und schrieb hier die meisten seiner Gedichte, die selbst Goethe in *Dichtung und Wahrheit* anerkennend kommentierte. J. G. **von Herder** verpasste ihm seinen unsterblichen Beinamen: »...wer von uns hat mehrere und angenehmere Formen gegeben als unser Götz, den ich den ›Vielförmigen‹ nennen möchte. Auf jedem Hügel suchte seine Muse die zartesten Blumen und band sie auf vielfachste und zierlichste Weise in Kränze und Sträußchen. Darum sollte er nicht vergessen sein, der aus seiner Winterburg wie eine Nachtigall hinter dichten Zweigen sang.«

Woppenroth: Ernst Siegel, Gründer des Hunsrücker Geschichtsvereins, hat folgende Geschichte ausgegraben: Der Pfarrer von Kellenbach berichtete 1798 über die Kämpfe auf dem Hunsrück zwischen Franzosen und »Kaiserlichen«: »In Woppenroth hatten die Franzosen auch übel gehaust. Es war nicht allein alles Essbare aus dem Dorfe in das Lager geschleppt..., sondern auch alle Scheunentore zu Brennholz verwendet worden. Als die Franzosen abgezogen waren, taten die Woppenrother das Gelübde, dass sich dort zwischen Weihnachten und Neujahr kein Rad drehen dürfe, sei es Wagen- oder Karren- oder Spinnrad...

Diesem Gelübde bleiben sie treu; nur dass sie am Tag nach Weihnachten den Wagen benützen, um die Kisten des einziehenden Gesindes herbeizuführen.« »**Bündelchestag**« wird dieses Datum genannt. Siegel staunte nicht schlecht, als ihm persönlich ein Woppenrother erzählte, dass ein Eingeheirateter von dem »dummen Zeugs« nicht wissen wollte, zum Mistholen ausfuhr – und ihm prompt ein Rad brach. Danach habe man sich wieder über Jahre hinweg streng an das Gelübde gehalten. Als Woppenroth in den achtziger Jahren allerdings als Hauptschauplatz von Edgar **Reitz**' Filmroman *Heimat* gleichsam über Nacht zu Weltruhm aufstieg, wurden – egal an welchem Tag – Busladungen voller Touristen in den Ort gekarrt, und nichts geschah. (→ »Reitz«-Essay)

Verena Mahlow

Literaturschauplatz
Westerwald

WESTERWALD

*Windkraftanlage bei Hof im Hohen Westerwald.
Dort geht den Ökostrom-Erzeugern des Energiesparparks
so gut wie nie die Puste aus: »O Du schö-ö-öner We-e-esterwald!
Über deine Höhen pfeift der Wind so kalt...«
(Foto: Rüdiger Diezemann)*

Heiner Feldhoff
Von Kotzenroth nach Rosenheim
Der unbeschreiblich schöne Westerwald

> Dessen bin ich gewiss, dass es Menschen,
> aber auch Plätze, Orte gibt, die nach mir Ausschau halten.
> Die unentwegt vor sich hinmurmeln: Wo bleibt er denn?

Gibt es den Westerwald überhaupt? Oder ist er ersungen und erlogen? Selbst Berufsregionalisten wissen nicht präzise zu sagen, wo der Westerwald anfängt oder aufhört – und wo der *eigentliche* Westerwald ist, gilt als Geheimnis. Aber eben diese Unauffindbarkeit qualifiziert ihn als literarische Landschaft! Der Ort Dürrholz z. B. existiert gar nicht – es gibt ihn nur als Kunst-Namen, in dem sich drei Dörfer zusammenfassen. Den Westerwälder freilich, hier »Wäller« genannt, ja den gibt's realiter... Wenn irgendwo draußen in der Welt Westerwälder sich als Landsleute zu erkennen glauben, fällt ihr Losungswort: »Hui! Wäller? – Allemol!«, ein 1914 vom Westerwaldverein preisgekrönter Wandergruß, zu dem sein Schöpfer, der Heimatdichter Adolf Weiß, in einer gereimten Zugabe erklärt, das Hui habe ihn der Sturmwind gelehrt, wenn dieser wild über die Heide fahre, und Wäller seien sie ja allemal, denn sie trotzten Regen, Schnee und Wind.

In seinem Liedgut und Heimatschrifttum hat der Westerwald seit jeher bei aller jubilatorischen, verschöhöhönernden Selbstzelebrierung geradezu stolz auf seine klimatischen Unbilden verwiesen. Und ist er auch kein »Land der armen Leute« mehr, wie der lesenswerte Kulturhistoriker Wilhelm Heinrich Riehl 1854 damals zu Recht geschrieben hat, so ist es doch ein *Land der Winde* geblieben, mögen die heutigen Touristikmanager dies auch dementieren und als metereologischen Unsinn abtun. In seinem fulminanten, als Schmähschrift missverstandenen Essay hat Riehl den Westerwald geschildert als eine Hochfläche, »auf welcher zahllose Basaltblöcke zerstreut liegen, als habe der Himmel in seinem Zorn Felsen gehagelt«.

Auch der zeitgenössische Betrachter kann hier in heiligen Zorn geraten. Soeben hat er noch bewundernd im Hohen Westerwald vor dem Ketzerstein gestanden, da erschrecken ihn auf einmal grotesk in den Himmel fuchtelnde Windräder, Windmühlen, Windtechnikgespenster en masse: erneuerbare Energie, im Cyberspace verklärt unter www.ww-wind.de. Wo ist der Heimatpoet, der, bei guter Rendite, das fröhliche Flügelschlagen, das geschwätzige Schwirren dieser Windbräute feiert? Hier oben, nahe bei Bad Marienberg, wo der Dekan und Autor Eugen Heyn noch 1911 die Aussage Riehls wiederholt, dass dem Westerwald siedlungsgeschichtlich »die chirurgisch heilende Kraft der großen Kriege« gefehlt habe, hier oben, wo »der Wind so kalt«, sind im Kalten Krieg der Nachkriegszeit breite, bundeswehrtaugliche Landstraßen gebaut worden. Heute gilt die B 414 zwischen Herborn und der Abzweigung nach Rennerod als »heißeste Meile«: Nutten-Lohnmobile säumen den Waldrand. Im Unterschied zur politischen und erotischen Landschaftspflege ist die poetische arm dran. Hören Wäller Landmann oder Fraumensch von einem »Büchelchen«, dann ist das für sie nix Gedrucktes, sondern ein Bäuchlein.

Aber solche Diminutive sind in den hiesigen drei Kreisen (WW/NR/AK), in den gebildeten Schichten (aus rheinischem Schiefer) rar: auch hier ist das Idyllische, Niedliche, Unberührte vielerorts dem Straßenverkehr geopfert. Wie war es denn früher? »Ich bemerkte sehr schöne Holzungen; aber die Natur mußte auch den Kindern des Westerwalds Mittel geben, sich zu wärmen, weil sie ihnen einen kalten Boden und rauhe Luft bestimmte«, schreibt Sophie de La Roche 1788 in ihr Tagebuch, als sie zwischen den Poststationen Weyerbusch und Freilingen »auf den fürchterlichen Wegen des Westerwalds... von der doppelten Angst geplagt wird, entweder Arme und Beine zu brechen, oder in dem zähen Koth, durch welchen man geschleppt wird, zu ersticken«. Immerhin erwähnt sie von dem »berüchtigten Land« der Winde lobend die Vielzahl steinerner Nachttöpfe.

»In diesen Wäldern«, schreibt Sophie de La Roche weiter, »keimten die fühlbare Seele und die vortrefflichsten Fähigkeiten eines der würdigsten Männer empor«: der Westerwald sei das Vaterland des rechtschaffenen Heinrich Jung-Stilling. Literarisches Heimatland wurde der Westerwald für einen anderen Bedeutenden in jener Zeit. Nahe bei Stein-Neukirch, dem mit 638 Metern höchstgelegen Dorf, im Kirchspiel Breitscheid, ist Fritz Philippi Pfarrer (»Pärrner«) gewesen, der in *Hasselbach und Wildendorn* das bäuerliche, rückständige Leben anschaulich geschildert hat, zudem mit Humor und Liebe zu den Seinen, an die er sich, der Auswärtige, erst gewöhnen musste:

> »Ich sah nach dem Dörflein, das sich samt dem dicken Kirchturm in ungeschminkter Demut in sein Schicksal ergab und in eine Bodenfalte duckte... Alle unvergebenen Sünden zählte ich dem Dörflein auf: Die Weltreise bis zur Bahnstation! Sechshundert Meter hoch über dem Meeresspiegel, eine Rennbahn für Wolken und des Nachtjägers Windhunde! Heute nahm ich überall berechtigten Anstoß: An jedem windschiefen Zaun, an meinen Leuten, die zerschlissen wie Landstreicher vom Haus zum Stall gingen; an der Jauche, die wie Tabaksfuder über den Weg lief.«

Darf ich hier noch einen anderen Pfarrer nennen? Er trägt einen so schönen Namen und ist doch auch ein Dichter gewesen und liegt in Altenkirchen begraben: Gotthard Ludwig Theobul Kosegarten. Doch leider, leider handelt es sich nicht um Altenkirchen im Westerwald, sondern um den gleichnamigen Ort auf Rügen. Das weiß ich vom Verfasser des Buches *Land der Winde*, der heißt Gerhard Meier, wer kennt ihn schon?, er lebt in der Schweiz, schreibt Windbücher, unaufdringliche Bücher, die man weglegt und wieder aufnimmt, ohne sich zu ärgern, wenn sie ein Neugieriger oder der Wind inzwischen verblättert hat. Ich wäre gerne der Herr Meier vom Westerwald.

Ist der Westerwald so arm an Dichtern und Denkern, dass man sich Geistesmenschen von auswärts herbeischaffen muss? In der Tat gab es mangels eigener höherer Schulen in der schlechten alten Zeit praktisch keine einheimischen Pfarrer und Lehrer. Die waren Zugereiste oder gar zwangsverschickt, der preußische Obrigkeitsstaat betrachtete »solche Berggegenden als ein kleines Sibirien, wohin man missliebige und unfähige Beamte verbannte, als bequeme Strafkolonien für anstößige Geistliche und dergleichen«. (W.H. Riehl) Aus einem Pfarrhaus, einem ehrenwerten!, stammt der Philosoph Paul Deussen (1845-1919), als Indologe Übersetzer und Vermittler fernöstlicher heiliger Schriften. Seine schön gelegene Grabstätte neben der Kirche in Oberdreis ist ein bedeutender Gedenkort für diese Gemeinde, der anzugehören ich hier stolz vermerke. Seine Autobiographie *Mein Leben* beschreibt Kindheit und Jugend im Westerwald und seine Karriere bis zum ordentlichen Professor in Kiel. Auf Seite 266 des vergriffenen Buches las ich in dem einzigen Exemplar, das sich in Oberdreis erhalten hat: »Es ist doch nicht übel, dachte ich, aus der Klasse der Beherrschten in die der Herrschenden überzutreten.«

In Schulpforta (im heutigen Sachsen-Anhalt) fand Deussen einen Freund, mit dem er sich lebenslang auseinandersetzen sollte: Friedrich Nietzsche. Beide studierten anfangs in Bonn, und Nietzsche hielt sich in den Ferien 1864 und 1865 in Oberdreis auf. Fritz, selber Pfarrersohn, weilte gerne im Hause Deussen und im Westerwald, wo er zu stundenlangen geistanregenden Fußmärschen genötigt war. Vielleicht zog es ihn schon damals in Gedanken weg von einem rationalen, verzärtelten Ich dorthin, *Wo Die Wilden Kerle Wohnen.*

»Der Westerwälder«, schreibt Riehl, »ob er gleich wenig Fleisch isset, ist doch ein starker Mann. Die Weiber sind meist massiver von Knochen und Muskeln, als der Begriff weiblicher Schönheit verträgt.« Solche Schwarz-Weiß-Bilder, nein ganz andere S/W-Bilder verdankt das Land an Sieg und Wied einem weltweit angesehenen Künstler, dem neben Friedrich Wilhelm Raiffeisen berühmtesten Westerwälder: August Sander, der in Herdorf geboren ist. Seine Photographien von Westerwälder Menschen und Landschaften gehören zur Klassik der Moderne. Ein Schriftsteller unserer Zeit, Hanns-

Josef Ortheil, der wesentliche Kindheitseindrücke in Wissen an der Sieg erfahren hat, beschreibt in *Das Element des Elephanten* sein Inbild vom Westerwälder, festgehalten nach der Sehweise des August Sander:

>»Westerwälder – das sind die schwarz gekleideten, in sich gekehrten und landtreuen Menschen auf den Fotografien August Sanders, Bauern auf dem Sonntagsspaziergang zur Kirche, Frauen mit dunklen Kopftüchern, gezeichnet von vielen Geburten, Kinder, ängstlich und maulfaul, in einer dichten Traube um die auf zwei Stühlen thronenden Eltern versammelt. So existieren sie in meinen inneren Bildern als Gestalten der Vorzeit, als Gestalten der archaischen Gesten, des Heumachens, Brotbackens und Fischens, Gestalten der Jahreszeiten, fromm, katholisch, die Männer oft mit breiter Stirn, störrisch, unbeirrbar, eine Sippe, die daheim blieb, jahrhundertelang, und nie aufgestört wurde von Eindringlingen oder Fremden...«

Dieses schöne Bild, zu schön, um historisch wahr zu sein, bedarf der Weiterentwicklung in den Dunkelkammern dichterischer Imagination. Schon Alfred Döblin sagt im Vorwort zu Sanders *Antlitz der Zeit*, vor vielen dieser Bilder müsse man ganze Geschichten erzählen, sie seien Material für Autoren. Wo sind diese von einem großen Schriftsteller aufgerufenen Erzähler des Westerwalds (in beiden Genitiven)? Gewiss, vielerorts rührt sich ein *poeta minor*, der mundartig Verblümtes tausendschön unter die Leute bringt und von den Dilldappen und dem Onducht des Orts erzählt. Auszudenken: Geschichten mit Titeln wie »Der Tod in Hirz-Maulsbach« oder »Neitzert by night«. Oder eine prähistorische Saga über die Flugmaus von Enspel, deren 25 Millionen Jahre altes Fossil jüngst im Stöffelmassiv gefunden wurde (»Die Maus erscheint im Oligozän«). Einstweilen, auf der Suche nach dem so großen Roman, empfehle ich einen Ausflug zum Raiffeisen-Aussichtsturm auf dem Beulskopf bei Altenkirchen. Dort oben, in schwankender, windiger Höhe ergreift den Reisenden jene Seekrankheit auf festem Lande, wie er sie auch beim Lesen körperlich spüren kann, wenn es ihn, wider alle Vernunft, inmitten der Dichtung plötzlich schwindelt, fröstelt oder wärmt. Und wenn er Glück hat, nimmt er hier wie dort Worte wahr, die sein Auge noch nicht gehört, sein Ohr noch nicht gesehen hat: das Beulskopf-Syndrom, eine Sehkrankheit nimmer sich satt lesender LiteraTouristen.

Wer ist also der moderne Erzähler (aber wir kennen ihn längst), der, nach Philippi, das literarische Hasselbach fortschreibt (nicht das real existierende Hasselbach, wo der Künstler Erwin Wortelkamp das Erste Allgemein Verunsichernde Kunst-Tal hat entstehen lassen, Schrift-Poetisches inklusive)? So viele sprechende Dörfernamen böten sich an (Freirachdorf, Güllesheim, Kraam, Muscheid, Atzelgift...), wenn aber im Dorf der Kuhfladen tabu geworden ist und selbst der Name der Verhübschung anheimfällt (die

Orte Kackenberg, Kotzenroth, Rotzenhahn heißen heute Neuhochstein, Rosenheim, Rotenhain), wenn der ICE durchs global village jaikt, Stopp in Montabaur, schneller dahinbrausend als der sagenhafte Woost über der Fuchskaute, überm Höllkopf, dann bleibt nichts als die Hoffnung auf den globalen Dorfroman. Dessen Autor bereits feststeht, ich deutete es an, auch wenn er sich zeitweise als römisch-bukolischer oder Mainzer Stadtschreiber tarnt: Hanns-Josef Ortheil. Den »zeitgenössischen großen deutschen Roman« hat er mit dem *Schwerenöter* schon geschrieben und auch die große im Westerwald angesiedelte Erzählung *Hecke* (1983). Hecke, ein Gehöft nahe dem Ort Wissen, der im Buch Knippen heißt, ist der Schauplatz des Schreckens, wo die Mutter des Erzählers am 6. April 1945 erleben muss, wie bei Ankunft der Amerikaner Granatsplitter der deutschen Artillerie den dreijährigen Sohn töten. »Hecke« ist ein symbolischer Ort deutscher Verderbnis und deutschen Verderbens. Und »Hecke« liegt überall in Deutschland, heißt es in einer Rezension. Ein zentrales Thema des Buches ist die von den Nazis verdorbene Sprache – und die sich verweigernde, widerständige Mutter-Sprache.

Die Geschichte der Frauen im Westerwald, die aufbegehrt haben gegen Armut, Wucher, Fron, Gebärzwang, gegen den Despoten in der Residenz oder im eigenen Haus, literarisch zumeist stiefväterlich behandelt – nicht so bei Fritz Philippi. Zum Beispiel in *Des Weibes Bestimmung* (1902) beschreibt er engagiert die Ursachen für frühes Altern und Sterben der Westerwälderin. In zeitgemäßer Lustigkeit begegnen den Lesenden die Heldinnen der Annegret Held. In *Die Baumfresserin* (1999) sprechen, von keiner vorgehaltenen Hand gedämpft, Kistenweiber Klartext, und was sich trotzdem nicht sagen lässt, das lässt sich, in der Kistenfabrik jedenfalls, sägen. Fritz Philippi erzählt aus dem fiktiven Wildendorn, Annegret Held aus Dornweiler – so dornig beginnt und endet das erzählerische 20. Jahrhundert im Westerwald.

Wo ich wohne, steht auch so eine Fabrik. Wenn die Lkw's mit dem billigen baltischen Holz heranbrummen – der heimische Waldarbeiter ist zu teuer –, sehe ich (ich!) das Kennzeichen LIT – und ach, keine Literatur wird da befördert! Der schmuggelt bestimmt Zigaretten, denke ich zornig. Und während der Fahrer mich nach dem Weg fragt und ich ihm die Route in den Wind schreibe, fällt mir ein Vers des Malers und surrealistischen Dichters K. O. Götz ein: »So quirlt / pathetisch und lukrativ / geschwätziger Leerlauf / von Mythos und Mord.« Nein, der alte Meister aus Wolfenacker im Vorderen Westerwald hat dabei nicht an einen Regio-Krimi gedacht. Ihm ist alles Regionale gleich gültig.

Ob Kotzenroth, das nichts Anrüchiges meint, sondern sich von dem Germanenstamm der Katten (Chatten) herleitet, denen man besonders schöne

Körper, regsamen Geist und Tapferkeit nachsagt, oder Rosenheim, wo so heimlich der Rosenbach murmelt, oder gar Muscheid, in dem sich jenes Mu findet, über das der Wahl-Westerwälder Günter Wohlfart einen »tractatus poetico-philosophicus« geschrieben hat: »Mu in der Kunst Haikühe zu hüten« – der Westerwald existiert, der eine wie der andere oder der ganz andere. Der eine mit seinen Kühen, Kartoffeln und Call-Centern. Der andere: ein Wald der Wölfe, eine Gegend der Wüstungen und der in den Seen versunkenen Dörfer. Und endlich der ganz andere Westerwald, wo der Wind – schwer zu entscheiden, ob noch Naturgeräusch oder schon Geisteshauch – als ein sanftes, stilles, haikühlendes Sausen daherkommt. Wo der Freund und die Freundin der Literatur beinahe unmerklich durch die Lande streifen. Und wo, sage und schreibe, der Name der Rose erblüht ist. Hierzu Nietzsche im Oktober 1868 an seinen Freund Paul Deussen: »Jemand, der den Duft einer Rose nicht riecht, wird doch wahrhaftig nicht darüber kritisieren dürfen; und riecht er ihn: à la bonne heure! Dann wird ihm die Lust vergehn, zu kritisieren.«

Stimmen zum Westerwald

»Es liegt ein Wald im Westen, / Genannt der Westerwald;
Da sieht man keine Festen, / Die Zeichen der Gewalt;
Man sieht da kahle Berge / Und Felsen von Basalt.
Das ist der Wald im Westen, / Das ist der Westerwald. (...)

Wo stolz des Mannes Blicke / Den Fremden treffen kalt,
Wo sich kein Rücken beuget / Vor Unrecht und Gewalt:
Wo deutsche Kraft und Treue / Noch wohnt bei Jung und Alt,
Da sind der Freiheit Höhen, / Das ist der Westerwald. (...)

Was kümmern uns die Thäler, / Was großer Städte Pracht?
Wir fröhnen nicht dem Luxus, / Wir dienen nicht der Macht.
Wir lieben klares Wasser / Und athmen Luft so rein.
Sind fröhlich bei Kartoffeln, / Wo könnt' es besser sein?«

Joseph Hangard (1845) 1., 3. und 6. Strophe seines »Westerwaldlieds«

»Im Schnee liegt die Poesie dieser Gegenden, der liebe Gott hat sie nun einmal als Winterlandschaften angelegt, und der Schnee verleiht ihnen den Silberschein des Absonderlichen, des Romantischen und Abenteuerlichen. Das ahnen die armen Leute, die in ihrer Art auch wissen, was Romantik heißt, und erzählen uns darum ihre Schneegeschichten mit demselben stolzen Behagen, mit welchem der Matrose die Fährlichkeiten des Meeres schildert, und einer will immer tiefer im Schnee gesteckt haben als der andere.«

Wilhelm Heinrich Riehl, Land und Leute (1854)

»Ich verfiel, um dem Treiben der Menschen für kurze Zeit zu entgehen, auf das Tierreich und dabei merkwürdigerweise auf das Bienenvolk. Als ich mich einigermaßen damit vertraut gemacht hatte, bemerkte ich, daß ich aus dem Regen in die Traufe gekommen war. Ich fand eine Genossenschaft mit wunderbarer Organisation, vortrefflicher Arbeitsteilung, außerordentlichem Fleiße, Enthaltsamkeit in der Zeit des Mangels, Sparsamkeit zur Zeit der Not, einer sorgsamen Pflege der Nachkommenschaft sowie der schwächsten Glieder, einer unbedingten Hingabe des einzelnen Individuums an die Gesamtheit, einem einheitlichen und ausdauernden Zusammenwirken der ganzen Genossenschaft.«

Friedrich Wilhelm Raiffeisen, Vereinstag (1887)

»Die Rindviehzucht hat sich ohne Zweifel in den letzten Jahrzehnten wieder bedeutend gehoben. Damit sie aber wieder auf den Standpunkt der früheren Jahrhunderte komme, muss die Einsicht, dass die Zucht des einheimischen westerwälder Viehes für den Westerwald die allein rationelle ist, das Gemeingut aller Westerwälder werden; dem Futterbau, der Grundlage der Viehzucht auf dem hohen Westerwald, noch fast überall nach der Weise der Vorfahren betrieben, oder besser gesagt, vernachlässigt, muss sich die besondere Aufmerksamkeit der Landleute zuwenden.«

Eugen Heyn, Der Westerwald und seine Bewohner (1893)

»Nach der Größe der Rinder- und Schweineherden schätzte sich im Westerwald der Wohlstand des Dorfes ein, und darum war nach landläufiger Meinung in Fuchsenheck das Hüten des Horn- und Borstenviehs mindestens ebenso wichtig wie das Lesen- und Schreibenlernen der Kinder und all der viele Kram, den sie ohnehin später nicht mehr brauchten.«

Fritz Philippi, Freibier. Eine Westerwälder Geschichte (1902)

»Der Wald war nämlich, ehe seine Bäume die Dillenburger Eisenhütten heizten oder als oranische Schiffe zur Befreiung der Niederlande hinausschwammen, wirklich ein Waldgebirge, das die Bildung stattlicher Gemeinwesen in anderem Maße ermöglichte als in späterer Zeit, wo wegen des Regens und des Windes der kahlgeholzten und versumpften Hochfläche allenthalben Dörfer zu Wüstungen wurden.«

Leo Sternberg, Der Westerwald (1911)

»Der imposante Klosterbau mit seiner herrlichen Abteikirche, das silberhelle Band der Nister, das in allen Schattierungen spielende Grün der Wälder, die wundervolle Ruhe und der stille Zauber klösterlicher Einsamkeit, die dem stimmungsvollen Bilde einen eigentümlichen Reiz verleihen, alles das ruft in dem Herzen des Besuchers einen tiefen und unauslöschlichen Eindruck hervor.«

P. Gilbert Wellstein, Abtei Marienstatt (1955)

»Manchmal denke ich, das Schweigen ist mir eingeboren, dann bin ich ein Westerwälder. Man sitzt zusammen und schweigt, man schaut starr irgendwohin, aus dem Fenster, vor sich hin auf einen Fleck, es ist das charakteristische Grübeln der Bauern, eine Art Meditieren, ein Geltenlassen der Stille. Ich habe eine große Nähe zur Stille, deshalb gefällt mir auch so manche Musik, Musik, die aus der Stille kommt und in sie mündet, Musik von Schubert, von Webern, von Cage. Auch das Schreiben kommt aus der Stille, und an seinem Anfang ist das ungeordnete Murmeln.«

Hanns-Josef Ortheil, Das Element des Elephanten (1994)

»Die Lehrer aus dem Westerwald, schreibt Adorno, sagt der Lehrer aus dem Westerwald, trieben Kindern ›aus guten Häusern‹ den Gebrauch der Fremdwörter wie die Lust an aller Sprache aus. Auf diese – und natürlich auch auf andere Weise – erzeuge die herrschaftliche Kultur, so der lesende Lehrer, immer neue Barbarei, die letztlich zu den Bürokraten der Gaskammern führe. Wie gut, sagt der Lehrer, daß es heute kaum mehr Kinder ›aus guten Häusern‹ gibt! Doch habe er ein ungutes Gefühl, wenn er dies sage. Das Verschwinden der Wohlerzogenheit sei das eine, die Dominanz der Unfeinen und Rohen das andere, das ihn im Alltag Deprimierende. Hei Hitler: ein Rechtschreibfehler, wie er alle Tage vorkomme. Oder auch: Gechefsmann. Deutschlehrer zu sein, sei jetzt ein hartes Geschäft, *Deutsch*-Lehrer, der drohende Unterton sei doch unüberhörbar, sagt der Lehrer aus dem Westerwald.«

Heiner Feldhoff, in: Jahrbuch für rheinland-pfälzische Literatur 1 (1994)

»Jeder, der hierherkommt, ist ein Watz, oder wenigstens kann er das Watzhafte in sich immer spüren, wenigstens ist er hier aufgewachsen, oder bei Andergeschwister-Kindern oder aber auf derselben Schossee lebt ein anderer großer Watz. Wer von hier kommt, hat einen Furz im Kopf. (...) Sie feiern hier das Leben mehr als den Tod. Sie feiern es wüst. Das ist in Watz-Gegenden so. Lass mich den kriegen, der einfach das Dorf verlässt, gottweißwohin geht, dreimal die Nase rümpft und sich nicht schämt, abfällige Litaneien zu singen über das Dorf. Der weise Watz, das sage ich dir, der bleibt im Dorf und schämt sich für die Litaneiensänger, denn er hat Besseres zu bieten als Häme, nämlich hochschäumende Wildheit und Freude über die liebe Welt.«

Annegret Held, Am Aschermittwoch ist alles vorbei (1997)

»Kinder, spricht der Onkel Walser, / Preisbörsianer, Allumhalser,
unser einst zu schmales Land / ist jetzt ein normales Land,
wo man wieder schreibt und sagt, / was uns an uns selbst behagt.
Schaut euch um, doch nicht zurück: / Ravensburg statt Ravensbrück;
Meßkirch, auch sehr hübsch gelegen, / traulicher als Esterwegen.
Dachau? Flossenbürg? Ah, geh! / Bodensee – nicht Plötzensee.
Und so weiter dergestalt, / dass sich jeder ohne Reue
unsrer Nazion erfreue: / »Westerwald!« – statt Buchenwald.«

Peter Rühmkorf, Die Zeit (1998)

»›Sie muss mal aufs Land‹, sagte der Doktor, ›gute Luft atmen, kennen Sie niemanden auf dem Land?‹ ›Doch!‹, rief ich, ›mein Onkel Hans hat einen Bauernhof im Westerwald!‹ ›Westerwald ist gut‹, sagte der Doktor Schmöcke, ›da ist saubere Luft, da schicken Sie das Kind hin.‹«

Elke Heidenreich, Sonst noch was (1999)

Albertine von Grün – Ein Westerwälder Fräulein aus der Werther-Zeit

Geboren am 11. Oktober 1749 lebt Albertine von Grün in Hachenburg, zunächst im elterlichen »Grünschen Hof« (heute denkmalgeschützt im Kern der Hachenburger Brauerei erhalten), später bei ihrer Halbschwester Charlotte, die mit dem Regierungsrat von Beust verheiratet war, in deren Haus (heute Herrnstraße 6). Sie betreut die gemütskranke Charlotte und zieht 1789, selbst kränklich, ohnehin mit einem angeborenen Hüftleiden als Hinkende beeinträchtigt, zu ihrem inzwischen geadelten Vater, einem Hochgräflichen Kanzleirat, nach Regensburg. Nach dessen Tod kehrt sie schwer krank nach Hachenburg zurück und stirbt am 12. Mai 1792 auf dem »Grünschen Hof«. Ihr Grabstein ist erhalten und steht nahe der evangelischen Bartholomäuskirche im Stadtteil Altstadt. Zu ihrem Gedenken gibt es seit kurzem eine »Albertine-von-Grün-Straße«.

Knappe, dürre Daten zur »Geschichte des einst so leidenschaftlich schlagenden Menschenherzens«, wie es der Bonner Germanist Adolf Bach 1925 in einer kritischen Würdigung formuliert hat. »Ein Frauenleben im Umkreis des jungen Goethe« ist der Untertitel eines neueren Buches über Albertine mit Texten von ihr. Dabei kannte sie Goethe nicht persönlich. Sie selbst schreibt, sie habe ihn in Wetzlar, im Freundeskreis der Charlotte Buff, »einmal gesehen, und er mich vermutlich nur ein halbmal; denn er war damals in Dämmerung versunken, obwohl seine Sonne um ihn schien.« Sie schwärmte für ihn, den Dichter der Leiden Werthers und hatte sich selbst in einen jener Stürmer und Dränger verliebt: in Maximilian Klinger. Doch diese Liebe, der sie lebenslang nachhing, blieb unerwidert.

Bekannt war sie mit vielen, stand, aus der Enge des spießigen Residenzstädtchens heraus, im Gespräch, im Austausch mit namhaften Persönlichkeiten. Man kann es sich vorstellen, wenn man das Beustsche Haus in Hachenburg betritt: wie sie dasitzt am Schreibsekretär, in dem kleinen Raum im Erdgeschoss, der ihr Zimmer war, am Abend, bei schwachem Licht, und schreibt. Sie schreibt Briefe, notiert Erlebtes, verfasst kleine Texte, Prosa, wenige Gedichte, schreibt auf, was sie denkt über ihre Zeit, über ihre eigene Lebensnot, über die einfachen und armen Menschen um sich herum. Freilich war sie keine Günderode, keine Droste, ihren Namen sucht man in Literaturgeschichten vergebens, und man kann nicht einmal sagen, dass das ein Fehler ist. Aber sie hat sich nachhaltig auf die Literatur eingelassen und eine Korrespondenz geführt, die es in dieser Intensität zu jener Zeit in Hachenburg kein zweites Mal gab.

Immer war es ein Ausbrechen aus der Enge, aus der Einsamkeit. Es gibt Briefe an den Rechtsgelehrten und Goethefreund Julius Höpfner und seine Frau Marianne, vor allem aber an den Kriegsrat und scharfzüngigen Kritiker Johann Heinrich Merck in Darmstadt, der an ihrem Leben freundschaftlich Anteil nimmt. Wie dankbar ist sie für ein Geschenk von ihm: eine Zeichnung, von Goethe gefertigt, zu der sie in ihrem Zimmerchen immer wieder aufschaut. »Es vergeht keine Stunde im Tag, wo ich nicht etwas finde auf Gottes schöner Erde, was mich erfreut, rührt oder betrübt«, schreibt sie, dann aber auch: »Ich bin entschlossen, mich niemals wieder über etwas zu freuen, denn ich habe nicht einen vergnügten Tag in meinem Leben gehabt, der mir nicht hundert traurige gemacht hätte.«

Und auf einmal findet sie ein kühnes, ein treffendes, überaus starkes Bild, das die »liebe Marianne«, an die sich der Brief 1780 richtet, gewiss so schnell nicht vergessen hat: »Auch du kommst mir so kalt vor, aber ich denke, die Schuld liegt in mir. Denn mir ist's oft, als möcht' ich die Welt an ihren Bergen anpacken und sie schütteln, daß sie alle, alle auf Erden aus ihren Höhlen herausliefen, die Trägen, und riefen: ›Wer da?‹ Und wenn's dann das ganze Menschengeschlecht hörte, daß ich ›Gut Freund!‹ schriee, dann würde mir besser.«

Welch unerhörte Empfindsamkeit – wie verletzlich ist diese einsame, im Westerwald gefangengehaltene Frau! In allem, was sie schreibt, ist Sehnsucht nach Austausch, nach Resonanz zu spüren. Was in ihr klingt, soll widerklingen in anderen Menschen. Darum schreibt sie ihre Briefe und wartet auf Antwort. Kommt ein Echo? Selten genug. In Hachenburg fühlt sie sich als Fremde, nimmt man sie nicht ernst, obwohl doch niemand, schreibt sie an Merck, beim Schweineschlachten bessere Bratwürste, Schwartenmagen, Leber- und Blutwürste macht als sie.

Ein anrührendes, ein schönes Rätsel ist sie dem heutigen Literaturfreund, ist sie aber vor allem sich selbst gewesen. »Der Zwang, in dem ich lebe, wäre für jeden meiner Gesinnung, um sich aus der Welt zu schaffen.« Und: »Bin ich auch wie eine Gefangene..., so bitte ich mich oft selbst (nicht den Himmel) ja nicht um des Glückes willen, das ich verloren, blind gegen das Gute zu sein, das ich noch habe.«

So sehr sie ein Mensch ihrer Zeit ist und dies in faszinierenden Mosaikstückchen festhält – zeitlos ist ihr Ringen um Anerkennung, um den Sinn im Sinnwidrigen und um das befreiende Wort.

Werner A. Güth

Literaturempfehlungen

Albertine von Grün. Ein Frauenleben im Umkreis des jungen Goethe. Briefe, Biographien. Würdigung, hrsg. v. Heinrich Schneider u. a., Darmstadt 1986

Alfred Bock: *Albertine von Grün. Novelle,* Gießen 1896

Heiner Feldhoff: »Albertinen-Terzinen«, in: *Doppelspur,* hrsg. v. Fred Oberhauser / Karl-Friedrich Geißler, Landau 1984

Paul Deussen und Friedrich Nietzsche
Eine schwierige Freundschaft

In seiner Schrift *Zur Genealogie der Moral* spricht Nietzsche von dem »ersten wirklichen Kenner der indischen Philosophie in Europa, meinem Freunde Paul Deussen«. Hundert Jahre nach dem Tod des großen Unzeitgemäßen ist es an der Zeit, an die Freundschaft zwischen den beiden Philosophen zu erinnern. Paul Deussen wurde 1845 im Westerwalddorf Oberdreis in einem protestantischen Pfarrhaus geboren. Nietzsche lernte er 1859 in der Fürstenschule Pforta kennen. Hier schlossen der kurzsichtige Klassenprimus Fritz und der strebsame Paul ihren Freundschaftsbund, indem sie »Brüderschaft, wenn auch nicht tranken, so doch schnupften«. Bei der Konfirmation, wo sie zu zweit vor dem Altar knieten, war ihr Denken und Fühlen von einer

»überirdischen Heiterkeit überstrahlt«, schreibt Deussen in seinen *Erinnerungen an Friedrich Nietzsche* (1901). Und: »Damals in Pforta verstanden wir uns vollkommen.«

Nach dem Abitur im September 1864 reisten sie in Deussens Heimat und genossen »wochenlang das harmlose Dasein in der reinen Bergluft des Westerwaldes«. In Bonn immatrikulierten sich Deussen und Nietzsche zunächst in der theologischen Fakultät, sahen als ihr eigentliches Studium aber klassische Philologie an. Nur ungern teilt Deussen in seinen Erinnerungen eine unerhörte Begebenheit mit – mit ungeahnten Folgen für die deutsche Literaturgeschichte:

> »Nietzsche war eines Tages, im Februar 1865, allein nach Köln gefahren, hatte sich dort von einem Dienstmann zu den Sehenswürdigkeiten geleiten lassen und forderte diesen zuletzt auf, ihn in ein Restaurant zu führen. Der aber bringt ihn in ein übel berüchtigtes Haus. ›Ich sah mich‹, so erzählte mir Nietzsche am andern Tage, ›plötzlich umgeben von einem halben Dutzend Erscheinungen in Flitter und Gaze, welche mich erwartungsvoll ansahen. Sprachlos stand ich eine Weile. Dann ging ich instinktmäßig auf ein Klavier als das einzige seelenhafte Wesen in der Gesellschaft los und schlug einige Akkorde an. Sie lösten meine Erstarrung, und ich gewann das Freie.‹«

Diese Bordell-Anekdote ist später zu einer epischen Keimzelle für Thomas Manns Nietzsche-Roman *Doktor Faustus* (Kap. 16/17) geworden, in dem Adrian Leverkühn in Leipzig in eine »Schlupfbude«, in eine »Lusthölle« geführt wird und der Erzähler Zeitblom das »höhnisch Erniedrigende« dieses Erlebnisses und die fatale seelische Infektion beschreibt, der, wie Thomas Mann mutmaßte, bei einem erneuten Besuch die körperliche folgen sollte.

Nach einem Jahr verließ Nietzsche Bonn und ging nach Leipzig. Deussen war darüber gar nicht so unglücklich, denn der Freund habe dazu geneigt, ihn »überall zu korrigieren, zu hofmeistern und gelegentlich recht zu quälen«. Sie waren sich zwar einig in ihrem Streben nach Wahrheit und Erkenntnis, doch Deussen litt unter der Radikalität des Freundes. Er selbst gehorchte lieber der praktischen Vernunft. So wollte er seinen geliebten Eltern keinen Kummer bereiten und setzte, anders als sein Freund, das Theologiestudium fort. In Oberdreis wäre eine andere Entscheidung als Abfall vom christlichen Glauben verstanden worden. Nietzsche freilich sah sofort die Gefahr, dass da ein Hochbegabter, befände er sich erst einmal in Amt und Würden, im Mittelmaß honorabler Bürgerlichkeit zu ersticken drohe. Er drängte ihn: sein Beruf sei doch die Philologie! Im August 1866 begriff auch Deussen, »dass, je weiter man in die Philosophie hineinkommt, um so widersinniger jene kindliche sinnlich-transcendentale Welt der Gläubigen sich darstellt«. Nietzsche, der Oppositionelle, warnte ihn nunmehr vor dem blutleeren Bücherleben der

Philologen und wies ihn nachdrücklich auf Schopenhauer hin. Mitunter, schreibt Nietzsche boshaft freundlich zum Schluss seines Briefes vom 2. Juni 1868, denke er mit großem Behagen an Deussens Heimat, den Westerwald.

Nach seiner Promotion über den Plato-Dialog *Sophista* erhielt Deussen das Angebot, eine Stelle am Gymnasium in Minden anzutreten. Nietzsche seinerseits wurde noch vor Fertigstellung einer Doktorarbeit zum außerordentlichen Professor an die Universität Basel berufen. Deussen freute sich für ihn, war aber auch ein wenig neidisch. Auf einer Visitenkarte ließ ihm Nietzsche daraufhin folgenden Bescheid zukommen: »Werther Freund, wenn nicht etwa zufällige Störungen des Kopfes Deinen letzten Brief verschuldet haben, so muss ich bitten, unsere Beziehungen hiermit als abgeschlossen zu betrachten. F.N.« Deussen war schockiert, auch über Nietzsches nachfolgende Bemerkungen, Deussens gesamte Korrespondenz sei »unendlich unbedeutend und trivial«, die Flachheit eines solchen Denkens und ein lächerlicher Bauernstolz ließen es nicht zu, einen Höheren anzuerkennen. Den nächsten Brief schrieb »Dr. Nietzsche, Prof. in Basel« dem irritierten Freund wieder in einem versöhnlichen Ton.

Ein Jahr lang hatte Deussen an seiner Dissertation zu Hause im Westerwald gearbeitet, so dass er bereits die Enge eines Lebens auf dem Lande zu verwünschen begann: »Unter Larven die einzige – doch nein. Ich will im Ernst die Liebe zum Elternhaus, zur Heimath für alle Zukunft festhalten,« schreibt er aus Minden. Vor einer Lebe-kühn!-Existenz schreckte er zurück – und war doch ein freigeistiger Weltbürger, immer neugierig auf Neues und Fremdes, wenn er denn in einen sicheren Hafen zurückkehren konnte. Nietzsche ärgerte sich über dieses Sicherheitsdenken. Er bekam ganz reale Kopfschmerzen in Deussens Nähe. Doch war es eine Genugtuung für ihn, als auch Deussen in Schopenhauer den philosophischen Leitstern fand, der für sein weiteres Leben wegweisend wurde. Deussen wechselte nach Marburg. Neben der Lehrtätigkeit am Gymnasium, so hoffte er, könnte er sich hier an der Universität für Philosophie habilitieren.

Wieder korrigierte Nietzsche Deussens Lebenslauf. Er vermittelte ihm eine gutdotierte Hauslehrerstelle bei einer russischen Familie, die ihr Domizil in Genf hatte. Hier in Genf fand Deussen Zeit, Vorlesungen an der Akademie zu halten, die später unter dem Titel *Die Elemente der Metaphysik* veröffentlicht wurden, hier vertiefte er seine Sanskrit-Kenntnisse, ein Spezialgebiet, dem er sich dank der Schopenhauerschen Denköffnung auf die Weisheit des Ostens hin mehr und mehr widmete. Zuvor hatte sich Nietzsche noch darüber mokiert, dass Deussen mit Rücksicht auf die frommen Wünsche seines Westerwälder Elternhauses in Marburg das theologische Examen ablegte.

War Deussen in den Ferien daheim, so assistierte er seinem Vater im Oberdreiser Gottesdienst oder vertrat ihn gar.

Für lange Jahre gingen sie auseinander, auch der Briefwechsel wurde spärlicher. Nach der Hauslehrertätigkeit in Genf, Aachen und Russland legte Deussen 1881 in Berlin mit dem Buch *Das System des Vedânta* seine Habilitationsschrift vor und heiratete die 19 Jahre jüngere Marie Volkmar. War jetzt Nietzsche neidisch? Er schrieb an Deussen, er möge sein Glück gut festhalten, »denn das Glück läuft gar zu gerne von Unsereinem davon (nämlich von uns Philosophen und Unthieren der Erkenntniß«).

Erst 1887 wurde Deussen in der Hauptstadt zum außerordentlichen Professor, zwei Jahre später in Kiel zum Ordinarius für Philosophie ernannt. Gegenüber seinem Freund Nietzsche behielt er bis zu dessen Ende die in einem Brief formulierte Position: »Meiner Sympathie bist Du für immer gewiß, aber Deinem kühnen Kampf gegen die Strömung der Zeit sehe ich voll Theilnahme vom Ufer aus zu, dann und wann ganz leise mit dem Kopf schüttelnd.« Er schüttelte auch mit dem Kopf, als Nietzsche, immer wieder von Krankheiten geplagt, seine Professorenstelle in Basel freiwillig aufgab, damit der Lehrstuhl für ihn nicht zum Lehnstuhl würde. Als Einsiedler von Sils-Maria betrieb er nunmehr seine *Fröhliche Wissenschaft*, um bald auch sein intuitio-mystica-Erlebnis der Ewigen Wiederkunft zu bedenken. Längst hatte sich Nietzsche von Schopenhauer fortgedacht und Deussens *Elemente der Metaphysik* mit den Worten quittiert, das sei eine glückliche Ansammlung all dessen, was er nicht mehr für wahr halte.

Anfang September 1887 auf Reisen, machte Deussen auch Halt im Engadin und war bestürzt, in welch veränderter Verfassung er den alten Freund antraf: Da war keinerlei Hochmut mehr, keine verletzende Gebärde des Geistesaristokraten, im Gegenteil waren die Deussens merkwürdig berührt von Nietzsches übertriebener Fürsorge, vom Anblick der verwahrlosten Bauernstube, in der er wohnte, von den düsteren Ahnungen, die er aussprach. Vor dem Zusammenbruch Nietzsches in Turin 1889 kam es zu keiner weiteren Begegnung. In einem Brief aus Nizza sagt er noch einmal, wie dankbar er dafür sei, daß Deussens Übertragungen und Erforschungen indischer Schriften sein »übereuropäisches Auge« geschärft hätten.

1890 nahm Franziska Nietzsche ihren Sohn in Pflege. Seine Erkrankung, als progressive Paralyse diagnostiziert, bewirkte, dass er sich schon bald an fast nichts mehr zu erinnern vermochte und auch die Gegenwart nur bruchstückhaft wahrnahm. Der besorgte Deussen, der ihn in diesem ersten Krankheitsjahr als einer der wenigen Getreuen besuchte, erzählte ihm von Spanien, das er mit seiner Frau bereist hatte. »›Spanien!‹, rief er und wurde lebhaft, ›da war ja auch der Deussen!‹ – ›Aber ich bin ja der Deussen‹, erwiderte ich. Da sah er mich starr an und konnte es nicht fassen...« An seinem 50. Geburtstag, als Deussen den Freund zum letzten Mal sah, hatte sich dessen Zustand bedeutend verschlechtert. Mutter Nietzsche führte den Gast herein, Deussen sprach Glückwünsche aus und überreichte einen Blumenstrauß. Nietzsche saß nur still da, aß dann aber gierig den vorgelegten Kuchen.»Nur die Blumen«, schreibt Deussen, »schienen einen Augenblick seine Teilnahme zu erregen, dann lagen auch sie unbeachtet da.« Thomas Mann hat diesen Satz nicht unbeachtet gelassen, sondern ihn wortwörtlich in die Beschreibung seines geistig umnachteten Nietzsche-Leverkühn aufgenommen.

Am 25. August des Jahres 1900 starb Friedrich Nietzsche. So freundschaftlich Paul Deussen ihm auch verbunden war – seiner Philosophie folgte er nicht. Im Denken blieb er einem Anderen treu: Arthur Schopenhauer. 1911 gab er eine kritische Gesamtausgabe der Werke Schopenhauers heraus und gründete im selben Jahr die noch heute bestehende Schopenhauer-Gesellschaft. Der indischen Philosophie widmete er bedeutende Werke, darunter drei von sechs Bänden seiner *Allgemeinen Geschichte der Philosophie.*

Paul Deussen starb 1919. Die Urne mit seiner Asche ruht neben den Gebeinen seiner Eltern auf dem Kirchhof von Oberdreis. Lange Jahre war die vergitterte Grabesstätte von Efeu überwuchert, der Gedenkstein leer. Doch seit dem Erscheinungsjahr dieses Reiseführers ist endlich erneuert, was einmal darauf lesbar war.

Heiner Feldhoff

Literaturempfehlungen

Paul Deussen: *Mein Leben*, Leipzig 1922

Hans Baldus: *Jahrbücher des Kreises Altenkirchen*, 1982ff.

Jens Jendreiek: *Thomas Mann. Der demokratische Roman*, Düsseldorf 1977

Paul Curt Janz: *Friedrich Nietzsche*, München/Wien 1978

»Wenn einer vom Westerwald hört, muss er zu dem Stück Erde immer ein groß Stück Himmel denken«

Über den Dichter des Westerwaldes Fritz Philippi

»Hoh, wer kommt dort vom Höllkopf her geritten auf bäumenden Tieren? Der Riese Woost reitet die wilden Rosse zu und peitscht sie mit der flackerroten Geißel.«

Nur sieben Jahre hat der Pfarrer und Schriftsteller Fritz Philippi *auf* dem Westerwald gelebt und hat ihn doch wie kein zweiter erfasst und ins dichterische Wort gebunden. Als städtischer Freigeistlicher und Poet dazu hat Philippi, ein lautstarker, derber, »schroher« Typ, von 1897 bis 1904 im Kirchspiel Breitscheid-Medenbach-Rabenscheid gewirkt (da, wo sich heute drei Bundesländer berühren). Am 5. Januar 1879 wurde er in Wiesbaden als Sohn eines Schlossermeisters geboren. Er studierte in Berlin, Tübingen und Marburg. 1893 war er für ein paar Monate Vikar in Hachenburg-Altstadt. Nach seiner ersten Pfarrstelle in Breitscheid wurde er Pfarrer in Diez, dort auch Zuchthaus-Seelsorger; ab 1911 war er Pfarrer, später Dekan in Wiesbaden. Im Weltkrieg freiwilliger Feldgeistlicher. Er starb am 22. Februar 1933.

Auf bedenkliche Weise dem Laster einer Schriftstellerei verfallen, die sich einbildet, der Mensch sei noch zu retten, gestaltet er schon in seinen frühen Büchern nach der Jahrhundertwende empfindungsstarke Einblicke in die Wällerseele, die zwischen der alten und neuen Zeit hin und her gerissen ist. Und es gelingen ihm Stimmungsbilder von solcher Intensität, wie sie der Westerwald in natura selber kaum liefern kann. Vor aller heimattümelnden Sentimentalität bewahrt ihn sein Humor:

»So oft der Pfarrer Cölarius von Laad seine Zeit auf der Totenheide verging oder sie auf einem Stein draußen in der weiten Himmelsstube mit Zuschauen verhockte, immer traf er zuletzt auf den Heidechrist und seine Schafe. Die beiden, der Menschen- und der Schafhirte, hielten sich die Ansprache und schauten und lauschten weithin zwischen den Worten und hatten Tür und Fenster an ihrem Seelenhaus offen stehen. Alsdann waren ›die zwei größten Faulenzer im Dorf‹ beieinander. Der eine las das Wort der Bibel umgekehrt, ›sechs Tage ruhn und einen Tag Arbeit‹, und bei dem andern war's zum Welterstaunen, dass er sich die Beine noch nicht in den Leib gestanden hatte.«

Diese sieben Jahre auf der »Hohen Heide«, so Philippis Ausdruck für das Westerwälder Oberland, haben ihn zum Dichter gemacht, der, als Pfarrer verkleidet, Augen und Ohren aufsperrt und die Einsamkeit, die Stille, das

Brausen der Wälder, das Schweigen des Gesteins wahrnimmt, und vor allem die störrischen Menschen, auch sie seufzende Kreatur in all ihrer Armut, Engstirnigkeit und Gottesfurcht. Hier bereitet er den Boden für seine Literatur bäuerlicher Arbeits- und Lebenswelt. In den oft hochdramatischen Geschichten geht es verdammt schicksalhaft zu, doch immer wieder schützt die Gestaltung des Komischen vor jeder Schauerromantik.

Die Erzählung »Die Wiederkunft Christi« spielt in dem Dorf »Laad«. Das reale Laad (bei Hachenburg) war früher eine Verladestelle für Heu und Getreide. In Philippis Laad droben auf der einsamen Heide glauben die Leute, der Name bedeute Leid, ihr Ort sei verflucht. Von jeher sind die Männer als Besenbinder mit der Kiepe auf Wanderschaft, und jetzt, zu Beginn der neuen Zeit, verdingen sie sich als Bergleute im Siegerland. Da gerät das Weiberdorf in einen religiösen Wahn, der bis in die Nachbarschaft reicht, ins Dorf Atzelgift jenseits der Fuchskaute. Dort wohnt eine Frau, die im Namen Jesu für ihre Küken Eierfutter kocht, und keines ihrer Küchlein, so wird in Laad gewispert, ging hinfort verloren. »Wie? Der Heiland ein Schutzpatron für Hühnerfutter?«

Eine andere Geschichte, in der von keiner geistlichen Verwirrung, sondern von einer weltlichen die Rede ist, und nicht von Hühnern, sondern von Hähnen, beginnt so: »Ich will jetzt erzählen, wie es kam, dass in Wildendorn auf dem Westerwald, wo doch jedermann ein heller Kopf und guter Deutscher ist, bei der Bürgermeisterwahl ein Gickel den Ausschlag gab.« Zu einem guten Deutschen Westerwälder Provenienz gehören (damals) naturgemäß Vorbehalte gegenüber allem Fremden. So heißt es in der Erzählung »Die Freibrüderschaft« von den Italienern, die beim Eisenbahnbau beschäftigt sind: »Die welschten eine Sprache, als wären sie nicht recht gescheit. Und die einzig richtige Sprache der Menschheit, die Westerwälder, verstanden sie nicht, selbst als der Bürgermeister, braunrot im Gesicht, sie ihnen in die Ohren schrie.« Dieses »ruchlose Volk« sei schlimmer als die Mäkeser, die Zigeuner der Hohen Heide. Und zwangsläufig wird in dem Roman *Weiße Erde* ein Italiener von Schmiedhenners Robert erstochen...

Doch Philippi hat für seine Westerwälder ein barmherziges und ein poetisches Auge. Er sieht ihr Elend, ihre Not ums tägliche Brot, ihre Verstrickungen. Und – wie alle guten Schriftsteller – macht er aus der Existenznot des Menschen die Tugend des festgehaltenen schönen Bildes: »Der Botenfranz warf schon immer beim Gehen das rechte Bein seitwärts. Wenn er's kräftig schlenkerte, hüpfte ihm hinten der Ranzen. Auf solche Weise setzte er seinen Beruf in Musik um, in künstlerisches Behagen. Den Takt stapfte der Knotenstock.«

Es liegt über Philippis Erzählwerk, seinen »Lügengeschichten«, ein Hauch belustigter Freiheit, und es mischen sich brüderliches Mitleiden, Befremden, Aufbruchsstimmung und suchende Gläubigkeit zum kraftvollen Tableau. Bei aller patriarchalischen Grundordnung kommen starke Frauen zur Wort: »Und an der Spitze des Zugs, die braune Knochenhand am Pferdezaum, schritt die Hauptmännin der Mäckeser. Fröhlichs Bette war's, ein stachlichtes Gewächs, vor der dem tapfersten Mann das Widerwort entfiel.« Und wie da einem hartnäckigen Einspänner, also einem Junggesellen, zugesetzt wird: »Denn ein Teil der Weiblichkeit in Hasselbach in dem trunknen Lebensalter, wo der Mensch das Leben ansieht als einen Kirmestanz – Juchhuh und glatte Bahn voraus! – trieb es zeitlich so arg mit dem Nixe Jakob, dass die Vermutung mindestens für Hasselbach nicht von der Hand zu weisen ist: Die Menschheitshälfte mit dem zarten Kinn und dem buntverschnürten Mieder ist nicht ohne etliche Boshaftigkeit.«

Als wär's ein Stück von Annegret Held – es gibt viele Parallelen zwischen der zur Zeit so erfolgreichen Prosa der marienfrommen Westerwälderin und der Schreibweise des skandalös vergessenen protestantischen Pfarrers, so auch, wenn Philippi erzählt, wie die Wäller sich zusammendrängen, »um beieinander ihresgleichen zu suchen... und nicht in die Irre und den Wilde-Watz-Wald zu geraten«; und schließlich die Mundart, die in zumutbarer Dosierung dem Hochdeutschen untergejubelt wird. Beide setzen als Stellvertreter des Allwissenden Hilfskräfte ein, den Kistenfranz z. B. die eine, den Pfarrer Weidhaas der andere, nicht als Übergescheite oder Übergeistliche, sondern als Mitmenschen, die sich denen zuwenden, die heimgesucht werden von allzu viel Tod und Ackerei und Dummheit.

Bei Philippi kommt freilich eine Dimension hinzu. In der Geschichte »Durch die Wolfskehle« erzählt ein junger Vikar, bei aller Abwehr religiöser Schwärmerei, respektvoll von einem Besuch in der Bibelstunde der »Bekehrten«: »Ich fand dort eine Gemeinschaft über dem aufgeschlagenen Wort. Es war etwas zwischen den Leuten, von einem zum anderen hin, was sie verband.« Um ihre Heilsgewissheit beneidet sie der Vikar, den immer wieder Fragen und Zweifel beschleichen. Ähnlich ergeht es Philipp Weidhaas, dem Alter ego Philippis in *Weiße Erde*. Seinen Sinn für das Heilige – doch wie selten begegnet es ihm, manchmal nur in Gottes freier Natur oder am Lager eines sterbenden Kindes – erweitert der Pfarrer um die Suche nach dem besseren Menschen. Er ist nicht länger nur der Seelenhirt der Leute von Sonnwalt im Erdbäckerland, er kümmert sich um die Häfner, denen der Herrgott selber das Erdrecht, das Mutungsrecht, verliehen hat. Die Töpfer sind im Krieg mit dem neuen Machthaber im Dorf, einem Industriellen, der hier in ihrer Gemarkung eine Tonfabrik errichtet. Philippis rotbärtiger Held setzt sich für die Gründung einer Genossenschaft und eines Arbeitervereins ein und gerät zwischen alle Fronten. Doch es drängt ihn vom gutgemeinten Wort zur Tat. Erst als er körperliche Blessuren davonträgt, ist es »vollbracht«. Ein erstaunlicher Roman, bilderreich erzählt, spannend und doch von großer Ruhe, ein christliches, ein sozial kämpferisches Buch mit richtigen Menschen, keinen Kunstfiguren. Und natürlich, damit kein Literaturpapst widerspreche: eine Geschichte von Liebe und Tod, in der es zum Schluss heißt: »Es ist ein Großes trotz aller Jämmerlichkeit, einmal gelebt und in der engen Schädelhöhle und in der Herzkammer das Leben gespürt zu haben.«

Heiner Feldhoff

Literaturempfehlungen

Werke von Fritz Philippi (Auswahl):

Hasselbach und Wildendorn (1902); *Unter den langen Dächern* (1906); *Freibier* (1906); *Von der Erde und vom Menschen* (1907); *Weiße Erde* (1913), später unter dem Titel *Erdrecht*; *Adam Notmann* (1916); *Auf der Hohen Heide* (1921); *Vom Pfarrer Mathias Hirsekorn und seinen Leuten* (1924); *Aus dem Westerwald* (1927)

Über Fritz Philippi:

Wilhelm Knevels: *Fritz Philippi als religiöser Dichter*, Leipzig 1929

Karl Weckerling: *Fritz Philippi. Nassauische Lebensbilder 2*, 1943

Marita Metz-Becker: »Fritz Philippi – nicht nur ein Heimatdichter«, in: *Nassauische Annalen 102*, 1991

Im überrumpelten Basalt
Besuch bei K. O. Götz

Natürlich, von dem Maler K. O. Götz hatte ich längst etwas gehört und gesehen; von dem Meister des Informel, dem Staatspreisträger, dem Düsseldorfer Professor, von seinem Wohnsitz bei Niederbreitbach im »weißen Haus am grünen Hang / Darin die Farben spritzen«. Aber von dem Dichter? Kein Sterbenswort! Und dabei gibt der alte Hase unentwegt poetische Rauchzeichen von sich... Siehe da! sagte ich mir endlich, setzte mich in meinen Astra und folgte dem »Hinweis II: Dein Vorsprung an Verrücktheit / bleibt niemandem verborgen«. Eine Wallfahrt also ohne Fingerspitzengefühl zum »überfüllen Grab des Unbekannten Kindes« – sprich: Gedichtes.

Gegen Ende meines Besuches stieg ich in der Garage auf die Bücherkartons, hievte auf sein Geheiß den schweren Schuber mit den beiden Bänden seiner reich bebilderten Lebenserinnerungen hervor; er trug sie mir zum Auto. Am Telefon hatte er mich spontan zu sich bestellt: Ich habe eine Stunde Zeit für Sie, wenn Sie gleich kommen, hab ich's hinter mir. Wie ein Patient saß ich in seinem Arbeitszimmer inmitten von Büchern und Zeitschriftenstapeln in einem unbequemen Korbsessel, der Lebenserfahrene, der Lebenskünstler weit entfernt hinter seinem alten Schreibtisch, die Wände bis zur Decke zugestellt mit Büchern. Rissa, seine Frau, kam im Arbeitsdress herein, lächelte, ging wieder hinaus, in ihr Atelier. Haben Sie studiert? Die Bücher da – seine Gesammelten Werke lagen für mich schon griffbereit – schenke ich Ihnen, warten Sie, nehmen Sie auch mein Kriegstagebuch aus Norwegen mit, wo ich meine Fakturen-Theorie entwickelt habe, ich hatte ja drei Jahre Zeit, die Landschaft, das Meer zu beobachten – einiges davon verstehe ich heute selbst nicht mehr.

1953, in Paris, erzählte er, stand Hans Arp furzend und lachend auf der Toilette des Musée d'Art Moderne, gab mir Geld für ein paar Exemplare des Buches, das ich von ihm herausgebracht hatte, mehr als ich verlangte, der verkaufte ja seine Skulpturen sehr gut. Götz weiter: Ich wohnte damals im Hôtel Deux Continents in der Rue Jacob. Ja, dachte ich automatisch, er gehört beiden Kontinenten an: der modernen Malkunst und Poesie, er wohnt im Sinnlosen wie im Gegenstandslosen. Götz stand auf, holte hinter meinem Rücken den Arp-Band *Behaarte Herzen* hervor, dann ein Buch von Celan, beide mit Originaldrucken und eingefügten persönlichen Briefen, auch von René Char: Cher Monsieur Götz... Der gab damals als deutsche Erstausgabe von Char *Das bräutliche Antlitz* heraus, in einer Auflage von 60 Exemplaren. – Ich betrete Deutschland nicht mehr, habe Celan gesagt, nach der Attacke von Hans Werner Richter in der Gruppe 47 (»Sie sprechen ja wie Goebbels!«). Von Celan habe ich zwei Gedichte in meiner Zeitschrift *Meta* veröffentlicht, die ich von 1948 bis 1953 herausgegeben habe, zehn Ausgaben, den Widrigkeiten jener Jahre abgetrotzt, so Götz, zehn Metamorphosen der Moderne. Celans Gedichte in *Meta 8* sind die ersten, die von ihm in Deutschland gedruckt wurden.

Immer wieder nannte er die drei, vier deutschen Surrealisten, Klünner, Hübner, Hülsmanns, lobte vor allem Max Hölzer. Von André Tamm sprach er nicht – das war sein eigenes Pseudonym als Poet. Er zeigte mir sein Gedicht »Wolfenacker« (ich zuvor: haben Sie nichts, das vom Westerwald handelt?). Wer sich in der Provinz orientiert, bleibt lebenslang darin, kommt da nicht raus, sagte er. Ich guckte betreten zu Boden. Wenn ich auch bisher keine Götz-Gedichte gelesen hatte, so doch seinen Aufsatz in den *Akzenten* (1963) über *Meta* als avantgardistisches Abenteuer, und ich hatte mir den

Schlusssatz gemerkt: Die Malerei verlange den ganzen Menschen, man könne sich nicht teilen. Und Sie haben sich doch geteilt, sagte ich, und Gedichte geschrieben. Nur nebenbei, ich bin Maler, sagte K. O. Götz und erklärte mir, warum der Surrealismus in Deutschland nicht habe Fuß fassen können. Statt Novalis und Achim von Arnim sei in der Schule Eichendorff durchgenommen worden. Das habe er auch André Breton in Paris gesagt. Die deutsche Frühromantik sei zwar die beste Voraussetzung für den Surrealismus gewesen, habe Breton bestätigt, aber als Eluard und Aragon in den dreißiger Jahren nach Deutschland fuhren, war es schon zu spät.

Ich bin der deutsche Erfinder des Tachismus, sagte Götz, eine Stunde vorher hatte ich dieses Wort, das eine Spielart der abstrakten Malerei, eine (angeblich) formlose Befleckung meint, zum ersten Mal wahrgenommen und die damit auch bewusst gewählte Abkehr von dem Wort Faschismus. Mein alter *Brockhaus* aus der Zeit des Kalten Krieges schreibt über Karl-Otto Götz, er sei Maler, am 22. Februar 1914 in Aachen geboren und seit 1950 als geistiger Führer des Frankfurter Tachismus bekannt.

Mit Blick auf meinen *Literarischen Reiseführer* frohlockte ich: Der weiße Fleck auf der poetischen RLP-Landkarte würde nunmehr getilgt, wenn auch beschämend spät. »Wer will es uns verbieten / Aus einem süßen Hinterhalt / Verirrte buchstabierte Kinder / leibhaftig und geheimnisvoll / Aus Zufall zu vernaschen?« In einer Widmung nennt Willi Baumeister 1948 »Charles« Otto Götz den »einzigen, alleinigen, munteren Automaten von La Chapelle, Aix oder Ix und den anonymsten Individualisten jenseits der vierfüßigen Flasche«. Seine Autobiographie, aber auch seine Lyrikbände enthalten die farbigsten Anekdoten! Als Breton einmal Götz' erster Frau, der Dichterin Anneliese Hager, die Hand küsste, stieß er aus Versehen gegen den Stuhl des Deutschen: »Wut und Vernichtung schießen / aus den Höhlen deines Blicks«, schreibt Götz in einem Gedicht und meint das surreale Oberhaupt. Es gibt von Götz zahlreiche andere Hommage-Gedichte, so an Max Ernst, René Char, Picabia, Arp, Michaux. »Im Grunde sind wir / tugendhafte Lumpen im Geviert«, sagt er und hat für mich die Komplizenschaft von Kindern, Künstlern, Liebenden und Verrückten im Sinn. Jenes *einzige Lied eines einzigen Tropfens göttlicher Unvernunft* – Götz lässt es sich singen in Synästhesien und Alliterationen, im selbstlosen Wirbel seiner Inbilder.

Dabei kriegt freilich jedes sinnstiftend Bedeutsame *monströse Ohrfeigen* ab, ein Abstraktum wie das Wort Zuversicht wird zum großen schrägen Pudding erklärt. So lapidar im Ausdruck die schriftlichen Götz-Erinnerungen daherkommen, so kurzweilig sind sie als eine private Kulturgeschichte der Moderne (Götz beschreibt z. B. zum Schießen komisch den martialischen Ernst Jünger, Schwitters, der 1933 Hakenkreuze in den Schnee pinkelt, Raoul Hausmann, V. O. Stomps, Günter Grass) – seine Gedichte nehmen sich vollmundig alles heraus, ästhetisch und moralisch. »So sprudelt im Labyrinth von Stumpfsinn und Süße stupider Lärm zum Leichenleerlauf feilgebotener Massaker.« Es geht nicht darum rauszukriegen, was der Dichter sich dabei gedacht hat – diesen Satz beispielsweise lese ich als Beschreibung eines ganz normalen deutschen Fernsehabends.

Alle paar Minuten brachte Götz mir ein anderes Buch als Zugabe, als Draufgabe, jetzt just um acht, also zur Zeit der Tagesschau, einen Band von Yves Bonnefoy, signiert, ein besonders schönes Buch, mit herrlichen Farbgouachen von K. O. Götz, schmal genug, um auch wirklich gelesen und betrachtet zu werden, in Gänze. Bonnefoy ist in seinem Langgedicht *Der noch Blinde* sehr deutsch, metaphysisch tief und klassisch; dagegen Götz: auf seinen Bildern sprüht, faucht, kocht, rast und blitzt es, passiert immer etwas, wie auch in seiner Dichtung, da ist gläserne Transparenz, Tanz, Literaturlust pur, Buchstäblichkeit, *Mundgluten*, Zungensprung, Spiel, Gelächter, leere Transzendenz, aber auch Terror und Schrecken, Verhöhnung und künstliches Erbrechen, ein leitmotivisches Durchspielen über die Jahrzehnte hinweg, K. O.-Befreiungsschläge: Wörter gerissen aus ihrem unseligen Zusammenhang, ihrem Ordnungsgefüge, ihrem Gefängnis der Tradition, der Verantwortlichkeit, neu gefügt in ganzen Sätzen! In ganz anderen Sätzen: »Das ausgeströmte Grauen, zermalmt / im überrumpelten Basalt, / begräbt die transparente Tobsucht / grässlicher Ahnungslosigkeit.«

Als wir ins Haus traten, rief er missmutig: Es riecht immer noch nach Formaldehyd, nach Hasenleim. Ich dachte an das Fertighaus, in dem ich wohne, in dem ich schon länger wohne als der große Künstler hier neben mir im *faltigen Idyll* seiner Westerwälder Wirkungsstätte am Wendehammer von Wolfenacker. Im Dunkeln erkannte ich weiter nichts von der Lage des Anwesens. Nebelkrallen stiegen aus Tiefen senkrecht am Wald empor. Es war, als ob die Hasen rauchten.

Heiner Feldhoff

Literaturempfehlungen

K. O. Götz: *Erinnerungen I 1914-1945; Erinnerungen II 1945-1959; Erinnerungen III 1959-1975; Erinnerungen IV 1975-1999; Zungensprünge. Gedichte 1945-1991; Sternensprünge. Gedichte*, 1992; *Augenmoose. Gedichte*, 1995; *Im Labyrinth einer Revolte. Notizen*, 1997; *Spuren der Maler. Lyrische Texte*, 2000 – Yves Bonnefoy: *L'encore aveugle / Der noch Blinde*, o. J. Alle im Rimbaud Verlag Aachen

Götz im Internet: http://kukies.hyypermart.net/index.htm

Baumfresser, Yetis und tolle Nullen –
Westerwälder Autoren der Gegenwart
Annegret Held, Heiner Feldhoff und Klaus-Peter Wolf

**Schreibt die Komödien, die lachen machen
und zum Weinen sind: Annegret Held**

Auf einmal hat auch der Westerwald seine Erzählerin. Und, ungeachtet wüster Kerle, sein literarisches Weiberdorf dazu: Dornweiler, »ein kleines Dorf mitten in Deutschland, so alt wie der Wald ringsumher«. Und mitten im Dorf steht die Kistenfabrik vom Kistenfranz. Jeden Morgen sperrt sie ihre riesigen Mäuler auf, Tore, gewaltiger als Kirchenportale, um sich die Bäume einzuverleiben. Vom Glitzerberg rollen die Baumstämme herunter bis vor die Gatter, die alte Senkrechtsäge.

Die Baumfresserin: Annegret Held hat einen Roman geschrieben, über den geraunt wird im deutschsprachigen Blätterwald. Und man ist sich einig: Da ist auf 318 unterhaltsamen Seiten ein Westerwald-Epos entstanden, das,

Annegret Held

wie nostalgisch, idyllisch verkleinert es auch Land und Leute darstellt, vom falschen Menschenleben sagt, was zu sagen ist: dass es lustig und leidvoll ist und vergänglich. Ja, es geht sehr menschlich zu in Dornweiler, allzu menschlich in der Fabrik mit den sieben Kistenweibern und den sieben Kerlen, und nach Feierabend in der Kneipe oder zu Hause, wo sich Veronika ihrem besoffenen Hardy in verführerischster Reizwäsche präsentiert. Der stöhnt jedoch nur: Allmächtiger! und meint damit keineswegs ihren prächtigen Hintern.

Robert Gernhardt, der Frankfurter Klassiker, hat das Buch öffentlich vorgestellt und den liebevollen Realismus gelobt, »mit dem die in den Jahreslauf eingebetteten Aufschwünge und Abstürze des Kistenvolks geschildert werden«. Sogar den Buchumschlag hat er gestaltet, grimassierende Baumstämme, die darauf warten, dass das Gatter, die »Mutter der Maschinen«, sich die Stämme in den Leib rammt, zwischen die Zähne stopft und schüttelnd und vibrierend in dicke Balken zerteilt.

Die Baumfresserin versammelt knackige und tumbe und geile Kerle, solche wie den Andres und den Klaus, die sich unaufhörlich Blödsinn ausdenken – vor allem aber bemerkenswerte Westerwälderinnen, neben der gutmütigen, doch schafsdummen Veronika zum Beispiel Paula, die, der Autorin nahestehend, sich »als einzige Übergescheite in der Halle« für ihr Abitur schämt und die es in der Kistenweibermontur und in den Goldgebirgen des Sägemehls, im Duft der jungfräulich daliegenden Bäume, in dem Höllenlärm der Maschinen inmitten fluchender Kerle so mummelig und gemütlich findet; oder Estella Arabella Wollweber, die aus Mitleid den triebhaften, debilen Burkhard mal ranlässt; oder Ilse Fürbeth, die sich für etwas Besseres hält; allen voran aber Old Berta, die Kettenraucherin, die wie keine andere mit der Nagelpistole umgehen kann. Gefürchtet sind ihre Bosheiten, ihre Wahrheiten; Paulas »Herzenstraurigkeit« erkennt sie sofort, und einmal sagt sie: »Die Menschheit ist ein Abgrund« (und der Übergescheite weiß: das ist Büchner, beinahe wörtlich) und fährt fort, indem sie eine Flasche Korn herumreicht: »ein Höllenschlund! Prost!«

Annegret Held wurde 1962 in Pottum im Westerwald geboren. Sie machte in Westerburg ihr Abitur, leistete ein Freiwilliges Soziales Jahr in der Lebenshilfe und ließ sich in Wiesbaden zur Polizistin ausbilden. In Frankfurt und Darmstadt war sie im Streifendienst. Hiervon erzählt sie in ihrem ersten Buch *Meine Nachtgestalten. Tagebuch einer Polizistin.* In Heidelberg studierte sie Ethnologie und Kunstgeschichte und war dann im Buchhandel tätig. Heute lebt sie als freischaffende Autorin mit ihrer Tochter in Frankfurt.

Ihren ersten Westerwald-Roman *Am Aschermittwoch ist alles vorbei* (1997) hat sie ihrem geliebten Heimatdorf gewidmet, das am Wiesensee liegt und im Buch Seewies heißt, bis die Ortsschilder auf Seite 80 von den feindlichen Steinlochsdorfern übermalt werden: Schnapskopphausen ist da jetzt zu lesen. Obacht, ihr Reisenden: es ist die Wilde-Watz-Gegend. Jeder, der hierher kommt, ist ein Watz, oder wenigstens kann er, sagt Annegret Held, das Watzhafte in sich spüren, hier in der Nähe des Watzenhahns (475m), dem Wotan, der Gott der Winde, seinen Namen gegeben hat.

Ob Annegrets Liebeserklärung an ihre Heimat in den durchwindeten, durchfurzten Köpfen von »Klatschkäs«, »Hollefännes«, »Buxeknupp« und den anderen Dappes des Dorfes angekommen ist? Oder vielleicht nur zur Hälfte? In der Widmung heißt es, sie seien die einzigen Menschen, die diese geheimnisvolle Sprache verstehen: »De Helft vu dem, wott hey stieht, es strack gelohe en erfonne. Ouwer eisch woll dott einfach gänn mol su verzille.«

Ein lebensfrohes Völkchen, das zum Schluss, wenn es zuviel getrunken hat, den Moralischen kriegt, und sie verzählen sich, was »schebbisch« gelaufen ist in ihrem Leben, und Hannferrersch Wilma heult in den Anzug vom Hühnerschorsch.

Der Tourist, der sich in Pottum umtut auf der Spur von Annegrets Heldinnen, stellt fest, wie »schön katholisch« es hier ist, und im Gasthof Doll bestätigt man ihm gerne, mit herrlich rollendem R, dass die Pottumer, wenn ihre Wallfahrt sie nach Hergenroth führt, das Lied vom »Jammertal« anstimmen. Auch weist man ihm den Weg zur Kistenfabrik auf der Waldstraße. Er erfährt, dass die »Kistenweiber« verfilmt werden, und freut sich schon auf Veronika Ferres. Und er beschließt, sich die Bücher noch einmal vorzunehmen. Ihr Komisches hat er ja schon beim ersten Mal mitgekriegt, aber auch die leise Ahnung, dass sich hinter der lauten Fröhlichkeit der geschilderten Menschen (die keine künstlichen »Romanfiguren« sind) Verzweiflung und Angst verbergen. Annegret Held lässt die dem Tod geweihte Old Berta, die weiß, dass bald »alles vorbei« ist, die Moral eines trotzigen Stolzes verkünden: »Dann quetschte Old Berta die Hände von Paula und Veronika: ›Was für ein Glück! Was für ein Glück – dass wir alles getrieben haben!‹«

Heiner Feldhoff

Von Yetis im Westerwald und anderen Ver(w)irrten
Heiner Feldhoff, Pädagog' und Poet aus Lautzert

Oberwambach und Niederwambach, Berod und Amteroth, Muscheid und Altenkirchen: in Heiner Feldhoffs jüngsten »Kürzestgeschichten« ist der Leser immer auch unterwegs im Westerwälder Land. Haus, Nachbarschaft und Dorf, Marktplätze, Supermärkte, Gasthöfe und Cafés, Apotheke und Finanzamt, verschlungene Waldwege wie vielbefahrene Kreisstraßen: mehr als 200 poetische Momentaufnahmen von Menschen, Orten, Landschaften im Alltag vereinigt Feldhoffs jüngstes Buch *Kafkas Hund* (2001). Akribisch notiert, querdenkerisch reflektiert, sprachspielerisch-pointiert.

Es ist bereits das zehnte Buch, das der Wahl-Westerwälder veröffentlicht hat. Geboren wurde er am 27. Mai 1945 in Steinheim / Westfalen. Kindheit und Jugend verbrachte er in Duisburg-Beeck, poetisch erinnert in dem Buch *Waffelbruch oder Was allen in die Kindheit scheint* (1996). In assoziationsreichen Fragmenten, lyrisch verknappt, verdichtet sich da das Allerprivateste zu zeittypischen Erinnerungsbildern der fünfziger Jahre. Nach dem Studium der Germanistik und Romanistik in Münster unterrichtete Feldhoff als

Realschullehrer zunächst in Duisburg, von 1972 bis 1996 in der Westerwälder Kreisstadt Altenkirchen.

Lesend und schreibend die Welt verstehen: dazu hielt der Pädagoge nicht nur seine Schüler an. Er las und schrieb, übersetzte und veröffentlichte auch selbst während seines 25jährigen Pädagogenlebens im Westerwald. Gedichte sind es zuerst gewesen, in denen Feldhoff seine Lust an der Sprache, nicht zuletzt an Wortwitz und Sprachspiel assoziationsreich entfalten konnte. Vielfältig in Themen, Formen, Einfällen und Schreibweisen. Nicht selten gesellschaftskritisch und engagiert, gerade auch durch hintersinnig-ironischen Sprachgebrauch. So wird im Gedichtband *Als wir einmal Äpfel pflücken wollten* der alltägliche Toilettenbesuch zur »Sitzung der AG Druck und Papier«, letztlich zu einem »VerLUSTgeschäft«. In einem zeitkritischen lyrischen Familienbild vereinigt sind »Fader Staat / Moder Natur / Schnelle Brüder / und ihre kugelsicheren Western«. Mit spitzer Feder schreibt der Schulmeister und Poet an gegen reaktionäre Verengungen und Erstarrungen und gegen vorschnelle Anpassung an modischen Zeitgeist. Immer wieder mit literarischen Anspielungen, von der Romantik bis zur Gegenwart.

Große Anerkennung fand Feldhoff mit den Lebensgeschichten der Schriftsteller und Philosophen Albert Camus und Henry David Thoreau in der für jugendliche Leser konzipierten Reihe »Beltz & Gelberg Biographie« (1989 und 1991). Beides hochaktuelle Lebensbilder eigensinniger Rebellen. Im Spannungsfeld von Anpassung und Eigensinn, von Sesshaftigkeit und Mobilität, von Technik und Natur sind auch Feldhoffs jüngste Kürzestgeschichten angesiedelt. Den Abgründen und Hintergründen, dem Tiefsinn und Schwachsinn des Alltäglichen auf der Spur. Poetische Skizzen aus der Provinz, aphoristisch bis anekdotisch im Zugriff auf die Realität. Immer wieder mit Westerwälder Lokalkolorit. Etwa durch das Porträt einer derb-kräftigen Westerwälder Landfrau im Café (»Ein Yeti des Westerwaldes, von seinen Höhen, aus seinen Fachwerkhöhlen hinabgestiegen in das Reich der Torten«), durch witzige Charakterisierung Westerwälder Sargträger aus der Nachbarschaft (»die ›In-die-Erd-KG‹«) oder durch eine Parodie auf Westerwälder Wandereridyllen in der Erzählung »Der Wanderer«:

»Wer im Herzen des Westerwalds von Amteroth kommend, einem lieblichen Dörfchen abseits der Bundesstraße, der Luftlinie folgend westwärts in Richtung Oberwambach zu Fuß unterwegs ist, hüpfend über die wenigen, harmlosen Zäune, dabei im eigenen Herzen spielerisch Wald- und Wiesenwörter lustwandeln läßt, daß sie ohne Anstrengung aus dem Inneren sich lösen und über die frischen Lippen kommen, lauthals menschenfurchtlos schön, der mag wohl von Glück sprechen, da ihn die frühgeübten Füße an einen Ort tragen, wo unter weißen Mittagswolken der Schuh im glucksenden

Sumpfmoos stecken bleibt, die Kleider sich im Gestrüpp der Fichten verfangen und dürre Zweige sich brechen an des Wandrers Wange.«

Josef Zierden

Noch mehr tolle Nullen
Über den Auflagenmillionär Klaus-Peter Wolf

Kennen Sie Ichtenhagen? Nein? Macht nichts, ich auch nicht. Jedenfalls nicht wirklich. Und dabei wohne ich doch eigentlich ganz in der Nähe. Ichtenhagen, so hat Erfolgsautor Klaus-Peter Wolf (geboren 1954) die Kleinstadt genannt, in der er die Handlung einiger seiner Bücher angesiedelt hat, zum Beispiel in *Die Angst der Täter*. In diesem Roman wird Hachenburger Bier getrunken, und Bennie, der mit Giftfässern unterwegs ist, verkriecht sich schließlich im Westerwald. Ichtenhagen ist nicht real und doch mitten aus dem Leben, der literarische Spiegel eines Ortes im Westerwald. Ist vielleicht die Kreisstadt Altenkirchen gemeint? Gibt's da nicht auch Anklänge an das Dorf Bruchertseifen, wo Wolf mit Frau und zwei Kindern lebt? Gelebt hat, muss es seit dem Jahr 2001 heißen, denn K.-P. Wolf ist nach Köln gezogen. Angefangen hat sein Schreiben im Ruhrpott – unter einer Schulbank in Gelsenkirchen. Als achtjähriger Knirps verkaufte Wolf einem Freund ein selbst gemaltes und getextetes Comic-Heft. Weitere Werke, die er gegen wenige Groschen oder Kaugummis verhökerte, folgten.

Dann gründete er die »Geschichtenerzählerbande«. In einer Zeit, in der es keine anregenden Spielplätze gab, scharte er Gleichgesinnte um sich und vagabundierte mit ihnen durch Gelsenkirchen. Und sie erzählten sich die tollsten, spannendsten Storys. Indianerleben, Science fiction, Reality – die kunterbunte Fantasie in den Geschichten war grenzenlos. Bis heute war diese Phase prägend für Wolf. »Alle Mitglieder der Bande kamen als handelnde Personen in seinen Geschichten vor«, heißt es in einem Porträt. Und viele seiner Kinderbücher haben ihren kreativen Ursprung in dieser Zeit.

In den Folgejahren schickte er manchmal 200 Briefe pro Woche durch die Gegend. Die *Westdeutsche Allgemeine Zeitung* druckte regelmäßig seine Kurzgeschichten, Radiosender brachten sie »on air«, und auch im literarischen Untergrund machte er sich einen Namen – viele wussten nicht, dass der Autor gerade der Pubertät entflohen war. Noch vor dem Abitur kamen zwei echte Durchbrüche: Wolf erhielt den Literaturpreis seiner Heimatstadt und den Argus-Literaturpreis für die beste deutsche Kurzgeschichte. Mit Rücksicht auf seine Bekanntheit in der Lokalpresse hob die Schule seine Deutschnote um eine Stufe an – auf eine Vier.

Wolfs erste Bücher erschienen im Verlag von Helmut Braun. Doch als der

Pleite machte, versuchte Klaus-Peter Wolf mit 13 weiteren Schriftstellern einen autoreneigenen Verlag zu etablieren: ein Fiasko! Der 25-jährige hatte binnen 13 Monaten ca. 2,3 Millionen Mark verwirtschaftet, die Gläubiger pfändeten ihm die Haare vom Kopf.

Doch der Erzähler Wolf feierte mit dem Rocker-Roman *Dosenbier und Frikadellen* (1979) einen ersten großen Erfolg. Er zog in den Westerwald und reihte einen Bestseller an den anderen. Wolf-Romane sind immer gesellschaftskritisch und kurzweilig zugleich. An seiner Schreibbegeisterung lässt er, wie in Jugendtagen, die Leute aus seiner Nachbarschaft teilhaben: In Altenkirchen leitet er eine Literaturwerkstatt.

»Der Wolf bringt Quote«, titelte 1997 das *Stern-Magazin* über die Ausbreitung Wolfs auf ein anderes Medium: das Fernsehen. Folgen von öffentlich-rechtlichen Krimis der Serien »Tatort« und »Polizeiruf 110« stammen aus seiner Feder. Viele seiner Bücher wurden verfilmt. So flimmerte Wolfs »Sportarzt Conny Knipper« durch die deutschen Wohnzimmer oder »Samstags, wenn Krieg ist«, »Svens Geheimnis« oder »Die Abschiebung«.

Außergewöhnlich sind auch Wolfs intensive Recherchen. Er fragt nicht nur Experten, sondern schlüpft manchmal selbst in eine Romanrolle. Für »Traumfrau« (in diesem Ichtenhagen-Sittenbild kaufen sich ein paar Landmänner von einem Lottogewinn eine Asiatin) gründete er ganz offiziell die Agentur »Hotpants – Mädchen- und Frauenhandel«. Wut im Bauch hatte er wohl auch, als er »Die Abschiebung« schrieb. Die von ihm im Westerwald gegründete Initiativgruppe zur Unterstützung von Asylsuchenden bekam die ganze Schmach mit, die aus Krisengebieten Ausgestoßene oder Geflohene hier ertragen müssen.

Nicht weniger engagiert ist Klaus-Peter Wolf beim Schreiben von Kinder- und Jugendbüchern. Geschichten wie »Jens-Peter und der Unsichtbare« oder die von den »Drei Tollen Nullen« sind witzig und einfallsreich – und zudem pädagogisch wertvoll! Denn Wolf bietet seine ganze Erzählkunst auf, all denen, die sich in einem allzu disziplinierten Gehege nicht wohlfühlen, Mut zu machen, aus der Reihe zu tanzen. Bei mir, sagt Wolf, sind die Kinder immer klüger als die Erwachsenen. In seinen Büchern spielen die Kinder den Erwachsenen wilde Streiche. Kinder können sich damit identifizieren. Sie sind ja immer die Kleinen und Dummen und Schwachen, sagt Wolf. Beim Leser wächst das Selbstbewusstsein. Weil in seinen Kinderbüchern ja zwischen allen Zeilen steht: Das kannst du auch! Trau dich! Sagt Klaus-Peter Wolf.

»Die drei tollen Nullen« spielen übrigens in Ichtenhagen an der Ichte...

Daniel Haas

Literaturempfehlungen

Werke von Annegret Held:

Meine Nachtgestalten. Tagebuch einer Polizistin, Frankfurt am Main 1988; *Mein Bruder sagt, du bist ein Bulle,* Reinbek 1990; *Mein Schatten, mein Echo und ich,* Reinbek 1994; *Am Aschermittwoch ist alles vorbei,* Reinbek 1997; *Die Baumfresserin,* Reinbek 1999

Über Annegret Held:

Martin Lüdke: »Im Himmel, um beim Donnern zu helfen«, in: *Die Zeit,* 2. 12. 1999

Martin Ebel: »Und ewig singen die Sägen«, in: *Neue Zürcher Zeitung,* 28. 12. 1999

Alexandra M. Kedves: »Derb ist das Dorfleben im Westerwald«, in: *Frankfurter Allgemeine Zeitung,* 30. 11. 1999

Werke von Heiner Feldhoff:

Ich wollt, ich wär der liebe Gott. 44 Gebrauchgedichte nebst einem Bericht, Darmstadt 1976; *Wiederbelebungsversuche. Gedichte,* Horn 1980; *Die Notwendigkeit, bibbernd zusammenzurücken. Gedichte,* Landau 1984; *Als wir einmal Äpfel pflücken wollten. Gedichte,* Stuttgart 1985; *Tuchfühlung. Gedichte,* Rhodt unter Rietburg 1986; *Mehr Licht! Notizen aus der Provence,* Mainz 1987; *Vom Glück des Ungehorsams. Die Lebensgeschichte des Henry David Thoreau,* Weinheim / Basel 1989; *Paris. Algier. Die Lebensgeschichte des Albert Camus,* Weinheim / Basel 1991; *Waffelbruch oder Was allen in die Kindheit scheint,* Blieskastel 1996; *Kafkas Hund oder Der Verwirrte im Sonntagsstaat. Kürzestgeschichten,* Tübingen 2001

Über Heiner Feldhoff:

Josef Zierden: *LiteraturLexikon Rheinland-Pfalz,* Frankfurt am Main 1998, S. 80ff.

Gabriele Weingartner: »Ein Nachdenker über die Zeit und die Wirklichkeit«, in: *Die Rheinpfalz,* 6.12.1996

Werke von Klaus-Peter Wolf (Auswahl):

Dosenbier und Frikadellen, Köln 1979; *Vielleicht gibt's die Biscaya gar nicht,* München 1981; *Neonfische,* Stuttgart 1985; *Traumfrau,* Hamburg 1989; *Drei tolle Nullen,* Bd. 1-9, München 1990-1993; *Das Gen des Bösen,* Hamburg 1995; *Feuerball,* Ravensburg 1996; *Jens-Peter und der Unsichtbare gegen den Rest der Welt,* Hildesheim 1997; *Donnas Baby,* München 1998; *Lesespatz. Tiger und Tom sind unzertrennlich,* Bindlach 2000; *Karma-Attacke,* Bern 2001

Über Klaus-Peter Wolf:

Josef Zierden: »Wolf, Klaus-Peter«, in: *LiteraturLexikon Rheinland-Pfalz 1998,* S. 347ff.

»Der Wolf bringt Quote«, in: *Stern-Magazin,* 23.10.1997

Der Musikmeister aus Deutschland und sein unsterbliches Westerwaldlied

Das Westerwaldlied ist wohl genauso bekannt wie das Deutschlandlied. Es wird freilich, anders als jenes, nicht bei national hochwertigen Veranstaltungen gesungen, sondern als Volkslied, wenn die *marschierende Mediokrität* das Singen und Sagen hat. Steht es nicht noch immer im Liederbuch der Bundeswehr? Im Westerwälder Liederbuch findet es sich jedenfalls zu Recht, dorthin gehört es, für den persönlich arglosen Gebrauch bestimmt, vorbehaltlich (heute wollen wir's probieren) einer entnazifizierenden Klarstellung.

Text und Melodie des dreistrophigen Liedes gelten im Westerwald als mündlich überliefert. Doch gibt es glaubwürdige Hinweise auf seine Entstehung im November 1932 beim freiwilligen Arbeitsdienst auf dem Stegskopf bei Daaden. Einer Chronik des dortigen Truppenübungsplatzes zufolge sind Melodie und Wortlaut vom damaligen Bauamtsleiter, der den Wegebau in diesem unerschlossenen Walddistrikt beaufsichtigte, dem Leiter des Arbeitsdienstlagers und einem Sportlehrer in der *Siegfriedhütte* geschaffen worden. Später hätten die Arbeitsmänner zudem eine vierte Strophe gesungen: auf die Mädchen des nahe gelegenen Emmerzhausen. Manche »Keilerei« wurde zwischen den fremden und den einheimischen Jungs um die Dorfschönen ausgetragen. Die verschollene Strophe soll mit den Worten enden: »Doch darüber spricht man nicht.« Jawoll!

Das Lager am Stegskopf wurde bis 1939 vom Reichsarbeitsdienst genutzt, dann von der Polizei, von Luftwaffenhelfern, von der HJ. Schließlich wurde es zum Wehrertüchtigungslager der Germanischen Jugend. Ihnen allen drang das Westerwaldlied »tief ins Herz hinein«. Die zu Papier gebrachte Marschversion stammt von Joseph Neuhäuser (1890-1949) aus Oberbrechen – im Taunus. Er war vor dem Ersten Weltkrieg Militärmusiker u.a. in Breslau, Berlin und Metz und studierte am Konservatorium in Paris. Im Krieg Dolmetscher bei Verdun und Musikmeister an der Russlandfront. 1932 gewann er mit seinem Marsch »Pour le mérite« einen internationalen Grand Prix in England. Im Zweiten Weltkrieg war er zunächst Hilfspolizist, dann Dozent an der Lehrerbildungsstätte in Hadamar.

Das Westerwaldlied, 1937 im Musikverlag Schott gedruckt, hat dank Hitlers Militär weltweit Karriere gemacht. Der Westerwald ist dabei zu einem austauschbaren Heimatwort geworden; Freund und vielleicht auch Feind setzten in Gedanken ihr je eigenes ein: ein schöner anti-nationalistischer Nebeneffekt! Ich weiß nicht, ob der offizielle Komponist mit diesem

Heimatloblied wider bessere Absichten in die Nazi-Falle geraten ist. Mit der Popularität unter schneidigen Burschen war er gewiss einverstanden, aber auch mit der Instrumentalisierung durch die Reichswehr? Die deutschen Soldaten sangen den Westerwaldmarsch im Zweiten Weltkrieg vor »Lili Marleen« und »In einem Polenstädtchen« als Nummer eins ihrer Landser-Hitparade, vor allem beim Einmarsch in eroberte Gebiete.

»O du schöner Westerwald« ist ein kernfestes deutsches Lied, das frisch und direkt ins Ohr geht, ohne jede todessüchtige Süße. Doch das Auge des Lesenden versteht's anders.

In der ersten Strophe setzt sich eine anscheinend begeistert herbeigepfiffene Wir-Einheit, auf einen Tagesbefehl hin, in Marsch. Der Liedtext erklärt die *physisch-geographische Ungunst* (»der Wind so kalt«) zur Voraussetzung der Westerwälder Schönheit, in demonstrativer Bejahung (»ja da«) des rauhen Lebens. Seinen unverwechselbaren Pfiff verdankt der Refrain vor allem der Langzeile »Über deine Höhen pfeift der Wind so kalt«, deren schneidigen Ton kein Geringerer als Arno Schmidt phonetisch so gestaltet hat: »Ü beiDei neHö henfeift derWinnt. Sokallt.« Nimmt es wunder, dass hiesige *Kühe in Halbtrauer* geraten?

Unser Lied verliert bei sensibler Betrachtung gerade der zweiten Strophe, der doch so idyllischen, vollends seine Unschuld. Denn Hans und Grete sind nicht irgendwer, der Volkstanz kein harmloses Sonntagsvergnügen – gemahnt er nicht, aufs Ganze gesehen, an den Totentanz, deutet Hans nicht auf Faust hin, den Johannes Faust aus dem Volksbuch, und Grete auf das verführte Gretchen, in dessen Leib bereits das Kind hüpft? Hinter der Sonntagsfassade lugt ein suggestives Szenario deutscher Mythologie hervor, in dem faustische Täter (letztlich bis hin zu den KZ-Schergen) zum Tanz aufspielen.

Die dritte Strophe setzt das Tarnmanöver fort, »gewöhnlich Keilerei«, d. h. Hans' Faust (!) entlarvt in Wirklichkeit die Banalität des Bösen, der rauflusti-

Das Westerwaldlied

1 Heute wollen wir marschieren,
einen neuen Marsch probieren
durch den schönen Westerwald,
ja da pfeift der Wind so kalt.

:: O du schöner Westerwald,
über deine Höhen pfeift der Wind so kalt,
jedoch der kleinste Sonnenschein
dringt tief ins Herz hinein.

2 Und die Grete und der Hans
gehn des Sonntags gern zum Tanz,
weil das Tanzen Freude macht
und das Herz im Leibe lacht.

3 Ist das Tanzen dann vorbei,
gibt's gewöhnlich Keilerei,
und dem Bursch, den das nicht freut,
ja man sagt, der hat kein Schneid.

ge Bursch, der blauäugig bereits seinesgleichen reproduziert hat, wird zum Todesmarsch abkommandiert, und zwar von keinem faschistischen Führer, sondern von eben jenem MAN, der, ein anfangs unauffälliger Herrscher, ihm immer schon gesagt hat, wo's lang geht. Ein schmerzlicher Reim bringt zum Schluss »freut« und »Schneid« zusammen und verweist in meinem Verständnis, also dem eines Zimperlichen und Wehleidigen, auf den satanisch blindwütigen Schnitter. »Bei dem Anblick winkten wir doch lieber den Wirt herbei; zahlten kompliziert; und gingen. (Noch lange vernahmen wir hinter uns eyn schön new liet: ›Ü berDei neHö henfeift derWinnt. Sokallt.‹)«

Wer fürchtet, dass es ihm bei diesem Lied die Stimme verschlägt, der singe sich sein Heil-Mittel gleich dazu: Eukalyptusbonbon.

Heiner Feldhoff

Literaturempfehlungen

Willi Münker: *Was der Stegskopf erzählt. Heimatjahrbuch Daaden*, 1953

»Der ›Westerwaldmarsch‹ und der Goldene Grund«, in: *Nassauische Neue Presse*, 20.10.1993

Armin Wilhelm: *Rund um den Stegskopf*, Daaden 2000

Dies ist der Garten Eden
Aus der Sagenwelt des Westerwalds

In dem Schauspiel »Die versunkene Glocke« von Gerhart Hauptmann gebraucht der Glockengießer Heinrich den Ausdruck »so alt als wie der Westerwald«, als er sich mit einem diabolischen Waldschrat anlegt. Kein Wunder. Der Westerwald ist an Kobolden, Verhexten und Verteufelten nicht arm. So graben in einer Sage aus dem südlichen Oberwesterwald drei Männer nach einem Schatz, den sie heben können, wenn sie kein Wort dabei sprechen. Da saust die Kutsche des Teufels vorbei. Gleich hinterdrein humpelt ein altes Weiblein. »Ihr Männer, is ka Kutsch verbeigefohrn?« Stille. »No, es wär jo e Wunner, wenn ich die nit mih enholle deet!« ... »Aal Schrumpel, dau?« Und weg war der Schatz. »Was der Teufel allein nicht fertig bringt, das erledigt eine alte Frau«, heißt es seitdem auf dem Westerwald.

»Es ist als ob heute noch über einem Theil der Westerwälder Bevölkerung dieser Fluch ruhe, daß die Luft ›eigen‹ mache.« (Wilhelm Heinrich Riehl) Das Westerwälder Klima begünstigt offenbar das Entstehen von denkwürdigen und seltsamen Geschichten. Eine alte, stille Frau – das sei die Sage selbst, meint der frühe Sammler Otto Stückrath. Sie habe den Westerwald »reich, überreich bedacht. Sie hat mit segnender Hand die Hochlandheide gestreift, ist mit leisem Schritt über die Basaltklippen gehuscht, verweilte sinnend in Kirchen und Klöstern und Burgen, schaute in Erdhöhlen, tauchte die Hand in kristallklares, eiskaltes Wasser und fuhr mit Wolkenschiffen über die Lande.« Es gibt zwei bedeutende Sammlungen mit Westerwaldsagen. Die eine, von Otto Runkel aus dem Jahre 1929 (Reprint 1979), gefällt dem anderen Herausgeber, Helmut Fischer, nicht so recht: sie sei allzu poetisch bearbeitet, der schmucklose Lapidarstil einer ursprünglichen Fassung lasse deutlichere Rückschlüsse auf die Kulturgeschichte des Westerwalds zu. Gegen den Vorrang kühler Authentizität hat Runkel aber kein schlechtes Argument parat: »So hat die Großmutter ihre Geschichten auch nicht erzählt.« Fischer versammelt in seinem Buch *Sagen des Westerwaldes* (1981) fünfhundert Texte aus unterschiedlichsten Quellen vom Mittelalter bis zur Gegenwart. Chronikalisch karge Erzählstücke stehen dabei neben literarisch bemühten. Wie Runkel bietet er zudem ein umfangreiches Orts- und Themenregister; letzteres reicht von den Aufhockern über den Ewigen Juden, Grenzsteinverrücker, Werwölfe, Wiedergänger und Wilde Weiber bis zu den Wichtelmännchen, die bei den Wällern auch »Welleweechterscher« heißen.

Der Leser, der, wenn es ihn bis in diese Zeile verschlagen hat, ja auch ein unersättlicher Schatzsucher ist, – er mag sich an beiden Schatzkästlein Westerwälder Volkssagen bereichern, für eine Weile heimliche Ängste inmitten seiner modernen Welt vergessen und sich ein wenig gruseln vor den aberwitzigen Verstrickungen der Altvorderen ins Irrationale, in dumpfen Aberglauben und Magie. Und sich wundern, wie wirkungsvoll in einem vermeintlich fatalistisch starren Lebensgefüge Liebe, Gewitztheit, Frömmigkeit sind. Gewesen sind. Ein solches Vermächtnis ist bei Gott kein Fluch, sondern ein Garten Eden der oralen Erzählkunst und der Gedächtniskultur. Dies will folgendes Beispiel nachweisen: Die ersten Menschen, Vertriebene auf der Suche nach einem neuen Paradies, fanden im heutigen Gelbachtal einen so schönen Wiesengrund, dass sie ausriefen: »Hier lasst uns bleiben. Dies ist das Paradies!« Seitdem hat das Dörfchen den Namen Dies behalten.

Eine andere Entstehungsgeschichte (wissenschaftlich spricht man von aitiologischen Sagen; man weiß ja nie, für welches Millionärsspiel diese Kenntnis gut ist): Ein Mönch, tagelang verschwunden, wurde in einer Talmulde bei Weißenbrüchen, »im Siffen« genannt, tot aufgefunden. »Der Pfaff liegt im Seifen«, hieß es sodann – und der Ort später Pfaffenseifen. Ein sehr lebendiges geistliches »Seifen«, im Tal der großen Nister gelegen, ist das Kloster Marienstatt. Nach alter Überlieferung wurde die Abtei, auf ein

Traumwort der heiligen Jungfrau hin, an einer Stelle gegründet, wo mitten im Winter ein Weißdornstrauch erblüht war.

Die Sagen bergen, was untergegangen ist, uralt Naturdämonisches aus heidnischer Zeit, das kollektive Trauma der Pest, des 30jährigen Krieges, den Hexenwahn, Erinnerungen an die napoleonische Drangsal, an Fron und Hungersnot, Frevel und Bann, sie bergen buchstäblich, was eingestürzt ist. In dem berühmten *Mirakelbuch* (1222) des Cäsarius von Heisterbach findet sich die »Sage von der wunderbaren Rettung eines Menschen aus einer Grube, in der er ein Jahr verschüttet gelegen«. Die Frau des Verunglückten steckte tagaus, tagein in der Kirche für seine Seele ein wenig Weihrauch in Brand. Nach einem Jahr begannen die Bergleute, die Silbergrube wieder instand zu setzen. Plötzlich hörten sie eine Stimme, es war die Stimme des Totgeglaubten: »Gebt Obacht!« Fassunglos befreiten sie ihn. Wie er denn so lange Zeit habe überleben können? Jeden Tag zur selben Stunde, sagte der Mann, habe ihn ein aromatischer Geruch so erquickt, dass er weder zu essen noch zu trinken begehrte. Eine beeindruckende Geschichte aus Oberwambach, deren Aroma von Glaube und Liebe an Johann Peter Hebels »Unverhofftes Wiedersehen« erinnert.

Von einem Wohlgeruch erzählt auch die Sage von den Zwergen im Hilgerter Küppel, die Heilkräuter in kleinen »Mutzen« sammelten, anzündeten, den Rauch ansogen und in die Luft bliesen. Ihre Basalthöhlen waren völlig in duftende Nebel gehüllt. Bei Nacht besuchten sie die Menschen und lehrten sie die Mutzen-Kunst. So wurde Hilgert zum bekannten Pfeifenbäckerdorf.

Den Einsturz einer Grube wertet die Sage oft als Strafe für sündiges Tun. In die Grube »Güte Gottes« bei Bruchertseifen, im Volksmund »Eselsberg« genannt, wo die Verblendeten ein wüstes Fest feierten, kam ein Vöglein geflogen, das sang mit schauriger Stimme: »Seit die Leute dem Gold nachlaufen / lässt kein Vater sein Kind mehr taufen, / kein Hirte bleibt bei seiner Kuh, / Eselsberg, falle zu!« ... Ähnliches berichtet die Sage vom Einsturz der Grube Altglück im Vorderen Westerwald. Dort ist es ein Hirsch, der die Sittenlosen in das unterirdische Verderben lockt. »Hier hielt der Erzähler plötzlich ein und fragte mich: ›Gefällt Ihnen meine Erzählung nicht mehr, langweilt sie? Ich bin doch so kurz als möglich.‹ – ›Das sind Sie wirklich‹, entgegnete ich, ›aber was kann ich denn weiter dazu sagen?‹ ›Nun, ich meine, so etwas bejahen, oder verneinen, so etwas urteilen.‹« Mit diesen Worten wird der Lesende, bevor die eigentliche »Altglück«-Sage (im Fischer-Buch) losgeht, ganz schön verblüfft.

Am verbreitetsten sind Spukgeschichten. Zum Beispiel ist dem Schuster aus Brückrachdorf, als er nachts das Wirtshaus von Krümmel verließ, das unheimliche Lohweibchen auf den Rücken gesprungen, das er erst abschütteln konnte, als die Turmuhr eins schlug. Manche wollten freilich sein Erlebnis nicht wahrhaben und meinten, der Krümmeler Kümmel sei es gewesen. In Mundart dokumentiert Fischer die Sage von dem Heinzelmännchen von Rennerod, das den überforderten Menschen zu Hilfe eilt, über ihre Moral wacht und den allzu Übermütigen eins auswischt. Auch der Ehering ist unter seiner Kontrolle.»De Renk wouer ach off Kermesser, Huchzaire en Kendafe ugedo.« Bei Untreue ging der Ring verloren. Das habe das Hanselminnche getan, das dann selber verschwunden ist im schwedischen Krieg, »en et waaß ka Minsch, wu et hinkomme eß.«

Westerburg hat ebenfalls sein Männchen, das Petermännchen, das auf den gottlosen Ritter Peter zurückgeht. Der hatte sich dem Teufel verschrieben und war zu großem Reichtum gekommen. Seinen Schatz ließ er im Schloss einmauern. Auf dem Sterbebett wollte er seinem frommen Sohn das Versteck verraten, doch kam er nur bis zu dem Satz:»Suche unter dem siebenten Hund.« (Jeder Sagenfreund frohlockt beim Klang dieses kryptischen Spruchs.) Der Schatz wurde nie gefunden, und fortan geistert das unerlöste Petermännchen hilfreich oder erschröcklich durchs Westerburger Land.

Auch in der Fantasy-Welt des Jahres 2001 lebt der sagenhaft alte Westerwald weiter. Über Internet (»chemlon.de«) wird er als Machtzentrum der Waldelfen beschrieben. Im Kampf gegen die Elfen kommt es zu einer Allianz zwischen Menschen und Zwergen: rührend altmodisch, wie hypermodern die mediale Aufbereitung auch stattfindet. Da erscheint es viel bedeutender, dass die Sage selbst längst in der Moderne angekommen ist und ihr Erzählen nicht in jedem Fall der Motive des Übernatürlichen bedarf. Otto Runkel teilt eine Geschichte mit (sie ist, in vollständiger Version, unter <google>:»Wer kennt Norken?« im Web abrufbar), die, im Gewand eines dörflichen Histörchens und ohne dass mythische Wesen in Erscheinung treten, Komponenten der Sage enthält: das Unheimliche, Unbegreifliche einer anderen Welt; die Verwirrung im Blick dessen, der einem Zauber ausgeliefert ist (und auch die Augen des Lesenden werden groß wie beim erstenmal); die Gewissheit, die nicht zu denunzieren ist als verbaute Rückständigkeit: dass eine Annäherung an die Heimat, in der ja noch niemand war, eher in natürlicher Gemeinschaft mit Wald & Feld etc. erreichbar ist als in künstlicher Umgebung.

All kei Norke net. In Norken, wo die Dächer fast bis zur Erde reichen, damit ihnen der Wind nicht allzu sehr an den Strohkapuzen zaust, beschloss der Schultheiß Hannphilipp, und wär doch lieber daheim geblieben, zum ersten Mal nach Wiesbaden zu fahren. Seine Tochter, das Liß, hatte dorthin geheiratet. Die zeigte dem Vater alles Sehenswerte, die prächtigen Häuser, die wie

Königsschlösser aussahen, und auch das Kurhaus (er hatte Kuhhaus verstanden und sich arg verwundert, dass in einem so feinen Haus Kühe sein sollten). Er bestaunte den Brunnen: Da trat Dampf heraus ohne Feuer! Das Heilwasser schmeckte ihm wie Fleischbrühe. Und sie fuhren mit der Bahn, die ohne Kühe und Gäule lief. Abends, als sie müde beim Liß in der Küche saßen, fragte ihn die Tochter: Na, Vadder, wie hat dir denn die Stadt gefallen? Da schüttelte er den Kopf und sagte bloß: All kei Norke net. Und als er wieder daheim war von der großen Reise und die Nachbarn kamen und stellten die gleiche Frage, da hat er auch ihnen geantwortet: All kei Norke net. Seitdem lebt Hannphilipps Wort auf dem Westerwald, und wenn ein Wäller in sein Dorf heimkehrt und gefragt wird nach der Schönheit der Fremde, so sagt er bestimmt: All kei Norke net.

Vom Hannphilipp hätte auch Hebel erzählen können. Denn bei dem Landmann aus Norken findet hintergründig eine behutsame Horizonterweiterung statt. Norkenet im Internet!

Die Vögel. Jemand war auf Besuch in Walterschen und kramte vorwitzig in verstaubten Schriften. Es war aber das 6. und 7. Buch Moses, das Lehrbuch für Magier, das man nur rückwärts lesen durfte. Der Mann las und las, aber vorwärts. Schon klopfte es ans Fenster, laut krächzend flogen Raben wider die Scheiben, mehr und mehr, wüstes Geschrei ganzer Schwärme, die Scheiben brachen klirrend in Stücke, und die Vögel drangen auf den Leser ein. Endlich kam der Hausherr zurück, der zur Kirche nach Flammersfeld gegangen war, und schnell, schnell las er, was der andere vorwärts gelesen hatte, zurück. Da ließen die Raben von dem Vorwitzigen ab, und bald flog der letzte schwarze Vogel krächzend auf den Wald zu.

Verkehrte Welt: Wir Sagen-Leser lesen ja in gewisser Weise rückwärts, und am liebsten lesen wir laut, laut gegen das Krächzen der Zeitgeister, der Hausherren, die immer nur vorwärts wollen, unaufhaltsam bis zum Ende. Wir aber, die wir rückwärtsgewandt die Weisheit des Ursprungs entziffern, schauen das Paradies. Sagen wir so im Westerwald.

Heiner Feldhoff

Literaturempfehlungen

Otto Stückrath: »Aus der Sagenwelt des Westerwaldes, in: *Der Westerwald*, hrsg. v. Leo Sternberg, Montabaur 1977

Otto Runkel: *Westerwaldsagen*, Berlin / Leipzig 1929

Sagen des Westerwaldes, hrsg. v. Helmut Fischer, Montabaur 1983

Einstieg in Erwin Wortelkamps Tal bei Hasselbach im Westerwald

Das TAL ist ein 8 Hektar großes Stück Land
zwischen Weide- und Ackerflächen, Feldwegen,
Straßen und Häusern. Zugleich ist es ein Terrain
für zeitgenössische Kunst, ein Stück »Feldarbeit«,
die mit 35 Arbeiten von Künstlerinnen und Künstlern
eine ästhetische Topographie von Landschaft entwirft.
Zur TAL-Kunst gehört ein »Haus für August Sander«.

*Erwin Wortelkamp: Vielleicht ein Baum X, 1976, vierteilig,
Eisen, im Tal, Hasselbach (Foto: Werner J. Hannappel)*

Anfahrt über die B 8, von Altenkirchen her. Was für ein verlorenes Gelände! Zerstreuung, Zersiedlung, an den Straßenrändern die Krebswucherungen von Autohäusern, Getränkeshops und anderen billig aufgeschlagenen Verkaufsständen. Die kleinen Orte wie momentane Verdickungen der Straße, ohne Blickfang, reduziert auf die Funktion bloßer Durchfahrten. Das stark überhöhte Tempo auf solch einer Bundesstraße, die reine Transportstraße für die großen Zentren ist. Dass Bonn oder Köln nicht einmal weit sind, hinterlässt keine Spuren. Unruhe, man möchte durch all diese Orte schnell hindurch. Die höchstens gestreifte, rechts und links liegen gelassene Landschaft. Wie ein Störfall, unbeachtet. Ihre Schönheit wäre die menschenleerer Hochplateaus: Weite Ausblicke, Talblicke, Senken...

Die Straße löscht die weiten Raumeindrücke aus, amerikanische Verhältnisse, Ablagerungen des Verkehrs an den Rändern... Die Zufahrt auf das Alte Schulhaus zu..., womit die Abwendung von der Bundesstraße beginnt. Das wuchtige »Haus für die Kunst« kehrt ihr den Rücken zu und stößt die gesamte Umgebung zurück... Ein Ort... Aussteigen, die Zuwendung beginnt, die Bundesstraße weiter im Rücken. Das TAL ordnet sich dem Schulhaus zu, wie eine weite Flur, die trotz aller Weite auch noch etwas vom Garten und seiner Hauszugehörigkeit hat... Poetik des Raums... Mit dem Blick in die offene Weite beginnt die Poetik des Raums.

... und hier, vor dem Alten Schulhaus, die geometrische Gartenanlage des Empfangs, eine Anlage Carola Schnug-Börgerdings, die... ja was?... im kleinen, von der TAL-Anlage abgewandt, so etwas ist wie die Antwort der Tradition auf das TAL, eine historische Erinnerung, das streng komponierte Gegenstück zur freien Komposition des TALs... Dieser »Symbolismus«, das Denken in »symbolischen« Raumbezügen hätte natürlich Goethe, ja doch, gefallen, der in seinen Romanen manchmal solche »symbolisch« planerischen Menschen auftreten und Garten- oder Landschaftsarchitekten sein lässt...

Wo beginnt denn das TAL? Mit dem Durchschreiten des Hoftors? Mit dem Betreten des »offenen Ateliers«, draußen? Das TAL beginnt mit dem Überqueren der kleinen Brücke, mit einem kurzen Eintauchen der Finger in die Regenwasserkesselchenhandwölbung von Paul Isenraths Handlauf... Während sich zur Rechten das Angebot eines ersten Weges auftut..., die breite Spur des Rasenmähers zieht uns nach rechts, zum Wäldchen... Wortelkamps Angebote: eine Spur vorzeichnen, mit dem Rasenmäher: in so einem Angebot markiert sich die Person: das Liebenswürdige, Menschenfreundliche und das Rauhe, Einsiedlerische... dies hier ist Erwin Wortelkamps TAL, das TAL ist Erwin Wortelkamps Körper.

Die Kunst ist überall versteckt, sagt der Herr Lehrer, das erinnert uns ans

Ostereiersuchen... Jetzt aber ist es schwerer als mit Ostereiern; Ostereier sind bunt, sie glänzen und blinken, wie aber ist die Kunst? Meist ist die Kunst nicht bunt, sagt der Herr Lehrer, sie hat im TAL vielmehr Tarnfarben...

Warten, zur Ruhe kommen... der Beginn des Weges ist der Beginn einer anderen Zeit... das Tempo (der B 8, der schnellen, unaufmerksam zurückgelegten Wege...) abschütteln... Der »Einstieg« ins Wäldchen: die blaue Verti-

Ich bin in den Wäldern des Westerwaldes groß geworden, mein Elternhaus
steht im Westerwald... Oft, wenn ich
mit dem Zug durchs Land fahre, durch
die fernste, westerwald-fernste Gegend,
durch Franken, durch Niedersachsen,
sehe ich für Sekunden durchs Zug-
fenster Wege wie diesen graben... -
und sofort bricht das Heimweh aus,
ein unruhig machender Hegerschmerz...

kale und die rote Horizontale der Arbeit von Lutz Fritsch als minimalste Andeutungen... Und dahinter die breite, herrliche Waldschneise, die man hinaufgaloppieren möchte, gleich einer ungeheuren Befreiung vom Lastenden dieses Geländes, hin zum Vogelflug, ins Nicht-mehr-Begrenzte...

Die Mulde des Wegs... zur Linken die Lichtung, zur Rechten steigt das Gelände an, verstrüppt sich, dunkelt ein, wirft Nachmittagsschatten... Den Mühlengraben mit seinen winzigen Fundstücken (Ästen, Zapfen, Steinen) hindurch, der geschlossene Weg, die Himmelsdecke senkt sich in die Landschaft, man kriecht auf allen Vieren durch ein dunkler werdendes Rohr, ein Rohrstück, einen Waldtunnel... Die Einsamkeit dieses Stücks Wegs, der/die einem gleich so vertraut sind, als wäre man einen solchen Weg schon immer durchlaufen...

»Der Gang ins Wäldchen« – könnte das nicht die Überschrift eines Haikus sein?...Vielleicht ist das TAL daher auch ein Ort, wo der Westerwald sich selbst betrachtet und schaut, was er vergessen hat zu werden... Philosophie des Westerwaldes, ja, ein Philosophieren über den Westerwald, dessen originäre Menschen etwas von abgründiger, kraftvoller Sprache haben..., vom schweren Setzen der Worte, vom Einhämmern des Wortklangs...

befreien wir uns nun aus der Geborgenheit des Mühlengrabens und erreichen an seinem Ende offenes Terrain... Die kleine Bronzefigur Thomas Lehners schließt den ersten »Zusammenhang«, den des »Einstiegs ins Wäldchen« ab... Wie ein winziger Vogel starrt es einem entgegen... Diese hilflose vorgewiesene Nacktheit..., die »Armut« der Gestalt: sie verhält sich auch zum »Westerwäldischen« als ein geheimer Hinweis... auf die Vergangenheit dieser früher menschenarmen Landschaft, die lange reines Durchzugsgebiet war, unwirtlich, in sich versunken... gleichzeitig ist die Figur aber auch ein Spiegel der Gestalt des TAL-Gängers, der dem Mühlenpfad »entkommen« und durch seine klein machende Stille gezeichnet ist...

treffen wir nun zum ersten Mal auf die Bauten und Installationen der Einheimischen, darunter auch kultische Bauten, die sich der hier lange betriebenen Viehwirtschaft verdanken..., aber auch Beschwörungen des Wassers, Ab- und Eingrenzungen aus frühen Stufen einer kaum noch rekonstruierbaren Kultur...

...Das Bachterrain..., in dem der Bach die Wegführung übernimmt und eine dominante Akustik beginnt: das Summen, Röcheln, Gurgeln, Spucken, Zischen des Wassers... Kleine Inseln, die sich in den Strudeln festgesetzt haben..., Sträucherstrünke mit den Verknorpelungen des sich freischwebend über dem Wasser haltenden Wurzelwerks, zerbrochene Zäune, Stauwehre..., es handelt sich um eine feine, oft silbern schimmernde Linie, die das Gelände unendlich bereichert, Tiere anzieht und, was den TAL-Gang betrifft, für immense Denk-Entlastung sorgt... Allein die Geräuschkulisse des Wassers sorgt dafür, dass man die Umgebung jetzt leichter nimmt, die Kulisse hat etwas von Unbeschwertheit, Heiterkeit..., dieses strömende Wasser ist – wie oft in freier Natur – Ausdruck eines starken Natur-Narzissmus, der nichts anderes außer sich duldet... Wasserpassagen: die Autonomie der Natur: die einen ganz gefangen nimmt..., weil man sich die Bewegtheit einzu-

Enzyklopädie

TAL Die Ausschließlichkeit der Versalien, die den Vergleich unmöglich machen; geschlossener, leicht gemuldeter Bezirk, von den Höhen gerahmt; Gesamtbegriff aus drei Buchstaben, schwer, still

Sprachen Bisher existieren dem TAL gegenüber die Sprachen der Führungen, der Erläuterungen und Belehrungen, die Sprachen der Gruppen... – was aber sagt der Einzelne eigentlich angesichts des TALs? – Es fehlen die Sprachen der Erfahrungen... Was aber existiert, sind Formen des Gesprächs über das TAL..., ein seltsames Kreisen ums Ganze, manchmal auch wie ein Beschwörungstrommeln und -locken vor dem realen Körper des Hausherrn...

Kunst Die Landschaft ist hier immer das Größere, dem gegenüber der »Kunstcharakter« der einzelnen Arbeiten endlich, endlich... verblasst. Manche Arbeiten spielen schon mit dem Konzept, sich ganz in der Landschaft zu verlieren...

Geodäsie Diese »Beschreibung« hat Momente einer Landvermessung im erweiterten Sinn. Sie misst und konkurriert nicht mit den Gegebenheiten. Sie prüft und sucht die Bezüge, innerhalb der vorgegebenen Ordnungen, aber eben auch außerhalb...

Symbolismus Jede vorgegebene Ordnung entwickelt auf Dauer etwas Penetrantes. Wenn ich durchs TAL gehe, um diesen Ordnungen (den Gesetzen des Hausherrn) zu folgen, entwickle ich mit der Zeit eine Art Widerstandsgeist. Ich will aussteigen (meine eigenen Wege gehen), ich werde zum aufständigen Schüler, der den Lehrpfad des Lehrers verachtet und sich in die Büsche davon macht...

Gänge Man kann sich durchs TAL führen lassen – seine eigentliche Schwere entfaltet es aber nur, wenn man allein ist, ganz allein... Im Ursinn ist das TAL der Weg des einsamen Hausherrn, der sich das eigene Territorium eines Siesta-Mittags-Gangs von drei Stunden geschaffen hat...

Schulhaus Der Lehrer öffnete dann die Tür, und wir gingen hinaus. An schönen, an den besonderen Tagen dürfen wir hinaus, manchmal kommt einer von uns nicht mehr zurück...

leiben versucht... Auch an diesen Stellen lässt man von einer »Kontakt-suche« nicht ab: Wasser hat eine stark anziehende, sinnliche Präsenz, man möchte hinein... (was vielleicht nichts anderes bedeutet als: man möchte an der Bewegtheit teilhaben, in ihr still werden, sich den Bewegungen überlas-sen, um als Insel zu erstarren: unendliche Fülle der Möglichkeiten: Psycho-analyse des Wassers, ja doch, natürlich...) das alles zur Frage: warum hinter-lässt der Aufenthalt am Bach ein Gefühl von »Heiterkeit« (Beethovens Komposition in der »Pastorale«, ein typisches Beispiel für diesen Zusam-menklang)?.. jetzt hat es die Kunst schwer... Muss sie/kann sie die Natur-Autonomie noch begleiten? es wäre hoffnungslos, sich ihr entgegen zu set-zen, keine Skulptur kommt an gegen einen rauschenden Bach... Wie also... Wie geht es weiter...?

Westerwälder Bauernfamilie, 1929/30
(Foto: August Sander)

... **das Sanderhaus**, die Kult- und Gedächtnisstätte für die Einheimischen und ihre verlorenen Traditionen..., wo man den Fotografien der älteren Generationen begegnet und so auch die Geschichte eingreift in diesen Gang..., ein kühler, schön heller Raum, den man, durch die Hängung des weißen Tuchs in einer Art »Kreuzgang« geführt, an den Wänden entlang, aber auch wie eine Märchenstätte erlebt, wo die stummen, erlösungsbedürftigen Gestalten auf den Fotografien die/eine sie befreiende Sprache erwarten...: hier also ist ein/der Ort der Geschichten, von hier aus möchte ich einmal erzählen, genau in diesen alten Zeiten August Sanders beginnend, das Jahrhundert erzählen: »Mein Vater war ein Landvermesser...«

... das alles müsste notiert und aufgeschrieben werden für die Kinder...: die mich fragten, was das für Menschen seien, auf den Bildern des Herrn Sander, und da erzählte ich ihnen die Geschichte dieses großen Mannes, der einmal im Westerwald gelebt hatte... und, nachdem er Köln und die Kölner Großstadtmenschen fotografiert hatte, darauf gekommen war, auch die Menschen seiner westerwäldischen Heimat zu fotografieren, die Bauern und Jäger, so dass diese Menschen auf den Fotografien schließlich aufgetreten wären wie Familien des Adels, aufrecht und stolz, wenn auch von ihrer harten Arbeit schwer gezeichnet...

Hanns-Josef Ortheil

Auszüge, ausgewählt von Heiner Feldhoff, aus: Hanns-Josef Ortheil: *Beschreibung: Erwin Wortelkamps Tal bei Hasselbach im Westerwald. Ein faksimiliertes Notiz- und Wegheft.* Mit Fotografien, pict·im·, Witten 2000

Literaturempfehlungen

Im Tal – Kunst im Dialog mit Kunst und Natur, hrsg. v. Jörg und Karen van den Berg, Duisburg / Berlin 1999

Erwin Wortelkamp. Papiere... Skulpturen... Räume... Kontexte, hrsg. v. Jörg van den Berg, Karen van den Berg und Christoph Brockhaus, pict·im·, Ostfildern-Ruit 2000

Kein Tag ohne Bücher
Zur Bibliothek des Klosters Marienstatt

Ein Mönchskloster benediktinischen Zuschnitts wie Marienstatt ist schon deshalb ohne Bücher nicht vorstellbar, weil der Begründer des westlichen Mönchtums Benedikt von Nursia (ca. 480-547) in seiner Ordensregel den Gebrauch von Büchern im Alltag der Mönche verankert. Man braucht Bücher für die liturgischen Vollzüge: Psalterien, Antiphonarien, Lektionarien, Messbücher. Zu den Wochendiensten gehört der des Vorlesers. Er liest während der Mahlzeiten und zur Abendlesung vor der Komplet aus Bibel und Vätern. Jeder des Lesens kundige Mönch soll Tag für Tag seine Arbeit unterbrechen, um sich allein der lectio divina, dem meditierenden Lesen, hinzugeben. Jeder Mönch erhält zu Beginn der Fastenzeit vom Abt ein Buch, das er zur Vorbereitung auf Ostern ganz lesen soll. Wo wurden die Bücher am besten gehortet? Im Armarium, was wörtlich Waffenlager heißt. Es befindet sich unweit der Verwendungsorte Kirche, Refektorium und Lesegang in einer Nische des Kreuzgangs. Eine solche hat sich in Marienstatt erhalten.

Die Zisterzienserväter, die der Legende nach am 30. August 1212 das mönchische Leben im Tal der Nister begründeten, brachten die Bücher und Codices mit, die sie Tag für Tag benutzten. Mit wachsender Zahl wuchs der Bedarf an neuen Büchern. Also brauchte es Schreiber, deren Arbeit im Abschreiben von Büchern bestand. So erscheint in einer frühen Marienstatter Urkunde ein Mönch Heinrich mit exzellenten Schriftzügen. Wenn auch aus der frühen Zeit des Marienstatter Skriptoriums jeder weitere Beleg fehlt, so gab es sicher neben den hörenden und lesenden auch schreibende Mönche. Dem Kloster haben, solange es von Mönchen belebt war, Bücher niemals gefehlt.

Es gab im Lauf der Jahrhunderte bedeutende Bücherschenkungen. Graf Gerhard II. von Sayn, dessen frisch restauriertes Grabmal in der Klosterkirche zu bewundern ist, stiftete am 10. Mai 490 der Abtei 128 Pergamenthandschriften profanen und theologischen Inhalts. Am 2. August 1625 verwüsten während des Dreißigjährigen Kriegs schwedische Truppen das Kloster und damit auch seine Bibliothek. Im Zuge des barocken Neuaufbaus um 1750 wird der parallel zum südlichen Seitenschiff der Kirche gelegene Noviziatsflügel als Bibliothek genutzt. Aber auch diese neu entstandene Bibliothek wird am 17./18. Oktober 1795 geplündert, dieses Mal von französischen Soldaten. Und nach der Aufhebung der Abtei im Jahr 1803 verwahrlost die Bibliothek zusehends. 1811 zählt der damalige Pfarrer Pater Ignatius Gilles 597 Titel und vermisst vieles von dem, was er als Mönch vor der

Auflösung gekannt hat. Am 15. Juli 1820 berichtet Kirchenrat Schröder der Wiesbadener Regierung, im Krieg sei ein Teil der Marienstatter Bücher zugunsten einer Feldbäckerei zerrissen worden! Immerhin finden sich heute in der Landesbibliothek Wiesbaden 40 Inkunabeln Marienstatter Provenienz, und die heutige Klosterbibliothek zählt etwa 20 Bücher aus dem Bestand ihrer alten Vorgängerin.

Während der Aufhebungszeit stellen die Väter vom Heiligen Geist ab 1864 eine neue Bibliothek zusammen. Ihr Exlibris taucht neben den Besitzervermerken einiger bedeutender Büchersammler, die ihren Nachlass dem Kloster vermachten, immer wieder auf. Solche Bücherschenkungen bilden den nicht zu übersehenden Grundstock der heutigen Klosterbibliothek. Zum Wiederaufbau der Abtei seit 1888 gehörte fraglos die geistig-geistliche Fundierung des neuen Konvents. Abt Dominikus Willi (1844-1913), der spätere Bischof von Limburg, stellte für die Klosterbibliothek einen wahren Glücksfall dar. Ordensgeschichtlich versiert und historisch in alle Richtungen interessiert, erstellte Willi eine solide und noble Büchersammlung. Seinem Einfluss und der Gelehrsamkeit einiger seiner Konventualen wird es zu verdanken sein, dass unter Abt Konrad Kolb im Jahre 1909 der südliche, bis dahin unvollendete Flügel des barocken Ehrenhofs zu einer Bibliothek ausgebaut wurde, die als architektonischer Raum und vom Bücherbestand her im Westerwald ihresgleichen sucht.

Diese nicht öffentlich zugängliche Bibliothek der Klostergemeinschaft enthält heute ca. 75.000 Bände. Besonders zu erwähnen sind fünf spätmittelalterliche Handschriften, darunter ein Psalterium aus dem 14. Jahrhundert mit filigranen Miniaturen, sieben Incunabula aus der Zeit vor 1500, einige Postincunabula, außerdem 50 bisher katalogisierte Handschriften des 16. und 17. Jahrhunderts. Hervorzuheben sind die lokal- und heimatgeschichtlichen Bestände, die monastische Abteilung, exegetische Literatur und historische Werke der Spiritualität. In jüngster Zeit ist in Anlehnung an den seit 1969 tätigen Marienstatter Musikkreis eine beachtliche musikalische Sammlung entstanden.

August Sander hat auf seinen fotografischen Wanderungen durch den Westerwald in Marienstatt haltgemacht und 1911 den damaligen Bibliothekar und ausgewiesenen Exegeten Pater Elred Laur fotografiert. Sein Porträt erschien es Sander wert zu sein, publiziert zu werden.

Bei aller Verehrung für die ungeheure Masse Papiers, die auch unsere Bibliothek aufbewahrt, gilt hier und erst recht hier, wo der Umgang mit Büchern tägliches Brot ist: Der Buchstabe tötet, der Geist ist es, der lebendig macht.

Andreas Range

Literaturempfehlungen

Die Benediktsregel. Der vollständige Text der Regel lateinisch-deutsch. Übersetzt und erklärt von Georg Holzherr, Zürich u.a., 1982²

Albert Kloth:»Zur Geschichte der Bibliothek der Abtei Marienstatt«, in: *Festschrift zum 750-jährigen Gründungsjubiläum 1212-1962*, Marienstatt 1962 *(Marienstatter gesammelte Aufsätze I)*, S. 38-47

Hermann-Josef Roth: *Abtei Marienstatt. Ein Führer zu Architektur und Kunst*, Marienstatt 1966 *(Marienstatter gesammelte Aufsätze II)*

August Sander: *Menschen ohne Maske. Photographien 1906-1952*, München 1976

Unterwegs – Westerwaldorte im Überblick

> »Wir treffen uns am Freitag, irgendwann am frühen Nachmittag, in einem Haus im Westerwald, um Geschichten auszutauschen und uns an die alten Zeiten zu erinnern.« Matzbach lächelte jäh. »Geschichten. Das klingt gut. Wilde Geschichten? Bizarre Geschichten?« Hoff sah ihn lauernd an. »Ja. Kommst du mit?«
>
> *Gisbert Haefs*

Almersbach: August **Sander** (1876-1964), der »Fotograf des Jahrhunderts«, hat u. a. die Landschaft bei Almersbach verewigt, Wilhelm **Schäfer** (1868-1952) dem Ort mit dem schönen Kirchlein anekdotisch eine »Grabrede« gewidmet. Sein Erstling Mannsleut (1894) versammelt *Westerwälder Bauerngeschichten*.

Altenkirchen: Während seines Besuchs bei den Deussens in Oberdreis will Friedrich **Nietzsche** (1844-1900) am 12. Oktober 1864 in Altenkirchen als Geburtstagsgeschenk für die Pfarrfrau eine Klavierdecke kaufen. »Leider bot das kleine Städtchen durchaus nichts«, schreibt er an Mutter und Schwester. (→ »Deussen«-Essay) – Beim Gesundheitsamt der Kreisstadt

steht der Gedenk- und Grabstein von Constantin **von Schönebeck** (1760-1835). Er schrieb Gedichte, übersetzte Tacitus, schlug sich in den napoleonischen Wirren als Hilfsbibliothekar durch, war gar Geschichtsprofessor in Köln, dann Landarzt in Eitorf, schließlich kgl. Physikus des Kreises Altenkirchen. Aufgewachsen auf dem Hofgut Düsternau bei Peterslahr, schildert er in seiner *Malerischen Reise am Niederrhein* (1785) auch den armen Westerwald. 1787 veröffentlicht er eine *Geschichte der reinen Vernunft*, in der er sich für Religions- und Pressefreiheit einsetzt und ein grundsätzliches Revolutionsrecht proklamiert. – »Und wir sind frei: zu hoffen und zu glauben, / und wir sind frei zu Trutz und Widerstand«, heißt es im aktuellen

Evangelischen Gesangbuch in dem Lied 360, dessen Text Christa **Werner-Weiss** aus Altenkirchen 1965 geschrieben hat. – In *Meine Mutter haut sogar Django in die Pfanne* (1987), einem Westerwald-Western für Kinder von Klaus-Peter **Wolf** (*1954), heißt es gleich zu Beginn: »Um zu verschleiern, was hier vor sich ging, nannten die Leute die Stadt Altenkirchen. Altenkirchen! Das klang friedlich. Harmlos. In Wirklichkeit hieß das Nest Goldstaubtown.«

Bad Marienberg: Aus Bad Marienberg stammt Sven **Korzilius** (*1973). Sein Roman *Karls des Großen vergessener Sohn oder Die ausgelöschte Erinnerung* (1996) erzählt das Leben Pippins des Buckligen. – Auf der Schallplatte »Wäller Chresdag« lautet Vers 60,1 aus dem Buch *Jesaja* in Marienberger Mundart: »Rappel deich off, loss et höll werrn öm deich römm! Dei Licht kömmt ön d'wirsch usem Harrgodd sei Herrlichkaat erlewe.«

Betzdorf: Er war Berufsschullehrer, Hühnerzüchter, Architekt und vieles mehr: Josef **Mockenhaupt** (1877-1943), aufgewachsen in Betzdorf. Und Schriftsteller: Ohne Jahresangabe lässt er in Regensburg *Zehn friedliche Kriegserzählungen aus dem Westerwald* [1918] drucken und bezieht freimütig Position: »So ist es auch, wenn ich einen von unseren prächtigen Soldaten sehe, der sich kriegsverletzt am Stock daherschleppt. Da muss ich auch immer denken an die Handschrift, die der wohl in Frankreich geschrieben haben mag. In Frankreich oder Russland oder sonstwo.« Weitere Mockenhauptsätze: »Auf dem linken Hellerufer ist der Betzdorfer noch

Westerwälder. Mitten auf der Brücke ist er gar nichts, gleich dahinter aber Sauerländer.« – Die Umgebung Betzdorfs ist Schauplatz des computergesteuerten Krimis *Deckname Werner* (2001) von Sinje **Beck**.

Breitenau: In der Haiderbach liegt auf dem Friedhof von Breitenau der Pfarrer Wilhelm **Reuter** (1888-1948) begraben, Autor zahlreicher geschichtlicher Volksstücke, die erfolgreich auf Freilichtbühnen aufgeführt wurden, z. B. *Ammieche, Schinderhannes* und *Die Harebouwe.*

Breitscheidt: Günter **Wohlfart** aus Breitscheidt, der als Professor für Philosophie an der Universität Wuppertal lehrt, schreibt »für Nichts und wieder Nichts«, zum Beispiel unter der Überschrift »Das Selbe in Grün« das Haiku: »da liegt er, ganz klar / der Krautkopf auf dem Acker – hellgrün, dunkelgrün«, nachzulesen in Reclams Universal-Bibliothek Nr. 9647.

Bruchertseifen: Viele Jahre lebte Klaus-Peter **Wolf** (*1954) in Bruchertseifen (am Friedhofsweg). In *Die Angst der Täter* (1988) ist sein Dorf erkennbar. Hier schrieb er seine Jugendbücher, seine Thriller und mehr und mehr Drehbücher. (→ »Wolf«-Essay).

Crottorf: Alice **Schwarzer** (*1942) hat sich für ihr Buch *Marion Dönhoff. Ein widerständiges Leben* (1996) im Westerwald umgesehen: auf Schloss Schönstein bei Wissen und im Wasserschloss Crottorf im Wildenburger Land, wo die Gräfin zeit ihres Lebens, notgedrungen und aus Anhänglichkeit, immer wieder weilte.

Daaden: In der Nähe von Daaden, hoch oben auf dem Stegskopf (655m), wo »der Wind so kalt« weht, auf dem Gelände des heutigen Truppenübungsplatzes, soll 1932 im Arbeitsdienstlager das Lied »O du schöner Westerwald« entstanden sein. (→ »Westerwaldlied«-Essay)

Dernbach: Geburtsort des Schriftstellers Marcel **Diehl** (*1975).

Dickendorf: Aus der Erfahrung eines einmonatigen Aufenthaltes in der schönen alten Mühle von Dickendorf beschreibt Hans **Thill** in einem poetischen Text die Natur im Westerwald, nachzulesen (2002) in einer Anthologie der Mainzer Landeszentrale für Umweltaufklärung.

Dreifelden: Im Seeweiher bei Dreifelden lag die Feste Rohrbruch, eine Wasserburg. Hier hauste ein wilder Ritter, der die Kaufleute auf der Hohen Straße überfiel, in einem modrigen Verlies gefangen hielt und Lösegeld erpresste. Otto **Runkel** schildert in seinem Sagenbuch das furchtbare Unwetter, das die Burg im Morast versinken ließ und den Raubritter und seine Kumpane in die Tiefe zog.

Ebernhahn: Marcel **Diehl** aus Ebernhahn im Kannenbäckerland, Student in Bonn, arbeitet in Prosa und Lyrik die Geschichte seiner Herkunft auf. Die Niederschrift einer Ortschronik hat er begonnen und wieder verworfen, denn »in feuchten kellern schimmeln / die akten des dorfes / mit genehmigung der gemeinde«.

Eitelborn: »Maß und milde Musik / schenke, schwebender Wohllaut! / Nur

das Schöne erlöst, / lobt und vollendet die Welt«: Verse von Willy **Arndt** (1888-1967) aus Eitelborn. Karl **Krolow** schrieb im SPD-Pressedienst: »Arndt gehörte einst dem Charon-Kreis an. In ihm lernte er seine Sensibilität durch Geist und ›Ordnung‹ bändigen.«

Emmerichenhain: Im *Merian*-Heft über den Westerwald von Mai 1968 spricht Hermann **Stahl** (1908-1998) vom kampfdurchklirrten Land um Kirburg, Emmerichenhain und Stein-Neukirch; »die Revolutionskriege 1795/97 wie die Befreiungskriege 1812/13 verkrallten sich um Stegskopf und Fuchskaute«. In Stahls Westerwälder Liebesroman *Traum der Erde* (1936), in dem »Immichenhain« vorkommt, wird erklärt, was ein »Hospes« ist: »Ein Schludrian, ein Überall und Nirgends, ein Luftikus, ein verlaufener, ein windiger Gast, ein Untraulicher..., aber ein unguter Mensch wohl nicht.« 1939 erschien von Hermann Stahl *Die Orgel der Wälder*, 1958 *Wildtaubenruf*.

Flammersfeld: Christian **Spielmann** (1861-1917) verdankt der Westerwald einen reißerischen Roman um Freiheit, Liebe und Tod. In der Marzauer Mühle bei Wahlrod tötet der »Balzar von Flammersfeld« einen französischen Offizier. Der historische Andreas Balzar, ein Bandit?, ein Freischärler?, ist wegen 21fachen Mordes in Westerburg hingerichtet worden. Ein Gedenkstein nahe der Westerburger Stadthalle erinnert an ihn.

Hachenburg: Albertine **von Grün** (1749-1792) aus Hachenburg, ein Westerwälder Fräulein aus der Werther-Zeit, verfasste kleine Prosa und literarische Briefe. Geboren im »Grünschen Hof« (heute denkmalgeschützt auf dem Gelände einer Brauerei), lebte sie später im Beustschen Haus (Herrnstraße 6). Grabstein bei der ev. Kirche im Ortsteil Altstadt (→ »Albertine von Grün«-Essay). – Die Idylle in Omenhausen, einem von Lisa **Pei** erfundenen Westerwalddorf in der Nähe Hachenburgs, ist trügerisch. Hiervon erzählt ihr Krimi *Drei Chinesen mit dem Kontrabaß* (1998). – Mundartgedichte von Emil **Heuzeroth** (1886-1973), unter dem Titel *Setzkardeffelcher* 1927 erschienen, wurden fünfzig Jahre später von der Hachenburger Kirmesgesellschaft neu aufgelegt.

Hamm: Von Friedrich Wilhelm **Raiffeisen** (1818-1888), dem Begründer des ländlichen Genossenschaftswesens, stammt das Wort »Einer für alle, alle für einen«. Sein Geburtshaus in Hamm an der Sieg ist das heutige Hotel »Alte Vogtei«. Gedenkstätten des weltweit bekannten Westerwälders befinden sich auch in Flammersfeld und Weyerbusch. »Vater Raiffeisen« wird in zahllosen sozialgeschichtlichen Schriften dargestellt, romanhaft nur von Franz **Baumann** in *Ein Mann bezwingt die Not* (1959).

Hasselbach: In dem vom Bildhauer Erwin **Wortelkamp** initiierten Kunst-TAL bei Hasselbach hat Claudia **Terstappen** einen pseudowissenschaftlichen Lehrpfad gestaltet, dessen Schrifttafeln alle Versuche ad absurdum führen, das Lebendige formelhaft in den Griff zu kriegen: »Schmetterlinge sind mit den Blumen verwandt. Sie ernähren sich von Milch und Schmand, weswegen sie auch ›Schmeckerlinge‹ oder ›Schmandlecker‹ genannt werden. Sie sind sehr ausgelassener Natur, denn sie haben nichts vor...« Zum Areal gehört ein kleines August-Sander-Museum. Von hier aus, sagt Hanns-Josef **Ortheil**, möchte er einmal das 20. Jahrhundert erzählen (→ »Wortelkamp«-Essay).

Herdorf: ist die Geburtsstadt von August **Sander** (1876-1964), dem Fotografen von Weltrang. Eine Straße ist nach ihm benannt, das »Hüttenhaus« zeigt eine Büste – mehr ist von ihm hier nicht zu sehen. **Benjamin, Tucholsky, Döblin, Böll** haben ihn gewürdigt; in neuerer Zeit hat der Dichter John **Berger** in seinem Buch *Das Leben der Bilder oder die Kunst des Sehens* u. a. Sanders berühmtes Foto »Jungbauern« gedeutet. Dieses Foto, in einer Ausstellung in Boston versehen mit dem Titel »Young Westerwald Farmers on Their Way to a Dance, 1914«, inspirierte den amerikanischen Autor Richard **Powers** zu seinem Roman *Three Farmers* (1985). Erwin **Wortelkamp:** »Übrigens hieß es immer: ›der Sander nimmt uns ab‹, also nicht auf. Ich halte diese Aussage immer noch für die beste Analyse im Blick auf die stirnköpfige Verschlossenheit der Leute hier, als sei das Misstrauen eine Basis.« – In Herdorf geboren ist auch Maria **Homscheid** (1872-1948), die in ihren Dichtungen die Haubergswirtschaft und die Arbeit in den Bergwerken ihrer Siegerländer Heimat beschreibt.

Höchstenbach: Am Waldrand oberhalb von Höchstenbach wird am 19. September 1796 der französische General Marceau durch einen Schuss aus dem Hinterhalt schwer verwundet.

Zwei Tage später stirbt er in Altenkirchen. »Vom Soldat beweint, geachtet von Freund und Feind«, so heißt es auf dem Obelisk nahe der B 8. Ein literarisches Denkmal setzte ihm Lord **Byron** (1788-1824) in *Childe Harold's Pilgrimage, Canto III* (»Bei Koblenz, über eines Hügels Laub, / Ragt schlicht und einsam eine Pyramide...«). Um den Tod des edlen, fremden Feldherrn ranken sich zahlreiche Legenden.

Hoher Westerwald: Das Hui-Wäller-Kerngebiet, beschrieben u. a. von Leo **Sternberg**, dem Dichter eines »unverdorbenen« Westerwaldes, dem Kulturhistoriker Wilhelm Heinrich **Riehl** und dem bedeutenden Erzähler Fritz **Philippi**, der die Landschaft um die Fuchskaute (657m) die Hohe Heide nennt (→ »Philippi«-Essay).

Höhr: In Höhr-Grenzhausen an der Keramischen Fachschule wirkte Ernst **Barlach** (1870-1938) als junger Lehrer (1904). – Vom linksliberalen Journalisten wandelte er sich zum deutschnationalen Schriftsteller, der 1935 den Goethepreis erhielt: Hermann **Stegemann** (1870-1945). Zu seinen heute unlesbaren Büchern gehört der historische Roman *Die Herren von Höhr* (1932). (Vgl. hierzu Ernst Jandls Hörprobe: »könne sie mich herren«.)

Hundsangen: Über seinen Heimatort Hundsangen veröffentlichte der Verleger und Kafka-Forscher *Klaus Wagenbach* in seiner Zeitschrift *Freibeuter* 1980 den historisch-kritischen Aufsatz »Hundert Jahre in einem Dorf«.

Kirburg: In dem Krimi *Mörder und Marder* (1985) von Gisbert **Haefs**

(*1950) treffen sich vier kuriose Frauen und vier nicht minder seltsame Männer in einem Haus im tiefverschneiten Westerwald, »hinter Kirburg links«. Ein Fall für den fetten, faulen und verfressenen Kommissar Baltasar Matzbach.

Kölbingen: In **Kölbingen** wuchs der Journalist Christoph **Kloft** (*1962 Limburg a. d. Lahn) auf. Sein Roman *Basaltbrocken* (1997) erzählt vom Leben in einem katholisch-konservativen Westerwalddorf und dem Eigensinn des Ortsbürgermeisters zur Nazi-Zeit.

Lautzert: In Lautzert (Oberdreis) lebt seit 1972 Heiner **Feldhoff** (*1945). Er hat u.a. die Lebensgeschichte des Henry David Thoreau aufgezeichnet. In Thoreaus Buch *Walden oder Leben in den Wäldern* heißt es: »Ich zog in die Wälder, weil mir daran lag, mit Bedacht zu leben, (...) um nicht, wenn es ans Sterben ginge, entdecken zu müssen, nicht gelebt zu haben.« *Kafkas Hund* (2001), eine Sammlung kurzer Geschichten von Feldhoff, enthält zahlreiche Westerwald-Motive (→ »Feldhoff«-Essay).

Abtei Marienstatt: Bei Hachenburg liegt im Nistertal die Abtei Marienstatt. In seinem Buch *Deutschland umsonst* (1982) freut sich Michael **Holzach** (1947-1983), dass er, der armselige und müde Wanderer, nach alter Zisterzienserregel beherbergt wird »wie der Heiland selbst«. Holzach ist »überrascht, wie sehr man sich in dieser weltabgewandten Frömmigkeit den Blick für die Realitäten erhalten hat.« – In Heiner **Feldhoffs** Erzählung »Marienstätter Stilleben«, in der Anthologie *ZeitVergleich* (1993), stürzt ein Luxusauto in die Nister. – Hanns-Josef **Ortheil** (*1951) beschreibt in *Schwerenöter* (1987) »die große klösterliche Anlage in einem kleinen Tal unweit einer in dieser Gegend bekannten Mühle, in der sich Adenauer einmal für kurze Zeit versteckt gehalten hatte« und gestaltet eine hochkomische disputatio zwischen dem Abt und dem religiös eifernden Internatsschüler Johannes. – In einem literarisch anmutenden Tagebuch (*de die in diem*), erschienen in den *Marienstatter Aufsätzen*, VI (1988), spürt P. Andreas **Range** im Alltag und an den Festtagen dem nach, was die Aura dieses geistiggeistlichen Ortes ausmacht. – Die (nicht öffentlich zugängliche) Bibliothek umfasst 75.000 Bände, alte Handschriften und Inkunabeln (→ »Marienstatt«-Essay).

Molsberg: Das Schloss derer von Waldersdorff zu Molsberg ist Schauplatz einer Ballade von Börries **von Münchhausen** (1874-1945). »Die Glocke von Hadamar« handelt vom grausigen Schicksal der schönen Sophie, von ihrem Reichsbaron zu »Walmarod« und dem wütenden Tilly: »Nie lag ich so lange im Hinterhalt / Und nie so lang auf der Laur, / Niemals im ganzen Westerwald / Und im Walde von Montabaur.«

Montabaur: Seinem Brief vom 2. November 1894 an den von Winnetou und Kara Ben Nemsi begeisterten Gymnasiasten Carl Jung aus Montabaur legt Karl **May** (1842-1912) den Federhalter bei, mit dem er »Old Surehand« geschrieben hat. Für die regionale Kulturgeschichte bedeutsam ist ein eher unauffälliger Satz aus diesem Brief: »Ich denke oft an Monta-

baur.« – Joseph **Kehrein** (1808-1876), Direktor des Montabaurer Lehrerseminars und Sprachwissenschaftler, veröffentlichte zahlreiche germanistische Werke, z. B. *Volkssprache und Volkssitte im Herzogthum Nassau* sowie pädagogisch wertvolle Handreichungen, darunter ein *Brevier für katholische Frauen und Jungfrauen*. Ein Denkmal steht neben der Kirche St. Peter in Ketten. – Wolfgang **Weyrauch** (1904-1980) schrieb 1968: »ja, auch die jungen Leute vom Westerwald, Väterchen, / sogar die, welche ihr Montabaur lieben, / ihren mons tabor aus dem Jahr 1217, / möchten einmal heraus, hinweg.« – Hinweg aus Montabaur zog es auch Robert **Maxeiner**. Seine abenteuerlichen Reisen beschreibt er in *Kawaja* (1994) und *Pepperland* (1998).

Neunkirchen: Vom »Hexer-Jupp« (in der Zeitschrift *Der Westerwald*, 1987) erzählt Ruth **Diesterweg** aus Neunkirchen im Lasterbachtal.

Neuwied-Segendorf: Für Karl Mays Recherchen war möglicherweise Maximilian Prinz **zu Wied** und sein Werk *Reise durch das innere Nordamerika* (1838-41) ein Vorbild. In seiner Jugend sammelte der Prinz im Westerwald Erfahrungen als Jäger. Er liegt in Neuwied-Segendorf auf dem Friedhof Monrepos begraben. Auf Schloss Monrepos, das im Jahre 1969 auf Geheiß des Fürsten zu Wied in Schutt und Asche gelegt worden ist, hat sich häufig die Dichterin Carmen **Sylva** aufgehalten, die, als Prinzessin Elisabeth zu Wied 1843 geboren, 1881 Königin von Rumänien wurde. An ihre Westerwälder Heimat dachte sie bei der Wahl des Dichternamens, in dem die grammatische Richtigkeit dem Wohlklang geopfert wurde (Waldgesang = carmen sylvae), so Viktor **Klemperer** (1881-1960) in einer kritischen Würdigung 1924.»Den Namen«, sagt die Königin selber,»hat mir der Wiedbach zugerauscht, oder wie man dort sagt: die Bach! Sogar mein Name Wied soll vom altdeutschen Witt herkommen und heißt Holz. Also bin ich des Holzes, des Waldes Kind.« Bei einem Zusammentreffen mit der Märchenkönigin erlebt Peter **Rosegger** (1843-1918)»eine Stunde poetischen Genusses und wahrer Erbauung«. Sylva starb 1916 nach einem künstlerisch und sozial ungewöhnlich aktiven Leben. Einer ihrer bemerkenswerten Aphorismen lautet:»Mir sind die altmodischen Schutzengel lieber als die modernen Moralisten.«

Niederfischbach: Das Kinderbuch *Hörbe mit dem großen Hut* (1981) von Otfried **Preußler** (*1923) spielt im Siebengiebelwald bei Niederfischbach. Es handelt vom Hutzelmann Hörbe und seinen Abenteuern.

Nomborn: war viele Jahre der Wohnort von Hans-Christian **Kirsch** (*1934) alias Frederik **Hetmann**. Hier hat er seinen Bücherturm mit mehr als hundert eigenen Werken errichtet. Dazu zählt auch ein Buch über die Geschichte des Dorfes Nomborn. *Ein Turm im Westerwald* heißt ein Jugendbuch von 1988. Hetmann hat vielbeachtete Biographien geschrieben (u.a. über Che Guevara, Rosa Luxemburg, William Morris, Elisabeth Langgässer, Georg Büchner, Karl May). Aufsehen erregte bereits sein erster Roman *Mit Haut und Haar* (1961), ein Tramper-Epos. Sehr erfolg-

reich ist er zudem als Herausgeber von Märchensammlungen und Indianergeschichten. Mehrfach wurde er ausgezeichnet, so zweimal mit dem Deutschen Jugendbuchpreis. 1997 erhielt er den Wildweibchen-Preis der Stadt Reichelsheim.

Oberdreis: Paul **Deussen** (1845-1919), Indologe, Upanischaden-Übersetzer, Gründer der Schopenhauer-Gesellschaft, Nietzsche-Freund, wurde im ev. Pfarrhaus von Oberdreis geboren. Grab und Gedenktafel befinden sich neben der Kirche. Das Pfarrhaus, heute in privater Hand und totenstill, war zu Lebzeiten **Deussens**, als seine Mutter, die »Frau Pastorin«, hier ein Pensionat zur Erziehung höherer Töchter führte, ein Ort »des taubenschlagartigen, holden Getümmels«, so Paul in einem Brief an seinen Freund Fritz. **Nietzsche** schrieb seinerseits in einem Brief (1864) aus den Ferien in Oberdreis:»Im Hause lebt hier noch ein stummer Schuster und ein lahmer Schneider. Meine Stiefeln sind zerbrochen stellenweis... Gestern war großer Viehmarkt in Steimel; wir giengen dahin. Man geht täglich mindestens 4 Stunden, mitunter auch 7..., was bei dem unergründlichen Schmutze etwas sagen will.« Doch Nietzsche fühlte sich wohl im »glücklichen Oberdreis«, lobte »das gemütliche hiesige Leben« und die kräftige, gesunde Luft (→ »Deussen«-Essay). – In dem Nietzsche-Roman *Der Hammer des Herrn* von Otto A. **Böhmer** (1994) spielt Paul Deussen, auch erzählerisch, eine wichtige Rolle. – Zur Gemarkung Oberdreis gehört eine (stillgelegte) Tonzeche. Ihr Name klingt wie der Titel eines Gedichts: »GUTER TRUNK, MARIE«.

Oberwambach: In der Mühle von Oberwambach hat der Heimatdichter Karl **Ramseger** (1900-1961) den historischen Roman *Die Gräfin von Sayn* (1932) geschrieben. Folgende aktuelle Weisheit ist dem Buch vorangestellt (in der Neuaufl. 1950): »Zu glauben, ein Volk sei eine Einheit nach der Sprache, ist Narrheit. Ohne Sinn, zu sagen, die politische Bestimmung mache ein Volk. Mit Hilfe zoologischer Wissenschaften ein Volk nachzuweisen, müht sich der Scharlatan. Weise, zu ahnen, dass die Kultur ein Volk gebiert.«

Pottum: in der Nähe Rennerods ist Schauplatz zweier Romane von Annegret **Held** (*1962), die hier aufgewachsen ist: *Am Aschermittwoch ist alles vorbei* und *Die Baumfresserin* (→ »Held«-Essay). Seit 1997, zusammen mit Kai **Göbel**, schreibt sie für das »Theater am Wiesensee« in »Podem« auch Volksstücke. Auskünfte über Aufführungen, außerdem eine Wörterliste in Platt, im Internet unter »theater-am-wiesensee«.

Puderbach: In einer poetographischen Kartei führt Peter **Rühmkorf** (*1929) auch den Ort Puderbach auf, zwischen Vögelsen und Freutsmoos. Vielleicht gewinnt Puderbach noch mehr an literarischem Format, wenn es sich in **Pu der Bach** umtauft.

Rotenhain: *Der Eisenring* (2000) sei ein Landliebe-Buch, eine »Erzählung« für alle, die in der Provinz leben und deshalb oft Komplexe haben, so der Autor Vinzenz **Baldus**, im Hauptberuf Marketing-Fachmann. Sein dicker Roman, der in Rotenhain im Hornistertal angesiedelt ist, beschreibt die bäuerliche Herkunft des jungen Ferdinand, dessen katholisch geprägte Gewissensnöte und die Konflikte mit Eltern und Großeltern. Baldus lebt im Nachbardorf Stockum-Püschen.

Untershausen: Die »heit'ren Reime« von Günter **Holly** (1929-2000) aus Untershausen stehen ganz oben in der sogenannten Lesergunst. »Drum suche Leser, was der Sinn ist, / wenn auch ein Sinn nicht immer drin ist«, so Holly wörtlich. Fehlt aber der Sinn, stiftet ihn das fehlende Komma.

Wahlrod: In Wahlrod lebt Willi H. **Grün**. *Der Clan der Steuerhaie* (1996) ist kein Roman, sondern eines seiner erfolgreichen Sachbücher. Im Bereich der schönen Literatur gibt es von dem Finanzexperten den Westerwald-Roman *Aschenbraten* (1991).

Wallmerod: Leo **Sternberg** (1876-1937), Dichter und Richter, Herausgeber der weitverbreiteten Sammelbände *Der Westerwald* und *Land Nassau* war erst in Hachenburg, dann für drei Jahre am Amtsgericht in Wallmerod tätig, als »zwischen den Misthaufen der Bauern wohnender Beamter«. Die Geschichte »Der gläserne Hirsch« erzählt von der kaum erträglichen Abgeschiedenheit in »Heutzenroth«, in der ein »edler Mensch« fast das Sprechen verlernt, dafür aber das tiefsinnig mit der Natur verbundene Schreiben entdeckt. Hernach, in Rüdesheim, schrieb Sternberg neuromantische Gedichte und Erzählungen, in denen er sich seinen eigenen Westerwald der Einsamkeit und kosmischen Heimatsuche schuf. 1934 als Jude aus dem Amt entlassen, starb er drei Jahre später im Exil auf der Insel Hvar.

Westerburg: Kaiser Ludwig (der Bayer) veranlasste den singenden Freiherrn Reinhart von **Westerburg** (1315-1353), ein allzu unbotmäßiges Lied auf die höheren Damen (»Ob ich durch si den hals zubreche, / wer reche mir den schaiden dan?«) ins »minnecîîche« abzumildern, mitgeteilt in Tileman Ehlens *Limburger Chronik.* – Er sei kein Dichter, sagt Friedel **Schweitzer** (1927-1985) aus Westerburg bescheiden, auch wenn er schreibe, reime und mit Wörtern spiele. In seinem Gedichtband *Gestern, Heute, Morgen* (1986) heißt es im »Westerwaldlied eines Dichters«: »Ich will vom Wäller singen / Und laufe hin und her. / Mein Lied wird nicht erklingen. / Ich finde keine mehr.« – In Westerburg geboren und gleich fortgezogen ist Joachim Freiherr **von der Goltz** (1892-1972). Später ein national anerkannter Erzähler und Dramatiker, erfolgreich auch mit dem Kinderbuch *Klein Stöffel und die vier Soldatenpferde«* (1943).

Willmenrod: Von Karl C. L. **Schmidt** (1763-1815), Pfarrer in Willmenrod, erschien 1800 ein *Westerwäldisches Idiotikon,* noch heute eine Fundgrube von Spracheigentümlichkeiten zwischen Sieg und Lahn: von »abern« (längst vergangene Sachen repetieren) bis »zwörbeln« (wild wirbelnd herumfahren). – Eine Schwester von **Goethes** Großmutter mütterlicherseits liegt in Willmenrod begraben.

Wirges: Der Krimi-Autor Detlef Bernd **Blettenberg** (*Null Uhr Managua,* 1997) ist 1949 in Wirges geboren und in Elgendorf aufgewachsen. In dem Roman *Barbachs Bilder* (1984) erinnert er sich an seine Kindheit auf dem Lande, an Spiele in Baumhäusern, Tümpeln und Jagdgründen, durch die der Limes verlief. »Barbach wollte damals Förster werden, hatte alle einschlägigen Werke wie *Horst wird Förster* gelesen.« Blettenberg ist dann aber doch Entwicklungshelfer geworden und Verfasser spannender Romane auf internationalem Thriller-Niveau.

Wissen: Die Schilderungen des Ortes »Knippen« in Hanns-Josef **Ortheils** *Hecke* (1983) beziehen sich sehr konkret auf Wissen (z.B. sein Elternhaus in der Hachenburger Straße, das Deckengemälde von Peter Hecker in der katholischen Pfarrkirche). Die Mäckeser, wie man die übelbeleumdeten, wohnsitzlosen Hausierer genannt hat, erscheinen, hier als Schimpfwort gegen die SA, im Klartext. Mit dem Roman *Abschied von den Kriegsteilnehmern* (1992) kehrt Ortheil noch einmal in den Raum seiner Kindheit zurück, zum Gasthaus Hahnhof seines Vetters, zum Dörfchen Thal, zum Flüsschen Nister, »zwei Namen wie erfunden, zwei gefundene Wirklichkeitsnamen« (→ »Wortelkamp«-Essay). – Im Hahnhof wurde Michael **Holzach** (»Deutschland umsonst«) mit trockenen Socken und frischer Unterwäsche versorgt. – Sie war eine emanzipierte Frau. Als »rote Gräfin« an der Seite Ferdinand **Lassalles** ist sie schnell bekannt und schnell vergessen worden: Sophie **von Hatzfeldt** (1805-1881). In einem Brief schreibt Lassalle 1847, die Bauern der Hatzfeldtschen Herrschaft im Wissener Land hätten ihren Mann, den Grafen Edmund, bedroht, von dem sie skandalträchtig in Scheidung lebt, und sich erboten, die Schlösser Schönstein und Crottorf zu schleifen. Ihr spannendes Leben zwischen Aristokratie und Sozialdemokratie beschreibt Christiane **Kling-Mathey**: *Gräfin Hatzfeldt. Eine Biographie* (1989).

Wolfenacker: Im Gedicht »Landleben« schreibt **Rissa**, Malerin aus Wolfenacker (Niederbreitbach), Kunst-Professorin: »Die Füchse torkeln hustend durch den Wald.« K. O. **Götz**, ihr Mann, Informel-Meister, in einem lyrischen Text:»Man muss sich nur ganz still verhalten. Ja, können vor Lachen.« Götz, geboren 1914, in dessen Haus nicht nur die Farben spritzen, ist einer der wenigen surrealistischen Dichter deutscher Sprache (→ »K. O. Götz«-Essay).

Heiner Feldhoff

Jungbauern, 1914 (Foto: August Sander)

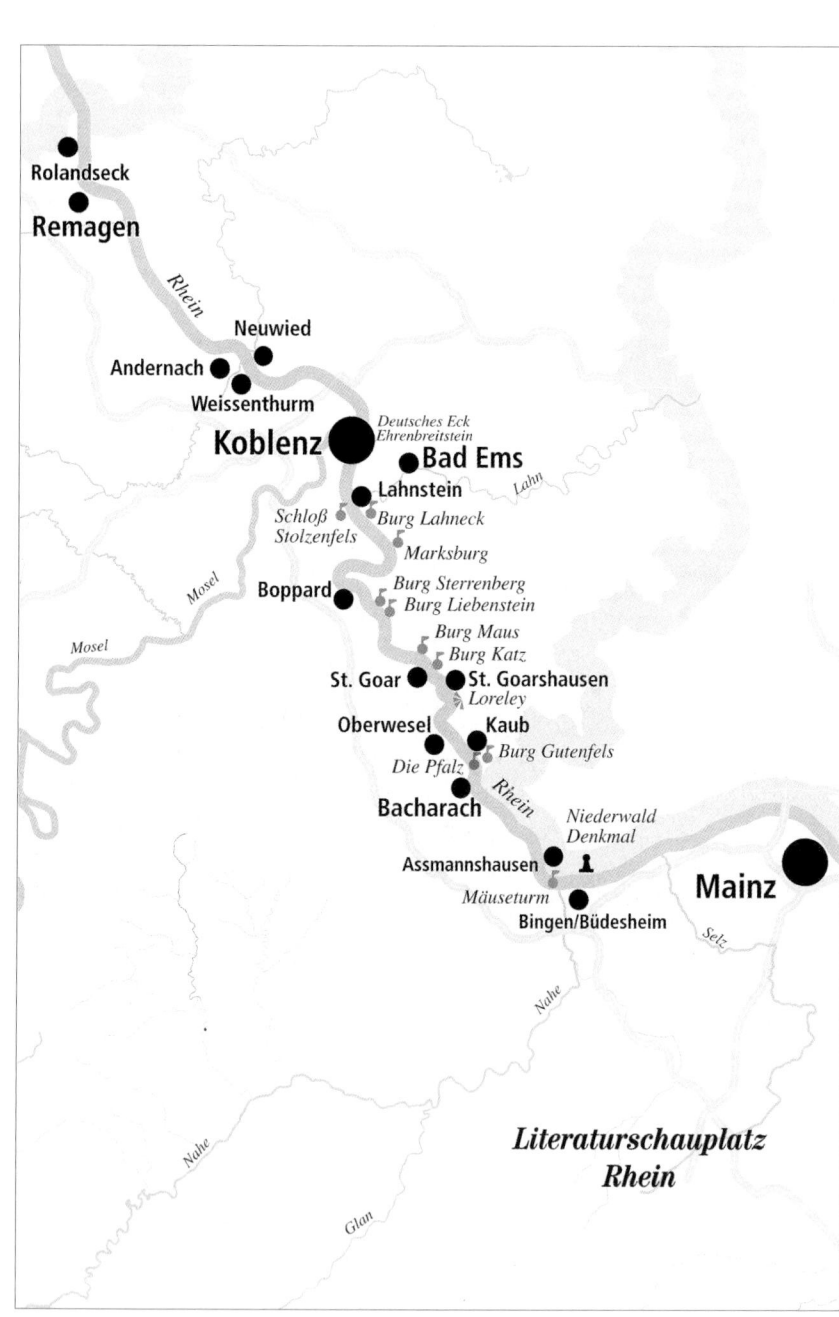

Rolandseck

Remagen

Rhein

Neuwied

Andernach

Weissenthurm

Koblenz

Deutsches Eck
Ehrenbreitstein

Bad Ems

Lahnstein

Lahn

Schloß
Stolzenfels

Burg Lahneck

Marksburg

Mosel

Boppard

Burg Sterrenberg
Burg Liebenstein

Mosel

Burg Maus
Burg Katz

St. Goar

St. Goarshausen

Loreley

Oberwesel

Kaub

Burg Gutenfels

Die Pfalz

Rhein

Bacharach

Niederwald
Denkmal

Assmannshausen

Mäuseturm

Mainz

Bingen/Büdesheim

Selz

Nahe

Nahe

Literaturschauplatz
Rhein

Glan

RHEINTAL UND LAHN

*Die Werner-Kapelle in Bacharach, im 14. Jahrhundert als Wallfahrtskirche
aus Pilgerspenden errichtet. Das gotische Bauwerk sollte an das Opfer
eines vermeintlichen Ritualmordes erinnern. Die Legende lebt...
(Foto: Rüdiger Diezemann)*

Moritz von Schwind, Vater Rhein spielt die Fidel Volkers (1865)

Rüdiger Diezemann
Unglaubliche Beschreibung einer anachronistischen Rheinreise von der Main- zur Moselmündung

Mehr aus einer übermütigen Laune heraus, um nicht zu sagen: mit einiger Vermessenheit und deshalb kaum ernstlich Antwort erheischend, geschweige denn eine Zusage erwartend, hatte Gauch per Fax bei Eckermann angeklopft, ob nicht vielleicht auch der Alte Herr...

Das Rückschreiben des Sekretarius aus Weimar kam verblüffend rasch, und es fiel zustimmend aus, ja mehr noch: Es bekundete freundliches Interesse, applaudierte dem Vorhaben und sicherte seiner Exzellenz tätige Mithilfe zu; man nähme dankend an und gerne teil, käme doch auch ein solcher Ausflug gerade jetzt, da das Barometer ständig steige und es im Residenzstädtchen an der Ilm immer stickiger und enger zu werden drohe, wie gerufen; zudem kure Christiane bereits seit zwei Wochen, begleitet von August und der Pogwisch, in Baden; man sei des Alleinseins müde und wolle sich eine schöpferische Pause gönnen. Auch sähe man Lavater und Basedow gern einmal wieder, ebenso Arnim und Clementem. Zum Konzept werde man sich beizeiten äußern. Die Einzelheiten des Wann und Wo seien mit ihm, Eckermann, zu besprechen; man empfehle sich dem verdienstvollen Kollegen...

Das nun war eine Zusage, mit der die Aktion so gut wie stand. Mit diesem »Ja« aus Weimar konnte Sigfrid Gauch hausieren gehen. Nun wurde allen Anderen die Teilnahme quasi zur Pflicht.

Seit geraumer Zeit schon war in den Zirkeln der am Rheine lebenden, den Rhein beschreibenden, seinen Mythos mehrenden und von ihm zehrenden Poeten, Erzählern und Dramatikern auch ausländischer Provenienz der Ruf nach einem ihrem literarischen Treiben adäquaten Treffpunkt und Tagungsort in exponierter Lage, tunlichst am Rheinufer, laut geworden. Und Karl Baedeker, der weithin bekannte Verleger zuverlässiger »Handbücher für Schnellreisende«, in Koblenz ansässig, hatte für eine solche Stätte der Besinnung und der dichterischen Arbeit sogleich jene geschichtsträchtige Halbinsel im Sinn, die vor urdenklichen Zeiten aus der Vereinigung des Rheins mit der sich ihm ebendort hingebenden Mosella entstanden war, ein brachliegendes Areal, das sich auch im Hinblick auf den gewünschten paneuropäischen Charakter der Begegnungsstätte besonders empfahl, als die Mosel, französischer Herkunft, seit eh und je dem Rhein ein friedvoller, ja versöhnlicher Zustrom war.

Da dieser Vorschlag Baedekers breiteste Zustimmung erfahren hatte, nun sogar mit des Olympiers Segen bedacht, sollten und wollten sich jetzt, auf Einladung Gauchs, Autoren der unterschiedlichsten Strömungen und Richtungen, Meinungen und Ansichten an Ort und Stelle zu einem Forum der Rheinliteraten vereinigen, um hinsichtlich der Architektur und des Inhalts des Projekts Konsens zu erzielen, ein problematisches Unterfangen angesichts der vielfältigen Ideen und ausgefallenen Wünsche.

Görres beispielsweise schwebte die Errichtung einer Kuppelhalle in Form einer gotischen Kathedrale vor, in der Lesungen stattfinden und Seminare und Kongresse abgehalten werden konnten; Hölderlin etwa befürwortete den Bau eines klassizistischen Amphitheaters griechischer Prägung; Stefan George und Hildegard, beide von Bingen, planten ein sachlich-strenges Steinlabyrinth für kontemplative Exerzitien; Wagner hingegen brachte die Aufschüttung eines gewaltigen grünen Hügels ins Gespräch, darauf ein Klein-Walhall, dessen First ein goldener Ring zieren sollte; und natürlich gab es auch bissige bis verletzende, die Idee fast schon bösartig konterkarierende Einwürfe, so den des scharfzüngigen Berliners Tucholsky, Vertreter der linken Pazifisten, der an dieser Stelle, begleitet von einem provozierenden »Tschingbumm!«, die spinnerte Vision der Bronzestatue irgend eines deutschen Potentaten, dräuend hoch zu Ross, beschwor.

Zwar verbarg sich hinter dem Vorhaben insgesamt auch ganz handfeste

Hoffnung kommerzieller Art, etwa eine solche der Fremdenverkehrsvereine, der Winzerverbände, der Burgenvereinigungen, der Hotellerie und Gastronomie, doch erhielt es durch seinen hochgeistigen Anspruch, seine literarische Überschrift, ein überaus seriöses Gesicht, nicht zuletzt auch begünstigt durch die finanzielle Deckungszusage des Mainzer Ministeriums, für die Sigfrid Gauch, der arrivierte Autor und Förderer der Literatur, mit seinem Namen stand.

An ihm und Baedeker, dem intimen Kenner des Rheinlandes und versierten Reiseorganisator, war es nun, unter Wahrung größter Diskretion, vor allem streng abgeschirmt von den Medien, eine Dampferfahrt flussabwärts von Mainz nach Koblenz zu arrangieren, die, unter dem unverfänglichen Mantel eines Betriebsausflugs, Geistesheroen gleichermaßen wie Skribenten, gestandene Literaten, Theaterleute, Poeten und jungen wilden Nachwuchs, kurzum: all jene, die sich, in welcher Form auch immer, dem Rhein verschrieben hatten, vereinen sollte. Unterwegs würden, so war es geplant, an verschiedenen Anlegestellen noch weitere namhafte Vertreter der Zunft aufgenommen werden, ehe sich die Gesellschaft dann auf besagtem Eck gegenüber dem Ehrenbreitstein zu ernster Tätigkeit versammeln könnte.

Und so geschah es.

Gutenberg, Patron all derer, die sich gesetzter Worte bedienen, hatte seinen Namen jenem komfortablen Fahrgastschiff der Weißen Flotte geliehen, das dazu ausersehen war, die illustre Fracht an ihr Ziel zu tragen.

Ohne das aufdringliche Feuerwerk der Fotografen, die eindringlichen Fragesteller der Gazetten, die rücksichtslos drängelnden Kameramänner, den Wall aus Mikrofonangeln und entgegen gereckten Diktiergeräten gelangte die Gesellschaft von dem am Rheinufer liegenden, mehrfach besternten Hotel, in dessen Lobby sich die zum Teil von weither Angereisten versammelt hatten, ohne Umschweife über die Gangway an Bord der »Johannes Gutenberg«, daselbst willkommen geheißen vom Ehepaar Gauch, das die Honneurs machte, und Baedeker als Maître de plaisir.

Goethe, angegrautes Weltkind, der bereits lebhaft das Ausbleiben der von ihm weiland nach einem »wunderlichen Wirtstisch in Koblenz« als Propheten titulierten Freunde Basedow und Lavater bedauert hatte, erschien, leicht auf Eckermann und Ludwig Geist, seinen »Spiritus« gerufenen Kammerdiener und Schreiber, gestützt, die imposante Gestalt in ein bräunliches, mit samtenem Schalkragen besetztes Cape gehüllt, das seiner Figur Statur verlieh.

Ihm, dem man ehrfurchtsvoll den Vortritt gelassen hatte, folgten, solo, zunächst Dostojewski und Richard Wagner, die in Lahnstein die Gesellschaft verlassen und Post ins Kurbad Ems nehmen wollten, der eine, um den

Karamasows Gestalt zu verleihen, der andere, um Siegfried, dem sagenhaften Nibelungenhelden, Leben einzuhauchen. Den beiden weltfremden Exzentrikern hatte das Organisationskomitee den in Mainz wirkenden Publizisten und Poeten Bernhard Nellessen, Emser von Geburt und mithin ortskundig, zur Betreuung an die Seite gestellt.

Der Reiseschriftsteller und Präsident des Mainzer Jakobinerklubs, Johann Georg Forster, der, die Natur erforschend, auf dem Globus herumgekommen war und als polyglott bezeichnet werden durfte, hatte sich anerboten, Mary Shelley und ihrem sie begleitenden, als hochmögend ausgewiesenen Landsmann Lord Byron, später dann auch Gästen aus Frankreich, die erst in Boppard zuzusteigen wünschten, bei Bedarf als Dolmetsch zu dienen.

Dann schritten, in loser Folge, der des Deutschen durchaus mächtige Niederländer Joost van den Vondel, Schlegel, Freiligrath, Geibel sowie August Heinrich Hoffmann aus Fallersleben samt Partnerinnen über den Steg. Mit Claudius, der wegen seiner süffisanten »Werther«-Kritik im »Wandsbeker Bothen« die Nähe Goethes mied, sowie mit Hölty in weiblicher Begleitung, schließlich noch Arnim und Brentano, den trefflichen Sammlern der Wunderhorn-Lieder, jedoch ohne Bettine und die Mereau, schien die Gesellschaft vollzählig, doch harrte man noch Hölderlins. Dieser traf, wie nicht anders zu erwarten, zu Fuß, von Homburg her kommend, mit gelinder Verspätung ein, braungebrannt, braunäugig, braunlockig, begleitet von einem skurrilen, dem Dichter äußerlich auf seltsame Weise ähnelnden, übertrieben höflichen Menschen, der nicht von Hölderlins Seite wich und sich unter befremdlichen Kratzfüßen und Bücklingen in reinstem schwäbischen Idiom als ein gewisser »Schkardanelli« vorstellte.

Friedrich Hölderlin aber, dem mädchenhaften Jüngling, galten sogleich die bewundernden, ja schwärmerischen Blicke der an Bord befindlichen Weiblichkeit, hatten doch seine reinen Gesänge ihrer aller Herzen angerührt und geöffnet. Hinzu kam, dass seine Frankfurter Affaire noch immer in aller Damen Munde war, geht doch gerade von entsagungsvollen, unerfüllten Liebschaften ein seltsamer Reiz aus. Liebessehnen, Liebesleid, – das ist allemal Stoff für Frauen, ein schwerer, schwarzer Samt, der sich über die Seele breitet, ohne jedoch zu wärmen.

Nun die ab Mainz Reisenden endlich beisammen waren, hieß Baedeker den Schiffsführer die Leinen lösen, und das kleine Abenteuer durfte beginnen.

Man hatte sich in Klappsesseln und Liegestühlen auf dem Oberdeck eingerichtet, um der schon recht tief einfallenden Spätsommersonne milde Strahlen zu genießen, die auf beiden Ufern die sanft gewellten Hügel besonders plastisch erscheinen ließen.

Gauch, der seine sperrige Nikon gegen eine unauffällige Pocketkamera eingetauscht hatte, wartete bislang vergebens auf eine ihm günstige Gelegenheit, unbeobachtet zu einem Foto Goethes zu kommen, mit dem er eine seiner jüngsten Erzählungen zu illustrieren gedachte; aber der Alte genoss es sichtlich, im Mittelpunkt zu sitzen und ließ beständig seine großen braunen Augen flink und aufmerksam in die Runde schweifen.

Er war es auch, der zwischen Walluf und Eltville die Versammlung, eher scherzhaft, auf zwei sich am Ufer in lebhafter Unterhaltung ergehende Herren aufmerksam machte, in denen er den Weinhändler Adelbert Panezza und den beleibten Sektfabrikanten Engelbert Krull erkannt zu haben meinte; doch noch ehe Hölty sein altmodisches Taschenteleskop gezückt und dessen Messingglieder ausgezogen hatte, um Goethes Vermutung zu verifizieren, war die Zweiergruppe bereits hinter einer Rheinbeuge verschwunden.

Unter den Damen, die am Heck des mittleren Decks an einer langen Tafel Platz genommen und sich zunächst an allerlei Naschwerk gütlich getan hatten, um bald jedoch schon einige Flaschen »Loreley extra cuvée« entkorken zu lassen, waren auch Mainzerinnen, die auf einem entgegenkommenden Dampfschiff, inmitten einer ihnen fröhlich zuwinkenden Gruppe junger Mädchen, welche dem Anschein nach von einem Schulausflug heimkehrten, in einer etwa Sechzehnjährigen mit dicken, dunklen Zöpfen Netty Reiling erkannt haben wollten.

Doch stimmten alle darin überein, dass solche Erscheinungen wohl eher der förderlichen Wirkung des Weines zuzuschreiben seien, dem genüsslich sich hinzugeben auch die Herren längst begonnen hatten. Auf Rheinwein, natürlich einem »Eilfer«, hatte Goethe bestanden; das Vaterland verleihe die allerbesten Gaben, und hier nun säße man schließlich an der Quelle. Bald schon zeitigte der Stoff Wirkung, und der Patriarch aus Weimar deklamierte, sich in Pose setzend, einige seiner allseits vertrauten Hexameter:

> »Wie begrüßt ich so oft mit Staunen die Fluten des Rheinstroms,
> wenn ich, reisend nach meinem Geschäft, ihm wieder mich nahte!
> Immer erschien er mir groß und erhob mir Sinn und Gemüte.«

Das ermunterte auch Schlegel zu einem geradezu enthusiastischen Ausbruch, dergestalt, dass er an die Reling trat und mit weit geöffneten Armen ausrief:

> »Schnell fliegt in Eil auf grünlich hellen Wogen
> das Schifflein munter hin des deutschen Rheines,
> wohlauf gelebt! das Schifflein kehrt nicht wieder.
> Mut, Freud' in vollen Bechern eingesogen
> krystallen flüssig Gold des alten Weines,
> singend aus freier Brust die Heldenlieder.«

So verging die Fahrt wie im Fluge. Schon grüßte steuerbords das liebliche Oestrich, alsbald gefolgt vom Winzerdorf Winkel mit dem gastlichen Feriensitz der Brentanos, unter dessen Dach gar mancher aus der Runde logiert und des Hausherrn Spitzenweine verkostet hatte. Doch fielen auch verstohlene Blicke auf jene schilfbestandene Landzunge, hinter der das beklagenswerte Günderödchen sein junges, hoffnungsvolles Leben eigenhändig und gewaltsam beendet hatte.

Bald tauchte linker Hand, auf einem Hügel thronend, die dem Heiligen Rochus geweihte Kapelle auf, die Goethe recht angenehm an eigene literarische Notizen über eine festliche und weinselige Prozession zu Ehren dieses Nothelfers erinnerte, nicht zuletzt auch an ein von ihm dediziertes, eigenhändig skizziertes Bild, welches den frommen Mann mit den Gesichtszügen des jugendlichen Dichters zeigt und, in Öl ausgeführt, gleichfalls in jenem Hause Gottes zu betrachten ist.

Hinter dem Kirchlein erhob sich, das Städtchen Bingen überragend, die Burg Klopp, und hier nun, unter den Augen der martialischen Germania über dem Niederwald, drosselte die »Gutenberg« ihre Talfahrt und machte, kurz vor der Einmündung der Nahe in den Rhein, ein erstes Mal Halt, um weitere Gäste aufzunehmen.

»Schaut die stolze Gestalt an des Stromes steilem Gestade!«, rief Richard Wagner beim Anblick Stefan Georges aus, dessen asketische Gesichtszüge von einem breitkrempigen Hut fast verborgen wurden und der in seinem Habitus und der Art des Auftretens selbst stark an den Rufer gemahnte. George betrat gemessenen Schritts das Schiff, nahm von den Damen nur flüchtig Notiz, und auch die Herren begrüßte er mit strenger Unnahbarkeit und feierlichem Ernst.

Es befanden sich in Georges Gefolge Rüdiger Heins, ein literarischer Fürsprecher der sozial Schwachen, weiterhin, zunächst Kollegin Hildegard, grande dame der Mystik, mit ihren vielfältigen Verpflichtungen auf dem Disibodenberg entschuldigend, Petra Urban, die sogleich die Nähe Wagners suchte, über dessen Werk sie sich wissenschaftlich auszulassen gedachte, und schließlich Karl Simrock, der Sagensammler.

Er war es auch, der, nachdem das Schiff seine Fahrt wieder aufgenommen und sogleich im Binger Loch den inmitten des Stroms auf einer Felseninsel stehenden falben Mäuseturm passiert hatte, auf eine liebenswürdige Moderation Gauchs hin zum Megaphon griff und zu dieser ehemaligen Wahrschau- und Zollstation die Geschichte vom geizigen, grausamen, letztendlich mausetoten Bischof Hatto in farbigen Worten wiedergab. Dankbar ward ihm applaudiert; doch ein besonders wohlwollendes Kopfnicken schenkte ihm Mary Shelley, welche, vom Schaurigschönen angezogen, gleichfalls von moderigem Hauch umwehte Gruselgeschichten zu verfassen pflegte, »Gothic Novels« wie den »Frankenstein am Rhein«.

Als nun auf den backbord liegenden Höhen Burg um Burg vorüberzog, Rheinstein, Reichenstein, Sooneck, Stahleck, schlug die Stunde des wackeren Baedeker, der der Reisegruppe über Bordlautsprecher auf seine etwas spröde, prosaische Art, jedoch überaus kundig und informativ, zu einer jeden »Verzierung«, wie Forster die alten Gemäuer bezeichnete, Auskunft zu geben verstand.

An der Anlegestelle in Bacharach, dem nächsten Zwischenhalt, herrschte beachtlicher Auftrieb. Von dort scholl den Passagieren der »Gutenberg« kräftiger Gesang entgegen, und je rascher sich das Schiff seinem Liegeplatz näherte, desto deutlicher waren die Liedtexte zu verstehen und ihre Sänger zu erkennen.

> »In ganz Europia, Ihr Herren Zecher!
> Ist solch ein Wein nicht mehr,
> Ist solch ein Wein nicht mehr...«,

so tönte es über die Fluten, und es erfüllte Matthias Claudius mit stolzer Genugtuung, sein Poem zum Ruhme des Rheinweins aus berufenem Munde zu hören, waren doch die, welche da sangen und wacker zechten, allesamt jener Gruppe patriotischer Dichter zuzurechnen, die sich zwar auch in Mainz gesammelt hatten, jedoch von dort in aller Herrgottsfrühe per pedes aufgebrochen waren, um, ostentativ linksrheinisch marschierend, die enttäuschten Hoffnungen nach Campoformio vergessen zu machen und dem deutschesten aller Flüsse auf ganz persönliche Weise zu huldigen. Wortführer dieser vaterländischen Fraktion waren Nicolaus Becker, Schneckenburger und Schenkendorf, aber auch Matthisson und Rückert, Freiligrath, Robert Reinick und Theodor Körner gehörten ihr an. Manche trugen Couleurs und Schmisse auf den Wangen, einige weitere Blessuren von anderen Raufhändeln, und sie alle enterten die »Gutenberg« mit stürmischem »Wohlan!«, »Frischauf!« und »Hallo!«, als ginge es gegen Frankreich.

Von soviel nationalem Überschwang wäre die zweite Gästegruppe fast überrannt worden, die sich um Heinrich Heine, den geistvollen Spötter, versammelt hatte, dem ja der Rheinstrom und gerade auch »Bacherach«, wie er den Ort zu benennen pflegte, besonders ans Herz gewachsen schienen. In krassem Widerspruch zu den schwärmerischen, enthusiastischen Beckerianern stand diese Handvoll bissiger, kritischer Intellektueller, als deren Waffe die spitze Feder galt. Schwitters, Tucholsky und Kästner, Ulla

Hahn und Karl Valentin gehörten dazu, aber auch der poeta laureatus Conrad Celtis, Hans Friedrich Blunck, vertraut mit der rheinischen Sagenwelt, sowie Josef Heinzelmann aus Oberwesel, der sich der Reisegruppe nach Ems anzuschließen gedachte, um daselbst mit Jacques Offenbach über das neueste Libretto zu sprechen.

Vorerst war's nun vorbei mit der Beschaulichkeit an Bord.

Schon beim Passieren des Pfalzgrafensteins, der inmitten des Flusses auf einer Felsenklippe liegt und einem ankernden Riesenschiff gleicht, brachen die Vaterländischen in jubelndes »Hurra!« aus; denn hier hatten »Marschall Vorwärts« und seine Truppen den Rhein überquert und es dem Franzmann gezeigt. Lauthals stimmte die Clique der Patrioten die Hymne Niclas Beckers an, einen freien Rhein als deutsches Nationalheiligtum einfordernd; und schließlich ließ sie gar noch einen Ruf wie Donnerhall über die Wogen brausen und versprach feste, treue Wacht am Strom der Ströme.

Conrad Celtis war es, der den Gesang unterbrach, um daran zu erinnern, dass man alsbald an eine Krümmung des Tals gelangen werde, wo der Fluss unter steiler Wand einen gefährlichen Strudel bilde, genauer gesagt: »...cum perventum est obliqui ad coruna vallis quam rapidus vortex savaque syrtis habet«, soweit des Dichters Worte. Und wirklich: Schon schob sich der enorme Schiefertrumm der Loreley ins Blickfeld der Passagiere, der Kapitän drosselte die Fahrt, und die »deutscheste Jungfrau« begann ihre zauberische Wirkung zu entfalten, dergestalt, dass die Mehrheit der eben noch so euphorisch Gestimmten in nachdenkliches Schweigen versank und den Tönen nachhing, welche die verführerische Sirene in ihnen zum Klingen zu bringen vermochte, hatte doch bald ein jeder von ihnen die Loreley auf seine Weise besungen.

Darunter waren durchaus auch respektlose Stimmen, die des Karl Valentin beispielsweise, der die Nixe zum Nymphchen degradierte. Satiriker Erich Kästner missbrauchte die Ley für seine turnerischen Übungen, und Ulla Hahn, wie immer atemlos, schlug der tumben Blondine einige Zitatfetzen um die Ohren. Aber schließlich waren ja auch Brentano und Heine mit von der Partie, welche die Mär von der betörend schönen, männermordenden Maid in unsterbliche Worte zu kleiden gewusst hatten.

Erneut erhob sich die Frage, ob es nicht ratsam sei, die literarische Tagungsstätte hier, im Schatten dieses Felsens, erstehen zu lassen, doch verwarf man den Plan rasch, weil der Ort von seiner Stimmung her eher bedrücke denn beflügele. Damit war jedoch die Debatte über die äußere und innere Gestalt des künftigen Salons neu entbrannt und hielt die Teilnehmer des Symposions mehr in Atem als die teilweise mit Wein, teilweise mit Burgen bepflanzten Bergrücken, wie Kurt Schwitters die vorüberziehende Landschaft bissig beschrieb; alles hier sei sagenumwoben und die einzelnen Spinnfäden oft meterdick.

Während Blunck um mehr Gehör für seine Sage vom Zwist verfeindeter Brüder auf den Burgen Sterrenberg und Liebenstein bat, beklagten einige lautstark die frevlerischen Eingriffe in die umgebende Natur, wenngleich, da war man sich einig, der drohende Rhein-GAU noch rechtzeitig hatte abgewendet werden können.

So ward, unter oftmals hitzigen Wortgefechten, Boppard erreicht, und hier nun vereinigte man sich, einander seiner gegenseitigen Wertschätzung aufs herzlichste versichernd, mit einer stattlichen, der »Gutenberg« entgegen gereisten Delegation aus Koblenz, der Geistesgroße wie Görres und Böll, Breitbach und Brandt angehörten, auch Helmes, Werf und Reinirkens, Pirincci und Bukowski, welch letzterer, ein verderbt ausschauendes Frauenzimmer am Arm, neugierige Aufmerksamkeit erregte und die Damen tuscheln ließ.

Hier stieß auch Victor Hugo zu den Reisenden, der Verfasser famoser und vielfältiger Rheinliteratur, begleitet von der reizvollen Juliette Drouet, seiner Privatsekretärin und Gattin zur linken Hand, welchselbiger oblag, des Abends im Gasthof ihres Gebieters Diktate aufzunehmen und pflichtschuldigst den täglichen Liebesbrief an eine nichtsahnende Madame Hugo in Paris abzufassen.

Pikanterien wie diese machten alsbald die Runde an Bord der »Johannes Gutenberg«, die jetzt auf Lahnstein hielt, wo die nach Ems Reisenden abgesetzt zu werden wünschten.

Sobald nun die Gesellschaft des fünfeckigen Turms der Burg Lahneck ansichtig wurde, hub der aus Unkel stammende Leonhard Reinirkens an, die authentische und drum besonders zu Herzen gehende Geschichte vom Tod einer englischen Touristin zu erzählen, der blutjungen Idilia Dubb, welchselbige, um die Aussicht zu genießen, den Bergfried der zu ihrer Zeit arg baufälligen Burg erstieg, wobei, just dass sie die oberste Stufe erklommen hatte, die morsche Holztreppe hinter ihr zusammenbrach und sie, nunmehr gefangen, auf der Plattform qualvoll verdursten musste.

In Lahnstein hieß es Abschied nehmen von Wagner, der etliche Kisten erlesenen Rheinweins im Gepäck führte, die er seinem Mainzer Verleger Schott als Vorschuss abgetrotzt und an denen teilzuhaben er Dostojewski zugesagt hatte, welchselbigem die Gewächse von der Lahn »unbeschreiblich sauer« aufstießen, wiewohl er sich auf Ems freute, weil er hoffte, ebendort am Spieltisch seine stets dürre Geldkatze ein wenig aufpäppeln zu können.

Schon als man die kleine Emser Delegation, bestehend aus den beiden Vorgenannten sowie Nellessen, Heinzelmann und der Urban, am Lahnsteiner Anleger mit Zurufen, Winken und Kusshänden artig verabschiedete, war einer jener feinen Abendnebel wahrzunehmen, wie sie der Spätsommer gern über die kühleren Fluten des Flusses und seine erhitzten Ufer zu legen pflegt. Aber je mehr sich die »Gutenberg« ihrem Bestimmungsort Koblenz näherte, desto stärker verdichteten sich die Schwaden zu Bänken, die ineinander verschwammen, sich gegenseitig überlagerten und einen immer undurchdringlicheren Silberschleier bildeten, unter dem die Dinge ihre Konturen verloren, wesenlos wurden, scheinbar vergingen.

Gerade noch rechtzeitig und gleichsam blindlings hatte der Schiffsführer, am Ziel angekommen, den ihm zugedachten Liegeplatz gefunden; kräftige Fäuste schlangen blitzschnell ein armdickes Tau um einen der in die Mole eingelassenen Eisenstempel, und nachdem das Schiff also an die Leine gelegt war, konnte die Gangway ausgebracht werden, über deren Schräge die ganze Gesellschaft, Halt am Handlauf suchend, das Deck verließ. Hier nun sollte Gauch endlich der ersehnte Schnappschuss Goethes gelingen, der sich jedoch, nach der Entwicklung, nur als eine diffuse, milchige Trübung des Films erwies.

Und so war es schließlich:

Die Figuren wurden zu Schemen, die Schemen zu Schatten, die sich mehr und mehr im Gedünst auflösten; den Schall der tastenden Schritte schluckte der hölzerne Steg, wie wenn Moos seine Planken überzöge; die Töne verloren ihre Tiefen und ihre Höhen; selbst das glockenhelle Gekicher der Damen bekam einen sanften, milden Klang; Wortfetzen fielen ins Bodenlose; und so verschwanden Gestalten und Töne gleichsam im Nichts, als endete hier ein Film mit einer gefühlvollen, langen, weichen Blende, gleichzeitig Bild und Ton in völliger Stille und Helligkeit verlierend...

Die Reisenden

ARNIM, Achim von (1781-1831); verheiratet mit der Dichterin Bettina, geb. Brentano (1785-1859); gab mit seinem Freund und Schwager Clemens Brentano zwischen 1806 und 1808 die Volksliedsammlung *Des Knaben Wunderhorn* heraus

BAEDEKER, Karl (1801-1859 Koblenz); gründete 1827 in Koblenz einen Verlag für Reisehandbücher; Band I: *Rheinreise von Mainz bis Köln*

BASEDOW, Johann Bernhard (1724-1790); deutscher Pädagoge und Philantropist

BECKER, Nicolaus (1809-1845); patriotischer Dichter; *Der deutsche Rhein*

BLUNCK, Hans Friedrich (1888-1961); Hamburger Jurist; Verfasser und Sammler von Sagen, Märchen und Balladen

BÖLL, Heinrich (1917-1985); politischer Schriftsteller; Literaturnobelpreis 1972

BRANDT, Willy (1913-1992 Unkel, Kreis Neuwied), eigentlich Herbert Frahm; Journalist; sozialdemokratischer Politiker; Bundeskanzler 1969-1974; Friedensnobelpreis 1971

BREITBACH, Joseph (Koblenz 1903-1980); Schriftsteller; lebte seit 1929 in Frankreich

BRENTANO, Clemens (Ehrenbreitstein 1778-1842); seit 1803 verheiratet mit Sophie Mereau; Dichter volkstümlicher Lieder und Märchen; sein Vorname bot sich zur lateinischen Deklination an

BUKOWSKI, Charles (Andernach 1920-1994); amerikanischer Schriftsteller, der in derber Sprache Außenseiterthemen behandelte

BYRON, Lord George Gordon Noel (1788-1824); skandalumwitterter, exzentrischer englischer Dichter; befreundet mit Shelley; schrieb u. a. *Ritter Harolds Pilgerfahrt*

CELTIS, Conrad (1459-1508); eigentlich Conrad Pickel; genannt »der deutsche Horaz«; Humanist und Dichter in lateinischer Sprache; lyrisches Hauptwerk: *Quatuor libri amorum*; entdeckte die verschollenen Dramen der Hrotsvith von Gandersheim

CLAUDIUS, Matthias (1740-1815); Redakteur des *Wandsbeker Bothen*; schrieb populäre Lieder, z. B. »Der Mond ist aufgegangen...«

CAMPOFORMIO; hier wurde 1797 Frankreichs Herrschaft über die linksrheinischen Gebiete in einem Friedensschluss besiegelt. Die anfängliche Begeisterung der deutschen Cisrhenanen für die Ideale der französischen Revolution und die Neuerungen der Republik, in der es ungewohnt liberal zuging, verflog, als Napoleon zur Verwirklichung seiner Weltmachtgelüste das Volk bis aufs Blut auspresste

DOSTOJEWSKI, Fjodor Michailowitsch (1821-1881); russischer Schriftsteller, beeinflusst von Schiller, Gogol und Hugo; literarische Auseinandersetzung mit Atheismus und Sozialismus; letztes Romanwerk: *Die Brüder Karamasow* (1879-1880)

ECKERMANN, Johann Peter (1792-1854); Sekretär und Vertrauter Goethes

FORSTER, Johann Georg (1754-1794); Naturforscher und Reiseschriftsteller; Mitinitiator der »Mainzer Republik«

FREILIGRATH, Ferdinand (1810-1876); politischer Dichter des Vormärz

HEINZELMANN, Josef (*1936 Mainz); lebt in Oberwesel; Dramaturg und Regisseur; Librettist; Jacques-Offenbach-Kenner

GAUCH, Sigfrid (*1945); Mainzer Autor; Romane: *Zweiter Hand*, *Winterhafen*; Erzählungen: *Vaterspuren*, *Goethes Foto* u. a.; Präsidiumsmitglied des P.E.N.; Literaturreferent des rheinland-pfälzischen Kulturministeriums

GEIBEL, Emanuel (1815-1884); schrieb vor allem nationalpathetische Lyrik, aber auch Volkstümliches, z. B. »Der Mai ist gekommen...«

GEORGE, Stefan (Büdesheim, heute Ortsteil von Bingen, 1868-1933); Dichter des Symbolismus

GÖRRES, Joseph von (Koblenz 1776-1848); führender Vertreter der katholischen Romantik; Herausgeber des *Rheinischen Merkur*; betrieb die Vollendung des Kölner Doms

GOETHE, August von (1789-1830); Sohn Goethes, verheiratet mit Ottilie von Pogwisch

GOETHE, Christiane von, geb. Vulpius (1765-1816); seit 1806 Ehefrau Goethes

GOETHE, Johann Wolfgang von (1749-1832); hier: Hinweise auf *Das Sankt-Rochus-Fest zu Bingen*; *Faust I*, Auerbachs Keller, Frosch; *Hermann und Dorothea*, Kalliope; *Aus meinem Leben. Dichtung und Wahrheit*, 3. Teil, 14. Buch, Rheinreise mit Lavater und Basedow

GÜNDERRODE, Karoline von (1780-1806); Dichterin, »Günderödchen« genannt; erdolchte sich aus unglücklicher Liebe im Rhein bei Winkel

GUTENBERG, Johannes; eigentlich: Gensfleisch (Mainz, ca. 1400-1468 ebd.); Erfinder der Druckkunst mit beweglichen Lettern

HAHN, Ulla (*1945); Lyrikerin

HEINE, Heinrich (1797-1856); politischer Dichter; *Buch der Lieder* mit dem Lied von der Lore-Lei; *Deutschland. Ein Wintermärchen*; *Der Rabbi von Bacherach*. *Novelle*, 1840

HEINS, Rüdiger (*1957 in Bingen); Autor; literarischer Schwerpunkt: Soziale Themen (Frauenfragen, Minderheiten, Randgruppen)

HELMES, Werner (*1925); vielseitiger Koblenzer Schriftsteller

HILDEGARD von Bingen (Bermersheim/Alzey?, 1098-1179); Äbtissin im Kloster Disibodenberg an der Nahe; wirkte und starb in dem von ihr gegründeten Kloster Ruppertsberg bei Bingen; Hauptwerk: *Liber Scivias*, d. i. *Wisse die Wege*

HÖLDERLIN, Friedrich (1770-1843); sein Liebesverhältnis zu Susette Gontard (»Diotima«) erregte Aufsehen; geistig verwirrt, nannte er sich in der Tübinger Turm-Zeit »Scardanelli«

HÖLTY, Ludwig Christoph Heinrich (1748-1776); an Klopstock orientierter Dichter; verfasste volkstümliche Liedtexte, z. B. »Üb' immer Treu' und Redlichkeit...«

HOFFMANN von Fallersleben, August Heinrich (1798-1874); Germanistikprofessor; schrieb 1841 im Exil auf Helgoland das »Deutschlandlied«

HUGO, Victor (1802-1885); französischer Dramatiker, Romancier, Dichter und Zeichner; begründete die französische Romantik; sozialkritisches Alterswerk

KÄSTNER, Erich (1899-1974); Autor von Kinderbüchern, satirischen Texten, Drehbüchern

KÖRNER, Theodor (1791-1813); befreundet mit Schlegel und Eichendorff; schrieb u. a. Lustspiele und vaterländische Kriegslieder, z.B. »Lützows wilde verwegene Jagd«; fiel als Lützower Jäger

KRULL, Engelbert; Sektfabrikant aus dem Rheingau; produziert die Marke »Loreley extra cuvée«; in Thomas Manns Roman *Bekenntnisse des Hochstaplers Felix Krull* der Vater des Helden

LAVATER, Johann Kaspar (1741-1801); schweizerischer Theologe, Philosoph und Schriftsteller; bereiste 1774 mit Goethe und Basedow Rhein und Lahn

MARSCHALL VORWÄRTS, d. i. Gebhard Leberecht Fürst Blücher von Wahlstatt (1742-1819); preußischer Generalfeldmarschall und volkstümlichster Heerführer der Befreiungskriege; überquerte in der Neujahrsnacht 1813/14 mit seinen Truppen den Rhein bei Kaub (Pfalzgrafenstein) und erfocht bei Waterloo den entscheidenden Sieg über Napoleon

MATTHISSON, Friedrich von (1761-1831); schrieb sentimentale Gedichte

NELLESSEN, Bernhard (*1958 Bad Ems); Lyriker; Fernsehchefredakteur des Südwestrundfunks, Mainz

OFFENBACH, Jacques (1819-1890); französischer Komponist deutscher Herkunft; Autor von über hundert Bühnenwerken; gilt als Wegbereiter der Operette

PANEZZA, Adelbert; Weinhändler aus dem Rheingau; Protagonist der Novelle *Die Fastnachtsbeichte* von Carl Zuckmayer

PIRINCCI, Akif (*1959); türkischer Herkunft; lebt in Bonn; Autor zahlreicher Romane, Kurzgeschichten, Hörspiele und Drehbücher

REILING, Netty (1900-1983); Mädchenname der in Mainz geborenen Schriftstellerin Anna Seghers; hier: ein Hinweis auf ihre Erzählung *Der Ausflug der toten Mädchen*

REINICK, Robert (1805-1852); Verfasser vaterländischer, romantischer Lyrik

REINIRKENS, Leonhard (*1924); Autor u. a. der Buchreihe »Geschichtspunkte. Geschichte vor Ort: Rheinland-Pfalz«

RÜCKERT, Friedrich (1788-1866); Orientalist; verfasste 1814 vom Geist der Freiheitskriege inspirierte »Geharnischte Sonette«

SCHENKENDORF, Max von (1783-1817 Koblenz); Verfasser patriotisch-romantischer Lyrik, z. B. *Freiheit, die ich meine...*

SCHLEGEL, August Wilhelm von (1767-1845); Literarhistoriker; entwickelte die Theorie der Romantik; Übersetzer der Shakespeare-Dramen

SCHNECKENBURGER, Max (1819-1849); politischer Dichter; *Die Wacht am Rhein*

SCHWITTERS, Kurt (1887-1948); Maler, Bildhauer, Grafiker, Schriftsteller (Nonsense-Dichtung); stand den Dadaisten nahe

SHELLEY, Mary Wollstonecraft (1797-1851); Ehefrau des Dichters Percy Shelley; schrieb unter dem Einfluss Byrons Schauerromane, z. B. *Frankenstein oder der neue Prometheus*

SIMROCK, Karl (1802-1876); Germanistikprofessor in Bonn, Schüler Schlegels; Übersetzer altgermanischer und mittelalterlicher Werke; sammelte Sagen und Lieder

TUCHOLSKY, Kurt (1880-1935); satirischer Schriftsteller der Weimarer Republik; Mitarbeit an *Schaubühne* und *Weltbühne*

URBAN, Petra (*1957); lebt in Bingen; Schriftstellerin; promovierte über Wagners *Tristan und Isolde*

VALENTIN, Karl (1882-1948); bayerischer Volksschauspieler, Kabarettist und Autor

VONDEL, Joost van den (1587-1679); bedeutender niederländischer Barockdichter; schuf das Genre des »Stromgedichts«; Lyrik, Dramen, politische Satiren auf den Glaubensfanatismus der Kalvinisten

WAGNER, Richard (1813-1883); Verfechter eines Gesamtkunstwerks aus Dichtung, Komposition und Inszenierung; pflegte Lautmalerei und Stabreim; »Siegfried« ist die dritte Oper seiner Tetralogie »Der Ring des Nibelungen«

WERF, Fritz (*1934 Andernach); Schriftsteller und Kleinverleger

Literaturempfehlungen

Kristine von Soden: *Der Rhein. Eine literarische Reise von Mainz bis Köln*, Stuttgart 2000
Ursula Schulze / Ulrich Mattejiet (Hrsg.): *Loreley und Schinderhannes. Lieder und Geschichten vom Rhein*, Düsseldorf / Zürich 2001

Stimmen zu Rheintal und Lahn

»Durchlauchter Rhein, mein süßer Traum,
von wo soll ich dir Ehre singen,
Dein Sohn, gewiegt an deinem Saum?
Die Schweizer Alpe läßt dich springen,
Herzader von Europens Blut;
Die Donau, dein entzweiter Bruder
Schickt ostenwärts die rasche Flut,
Du nordwärts, da die gleiche Mutter,
Mit Eis umgürtet, firnenstarr,
Euch vor Jahrtausenden gebar. (...)

Du schlängelst wie die Griechenschlang
Durch das Gestäud in blauen Zügen
Um grüne Hügel breit und lang
Und schwelgst und schlürfst aus allen Krügen
Der Brüderströme, bis du, geschwellt
Von Wassersucht, die Flur bedrängest
Und schleißest Garten, Baum und Feld,
Die rauhen Ufer mürbst und zwängest
Dich bald durch Berg und hohlen Stein,
Bald durch ein Tal gefüllt mit Wein. (...)«

Joost van der Vondel, Rheinstrom (Rhynstroom) (1629/39)

»Der Rheinlauf unterhalb von Mainz wird wesentlich malerischer. Der Fluß strömt rasch dahin und windet sich zwischen den Bergen, die nicht hoch, aber steil sind, und von herrlichem Umriß. Wir sahen viele zerstörte Burgen am Rande von Steilhängen liegen, umgeben von schwarzen Wäldern, hoch und unzugänglich. Dieser Teil des Rheins ist von vielfältigster Landschaft. An einer Stelle sieht man zerklüftete Berge, Burgruinen über steilen Schluchten und den

rauschenden Rhein zu Füßen; nach einer kurzen Biegung dagegen erblickt
man blühende Weinberge mit sanften grünen Ufern, einen sich schlängelnden
Fluß und lebhafte Städte.«

Mary W. Shelley, Am Rhein, am Rhein, da wachsen unsre Reben (1818)

»Bekränzt mit Laub den lieben vollen Becher,
Und trinkt ihn fröhlich leer.
In ganz Europia, Ihr Herren Zecher!
Ist solch ein Wein nicht mehr. (...)

Ihn bringt das Vaterland aus seiner Fülle;
Wie wär es sonst so gut!
Wie wär er sonst so edel, wäre stille
Und doch voll Kraft und Mut!

Er wächst nicht überall im deutschen Reiche;
Und viele Berge, hört,
Sind, wie die weiland Kreter, faule Bäuche,
Und nicht der Stelle wert. (...)

Am Rhein, am Rhein, da wachsen unsre Reben;
Gesegnet sei der Rhein!
Da wachsen sie am Ufer hin, und geben
Uns diesen Labewein.

So trinkt ihn denn, und laßt uns allewege
Uns freun und fröhlich sein!
Und wüßten wir wo jemand traurig läge,
Wir gäben ihm den Wein.«

Matthias Claudius, Rheinweinlied (1776)

»Wir haben ihn gehabt, den deutschen Rhein.
In unserm Glas sahn wir ihn funkeln.
Mit eures Schlagers Prahlerein
Wollt ihr die stolze Spur verdunkeln,
Die unsrer Rosse Huf grub euch ins Blut hinein? (...)

Wir haben ihn gehabt, den deutschen Rhein.
Wo waren die Germanensitten,
Als über eure Länderein
Des mächtgen Kaisers Schatten glitten?
Wo denn liegt eingesargt des letzten Manns Gebein? (...)«

Alfred de Musset, Le Rhin allemand (1841)

»Sie sollen ihn nicht haben,
Den freien deutschen Rhein,
Ob sie wie gier'ge Raben
Sich heiser danach schrein.

So lang er ruhig wallend
Sein grünes Kleid noch trägt,
So lang ein Ruder schallend
In seine Woge schlägt!

Sie sollen ihn nicht haben,
Den freien deutschen Rhein,
So lang dort kühne Knaben
Um schlanke Dirnen frein;

So lang die Flosse hebet
Ein Fisch auf seinem Grund,
So lang ein Lied noch lebet
In seiner Sänger Mund!

Sie sollen ihn nicht haben,
Den freien deutschen Rhein,
So lang sich Herzen laben
An seinem Feuerwein;

So lang in seinem Strome
Noch fest die Felsen stehn,
So lang sich hohe Dome
In seinem Spiegel sehn!

Sie sollen ihn nicht haben,
Den freien deutschen Rhein,
Bis seine Flut begraben
Des letzten Manns Gebein!«

Nicolaus Becker,
Der deutsche Rhein (1840)

»Heiajaheia!
Heiajaheia!
Wallalallalala leiajahei!
Rheingold!
Rheingold!
Leuchtende Lust,
wie lachst du so hell und hehr!
Glühender Glanz
Entgleißet dir weihlich im Wag!
Heiajahei
Heiajaheia!
Wache, Freund,
wache froh!
Wonnige Spiele

Spenden wir dir:
flimmert der Fluß,
flammet die Flut,
umfließen wir tauchend,
tanzend und singend,
im seligen Bade dein Bett.
Rheingold!
Rheingold!
Heiajaheia!
Wallalaleia heiajahei!«

Richard Wagner,
Das Rheingold (1853)

»Eigentlich ist der Vater Rhein gar kein Vater, sondern ein Fluss.(...) Der Vater liegt wie alle Flüsse in seinem Bett. Das Bett besteht teilweise aus flachem Ufer, teilweise aus Bergrücken, die wiederum teilweise mit Wein, teilweise mit Burgen bepflanzt sind. (...) Von der neuen Zeit, die wir auch schon heute haben, merkt man am Rhein so arg viel nicht. Das kommt davon, dass alle Berge mit der Fahrradpumpe jeden Sommer einmal aufgepustet werden. Dann konservieren sich die Sagen gut. Alles ist sagenumwoben. Die einzelnen Spinnwebfäden sind oft meterdick. Donnerwetter!«

Kurt Schwitters, Vater Rhein (1927)

»Nun mußte denn wohl, im Angesicht so vieler Rebhügel, des Eilfers, des Weines von 1811, in Ehren gedacht werden. Es ist mit diesem Weine wie mit dem Namen eines großen und wohltätigen Regenten: er wird jederzeit genannt, wenn auf etwas Vorzügliches im Lande die Rede kommt; ebenso ist auch ein gutes Weinjahr in aller Munde. Ferner hat denn auch der Eilfer die Haupteigenschaft des Trefflichen: er ist zugleich köstlich und reichlich.«

Johann Wolfgang von Goethe, Das Sankt-Rochus-Fest zu Bingen (1814)

»Da stand – Tschingbumm! – ein riesiges Denkmal Kaiser Wilhelms des Ersten: ein Faustschlag aus Stein. Zunächst blieb einem der Atem weg. Sah man näher hin, so entdeckte man, daß es ein herrliches, ein wilhelminisches, ein künstlerisches Kunstwerk war. Das Ding sah aus wie ein gigantischer Tortenaufsatz und repräsentierte jenes Deutschland, das am Kriege schuld gewesen ist – nun wollen wir sie dreschen! (...) Oben jener, auf einem Pferd, was: Pferd! Auf einem Roß, was: Roß! Auf einem riesigen Gefechtshengst wie aus einer Wagneroper, hoihotoho!«

Kurt Tucholsky, Denkmal am Deutschen Eck (1927)

———

Was soll es bedeuten?
Mythos Loreley

Eine Untiefe, eine Gefahrenstelle im Fluss ist, prosaisch gesehen, das ganze Geheimnis der Loreley, des Inbegriffs der Rheinromantik. Dieses Hindernis liegt unterhalb des 132 Meter hohen Schieferbrockens am rechten Rheinufer vor St. Goarshausen, am Fuß jenes Felsens, jener Lei, die den Namen der imaginären Kultfigur trägt. Hier verengt sich nämlich das Flussbett des Rheins unversehens auf gefährliche Weise, und das Wasser muss sich, bei erhöhter Fließgeschwindigkeit, zudem noch einen Weg übereck suchen. Im Jahre 1818 hat Mary W. Shelley in ihrem Schauerroman *Franken-stein oder Der neue Prometheus* die Kulisse beschrieben:»Die Strömung wird zu einer reißen-den, und das Flussbett windet sich zwischen Bergen hindurch, welche zwar nicht sonderlich hoch, jedoch genug steil und von der herrlichsten Gestalt sind.«

Nicht also vom Felsen, der zwar imposant ist, schwärzlich und überaus massiv, geht primär die Bedrohung aus, sondern von der schmalen Fahrrinne mit ihren vom Wasser verborgenen, tücki-schen Felsklippen, die längst nicht immer so vorsorglich ent-schärft sowie mit Verkehrszeichen und Wahrschaustationen gesi-chert war wie heutzutage, son-dern die eine tückische, häufig genug tödliche Falle darstellte, vornehmlich für ortsfremde Schif-fer und Fischer, welche obendrein weit schwerfälligere Kähne zu bugsieren hatten als die Kapitäne der modernen, PS-starken Schubeinheiten. Hier, am Fuß der

Max Slevogt, Die Loreley (1886)
Bleistiftzeichnung

Loreley, Lore Lay oder auch Lurlei, »lurte« das Wasser, es brandete, brodelte und wirbelte; kurzum: ein Verkehrshindernis, ein Unfallschwerpunkt, Scylla und Charybdis vergleichbar, begründete eine eigene Mythe am mythologisierten Rhein und bildet sein zentrales und wichtigstes Motiv. Ursprünglich ist es die Geschichte von der verführerisch schönen Zauberin Lore Lay aus Bacharach, die sich, von ihrem untreuen Geliebten verlassen, von jenem Fels zu Tode stürzt; jedenfalls hat ihr Schöpfer, der Lyriker Clemens Brentano, in seiner 1801 geschriebenen Ballade »Zu Bacharach am Rheine« ihr dieses Schicksal zugedacht und angedichtet.

Die Lorelei ist also eine Kunstfigur, eine romantische Phantasiegestalt, geheimnisvoll wie die Blaue Blume, doch gerade das macht sie so lebendig, lässt sie in alle nur erdenklichen Kostüme schlüpfen, vielerlei Gestalt annehmen, und niemand, der hoch schaut zu ihrer Felsenkanzel, könnte in Wahrheit behaupten, die Lei sei leer: Lore Lay verbirgt sich zwar auf den ersten Blick, aber wer sie wirklich sehen will, dem zeigt sie sich. Warum auch sollte der Rhein nicht gerade da, wo er am zauberhaftesten ist, von zauberischer Wirkung sein...

Der Dichter Julius Wolff (1834-1910) jedenfalls hat sie gesehen:

»Ihr wollt nicht an die Hexe glauben
Und lächelt spöttisch, wenn ihr trinkt?
Nein, Brüder! bei dem Blut der Trauben,
Das hier in unsern Römern blinkt!
Die Lurlei lebte, lebt noch immer,
Saß auf dem Felsen schon und sang,
Bevor des Mondes Glanz und Flimmer
In die gebrochnen Burgen drang.
Geschichte waltet, Sage webet,
Und jede wird zur Dichterin,
Doch was durch Mit- und Nachwelt schwebet,
Das hat auch einen Grund und Sinn.
(...)
Es lockt mit Wein und Lied und Liebe,
Und wer nicht fest sich weiß und frei,
Tät besser, wenn er ferne bliebe
Ihm und der Zaubrin auf der Lei.«

Ganzen Generationen von Dichtern und Malern, Märchenerzählern und Tonsetzern ist sie in wechselvoller Gestalt erschienen; sie alle machten sich das romantische Thema zu eigen und setzten die Dame, nach allen Regeln der Kunst, in Szene. Vor allem von den romantischen Dichtern der ersten und zweiten Generation ließ kaum einer dieses Sujet aus: Niklas Vogt,

Eichendorff und die Stolterfoth, Förster, Geibel und Simrock, der Graf von Loeben und die Gräfin Hahn-Hahn, selbst Guillaume Apollinaire, um nur einige wichtige zu nennen, bastelten am Bild der berückenden Blondine. Nimmt man von jeder und jedem etwas, so sitzt die Loreley auf besagtem Felsen, aus verschmähter Liebe auf Rache sinnend, spärlich gewandet, das Blondhaar kämmend, und becirct mit Verderben bringendem Sirenengesang, von Harfentönen begleitet, die Schiffer, auf dass ihre Nachen am Felskliff zersplittern und sie mit Mann und Maus untergehen und jämmerlich ersaufen müssen. Männermordende Eva, geharnischte Heroine, »femme fatale«, Dummchen, Kindfrau, Kitschfigur: in all diese Klischees wurde sie gepresst. Mal verklärte man sie zur Idealgestalt, dann wieder wurde sie trivialisiert und verschnulzt; »Lore, leih mir dein Herz, und sei lieb zu mir«, – so beginnt ein rheinisches Schunkellied. Natürlich musste sich die Dame auch gefallen lassen, gehörig auf die Schippe genommen zu werden, z. B. von Erich Kästner in seinem satirischen Gedicht vom »Handstand auf der Loreley«, oder aber von Ulla Hahn per »Ars poetica«:

»Und über und drüber und drunter
und drauf und dran und wohlan
und das hat mit ihrem Singen
die Loreley getan.«

Das spielt auf das gewiss populärste Loreley-Lied an, jenes von Silcher einfühlsam vertonte melancholische Gedicht Heines aus dem Jahr 1824:

»Ich weiß nicht, was soll es bedeuten,
daß ich so traurig bin;
Ein Märchen aus alten Zeiten,
Das kommt mir nicht aus dem Sinn.«

Bereits 1916 hatte Karl Valentin, bayerischer Volksschauspieler und spitzzüngiger Poet, Heines Lied zum Anlass genommen, um die geheimnisvolle Schöne despektierlich zu entzaubern:

»Ich singe und zupfe die Harfe,
ich wüßt ja net, was i sonst tat,
ich weiß nicht, was soll es bedeuten,
das Lied wird mir jetzt schon bald fad!«

Die Loreley, auf den ersten Blick ein Fels wie manch anderer, beflügelt nach wie vor die Phantasie der Poeten, obwohl das Sujet, wie der gesamte Rhein, thematisch ausgeschöpft scheint, wie bereits Simrock Mitte des 19. Jahrhunderts befand: »Zwischen Mainz und Köln wird kaum ein Haus, ein Baum gefunden, der nicht schon eine Feder oder einen Grabstichel in Bewegung gesetzt hat.« Doch unermüdlich verzückt die imaginäre Schöne die Touristen

aus aller Welt. Alljährlich, im Hochsommer, lockt sie Zigtausende jugendlicher Raver zu Rock- und Popveranstaltungen auf ihr Plateau. Vor Jahren
schon wurde am Fuß des Schiefermassivs ein weithin sichtbares Schild
angebracht, das in übergroßen japanischen Schriftzeichen auf die in Nippon
besonders populäre Sagengestalt und ihren steinigen Hochsitz hinweist, ein
Kotau, sprich: ein tiefer Diener vor den unermüdlichsten Fotografen der größten Attraktion am Rhein. Selbst der japanische Ministerpräsident Nakasone
ließ es sich anlässlich eines Staatsbesuchs der Bundesrepublik im Frühjahr
1985 nicht nehmen, der Loreley in Form eines Haiku zu huldigen:

»Das Tal, die jungen Blätter und der trockene
Geschmack des örtlichen Weins bieten sich uns an,
während unser Boot den Felsen der Lorelei passiert.«

Rüdiger Diezemann

Literaturempfehlungen

Der Rhein, hrsg. v. Helmut J. Schneider, Frankfurt am Main / Leipzig 1997

Vom Zauber des Rheins ergriffen..., hrsg. v. Klaus Honnef u. a., München 1992

R(h)ein touristisch gesehen...

»Sind Briten hier?«, fragt Mephisto eine der Sphinxen am Peneios im zwei-
ten Teil der Faust-Tragödie. »Sie reisen sonst so viel, Schlachtfeldern nach-
zuspüren, Wasserfällen, gestürzten Mauern, klassisch dumpfen Stellen; das
wäre hier für sie ein würdig Ziel.« Um 1830, als Goethe letzte Hand an sein
Alterswerk legte, war das fast eine rhetorische Frage. Ziel der englischen
Reiselust war jedoch weder der Peneios noch einer der zahlreichen
Blocksberge, sondern der Rhein und da vor allem der Abschnitt zwischen
Bonn und Mainz, der in der Tat sämtliche von Mephistopheles aufgezählte
Kriterien erfüllte – und etliche mehr. Dieses Rheintal gab sich schauerlich
und Ehrfurcht heischend, hatte aber zugleich auch malerische und romanti-
sche Seiten: zerklüfteter Fels mit Grüften und Grotten sowie bedrohliche
Sandbänke, Strudel und Stromschnellen wechselten mit freundlichen Ufern
und sanften Weinhügeln, bemooste gotische Kirchenruinen und verfallenes
Festungsgemäuer mit heimeligen Winzerdörfern. All das suchten die Briten –
und fanden es hier, auf engstem Raum. Fernweh, Neugier, Bildungshunger
und der sportliche Ehrgeiz einer betuchten Oberschicht ließen die Engländer

zu Pionieren des Rheintourismus und damit zu den eigentlichen Begründern des Rheinmythos werden.

Niederländische Dichter und Maler entdecken den Rhein

Gleichwohl hatten bereits zweihundert Jahre vor der Reisewelle aus England Niederländer die Reize der Rheinlandschaft erkannt. Der Barocklyriker Joost van der Vondel begründete 1629 mit seiner Eloge auf den »Rhynstroom« sogar ein eigenes literarisches Genre, das Stromgedicht: »Durchlauchter Rhein, mein süßer Traum, / Von wo soll ich dir Ehre singen, / Dein Sohn, gewiegt an deinem Saum?«

Ihrem Strom, ihrem »Rhyn«, wollten die Niederländer nachspüren, ihn für sich entdecken, ihn erleben, mit eigenen Augen sehen, woher beispielsweise die gewaltigen, über 300 Meter langen Flöße kamen, welche, manövriert von 400, 500 Ruderknechten, Holz aus dem Schwarzwald oder dem Spessart für den Bau von Schiffen und Mühlen in ihre baumarme Heimat brachten. Diese Neugier war oftmals teuer bezahlt; denn eine Reise in das vom Dreißigjährigen Krieg gebeutelte Deutschland bedeutete Abenteuer und Strapaze. Die Fahrt mit der Kutsche war wegen der zahlreichen Marodeure überaus riskant; zudem befanden sich die Straßen wie auch die Leinpfade in erbarmungswürdigem Zustand; die Reise mit dem Boot war durch zahlreiche Untiefen ebenfalls gefährlich und vor allem langwierig: Mit der Strömung schafften die Kähne zwar sieben Kilometer in der Stunde, stromaufwärts allerdings, getreidelt, nur etwas mehr als 20 Kilometer am Tag. So dauerte die Fahrt von Koblenz nach Mainz an die vier Tage.

Wenzel Hollar, ein Merian-Schüler, nahm 1636 den Tort der Tour auf sich und fertigte unterwegs eine ganze Serie aquarellierter Federzeichnungen an, die stimmungsvoll die Szenerie zwischen Engers und dem Binger Mäuseturm wiedergeben. Vor allem aber die visionären Ölgemälde des Herman Saftleven, der ab 1640 die Rheinlandschaft abbildete, in ihr ein Synonym für die Flusslandschaft schlechthin sah und sie phantasievoll verfremdete, hatten eine geradezu verführerische Wirkung auf seine Landsleute. Zu den bedeutenden niederländischen Rheintouristen gehört Vincent Laurensz van der Vinne, der 1652, vier Jahre nach Ende des Dreißigjährigen Krieges, das Rheinland, die Schweiz und Frankreich bereiste. Seine zahlreichen, mit schwarzer Kreide gefertigten Landschaftsskizzen sowie seine Tagebuchnotizen über Land und Leute, Brauchtum, historische Stätten und Fahrtrouten, durch Pläne anschaulich ergänzt, ergaben, Karl Baedeker vorgreifend, einen ersten nützlichen Rheinreiseführer.

Niederländische Dichter und Maler waren es also, die die reizvollen Seiten des Rheintals entdeckten und in zumeist sentimentalen Ergießungen oder wild romantischen Landschaftsbildern festhielten. Das Erlebnis der sich in gedrängter Form pittoresk darstellenden Natur beflügelte die Phantasie der Künstler, ließ die Maler in übersteigerter Form abbilden, die Literaten überschwänglicher beschreiben, als es die Wirklichkeit zu bieten hatte, und die Betrachter und Leser folgten ihnen begierig. Die Rheinlandschaft glich einem enormen Gemälde, einer gewaltigen Kulisse, die man nicht begreifen konnte, sondern unter wohligem Erschauern erleben musste.

Die Engländer erobern den Rhein

Das entsprach ziemlich genau dem Lebensgefühl des Adels und des vermögenden Großbürgertums im England des späten 18. Jahrhunderts. Dort gab man sich melancholisch und empfindsam, erschauerte bei der Lektüre von *Ossians Gesängen*, die James Macpherson 1760 veröffentlicht hatte, las Gruselgeschichten, so genannte »gothic novels«, und erging sich in verwilderten Landschaftsgärten, die mit Parkburgen, Wasserfällen, Grotten und künstlichen Ruinen ausgestattet waren. All diese Versatzstücke fanden sich, in einer Art Live-Inszenierung, komprimiert und echt, nur wenige Tagesreisen südöstlich hinter dem Kanal, am Rhein. Hatte der englische Bildungsbürger diesen Fluss vordem einzig als relativ bequemen Transportweg ins Lieblingsreiseland Italien betrachtet, so wurde nun der Rhein selbst das Ziel der »continental tour«. Die Engländer eroberten, was die Niederländer entdeckt hatten.

Beim Adel und dem durch koloniale Expansion und Industrialisierung zu beträchtlichem Reichtum gekommenen Dritten Stand gehörte Reisen zum guten Ton; man hatte Erfahrung. Die englischen Touristen mieteten zumeist kleine private Segeljachten, so genannte Diligencen, von denen 1779 zwischen Köln und Mainz etwa 200 pendelten, bevölkerten die oft primitiven rheinischen Gasthöfe und nahmen, auf der Suche nach unverfälschter Natur, bewusst die Rückständigkeit der Region und die Einfachheit ihrer Bewohner in Kauf. Einer der ersten englischen Schriftsteller von Rang, der den Mittelrhein bereiste, war William Beckford, der mit seiner, wenngleich eher phantastischen als realistischen Beschreibung *Dreams, Waking Thoughts...* (1783) wesentlich zu einer Popularisierung des Rheins in seinem Mutterland beitrug. Ein weit wirklichkeitsgetreueres Bild lieferte die durch erfolgreiche Schauerromane als führende Vertreterin der neogotischen, vorromantischen Schule ausgewiesene Ann Radcliff, die eine viel beachtete Reisebeschreibung mit dem Titel *A Journey, Made in the Summer of 1794...* vorlegte.

Deutsche Dichter am Rhein

Die Zeitströmung der Empfindsamkeit, die im England des ausgehenden 18. Jahrhunderts grassierte, war übrigens ein grenzübergreifendes Phänomen. In Deutschland fand diese Erscheinung zunächst ihren Niederschlag in sentimentaler, schwärmerischer, frühromantischer Dichtung, zum Beispiel in Klopstocks *Messias*, Goethes *Werther* oder Hölderlins *Hyperion*. Heinrich von Kleist beschrieb im Sommer 1801 sein Rheinerlebnis:

»...der schönste Landstrich von Deutschland, an welchem unser großer Gärtner sichtbar con amore gearbeitet hat, sind die Ufer des Rheins von Mainz bis Koblenz, die wir auf dem Strome selbst bereiset haben. Das ist eine Gegend wie ein Dichtertraum, und die üppigste Phantasie kann nichts Schöneres erdenken, als dieses Tal...«

Im Sommer darauf begab sich das Freundespaar Achim von Arnim und Clemens Brentano auf Rheinreise, Clemens mit einer Laute unterm Arm, »fein und elegant, mit rotem Mützchen über seinen tausend schwarzen Locken«, der blonde Achim »schlampig in seinem weiten Überrock, die Naht im Ärmel aufgetrennt, die Mütze mit halbabgerissenem Futter«. Clemens dichtete:

»Es setzten zwei Vertraute / zum Rhein den Wanderstab,
der braune trug die Laute, / das Lied der blonde gab.«

Achim von Arnim, der auf dieser Reise die Idee zur Volksliedsammlung *Des Knaben Wunderhorn* hatte, deren Erstausgabe 1808 erschien, schrieb: »Auf den Postschiffen ist ein herrliches Leben, ganz wie im Himmelreich, nur nicht umsonst, und etwas heißer.« Bald schon, zwischen 1806 und 1815, zog es patriotische deutsche Dichter an den Grenzfluss, der wieder einmal zu einem gewichtigen Politikum geworden war, nicht um romantische Sehnsüchte zu stillen, sondern um den als unliebsame Besatzer verschrienen Franzosen vor Augen zu führen, dass »Der Rhein, Teutschlands Strom, aber nicht Teutschlands Gränze« sei, wie es Ernst Moritz Arndt formuliert hatte.

Die Nachwehen der Französischen Revolution, die Kontinentalsperre und die Befreiungskriege versetzten zwar dem Rheintourismus, in Sonderheit dem Zustrom aus England, gehörige Dämpfer; doch nach Waterloo sollte es mit ihm um so stürmischer voran gehen. Den entscheidenden neuerlichen Impetus erhielten die reisefreudigen Engländer durch die literarischen Niederschläge der Rheintouren Mary Shelleys, die sich 1814 und 1816 von der Landschaft zu ihrem Bestseller *Frankenstein*, einem Schauerroman, inspirieren ließ, sowie die des Lords George Gordon Noel Byron, der zur gleichen Zeit seinen Heldengesang *Childe Harold's Pilgrimage* veröffentlichte, der fast über Nacht zur Bibel der englischen Rheintouristen avancierte.

Die Popularität des Rheinlandes in England mehrten ganz wesentlich auch Maler und Grafiker, allen voran der unvergleichliche William Turner, der 1817 ein erstes Mal an den Fluss kam, dessen Zauber sich ihm hauptsächlich bei Fußmärschen, stromaufwärts am Westufer, auf der neu gebauten Route Napoléon, erschloss, auf der er bis zu 35 Meilen am Tag zurücklegte. Somit darf Turner buchstäblich als ein »Vorläufer« Karl Baedekers bezeichnet werden; denn auch dieser sollte sich, im Zuge der Recherchen für seinen ersten Reiseführer, die Landschaft »erwandern«, eine Wortschöpfung, als deren Urheber Baedeker im Grimmschen Wörterbuch aufgeführt ist.

Mit Volldampf auf dem Rhein: Die Dampfschiffe kommen

Die Dampfkraft, gebändigt vom englischen Ingenieur James Watt, revolutionierte den Rheintourismus von Grund auf. 1816 erreichte die »Prince of Orange«, das erste Dampfboot auf dem Rhein, von Rotterdam her kommend, Köln und erregte ungeheures Aufsehen.

Was für eine Sensation! An den Ufern liefen die Menschen zusammen; viele bekreuzigten sich ungläubig. Die Leute spürten es, und sie konnten es mit eigenen Augen sehen: Eine neue Zeitrechnung, ja, ein neues Zeitalter hatte begonnen! Mit Volldampf ging es voran: 1827 wurde ein regelmäßiger Linienverkehr zwischen Mainz und Köln eingerichtet; die Reisezeit zwischen den beiden Städten verkürzte sich nun stromabwärts von zwei bis drei Tagen auf neun Stunden, bei der Bergfahrt auf unfassbare 18 Stunden. »Concordia« hieß das Zauberschiff. Bereits im ersten Jahr ihres Bestehens transportierte die »Rheinisch-Preußische-Dampfschiffahrtsgesellschaft«, die Vorläuferin der heutigen »Köln-Düsseldorfer«, 18.000 Passagiere, zehn Jahre später schon 150.000, 1856 erstmals über eine Million.

Einer der ersten Passagiere der »Concordia«, der Dichter Friedrich von Matthison, berichtete:

> »Man kann sich kaum etwas Eleganteres und Bequemeres denken, als dieses Dampfschiff, das den Namen von Schillers Glocke führt... Für alles, was dem gebildeten oder verwöhnten Reisenden zu Nutz und Frommen gereichen kann, ist mit scharfer, indes möchte ich doch lieber sagen, mit geistreicher und geschmackvoller Berechnung gesorgt... Angenehmer sich durch die Welt bewegen, als in einem solchen Dampfboote, mag auch der lebhaftesten Phantasie kaum erträumbar sein.«

Dieser Komfort hatte natürlich seinen Preis: Sieben Taler kostete die Fahrt von Köln nach Mainz, – den Monatslohn eines Werftarbeiters. So blieben die Mitglieder der upper class unter sich, auch in den Hotels und Gasthöfen, die wie Pilze aus dem Boden schossen. Jeder zweite Tourist war Brite. Mrs.

Trollope, eine Besucherin von der Insel, bemerkte 1834, die Eingeborenen erwarteten alljährlich die Engländer »wie der Landmann den Regen, wie der Fischer den Heringsschwarm«. Aus war's mit der beschaulichen Reiserei; immer hektischer ging's zu; immer mehr in immer kürzerer Zeit, hieß die Devise. Der Publizist Ludwig Rellstab notierte 1832 als Passagier eines Dampfschiffes mit einiger Bitterkeit:

>»Die Landschaft wurde nun genossen wie eine neue Oper (...), d. h. im Gedränge stehend, mit accidentiellen Zugaben von Rippenstößen etc. Wir schossen wie ein Pfeil zwischen Bingen und Rüdesheim hindurch. O wie herrlich liegt Schloss Rheinstein! Wo? Wo? – Hier dicht vor uns! Nein, jetzt ist's verschwunden. Ehe ich den Hals nach den Kommandowörtern gedreht hatte, waren sie immer schon falsch! O, wie genießt man eine schöne Landschaft auf dem Dampfschiffe!«

Gedruckte Reiseführer überschwemmten den Markt; zwischen 1790 und 1840 erschienen allein 120 Handbücher zum Thema »Rhein«. Bei den Engländern machten die Publikationen von Ann Jameson und John Murray das Rennen; bei den Deutschen setzte sich der *Baedeker* durch, die *Rheinreise von Mainz bis Cöln* mit der 1828 dem Buchhändler und Verleger Karl Baedeker aus Koblenz der große Wurf gelang. Sein zuverlässiges Werk, illustriert und mit sorgfältig gefertigten Karten und Plänen ausgestattet, wurde im deutschsprachigen Raum zum Synonym für den Reiseführer.

1859 erwuchs dem Dampfschiff Konkurrenz durch die Eisenbahn, die zunächst linksrheinisch fuhr, drei Jahre später auch am rechten Ufer. Nun ging alles noch schneller, aber auch um so schneller bergab. Es war die Zeit, in der der Rheinmythos für die Briten seine Faszination zu verlieren begann. Sie hatten sich satt gesehen an Burgen und Ruinen, an Leyen und Rebhängen. Jetzt dampften sie nach Übersee. In gleichem Maße, wie man sich in England über die sagenumwobene, ehrwürdige Geschichte des Rheinlandes lustig machte, seine Sagen satirisch kommentierte, entwickelte sich in Deutschland ein von vielerlei Vorurteilen geprägtes Bild vom reisenden Briten, der als unhöflich, kontaktscheu und arrogant angesehen und dargestellt wurde: »Lord Nothingnix, ein dicker, dummer, reicher Engländer, welcher sich seit seiner Jugend langweilt...« Wilhelm Busch karikierte ihn 1882 in Gestalt eines spleenigen Touristen, mit Tropenhelm und im obligaten karierten Anzug:

>»Zugereist in diese Gegend, / Noch viel mehr als sehr vermögend,
>In der Hand das Perspektiv, / Kam ein Mister namens Pief.«

Noch immer wird Englisch gesprochen am Rhein, doch die amerikanische Färbung überwiegt inzwischen; auch bevölkern jetzt gehetzte Japaner in großen Scharen die Decks der Schiffe der »Weißen Flotte«, das Koblenzer Weindorf und die Drosselgasse im hessischen Rüdesheim, Schloss Stolzenfels und das Loreley-Plateau, eilige Touries, denen die Muße fehlt, mit denen die Protagonisten des Rheintourismus auf Entdeckungsreise gingen. Zu ihnen darf noch Victor Hugo gezählt werden, der 1839 und 1840 das Rheintal über weite Strecken per pedes erkundete. Er schrieb:

»Nichts ist für mein Empfinden angenehmer als diese Art zu reisen. Zu Fuß! Man ist sein eigener Herr, man ist frei und fröhlich; ganz und ungeteilt überlässt man sich den Zufällen der Straße, dem Bauernhof, wo man sein Mittagessen einnimmt, dem Baum, unter dem man Schutz sucht, der Kirche, in der man zu einer Andacht verweilt. (...) Man geht und träumt vor sich hin. Der Schritt wiegt die Träume, die Träume verdecken die Müdigkeit. (...) Man reist nicht, man schweift umher. Bei jedem Schritt kommt einem ein neuer Gedanke. Man fühlt gleichsam einen Bienenschwarm in seinem Kopf summen.«

Heute dröhnt der Kopf vom Getöse tief fliegender Düsenjäger, dem Getucker der Schubschiffe, dem Räderrattern der zahllosen Züge und dem Motorenlärm der Autokarawanen links und rechts des großen Flusses, der all den modernen Firlefanz mit großer Gelassenheit zu tragen weiß und zu ertragen scheint. Erich Kästner brachte es auf den Punkt:

»Wir wandeln uns. Die Schiffer inbegriffen.
Der Rhein ist reguliert und eingedämmt.
Die Zeit vergeht. Man stirbt nicht mehr beim Schiffen,
bloß weil ein blondes Weib sich dauernd kämmt.«

Rüdiger Diezemann

Vom Reiz der Ruinen am Rhein

Habent sua fata ruinae – auch auf Ruinen trifft das zu: sie alle haben ein Schicksal, eine Vergangenheit, und jede hat ihre eigene Geschichte. Erst die Ruinen machen die Rheinlandschaft spannend; denn sie geben dem Reisenden Rätsel auf und der Phantasie ihres Betrachters Nahrung.

Stets ist ja der Rhein, als stünde er unter Strom, im Fluss; keine Konstante also, sondern ein sich ständig erneuerndes Gebilde, das nur ein und dasselbe Bett flüchtig als Sammelbecken benutzt. Nicht so jedoch seine »Verzierungen«, wie der Welt- und Rheinreisende Georg Forster 1790 die dem Flusslauf folgenden Höhenburgen bezeichnete, die sich ihm seinerzeit zumeist in Form von Ruinen, zumindest aber in ruinösem Zustand präsentierten; denn hundert Jahre zuvor hatten die Franzosen im pfälzischen Erbfolgekrieg ganze Arbeit geleistet und die unter Mühsal auf die unwegsamen Anhöhen gestellten Bauten binnen kürzester Zeit in die Luft gejagt. Zwar ändern auch Ruinen ihr Gesicht, aber das nicht permanent, sondern unmerklich langsam. Und so gehören sie denn zur Ausstattung, zu den unverwechselbaren Requisiten dieser großartigen Dauerinszenierung »Rheintal«; sie sind die Topoi der Rheinromantik schlechthin.

Erst die Romantiker entdeckten, eroberten, vereinnahmten den Mittelrhein als Gesamtkunstwerk; wahrscheinlich begann dieser Prozess 1774, mit Goethes erster Rheinbereisung; seinen Höhepunkt erfuhr er jedenfalls zwischen 1800 und 1850, als die Shelley, Byron, Brentano, Heine und Hugo mit ihren überschwänglichen Lobliedern eine wahre Rheineuphorie und damit eine Reisewelle auslösten, die zu den heutigen Überschwemmungen führte.

Vordem hatten die Aufklärer das Wort. Sie gaben sich als Pragmatiker, denen es um den Nutzwert für die menschliche Gemeinschaft ging und denen Burgruinen allenfalls als bequeme Steinbrüche für die Errichtung neuer Behausungen willkommen waren, hielten sie Schlösser, Burgen und Ruinen doch lediglich für »Überbleibsel einer barbarischen Epoche des finsteren Mittelalters und des Faustrechts«, wie Thomas Grosser in *Mythos Rhein* feststellt; und genau so nüchtern sah ein Mann wie Georg Forster die Sache mit den zerbröselnden Relikten: »...zwischen ein paar schroffen Spitzen klebend, ängstlich, hängt hier so mancher zertrümmerter, verlassener Wohnsitz der adelichen Räuber, die einst das Schrecken der Schiffenden waren.« Zur gleichen Zeit konnte man aber auch bereits andere Töne vernehmen. So schilderte1779 ein unbekannter Autor in der Berliner *Litteratur- und Theater-Zeitung* die überwältigenden Eindrücke und Gefühle auf einer Rheinfahrt:

»Nun schwammen wir in die Gebürge. Auf beyden Seiten umschließen sie die Ufer des Rheins, und streben empor bis in's blauigte Dunkel des Himmels!... Wir erblickten auf den Bergen verfallne, zerstörte Schlösser, die so lange unüberwindlich der Vergangenheit getrotzt hatten, und doch! Ehrfurcht fühlten wir, wie bey irgend eynem heiligen Orte, bey diesen Trümmern aus den Biederzeiten, – verloren uns in Betrachtungen, und der Geist des Jahrhunderts schwebte auf uns herab!«

Da ist es, das neue »feeling«, wie es Lord George Gordon Noel Byron auf einer Rheinreise erfuhr und um 1815 in seiner romantischen Verserzählung *Childe Harold's Pilgrimage* meisterlich beschrieb:

»(...) Herrenlose Burgen, hauchend Scheidegrüße,
Wo der Verfall bewohnt umlaubter Mauern Risse.
Gleich einem hehren Geist seht dort sie stehn,
Zerfallen noch die alte Hoheit wahren,
Verlassen, nur umkreist vom Windeswehn
Und mit der Wolken düsterm Zug sich paaren!«

Auch Mary Shelley fand Stoff in Hülle und Fülle für »Gothic Novels«, Schauerromane nach dem Geschmack einer breiten Leserschicht: »So manche verfallene Burg erblickten wir, wie sie, umgeben von schwärzlichen Wäldern, dort oben in einsamer luftiger Höh' über schwindelerregenden Abgründen thronte.« Ein Satz wie dieser gibt die geradezu sentimentalische Grundstimmung im England des ausgehenden 18. Jahrhunderts wieder, die auf der Insel ihren Ausdruck in Landschaftsgärten mit künstlichen Ruinen und kitschigen Parkburgen fand: gothic revival, Rückbesinnung auf die Baukunst des Mittelalters.

So zog auch Friedrich Schlegel (1772-1829), einer der bestimmenden Köpfe der deutschen Frühromantik, Parallelen zwischen den »Ruinen altdeutscher Burgen, welche den Rheinstrom hinauf und herab so herrlich umkränzen« und der »späterhin so kunstreich entwickelten gotischen Baukunst«; »(...) in der ganzen Tendenz und inneren Idee dieser Bergschlösser« offenbarte sich ihm der Geist des Mittelalters. Diesem als einer scheinbar harmonischeren Menschheitsepoche schien auch das preußische Königshaus verfallen; man schwärmte für die Tugenden des Rittertums und gab sich einer wahren Ruinenbegeisterung hin. Während seiner ersten Rheinreise, 1815, vertraute der zwanzigjährige Kronprinz Friedrich Wilhelm, der später als der IV. mit dem Ruf eines Romantikers regierte, nach einer Besichtigung des verfallenen Schlosses Stolzenfels seinem Tagebuch an:

»Dies ist die schönste Gegend von allen deutschen Landen!!!... Also hinaus aus der Jacht, das Schloss durchrannt wie rasend, so nach der Jacht zurück und ins Bingerloch hinein bei Ehrenfels, Pfalzburg und all den 1000 alten göttlichen Burgen und Felsen und Strömungen vorbei; ich war matt vor Seligkeit.«

Alsbald wurde Stolzenfels, von keinem Geringeren als Schinkel, zu einer prächtigen Sommerresidenz ausgebaut. Nach und nach brachten die Hohenzollern wenigstens sieben Burgruinen am Rhein in ihren Besitz und ließen sie mit erheblichem Aufwand restaurieren. Dahinter stand natürlich auch eine handfeste politische Absicht: Man wollte gegenüber dem Nachbarn im Westen demonstrativ zur Schau stellen, wer Herr am Rhein war.

Aus dem angrenzenden Frankreich kam 1839 und 1840 der große Victor

Victor Hugo (1842), Lithographie

Hugo an den von ihm geradezu verehrten Fluss, um – nach eigenem Bekunden – »den Ruinen alles, was sie den Nachdenklichen lehren können, zu entreißen«. Dabei lebte er, der deutschen Sprache unkundig, »viel mehr unter den Steinen vergangener Zeiten, als unter den Menschen der Gegenwart«. Trotz dieses Handicaps gelangen ihm wundervolle Stimmungsbilder, die er sowohl mit Zeichenstift und pastellenen Wasserfarben als auch in romantischen Versen zu Papier brachte, zum Beispiel in einem »Le Burg« betitelten Gedicht:

»Trotz Disteln und Gras und wildem Geranke,
Steht die Burg so stolz wie ein Siegergedanke;
Wie ein Priester vom Dunkel des Waldes umlaubt
Hebt ihr Turm sein dreifach gekröntes Haupt;
Und des Abends, ein riesiges Schattengebilde,
Ragt er hoch über das Felsengefilde...«

Die Ruine als Faszinosum! Ein amerikanischer Rhein-Tourist der ersten Generation, der sozialkritische Schriftsteller und Naturphilosoph Henry David Thoreau (1817-1862), ließ seiner Begeisterung für gestürztes Gemäuer freien Lauf:

»Hauptsächlich interessierten mich die Ruinen. Aus den Burggräben und Tälern, von den Weinbergen schienen lautlose Melodien herüberzuschwingen (...) als stammten sie von Kreuzrittern, die zum Heiligen Land aufbrachen. Ich glitt dahin, verzaubert und entzückt, als wäre ich ins Heldenzeitalter versetzt worden und atmete die Atmosphäre des Rittertums.«

Nachdem er bald darauf wieder am heimischen Mississippi stand und diesen gewaltigen Strom mit dem Rhein verglich, musste er einräumen, »dass die Grundmauern von Schlössern hier noch zu legen und die berühmten Brücken hier noch über den Fluss zu schlagen« wären.

Amerikaner... Ruinen ... Brücken.... E i n e Ruine am Rhein fällt aus dem Rahmen, weil sie nicht mittelalterlich, sondern relativ jung ist, weder auf der Höhe liegt, sondern an beiden Flussufern und sich weder ästhetisch reizvoll, sondern nachgerade hässlich präsentiert, aber dennoch Touristen, vorwiegend Amerikaner, in großer Zahl anzieht: die vier Brückentürme der ehemaligen Remagener Ludendorff-Brücke, erbaut während des Ersten Weltkriegs, heute Gedenkstätte und, linksrheinisch, Museum. Als im März 1945 amerikanische Truppen bei Remagen den Rhein erreichten, trafen sie hier zu ihrem Erstaunen auf die einzige, zudem fast unversehrte Brücke am gesamten Fluss, die ihnen den Übergang und die Bildung eines Brückenkopfes am rechten Ufer ermöglichte, bevor dann nach zehn Tagen das angeschlagene und überlastete Bauwerk in sich zusammenstürzte. Die »Brücke von Remagen«, literarisch und filmisch vielfach gewürdigt, hat das historische Verdienst, zu einer erheblichen Verkürzung des so genannten »Endkampfs« beigetragen zu haben. Daraus bezieht das unansehnliche Trümmerquartett seinen Wert und sein Gewicht. Auch dieser Rheinübergang forderte seine Opfer; die Bauten, die Burgen, die fast allesamt in kriegerischen Auseinandersetzungen geopfert wurden, scheinen sich bisweilen rächen zu wollen; ja selbst die Ruinen noch fordern ihren Tribut.

Glimpflich ging's bei Heinrich Heine ab, der eine wildromantische, wiewohl kühle »Nacht auf dem Drachenfels« erlebte:

»Um Mitternacht war schon die Burg erstiegen,
Der Holzstoß flammte auf am Fuß der Mauern,
Und wie die Burschen lustig niederkauern,
Erscholl das Lied von Deutschlands heilgen Siegen.

Wir tranken Deutschlands Wohl aus Rheinweinkrügen,
Wir sahn den Burggeist auf dem Turme lauern,
Viel dunkle Ritterschatten uns umschauern,
Viel Nebelfrau'n bei uns vorüberfliegen.

Und aus den Trümmern steigt ein tiefes Ächzen,
Es klirrt und rasselt, und die Eulen krächzen;
Dazwischen heult des Nordsturms Wutgebrause. –

Sieh nun, mein Freund, so eine Nacht durchwacht ich
Auf hohem Drachenfels, doch leider bracht ich
Den Schnupfen und den Husten mit nach Hause.«

Tödlich jedoch endete im Jahre 1851 der einsame Ausflug einer englischen Touristin, Idilia Dubb, zur Burg Lahneck. Neugier lockte die Siebzehnjährige in das verfallene Gemäuer. Um von hoher Warte den Blick über die Umgebung schweifen lassen und die Landschaft skizzieren zu können, bestieg sie den Bergfried; doch just als sie die Plattform erreicht hatte, brach die morsche Holztreppe hinter ihr zusammen und machte sie in unüberwindlicher Höhe zur Gefangenen. Tagelang rief sie, bei schwindenden Kräften, verzweifelt um Hilfe, versuchte mit Botschaften, die sie auf ihrem Zeichenblock kritzelte und dessen Bögen sie vom Turm herab segeln ließ, auf sich aufmerksam zu machen, – vergebens. Einheimische, die auf Drängen der Eltern nach der Vermissten fahndeten, schlossen zunächst gänzlich aus, dass sich die junge Frau auf dem verwilderten Ruinengelände aufhalten könnte; und als dann nach einigen Tagen die Suche intensiviert und auch auf die Burg ausgedehnt wurde, schied auch die Plattform des Turms als möglicher Aufenthaltsort aus, weil der Bergfried halt keine Treppe besaß; doch da war die Unglückliche wohl schon nicht mehr zu retten. Ihr Tagebuch, das man Jahre später beim Wiederaufbau der Burg über ihrem Leichnam, in einer Mauerspalte verborgen, entdeckte, gibt erschütternden Aufschluss über die letzten Tage ihres Lebens. Soweit der Bericht über das Ende der Idilia Dubb aus England; doch ihr tragischer Tod hat sie unsterblich gemacht: Das Fernsehen des Südwestfunks, des heutigen SWR, nahm sich ihres Schicksals filmisch an, und Leonhard Reinirkes aus Unkel beschrieb es.

»Wir begreifen die Ruinen nicht eher, als bis wir selbst Ruinen sind«, bemerkte einmal Heinrich Heine sarkastisch; doch ist wohl wahr, dass einem zerfallendes Mauerwerk, an dem Geschichte klebt, durchaus die eigene Endlichkeit vor Augen zu führen vermag. Es sei denn, man verdrängt solche Gedanken mit Humor, wie Adolf Glassbrenner (1810-1876), ein Autor des Vormärz:

»Hochpoetisch, herzerbauend,
Sind Ruinen, wunderschön.
Wunderschön die düstern Mienen,
Durch das grüne Laubgewind!
Doch das Schönste an Ruinen,
Ist –, dass sie Ruinen sind.«

Rüdiger Diezemann

Literaturempfehlungen

Leonhard Reinirkens: *Geschichtspunkte*, Bd. 2, Bad Honnef 1989

Adolf Wild: *Victor Hugo und Deutschland*, Gutenberg-Museum Mainz 1990

Mythos Rhein, Stadtmuseum Ludwigshafen am Rhein 1992

———

Sagenhaftes Rheintal

»Es war einmal ein armer Fischer...«: so weit so gut; »...der lebte in einer kleinen Hütte am Rhein...« Schon ist das Märchen, kaum dass es begonnen hat, zu Ende; denn Märchen sind nicht nur zeitlos, auch dürfen sie nicht einem bestimmten Ort zugeschrieben sein. Mithin gehört, streng genommen, der »Rattenfänger von Hameln« nicht in die Gattung »Märchen«; seine Geschichte wäre eher den »Sagen« zuzuordnen, die zwar die gleichen Zutaten verwenden wie die Märchen: Tiere in Menschengestalt, sprechende Bäume oder verwunschene Prinzen, die ganze Welt der Hexen und Nixen, der Zauberer und Zwerge, all die wunder-vollen Versatzstücke, die die Sinne berauschen und den Leser wohlig erschauern lassen. Doch im Gegensatz zum Märchen haben sie einen realen Hintergrund. Dieser wird zwar mittels phantastischer Elemente verbrämt; dennoch soll der Hörer oder Leser darüber nicht die Echtheit des Kerns anzweifeln. Wahrscheinlich hat ein Exodus der Kinder von Hameln, aus welchen Gründen auch immer, irgendwann einmal tatsächlich stattgefunden; vielleicht war es ein Massensterben, die Folge einer durch Ratten übertragenen Pestepidemie, wer weiß; der Volksmund jedenfalls versuchte das Unfassbare, Unerklärliche durch eine halbwegs plausible Story begreifbar zu machen und akzeptabel erscheinen zu lassen.

Am romantischen Rhein sind es folgerichtig zum einen markante geologische Besonderheiten, die das Gleichmaß des Flusslaufs unterbrechen, zum anderen Bauwerke im Strom selbst, an seinen Ufern oder auf den Höhen, die zu Ausgangspunkten phantastischer Geschichten wurden. Genau genommen ist jede Ruine, jedes Werth, jede Burg, jedes Felsmassiv Gegenstand einer Sage. Hans Friedrich Blunck hat die Bandbreite dieser geheimnisvollen Welt in seinen *Sagen vom Rhein* umrissen:

> »Bei der Stadt Bingen biegt der Rhein wieder nach Norden und durchströmt zwischen dem einst von Riesen bewohnten Hunsrück und den qualmenden Zwerghöhlen des Taunus ein hochgetürmtes Felsland. Sein Tal aber gehört den Wasserfürsten und ihren Völkern. Auch die Windischen fahren in Wolken und Nebeln in den Lüften und springen von einem der steilen Ufer zum anderen. Die im Strom haben es enger als sonst und zürnen den Menschen, die auf ihren Fluten reisen oder mit scharfem Kiel die Eisdecke aufbrechen oder die Riffe im Strom zerschlagen.«

So geschehen am Binger Loch, wo das enge Flussbett frei gesprengt werden musste, damit es schiffbar wurde. Gefährliche Untiefen, zu denen auch der Loreleyfelsen zählt, dem Clemens Brentano eine tragische Liebesgeschichte andichtete, welche ihrerseits einen eigenen Mythos begründete, boten geradezu ideale Voraussetzungen, um Sagen und ihre lyrische Form, die Ballade, entstehen zu lassen. Sieben gewaltige Felsbrocken, die seit Menschengedenken bei Oberwesel die Schifffahrt behindern, heißen im Volksmund »Die Sieben Jungfrauen«. Hier büßen dem Vernehmen nach sieben junge, versteinerte Gräfinnen von Burg Schönberg für den Hochmut, mit dem sie ihren Freiern das Leben schwer gemacht hatten; zur Strafe wurden sie von ihrer Mutter, der mächtigen Rheinkönigin, verwünscht. Auch ein so prominentes Bauwerk wie der Binger Mäuseturm, auf einer Felsinsel im Strom gelegen, bot sich als Schauplatz einer schaurig-schönen Geschichte an. Man darf getrost davon ausgehen, dass der Mainzer Bischof Hatto, der, wie's die Leute gern hätten, zur Strafe für seinen Geiz und seine mörderische Grausamkeit von Scharen von Mäusen auf das Eiland verfolgt und daselbst aufgefressen wurde, im wirklichen Leben ein hartherziger Machtmensch war.

Die Nachbarburgen Sterrenberg und Liebenstein, oberhalb von Kloster Bornhofen gelegen, durch Gräben, Zwinger und Schildmauern voneinander getrennt, werden von den Einheimischen »Die Feindlichen Brüder« genannt, doch die Sagen, die sich im Volk über den Ursprung und Hintergrund dieser Bezeichnung herausgebildet haben, weichen erheblich voneinander ab. Mal geht die Mär von habgierigen Brüdern, der eine Herr auf Sterrenberg, der andere Ritter zu Liebenstein, die ihre blinde Schwester um ihr Erbe prellen und sich selbst darüber zerstreiten; bei W.O. von Horn fordert der Ältere den Jüngeren zum Zweikampf, weil dieser seine Braut schmählich verlassen hat; bei Blunck muss der Rheinkönig schlichtend einschreiten; und in Simrocks *Rheinsagen* kommt Heinrich Heine mit einer Ballade zu Wort, in der er eine plausible Erklärung für den Zwist liefert: Eifersucht! »Gräfin Lauras Augenfunkeln / Zündete den Bruderstreit, / Beide glühen liebestrunken / Für die adlich holde Maid«, mit dem Ergebnis, dass sie so lange die Klingen kreuzen, bis »...einer in des andern Stahl« stürzt. Historisch verbrieft ist nur, dass gegen Ende des 13. Jahrhunderts Burg Liebenstein mitsamt dem Namen des Vorbesitzers, eines Sponheimers, sowie etlicher dazugehöriger Ländereien ins Eigentum Derer von Sterrenberg überging.

Die Legende, eine besondere Form der Sage, fand gleichfalls am Rhein ein fruchtbares Feld. Legenden sind auf mündlicher Überlieferung basierende Schilderungen von Ereignissen mit religiösem Hintergrund, Geschichten um fromme Menschen, die bevorzugt als Mönche oder Missionare Wunder vollbrachten oder um des Glaubens willen ihr Leben lassen mussten.

St. Rochus, Nothelfer bei Pestepidemien und als Schutzheiliger der Rebe verehrt, gehört in die Familie der Märtyrer. Goethe nahm im August 1814, anlässlich seiner großen Rheinreise, an einer Prozession zu Ehren des

Gottesmannes teil und würdigte später dessen aufopferungsvolles Priestertum in seinem literarischen Protokoll vom »St.-Rochus-Fest in Bingen«. Den Ruf eines »Heiligen« erwarb sich auch der Pilger Goar, Namensgeber der beiden Loreleystädte, der sich als Eremit am Rhein niederließ, als Fischer und Lotse sein Dasein fristete und die christliche Botschaft verkündete. Der Dritte im Bunde der als heilig Verehrten ist der aus Oberwesel stammende Knabe Werner, ein Mordopfer, dessen Leichnam 1287 in Bacharach aufgefunden wurde. Die malerische Ruine der dort zu seinem Gedenken errichteten gotischen Kapelle erinnert an den mysteriösen Mordfall, ebenso ein mittelhochdeutsches Reimgedicht und wild wuchernde Legenden um den nie geklärten Tod des Kindes, ein Mord, der sogleich den Juden angelastet wurde, seinerzeit die beliebteste Form der Schuldzuweisung. Bei W. O. von Horn liest sich das wie folgt: »Die Juden standen im Rufe, sie suchten zu Ostern ein Christenkind heimlich wegzufangen, um auf's Grausamste es zu tödten und seines Blutes theilhaftig zu werden«, welches, wie Horn schreibt, als Zaubermittel gegen allerlei Gebreste galt. Diese Verdächtigung hatte zur Folge, »dass sich der tiefschlummernde, vielfach genährte Judenhass nun eine ungemessene Bahn brach. Die fanatische Wuth war einmal entfesselt. Innerhalb weniger Tage wurden vierzig Juden verbrannt, ertränkt, enthauptet.« Weitere Pogrome folgten.

Rätselhaft kann er sein, der Rhein, aber auch märchenhaft, sagenhaft, fabelhaft. Der Dada-Künstler Kurt Schwitters stellte 1927 fest, alles in dieser Landschaft sei sagenumwoben, die einzelnen Spinnwebfäden oft meterdick. Zugegeben: Es rankt gar heftiglich, gern wird Garn gesponnen, bisweilen auch dick aufgetragen; aber wer sich bereitwillig einspinnen lässt in die Wunderwelt der Mythen, Sagen und Legenden, der wird wie von selbst Antworten auf die geheimnisvollen Rätselfragen im frühmittelalterlichen »Traugemundslied« finden:

»durch waz ist der Rin so tief? / oder war umbe sint frouwen also liep?
durch waz sind die matten so grüene? / durch waz sind die ritter so küene?«

Allen Ungeduldigen hilft »meister Trougemunt« auf die Sprünge:

»von manigem ursprunge ist der Rin so tief,
von hoher minnen sint die frouwen liep,
von manigen würzen sint die matten grüene,
von grozen wunden sind die ritter küene.«

Rüdiger Diezemann

Literaturempfehlungen

Fr. von der Leyden: *Deutsches Mittelalter*, Frankfurt am Main 1980
Hans Friedrich Blunck: *Sagen vom Rhein*, Bayreuth 1980
Karl Simrock: *Rheinsagen*, Bonn 1837

———

Nach-Lese
Loblieder auf den Rheinwein

> »Am Rhein, am Rhein, da wachsen unsre Reben;
> Gesegnet sei der Rhein!
> Da wachsen sie am Ufer hin, und geben
> Uns diesen Labewein.«
> *Matthias Claudius, »Rheinweinlied«*

Reimte sich Wein nicht auf Rhein, – es hätte dieser Mangel ganze Dichterge-
nerationen in arge Bedrängnis, in Ratlosigkeit, ja Sprachlosigkeit gestürzt
und ein lyrisches Genre verhindert, das sich Silbe für Silbe einträufelt, sich
einzuschleichen versteht und aufs Angenehmste die Sinne zu benebeln
weiß:»Rhein« assoziiert »Wein« – und umgekehrt.

Gottlob, der Gleichklang ist gegeben, und Rhein-Wein ist, so oder so, ein
Gedicht! Wohl alle Poeme, die sich mit ihm befassen, sind Elogen auf seine
zauberische Wirkung und Lobpreisungen seiner von der Natur so begünstigten Heimat. Nehmen wir nur Hölderlins »Wanderer«:

> »Seliges Tal des Rheins! kein Hügel ist ohne den Weinstock,
> Und mit der Traube Laub Mauer und Garten bekränzt,
> Und des heiligen Tranks sind voll im Strom die Schiffe,
> Städt und Insel, sie sind trunken von Weinen und Obst.«

Was für Friedrich Hölderlin »heiliger Trank« ist, das »bebt« bei Guillaume
Apollinaire »flammengleich« im Glas und kommt bei Friedrich Schlegel als
»krystallen flüssig Gold« vor, bei Achim von Arnim als »feuriges Blut«, bei
Emil Rittershaus als »Gemisch von Duft und Sonnenlicht«.

Dieser Rheinwein hat es, wie man hören kann, in sich; er ist ein raffinier-
ter Verführer, der in vielerlei Gestalt daher kommt, doch mag er nicht den
hemdsärmeligen Radau, sondern ist ein dezenter, eher verschwiegener Be-

gleiter. Rheinwein ist ein mildes, sanftes Getränk, eines der leisen Töne, ein lyrisches Getränk, ein Kerzenscheingetränk. Weinlieder gröhlende und dabei Bier saufende Verbindungsstudenten sind ihm ebenso zuwider wie pauschalreisende Trunkenbolde, die sich beispielsweise auf Malta fragen, warum es am Rhein so schön sei.

»Der Rheinwein stimmt mich immer weich / und löst jedwedes Zerwürfnis in meiner Brust, entzündet darin / der Menschenliebe Bedürfnis.«

Heine! Natürlich auch er ein Liebhaber des Rheinweins! Zum Städtchen Bacharach, »Bacherach«, wie's bei ihm heißt, hatte er, wie man weiß, ein besonderes Verhältnis; schließlich ist sein »Rabbi« in diesem nach der »Bacchi ara«, dem Altar des römischen Weingottes Bacchus benannten Ort zu Hause. Die Römer hatten mit den Reben auch die Weinbautechnik in Germanien eingeführt, und Bacharach wurde zum Zentrum des Weinbaus und Weinhandels am Rhenus fluvius.

»Zu Würzburg am Stein, / Zu Klingenberg am Main,
Zu Bacharach am Rhein, / Da wächst der beste Wein.«

So lautet ein mittelalterlicher Spruch. Bereits 1328 gab es in Bacharach eine »Zech- und Trinkstubengesellschaft«, Vorläuferin der heutigen »Bacchus"-Weinbruderschaft, die sich der Pflege der Weinkultur verschrieben hat. Und ein Vorläufer der Meistersinger, der Nürnberger Schwänke- und Possendichter Hans Rosenplüt, genannt »Der Schnepperer«, sang im frühen 15. Jahrhundert dem Wein aus »Pacharach« ein Loblied:

»Wein, wein von dem Rein, / lauter, klauer (=klar) und fein,
dein far (=Farbe) gibt gar liechten schein / als cristall und rubein.
du gibst medicein / für trauren. schenk du ein!«

Was heute an Mittelrhein und Lahn ausgeschenkt wird, stammt zu einem Gutteil aus fremden Regionen; denn der im gesamten Anbaugebiet Mittelrhein produzierte Wein reicht nicht aus, Nachfrage und Durst zu stillen. Innerhalb der letzten hundert Jahre wurde die Rebfläche um zwei Drittel auf nur noch 750 Hektar dezimiert. Immer mehr Weinberge liegen brach und verbuschen, weil der Anbau in den bis zu 50 Grad geneigten Steillagen unrentabel geworden ist. Den für das Rheintal so typischen, mittels Mauern terrassierten Hängen aus verwittertem Schiefer und Grauwacke droht das Aus. Käme es dahin, wäre das mindestens so fatal, als trüge man den Loreley-Felsen ab oder begradigte die große Bopparder Rheinschleife. Über Hilfs- und Rettungsmaßnahmen wird endlich, wenn auch fast zu spät, nachgedacht.

Am Mittelrhein und dem ihm 1971 zugeschlagenen Lahntal stehen weniger als ein Prozent der deutschen Weinberge. Auf ihnen wächst, was in Osaka oder Los Angeles unter deutschem Wein verstanden wird, nämlich der »Rheinwein«, übrigens zu 96% Weißwein, von dem drei Viertel Riesling sind. Engländer nennen den Rheinwein »hock«, eine Abkürzung von »Hochheimer«, Rheingauer Wein vom Main, womit ganz allgemein deutscher Weißwein gemeint ist. Queen Victoria wird der Ausspruch zugeschrieben, guter »Hochheimer« mache den Arzt überflüssig: »Good hock keeps off the doc!«

Natürlich gibt es auch Banausen, die den Wein mit Cola mischen, sich zu ihrem Schoppen einen Zuckerstreuer bringen lassen oder sich ihm gänzlich verschließen, so wie Heinrich Böll, welcher bekannte:

> »Der Weintrinkerrhein hört ungefähr bei Bonn auf, geht dann durch eine Art Quarantäne, die bis Köln reicht; hier fängt der Schnapstrinkerrhein an; das mag für viele bedeuten, dass der Rhein hier aufhört. Mein Rhein fängt hier an...«

Im Zentrum des »Weintrinkerrheins«, in St. Goar, lebte Mitte des 19. Jahrhunderts der Dichter Ferdinand Freiligrath, bei dem derart viele namhafte und durstige Literaten ein und aus gingen, dass er spaßhaft bemerkte, er werde »einst das Loch, welches die Poeten in meinen Keller getrunken, für Geld sehen lassen«. Jener Freiligrath war selber ein großer Weinkenner und ein geübter und fleißiger Weingenießer. Ein Korrespondent des Leipziger »Morgenstern« beobachtete den Schriftsteller heimlich auf einer Rheinreise an Bord eines Dampfbootes:

> »Freiligrath hielt in der rechten Hand eine Flasche Rheinwein, in der linken einen grünen Römer. Vor jedem Glase schüttete er einen Tropfen über Bord in des Stromes grünliche Flut, verharrte schweigsam und blickte oft träumerisch nach den Bergen und Schlössern am Ufer, bis die Augen ihm thäten sinken.«

Rüdiger Diezemann

Literaturempfehlung

Kurt Roessler: *1844er Assmannshäuser*, Mainz 1994

———

»...Weltkind in der Mitten«
Unterwegs mit Goethe an Lahn und Rhein

Mit 24 Jahren war er bekannt, mit 25 berühmt. Sein von der Kritik mit höchstem
Lob bedachter Erstling, *Götz von Berlichingen mit der eisernen Hand*, machte
ihn im Frühjahr 1774 zum weithin bekannten Bühnenautor, und bereits ein halbes
Jahr später war sein sensationeller Briefroman *Die Leiden des jungen Werthers* in
aller Munde. Ein Volltreffer; denn zu der
Zeit war, wie der Goethe-Biograph
Friedrich Gundolf bemerkte, »...eine Art
Seuche des Seelenkults ausgebrochen«.
Alsbald grassierte in Europa das »Wer-
ther-Fieber«. »Gestiefelt, im blauen Frack

mit gelber Weste«, wie das literarische
Vorbild, suchte man die Waldeinsamkeit,
um daselbst in tiefe Melancholie zu versinken. Nicht so der Autor des
Werther! Der beschloss, die von den Wetzlarer Ereignissen um die Liebe zu
Lotte Buff und Jerusalems Suizid und den enormen publizistischen Erfolgen
strapazierte Seele im quirligen Prominentenbad Ems zu kurieren.

Bereits 1772 hatte Goethe in dem Kurort an der Lahn »des sanften Bades
genossen«; diesmal, im Sommer 1774, suchte er dort vor allem Zerstreuung
und Geselligkeit. In seiner Begleitung befanden sich zwei populäre Zeitgenossen, Briefbekanntschaften, mit denen sich Goethe angefreundet hatte:
der fast 50 Jahre alte Philantropist Johann Bernhard Basedow, ein Pädagoge, der im Geist der Aufklärung für ein zwangloses, spielerisches Lernen
eintrat; und Johann Kaspar Lavater, ein 32jähriger evangelischer Theologe
aus der Schweiz, der durch seine physiognomischen Studien von sich reden
machte. »Einen entschiedeneren Kontrast konnte man nicht sehen als diese
beiden Männer«, stellte Goethe später fest. Während er Basedow als plum-
pen, bärbeißigen Spötter mit kleinen, scharfen, schwarzen Augen beschrieb,
dessen treffliche Begabung er gleichwohl unterstrich, schilderte er Lavater
als treuherzig und sanftmütig, geistreich und witzig.

Die drei ungleichen Johanns bezogen ein Gemeinschaftszimmer im
»Nassauischen Kurhaus«, wo der 24jährige Anwalt »Dr. Gödee aus Frankfurt« als rechter Hallodri auftrat, unbekümmert, unkonventionell und in jeder

Hinsicht unersättlich: mit ständig knurrendem Magen, dabei wissensdurstig und erlebnishungrig. Stets scharte er Publikum um sich, das er mit Stegreifgeschichten wie einer Fortsetzung seines *Werthers* zu unterhalten wusste. Der jugendliche Erfolgsautor, von Lavater als romantische Gestalt mit braunseidenem Halstuch, grauem Kapottkragen und grauem Hut, geschmückt mit einem halbverwelkten Blumenbusch, beschrieben, war das Entzücken der Damen, denen die Cour zu machen dem jungen Dichter wichtiger als die Kur schien, wie er sich vierzig Jahre später erinnerte: »Es ward unmäßig getanzt und, weil man sich in den beiden großen Badehäusern ziemlich nah berührte, bei guter und genauer Bekanntschaft, mancherlei Scherz getrieben. (...) An Abend-, Mitternacht- und Morgenständchen fehlte es auch nicht, und wir Jüngeren genossen des Schlafs sehr wenig.«

Nur einmal erhielt das unbeschwerte Vergnügen einen empfindlichen Dämpfer, als nämlich vier einheimische Jungen beim Krebsefangen in der Lahn ertranken. Der Anblick der Toten erschütterte Goethe zutiefst. »Nur in solchen Augenblicken fühlt der Mensch, wie wenig er ist, und mit heisen (sic!) Armen und Schweiß und Thränen nichts würkt«, schrieb er an Sophie La Roche, die er bald darauf im benachbarten Nassau anlässlich eines Höflichkeitsbesuchs bei der Familie vom und zum Stein antreffen sollte.

Weitere Ausflüge, wie »eine sehr angenehme, Herz und Sinn erfreuende Fahrt« die Lahn hinab, unternahm das wunderliche Trio Mitte Juli »in einem wohlbesetzten Schiff, wo«, wie Lavater notierte, »Basedow Grammatik dozierte« und »Goethe Reimendungen für die Gesellschaft« schrieb. Beeindruckt von der Schlossruine Lahneck, diktierte Goethe seinem Freund das Gedicht »Hoch auf dem alten Turme...«, dessen Schlussstrophe lautet:

»Mein halbes Leben stürmt ich fort, / Verdehnt die Hälft in Ruh,
Und du, du Menschenschifflein dort, / Fahr immer, immer zu.«

Mittels der Fähre, der so genannten »Fliegenden Brücke«, wechselte man in Thal-Ehrenbreitstein vom rechten aufs linke Rheinufer, nach Koblenz, wo die Troika alsbald Furore machte. »Wohin wir traten, war der Zudrang sehr groß, und jeder von uns dreien erregte nach seiner Art Anteil und Neugierde«, wusste sich Goethe später zu erinnern. Besonders gern aber gingen seine Gedanken zurück »an einen wunderlichen Wirtstisch«, jenes denkwürdige Diner zu Koblenz, das der Dichter »in Knittelversen aufbewahrt« hat und dessen ebenso eingängiger wie geheimnisvoller Schluss zum klassischen Goethe-Repertoire gehört: »Zwischen Lavater und Basedow / Saß ich bei Tisch, des Lebens froh«, so schilderte Goethe die Situation; »...der erste belehrte einen Landgeistlichen über die Geheimnisse der Offenbarung Johannis, und der andere bemühte sich vergebens, einem hartnäckigen

Tanzmeister zu beweisen, dass die Taufe ein veralteter... Gebrauch sei.« In dieser Zeit habe er, Goethe, bereits »ein Stück Salmen aufgespeist« und »einen Hahnen aufgefressen«.

»Und, wie nach Emmaus, weiter gings
Mit Sturm- und Feuerschritten:
Prophete rechts, Prophete links,
Das Weltkind in der Mitten.«

Weiter ging's über Vallendar, Bendorf und Neuwied nach Bonn, Köln und Düsseldorf. Noch öfter sollte das »Weltkind« Goethe, der im besten Sinne naive, weltoffene Lebenskünstler, zu längeren Aufenthalten an den Rhein kommen: so 1792, nach der »Kampagne in Frankreich«, im Jahr darauf anlässlich der »Belagerung von Mainz« und jeweils im Sommer der Jahre 1814 und 1815. Mit der Reise von 1774 aber wurde Goethe zu einem Wegbereiter des Rheintourismus, wenn nicht gar zu einem Protagonisten des modernen Tourismus; denn der Dichterfürst war ein rastloser, ruheloser Reisender, der, so ein Goethe-Forscher, zwischen 1765 und 1823, also zwischen dem Beginn des Studiums und der »Marienbader Elegie«, exakt 37.765 Kilometer zurückgelegt haben soll: mit der Kutsche oder im Kahn, zu Pferd oder per pedes. »Hier hätte Goethe anno 1779 beinahe übernachtet«, verkündet ein Schild am Gasthof »Zum Goldenen Hecht« in Heidelberg. Bedauerlicherweise war seinerzeit das Haus überfüllt, so dass der Direktor des Weimarer Hoftheaters in die »Drei Könige« ausweichen musste...

Goethe-Kult und kein Ende! Was wäre es doch ein billiges Unternehmen, nur diejenigen Orte in Deutschland zu markieren, die Goethe n i c h t besucht hat! Ein Goethe-Denkmal, eine Goethe-Allee, ein Goethe-Stein, eine Goethe-Stube, – das gehört einfach zum guten Ruf einer jeden Stadt. Einen vergleichbar flächendeckenden Namenskult gab es bei uns nur einmal noch, beginnend im Jahre 101 nach des Olympiers Tod, auf tausend Jahre angelegt, gottlob nur zwölf Jahre während!

Ein Goethe jedoch währt ewig! Pensionierte Lehrerinnen, emeritierte Pfarrer oder Alt-Redakteure, die den Nachweis erbringen, dass Johann Wolfgang der Große in irgend einem Jahre des Heils wo immer auch weilte, finden sich allemal. Selten verweilte er – und war es auch noch so schön! Kein Wunder, dass ihm sein Leben rückblickend als »das ewige Wälzen eines Steines, der immer von neuem gehoben sein wollte«, vorkam. Mag sein, dass er sich als ein Nachfahr des Sisyphos empfand; doch wissen wir heute, dass die Brocken, die er bergan bewegte, letztendlich oben blieben.

Rüdiger Diezemann

Literaturempfehlungen

J. W. v. Goethe: *Aus meinem Leben. Dichtung und Wahrheit*, Gesamtausgabe 1957
Karl Billaudelle: *Vergnügliches Emser Kur- und Badebüchlein*, Selbstverlag, Bad
Ems 1986

Görres – »Ein Mann, gemacht aus Männern«

So sieht der Dichter Jean Paul, Schwärmer und Weltverbesserer, seinen
Zeitgenossen Johann Joseph Görres, und das trifft's; denn an Görres sind
wenigstens vier verloren gegangen: der Revoluzzer, der Wissenschaftler, der
Publizist, der Mystiker.

»Der Revolutionär Görres und der spätere Reaktionär Görres sind
Prozesse eines Lebens«, resümiert der österreichische Historiker Friedrich
Heer; und sein deutscher Kollege Golo Mann bilanziert: »Von einem Extrem
hatte Görres sich endlich zum anderen fortbewegt und war doch immer der-
selbe geblieben, ein redlicher Kämpfer für das Recht, ein Wahrheitssucher.«

Dieser vielseitige und wandelbare, im letzten Lebensdrittel rätselhafte
Mensch wird 1776 in Koblenz geboren, wächst am Rhein und mit dem Rhein
auf, den er nach eigenem Bekunden zeitlebens in seinen Adern spürt. Im
Elternhaus, dem ehemaligen Gasthof »Zum Riesen« in der Rheingasse, am
Rheinufer, betreibt sein Vater einen Holzgroßhandel. Flößer und Kaufleute
aus ganz Europa gehen ein und aus; von ihnen erfährt man brühwarm, was
in der Welt passiert. Görres ist 13 Jahre alt, als in Paris die Bastille gestürmt
wird; der Gymnasiast begeistert sich für die Ideen und Ideale der Revolution;
noch als Schüler versucht er Kontakt mit den Mainzer Clubisten aufzunehmen; und als er mit 17 das Abitur in der Tasche hat, stürzt er sich, neben dem
Studium der Medizin und der Naturwissenschaften, Hals über Kopf »als junger, übermütiger Geistes-Abenteurer« (Golo Mann) »in eine verzweifelte
Begeisterung für die Französische Revolution« (Friedrich Heer) und schwingt
sich zu einem Wortführer der rheinischen Republikaner auf. Sein um zwei
Jahre jüngerer Schulfreund Clemens Brentano bescheinigt ihm später, er sei
»von früher Jugend auf so ganz ein öffentlicher Mund gewesen, frühmündig
und freimäulig«.

Im Laufe der Zeit entwickelt Görres eine wahre Meisterschaft im Abfassen
politischer Essays und satirischer Leitartikel. Papier wird ihm zum

Schlachtfeld, die spitze Feder zum Stilett, das geschliffene Wort zum Degen: Journalismus als »kriegführende Macht«, so der Görres-Zeitgenosse Adam Müller, ein namhafter Staatswissenschaftler. In einer ersten Schrift »Der allgemeine Friede – ein Ideal?« verkündet Görres 1798 sein Credo: »Ich glaube an ein immerwährendes Fortschreiten der Menschheit zum Ideal der Kultur und Humanität.« Und noch im selben Jahr erscheint in seiner Kampfschrift *Das rothe Blatt* auch sein Bekenntnis zur Freiheit des Wortes, unter Berufung auf die Verfassung: »Man darf niemanden hindern, seine Gedanken öffentlich zu sagen, niederzuschreiben, zu drucken und bekannt zu machen – sagt die Constitution.« Auf diesen beiden Säulen ruht sein Weltbild. Den Herrschenden, die das missachten und die er als »Despoten«, »Aussauger«, »Blutigel« oder »Schwachköpfe« beschimpft, sagt er den Kampf an. Zum Verkauf stünden, spottet Görres, »drei Curkappen von feingegerbtem Büffelsfell. Die dazugehörigen Krummstäbe sind innwendig mit Blei ausgegossen, mit Dolchen versehen, auswendig mit künstlichen Schlangen umwunden. Das oben befindliche Auge Gottes ist blind. (...) Eine ganze Scheune von Adelsdiplomen, auf Eselsfell geschrieben, aber hie und da stark von Motten zerfressen und von einem etwas wunderlichen Modergeruche durchzogen...«

Den Verfall des von ihm attackierten Herrschaftssystems verfolgt der 22jährige Görres mit großer Genugtuung; gleichzeitig jedoch verbittert ihn, dass sich die siegreichen französischen Revolutionäre in seiner Heimatstadt und den linksrheinischen Gebieten wie Besatzer gebärden und eine Militärdiktatur aufziehen, die der Willkür der gerade entrechteten Feudalherren kaum nachsteht. Als Leiter einer Abordnung fährt er 1799 nach Paris, um die Zukunft Cisrhenaniens, den Anschluss der linksrheinischen Gebiete an Frankreich zu klären, und dort bleibt angesichts der desillusionierenden Wirklichkeit auch der letzte ihm noch verbliebene Rest Idealismus auf der Strecke. Gänzlich teilt er die Empfindungen Georg Forsters, der seiner Enttäuschung empört Luft macht: »Oh, seitdem ich weiß, dass keine Tugend in der Revolution ist, ekelt's mich an... Immer nur Eigennutz und Leidenschaft zu finden, wo man Größe erwartet und verlangt, immer nur Worte für Gefühl, immer nur Prahlerei und Schimmer für wahres Sein und Wirken – wer kann das aushalten!« Görres jedenfalls nicht! Er zieht sich vorerst völlig aus der Politik zurück, unterrichtet mehrere Jahre als Gymnasialprofessor an einer Koblenzer Sekundärschule Naturgeschichte und Physik, habilitiert sich schließlich 1806 an der Heidelberger Universität und hält dort Vorlesungen in Naturphilosophie, Ästhetik und Literatur. Er sucht Geistesabenteuer, flieht aus der Wirklichkeit, spürt seiner Empfindsamkeit nach, kurzum: Er wird romantisch. Gemeinsam mit Achim von Arnim und Clemens Brentano widmet er sich dem Studium des deutschen Mittelalters; das Trio sammelt Bilder, Rezepte, Märchen, Sagen, Lieder. Bei Görres schlägt sich diese Arbeit in den *Deutschen Volksbüchern* nieder, bei Brentano und Arnim in *Des Knaben Wunderhorn.*

1808 ist Görres zurück in Koblenz: als eine der dröhnendsten und gefürchtetsten Stimmen der Befreiungskriege gegen den Usurpator Napoleon, der bald schon, respektvoll, den wortgewaltigen Publizisten als »fünfte Großmacht« bezeichnen wird. Görres verdammt die internationale Militärherrschaft des Korsen; er selbst tritt für ein großdeutsches Kaiserreich ein und sieht Europas Zukunft in einem Völkerbund. Zurecht bezeichnet ihn Friedrich Heer als Propheten einer europäischen Gemeinschaft.

Zwischen 1814 und 1816 gibt Görres den *Rheinischen Merkur* heraus, das führende politische Kampfblatt, eine Zweitageszeitung, in der er »zunächst für eine Befreiung Europas von Napoleon, dann aber von der preußischen Diktatur« kämpft (Friedrich Heer). Als er es wagt, die »Reaktion in Preußen« anzugreifen, wird er mundtot gemacht: Sein *Merkur* wird verboten. Und nachdem der Publizist 1819 in seiner Schrift *Teutschland und die Revolution* die Fehlentscheidungen des Wiener Kongresses, das jämmerliche Versagen der Politiker angeprangert und aus seiner Verachtung für Metternichs Überwachungsstaat keinen Hehl gemacht hat, muss Görres bei Nacht und Nebel vor den Polizeischergen des Preußenkönigs ins Ausland fliehen.

Fünf Jahre lang lebt er als Emigrant in Straßburg, findet zurück zum Glauben, wird zum Streiter für den Katholizismus, zu einem seiner Wortführer. 1826 bietet ihm Ludwig I. eine Professur an der Münchener Universität an, und als Görres nachfragt, als was er ihn berufe, antwortet der Bayernkönig: »Als Görres!« Er folgt diesem Ruf, wird später geadelt, hält Geschichtsvorlesungen vor entmutigend leeren Rängen, ein vereinsamter und verbitterter alter Mann. Doch mit der Feder kämpft er nach wie vor, nun gegen die Übergriffe des ihm zutiefst verhassten Preußen gegen die katholische Kirche. »Görres wird zum fanatischen Partisanen eines idealistischen, politischen Katholizismus, trennt die Welt in zwei Lager – Gottes und des Teufels – und Deutschland in zwei durch Abgründe geteilte Feldlager – den Katholizismus und den Protestantismus« (Friedrich Heer). In seiner Schrift *Athanasius* fordert Görres die völlige Loslösung der Kirche vom Staat. Und er verfasst ein monumentales Werk, *Die christliche Mystik.* Golo Mann: »Der Rationalist und Revolutionsvergötterer von 1793, der deutschtümelnde Romantiker von 1806 wurde zum Mystiker auf seine alten Tage; nicht zum Mystiker nur, zum Lehrer aus Wissenschaft und halsbrecherischer Spekulation gemischter Meinungen, die man nicht anders als abergläubisch nennen kann«. Auch für Friedrich Heer ist der alte Görres »eine deutsch-katholische Tragödie«; sein verschrammtes Antlitz zeige die Schlachten seines Lebens. Dieser Kopf hat auch den großen Dramatiker Friedrich Hebbel fasziniert, der, nicht lange vor Görres' Tod im Revolutionsjahr 1848, schreibt: »Sein Gesicht ist eine Walstatt erschlagener Gedanken.«

Rüdiger Diezemann

Literaturempfehlungen

Golo Mann: *Deutsche Geschichte des 19. und 20. Jahrhunderts*, Stuttgart / Hamburg 1958

Journalisten über Journalisten, hrsg. v. H. J. Schultz, darin: »Friedrich Heer über Johann Joseph Görres«, München 1980

Werner Helmes: »Joseph Görres«, in: *Vor-Zeiten*, Bd. III, Mainz 1987

Ran wie Blücher
Der Rheinübergang bei Kaub am Neujahrstag 1814

»Die Heere blieben am Rheine stehn:
Soll man hinein nach Frankreich gehn?
Man dachte hin und wieder nach,
Allein der alte Blücher sprach:
›Generalkarte her!
Nach Frankreich gehn ist nicht so schwer.
Wo steht der Feind?‹ – ›Der Feind? – dahier!‹
›Den Finger drauf, den schlagen wir!
Wo liegt Paris?‹ – ›Paris? – dahier!‹
›Den Finger drauf! das nehmen wir!
Nun schlagt die Brücken übern Rhein!
Ich denke, der Champagnerwein
Wird, wo er wächst, am besten sein!‹«

So ähnlich, wie sich August Kopisch (1799-1853), volkstümlicher Maler und Liederdichter (»Die Heinzelmännchen von Köln«) die Szene vorgestellt hat, könnte sie sich abgespielt haben: Zehn Wochen zuvor, Mitte Oktober 1813, hatte Blücher, der populäre preußische Heerführer, entscheidend zum Sieg über die Streitmacht Napoleons in der Leipziger Völkerschlacht beigetragen, ein Gemetzel sondergleichen; und schon machte er sich, auf Geheiß von oben, an die Verfolgung der Überreste der grande armée, um dem Korsen und seinen Truppen endgültig den Garaus zu machen. Kopisch, damals ein vierzehnjähriger Jüngling, war, wie wohl die meisten jungen Leute seiner Zeit von der Idee der Befreiung der besetzten deutschen Lande vom napoleonischen Joch besessen. Sie brannten darauf, ins Feld zu ziehen. Eine ihrer großen Leitfiguren war der betagte Feldmarschall Gebhard Leberecht von Blücher, Fürst von Wahlstatt, genannt »Marschall Vorwärts«.

»Napoleon seine Herschaffd wird sich endigen. Das ist mein glaubensbekenntniß«, notierte der Feldherr wenige Wochen vor Caub, wie sich der Ort bis 1934 schrieb.

Kaub. Hier will Blücher versuchen, das Hindernis »Rhein« zu überwinden, seit zwölf Jahren offizielle Grenze zwischen Frankreich und Deutschland. Mit der 1. Schlesischen Armee, einer preußisch-russischen Waffenbrüderschaft, nähert er sich dem rechten Ufer: drüben Feindesland, dazwischen, auf einer Insel mitten im Strom, der Pfalzgrafenstein, eine Zollburg, von Victor Hugo (1802-1885) ein »steinernes Schiff, ewig auf dem Rhein schwimmend« genannt, deren spitzer, bugartiger Unterbau gegen die Strömung und den Eisgang steht; diese Mautstation scheint vorzüglich geeignet als Auflage und Festpunkt für eine Behelfsbrücke. Hier wird er den Fluss überqueren, die Franzosen überrumpeln und die Festung Metz nehmen, um schließlich als Triumphator in Paris einzuziehen.

Caub, am Fuß der Feste Cuba, der späteren Burg Gutenfels gelegen, hatte 1324 vom rheinischen Pfalzgrafen Ludwig dem Bayern, der vier Jahre drauf deutscher Kaiser wurde, die Stadtrechte erhalten. Zugleich war auf der dem Ort vorgelagerten Rheininsel der Bau der Zollstation Pfalzgrafenstein, im Volksmund kurz die »Pfalz« geheißen, in Angriff genommen worden. Die drei – Feste, Stadt und Pfalz –, ein von Malern und Fotografen bevorzugtes Motiv, bildeten ein das Rheintal beherrschendes, nur schwer zu überwindendes Kontroll- und Befestigungssystem. So widerstand auch der Ort 1504, im pfälzisch-bayerischen Erbfolgekrieg, der heftigen Belagerung Wilhelms von Nassau, nicht zuletzt durch Mut und Geschick der als Soldat verkleideten Kauber Jungfer Else Welser, einer Figur, die um 1870 der Phantasie des Theaterdichters und Novellisten Christian Spielmann entsprungen war und der man seither alljährlich am ersten Septemberwochenende beim Kauber Winzerfest durch die Proklamation eines ansehnlichen »Elsleins von Kaub« huldigt. Im Kauber »Nationallied« des Heimatdichters Karl Schultes (1822-1908) werden der Ort und die tapfere Schöne in den höchsten Tönen besungen:

»Es liegt ein Städtchen an dem Rhein,
Ist keines sonst ihm gleich;
Darinnen wohnt die Liebste mein,
Die Schönst' im ganzen Reich.
Elslein, ach Elslein, du Rose im Laub,
Dich lieb' ich ewig, mein Elslein von Caub.«

Doch nicht immer war das heute so reizvolle Städtchen eine Touristenattraktion. So beschreibt beispielsweise Georg Forster 1790 in seinen Reisenotizen *Von Bingen nach Köln* den Ort als schiefer- und altersgrau, »melancholisch und schauderhaft«, umgeben von einer Befestigung, die bei Hochwasser als Notweg diente: »In (...) Kaub, wo wir ausstiegen und auf einer bedeckten Galerie längs der ganzen Stadtmauer fortwanderten, vermehrten die Untätigkeit und die Armut der Einwohner das Widrige jenes Eindrucks.«

Auf solche Äußerlichkeiten dürfte Blücher wohl kaum geachtet haben, als er am Nachmittag des 31. Dezember 1813 in Kaub einritt, mit ihm Zigtausende völlig entkräfteter Soldaten, die sogleich in die Wohnhäuser und Stallungen auch der angrenzenden Ortschaften einfielen, um nicht im Freien

*»Ein steinernes Schiff, ewig auf dem Rhein schwimmend«, so nannte
Victor Hugo die Zollburg Pfalzgrafenstein, die auf einem Riff gegenüber der
Stadt Kaub und der Burg Gutenfels mitten im Strom liegt.
Hier überquerte Blüchers Heer 1814 den Rhein. (Foto: Rüdiger Diezemann)*

biwakieren zu müssen und auch, um die Pferde unterstellen zu können; denn es hatte geschneit und war bitterkalt. Doch die wenigsten kamen unter; und so kampierten sie wild in den Gassen, Gärten und Wingerten; ja selbst vor dem Friedhof machten sie nicht halt. Der 71jährige Feldmarschall bezog Quartier im komfortabel ausgestatteten Gasthaus »Zur Stadt Mannheim« in der Metzgergasse Nr. 6 und richtete dort seine Befehlszentrale ein. In dem Spätbarockbau ist heute das liebevoll ausstaffierte »Blüchermuseum« zu besichtigen; und natürlich präsentiert sich dem Volke zum Winzerfest neben dem »Elslein« auch ein »Marschall Blücher« in originalgetreuer Uniform. Bei der Lagebesprechung mit seinen Offizieren, darunter so namhafte wie sein Generalstabschef Gneisenau oder York von Wartenburg, soll hier der alte Haudegen gesagt haben: »Nun wollen wir den Kerl von Buonaparte zum neuen Jahr gratulieren!«

Und so geschah es.

Um Mitternacht, »Glock zwölf«, mit Beginn des Jahres 1814, wurde zunächst eine 220 Mann starke Vorhut, bestehend aus Füsilieren des brandenburgischen Infanterieregiments und Ostpreußischen Jägern unter Führung zweier Majore, von einheimischen Schiffern in zwanzig schweren Nachen übergesetzt. Diese Avantgarde bildete einen Brückenkopf und brachte später auch die beiden Kanonen der Franzosen zum Verstummen, die auf dem Kreuzstein, einer kleinen Anhöhe am linken Ufer, in Stellung gegangen waren und den Übergang zu verhindern suchten. Zur gleichen Zeit begannen russische Pioniere mit der Montage der Behelfsbrücke aus 71 teergetränkten Leinwand-Pontons unterhalb der Pfalz. Von dort aus leitete Blücher die Aktion.

Bei Adelheid von Stolterfoth (1800-1875) liest sich das weit dramatischer, als es in Wirklichkeit ablief:

>»Gott mit uns! und nun zu Schiffe
Du getreue Preußenschar,–
Steuert um die Felsenriffe
Glücklich mit dem Königsaar.‹

Rief's der kühne greise Sieger,
Marschall Blücher, durch die Nacht,
Und es jubeln seine Krieger:
›Gott mit uns, so wird's vollbracht!‹

Wilde Winterstürme brausen
Um die hohe Pfalz im Rhein,
Und die dunklen Schiffe sausen
In den Wogenkampf hinein.

Horch da schlägt die zwölfte Stunde,
Und das Jahr beschließt die Bahn,
Jubel tönt von jedem Munde,
Und die Gläser klingen an. (...)«

An »Malchen«, seine Frau Amalie, schrieb Blücher: »Der frühe Neujahrsmorgen war für mich sehr erfreulich, da ich den stoltzen Rhein passierte. Die Ufer ertöhnten vor Freuden Geschrey und meine braven Troupen empfiengen mich mit Jubel. Der widerstandt des feindes war nicht bedeutend.« Am 2. Januar, morgens um 9 Uhr, stand die Brücke endlich, und der regelmäßige, ununterbrochene Übergang konnte beginnen: 50.000 Soldaten wechselten die Rheinseite, 15.000 Pferde, 182 Geschütze und zahllose Bagage-Wagen. Acht Tage lang dauerte der Militärtransfer auf dem schmalen, schwankenden Unterbau. Zwar setzten auch bei Koblenz und Mannheim russische Verbände mit Kähnen über den Rhein, aber diese Aktionen hatten längst nicht den demonstrativen Charakter des Coup von Kaub.

Wilhelm Camphausens 1859 gefertigtes Ölgemälde vom »Rheinübergang der 1. Schlesischen Armee unter Blücher bei Caub am 1. Januar 1814«, dessen Original in der Berliner Nationalgalerie hängt, das jedoch als Vorstudie im Koblenzer Mittelrhein-Museum besichtigt werden kann, stellt dadurch, dass es in den schönsten Farben und mit fast fotografischer Genauigkeit gemalt ist, scheinbar ein Abbild der Wirklichkeit dar; doch die Situation vor Ort muss eher bedrückend denn berückend gewesen sein. Blüchers Sohn Franz, Soldat in des Vaters Armee, schreibt rückblickend: »Wir trugen kein einziges ganzes Kleidungsstück am Leib, keine Strümpfe, keine Schuhe, unsere Füße waren in Lumpen gewickelt.«

Noch ärger hatten die Bürger Kaubs und der umliegenden Dörfer zu leiden; die Soldateska hinterließ, neben Läusen und Fleckfieber, eine trostlose Wildnis: ausgeplünderte Häuser, verwüstete Gärten und Wingerte. Der Landmann Anton Kappus aus dem Nachbarflecken Weisel notierte, dass:

»...die Menschen hier nach so gar bald auß gezogen, daß zum erbarmen war. An Heu und Haber und gerste ist nichts übrig geblieben, daß man das feld nicht ausstellen konnde. Die Menschen u. Vieh mußten Mangeln. Es wahr kein thor u. thür an Keinem Stall und Hausdieren. Kein laden an Keinem Finster und keine Holzaxt im ganzen Dorf. Ich Anton Kappus jun. Mußte mit der Preußen Arme über den Rein fahren fuderasche biß Siemern (Simmern) mit dem Generall Horn. Meine Frau mit sechs Kleinen Kinder mußte ich im stich laßen, da haben sie mich gantz auß geblindert an früchte und Vieh und Mundur (Montur) und Essen wem zur nach Richt.«

Wahrscheinlich ist, dass Anton Kappus beabsichtigte, mit dieser »nach Richt« die Nachlebenden nachdenklich zu stimmen, damit sie bei einem Besuch Kaubs nicht vergessen, sich auch die Kehrseite des zwar in Bronze gegossenen, aber eisern auf hohem Sockel am Rheinufer stehenden, auf den Strom weisenden übermannsgrossen »Marschall Vorwärts« zu betrachten.

Rüdiger Diezemann

Literaturempfehlung

Bruno Dreier: *Mit Blücher bei Kaub über den Rhein*, Selbstverlag, Kaub 1996

———

Als der Rhein sich in sich selbst ersaufen wollte
Eine bittere Lektion in deutsch-französischer Geschichte

Recht eigentlich ist der Rhein ein friedlicher und geduldiger Strom, gleich, wem er gerade gehört, wer Ansprüche auf ihn erhebt, welche Sprachen auf seinem Rücken oder an seinen Ufern gesprochen werden: Alles erträgt er mit Gelassenheit, vorausgesetzt, man stört seinen Fluss nicht, macht ihn nicht schneller, als er will, verabreicht ihm keine Giftspritzen, pökelt ihn nicht, heizt ihm nicht ein. Das alles ist ihm schon widerfahren, aber er hat es verdaut.

Weit schwerer lagen ihm da doch »die Verse von Niklas Becker« im Magen, wie Heine 1844 den alten Rhein in seinem *Wintermärchen* brümmeln lässt:

»Wenn ich es höre, das dumme Lied, / Dann möchte ich mir zerraufen
Den weißen Bart, ich möchte fürwahr / Mich in mir selbst ersaufen!«

»Das dumme Lied« des patriotischen Dichters Nicolaus Becker hatte es in sich! Seine sieben Strophen waren am 18. September 1840 in der *Trierschen Zeitung* erschienen, hatten in Deutschland für Jubelstürme gesorgt und in Frankreich einen Sturm der Entrüstung entfacht:

»Sie sollen ihn nicht haben, / Den freien deutschen Rhein,
Ob sie wie gier'ge Raben / Sich heiser danach schrein.«

In der Tat waren in Frankreich schon Ende der dreißiger Jahre des 19. Jahrhunderts patriotische Stimmen zu vernehmen, die immer fordernder Ansprüche auf das seit dem Wiener Kongress preußische Territorium links des

Rheins erhoben. Die Begehrlichkeit wurde erneut geweckt, als 1840 die Gebeine Napoleons im Pariser Invalidendom ihre Ruhestätte fanden, ein Ereignis, das die Franzosen schmerzlich an die einstige Geltung der Grande Nation erinnerte. Eine Pressekampagne schürte das Feuer; von heimlicher Mobilmachung war die Rede. Selbst Victor Hugo, der sich in jenem Jahr zu seiner zweiten großen Rheinreise in Deutschland aufhielt, wollte am Gedenkstein für den populären, früh verstorbenen französischen General Lazare Hoche in Weißenthurm eine Stimme vernommen haben, die ihm zuraunte:»Il faut que la France reprenne le Rhin!«, Frankreich müsse den Rhin zurückholen.»Das Nationalgefühl« sei »aufgeregt bis in seine abgründigsten Tiefen«, und die Franzosen auf eine »Rehabilitation ihrer verletzten Nationaleitelkeit, als ein nachträgliches Pflaster für die Wunde von Waterloo«, aus, warnte der Pariser Redakteur der *Augsburger Allgemeinen Zeitung*, Heinrich Heine.

Kein Wunder, dass Beckers Rhein-Lied wie eine Splitterbombe wirkte! Innerhalb kürzester Zeit wurde dieses Gedicht in alle gängigen Sprachen übersetzt und mehr als siebzig Mal vertont. Es zog eine wahre Flut ganz ähnlich giftiger patriotischer Rhein-Gesänge nach sich, die allesamt die Spannungen zwischen Hüben und Drüben verstärkten.

»Herab die Büchsen von der Wand, / Die alten Schläger in die Hand, Sobald der Feind dem welschen Land / Den Rhein will einverleiben!«,

dröhnte Georg Herwegh nur einen Monat nach der Publikation des Becker-Liedes; Ernst Moritz Arndt rief, provozierend:»Komm, Hoffart, willst du Streit! / Germania ist da!«; und Emanuel Geibel forderte, unter Anspielung auf die bittere Niederlage Preußens von 1806:

»Daß Jenas Schmach sich nicht erneue!
Vorwärts! Und wenn's der Tag begehrt,
Dann blitz' in jeder Faust ein Schwert,
Und Gott mit uns und deutsche Treue!«

Im Juni 1841 lieferte Alfred de Musset mit einer höhnischen Replik auf Beckers freche Verse dem verbalen Schlagabtausch neuen Zündstoff:»Wir haben ihn gehabt, den deutschen Rhein...«, erinnerte er dichterisch an das zwanzig Jahre während französische Cisrhenanien in der ruhmreichen napoleonischen Aera zwischen Revolution und Waterloo.

Hier nun hatte die »Rheinkrise« ihren Ursprung: ein Schwelbrand, der in den Befreiungskriegen mit den vaterländischen Parolen und Gesängen der Arndt, Schenkendorf, Brentano, Rückert und Platen zu glimmen begonnen hatte und dessen Flammen zu züngeln anfingen, als Joseph Görres im *Rheinischen Merkur* seine Stentorstimme erhob. Nicht viel fehlte, und ein offenes Feuer wäre ausgebrochen; doch auf beiden Seiten beließ man es dabei, mit Säbelspitzen in der Glut zu stochern. Der junge Dichter Max Schneckenburger schrieb den feindseligen Status quo unmissverständlich fest:

>»Es braust ein Ruf wie Donnerhall,
>Wie Schwertgeklirr und Wogenprall:
>Zum Rhein, zum Rhein, zum deutschen Rhein,
>Wer will des Stromes Hüter sein?
>Lieb Vaterland, magst ruhig sein,
>Fest steht und treu die Wacht am Rhein.
>(...)
>Solang ein Tröpfchen Blut noch glüht,
>Noch eine Faust den Degen zieht,
>Und noch ein Arm die Büchse spannt,
>Betritt kein Welscher deinen Strand.«

Erst die »Emser Depesche« vom Juli 1870, von Bismarck provokant zurecht gestutzt, schürte die Glut und ließ die Flammen hell auflodern. Der deutsch-französische Blitzkrieg kostete die Franzosen den Kaiser, Elsaß-Lothringen und fünf Milliarden Francs Entschädigung. Die Deutschen bekamen ihren Kaiser, besagte Territorien und das Geld – und verfielen in einen kollektiven nationalen Rausch, in einen gefährlichen euphorischen Zustand der Selbst-überschätzung, der mehr als vierzig Jahre vorhalten sollte und eine Lawine patriotischer Poeme, pathetischer Festspiele und platter, chauvinistischer Weihefeiern auslöste, in deren Mittelpunkt häufig genug der Rhein als vater-ländisches Symbol stand. Julius Rodenberg beispielsweise besang den Fluss in einem 1871 uraufgeführten Festspiel mit schwülstigen Versen:

>»Du Strom, der heilig uns'ren Ahnen,
>Wall ruhig nieder Deine stolzen Bahnen!
>Umschimmert von der Vorzeit Morgenlichte,
>Bist Du seit Anbeginn germanischer Geschichte
>Der deutschen Lande Lebensfluth,
>In dem das Gold der deutschen Sage ruht,
>An dem das Gold der deutschen Traube reift –
>Dem Frevler weh!, der sich an Dir vergreift!«

Solche verquasten Drohungen wurden durch zahlreiche Statuen und Denk-mäler untermauert, die der »Wacht am Rhein« Gestalt verliehen. Das Reiter-denkmal »Wilhelms des Großen« am sogenannten »Deutschen Eck« und die Germania über dem Rüdesheimer Niederwald sind markante Belege für den Ungeist der Zeit:

»Sie steht da schwertgegürtet / Und steht so kühn und stark
Und schützet vor dem Erbfeind / Die heil'ge deutsche Mark.«

So der Text eines Schokoladen-Sammelbildchens mit einer Darstellung der Germania, die der Volksmund despektierlich »preußische Muttergottes« nennt.

Wenn auch Geschichte ohne Ende ist, sollte wenigstens die hier begonnene Geschichte ein halbwegs friedliches und versöhnliches Ende finden.

Für den Dichter Victor Hugo, der den Rhein liebte, war das Jahr 1871 ein fürchterliches Jahr, »Une année terrible«, so der Titel seiner Abhandlung über das Debakel für Frankreich. Nach dessen schmählicher militärischer Niederlage rief Hugo als Abgeordneter der französischen Nationalversammlung dazu auf, noch einmal alle nationalen Kräfte zu mobilisieren und in einem Kraftakt das linke Rheinufer zurückzugewinnen, um jedoch, noch am Tag der Rückeroberung, Deutschland folgendes Angebot zu unterbreiten:

»Wir werden uns zu einem einzigen Volk vereinen, zu einer einzigen Familie, zu einer einzigen Republik. Es wird keine Grenzen mehr geben, der Rhein gehört uns beiden. Schaffen wir e i n e Republik, schaffen wir die Vereinigten Staaten von Europa.«

Das schlug Victor Hugo 1871 vor. Man hat damals, leider, nicht auf ihn hören wollen.

Rüdiger Diezemann

Literaturempfehlung

Adolf Wild: *Victor Hugo und Deutschland*, Katalog des Gutenberg-Museums, Mainz 1990

———

»Dante, Baby, das Inferno ist hier und jetzt«
Das elende Leben des Dichters
Charles Bukowski aus Andernach

»Ob's noch steht«, fragte am 17. August 2000 *Die Zeit* in ihrer Rubrik »Das Gedicht«, »das Haus in Andernach am Rhein, in dem am 16. August 1920 einer der besten Lyriker Amerikas geboren wurde?«

Doch, ja, es steht noch: ein schmales Gebäude aus der Gründerzeit, die Nummer 12 in Andernachs Aktienstraße, versehen sogar mit einer Gedenktafel, die darauf hinweist, dass hier Henry Charles Bukowski zur Welt kam; und damit man sich seiner besser erinnert, ist ein Konterfei beigegeben, ein Abbild dieses von Akne und Alkohol so unglaublich verwüsteten Gesichts, dessen tiefe Furchen

Gedenktafel an
Charles Bukowskis Geburtshaus
(Foto: Birgit Zierden)

und Narben die Geschichte eines heftigen Überlebenskampfes erzählen. Heinrich Karl Bukowski: Sohn einer Andernacherin und eines amerikanischen Sergeants polnischer Herkunft, der übrigens fließend Deutsch spricht und sich auch daheim mit Frau und Kind deutsch unterhält. Als der Junge zwei Jahre alt ist, zieht die Familie in die Staaten, an die West Coast, nach Los Angeles. [bu'kaußki] spricht man in den USA den Nachnamen aus; mit »Heini«, »Sauerkrautfresser aus Deutschland«, frozzeln ihn zunächst die Nachbarskinder; »Buk« ruft man ihn dann, zumeist aber »Hank«, später auch »Motherfucker«. In seinem Schlüsselroman *Ham On Rye*, parodistische Anspielung auf Salingers Kultbuch *Der Fänger im Roggen*, hat Bukowski 1982 Kindheit und Jugend beschrieben: ein entsetzlicher Alptraum. *Das Schlimmste kommt noch – oder – Fast eine Jugend* heißen diese Aufzeichnungen auf Deutsch, in denen sich, wie im gesamten Werk Bukowskis, alles um Bukowski dreht. Henry Chinaski, sein alter ego, sein Anti-Held, ist der Nabel dieser hässlichen, gemeinen, dreckigen Welt. Unter den Augen seiner hilflosen und tatenlosen Mutter prügelt der gewalttätige, sadistische Vater, »ein schwitzender Bastard mit Mundgeruch«, wieder und wieder alles Vertrauen, jede Hoffnung auf Zukunft aus seinem Sohn heraus:

»Der erste Hieb sauste nieder. Der Riemen machte ein flaches lautes Geräusch, und das Geräusch war fast so schlimm wie der Schmerz. Wieder landete der Riemen auf meinem Hintern. Es war, als sei mein Vater eine Maschine. Ich kam mir vor wie in einer Gruft. Bei jedem Hieb dachte ich, das müsse jetzt ganz bestimmt der letzte sein. War es aber nicht. Wieder holte mein Vater aus und schlug zu. Ich empfand keinen Hass mehr. Nur noch ein ungläubiges Staunen, dass es so etwas wie ihn geben konnte.«

Trotz allem schafft Hank den High-School-Abschluss und beginnt 1939 ein Journalistik-Studium am Los Angeles City College; er verweigert den Kriegsdienst, wandert dafür ins Gefängnis, bricht das Studium ab: ein hochintelligenter, alles Intellektuelle zutiefst verachtender Außenseiter. Was folgt, ist der rasante Absturz aus dem miefigen Kleinbürgermilieu seiner Kindheit: nicht in die Unterwelt, aber in den Underground, in eine Art B-Ebene, dorthin, wo die Penner und Kokser, die Nutten und die kleinen Halunken zu Hause sind. Er haust in schimmeligen Absteigen, ertrinkt fast, mehr als einmal, im Alkohol, jobbt, nur um weitersaufen zu können, als Leichenwäscher, Möbelpacker, Metzgergehilfe, Nachtportier und Tankwart, als Bremser bei der Bahn oder als Heizer in einer Großbäckerei für Hundekuchen. Und so lebt er von der Pulle in den Mund.

Mit zwanzig hat er zu schreiben begonnen, »automatisch, zwanghaft, wie eine Spinne ihr Netz webt«. Doch als er auf seinen Texten sitzen bleibt, resigniert er und stellt das Schreiben ein, bis er endlich, 1955, einen Dauerjob als Briefsortierer und Austräger bei der Hauptpost von Los Angeles ergattert, elf Jahre, in denen er halbwegs zur Ruhe – und zum Schreiben kommt. In seinem ersten Roman, *Der Mann mit der Ledertasche*, hat er diese Zeit literarisch aufgearbeitet. »Das Schreiben ist einfach«, stellt Bukowski fast, »schwierig ist nur manchmal das Leben.« Damit erklärt er auch seinen knallharten, unästhetischen, bewusst schockierenden Stil: »In all den Jahren, die ich in Schlachthöfen und Tankstellen, an Fließbändern und in U-Bahn-Tunnels geschuftet habe, ist mein Vokabular auf einen letzten Rest zusammengeschrumpft, aber mit diesem Rest versuche ich rauszuhämmern, was nur drin ist.« Die Themen sind naheliegend: »Ich beschreibe einfach die Scheiße um mich herum, das ist meine Kunst.« Als »Reporter des Räudigen, des Ranzigen« hat ihn ein Kritiker bezeichnet; doch keiner seiner Texte ist pornografisch. Auf den ersten Blick scheint es, als brächten beiläufiger Sex und Sixpacks von Budweiser flüchtiges Glück in dieses erbärmliche Leben und als sei das Wetten auf Traber und Galopper oder ein Besuch am Boxring das höchste der Gefühle; doch wird eine derart oberflächliche Einschätzung weder dem Werk noch der Persönlichkeit Bukowskis gerecht. 60 Bücher, darunter etliche Lyrikbände mit zusammen mehr als tausend Gedichten, hat er verfasst: Hinter ordinärer Ruppigkeit, hinter deftigen Sauereien und üblen Zoten versteckt sich ein sensibler, sentimentaler, verletzlicher Mensch, der feinfühlige, auch traurige Poeme zu verfassen versteht:

»Es gibt so viele Tage, wo das Leben
stehenbleibt und müde wird,
dasitzt und wartet
wie ein Zug auf dem Nebengleis.«

Die Elaborate von Schönschreibern und Möchtegernpoeten sind für ihn »[g]ereimtes Zeug, voller Platitüden«, »platter als das Papier, auf das sie getippt« wurden; hielte man »die Seiten hoch ans Licht der Deckenlampe«, schiene »immer noch nichts durch«; denn, so befindet er: »Da ist nichts drin, das ist wie ein Nachttopf, in dem die Pisse verdunstet ist.«

Carl Weissner, Bukowskis kongenialer Übersetzer ins Deutsche, der seinem amerikanischen Freund Mitte der siebziger Jahre mit Gedichten, die im Augsburger Kleinverlag Maro erschienen, quasi über Nacht zu einiger Popularität in Deutschland verholfen hatte, erklärte den überraschenden Erfolg der Bukowski-Texte vor allem bei jugendlichen Lesern damit, dass die Leute die Schnauze voll gehabt hätten von dem »...flauen, verinnerlichten Blabla anämischer Gestalten wie Peter Handke«. Doch erst der Buchvertrieb »Zweitausendeins« macht den Amerikaner aus Andernach mit preiswerten Ausgaben auch in Deutschland zu einem Begriff. Die Zeit stellt fest, Charles Bukowski sei »wieder Deutscher« geworden.

Gemeinsam mit Linda Lee Beighle, seiner jungen, attraktiven Lebensgefährtin und späteren Ehefrau, kommt er im Mai 1978 zu einer PR-Tour nach Deutschland, um sich in der Hamburger Markthalle einem durchweg jugendlichen Publikum, das damals unter »geil« noch »lüstern« versteht, in einer spektakulären Lese-Show zu stellen.

Charles Bukowski – eine Kultfigur: abstoßend und zugleich faszinierend. Obwohl Einsachtzig groß, wirkt er klein und verwachsen, weil er den Kopf schutzsuchend zwischen die Schultern zu ziehen pflegt, als ducke er sich vor den Hieben eines unsichtbaren Schlägers. Seine schwabbelige Wampe quillt über den tiefhängenden Gürtel. Das Gesicht: eine Wildnis, ein Schlachtfeld! Bart wuchert in Hautfalten, kriecht aus Aknekratern; Haarbüschel sprießen aus Nasenlöchern und Ohrmuscheln. Über der schrumpeligen Kartoffelnase sitzt, von buschigen Brauen überschattet, ein blaues, rötlich gerändertes, von kleinen Warzen umpflanztes Augenpaar. Nur Hanks Blick sei etwas ruhiger geworden, gleiche nicht mehr »dem 00:00-Blinken eines Videorecorders (...), der seine Programmierung verloren hat«, stellt der Bukowski-Biograf Gundolf S. Freyermuth fest.

Buk, Linda und eine Clique deutscher Freunde gehen auf Sauf- und Sightseeing-Tour durch den Südwesten der Republik: Mannheim, Schwetzingen, Heidelberg und Köln werden besucht, vor allem aber Andernach, Hanks Geburtsort. »Die Ochsentour« ist der deutsche Titel des Reiseberichts, in dem Buk das Wiedersehen mit seinem greisen Onkel Heinrich schildert, 56 Jahre nach dem Auszug der Bukowski-Family aus Andernach:

> »Onkel Heinrich kam die Treppe runtergestürzt, mit geputzten Schuhen, Hosenträgern, allem... Er kam mit ziemlichem Tempo die Treppe runter; er wäre für 60 durchgegangen, sogar für 58, er war 90. Er stürzte ins Zimmer – ›HENRY! HENRY! MEIN GOTT! ICH KANN'S EINFACH NICHT FASSEN! HENRY; DU BIST'S! NACH ALL DEN JAHREN? HENRY; DU BIST'S!‹ ›Schön, dich zu sehen, Onkel Heinrich!‹ Wir umarmten uns... Es war Kaffeezeit...; es war eine Pause im Daseinskampf; sie war notwendig und gut. Mein Onkel fing an, aus seinem Leben zu erzählen, von der Vergangenheit... ›Siehst du das Haus da drüben?‹ Er zeigte auf die andere Straßenseite. ›Dort habt ihr gewohnt... Du warst ein Wirbelwind... du kamst nie zur Ruhe... du kamst hier angerannt... Onkel Hein! Onkel Hein! Riefst du mir immer zu.‹«

Später, beim Wein, bekennt Onkel Heinrich:

> »Weißt du übrigens, dass ich deine Bücher lese? Ich mag sie. Ich mag sie alle, bis auf eins. Ich mag nämlich die Realität, das wirkliche Leben und was da so passiert. Was ich nicht mag, sind so erfundene Sachen. *The Fuck Machine* ist das Buch, das ich nicht mag...«

Anschließend lässt sich Henry vom Onkel das Geburtshaus in der Aktienstraße zeigen:

> »Ich hatte von dem Haus gehört, ich hatte gehört, es sei jetzt ein Bordell. Ob er das auch wusste? ›Es steht jetzt zum Verkauf‹, sagte Onkel Heinrich, ›es haben ein paar Frauen drin gewohnt, aber die sind ausgezogen...‹ Es war ein hohes, schmales, gelbes Haus auf dreieckiger Grundfläche. ›Siehst du das Fenster dort?‹ fragte mein Onkel. ›Ja.‹ ›Da bist du geboren. Das war das Schlafzimmer.‹«

1978. Während sich noch im selben Jahr Hank und Linda eine Villa in San Pedro kaufen, mit Park und Pool, mit Kamin und Computer, in der Einfahrt einen klotzigen BMW, wird von denen, die Buk vermarkten, unablässig am einträglichen Bild des Underground-Poeten gewerkelt, am Image des Dirty Old Man, der nach wie vor getreu seiner vulgären Maxime »Saufen, Ficken, Kotzen« in der Gosse dahinvegetiere. Einige Filme über sein wüstes Leben nähren diesen Ruf – und mehren seinen Ruhm. Vor allem der 1987 gedrehte Streifen »Barfly« mit Faye Dunaway und Mickey Rourke als Buk's Spiegelbild Henry Chinaski lässt Bukowski auch in den USA zum Mythos werden. Doch der vermeintliche Underdog ist auf seine alten Tage bürgerlich geworden: heiratet seine Linda, lässt vom Suff und der Qualmerei, als er erfährt, dass er an Leukämie erkrankt ist, magert ab, wird altersweise:

>»Die Hässlichkeit der Welt
zieht sich zurück, ich selbst
verdrücke mich leise zwischen die Laken,
ein alter Tiger, der das Kämpfen leid ist.«

Am 9. März 1994 stirbt er in Los Angeles. Seine Grabplatte auf dem Ocean View des Green Hills Memorial in San Pedro zeigt, außer seinem Namen und den Eckdaten seines Leben, den Umriss eines Boxers, eines Schattenboxers, der gegen einen imaginären Gegner kämpft. Darüber stehen die Worte »DON'T TRY«, frei übersetzt: »Lass es sein.«

Rüdiger Diezemann

Literaturempfehlungen

Charles Bukowski: *Die Ochsentour*, Frankfurt am Main 1982

Gundolf S. Freyermuth: *Das war's. Letzte Worte mit Charles Bukowski*, Hamburg 1996

Wo der Kaiser zu Fuß ging – Bad Ems

Natriumhydrogencarbonatchlorid – das lasse man sich genüsslich auf der Zunge zergehen: Natriumhydrogencarbonatchlorid, thermaler Säuerling, zwischen 24 Grad warm und 57 Grad heiß, mit einem Odeur, als sei Luzifer durch die Brühe gefahren, Natriumhydrogencarbonatchlorid nennt der Chemiker das Salz jenes Wunderwassers, auf dem Ruf und Ruhm des Heilbades Ems beruhen und welches hier seit urdenklichen Zeiten unaufhaltsam, unerschöpflich aus der Tiefe ans Licht quillt.

>»Was eigenschafft das Eymser badt an jm habe«, das zählte 1535 des Trierer Kurfürsten Leibarzt Johan Eichman, der sich »Dryander« nannte, auf:

>»Den krampff / Spasmum genant / vnd die entschlaffene gelider / von welchen das Parli od. gichtbruch kompt / verzeret es. So einer im leib der Colica oder dermgichehalber mangel hatt / oder zu sehr flüssig im bauche were / den hilfft es auch.«

Und er schrieb der Therme eine weitere wundersame Wirkung zu:

»Den frawen so an jhrer mutter erkaltet / vund von deswegen vnfruchtbar sein / hilfft es wider zurecht.«

Dieser irrigen Ansicht waren schon die Römer gewesen, die in Ems zwei Kastelle ihres Limes, der Grenzbefestigung gegen die Germanen, unterhielten und dank der natürlichen heißen Quellen ausgiebig ihrer notorischen Badeleidenschaft frönen konnten. Bei Agrippina, vulgo »die Ältere«, obschon damals erst 24 Jahre alt, Gemahlin des Germanicus, jenes mächtigen Oberbefehlshabers der acht am Rhein stationierten Legionen, müssen Sitzbäder in Emser Thermalwasser offenbar gefruchtet haben. Jedenfalls empfing und gebar sie den ersehnten Stammhalter, der sich später allerdings zu einem despotischen Stinkstiefel entwickeln sollte: Caligula, römischer Kaiser von 37 bis 41 nach Christus. Wie auch immer: Ems hatte damit – nolens volens – den ersten Schritt zum Kaiserbad getan...

Schon für das 15. Jahrhundert verzeichnet die Ortschronik regen Badebetrieb. Die jährliche Kur gehörte zum guten Ton beim Adel und den vermögenden Bürgern, die mit großem Gefolge anreisten und einander an Pomp und Prunk zu überbieten suchten. »Wer bades halben do hin kum / Ist mer vmb lust den vmb gesunt«, stellte 1480 der Nürnberger Meistersinger Hans Folz in seinem *Badbüchlein* fest. Die Mär von der fruchtbaren Wirkung des Emser Quellwassers hielt sich hartnäckig, so dass der Volksmund später spottete: »Das Bad und die Kur war allen gesund, / Denn schwanger ward Mutter, Tochter, Magd und Hund.«

Dryander fiel auf, dass »...der lust und die freude in wiltpädern groß ist«, womit er natürlich Sinnesfreuden und Wollust meinte. Über das Lotterleben in den Bädern hatte sich bereits 1383 der Theologe Heinrich Heinbuch von Langenstein aufgeregt:

»...wohl wäscht man im Bad den Leib, befleckt aber die Seele. Hat man das Bad verlassen, so schmettern die Trompeten, erklingen die Pfeifen, und es beginnen die Tänze. Da bieten sich dem keuschen Auge der Zuschauer die Schauspiele der Verderbtheit, nämlich die wollüstigen Gebärden, der schamlose Aufzug beider Geschlechter: barbusig die Frauen, unverhüllt um die Lenden die Männer – überall Ausschweifung, verletzend den reinen Sinn.«

Hoch her, wenn auch um etliches gesitteter, ging's beim zweiten der drei Ems-Besuche Goethes, der sich hier 1774 als Shooting-Star der Literaturszene feiern ließ, nach eigenem Bekunden unmäßig tanzte, allerlei Allotria trieb und nur selten in die Federn kam.

In den sechziger Jahren des 19. Jahrhunderts avancierte das Kurbad an der Lahn endgültig zum Mekka des Hochadels, Geldadels und Geistesadels,

Konzertsaal im Kursaal (Marmorsaal) Bad Ems, Stich

und das kam so: Da die Ärzte längst in dem Emser Thermalsäuerling ein probates Mittel gegen Erkrankungen der Atemwege ausgemacht hatten und Ihro Majestät Wilhelm I., König von Preußen, beängstigend hüstelte, empfahlen die Hofmedici in Berlin dem Potentaten einen stationären Aufenthalt an der Lahn. So kam denn Hochderselbe 1867 ein erstes Mal nach Ems. Er sollte dem Ort zwei Jahrzehnte lang die Treue halten.

Ems boomte! Und wie!! Wer auf sich hielt, folgte Sommer für Sommer dem Herrscher und seinem Hofstaat in die »résidence d'été«, die Sommerresidenz an der Lahn. Der halbe Gotha gab sich ein Stelldichein. Könige, Fürsten, Prinzen, der Zar, alle mit Tross, viele mit Mätresse, belegten die luxuriösen Etablissements rund um das zentral gelegene Kurhotel, welchselbiges zu bewohnen seiner Majestät vorbehalten blieb. Diese scheinbar so sieche, zumindest kränkelnde Aristokratie hatte eine enormen Sogwirkung: Berühmte Tonsetzer wie Jacques Offenbach, Franz Liszt, Clara Schumann oder Richard Wagner empfahlen sich; Geistesgrößen wie Wilhelm von Humboldt, Dostojewski oder Gogol brachten sich in Erinnerung; einflussreiche Politiker und ranghohe Militärs verharrten dezent im Hintergrund. Ihre Stunde sollte kommen!

Im Juli 1870 wurde in Ems ein Kapitel Weltgeschichte geschrieben, unversehens, wenn man einem zeitgenössischen Poeten glauben darf:

»König Wilhelm saß ganz heiter / jüngst zu Ems, dacht garnicht weiter
an die Händel dieser Welt. / Friedlich, wie er war gesonnen,
trank er seinen Kränchenbronnen / als ein König und ein Held.«

Bei dieser heldenhaften Verrichtung wurde er jedoch vom Gesandten Napoleons III., einem Grafen Benedetti, gestört, der hartnäckig und auf recht zudringliche Weise eine offizielle Verzichtserklärung Wilhelms als Chef des Hauses Hohenzollern auf den vakanten spanischen Thron verlangte, weil Frankreich eine Umklammerung durch Preußen befürchtete. Dem König wurde es zu bunt; brüsk ließ er Benedetti stehen. Der Wirkliche Geheime Rat Abeken telegrafierte sogleich nach Berlin, was sich da auf der Promenade an der Lahn zugetragen hatte. Das war sie: die Emser Depesche! Nur: Zu einer Seite im Geschichtsbuch wurde sie erst durch Otto von Bismarck, den schlitzohrigen preußischen Ministerpräsidenten, der das Kabel aus Ems derart zusammenstrich, dass das Ansinnen Frankreichs als offener Affront empfunden werden musste. Die Majestäten waren beleidigt, es gab Krieg, und schon im Jahr darauf erschien nun anstelle eines Preußenkönigs der deutsche Kaiser zur Kur in Ems und das alljährlich, bis zu seinem Tode im Jahre 1888, dem Dreikaiserjahr, in welchem ein Kurgast seiner Frau über die modischen Extravaganzen der High-Society wie folgt berichtete:

»Ich komme zur Tracht, natürlich der Damen. Früh ein Négligé-Anzug, nachmittags und abends im glänzenden Staate. Wie oft sie sich noch im Tage häuten, weiß ich nicht. Die Mode-Narrheit scheint hier privilegiert zu sein und ich glaube, die Meisten würden sich zu Hause in diesem Mummenschanz nicht sehen lassen...«

Der Kaiser selbst gab sich in Ems durchaus zivil; und so, angetan mit einem schlichten Gehrock, steht er, in Bronze gegossen, überlebensgroß im Kurpark. »Hier, wo so oft er von Taten geruht, um zu Taten zu schreiten, / hielt sein dankbares Ems liebend für immer ihm fest«, schrieb ihm der Dichter Ernst von Wildenbruch auf den Denkmalsockel.

Auf den ersten Blick scheint die Bäderpracht der wilhelminischen Zeit nicht vergangen, nur verblichen, doch das Bad kränkelt vor sich hin. An der Kurpromenade, wo einst Frau Hofrat beim Nahen des kaiserlichen Landauers ehrerbietigst per Hofknicks in sich zusammensank und mit niedergeschlagenen Lidern dankbar Ihrer Hoheit huldvolles Lüpfen des Zylinders wie den Segen urbi et orbi empfing, hocken heutzutage ein paar gelangweilte Kassenpatienten mit Baseballkappen und *Bild*-Zeitung, in Badeschlappen und ausgebeulten Trainingsanzügen, und warten darauf, dass der Abend kommt: »GZSZ« gucken, »Gute Zeiten, schlechte Zeiten«. Tempora mutantur...

Rüdiger Diezemann

Literaturempfehlungen

Karl Billaudelle: *Kurzgefasste Geschichte von Ort und Bad Ems*, Selbstverlag, Bad Ems1990

Franz Irsigler: »Von alten und neuen Bädern«, in: *Vor-Zeiten*, Bd. V, Mainz 1989

———

Confluentes – Cowelenz – Coblence – Koblenz

> »Tum venio qua se duo flumina conflua iungunt,
> Hinc Rhenus spumans, inde Musella ferax.«

> »Drauf nun erreich ich den Ort, wo die Flüsse vereint sich umarmen,
> Rhenus der schäumende hier, dort der Mosella Gedeihn.«

So beschreibt um das Jahr 560 der römische Dichter Venantius Fortunatus, unterwegs auf der Mosel, die strategisch bedeutsame Stelle, an der Mosella und Rhenus fluvius zusammenfließen, gesichert durch das Römerkastell Confluentes, aus dem sich bereits zu dieser Zeit, mehr als ein halbes Jahrtausend nach seiner Gründung, ein wichtiges fränkisches Handelszentrum entwickelt hat.

1925 besingt der französische Schöngeist Guillaume Apollinaire die längst erwachsene Stadt:

> »La Moselle et le Rhin se joignent en silence
> Sous les yeux innocents des filles de Coblence.
> Macabre et gigantesque, un affreux monument
> Montre équestre et ganté l'empereur allemand.
> Coblence et trop moderne et pourtant aux boutiques
> Chaque enseigne dorée ets en lettres gothiques.«

> »Still vereinen sich Mosel und Rhein
> Unter den unschuldigen Augen der Mädchen von Koblenz.
> Ein scheußliches Denkmal, schaurig und riesenhaft,
> zeigt den deutschen Kaiser zu Pferde, mit Handschuhen.
> Koblenz ist viel zu modern, und dennoch trägt jedes
> Goldene Firmenschild über den Läden gotische Lettern.«

Der Seitenhieb auf das »scheußliche Denkmal«, diese beschämende, fast schmerzende, monumentale Demonstration der Macht am so genannten »Deutschen Eck«, das seinen Namen zu Ehren des hier seit 1216 ansässigen Deutschritterordens trägt, – der Hieb sitzt; denn dieser »gigantische Tortenaufsatz«, dieser »Faustschlag aus Stein«, wie Kurt Tucholsky zu Weimarer Zeit das 1897 »Wilhelm dem Großen« gewidmete Denkmal nennt, ist nicht nur ein Wahrzeichen der Stadt, sondern auch sein neuralgischer Punkt. Das Monument repräsentiere, so Tucholsky, »jenes Deutschland, das am Kriege schuldgewesen ist«; und er sinniert: »Aber könnt ihr euch denken, dass sich jemals eine Regierung bereit fände, einen solchen gefrorenen Mist abzukarren – ? Im Gegenteil: sie werden gar bald ein neues Mal errichten: das Reichsehrenmal...« Beinahe behält er Recht: Zwar errichtet man nach dem Ersten Weltkrieg, den Tucholsky anspricht, kein neues Mal, jedoch nach dem Zweiten Weltkrieg das alte neu! Anstatt den 1945 von seinem hohen Ross geschossenen Bronzekaiser zur Abschreckung kopfüber in den Steigbügeln hängen zu lassen, als ein Mahnmal, vergleichbar der Ruine der Berliner Kaiser-Wilhelm-Gedächtniskirche, setzen Unverbesserliche ein halbes Jahrhundert nach Kriegsende ihre Dickköpfe durch und – bekommen wieder, was sie wiederhaben wollen: ihren Kaiser Wilhelm, mit'm Bart, mit'm Bart, mit'm langen Bart...

Sei's drum: Koblenz hat auch Sehenswertes zu bieten! An der romanischen St.-Kastor-Kirche, 836 geweiht, geht kein Weg vorbei. Die Alte Burg aus dem 13. Jahrhundert, in der die Stadtbibliothek untergebracht ist und die mit der Balduinsbrücke eine Einheit bildet, die mit 14 Steinbögen die Mosel überspannt, gehört zu den wenigen historischen Bauwerken, welche die Verheerungen des Bombenkrieges mit gerade noch reparablen Blessuren überstanden haben; so auch das frühklassizistische Schloss, einer der prächtigsten Profanbauten am Mittelrhein, zwischen 1777 und 1792 errichtet. Bauherr ist Clemens Wenzeslaus, Prinz von Sachsen, Erzbischof und Kurfürst von Trier, der bis dahin, wie seine Vorgänger, in Ehrenbreitstein, auf der gegenüberliegenden Rheinseite, residierte. Dieser Ortsteil wird von einer imposanten Festungsanlage überragt, die »herrlich und erhaben auf dem jenseitigen Gebirge« hängt, wie Georg Forster 1790 bei seiner Rheinreise notiert: die größte Festung Europas, das »Gibraltar am Rhein«.

1772 wandert Goethe, von Wetzlar her kommend, über Ems lahnabwärts nach Thal-Ehrenbreitstein, um dort der Familie La Roche seine Aufwartung zu machen: dem weltmännischen Hofrat Georg Michael Frank La Roche und seiner Ehefrau, der Schriftstellerin Sophie La Roche, die in der Hofstraße ein gastfreies Haus führen und einen literarischen Salon unterhalten. In seiner Autobiographie *Dichtung und Wahrheit* schreibt Goethe:

»Über alles aber herrlich und majestätisch erschien das Schloss Ehrenbreitstein, welches in seiner Kraft und Macht vollkommen gerüstet dastand. In höchst lieblichem Kontrast lag an seinem Fuß das wohlgebaute Örtchen, Thal genannt, wo ich mich leicht zu der Wohnung des Geheimen Rats von la Roche finden konnte. Angekündigt von Merck, ward ich von dieser edlen Familie sehr freundlich empfangen und geschwind als ein Glied derselben betrachtet. Mit der Mutter verband mich mein belletristisches und sentimentales Streben, mit dem Vater ein heiterer Weltsinn und mit den Töchtern meine Jugend.«

Zwischen Goethe und der Ältesten, Maximiliane, knistert es; rückblickend schildert er sie als »...niedlich gebaut; eine freie anmutige Bildung, die schwärzesten Augen und eine Gesichtsfarbe, die nicht reiner und blühender gedacht werden konnte«. Bald schon wird die 17jährige »Maxe« dem reichen Frankfurter Kaufmann Peter Anton Brentano, einem 40 Jahre alten Witwer, vermählt. Zwei ihrer Kinder erben das literarische Talent der Großmutter: Clemens Brentano, der 1778 im Hause La Roche in Ehrenbreitstein zur Welt kommt, und seine um sieben Jahre jüngere Schwester Bettine, die 1811 ihres Bruders Freund heiraten wird: den Dichter Achim von Arnim.

An Sophies Séancen der Empfindsamkeit nehmen Persönlichkeiten wie Christoph Martin Wieland, für den die Gastgeberin seit ihrer Jugend schwärmt, die Jacobi-Brüder oder Wilhelm Heinse teil. »Die Geschichte des Fräuleins von Sternheim«, verfasst von Sophie La Roche, erscheint 1771, anonym. In diesem ersten deutschen Frauenroman erzählt die Schriftstellerin, wie sich eine Frau gegen gesellschaftliche Widerstände auf eigene Füße zu stellen weiß. Die 41jährige Sophie La Roche macht Eindruck auf den jungen Goethe, der sich, ein halbes Leben später, ehrfurchtsvoll ihrer erinnert:

»Sie war die wunderbarste Frau, und ich wüsste ihr keine zu vergleichen. Schlank und zart gebaut, eher groß als klein, hatte sie bis in ihre höheren Jahre eine gewisse Eleganz der Gestalt sowohl des Betragens zu erhalten gewusst, die zwischen dem Benehmen einer Edeldame und einer würdigen bürgerlichen Frau gar anmutig schwebte.«

Drei Mal noch kommt Goethe nach Koblenz: 1774, gemeinsam mit Basedow und Lavater; 1792, nach der verpatzten »Kampagne in Frankreich«; und schließlich 1815, zu einem Treffen mit dem Freiherrn vom Stein und dem hochgerühmten Koblenzer Publizisten Joseph Görres.

Clemens Brentano und Görres sind Schulfreunde; aus ihrem Bund erwächst, gemeinsam mit Achim von Arnim, die Heidelberger Romantik. *Des Knaben Wunderhorn* ist das populärste Zeugnis der fruchtbaren Zusammenarbeit zwischen Clemens und seinem späteren Schwager Achim. Doch als nach nur drei Jahren Ehe Brentanos junge Frau stirbt, Sophie Mereau, Verfasserin gefälliger Briefromane, wird er zunehmend wunderlich, macht eine religiöse Krise durch, reist zwischen dem Rheinland, Berlin und Süddeutschland hin und her, von Unrast getrieben. Gleichwohl ist Brentano der romantischste unter den Romantikern; seine Lyrik geht zu Herzen; er ist der geistige Vater der »Lorelei«; und er schreibt wundervolle Prosa wie »Die Geschichte vom braven Kasperl und dem schönen Annerl« oder die märchenhafte Erzählung »Gockel, Hinkel und Gackeleia«. Dem heimatlich-vertrauten Rhein ruft er in der allgemeinen Euphorie der Befreiungskriege zu: »Du Grenze? Nein, nicht Grenze, du alter Rhein! / Du Lebensblut, dem Herzen Teutoniens entströmend...«

Gleich ihm verteidigt ein Wahlkoblenzer, der patriotische Max von Schenkendorf, den Besitzanspruch der Deutschen auf den als deutschesten aller Flüsse apostrophierten Rhein:

»Wir wollen ihm aufs Neue schwören;
Wir müssen ihm, er uns gehören.
Vom Felsen kommt er frei und hehr,
Er fließe frei in Gottes Meer!«

Und Joseph Görres, dessen Denkmal unweit des Schenkendorfschen Monuments in den Koblenzer Rheinanlagen steht, bekennt 1815: »Der Rhein fließt wie Blut in unseren Adern, und ich selbst gedeihe nicht recht, wo ich seine Luft nicht atme.«

Dass das Flair der Stadt auch den messfremden Besucher berauschen kann, stellt 1934 der Romancier Werner Bergengruen fest:

»In der Koblenzer Luft begreift der Ankömmling den Rhein als den Strom der Freude, Strom gesteigerter Empfindung; daß er zugleich der Strom aller deutschen Tragik ist, dies kann einem bei so erhöhten Herzensgefühlen ein wenig abseitsrücken. Man meint mehr vergnügte Menschen zu sehen als anderwärts. Das mag an den vielen Fremden liegen, die hier anlangen in der erwartungsvollen Laune des Reisebeginns, alles Weinglück des Rheines und der Mosel vor Augen, oder mit dem Nachglanz der schon genossenen Fahrt im Herzen.«

Wegen seines Charmes, seines Zaubers und seiner prominenten Lage gilt Koblenz seit jeher als beliebtes Reiseziel. 1817 erreicht ein erster Rheindampfer die Stadt, die »Caledonia«, übrigens befehligt von James Watt jr., dem Sohn des Bändigers der Dampfkraft, und von da an boomt der Tourismus. Der pfiffige Buchhändler Karl Baedeker weiß daraus Kapital zu schlagen: Er gründet 1827 in Koblenz einen Verlag für Reisehandbücher. Schon sein erster Führer ist ein Renner: *Rheinreise von Mainz bis Cöln.* Die Geschichte des Rheintals zwischen Mainz und Köln beschreibt, fast minutiös, der aus Koblenz stammende Christian von Stramberg (1785-1868) in seinem *Rheinischen Antiquarius*: Das Werk umfasst 34 Bände von jeweils 700 Druckseiten!

Neben dem expressionistischen Erzähler und Dramatiker Fritz von Unruh, 1885 in Koblenz geboren, gestorben 1970 in Diez an der Lahn, zu Hause in Italien, Frankreich und als Emigrant in den USA, ein Berufsoffizier, der im Trommelfeuer des Ersten Weltkriegs zum Pazifisten wird und den Albert Einstein einen »Soldaten des Friedens« nennt, – neben ihm ist Joseph Breitbach der herausragende Koblenzer Literat des 20. Jahrhunderts.

Breitbach kommt 1903 im Ehrenbreitsteiner Schulgebäude, dem heutigen Rhein-Museum, zur Welt. Der Vater, ein aus Lothringen stammender, von Haus aus begüterter Pädagoge, verheiratet mit einer Tirolerin, ist Rektor dieser Lehranstalt. Der Sohn wächst zweisprachig auf, geht kurz vor dem Abitur vom Görres-Gymnasium ab, volontiert bei der *Rheinischen Rundschau* in Koblenz, wird Journalist, sattelt um, arbeitet in einem Kaufhaus als Buchverkäufer, beginnt zu schreiben. Mit 19 Jahren tritt er, berauscht vom Marxismus, »mit dem Herzen in die KPD ein«, – um sieben Jahre später, 1929, »mit dem Kopf« wieder auszutreten. Im selben Jahr erscheinen seine ersten Erzählungen, »Rot gegen Rot«, und er zieht nach Frankreich, wird Börsianer, wird reich, steinreich, vielfacher Millionär. An der Place de Panthéon führt er ein großes Haus, mit Privatsekretär und Dienerehepaar, Treffpunkt namhafter Künstler, Politiker und Publizisten, während der deutschen Besatzung ein konspirativer Hort der Résistance. Die 1940 von der Gestapo beschlagnahmten 1200 Manuskriptseiten seines Romanfragments *Clemens*, Breitbachs Auseinandersetzung mit dem Faschismus, bleiben zunächst verschollen, tauchen nach fünfzigjähriger Odyssee auf wundersame Weise wieder auf und werden in Marbach gesichert.

Nach dem Krieg setzt sich Breitbach für die französisch-deutsche Aussöhnung und Verständigung ein, schreibt kulturpolitische Essays für den *Figaro* und die *Zeit.* Doch in der Szene bleibt er umstritten, eine schillernde Persönlichkeit, der man die große Anerkennung als Schriftsteller versagt, wiewohl sein 1962 erschienener *Bericht über Bruno* als meisterlicher Roman gilt: ein Buch über den Zwiespalt von Macht und Moral, ein riskanter Blick hinter die Kulissen der Politik. Auch *Das blaue Bidet* wird von Kennern zumindest als ein stilistisch glänzender Roman bewertet. Die letzte, noch kurz vor seinem Tod im Jahre 1980 abgeschlossene Arbeit, das Drama *Zweierlei Helden*, gelangt im März 2000 in Liechtenstein zur Uraufführung, im Zwergstaat der Schwarzen Konten und Briefkastenfirmen: ein Stück um Machtintrigen, Korruption und käufliche Politik. Axel Brüggemanns Rezension in der *Welt* lässt keine Zweifel aufkommen: »Das klug gestrickte, überraschende pièce bien faite gibt genügend Ansätze, Aktualität zu evozieren, ohne Namen zu nennen.«

Mit der postumen Stiftung eines nach ihm benannten, alljährlich an deutschsprachige Autoren zu vergebenden, aus seinem hinterlassenen Vermögen finanzierten Literaturpreises, der mit 255.000 Mark opulent ausgestattet ist, vier Mal höher als der bis dahin höchstdotierte Büchnerpreis, hat sich Joseph Breitbach ein unübersehbar vergoldetes Denkmal gesetzt.

Koblenz oder »Cowelenz«, wie die Einheimischen sagen: das scheint eine feine Adresse für Literatur und Literaten zu sein. Im Schatten der Görres, Brentano und La Roche, der Unruh und Breitbach schreibt sich's gut. Als besonders rührig und erfolgreich werden Mitglieder der örtlichen Autorengruppe gerühmt, beispielsweise ihr Mitbegründer, ein Oldtimer des Jahrgangs '22, Gustav Ferrari, der, auch unter dem Pseudonym Stefan Eisner, zahlreiche Romane und Schauspiele veröffentlicht hat; der um drei Jahre jüngere, aus Mayen stammende Werner Helmes, auch er ein vielseitiger freier Schriftsteller, der sich bevorzugt zeitkritischer Themen aus der Region annimmt; Margot Kreuter, wie Ferrari aus Koblenz gebürtig, die auch als Agnes Stephan publiziert und sich vor allem als Jugendbuchautorin einen Namen gemacht hat; der gleichfalls in der Koblenzer Autorengruppe engagierte Klaus-Dieter Regenbrecht, Jahrgang '50, der mit seinem neunbändigen Opus *Tabu Litu* einen »akzentuierten Kontrapunkt zur zeitgeistigen ex-und-hopp Klamaukhektik« setzen will; Waltraud Wagner, die leise Lyrik, Legenden und Erzählungen verfasst; oder Michael Winter, der seine Leser, auch unter dem Pseudonym Percy Warberger, in futuristische, phantastische Romanwelten zu entführen versteht.

»Ade-du-da du Deutsches Eck...«, ruft Peter Rühmkorf, und also eingestimmt verlassen wir das sinnliche, gastliche, an Geist reiche Koblenz mit einem mehr als 1600 Jahre alten Abgesang aus dem Schönmund des Decimus Magnus Ausonius:

»Caeruleos nunc, Rhene, sinus hyaloque virentem
Pande peplem spatiumque novi metare fluenti,
Fraternis cumulandus aquis...«

»Rhenus, den bläulichen Schoß, das kristalline Flutgewand nun
Breite du aus und gewähre den Raum zuströmenden Wellen,
Dass dich mehre verbrüderter Strom...«

Rüdiger Diezemann

Literaturempfehlung

Georg Friedrich Böhn: »Koblenz – Stadt an Rhein und Mosel«, in: *Vor-Zeiten*, Bd. V, Mainz 1989

Was der Rheingau zu bieten hat

Für Mainzer ist der Blick übers Wasser, auf die rechte Rheinseite, insofern schmerzlich, als dort mit Mainz-Amöneburg, Mainz-Kostheim und Mainz-Kastell jene drei Stadtteile liegen, die ihrer Vaterstadt bei Kriegsende willkürlich amputiert wurden, indem die Besatzungsmächte kurzerhand den Rhein zur Grenze zwischen der französischen und der amerikanischen Zone erklärten, mithin die AKK-Gemeinden, wie sie genannt werden, der Nachbarstadt Wiesbaden zuordneten. Daher ist das rechte Ufer des Rheins für die Rheinland-Pfälzer über weite Strecken hessisch, im Süden ein stückweit badisch und erst im Norden, zwischen Kaub und Unkel, heimisches Hoheitsgebiet.

Grenzen machen neugierig, zumal eine so reizvolle wie der Rhein. Verständlich also der Blick nach drüben, vor allem auf das verheißungsvolle Gefilde, das der Rhein-Chronist W. O. von Horn »Deutschlands Eden« nannte: den Rheingau! Leicht gelangt man, von Bingen aus, hinüber, indem man sich auf Emanuel Geibel beruft:

»Bei Rüdesheim, da funkelt der Mond ins Wasser hinein,
Und baut eine goldne Brücke wohl über den grünen Rhein.«

Schon ist man da, im Rheingau, jenem begünstigten »Landstrich, welcher, gelinde und ohne Schroffheit sowohl in Hinsicht auf die Witterungsverhältnisse wie auf die Bodenbeschaffenheit, reich mit Städten und Ortschaften besetzt und fröhlich bevölkert, wohl zu den lieblichsten der bewohnten Erde gehört. Hier blühen, vom Rheingaugebirge vor rauhen Winden bewahrt und der Mittagssonne glücklich hingebreitet, jene berühmten Siedlungen, bei deren Namensklange dem Zecher das Herz lacht...«, so weiß Thomas Mann dem Leser der *Bekenntnisse des Hochstaplers Felix Krull* gleich zu Beginn seines Schelmenromans den Mund wässerig zu machen.

»Hunnischen« Wein nannte man hier früher den Weißen; »fränkischer«, auch »franzischer« hieß der Rote. »Winkeler Hasensprung«, »Oestricher Doosberg«, »Rauenthaler Gehrn«, das sind die Namen großer Kreszenzen, die Goethe mit dem Prädikat »Magnaten« zu belegen pflegte, während er roten Aßmannshäuser in die Kategorie »Götter niederen Ranges« einstufte. Das Comic-Trio Apitz/Kunkel/Kunkel besingt in seiner »Rheingauer Goethe-ana« ziemlich respektlos den dauernden Durst des Dichters:

>»Wer hat von Schiller, Wieland, Kleist gelesen,
>Sie seien je im Rheingau mal gewesen
>Und hätten sich dort interessiert für Wein?
>Das tat Herr Goethe ganz allein.
>Er tat nicht nur die Schnute tunken,
>In vollen Zügen hat er ihn getrunken.«

Gewiss, so war's! Im Sommer 1814 kurte Goethe in Wiesbaden und verbrachte dabei einige Zeit als Stargast auf dem Winkeler Sommersitz des Frankfurter Ehepaares Antonia und Franz Brentano, einem Stiefbruder von Clemens und Bettina, und die Hausfrau wusste sich später sehr genau einer Lieblingsbeschäftigung ihrer prominenten Einquartierung zu erinnern: »Von unserm guten Rheinweine konnte er ganz fürchterlich viel trinken.«

Nicht von ungefähr ist der Rheingau eng besetzt mit Schlössern, Adelshöfen und Abteien, weil in ihnen stets reges geistiges, politisches, klerikales Leben mit der innigen Freundschaft zum Wein einherging. Dafür stehen das barocke Biebricher Schloss Derer zu Nassau-Idstein, das Schloss Metternichs auf dem Johannisberg und natürlich die »Krone des Rheingaus«, das Zisterzienser-Kloster Eberbach mit seiner mächtigen romanischen Basilika aus dem 12. Jahrhundert. Die Anlage, heute hessisches Staatsweingut, diente bei der Verfilmung des Umberto-Eco-Erfolgsromans *Der Name der Rose* von 1980 als Kulisse für einen Klosterkrimi der Spitzenklasse, der von mörderischen Mönchen handelt, die mittels vergifteter Bücher meucheln.

Wer in Rüdesheim gelandet ist und dem Touristenrummel entgehen möchte, tut gut daran, »Siegfrieds Mechanischen Musiksalon« im historischen Brömserhof zu besuchen, eine faszinierende Sammlung selbst spielender, kunstvoller Instrumente aus drei Jahrhunderten, Orgeln, Orchestrien, elektrische Klaviere, Spieluhren, eine wahre Wunderwelt der Klänge, wohltuender Kontrast zum Lärm der Drosselgasse.

Im Hotel »Krone« am Rheinufer im Rüdesheimer Stadtteil Aßmannshausen kommen nicht nur Freunde der Literatur auf ihre Kosten. Mit einem »Rotwoi-Hinkelchen«, Hähnchen nach Art des Hauses, dazu Spätburgunder vom »Höllenberg«, der Spitzenlage, stimmt man sich stilvoll auf den Geist des Hauses ein, das Mitte des 19. Jahrhunderts den Ruf der bedeutendsten Dichterklause am Mittelrhein hatte: Longfellow, Geibel, Fontane, Hoffmann von Fallersleben, Grillparzer und andere namhafte Literaten füllten in diesen Räumen ihre Manuskripte mit Ideen, die Gästebücher mit Sprüchen und die

Wände mit ihren Porträts. Als Entdecker der »Krone« gilt Ferdinand Freiligrath, der hier 1844 sein »Glaubensbekenntnis« abschloss, das Manifest der Wandlung eines schöngeistigen Poeten zum politisch engagierten Autor. 1894 hat man ihm zu Ehren ein Gedenkzimmer eingerichtet und im Fachwerkgiebel eine Büste des Dichters eingelassen, wohl auch der Tatsache eingedenk, dass er in diesem Haus häufig und gern – einen in der Krone hatte.

Vom lateinischen Wort für Weinkeller, vinicella, soll sich der Ortsname von Winkel herleiten, Altersruhesitz des greisen Hrabanus Maurus, des Mainzer Erzbischofs, der als »praeceptor Germaniae«, Deutschlands großer Lehrmeister, gerühmt wird und der hier am 4. Februar 856 starb. Er hat Hymnen und Kreuzgedichte hinterlassen, vor allem aber eine 22bändige Enzyklopädie, *De rerum naturis*. Ein Denkmal vor der Pfarrkirche erinnert an ihn.

Im bereits erwähnten Brentano-Haus am westlichen Ortsausgang, Hauptstraße 89, kann man, nach Voranmeldung, die von Goethe während seiner Sommeraufenthalte 1814 und 1815 bewohnten und weitgehend im Originalzustand belassenen Räume besichtigen. Das gastliche Haus war ein bevorzugter Treffpunkt romantischer Dichter wie Achim von Arnim, die Brentano-Geschwister, Christoph Martin Wieland und anderer

Christa Wolf erdachte 1979 für ihre Erzählung »Kein Ort. Nirgends« ein seltsam anrührendes Zusammentreffen in diesem Ambiente: Karoline von Günderrode und Heinrich von Kleist, reizvoll, da beider Leben von eigener Hand endete, seines am Wannsee, 1811, das der anderen 1806, hier, in Winkel, am Rheinufer, wo sie sich ein Messer in die Brust stieß, weil sie einen Mann liebte, der sich nicht zu ihr bekennen wollte. »Der Tod ist besser als so leben«, schrieb sie ihm vorher und hinterließ ein besonders schönes, ein besonders trauriges Gedicht, schwermütig und todessehnsüchtig, das ahnen lässt, welch reiche Begabung mit ihrem jungen Leben erlosch:

»Ist alles stumm und leer;
Nichts macht mir Freude mehr;
Düfte, sie düften nicht,
Lüfte, sie lüften nicht;
Mein Herz ist so schwer!

Ist alles öd und hin;
Bange mein Herz und Sinn;
Möchte, nicht weiß ich was;
Treibt mich ohn' Unterlass,
Weiß nicht, wohin!«

Rüdiger Diezemann

Unterwegs – Rheintal- und Lahnorte im Überblick

Andernach: Ein Topos der Weltliteratur: Der amerikanische Schriftsteller Charles **Bukowski** (1920-1994) stammt von hier. Am Geburtshaus in der Aktienstraße Nr. 12 erinnert eine Tafel an den »Reporter des Räudigen, des Ranzigen«, der so einfühlsam zu dichten wusste. Der gleichfalls in Andernach geborene und hier lebende Dichter und Kleinverleger Fritz **Werf** (*1934) schrieb in einer »Ode an Charles Bukowski«: »Auch bei uns häuft sich der Schreibstoff / auf den Straßen, auch bei uns stinkt es faul / auch hier ginge dir die Galle über, deine Leber / schrumpfte auch hier vor Ekel und Suff.« – Der Schriftsteller David **Wagner** ist 1971 in Andernach geboren und wuchs dort auf. Er debütierte vielbeachtet mit dem autobiographisch gefärbten Roman *Meine nachtblaue Hose* (2000). Er lebt heute in Berlin. – Auf dem nahegelegenen Rittergut Krayer Hof lebte der französische Lyriker Guillaume **Apollinaire** (1880-1918) von November 1901 bis zum Frühjahr 1902 als Hauslehrer. Im kleinen Turmzimmer über dem Burgtor schrieb er an seinen *Rhénanes*.

Bacharach: Ging sowohl durch Heinrich **Heines** (1797-1856) fragmentarische Erzählung »Der Rabbi von Bacherach« in die Literaturgeschichte ein als auch durch Clemens **Brentanos** (1778-1842) Ballade »Zu Bacharach am Rheine«, Ursprungspoem des Loreley-Mythos. – Von Peter **Rühmkorf** (*1929) stammen folgende starke Verse: »Von Mainz über Bingen bacharachwärts, / die Veilchen verglimmen im Fluge – / Wohl völlig verrückt

geworden der März?! / Der Kopf total aus der Fuge. / Ich reise mit Gedichten umher, / paarmal rundumerneuert / seit Achtzehnhundertichweißnichtmehr / Heinrich Heine die Lore beleiert.« – »Wild braust der Rhein über tief verborgene Klippen, schäumend brechen seine Wogen sich an den uralten Mauern der Stadt und toben gegen sie an«, schrieb Johanna **Schopenhauer** (1766-1838), die Mutter des Philosophen Arthur Schopenhauer (1788-1860) auf ihrer Rheinreise 1816. – Robert **Stolz**, geboren 1880, machte das Gasthaus »Altes Haus« in Bacharach zum Hauptschauplatz seiner Operette *Wenn die kleinen Veilchen blühn*, 1932 in Bacharach aufgeführt. – Victor **Hugo** (1802-1885) verbrachte auf seiner Rheinreise 1840 drei Tage in Bacharach. – »Die Rebe war die Mitgift der Natur, womit Bacharach so gut gewuchert hatte, dass es sich Wohlhabenheit und ein hohes Maß von Freiheit errang«, schrieb Ricarda **Huch** (1864-1947) in ihren *Lebensbildern deutscher Städte* (1927).

Bad Breisig: Hier wohnte, schrieb und liegt begraben der Arbeiterdichter Max **Barthel** (1893-1975), der 1920 als engagierter Kommunist mit seinen »Versen von Fabrik, Landstraße, Wanderschaft, Krieg und Revolution« Aufsehen erregte, sich später aber von den Nazis beeindrucken und vereinnahmen ließ.

Bad Ems: An der Lahn gelegen, zog Bad Ems Jahrhunderte lang Kurgäste aus Hoch-, Geld- und Geistesadel an. Als hochmögendster Vertreter der schreibenden Zunft mag ein gewisser »Dr. Gödee aus Frankfurt« gelten, der hier drei Mal »des sanften Bades genoss«. Die Liste prominenter Namen ließe sich beliebig verlängern. Das Bemerkenswerteste, was je in Ems verfasst wurde, schrieb Weltgeschichte: die »Emser Depesche«. – Alljährlich bietet die vom Land finanzierte Stiftung »Balmoral« acht Künstlern ein auf elf Monate befristetes Stipendium. – Ehedem war das Schlösschen ein Hotel, in dem so illustre Leute wie Richard **Wagner** (1813-1883) abstiegen. Es liegt oberhalb der pittoresken russisch-orthodoxen Kirche, am Fuße des Mahlbergs, dessen Gipfel die Kurgäste im 19. Jahrhundert auf den Rücken unberechenbarer Esel zu erstürmen trachteten. Diese oft beschwerliche Form des ÖPNV soll Bettina **Brentano** (1785-1859, eigentlich Anna Elisabeth Brentano), soror Clementis, in Ems eingeführt haben. – Geburtsort des Schriftstellers Hans Ludwig **Linkenbach** (1876-1939), Verfasser von Bergmanns-Erzählungen. – Im »Fürstenbad« zu Gast waren von den berühmteren Schriftstellern: der Lyriker Max von **Schenkendorf** (1783-1817, letztes Gedicht: »Bad Ems«), gestorben in Koblenz; der Lyriker und Dramatiker August **von Platen** (1796-1835); der Erzähler, Dramatiker, Lyriker, Kritiker und Essayist Karl **Immermann** (1796-1840); der Lyriker, Publizist und Übersetzer Ferdinand **Freiligrath** (1810-1876) und der meistbeachtete Schriftsteller der russischen Literatur, Fjodor M. **Dostojewski** (1874; 1821-1881; *Schuld und Sühne, Der Spieler, Die Brüder Karamasow*). (→ »Bad Ems«-Essay) – Der Literaturhistoriker Adolf **Bach** (1890-1972) ist auf dem Friedhof von B. beerdigt.

Bendorf: Hier schrieb Johann Wolfgang **von Goethe** (1749-1832) an zwei dramatischen Gedichten: »Des Künstlers Erdenwallen« und »Des Künstlers Vergötterung«. – Der frühexpressionistische Lyriker Jakob **van Hoddis** (1887-1942), der eigentlich Hans **Davidsohn** hieß, wurde 1933 als geisteskrank in die Heilanstalt Bendorf-Sayn eingeliefert und starb 1942 in Koblenz auf dem Transport in ein Konzentrationslager. Van Hoddis, der 1910 in Berlin sein *Neopathetisches Cabaret* gegründet hatte, verfasste schwermütige, ahnungsvolle Gedichte; beispielhaft ist sein 1911 erschienenes »Weltende«. – Geburtsort des Romanautors und Journalisten »**Erik Reger**« (eigentlich Hermann **Dannenberger**, 1893-1954). Der Tatsachenroman *Union der festen Hand* (1931), sein Erstlingswerk, gilt als bedeutendster deutscher Industrieroman des 20. Jahrhunderts. Seit 1999 vergibt die Zukunftsinitiative Rheinland-Pfalz (ZIRP) jährlich den Erik-Reger-Preis für hervorragende Arbeiten zur Arbeitswelt.

Boppard: Der großen Rheinschleife bei Boppard, dem sogenannten »Vier-Seen-Blick«, hat der Dadaist und Surrealist Max **Ernst** (1891-1976) in seinem Ölgemälde »Vater Rhein« eigenwillig die Form eines Kopfes gegeben. Der Künstler über den Rhein: »Hier kreuzen sich die bedeutendsten europäischen Kulturströme: frühe mediterrane Einflüsse, westlicher Regionalismus, östliche Neigung zum Okkulten, nördliche Mythologie, preußischer kategorischer Imperativ, Ideale der französischen Revolution und noch manches andere.« – Johann Georg **Forster** (1754-1794) machte auf seiner Rheinreise im Frühjahr 1790

Zwischenstopp in Boppard. – Die Jugendschriftstellerin Helene **Pagés** (1863-1944) lebte von 1885 bis 1913 als Lehrerin in Boppard (*Nanni*-Trilogie, *Christel-Bücher*). Sie gilt als Verfechterin der Mädchenbildung. – Geburtsort des Erzählers, Lyrikers und Dramatikers Johannes **Büchner** (1902-1973; Roman *Herbstsonne* 1956). – Der langjährige Vorsitzende des Verbands deutscher Schriftsteller Rheinland-Pfalz, Wendel **Schäfer** (*1940 Bundenbach/Hunsrück), lebt als Sonderschulrektor und Schriftsteller in Boppard. – Geburtsort des Schriftstellers und Übersetzers Martin **Kämpchen** (*1948).

Diez: Die Stadt an der Lahn war die letzte Lebensstation des Expressionisten Fritz **von Unruh** (1885-1970), eines gebürtigen Koblenzers, dessen Wandlung vom Berufsoffizier zum engagierten Pazifisten zentrales Thema seines erzählerischen und dramatischen Werkes ist.

Kloster Eberbach: Über dem Rheingau thronend, durfte mit seiner eindrucksvollen romanischen Basilika bei der Verfilmung des Umberto-Eco-Krimis *Der Name der Rose* als Tatort herhalten.

Kamp-Bornhofen: »**Die Feindlichen Brüder**«. So heißen im Volksmund die den Ort überragenden, einander benachbarten **Burgen Sterrenberg** und **Liebenstein**. Die starke Schildmauer, die die zwei Bauwerke trennt, ist steinerner Zeuge einer erbitterten Feindschaft unter blaublütigen Nachbarn. Heinrich **Heine** hat darüber eine romantische Ballade verfasst. Eine Besichtigung beider Burgen ist möglich.

Kaub: Verdankt Ruf und Ruhm dem militärischen Geniestreich des Preußen-Marschalls **Blücher**, der hier in der Neujahrsnacht 1814 mit seinem Heer die Rhein-Barriere überwand: von ganz Deutschland, vor allem aber den Dichtern der Befreiungskriege bejubelt. (→ »Kaub«-Essay)

Koblenz: Am Zusammenfluss von Rhein und Mosel gelegen, hat die Stadt namhafte Schriftsteller hervorgebracht, so den wortgewaltigen Joseph **Görres** (1776-1848), dessen *Rheinischen Merkur* Napoleon fürchtete. Seit 1928 steht Görres in Bronze auf hohem Sockel vor dem Schloss in den Rheinanlagen, dargestellt als idealisierter Jüngling, einen Adler zu Füßen, mit der Linken ein Buch ans Herz pressend, die Rechte mit fächerförmig gespreizten Fingern zum Rhein hin erhoben: Die Einheimischen sagen, er bestelle am anderen Ufer fünf Pils.

Während ihrer gemeinsamen Rheinreise dinierten in K. **Goethe**, **Lavater** und **Basedow**: »Prophete rechts, Prophete links, das Weltkind in der Mitten«.

Karl **Baedeker** (1801-1859 Koblenz) gründete 1827 in K. einen Verlag und sorgte mit roten Handbüchern dafür, dass sein Name zum Synonym für Reiseführer wurde.

Festung **Ehrenbreitstein**: Gegenüber der Moselmündung und dem Deutschen Eck gelegen, ist die Anlage der größte klassizistische Bau am Rhein, durch und durch preußisch, im frühen 19. Jahrhundert errichtet. Die Festung ist zugänglich. Am Fuße des Ehrenbreitsteins florierte der Literarische Salon der Schriftstellerin Sophie **La Roche** (1731-1807). In demselben Haus kam Sophie La Roches berühmter Enkel zur Welt: Clemens **Brentano** (1778-1842).

Auch Joseph **Breitbach** (1903-1980), der sich durch die Stiftung eines atemberaubend hoch dotierten Literaturpreises in steter Erinnerung hält, wurde in Koblenz-Ehrenbreitstein geboren.

»Und der Ehrenbreitstein hängt herrlich in der Höhe«, schrieb Johann Georg **Forster** (1754-1794) auf seiner Rheinreise im Frühjahr 1790.

Der Dramatiker und Romancier Fritz von **Unruh** (1885-1970) wurde in K. geboren. Der kämpferische Pazifist schrieb mit der Dramentrilogie *Ein Geschlecht* (1918), *Platz. Ein Spiel* (1920) und *Dietrich* (1957) ein Hauptwerk des deutschen Expressionismus.

Koblenz-Krimis: Rhein-Aufführung am Deutschen Eck in K. Aus dem Traum wird ein Alptraum, als Terroristen das Publikum und sämtliche Künstler als Geiseln nehmen (Klaus-Dieter **Regenbrecht**: *Rheingold. Von Vorzeiten und Vorzeichen*, Koblenz 1998). Ein Toter am Rheinufer bei Urbar. Eine Düsseldorfer Versicherungsgesellschaft schickt Haueisen nach K., um im Mordfall eines Kunsthändlers Untersuchungen anzustellen (Thomas **Krämer**: *Mord Land Fluss*, Koblenz 1999). Zusammenfluss von Rhein und Mosel am Deutschen Eck, Reiterdenkmal Kaiser Wilhelm I.: »›Wenn der mal explodieren würde‹, denkt Arthur...« Mehr im Krimi *Das Katzenhaus* (Briedel / Mosel 1999) von Udo **Marx** (*1961).

Weitere wichtige Schriftstellerinnen und Schriftsteller in oder über Koblenz: »Es liegt eine Fröhlichkeit in der Luft, spritzig wie junger Moselwein«, urteilte Werner **Bergengruen** (1892-1964) über K. (*Deutsche Reise*, 1959).

»Kaiser Wilhelm ist geschmolzen, (...) nur Nikolaus von Kues hält an der ewigen Unwandelbarkeit fest«, schrieb Ludwig **Harig** (*1927) über K. in seinem Buch *Heimweh. Ein Saarländer auf Reisen* (1979).

»Still vereinen sich Mosel und Rhein / unter den unschuldigen Augen der Mädchen von Koblenz«, dichtete Guillaume **Apollinaire** (1880-1918; *Poetische Werke*, 1969).

»Tschingbumm!« Das bombastische Reiterdenkmal Kaiser Wilhelms entsetzte Kurt **Tucholsky** (1890-1935; »Denkmal am Deutschen Eck«, in: *Gesammelte Werke*, 1960).

Clara **Viebigs** Romane *Prinzen, Prälaten und Sansculotten* (1931) und *Rheinlandstöchter* (1922) spielen in Koblenz.

Als einsam und lieblos empfand der Philosoph Gerhard **Nebel** (1903-1974) seine Jugendjahre in K. Im Sommer 1918 war er nach dem Tod der Eltern zu seinem Bruder nach K. gekommen (*An der Mosel*, 1948).

Als »erotische Stadtschönheit« empfand Walter **Henkels** (1905-1987) die »Rhein-Mosel-Stadt« K. (*Deutschland, deine Rheinländer*, 1974).

Inzwischen ist der Koblenzer Hauptbahnhof umgebaut und deshalb dort nicht mehr zu würdigen, was den Dichter und Cartoonisten Robert **Gernhardt** (*1937) zu der Empfehlung verleitete, nach K. mit dem Zug zu reisen: »Schön ist der Schiefer, / der Mensch gut beraten, / der ihn auslegt, / wo Menschen zugange sind, / am vielgenutzen Tresen zum Beispiel / im Koblenzer Bahnhof. / Dort an der Zugauskunft / stutzt jäh der Reisende, / als seine Hand erst, / dann erst sein Auge / und schließlich sein Hirn ihm melden: / Wie schön er ist, der Schiefer!«

Lahnstein, genauer: Lahnstein I, vormals Niederlahnstein: Heimatstadt der in Bayern lebenden Schriftstellerin Dagmar **Leupold** (*1955), die ihre Lyrik mit feiner Ironie zu würzen weiß: »Ein Gedicht: / vierhundertmal / vertieft in sich selbst, / bespricht ein Gesicht, / eine Liebe, / einen Ort. / Mit Tränen / aus echter Tinte.« Eine lohnende Lektüre für Anspruchsvolle: Leupolds Roman-Erstling *Edmond*. – Lahnstein wird von der Burg Lahneck überragt, auf deren Turm Mitte des 19. Jahrhunderts eine britische Touristin auf tragische Weise um ihr junges Leben kam, Stoff für manche Erzählung. – Der Erzähler Thorsten **Becker** (*1958) wurde in Oberlahnstein geboren. Mit dem Roman *Die Bürgschaft* (1985) über das Leben in der DDR landete er einen literarischen Überraschungscoup. – Oberlahnstein inspirierte **Goethe** auf seiner Rheinreise im Juli 1774 zum Lied vom »Geistesgruß«.

Linz: Geburtsort der Erzählerin, Lyrikerin und Hörspielautorin Elisabeth **Alexander** (*1922). Lebt seit 1946 in Heidelberg. Ist seit 1970 freie Schriftstellerin. Werke u.a.: *Die törichte Jungfrau. Roman* (1978), *Domizil Heidelberg. Erzählungen* (1995).

Loreley: Lurlei, Lore Lei – die Hübsche hört auf viele Namen. »Lore Lay« heißt das bezaubernde Wesen in dem mit »Lureley« betitelten Gedicht des Clemens **Brentano** (1778-1842); und der hätte es eigentlich wissen müssen, entsprang die Maid doch seiner dichterischen Phantasie. Der Fels, nach ihr benannt, ist unbestritten die größte Touristenattraktion am Rhein. – Die romantische Phantasiegestalt inspirierte ganze Generationen von Dichtern, u.a. Joseph von **Eichendorff** (1788-1857), Julius **Wolff** (1834-1910), Emanuel **Geibel** (1815-1884), Carl **Simrock** (1802-1876), Guillaume **Apollinaire** (1880-1918), Karl **Valentin** (1882-1948) und Erich **Kästner** (1899-1974). Am populärsten ist das Gedicht Heinrich **Heines** (1797-1856) aus dem Jahre 1824, in der Vertonung von Friedrich **Silcher**. (→ »Loreley«-Essay) Literarische Loreley-Zeugnisse der jüngsten Gegenwart: *Lore Lure Lay. Eine Theatergeschichte* (1987) von **Ulla Berkéwicz** (eigentlich Ursula **Schmidt**, *1951), Peter **Rühmkorf** (*1929): *Haltbar bis Ende 1999. Gedichte* (1979): »Ich reise mit Gedichten umher, / paarmal rundumerneuert / seit Achtzehnhundertichweißnichtmehr / Heinrich Heine die Lore beleiert«, Rose **Ausländer** (1907-1988): »Unter dem Rhein / singt die Lorelei // Fische / verschweigen das Lied // Ein hellhöriger Angler / fängt es heraus // schenkt es / uns allen«).

Mittelrhein: Die Landschaft beschrieb die ehrfurchtsvoll »Litteratorin« genannte Johanna **Schopenhauer** (1766-1838), Mutter des Philosophen Arthur Schopenhauer, in ihrem 1816 unternommenen »Ausflug an den Rhein und dessen nächste Umgebung«: »Von Mainz bis Bingen gleicht die Gegend einer wunderlieblichen Idylle, voll Anmut und ländlicher Schönheit. (...) Von Bingen bis Koblenz hingegen gleicht alles einer ernsten, wehmütigen Elegie, die über längst versunkenen Gräbern melodische Klagen aushaucht.«

Neuwied: Hier wurde der Schriftsteller und Arzt Friedrich **Wolf** (1888-1953) geboren, der nach dem Zweiten Weltkrieg das Rundfunk- und Theaterwesen der DDR aufbauen half. Er schrieb wichtige politische Dramen, die sich mit Themen wie den Bauernkriegen oder dem »Dritten Reich« befassen. – **Goethe, Lavater** und **Basedow** hielten sich im Juli 1774 im Neuwieder Schloss auf. – August Heinrich **Hoffmann von Fallersleben** (1798-1874) lebte von 1851 bis 1854 in N. – Der Erzähler, Essayist und Kunstkritiker Carl **Einstein** wurde 1885 in N. geboren. Er starb 1940 in den Pyrenäen (Freitod), auf der Flucht vor den Nationalsozialisten. Hatte eine starke Wirkung auf Dadaisten und Expressionisten mit einer bahnbrechend neuen »Prosa ohne Kausalität und Logik« (*Killys Literatur Lexikon*, 1989), erstmals im frühen Roman *Bebuquin* (1912).

Oberwesel: Erlebte am 17. 8. 1843 im Gasthof »Zum goldenen Pfropfenzieher« eine Erstaufführung des »Deutschlandliedes« durch seinen Autor Heinrich **Hoffmann von Fallersleben** (1798-1874). – Die sieben Felsenriffe, die vor dem Ort den Rhein verengen, werden »**Die sieben Jungfrauen**« genannt; eine Sage von **Blunck** und eine Ballade von **Simrock** erzählen ihre Geschichte. – Für den Lyriker, Publizisten und Übersetzer Ferdinand **Freiligrath** (1810-1876) »der schönste Zufluchtsort am Rhein«. – »Schmal am Ufer ausgedehnt und in die Seitenfurche bis vor den schweren und obdachlosen Turm von Sankt Martin hinaufgezogen«, beschrieb Alfons **Paquet** (1881-1944) Oberwesel in dem Buch *Der Rhein. Eine Reise* (1923). – In Oberwesel-Langscheid lebt der Schriftsteller Josef **Heinzelmann** (*1936 Mainz), Verfasser von Librettos

für Opern und Operetten. Er übersetzte und inszenierte mehrere Operetten von Jacques Offenbach.

Pfalzgrafenstein: Kurz »Pfalz« nennt der Volksmund die Zollbastion Pfalzgrafenstein auf der Rheininsel Falkenaue, gegenüber von Kaub und der Burg Gutenfels. Hier überquerte **Blüchers** Armee 1814 den Strom. »Ein steinernes Schiff ewig auf dem Rhein schwimmend«, nannte Victor **Hugo** (1802-1885) die »Pfalz«. Sie stammt aus dem frühen 14. Jahrhundert, zählt zu den architektonisch reizvollsten Bauten am Rhein und kann besichtigt werden.

Remagen: Macht durch zwei Bauwerke von sich reden: Die Torsi der ehemaligen Rheinbrücke erinnern an das Ende des Zweiten Weltkriegs, der klassizistische Bahnhof im Ortsteil Rolandseck an eine Affäre des Dichters Guillaume **Apollinaire** (1880-1918) und an die große Zeit, da der Bau als Musentempel diente. – Die **Buchela**, mit Betonung auf dem »u«, die eigentlich Margarethe **Goussanthier** (1899-1988) hieß und in Remagen lebte, war, wie bei Fahrenden üblich, nicht im Wohnwagen, sondern unter freiem Himmel geboren worden: unter einer Buche. Buchela hatte also nichts mit Büchern zu tun. Dennoch war sie überaus belesen: Sie las den Leuten aus der Hand, deutete Lebenslinien und blickte, gegen Honorar, in die Zukunft ihrer Klienten. Das waren vielfach Politiker aus der benachbarten damaligen Bundeshauptstadt, weshalb Madame Buchela auch »**Pythia von Bonn**« genannt wurde. – 1948 schrieb der Lyriker Günter **Eich** (1907-1972) das Gedicht »Blick nach Remagen«

(»Am Nachthimmel ungeheuer / leuchtet der Widerschein / der tausend Lagerfeuer / auf der Steppe am Rhein«).

Rhein: Ein besonders witziges Rhein-Gedicht in der Sprache der Pennsylvania Dutch ist dem Amerikaner Charles Godefrey **Leland** (1824-1903) zu danken: »Der noble Ritter Hugo / Von Schwillensaufenstein, / Rode out mit shpeer and helmet, / Und he coom to de panks of de Rhine. / Und oop dere rose a meer maid, / Vot hadn't got nodings on, / Und she say, ›Oh, Ritter Hugo, / Vhere you goes mit yourself alone?‹ / And he says, ›I rides in de creenwood / Mit helmet und mit shpeer, / Till I cooms into em Gasthaus, / Und dere I trinks some beer.‹« So geht das munter weiter. Und das Ende vom Lied: »She drawed him oonder der wasser, / De maidens mit nodings on.«

Rüdesheim: Im Rheingau, gegenüber Bingen gelegen, zog Rüdesheim Mitte des 19. Jahrhunderts Dichter aus allen Winkeln der Welt an: von **Longfellow** über **Geibel** und **Fontane** bis **Grillparzer**. Man traf sich in der »Krone« im Stadtteil Assmannshausen, wo Ferdinand **Freiligrath** (1810-1876) feucht-fröhlich Hof zu halten pflegte: Trinkfeste für Trinkfeste...

St. Goar: Nach einem Missionar dieses Namens benannt; rückte in den vierziger Jahren des 19. Jahrhunderts ins Blickfeld der literarischen Öffentlichkeit: Ferdinand **Freiligrath** (1810-1876) öffnete in der Heerstraße seinen gutbestückten Weinkeller »der halben deutschen Literazzia«. Dazu gehörten

Autoren wie Willibald **Alexis**, Louise **von Gall**, die **Stolterfoth**, Justinus **Kerner** und viele andere.

St. Goarshausen: Nimmt als Loreley-Stadt eine Sonderstellung ein: Der Fels lockt Touristen an und ist in aller Munde; denn Generationen von Poeten haben ihn bedichtet und besungen. Clemens **Brentano** (1778-1842) ersann die Geschichte von der Zauberin Lore Lay, die **Heine**, **Eichendorff**, **Simrock**, **Kästner** und viele, viele mehr weitergesponnen haben, – des Singens und Kämmens ist seither kein Ende...

Winkel: Gegenüber von Ingelheim gelegen, bietet es literarisch Interessierten Gelegenheit, im Brentano-Haus an der Hauptstraße ein wenig Luft der Klassik und Romantik zu schnuppern: **Goethe** war hier! Achim **von Arnim**! Die **Brentano**-Geschwister! Und Karoline **von Günderrode** (1780-1806), die am Winkeler Rheinufer aus dem Leben schied.

Weißenthurm: Erinnert mit einem Gedenkstein für General **Hoche** nicht nur an die Zeit der Franzosenherrschaft am Rhein, sondern auch an einen der populärsten Kenner und Verehrer des europäischen Schicksalsstroms: Victor **Hugo** (1802-1885), der mehrfach den Rhein bereiste und am Hoche-Monument eine Stimme vernommen zu haben meinte, die ihm zuraunte, Frankreich müsse den Rhein zurückholen.

Rüdiger Diezemann / Josef Zierden

Rhein

Mainz

Main

Bingen

✝ Kloster Rupertsberg

Ingelheim

Nieder-Olm

Nacken-heim

Saulheim

Gau-Bickelheim

Udenheim

Oppenheim

Badenheim

Ensheim

Wohnsheim

Nahe

Selz.

Guntersblum

Wendelsheim

Alzey

Osthofen

Kirchheimbolanden

Worms

Donnersberg

Literaturschauplatz
Rheinhessen

RHEINHESSEN

*»Mann des Millenniums«: Johannes Gensfleisch zur Laden genannt Gutenberg,
Erfinder der Druckkunst mit beweglichen Metalllettern. Sein Denkmal,
1837 von Bertel Thorvaldsen geschaffen, steht im Schatten
des tausendjährigen Mainzer Martins-Domes.
(Foto: Rüdiger Diezemann)*

Jens Frederiksen
Robuste Gesänge von der Völkermühle am Rhein – Rheinhessen literarisch

»Meine Heimat ist Rheinhessen«, verkündet der in Nackenheim bei Mainz geborene Carl Zuckmayer 1966 an gern zitierter Stelle in seinen Lebenserinnerungen *Als wär's ein Stück von mir*, mit einer guten Portion Stolz im Unterton. Aber weil er den fragenden Blick der Messfremden kennt, wenn sie mit diesem geographischen Etwas konfrontiert sind, fügt er im gleichen Atemzug vorsorglich hinzu, dass es »nichts mit dem« zu tun habe, »was man unter ›Rhein-Romantik‹ versteht«. Die Gegend, die gemeint sei – das Hügelland im Rheinknie zwischen Bingen, Alzey und Worms – , zeige vielmehr ein »äußerst einfaches, nüchternes Gepräge«, den Städten hänge »trotz ihrer uralten Geschichte und ihrer Bauwerke nichts Museales, keine Touristenlockung« an. Kurz: »Das Gesicht der Landschaft bleibt gelassen und anspruchslos«.

In seinem Flieger-Drama *Des Teufels General* von 1942 hatte Zuckmayer seinem Titelhelden bereits eine Charakterisierung dieses Landstrichs in den Mund gelegt, die hinter die spröde Kulisse blendete, hatte ihn von der »großen Völkermühle« am Rhein, von der »Kelter Europas« sprechen lassen, in der sich das auf den ersten Blick Unvereinbare wie selbstverständlich zusammengefunden und vermischt habe: »Da war ein römischer Feldhauptmann, ein schwarzer Kerl, braun wie 'ne reife Olive, der hat einem blonden Mädchen Latein beigebracht – und dann kam ein jüdischer Gewürzhändler in die Familie, das war ein ernster Mensch, der ist noch vor der Heirat Christ geworden und hat die katholische Haustradition begründet.«

All das mag auch die aus Alzey stammende, ihrer Heimat freilich sehr viel skeptischer gegenüberstehende Elisabeth Langgässer im Auge gehabt haben, als sie in ihrem Roman *Das unauslöschliche Siegel* bei der Wiederbegegnung mit der Landschaft ihrer Kindheit ebenso spitz wie sarkastisch notiert: »Oh, ja – man merkte die Nähe Frankreichs und sah in der trockenen, klaren Luft die Guillotine blitzen.« Und selbst der allem Kleinen und Bodenständigen abholde Stefan George, dessen Geburtshaus in Büdesheim bei Bingen steht, hat den polyglotten Zug seiner rheinhessischen Heimat einmal, wenn auch nur in einem Privat-Brief, gnädig verzeichnet und sogar – darin den Zuckmayerschen Ausführungen näher als den Langgässerschen – ins Positive gewendet. »Bei allen invasionen«, so George, »haben die Rheinhessen am meisten nicht nur zu leiden gehabt sondern auch profitiert«, denn: »Berührung mit anderen völkern anderen sitten anderer weisheit ist das beste mittel zur ausrottung aller steifheit aller verblendung allen stumpf-sinns«.

Für diese Aufgeschlossenheit und Duldsamkeit der Rheinhessen, die bis-weilen freilich auch in unmittelbarer Nachbarschaft zur Gleichgültigkeit sie-delt und sich in einem gewissen Hang zur Nörgelei ein Ventil schafft, haben im Übrigen nicht erst die Literaten der Moderne ein Gespür entwickelt. Bereits der bis heute verkannte Nieder-Olmer Romancier Wilhelm Holzamer, ein Frühvollendeter aus der Zeit um 1900, der noch stark dem Denken und Fühlen des 19. Jahrhunderts verhaftet ist und als eine Art süddeutscher Gegenpol zum allerdings weltgewandteren Theodor Fontane angesehen werden kann, wird nicht müde, die rheinhessische Weltoffenheit gegen die Bräsigkeit des Völkchens in Oberhessen oder gar im Odenwald auszuspie-len. Sein Erstling *Peter Nockler* (1902) wie auch sein letztes Buch *Vor Jahr und Tag* (1907) sind randvoll mit derlei süffisanten Abgrenzungen.

Farbe bekommen Holzamers Rheinhessen-Einlassungen jedoch vor allem in den kleinen Reflexionen über die Alltagssitten und -gebräuche im Land seiner Geburt. Der Exkurs zu den Eigenarten des heimischen Dialekts in dem autobiographischen Roman *Der Entgleiste* von 1906 ist ein gutes Beispiel dafür: »Der Rheinhesse«, so Holzamer, »ist auf jeden Fall ein feiner Sprecher und Sprachempfinder«, der virtuos auszuwählen verstehe aus »gutem Hochdeutsch, aus Worten des alten Dialekts und gelegentlich aus Worten des Mainzer städtischen Dialekts«. Auf diese Weise aber entstehe ein Sprachduktus, der die gesamte Mentalität der Region wie in einem Brennspiegel einfange – »immer im Fluss, immer beeinflusst, immer vorfüh-lend, nie beharrend«.

Man sieht schon: Es mangelt den Rheinhessen nicht an Selbstvertrauen. Und auch wenn man nicht ganz so weit gehen muss wie der Alzeyer Journalist und Liedermacher Volker Gallé, der aus der Grenzlanderfahrung eine ausgeprägte Respektlosigkeit, ja eine als Querulantentum maskierte Lust am zivilen Ungehorsam als dominierenden Wesenszug der Rhein-hessen ableitet – die Literaten sind sich über eine gewisse Widerborstigkeit, gepaart mit einer unübersehbaren Wendigkeit, auf schon bemerkenswerte Weise einig.

Das ist umso erstaunlicher, als die rheinhessische Identität nicht viel Zeit hatte, sich zu entwickeln. Erst 1816 nämlich war durch eine relativ willkürli-che Grenzziehung die Provinz Rheinhessen als linksrheinisches Territorium des Großherzogtums Hessen-Darmstadt entstanden. Weder hatte es vorher ein ähnlich geformtes politisches Gebilde noch gar den wunderlichen, bis heute außerhalb der Region mit sehr unklaren Vorstellungen verbundenen Begriff »Rheinhessen« gegeben. Unter den bis zum Wiener Kongress links des Rheins herrschenden Franzosen hatte das Gebiet zwischen Mainz und Worms nur den nördlichen Teil des Departments Donnersberg ausgemacht; davor waren – in den Schlussjahren des Alten Reichs bis 1793 – die südlichen Teile kurpfälzisch gewesen und die nördlichen kurmainzisch.

Keine Spur von Rheinhessen also vor der Neugliederung im Jahre 1816. Wenn sich der Goethe-Zeitgenosse und Pfarrerssohn Friedrich Christian Laukhard in seiner zwischen 1792 und 1802 erschienenen Lebensbeschreibung mit den Verhältnissen in den Schulen und Pfarrhäusern um seinen Geburtsort Wendelsheim auseinandersetzt – einem Gebiet also, das nach heutigem Verständnis im Herzen Rheinhessens liegt – , dann ist immer nur von der »Pfalz« und gelegentlich, wenn der Autor ganz genau sein will, von der »Unterpfalz« die Rede. Noch bei Holzamer ist die Erinnerung an die verworrenen politischen Verhältnisse von ehedem lebendig, wenn er im *Entgleisten* in der Gegend von Nieder-Olm die Grenze zwischen »Mainzer Land« und »Kurpfälzer Land« aufspürt. Aber das kann, gut 90 Jahre nach dem Wiener Kongress, das solide rheinhessische Selbstverständnis des Autors nicht mehr erschüttern.

Dass es unbeeinträchtigt und vor allem auch schnell wachsen konnte und dann so markant aus der Literatur zurückzustrahlen begann, bestätigt im Nachhinein immerhin das in diesem Fall einmal sehr glückliche Gespür der Politiker für gewachsene Zusammenhänge und verwandte Mentalitäten. Der Begriff »Rheinhessen« jedenfalls wirkte nach den wechselvollen Jahrzehnten und Jahrhunderten vor dem Wiener Kongress auf nachgerade befreiende Art identitätsstiftend – und das keineswegs nur bei den Literaten. Selbst in der seriösen Geschichtsschreibung der Region, von populären Reiseführern oder touristischen Broschüren und Erläuterungstafeln vor Ort ganz zu schweigen, wird heute »Rheinhessisches« wie selbstverständlich auch jenen Epochen angedichtet, die von dem Wort noch durch Jahrhunderte geschieden waren. Interessanter- und auch kurioserweise zeigt die literarische Spurensuche jedoch, dass sich die Biographien vieler der in Frage stehenden Schreiber und Autoren auch bei häufigen Wohnortwechseln im Bannkreis der Region bewegten – und Werk und Wirken sowieso.

Erste Persönlichkeit der Gegend, die durch ihre Schriften Geltung erlangte und auch für den Bildungsreisenden heute etwas hergibt, die freilich nur bedingt als Literatin angesprochen werden kann, ist die Visionärin und Äbtissin Hildegard von Bingen. Sie wurde 1098 als zehntes Kind eines Edelfreien in dem Dorf Bermersheim wenige Kilometer nördlich von Alzey geboren. Bereits im Alter von acht Jahren ging sie im Gefolge der begüterten Jutta von Sponheim ins Naheland auf den Disibodenberg, wo sie am Rande des altehrwürdigen Mönchsklosters eine Klause bezog. Über 40 Jahre verbrachte sie hier – und die Niederschrift des ersten Teils ihrer Visionentrilogie fällt in diese Zeit.

Um 1150 siedelte sie dann auf den Rupertsberg am linken Naheufer gegenüber der Stadt Bingen um, wo sie ein Kloster errichtete. Vollendung der theologischen und lebenspraktischen Schriften, Briefwechsel mit Kaiser Friedrich Barbarossa – die Zeit in Bingen war Hildegards ergiebigste. Lange Zeit musste der Hildegard-Pilger der Gegenwart die Stadt freilich unverrichteter Dinge verlassen, da die kärglichen Überreste der Rupertsberg-Anlage in den Kellern eines Büromöbel-Herstellers verborgen sind – inzwischen aber besteht mit der Hildegard-Ausstellung im »Museum am Strom« im ehemaligen Elektrizitätswerk unmittelbar am Rheinufer ein kleines, ebenso modernes wie gediegenes Muss für den historisch und geistesgeschichtlich Interessierten.

Über Friedrich Barbarossa lässt sich unschwer die Brücke zum größten Heldenepos der Stauferzeit, zum *Nibelungenlied*, schlagen – und damit nach Worms. Die Stadt hatte seit den Karolingern eine Schlüsselrolle in der Reichspolitik gespielt, und so ist es nicht verwunderlich, dass der anonyme Dichter der Aventürenfolge seine Burgunder »ze Wormez bi dem Rhine« ansiedelte. Nun hatte es im 5. Jahrhundert tatsächlich ein Burgunderreich in Worms gegeben – doch was das um 1200 verfasste *Nibelungenlied* an Bewegendem und Erschröcklichem von den Recken Gunther, Siegfried und Hagen zu berichten weiß, hat mit den historischen Burgundern wenig zu tun, viel eher schon mit den Wechselfällen der deutschen Reichsgeschichte in den Jahrhunderten danach.

Die klassische Mediävistik neigt dazu, den Verfasser des Liedes im Passauer Raum zu suchen. Ein Wormser Germanist, der Studiendirektor Jürgen Breuer, hat 1995 in einer Untersuchung zur politischen Geschichte im *Nibelungenlied* über eine verblüffende Indizienkette den Spruchdichter Bligger von Steinach als dessen Autor in die Diskussion gebracht. Folgt man der Argumentation, dann wäre Worms nicht nur Schauplatz, sondern möglicherweise sogar Entstehungsort des Epos. Denn Bligger gehört ins unmittelbare Umfeld der Stadt, die Ruinen seiner Stammburg sind wenige Kilometer entfernt in Neckarsteinach bei Heidelberg noch heute zu sehen – und seine enge Beziehung zum Wormser Bischofshof ist urkundlich ebenso belegt wie etwa die des Minnesängers Friedrich von Hausen. In der Stadt selbst freilich haben sich – wen wundert's – keine touristisch verwertbaren Zeugnisse seiner Anwesenheit erhalten.

Ein bisschen mehr belohnt wird da, wer in Mainz die Fährte des Minnesängers Heinrich von Meißen, genannt Frauenlob, aufzunehmen versucht –

allerdings in der Tat nur ein bisschen. 1318 nämlich fand der Vers- und Spruchdichter, der im 15. und 16. Jahrhundert in den Meistersingerschulen als einer der zwölf tonangebenden Meister des Minnesangs verehrt wurde, im Kreuzgang des Mainzer Doms seine letzte Ruhestätte. Die Legende weiß, dass sechs Jungfrauen seinen Sarg durch den Dom trugen und ihn unter Strömen von Wein begruben – was insbesondere die mittelalterbegeisterten Romantiker von Karl Simrock über Adelheid von Stolterfoth bis Anastasius Grün zu hochgestimmten Frauenlob-Gedichten inspirierte.

Noch mehr auf die Kosten kommt der literarische Spurensucher natürlich, wenn er sich den Akteuren an der Schwelle zur Neuzeit nähert. In Mainz führen da fast alle Wege zu Johannes Gutenberg. Seine Erfindung des Buchdrucks mit beweglichen Lettern um 1450 und die glanzvolle Nutzanwendung der neuen Kunst auf das Buch der Bücher in der berühmten 42zeiligen Bibel in den Jahre 1452 bis 1455 hat ihm im Vorfeld des Gutenberg-Jahres 2000 in Amerika gar den Titel »Man of the Millennium« eingetragen. Kein Literat, natürlich nicht – aber derjenige, der das Gros der Literatur der folgenden Jahrhunderte und ihre enorme Verbreitung erst möglich machte. Und der Gutenberg-Rundgang im Schatten des Mainzer Doms hält auch außerhalb des glänzend bestückten und im übrigen frisch renovierten Gutenberg-Museums manches Sehenswerte parat.

Für die auf Gutenberg folgenden 300 Jahre genügen einige kleine Fingerzeige, wenn man sich darauf einigt, dass Luther mit seinem Auftritt beim Reichstag zu Worms 1521 sowie seinen brieflichen Sottisen gegen den Mainzer Erzbischof Albrecht von Brandenburg nicht unter die Literaten gerechnet werden muss. Die Renaissance immerhin hält eine weitere Geistesgröße bereit, und zwar in der Rotweinstadt Ingelheim. Im dortigen Heilig-Geist-Hospital an der Remigiuskirche wurde 1489 der Humanist und Kosmographie-Verfasser Sebastian Münster geboren.

In der Zeit des Barock und des Rokoko hat sich die Region dann durch zwei Lyriker von Rang in die Literaturgeschichte eingeschrieben – Worms durch den Wein und Weib besingenden Anakreontiker Johann Nikolaus Götz, und das kleine Badenheim bei Sprendlingen durch den dichtenden »Pflüger« und Götz-Schüler Isaak Maus. Und auch Mainz hat in dieser Epoche eine wichtige literarische Persönlichkeit zu Gast gehabt: Sophie LaRoche, die mit der 1771 erschienenen *Geschichte des Fräuleins von Sternheim* zur ersten Romanautorin des deutschsprachigen Raums überhaupt wurde und die als Großmutter von Clemens und Bettine Brentano zugleich Ahnherrin einer der einflussreichsten Schriftsteller-Dynastien am Rhein werden sollte.

Nur ein kleiner Schritt ist es von Sophie LaRoche zu Goethe und seinen zahlreichen Mainz-Besuchen. Der aufstrebende Dichter gehörte in seinen Frankfurter Jahren zu den Bewunderern sowohl Sophies wie ihrer in Mainz geborenen Tochter Maximiliane und ging bei den LaRoches zeitweise ein und aus – freilich eher in Ehrenbreitstein als in Mainz. Doch auch unabhängig davon war ihm Mainz bestens vertraut. Bereits in früher Jugend hatte er mit seinem Vater Johann Caspar diverse Ausflüge an den Rhein unternommen, und in *Dichtung und Wahrheit* ist festgehalten, wie er den Drususstein und die Zitadelle zum Gegenstand erster Zeichenübungen machte.

So kann man in Mainz mühelos einen halben Tag auf den Spuren Goethes zubringen. Das klassizistische Professorenhaus, in dem er im August 1792 zwei Abende lang Gast des unsteten, kurze Zeit später zum Jakobiner konvertierten Bibliothekars und Reiseschriftstellers Georg Forster war, ist ebenso erhalten wie das barocke Chausseehaus im Stadtteil Marienborn, von wo Goethe im Frühsommer 1793 Zeuge der Belagerung des französisch besetzten Mainz durch das vereinigte preußisch-österreichische Fürstenheer wurde. Und auch das Ober-Olmer Forsthaus, in dem er mehrfach die Gastfreundschaft des preußischen Gesandten am kurmainzischen Hof genoss, existiert noch. In Goethes großem Tagebuchmitschnitt der *Belagerung von Mainz* sind all diese Schauplätze sorgsam verzeichnet und gewürdigt.

Einen weiteren Augenzeugenbericht des Kampfes um Mainz – ebenfalls aus der Perspektive der Belagerer, aber mit ganz anderem, weit weniger staatstragendem Zungenschlag – enthält die *Lebensbeschreibung* des Magisters Friedrich Christian Laukhard. Literaturkennern gilt Laukhard bis heute als die Verkörperung des rheinhessischen Querkopfes schlechthin. Der Pfarrerssohn aus dem kleinen Ort Wendelsheim wusste sich in der Tat durch einen Lebensstil hervorzutun, der die Zeitgenossen in ein Wechselbad aus wohligem Schauder und heimlicher Bewunderung tauchte: Sauferei, ein ausgeprägter Hang zu übel beleumundeten Weibsbildern, dazu ein ausgesprochen loses Mundwerk sorgten jedenfalls dafür, dass verschiedene Anläufe, in den Dienst der Kirche zu treten, im Eklat endeten. Seine Autobiographie aber ist eines der frischesten Literaturzeugnisse der gesamten Goethe-Zeit.

Das 19. Jahrhundert hingegen bestimmen Autoren von allenfalls regionaler Bedeutung. Mainz kann mit einer widerborstigen Biedermeierdichterin, der Erzählerin und Gedichteschreiberin Kathinka Zitz, aufwarten. Und das rheinhessische Dorf Wonsheim steuert mit dem Erzähler Heinrich Bechtolsheimer einen Sammler lokaler Legenden und Geschichten bei.

Kaum bekannter, aber von ungleich größerem literarischen Gewicht ist der Nieder-Olmer Romancier Wilhelm Holzamer. 1870 als Sohn eines nicht sehr lebenstüchtigen Sattlers geboren, verließ er bereits im Alter von 16 Jahren sein Heimatdorf, um zunächst an der Bergstraße Lehrer zu werden und dann in Darmstadt und noch später in Berlin als freier Schriftsteller zu arbeiten. Er war gerade 37 Jahre alt, als er dort an Diphtherie starb. In den wenigen Jahren zwischen der Jahrhundertwende und seinem Tod schrieb er sieben Romane, von denen vier das heimatliche Nieder-Olm zum Schauplatz haben: der Erstling *Peter Nockler*, der Folgeroman *Der arme Lukas* (beide 1902), der autobiografisch eingefärbte Roman *Der Entgleiste* (1906) und schließlich die mit viel zeitgeschichtlichem Kolorit versetzte Liebesgeschichte *Vor Jahr und Tag* (1907). Sie reichen aus, um Holzamer zum facettenreichsten Chronisten Rheinhessens überhaupt zu machen.

In die wilhelminische Zeit gehört auch das Autorengespann Carl Laufs und Wilhelm Jacoby, das 1889 mit der Verwechslungskomödie *Pension Schöller* einen unsterblichen Unterhaltungserfolg landete. Beide Autoren stammten aus Mainz: Jacoby, 1855 als Sohn eines Verlagsbuchhändlers geboren, war Redakteur des *Mainzer Tagblatts* und mehrere Jahre lang Sitzungspräsident des Mainzer Carnevals-Vereins gewesen, bevor in Berlin der absonderliche Amoklauf des Philipp Klapproth die Bühne eroberte. Über Laufs und seinen Lebensweg ist so gut wie nichts bekannt, nicht einmal sein Geburtsdatum ist gesichert – die Angaben schwanken zwischen 1853 und 1858.

Ebenfalls in Mainz, und zwar am Gartenfeldplatz, kam 30 Jahre später ein weiterer Bruder im Geiste, der Komödiant Curt Goetz, zur Welt. Aufgewachsen ist er in Halle, und in seine Geburtsstadt ist er nie zurückgekehrt. Aber wer will, kann in seinem Werk, vom Erstling *Der Lampenschirm* (1911) bis hin zu den Boulevard-Klassikern *Dr. med. Hiob Prätorius* (1934) und *Das Haus in Montevideo* (1953), durchaus Spuren von Mainzer Mutterwitz ausmachen – wer nicht will, wird sich mit dem Hinweis auf einen offenbar angeborenen, ausgeprägten Theaterinstinkt begnügen.

Der erste rheinhessische Autor, der den Sprung in die anspruchsvolle Moderne vollzieht, ist der Lyriker Stefan George. Zunächst noch im Symbolismus verwurzelt, wird er schnell zum Inbegriff eines radikal subjektiven Literaturbegriffs, wie er für das 20. Jahrhundert geradezu symptomatisch ist. Der Poet als einsamer Künder des zeitlos Schönen – in der Person Georges sind Dichterfürst und Sektierer, Misanthrop und Erlösungsprediger eine unauflösbare, zeitweise auch unheilige Allianz eingegangen. Geboren wurde er am 12. Juli 1868 in Büdesheim, das heute ein Ortsteil Bingens ist. In dem späteren Wohnhaus der Eltern am Binger Naheufer sollte er, obwohl nie durch besondere Heimatverbundenheit aufgefallen, bis kurz vor seinem Tod 1933 regelmäßig zu Gast sein.

Robuster Gegenpol zu dem Sonderling George ist der am 27. Dezember 1896 in Nackenheim geborene Carl Zuckmayer. Saft und Kraft (und Eigensinn) des rheinhessischen Menschenschlags sind in seinem Werk wie in dem keines anderen Schriftstellers eingefangen – und das nicht etwa nur in seiner Autobiographie *Als wär's ein Stück von mir*, sondern in zahlreichen Gedichten, in der Erzählung *Die Fastnachtsbeichte*, vor allem aber im *Schinderhannes* und dem *Fröhlichen Weinberg* (der nach dem Skandal, den er in Mainz und in Zuckmayers Geburtsort bei seinem Erscheinen verursachte, immerhin neben Brechts *Dreigroschenoper* zum meistgespielten Bühnenstück der Weimarer Republik wurde).

Die fast gleichaltrige Elisabeth Langgässer lenkt schließlich die Aufmerksamkeit auf die Kleinstadt Alzey im rheinhessischen Hügelland. Trotz einer schon demonstrativen Gleichgültigkeit ihrem Geburtsort gegenüber, hat sie immer wieder die Landschaft ihrer Kindheit in Erzählungen und Romane eingesenkt, reduziert freilich auf eine bloß »mythologische Kulisse« für die christlichen Lehrfabeln, die ihr so am Herzen lagen – in der Kindheitserzählung *Proserpina* von 1929 ebenso wie in dem großen, 1942 entstandenen Roman *Das unauslöschliche Siegel*. Und auch das nahe Mainz kommt umfassend zu seinem Recht: In der Erzählung *Das erfüllte Versprechen* von 1938 wird der Dom sogar zu »Seele und Leib des Landes und der Menschen, die es bewohnen«.

Einer ganz anderen Facette im Dom, dem »dreisten Lächeln der Macht« auf der gotischen Grabplatte des Mainzer Erzbischofs Siegfried III. von Eppstein, schenkt Anna Seghers in ihrem Roman *Das siebte Kreuz* (1942) Aufmerksamkeit. Das Buch, in dem die Flucht des Häftlings Georg Heisler aus dem KZ Osthofen (im Roman »Westhofen«) durchs bäuerliche Rheinhessen nach Mainz und von dort in die Niederlande beschrieben wird, gehört zu den großen Mainz-Huldigungen der Weltliteratur. Und noch ein weiteres Mal hat die gebürtige Mainzerin Anna Seghers ihre Heimatstadt literarisch bedacht – in der kleinen, im mexikanischen Exil entstandenen Erzählung *Der Ausflug der toten Mädchen*, wo das Glück einer unbeschwerten Kindheit in wilhelminischer Zeit mit den Schrecken der Nazi-Jahre konfrontiert wird.

Bleiben als letzte rheinhessische Klassiker der Moderne der 1910 in Guntersblum geborene und 1995 in Paris gestorbene Goldschmied und Romancier Georg K. Glaser und der 1911 in Metz zur Welt gekommene, die längste Zeit seines Lebens aber in Mainz ansässig gewesene und im November 2000 in Wiesbaden gestorbene Erzähler und Lyriker Kurt Mautz. Glaser, der eher durch seine Jugend in dem Wormser Arbeitervorort Neuhausen als durch die wenigen Jahre in seinem Heimatdorf geprägt wurde, gilt als einer der sperrigsten Sozialkritiker in der Literatur des 20. Jahrhunderts – ein Querdenker, wie er für das spröde Land seiner Herkunft so kennzeichnend ist. Und doch hat auch ihn, den unsentimentalen Weltenbummler, in den späten Jahren seines Pariser Exils einmal das Rhein-

hessen-Heimweh gepackt, als er einem Interviewer gegenüber bekannte:
»Meine Stadt ist Paris-Marais – und mein flaches Land ist Rheinhessen.«
Auch Mautz hat sich in seinen letzten Jahren wie im Exil gefühlt – auch
wenn es ein selbstgewähltes und ungleich komfortableres war als bei Glaser.
Die Auseinandersetzung mit einer Wohnungsbaugesellschaft hatte den
durch konkrete Poesie und Anagrammgedichte bekannt gewordenen, später
mit einer ebenso nüchternen wie pointensicheren Prosa hervorgetretenen
Autor aus dem heimischen Mainz ins benachbarte Wiesbaden fliehen lassen
– was für einen Ur-Rheinhessen wie Mautz einer Selbstkasteiung gleichkam.
Wie ein roter Faden durchzieht denn auch die Sehnsucht nach der Stadt, in
der er groß geworden war, sein gesamtes literarisches Werk – die Sehnsucht
nach einer Umgebung, in der man, wie es in seinem einzigen Mundartgedicht
»Alter Määnzer« heißt, »alt wern konn und schdeerwe«. Womit wir zu guter
Letzt auch wieder bei Zuckmayer wären – bei Zuckmayer und seinem Stolz
auf das »einfache, nüchterne Gepräge« dieser Gegend fast ohne
»Touristenlockung«.

Literaturempfehlungen

Franz Dumont / Ferdinand Scherf / Friedrich Schütz (Hrsg.): *Mainz. Die Geschichte
der Stadt*, Verlag Philipp von Zabern, Mainz 1998

Jens Frederiksen (Hrsg.): *Literaturschauplatz Rheinhessen*. 31 Essays
verschiedener Autoren, Verlagsgruppe Rhein Main, Mainz 1993

Jens Frederiksen (Hrsg.): *Mainz. Ein literarisches Porträt*, Insel Taschenbuch,
Frankfurt am Main 1998

Volker Gallé: *Rheinhessen. DuMont Kunst-Reiseführer*, Köln 1992

Marlene Hübel: *Mein Schreibetisch. Schriftstellerinnen aus drei Jahrhunderten.
Spurensuche in Mainz*, Edition Erasmus, Mainz 1994

Marlene Hübel: *Wo Goethe schritt und weilte. Ein literarischer Spaziergang durch
Mainz*, Edition Erasmus, Mainz 1999

Verein für Sozialgeschichte Mainz e.V. (Hrsg.): *Mainz zu Fuß. 8 Stadtteilrundgänge
durch Geschichte und Gegenwart*, VSA-Verlag, Hamburg 1990

Stimmen zu Rheinhessen

»Diese Gegend zeigt in ihrer starken, besonnten Fruchtbarkeit ein äußerst einfaches, nüchternes Gepräge. Die Rebstöcke stehen ordentlich und brav, die Obstbäume in Reihen gegliedert, alles Land ist Nutzland, und nur der rötliche Hautglanz der Erde verrät etwas von ihrem heimlichen Heißblut, von ihrem gezügelten Temperament. Rot ist die Grundfarbe des Bodens, besonders in der Gegend meines Geburtsortes Nackenheim. (...) Bescheidene Haufendörfer, manche mit einer hübschen alten Kirche und ein paar Fachwerkhäusern, die meisten aus schlichtem graugelbem Backstein gebaut, ins Gefäll der Wingerte eingeschmiegt, an der Rheinstrecke zwischen Mainz und Worms; das weithin schwingende, wellige oder bucklige Ackerland um den ›Donnersberg‹, der auch nur ein Hügel ist, und nach dem Kreisstädtchen Alzey hinüber; das flache Gelände der Obstkulturen, wie sich's linksrheinisch von der Flußbiegung bei Mainz bis fast zur Nahemündung erstreckt.«

Carl Zuckmayer, Als wär's ein Stück von mir (1966)

»In dem rheinischen Hügelland, dessen eintönige und unbewaldete Boden-wellen nach Südwesten in die pfälzischen Berge zu münden beginnen, hat sich dies alles zugetragen. Vielleicht ist es durchaus gleichgültig zu wissen, an wel-cher dieser weißen, von unschuldigen Apfelbäumen eingefaßten Straßen der Schauplatz jener Dinge gewesen ist, denn sie alle laufen über magisches Land, aber es sei noch hinzugefügt, daß der Name des Ortes auf eine keltische Sied-lung schließen läßt, die später von den Lateinern kolonisiert wurde, mithin eine Schichtung merkwürdiger und bedeutender Rassen darstellt, die in der Hunnen-zeit, dem Mittelalter und schließlich in den Tagen Bonapartes, kräftige und wei-tere Überhöhung erfahren haben.«

Elisabeth Langgässer, Proserpina (1929)

»Und nun ergreift uns das Gewühl! Tausend und aber tausend Gestalten strei-ten sich um unsere Aufmerksamkeit. Diese Völkerschaften sind an Kleidertracht nicht auffallend verschieden, aber von der mannigfaltigsten Gesichtsbildung. Das Getümmel jedoch läßt keine Vergleichung aufkommen. (...) Im Ganzen durf-te man sagen: die Kinder schön, die Jugend nicht, die alten Gesichter sehr aus-gearbeitet; mancher Greis befand sich darunter. (...) Auch wir, mit fetter, damp-fender Speise nebst frischem, trefflichen Brot reichlich versehen, bemühten uns, Platz an einem geschirmten langen, schon besetzten Tische zu nehmen. Freund-liche Leute rückten zusammen, und wir erfreuten uns angenehmer Nach-barschaft, ja liebenswürdiger Gesellschaft, die von dem Ufer der Nahe zu dem erneuten Fest gekommen war. Muntere Kinder tranken Wein wie die Alten.«

Johann Wolfgang Goethe, Sankt-Rochus-Fest zu Bingen (1817)

»Meine Tante war abscheulich abergläubisch. Überhaupt ist das Volk in der Pfalz diesem Fehler außerordentlich ergeben. Es gibt zwar aller Orten Spuren von dieser Seuche, aber nirgends auffallender als in der Pfalz. Daß es dort viele tausend Schock Teufel, Hexen, Gespenster, feurige Männer usf. gibt, daß es sich anzeigt, daß das Maar, wie man den Alp in der Pfalz nennt, auf Anstiften böser Leute drückt, und tausend dergleichen Herrlichkeiten sind bei meinen lieben Landsleuten ganz ausgemachte Wahrheiten. Wer eine davon leugnen wollte, würde gewiß für einen Ketzer oder für einen Dummkopf angesehen werden. (...) Das Abscheulichste ist, daß die dortigen Geistlichen selbst den Aberglauben zu unterhalten und zu vermehren suchen. (...) Saufen, das charakteristische Laster der Pfalz, ist auch ihre Sache. Da sitzen sie in den Dorfschenken, lassen sich von den Bauern traktieren, saufen sich voll und prügeln sich mitunter sehr erbaulich. So bekam der Pfarrer Weppner zu Alsheim einst so viel Prügel in der Schenke, daß er in drei Wochen nicht predigen konnte. In einem anderen Lande würden dergleichen Skandale auf verdrüßliche Konsequenzen ziehen, aber in der Pfalz nimmt man's so genau nicht.«

Friedrich Christian Laukhard,
Leben und Schicksale, von ihm selbst beschrieben (1792)

»Man sprach keinen einheitlichen Dialekt im Dorf, wie fast überall in Mainzer Landen. Hier aber, an der Grenze zwischen Mainzer Land und Kurpfälzer Land war die Scheidung noch deutlicher. Es gab einen ganz alten Dialekt, gewöhnlich und roh – statt Erde sagte man Arde, statt haben hunn, statt der dar – er wurde nur noch von den ganz alten und den ganz gewöhnlichen Leuten gesprochen. Dann war da der eigentliche Dialekt, in dem sich das hunn gern festhielt. Aber schon wurde es – fast schämig – vermieden, wenn man ein ›besseres‹ Gespräch führte. Dazu schuf sich ein neuer Dialekt, der aus gutem Hochdeutsch, aus Worten des alten Dialektes und gelegentlich aus Worten des Mainzer städtischen Dialektes bestand. Der Rheinhesse ist nun auf jeden Fall ein feiner Sprecher und Sprachempfinder. Je nach der Stimmung und momentanen Wirkung wählt er die Worte – ein hochdeutsches oder ein Dialektwort – und so ist seine Sprache nie ganz rein und erscheint den Fremden nicht konsequent. (...) Er ist einesteils nicht mehr genug Dörfler, andernteils noch nicht genug Städter. Seine Sprache ist Ausdruck seiner geistigen Verfassung: immer im Fluß, immer beeinflußt, immer vorfühlend, nie beharrend. Immer wollend – selten genug vollbringend.«

Wilhelm Holzamer, Der Entgleiste (1906)

»Die Dämmerung drang nicht von außen ein wie an gewöhnlichen Abenden. Der Dom selbst schien sich aufzulösen und zu entsteinern. Die paar Weinranken an den Pfeilern und die Fratzengesichter waren Einbildungen und Rauch, alles Steinerne war am Verdunsten, und nur Georg war vor Schreck versteinert. Er schloß die Augen. Er tat ein paar Atemzüge, dann war es vorbei, oder die Dämmerung war noch ein wenig dichter geworden und dadurch beruhigender. Er suchte sich ein Versteck. Er sprang von einem Pfeiler zum anderen. Er duckte sich, als sei er noch immer beobachtet. An dem Pfeiler, vor dem er jetzt hockte, lehnte, gleichmütig aus einer Grabplatte über ihn hinwegsehend, ein runder gesunder Mann, auf seinem Gesicht das dreiste Lächeln der Macht. In jeder Hand eine Krone, unbemerkt von Georg, krönte er unablässig zwei Zwerge, die Gegenkönige des Interregnums.«

Anna Seghers, Das siebte Kreuz (1942)

»Zu de Flamingos im Schdadtpark geh ich noch,
die Gaugass enuff geht's schun schwiericher.

In de Woistubb konn ich noch mithalde,
in de Sauna isses schun schwiericher.

E wahm Flääschworscht ess ich noch,
middeme Haddekuche isses schun schwiericher.

On de Fassenacht 'm Zuuch zugucke konn ich noch,
mitlaafe wär schun schwiericher.

Middener Wärmflasch im Bett konn ich schlofe,
middeme jung Meedche wär's schun schwiericher.

E Vahderunser behde konn ich noch,
middm Rosekronz wär's schon schwiericher.

In Määnz konn ich alt wern und schdeerwe,
in Wissbade wär's schin schwiericher.«

Kurt Mautz, Alter Määnzer. Gedicht (1991)

Auf Hildegards Spuren zwischen Bermersheim und Bingen

Von dem Herrenhof, auf dem sie ihre Kindheit verbrachte, findet sich längst keine Spur mehr. Auch wenn der Lebensweg Hildegards von Bingen, die 1098 vermutlich in dem Weiler Bermersheim bei Alzey geboren wurde, für hochmittelalterliche Verhältnisse gut dokumentiert ist, bleibt zwangsläufig der eine oder andere weiße Fleck. Seit dem Hildegard-Jahr 1998 immerhin locken in Bermersheim Wegweiser mit dem Hinweis auf »Hildegards Taufkapelle« zu der ebenso schlichten wie adrett restaurierten Simultankirche am Ortsrand. In diesem Bauwerk freilich fand die Taufzeremonie bestimmt nicht statt. Das neogotische Langhaus nämlich stammt aus dem Jahre 1901, und selbst der älteste Bauteil der Kirche, der rechteckige Turm, wurde nicht vor 1145 errichtet.

Um authentischen Relikten aus der Zeit Hildegards zu begegnen, muss man sich ein paar Kilometer aus dem eng umgrenzten Gebiet des heutigen Rheinhessen hinein ins Naheland begeben. Unweit des Kurortes Bad Sobernheim erhebt sich der Disibodenberg mit den teilweise eindrucksvollen Überresten jener Klosteranlage, in die die achtjährige Hildegard 1106 im Gefolge eines auch gerade erst 14 Jahre alten Mädchens aus adligem Geschlecht, der begüterten Jutta von Sponheim, übersiedelte.

Vor allem vom Hospiz und dem Kelterhaus kann man sich durch die weitgehend erhaltenen Außenmauern ein anschauliches Bild machen. Aber auch die Fundamente der Abteikirche wie die vieler angrenzender Gebäude sind noch zu sehen und geben einen Eindruck zumindest vom Ausmaß der Anlage. Die Klause allerdings, in der Hildegard weit über 40 Jahre lang lebte und in der sie mit der Niederschrift ihrer Visionen begann, ist verschwunden – ja nicht einmal die Frage nach dem genauen Standort konnte bislang geklärt werden.

Dennoch: Die Disibodenberg-Relikte sind geradezu üppig im Vergleich zu dem, was von Hildegards zweiter großer Wirkungsstätte, dem von ihr selbst an geschichtsträchtiger Stelle aufgebauten Kloster Rupertsberg am linken Naheufer gegenüber der Stadt Bingen geblieben ist. Hier, wo Hildegard 1150 Einzug hielt, ihre Visionen-Trilogie abschloss und ihren Briefwechsel mit Kaiser Friedrich Barbarossa führte, erinnert so gut wie nichts mehr an die einst stattlichen, im 30jährigen Krieg jedoch von den Schweden zerstörten und im 19. Jahrhundert beim Bau der Bahnlinie nach Bad Münster und weiter naheaufwärts endgültig abgetragenen Klosterbauten. Nur in den Kellergewölben der heutigen Büromöbelfirma Nett-Würth haben sich ein paar kärgliche Pfeiler- und Arkadenreste erhalten – aber die sind der Öffentlichkeit lediglich im Rahmen einer individuell zu vereinbarenden (und sehr kostspieligen) Führung zugänglich.

Dennoch lohnt der Bingen-Besuch auch für den kurzfristig planenden Hildegard-Interessierten: Seit kurzem ist in dem vormaligen wilhelminischen Elektrizitätswerk der Stadt unmittelbar am Rheinufer das »Museum am Strom« eingerichtet, und dessen zentrale Ausstellung gibt anhand kleiner archäologischer Fragmente, farbiger Reliefs und Bildtafeln zumeist aus dem 19. Jahrhundert sowie zahlreicher Reproduktionen, Architekturmodelle und Instrumentennachbauten einen guten Überblick über das Leben der Heiligen – Übernahme übrigens einer viel besuchten Ausstellung des Mainzer Dom- und Diözesanmuseums, die ebenfalls dem Hildegard-Jahr 1998 zu verdanken ist.

Jens Frederiksen

Literaturempfehlung

Hans-Jürgen Kotzur (Hrsg.): *Hildegard von Bingen 1098-1179. Ausstellungskatalog*, Verlag Philipp von Zabern, Mainz 1998

Worms und das Nibelungenlied

1755 fand sich in Schloss Hohenems die sogenannte Handschrift C des *Nibelungenlieds*, die aus der ersten Hälfte des 13. Jahrhunderts stammt. Man vermutet, dass der anonyme Dichter das gereimte Epos um 1200 verfasst hat. Als Ort der Handlung hat er Worms gewählt und zur Hauptstadt eines fiktiven Königreiches Burgund gemacht. Der typisch mittelalterlichen Geschichte wird die enge Verzahnung des Territoriums mit der »kraft« der herrschenden Dynastie zugrunde gelegt. Nach germanischer Auffassung, die sich zur Zeit der Völkerwanderung am Rhein mit romanischen Traditionen und christlicher Religion mischte, führt die erlahmende »kraft« des Königs zu seiner Absetzung. Genau nach diesem Schema verfährt auch das Nibelungenlied, wenn der vom Niederrhein stammende Held Siegfried Unordnung ins »kraft«-Gefüge der Wormser Burgundersippe um den schwachen König Gunther bringt. Hagen und danach Kriemhild verfolgen das Konzept, die alte »kraft« wieder herzustellen. Das gelingt nicht, sondern führt zum Untergang.

Zu Literatur und Mythos gibt es historische Parallelen in der »barbarischen« Gesellschaft der Völkerwanderungszeit. Am bekanntesten sind die blutigen Thronfehden der Merowinger um die Königinnen Fredegung und Brunichild im späten 6. Jahrhundert und die fatale Niederlage des im Wormser Raum siedelnden Burgunderkönigs Gundachar gegen den mit Hilfe der Hunnen operierenden römischen Statthalter Aetius in der Zeit um 435. Eine lebendige burgundische Geschichte entsteht aber erst nach der Neugründung von Burgund im Raum der heutigen Bourgogne. Nach den Teilungen des europaweiten Frankenreiches wurde diese Region jahrhundertelang zu einem Zankapfel zwischen dem jeweiligen deutschen und französischen Königshaus. Von deutscher Seite aus bestanden immer enge, dynastische Verbindungen zwischen dem Königtum Burgund und Worms. So verfasste Graf Nibelung von Burgund, ein Neffe Karl Martells, die Chronik der Karolinger zwischen 751 und 768. »Auf dem Wormser Hoftag 926 wurde die direkte Unterordnung des Königreichs Burgund unter die Hoheit Heinrichs I. mit der Übergabe der heiligen Lanze vollzogen.« (Breuer, *Mit spaeher rede*) Auch die ursprünglich in Worms beheimateten Salier und die Staufer wurden zu Königen von Burgund gekrönt. Von Friedrich Barbarossa schließlich, der sich häufig in Worms aufgehalten hat, stammt die Stadtrechtsurkunde am

Peter Cornelius, Hagen versenkt den Nibelungenhort (1859)

Dom-Nordportal, einem gewichtigen Rechtsort, an dem sich auch der Königinnenstreit des Nibelungenliedes abgespielt haben muss, wenn man ihn in Worms verorten will.

Die Worms-Burgundischen Familien- und Herrschaftszusammenhänge waren dem mittelalterlichen Dichter bekannt, heute sind sie durch das Wissen um die nationalistische Geschichte der Neuzeit verschüttet. Ob der Dichter eine gute Kenntnis der Wormser Geografie hatte, ist umstritten. Immerhin siedelt er seine Helden mit Blick für die historischen Beziehungen an, so Volker in Alzey und Ortwin in Metz.

Die am Nationalen ausgerichtete Rezeption des Stoffes – auch in der Germanistik – hat den Schwerpunkt auf die nordischen Parallelen zur Siegfriedsaga um die mögliche Herkunft des Dichters vom Passauer Bischofshof gelegt. Nur wenige Forscher wie Sinder (1935), Panzer (1945) und Wais (1953) haben auf die westeuropäischen Parallelen des Textes verwiesen wie auf das provenzalische Epos *Daurel et Beton*. Der Romanist Ernst Robert Curtius hat 1948 zu Recht antike Traditionen herausgearbeitet wie den »ungefüegen lewen«, den gewaltigen Löwen, den Siegfried im Odenwald jagt.

Dagegen wurde das Schreckensbild vom Untergang, das der Dichter seinen Zeitgenossen als Menetekel an die Wand malte, über den Umweg der Erhebung zum Nationalepos zum Leitbild des nationalsozialistischen Vernichtungskonzepts. Dabei spielte auch Worms eine propagandistische Nebenrolle, und zwar durch die von 1937 bis 1939 abgehaltenen Nibelungenfestspiele, die von Goebbels eröffnet wurden.

Die lokale Rezeption setzte allerdings früher ein. Ab 1887 entwickelte sich unter Stadtbaumeister Hofmann der stadtbildprägende, neuromanische Nibelungenstil, den man heute noch an Bauten wie der Neusatzschule oder Wergers Schlösschen beispielhaft sehen kann. Festspielversuche gab es mehrfach zwischen 1906 und 1928, aber sie setzten sich weder beim einheimischen und auswärtigen Publikum noch in der Kommunalpolitik durch.

Am Ende des 20. Jahrhunderts hat die Stadt einen weiteren Versuch gestartet. So eröffnet 2001 ein Literaturmuseum zum Nibelungenlied, das in den erhaltenen Resten der staufischen Stadtmauer untergebracht ist. 2002 sollen Festspiele folgen, für die man bei dem jungen Berliner Theaterautor Moritz Rinke ein Stück in Auftrag gegeben hat.

Bereits im Oktober 1998 wurde unter dem Titel »Ein Lied von gestern?« ein Symposium zur Rezeptionsgeschichte des *Nibelungenliedes* veranstaltet, dessen Beiträge in Buchform vorliegen. Bei dieser Gelegenheit gründete sich auch die Nibelungenlied-Gesellschaft Worms, die sich als literarische Gesellschaft die Aufgabe gestellt hat, die Forschung zum *Nibelungenlied* voranzutreiben. Mit dem *Nibelungenlied* kann Worms nicht nur einen literarischen Stoff beheimaten, der zu einem weltweiten Stadtmarketing taugt, die alte Stadt am Rhein stößt dabei auch auf zentrale Themen der europäischen Mentalitätsgeschichte und rührt im Übrigen an verschüttete Beziehungen der Landschaft am Rhein zum lothringischen und burgundischen Raum.

Volker Gallé

Literaturempfehlungen

Das Nibelungenlied, Mittelhochdeutscher Text und Übertragung, hrsg. v. Helmut Brackert, Fischer Taschenbuch, 2 Bände, Frankfurt am Main 1970

Gerold Bönnen / Volker Gallé (Hrsg.): *Ein Lied von gestern? Wormser Symposium zum Nibelungenlied,* Verlag Stadtarchiv Worms 1999

Dieter Breuer / Jürgen Breuer: *Mit spaeher rede. Politische Geschichte im Nibelungenlied,* Wilhelm Fink Verlag, München 1995

Jürgen Breuer: *Bligger II. von Steinach. Der Dichter des Nibelungenliedes,* Geiger Verlag, Horb am Neckar 1999

Gutenberg in der Literatur

Die bekannteste Gutenberg-Würdigung in der Weltliteratur stammt von Victor Hugo – die bekannteste und zugleich die kurioseste. In seinem *Glöckner von Notre-Dame* aus dem Jahre 1831 nimmt sie ein ganzes Kapitel ein. Am Ende wird die Lettern-Tüftelei des stets von Geldschwierigkeiten gebeutelten Erfinders gar zum »größten Ereignis der Geschichte« überhaupt erhoben. Doch die Bedeutung der »mächtigen Mainzer Druckerpresse« liegt für den Autor nicht etwa im Ersatz der unzulänglichen Schreibgeräte der mittelalterlichen Skribenten – sie markiert für ihn vielmehr den Sieg des Wortes über... die Architektur.

Druckkunst und Architektur? »Das Buch tötet den Bau«, sagt Victor Hugo. Für ihn sind die gemauerten Monumente früherer Zeiten vor allem ein großer Spiegel der jeweiligen Kulturen, eine Art »granitenes Buch« der Menschheit. Mit Gutenberg aber sei die Chronistenpflicht unweigerlich auf die Druckkunst übergegangen. Nicht eben naheliegend, dieser Gedanke. Er ist jedoch keineswegs der einzige wunderliche Schnörkel, auf den die Dichter und Denker im Laufe der Zeit im Umgang mit der Figur Gutenbergs gekommen sind.

Bis das Literatenlob für dessen Erfindung in Schwung kam, vergingen sowieso erst einmal Jahrzehnte, ja fast anderthalb Jahrhunderte. Natürlich haben die Zeitgenossen Gutenbergs von der neuen Form der Text-Vervielfältigung Notiz genommen – aber eher so, wie wir den elektrischen Rasenmäher oder die Geschirrspülmaschine verzeichnet und wie selbstverständlich in unseren Alltag integriert haben. Kaum jemandem sind damals die Folgen der Mainzer Letternrevolution aufgegangen. Und warum sollten die Literaten weitsichtiger gewesen sein als die Regierenden, die Kirchenfürsten oder auch der gemeine Mann? Der Name Gutenbergs hatte zunächst keinen besonders hellen Klang – auf der Gasse ebenso wenig wie in der Klause der Schriftsteller.

Umso erstaunlicher ist es, dass bereits knapp 50 Jahre nach Gutenbergs Tod, im Jahre 1513, der Abt Johannes Trithemius in seinen *Hirsauer Annalen* den Mainzer Bürger Johannes Gutenberg für die »wunderbare und früher unerhörte Kunst des Drukkens« reklamierte und pries. Zwar hatte schon 1498 Sebastian Brant, Autor eines Konvoluts lehrhafter *Narrenschiff*-Erzählungen, das Hohelied des gedruckten Buches gesungen – freilich ohne Gutenberg zu nennen.

Martin Luther dann machte sich die Möglichkeiten des Drucks mit beweglichen Lettern nicht nur propagandistisch für Flugschriften und Traktate zu Nutze, er würdigte in einer von Johannes Aurifaber mitgeschriebenen Tischrede ganz ausdrücklich die Möglichkeit, mit der »Truckerey« die »Sache des Evangelii« zu fördern und zu unterstützen. Diesen Aspekt betont auch das künstlerisch bemerkenswerte »Loblied auf Gutenberg«, das im Jahre 1602 dem Mansfelder Pfarrer Wolfhart Spangenberg aus der Feder floss. In dem neunstrophigen Gelegenheitswerk werden nicht nur Jahr und Ort der Erfindung benannt, sondern auch deren nobelste Aufgabe: »So wirt das liebe Gottes wort / durch Bücher weit gepflanczet fort.«

Eine eigenartige Wendung nahm die Beschäftigung der Literaten mit Gutenberg Ende des 18. Jahrhunderts. Plötzlich wurde es Mode, die Biographie des großen Erfinders mit der eines anderen »Schwarzkünstlers«, des Zauberers und Teufelspaktierers Johann Faust zu verschmelzen. Warum es dazu kam, ist nicht mehr genau auszumachen. Vermutlich handelte es sich zunächst um eine pure Verwechslung, vermutlich wurde der Name von Gutenbergs zeitweiligem Geldgeber und späterem Prozessgegner Johann Fust arglos mit dem des historisch eher ins 16. Jahrhundert gehörenden Faust gleichgesetzt.

Den Startschuss dazu gab Friedrich Maximilian Klingers noch ganz im Banne des Sturm und Drang stehender Roman *Fausts Leben, Thaten und Höllenfahrt* (1791), der in Mainz beginnt und Fausten mit einer »von ihm gedruckten Bibel« unterm Arm in die Welt entlässt. In diesen Zusammenhang gehört wohl auch Wilhelm Hauffs satirischer Roman *Mitteilungen aus den Memoiren des Satan* (1826/27), der in dem Mainzer Gasthof »Zu den drei Reichskronen« eine Reihe kultivierter Durchreisender mit einem anekdoten-ausstreuenden Herrn »von Natas« an einen Tisch bringt – einer eleganten Erscheinung, die bald als der Satan höchstselbst identifiziert wird. Eine aus-drückliche Zusammenschau von Gutenberg- und Faustgeschichte gibt es hier zwar nicht – aber in der Mainz-Teufel-Konstellation klingt deutlich etwas Derartiges an. Und wie sehr diese eigenartige Lebenslauf-Klitterung auch noch Mitte des 19. Jahrhunderts lebendig ist, kann man am schönsten bei Heinrich Heine in dem im Nachlass gefundenen »Bimini«-Gedicht nachlesen, wo er die »alte Welt« ganz und gar verändert findet durch die »Schwarzkunst Berthold Schwarzes / Und die noch viel schlauere Schwarzkunst / Eines Mainzer Teufelsbanners«.

Gutenberg und Faust wurden in der Literatur aber nicht nur miteinander verschmolzen, sie konnten auch als Gegner aufeinander treffen. Ludwig Giesebrecht spielt diese Variante in seinem Libretto zu Carl Loewes *Guten-berg-Oratorium* durch, das 1837 zur Enthüllung des Mainzer Gutenberg-Denkmals von Bertel Thorwaldsen uraufgeführt wurde. Vor dem Hintergrund der Mainzer Stiftsfehde des Jahres 1462 tut sich Faust darin als Anführer der irregeleiteten Bürger im Kampf gegen Papst und Domkapitel hervor, während Gutenberg sich zum Anwalt der »freventlich zerrissenen Ordnung« macht und den Missbrauch seiner Erfindung zu aufrührerischen Zwecken bitter beklagt: »Wehe, in mordende tödtliche Waffen / Schmolzt ihr mein frommes Geräthe mir um.«

1837 – das ist die Zeit eines wahren Gutenberg-Booms in der Literatur. Und dabei konnte es manchmal auch ganz trivial, ja geradezu hausbacken zugehen. Von Charlotte Birch-Pfeiffer, einer frühen Hedwig Courths-Mahler des Theaters, gibt es ein Gutenberg-Stück aus dem Jahre 1836, das vor-nehmlich um Familien- und Eheprobleme kreist. Zudem sind die Gutenberg-Gesänge und -Verse jener Jahre Legion – doch als dauerhaft hat sich all das nicht erwiesen.

Am bekanntesten sind heute noch die »Drei Gutenberglieder« von Georg Herwegh von 1840, die den Mainzer Erfinder allerdings auf arg plumpe Weise zum Bannerträger jeglichen, auch des gesellschaftlichen Fortschritts verklären: »Voran, voran, im Sturm voran! / Der Gutenberg trägt uns die Fahn!«

Vor diesem Hintergrund ist es umso bedauerlicher, dass eines der ambi-tioniertesten Gutenberg-Projekte in der klassischen deutschen Literatur über ein paar salopp hingeworfene Vorstudien nicht hinauskam. Ein Zeitgenosse

Klingers, der frühzeitig in den Ruf eines Skandalautors geratene Wilhelm Heinse nämlich, hatte in seinem letzten Lebensjahr 1803 den Plan gefasst, den historischen Gutenberg ganz im Sinne des Genie-Kults der Stürmer und Dränger zum unbeirrbaren Einzelgänger und Geistesheroen zu verklären. Formulierungen wie die über einen »Gutenberg mit seinem anhaltenden Enthusiasmus, seiner Feinheit«, die ihm ermöglicht hätten, alle Folge-Erfindungen zur Verfeinerung der Buchdruckerkunst »ein dutzendmal immer von neuem zu erfinden«, lassen die Richtung erahnen, in die Heinse gehen wollte. Das Fragment wurde jedoch erst 1966 entdeckt und veröffentlicht.

Die Moderne hat sich an Gutenberg als literarischer Figur eigenartig desinteressiert gezeigt. Kinder- und Jugendbücher zum Thema gibt es zuhauf, und in allerjüngster Zeit ist der Erfinder sogar zum Helden eines ebenso frechen wie pfiffigen Comics geworden. Aber die Schriftsteller von Rang halten sich bedeckt. Ohne Victor Hugo wären wir bis heute der ganz großen Autorennamen im Gutenberg-Kontext ledig. Und auch der hat ja, genau genommen, nur mit Verve über seinen Gegenstand hinweggeschrieben.

Jens Frederiksen

Literaturempfehlungen

Wilhelm Heinse: »Gutenberg-Fragment«, in: Max L. Baeumer (Hrsg.): *Heinse-Studien*, Metzlersche Verlagsbuchhandlung, Stuttgart 1966

Albert Hoehner / Klaus Wilinski: *Gutenberg Live. Comic*, Verlag Hermann Schmidt, Mainz 1990

Victor Hugo: *Der Glöckner von Notre-Dame*. In zahlreichen Ausgaben und Übersetzungen greifbar, u.a. als Insel Taschenbuch und als Diogenes Taschenbuch

Friedrich Maximilian Klinger: *Fausts Leben, Thaten und Höllenfahrt*, Max Niemeyer Verlag, Tübingen 1978

Jens Frederiksen (Hrsg.): *Mainz-Lesebuch*, Eichborn Verlag, Frankfurt am Main 1992. Bietet Auszüge aus allen vorgenannten Gutenberg-Büchern.

Eva Hanebutt-Benz (Hrsg.): *Gutenberg. Aventur und Kunst – Vom Geheimunternehmen zur ersten Medienrevolution. Ausstellungskatalog*, Verlag Hermann Schmidt, Mainz 2000

Goethe und Mainz – Eine Spurensuche links des Rheins

Immer auf Distanz. Nicht nur in Mainz umgab er sich wie selbstverständlich mit der Aura des ewig Durchreisenden – aber eben auch hier. Selbst Dinge von Belang hat er kaum registriert, hat Unglück und Leid der Region einmal sogar mit bemerkenswerter Ungerührtheit von sich gerückt. Erst sehr spät entdeckte er bei einem Volksfest einen Gleichklang des Wesens und des Temperaments. Viel Flüchtiges – aber eine gewisse Verbundenheit war trotzdem da.

Goethe und Mainz: Auch das ist ein eigenes Kapitel. Goethe kannte die kurfürstliche Residenzstadt von frühester Jugend an. Wann genau er sie zum ersten Mal betrat, lässt sich nicht mehr ausmachen. Gewiss ist aber, dass der Vater Johann Caspar den noch nicht ganz 16jährigen Filius zur Vorbereitung auf das Studium 1765 zu einer kleinen Reise an den Rhein mitnahm, bei der Mainz den Ausgangspunkt bildete und in deren Verlauf auch Worms gestreift wurde.

In *Dichtung und Wahrheit* hat der Dichterfürst rückblickend jedoch auch noch andere Mainz-Besuche aus seiner Frankfurter Zeit verzeichnet – eher beiläufig, aber doch klipp und klar mit Ortsmarke und wiedererkennbaren Details. So verweist er bei der Erwähnung seiner ersten Zeichenambitionen ausdrücklich auf sein Bemühen, den Mainzer Drususstein angemessen zu Papier zu bringen. Eher kurios und für mancherlei Spekulationen gut ist die Episode um einen Straßenmusikanten, den der 1771 aus Straßburg zurückkehrende Goethe in Mainz aufgelesen und in jugendlichem Übermut für einige Wochen in sein Elternhaus mitgebracht haben will. Wie auch immer: Das damals noch wirklich goldene Mainz gehörte zu jenen »bekannten, von Jugend auf betretenen Gegenden«, auf die Goethe noch 1815 in den *Tag- und Jahresheften* mit Wohlgefallen zurückblickte.

Eine frühe Schlüsselszene in Goethes Leben spielt ebenfalls mitten in Mainz – und hat im übrigen auch Eingang in seine Lebensbeschreibung *Dichtung und Wahrheit* gefunden. Es ist immer noch die Frankfurter Zeit: Am 11. Dezember 1774 hatte Goethe den in der freien Reichsstadt Station machenden künftigen Herzog von Sachsen-Weimar, Carl August, kennengelernt. Sympathien müssen auf beiden Seiten sofort bestanden haben. Man verabredet sich zu einer zweiten Zusammenkunft – und die findet vom 13. bis 15. Dezember in Mainz statt. Treffpunkt ist der Gasthof »Zu den Drei Reichskronen«, ein stattliches Anwesen, das hinter dem alten gotischen Kaufhaus Am Brand ein Stückchen rheinwärts lag und bis in die siebziger Jahre des 19. Jahrhunderts existierte.

Die Gespräche drehten sich um Höfisches, um die Literatur, vor allem um eine Satire des jungen Goethe über den in Weimar hoch geschätzten Christoph Martin Wieland. In *Dichtung und Wahrheit* ist das sorgsam zusammengefasst – und mit dem Hinweis garniert, dass in den Unterredungspausen genügend Zeit blieb, »auch wohl Schlittschuh« zu fahren, »wozu die eingerorenen Festungsgräben die beste Gelegenheit verschafften«. Eines der Ergebnisse der Mainzer Begegnung war ein Entschuldigungsbrief Goethes an den missmutigen Wieland. Vor allem aber: Das Beisammensein machte für Goethe den Weg nach Weimar frei. Was die Folgemonate auch immer an Komplikationen bringen sollten, die große Weichenstellung kam in Mainz zustande – in der noch ziemlich intakten Umgebung dieses »Centralorts« des Alten Reichs.

Doch Goethe hat nicht nur dessen Glanz, sondern auch dessen Niedergang gesehen. Am 21. Oktober 1792 nahmen französische Revolutionstruppen unter General Custine Mainz ein – bis kaiserliche und preußische Verbände, denen sich auch Carl August als Befehlshaber des 6. preußischen Kürassierregiments beigesellte, im Juli 1793 nach wochenlangem Beschuss die völlig verwüstete Stadt zurückeroberten.

Als Goethe sich am 26. Mai 1793 über Rüsselsheim und eine Schiffsbrücke bei Oppenheim Mainz näherte, um seinen Herzog im Lager bei Marienborn zu »verehren«, dauerte die Belagerung der Stadt bereits mehrere Wochen. Goethe war also nur in der Schlussphase dabei, geriet ein, zwei Mal sogar direkt unter Beschuss und zog schließlich mit den siegreichen österreichisch-preußischen Truppen nach Mainz ein. Auf der Grundlage seiner Tagebuchaufzeichnungen schrieb er lange Zeit danach, im Jahre 1820, seine berühmte Schilderung der *Belagerung von Mainz*.

Die Tagebuchform beibehaltend, handelt er darin freilich mit schon frösteln machender Unbeteiligtheit das Ende der »unselig glühenden Hauptstadt des Vaterlandes« ab. Kein Wort der Betroffenheit, als der Dom brennt, kein größeres Bedauern darüber, dass Jesuitenkirche und Favorite in Schutt und Asche versinken. Den Dichter quält etwas anderes – ihn beschäftigt der Geist des Aufbegehrens, der von den französischen Besatzern in die Stadt getragen worden ist. Die Wiederherstellung des geordneten Gemeinwesens erscheint ihm als das oberste Gebot – die Mittel, mit denen dies Ziel erreicht wird, registriert er, sie sind ihm am Ende aber herzlich gleichgültig.

Es ist charakteristisch für Goethes Haltung, dass ihn die nächtliche Beschießung der Dompropstei lediglich zu der Anmerkung veranlasst, zwei in seiner Begleitung befindliche Maler hätten »den Vorfall künstlerisch« behandelt und »so viele Brandstudien« gemacht, dass es ihnen »später gelang, ein durchscheinendes Nachtstück zu verfertigen«. Und abermals mit den beiden unterwegs, versteigt er sich später zu der Formulierung, die Belagerung von Mainz sei ein »selten wichtiger Fall, wo das Unglück selbst malerisch zu werden versprach«.

Aus zwei kolorierten Stichen des Goethe-Begleiters Georg Melchior Kraus, die im Mainzer Landesmuseum zu betrachten sind, spricht allerdings der gleiche Mangel an Betroffenheit. Beide Blätter sind heitere Fernblicke auf die zerschossene Stadt. Gäbe es darauf nicht die zarten Rauchschwaden über der Stadtsilhouette, man müsste sie für Darstellungen einer unbeschwerten rokokoesken Landpartie halten. Und auf beiden Ansichten – der einen von Marienborn, der anderen von Weisenau aus – richtet ganz vorn ein schlanker Herr im grünen Rock lässig sein Fernrohr Richtung Rhein: Goethe höchstpersönlich.

Weitaus dramatischer ist da schon das Aquarell der Ruine der Liebfrauenkirche, das Kraus nach dem Ende der Bombardierung in der Stadt malte und das sich heute im Besitz des Frankfurter Städel befindet. Hier plötzlich sind die Schrecken des Krieges wie mit Händen greifbar.

Doch auch Goethe ließ der beklagenswerte Zustand der Stadt nicht ganz so kalt, wie es seine abgeklärte *Belagerungs*-Schrift glauben macht. Durch die private Korrespondenz jener Zeit jedenfalls weht der Hauch des Entsetzens: »Wenn wir nur nicht das traurige Schauspiel ansehen müssten«, so schreibt er seiner Frau Christiane am 3. Juli 1793, »dass alle Nacht die Stadt bombardiert wird und nun so nach und nach vor unsern Augen verbrennt.« Und Jahre später noch stellt er fest: »Man müsste die Bewohner dieses Bezirks beneiden, wenn sie nicht so unendlich viel ausgestanden hätten.«

Wohnung hatte Goethe übrigens – nach einer im wahrsten Sinne des Wortes lausigen Behelfsunterkunft in Ober-Olm – in unmittelbarer Nähe seines Herrn im Marienborner Chausseehaus gefunden – allerdings nicht im Gebäude selbst, sondern in einem Zelt im Park dahinter. Beides, Chausseehaus und Garten, sind noch erhalten – wie auch das nahe Ober-Olmer Forsthaus, in dem Goethe vom Obristen von Stein, dem preußischen Gesandten am kurmainzischen Hof, mehrfach bewirtet wurde.

Den Bewohnern des »Bezirks« näherte er sich auch später noch mehrfach – am folgenreichsten und literarisch ergiebigsten freilich im Jahre 1814, als er einen Kuraufenthalt in Wiesbaden zu einem Besuch des Rochus-Festes in Bingen nutzte. In seiner gleichnamigen autobiographischen Skizze, die bereits 1817 erschien, gibt Goethe ein warmherziges Bild nicht nur vom deftigen Festestreiben, sondern auch von Wesen und Eigenart der Region insgesamt. »Die Kinder schön, die Jugend nicht, die alten Gesichter sehr ausgearbeitet«, notiert er einleitend, gerät über die »mannigfaltigste, fruchtbarste Gegend« nachgerade ins Schwärmen, kommt dann aber nochmals auf den Nachwuchs zurück und vermerkt beeindruckt:»Muntere Kinder tranken Wein wie die Alten.«

Es ist, als seien Erinnerungen an den römischen Karneval, vielleicht auch an noch weiter zurückliegende Stürme in dem 65jährigen wiedererwacht. Nicht von ungefähr erklomm Goethe gut zwei Wochen später den Rochusberg gleich noch einmal. Ein noch deutlicheres Indiz dafür, welchen Eindruck der Binger Ausflug auf den alten Herrn gemacht hat, bildet jedoch das Rochus-Bild, das er bei seiner Rückkehr nach Weimar bei der Jenaer Malerin Luise Seidler, einer damals hoch geschätzten Künstlerin, in Auftrag gab: eine heitere Komposition mit dem jugendlichen Rochus in der Pilgerkutte, zu der der Dichter selbst eine Entwurfskizze lieferte.

1815 war Goethe noch einmal zu Besuch in der Gegend – aber da war er so sehr durch seine Frankfurter »Suleika« Marianne Willemer abgelenkt, dass die Erfahrungen des Vorjahres verblassten. Die Pläne zu einer weiteren Reise an Rhein und Main im Jahre 1816 zerschlugen sich dann durch den Tod seiner Frau Christiane.

Das von ihm angeregte Bild Luise Seidlers aber wurde in Bingen im selben Jahr übergeben. Es fand 1819 einen festen Platz in der Kapelle, überstand auch den großen Brand von 1889 und kam in dem 1895 geweihten Nachfolgebau wieder zu seinem Recht. So konnte es den Charakter einer späten Verbeugung des Dichters vor der Landschaft seiner Jugend bis zum heutigen Tag bewahren.

Jens Frederiksen

Literaturempfehlungen

Johann Wolfgang von Goethe: *Belagerung von Mainz.* In jeder seriösen Werkausgabe enthalten, zumeist unter den autobiographischen Schriften im Anschluss an *Dichtung und Wahrheit*

Johann Wolfgang von Goethe: *Das Sankt-Rochus-Fest zu Bingen.* Hier gilt dasselbe wie bei der *Belagerung von Mainz.*

Jens Frederiksen (Hrsg.): *Literaturschauplatz Rheinhessen* (siehe »Literaturempfehlung« zum Einleitungsessay Rheinhessen)

Marlene Hübel: *Wo Goethe schritt und weilte* (siehe »Literaturempfehlung« zum Einleitungsessay Rheinhessen)

Christoph Mickel (Hrsg.): *Goethe. Sein Leben in Bildern und Texten*, Insel Verlag, Frankfurt am Main 1982

Gero von Wilpert: *Goethe-Lexikon*, Kröner Verlag, Stuttgart 1998

Rhetorik, Poesie und Theater in der »Mainzer Republik«

Im Herbst 1792 machten die linksrheinischen Deutschen erstmals die Erfahrung einer revolutionären Umwälzung. Sie erlebten, wenn auch nur kurz, Republik. Die Gefährdung der feudalen Ordnung drang ins allgemeine Bewusstsein. Der Bürger, der »Souverän der neuen Zeit«, kündigte sich an.

Der Interventionsversuch einer preußisch-österreichischen Armee, die Revolution im benachbarten Frankreich auszulöschen, scheiterte 1792 in der Champagne. Die Kanonade von Valmy signalisierte – so Goethe als Zeuge – »eine neue Epoche der Weltgeschichte«.

Noch gab es in den rheinischen Residenzen rauschende Feste, an den Hoftheatern spielte man Lessings *Nathan der Weise* und Schillers *Räuber*. Bürger und Bauern aber übten sich auf neue Weise im Dichten. Der »Bauerndichter« Isaak Maus aus Badenheim im Südwesten des heutigen Rheinhessen reimte in einem »poetischen Brief«:

»Schon fängt es allenthalben an zu gären.
Und lustig ists zuweilen anzuhören,
Wie auch sogar die Bauern schon
Um Meinungen aus der Religion
Sich kühn bezanken und belehren.«

Während sich die demoralisierte Interventionsarmee aus der Champagne zurückzog, stieß General Custine auf Landau und Speyer vor und stand am 22. Oktober 1792 vor Mainz. Der Kurfürst war geflohen. Mainz fiel dem »Bürgergeneral« wie eine reife Frucht in die Hand. Diese Besetzung war anders als vorhergehende. Custine brachte eine politische Mission mit. Der Ruf hieß »Republik«. Was eben noch in geheimen Zirkeln und zensierten Lesegesellschaften diskutiert worden war, drängte nun in Worte, Reden und Lieder. Die Drucker hatten plötzlich Konjunktur, beispielsweise Aufträge für kleine Liederhefte, in denen sich der Schwung der neuen Zeit, ihre Aufregung, ihr Pathos leidenschaftlich kundtat. »Aufruf zur Freiheit – von einem jungen Mainzer Bürger! den 19. November 1792« war der Titel eines vierseitigen Drucks, der rasch verbreitet wurde.

Eine neue Polarität begann Publizistik und Tagespoesie zu bestimmen, ein politischer Antagonismus, wie er seit den Tagen der Bauernkriege und der Reformation in Deutschland nicht mehr erlebt worden war. Aktuelle politische Publizistik schlug tiefe Wurzeln, formulierte Bürgeranspruch, Willen zur Veränderung, Aufruf zur Tat.

Nach dem 22. Oktober 1792 wird Mainz auch historisches Modell für eine neue revolutionäre Sprache. Nach der Gründung eines Jakobinerklubs, einer Gesellschaft der Freunde der Freiheit und Gleichheit, nach dem Wegfall der kurfürstlichen Zensur, werden publizistische Kräfte freigesetzt und entfalten sich in den wenigen Monaten, in denen sich die »Mainzer Republik« konstituiert. Aristokratenwut reimt jetzt auf Freiheitswut, Würger auf Bürger, der Höfling ist die Schlange, der Fürst der Teufelsbündner.

Friedrich Lehne, 1771 geboren, Mitglied des Jakobinerklubs, hatte an der Mainzer Universität studiert; jetzt wird er politischer Liederdichter. Bezeichnend seine »Provisorische Grabschrift Friedrich Karl Erthals, des sogenannten Kurfürsten von Mainz:«

> »Hier liegt – ein Höfling winde sich als Schlange
> Um seines stolzen Meisters Aschenkrug –
> Hier liegt der Herrschsucht Sohn, der, ach, zu lange
> Ein gutes Volk mit goldnen Ruten schlug...«

Ohne die propagandistische und agitatorische, organisierende und mobilisierende Rolle solcher Literatur ist die kurzlebige Mainzer Republik geradezu undenkbar.

Sitzung des Mainzer Jakobinerklubs im Akademiesaal
des Kurfürstlichen Schlosses, November 1792.
Lavierte Federzeichnung von Johann Jakob Hoch

Zur Liederdichtung gesellt sich die politische Rhetorik in den Sitzungen der Gesellschaft der Freunde der Freiheit und Gleichheit. Georg Forsters Rede vom 15. November 1792 »Über das Verhältnis der Mainzer zu den Franken« ist eines der klassischen Beispiele.

Als der Belagerungsring der deutschen Truppen sich um Mainz schließt, das Ende des eben proklamierten Rheinisch-Deutschen Nationalkonvents sich abzeichnet, lässt noch einmal Friedrich Lehne seine »Gesänge der belagerten freien Deutschen in Mainz«, den »Freunden der Freiheit und Gleichheit« gewidmet, drucken. Eine »Durchhalte«-Marseillaise findet sich in diesem Büchlein.

Zu solch trutzigen Liedern gesellte sich in diesen ereignisreichen Monaten eine neue dramatische Literatur und Theaterform. Das einzige Jakobinertheater in Aktion etablierte sich. Mainzer Bürger schlossen sich, wie einst zur Pflege des Meistersangs, mit klarer politischer Absicht zusammen und gründeten in Mainz die »Gesellschaft des deutschen National-Bürgertheaters«, ein Laientheater, dem sich Bürgerinnen und Bürger anschlossen. Die zu pflegenden Stücke tragen bezeichnende Titel: *Die Rebellion, Der Freiheitsbaum, Der klägliche König, Die Aristokraten in Deutschland.*

Diese Bemühungen, die auch nach einem stehenden Theater strebten, das allein in den Händen des Bürgertums liegen und dessen Bewusstseinsbildung dienen sollte, konnten nach der Kapitulation von Mainz keine Nachwirkung haben. Auch die Aktivität der Mainzer theaterbegeisterten Republikaner erstickte im Sieg der deutschen Rückeroberer.

Über Menschen, Texte und Taten fiel die wieder etablierte kurfürstliche Herrschaft her; die Schmähungen der deutschnationalen Provinzhistoriker fanden in ihnen ihre verhassten Objekte. Im »Kalten Krieg« des 20. Jahrhunderts bewährten sich in dieser Tradition diffamierend und polemisierend Historiker, denen die »Wiederentdeckung« jenes exemplarischen Mainzer Kapitels durch DDR-Historiker in der Ideologie des Erbe-Anspruchs zutiefst zuwider war.

Auch die berühmte Rede des Bundespräsidenten Gustav Heinemann bei der Schaffermahlzeit in Bremen am 13. Februar 1970, dass »Traditionen (...) nicht in die alleinige Erbpacht von Reaktionären gehören« und es Zeit sei, »dass ein freiheitlich-demokratisches Deutschland unsere Geschichte bis in die Schulbücher anders schreibt«, hat nur marginale Veränderungen gezeitigt, wenn auch erkennbare.

Anton Maria Keim

Laukhard, Glaser und andere rheinhessische Querköpfe

»Der Bauer ist ein Städter auf dem Lande«, hat der in Nieder-Olm geborene Schriftsteller Wilhelm Holzamer einmal in einer Charakterstudie über die Rheinhessen geschrieben. Früh wurden die Trachten abgelegt. Sie galten als Ausdruck der feudalen Kleiderordnungen des Mittelalters und passten nicht zur neuen Zeit der Aufklärung. Der Bauerndichter Isaak Maus aus Badenheim (1748-1833) steht für eine solch typische Mischung aus bürgerlicher Selbstbestimmung und sinnlicher Freude an der Natur. Nicht nur seine anakreontischen Gedichte, die in der Tradition des in Worms geborenen Dichterpfarrers Johann Nikolaus Götz (1712-1781) stehen, zeigen diese epikureisch-selbstbewusste Haltung, sondern auch seine Biografie: Landwirt, Aufklärungsapostel in der vielgerühmten Wöllsteiner Klubistenszene, französischer Maire, hessischer Bürgermeister und Dichter. Ganz im Rousseau' schen Sinn ist das zeitgenössische Interesse an seinem Werk dem Leitbild des Naturgenies, sozusagen des edlen Wilden in der inländischen Kolonie des Dörflichen, zuzuschreiben.

Die Stadt, an der sich der aufgeklärte Rheinhessenbauer orientierte, war Paris, Ville Lumière, eben die Stadt der Lumières, der Philosophen der Aufklärung. Links des Rheins schmeckte man früh den neuen Stil der französischen Revolution. Und als Abgeordneten der Mainzer Republik schickte man neben dem Naturforscher und Reiseschriftsteller Georg Forster (1754-1794) den Gutsbesitzer Adam Lux – was für ein Name! der erste Mensch und das Licht in der ersten Person! – aus Kostheim in die Pariser Nationalversammlung. Der machte sich bald unbeliebt, weil er den jakobinischen Vernunftterror kritisierte, der sich auch gegen die Provinzen richtete. Dafür wurde er guillotiniert.

In Rheinhessen saß man immer zwischen den Stühlen. Das beförderte sowohl die Querköpfigkeit als auch die immer neue Gelegenheit zur Mischung kultureller Stile. Der Ensheimer Pfarrer Johann Konrad Schiede schrieb Satiren über die jetzt »privatisierenden Fürsten« (1802/04), skizzierte Zukunft bei seinen *Reisen ins Innerste Afrikas* (1802) und spielte mit der Geschlechterfrage in *Gynaiokratie oder die Regierung der Frauen und Jungfrauen als einziges Rettungsmittel der Welt* (1816).

Der in Wendelsheim geborene Schriftsteller Friedrich Christian Laukhard (1757-1822) ist so etwas wie ein rheinhessischer Villon und kann als eine der ersten freien Schriftstellerexistenzen gelten. Wenn auch finanziell gescheitert, setzte er doch Maßstäbe, wie man in der aufkommenden Lohnschreiberei geistig unabhängig bleiben kann. Seine scharfe Kritik an den feudalen Verhältnissen, die sich vor allem in seinem Buch *Leben und Thaten des Rheingrafen Carl Magnus* (1798) findet, machte es ihm sicher leicht, seine preußische Uniform auszuziehen und ins sansculottische Lager zu wechseln. Aber auch in den revolutionären Kreisen kritisierte er bald mit spitzer Zunge die aufkommende Vetternwirtschaft, u. a. in seinem Roman *Astolfo, eine Banditengeschichte* (1801/02). Am stärksten nachgewirkt hat seine Autobiografie *Leben und Schicksale* (1796/97), in der er auch die Belagerung von Mainz in Form einer frühen Sozialreportage schilderte.

Ein wahrhaft närrischer Demokrat war der Mainzer Journalist Ludwig Kalisch (1814-1882). Der aus einer in Polen beheimateten jüdischen Familie stammende Schriftsteller übernahm 1843 die Redaktion der *Narrhalla* und 1848 des *Demokrat* und schrieb heute noch lesenswerte Zeitsatiren, die in den *Shrapnels* (1849) und in der *Allgemeinen Heulerbibliothek* (1849) veröffentlicht wurden. Wegen Beteiligung an der Pfälzer Revolution emigrierte er und wirkte fortan als Korrespondent der *Gartenlaube* aus Paris und London.

In Paris gestorben ist der in Guntersblum geborene und in Worms aufgewachsene Schriftsteller Georg K. Glaser (1910-1995), der mit *Geheimnis und Gewalt* (1951) ein Jahrhundertbuch geschrieben hat. Vor der patriarchalischen, rechten Gewalt seines Vaters flüchtet sich der Held des autobiografischen Romans in die linken Brüderschaften der Kommunisten. Aber auch hier erfährt er die Verführung durch Gewalt und rückt – noch im Widerstand gegen die Nazis – davon ab, »ins Zweifeln und Irren zurück«, wo er sich daheim fühlt und feststellt: »Ich war machtuntauglich.« Der Fortsetzungsband *Jenseits der Grenzen* (1985) trägt den bezeichnenden Untertitel *Betrachtungen eines Querkopfs*. Neben der politischen Analyse seiner Zeit und dem Beharren auf der Individualität des Menschen spielt auch der Begriff der Schöpfung eine große Rolle bei Glaser. Als er 1945 in die Lage versetzt wird, sich an den Nazis für einen Verrat, der ihm die Lagerhaft einbrachte, zu rächen, hat er sich »nicht selber aufhetzen können. Fressen mit schweren Eisenhammern einschlagen, ja, das ist leicht gesagt. Ich habe mir nicht helfen, ich habe sie nicht anders sehen können als jedes junge Menschenwesen, mit demselben leisen Schauer ob der Schöpfung« (*Jenseits der Grenzen*). Das aber ist die Art von Naturbegriff, die man sich in Rheinhessen seit dem 18. Jahrhundert als »fromme Aufklärung« zurechtgemischt hat.

Volker Gallé

Literaturempfehlung

Die Werkausgabe Georg K. Glaser erscheint im Verlag Stroemfeld / Roter Stern, Frankfurt am Main, hrsg. v. Michael Rohrwasser

Wilhelm Holzamer und seine Nieder-Olmer Romane

Das Erscheinen seines letzten Romans *Vor Jahr und Tag* hat Wilhelm Holz-amer nicht mehr erlebt – und auch nicht den Vorabdruck in der Berliner Familienpostille *Daheim*, der am 5. Oktober 1907 begann. Fünf Wochen vor-her, am 28. August, war der Autor im Alter von gerade 37 Jahren in einer Berliner Klinik an Diphtherie gestorben, nachdem er sich während einer Urlaubsreise auf Bornholm angesteckt hatte. Mit Holzamer verlor die deut-sche Kulturszene der Jahrhundertwende eines ihrer überragenden Erzähl-talente, noch bevor es sich zuverlässig hatte etablieren können.

Es war eine Zeit der politischen und technischen Umbrüche, in die Holz-amer hineingeboren wurde – eine Zeit auch der Auflösung jahrhundertealter sozialer Strukturen, wodurch es für den Durchschnittsbürger überhaupt erst möglich wurde, einen anderen als den von Herkunft, Region und Konfession vorgegebenen Lebensweg einzuschlagen. Für Holzamers Werdegang sollte das von großer Bedeutung werden. Am 28. März 1870 in Nieder-Olm als Sohn eines nicht sehr lebenstüchtigen Sattlers geboren und in seinem Heimatdorf frühzeitig selbst als Sonderling und Eigenbrötler an den Rand gedrängt, fand er Zuflucht und Halt in der Welt der Bücher und der Literatur, die ihm durch seinen Großvater, einen Privatschullehrer, nahegebracht wurde.

Bereits mit 16 verließ der Junge seinen Geburtsort, um in Bensheim an der Bergstraße das Lehrerseminar zu besuchen. Und obwohl die weiteren Lebensstationen immer weiter von der rheinhessischen Heimat wegführten, sollte Nieder-Olm in Holzamers literarischem Werk bis zum Schluss eine Schlüsselrolle spielen. Von seinen insgesamt sieben Romanen spielen so-wohl der Erstling *Peter Nockler* und das Folgebuch *Der arme Lukas* (beide 1902) wie zu weiten Teilen die ausufernde, durch fiktive Elemente erheblich verfremdete Autobiographie *Der Entgleiste* (1906) in der Landschaft seiner Kindheit und Jugend. Und auf besonders bewegende Art tut das zuletzt noch einmal *Vor Jahr und Tag*.

Die stets neue Rückbesinnung auf seinen Geburtsort ist umso erstaun-licher, als Holzamers kurzes Leben so bewegt und zeitweise dramatisch ver-lief, dass für Muße und Kontemplation wenig Zeit gewesen sein kann. Der junge Lehrer wurde vom Bensheimer Seminar ins benachbarte Heppenheim versetzt, heiratete dort 1893 die aus angesehenem Hause stammende Marie Hamel, hatte mit ihr nicht weniger als sieben Kinder und baute 1899 am Ort auch noch ein geräumiges Haus. Dann freilich folgte er im Jahre 1900 dem Ruf des kunstsinnigen Großherzogs Ernst Ludwig nach Darmstadt, um dort auf der Mathildenhöhe ein zur Eröffnung der Künstlerkolonie vorgesehenes Theaterfestival zu konzipieren und durchzuführen. Der brave Ehemann als kunsthungriger Bohemien und Flaneur: Einmal den Zwängen gutbürgerlicher Gesittetheit entronnen, brach in Holzamer das bis dahin in die karge Freizeit abgedrängte und von der Ehefrau wohl auch wenig geschätzte künstlerische Wollen hervor. Die Niederschrift der ersten Romane fällt in jene Darmstädter Zeit – und die Bekanntschaft mit einer selbstbewussten Aktrice, der Engländerin Nina Carnegie Mardon, die schnell seine Muse und Geliebte wird.

Der Groll, den Holzamer fortan gegen die ungeistige Familie seiner Frau hegt, aber auch die inneren Kämpfe und Schuldgefühle, die ihn nach diesem Bruch mit seinem bisherigen Leben plagen, sind ausführlich und stellenweise etwas selbstgerecht in dem Roman *Der Entgleiste* dokumentiert. Doch auch Holzamers neue Beziehung ist nicht frei von Problemen. Nina Mardon drängt ihn, zur Selbstfindung nach Paris überzusiedeln – aber ohne sie, allein. Im Herbst 1902 folgt er dem Rat, man kann aufgrund verschiedener Indizien auch sagen: der Anweisung seiner Lebensgefährtin – und bleibt bis 1905. Als er dann nach Deutschland zurückkehrt, begibt er sich nicht in das vertraute Umfeld nach Darmstadt oder gar ins Mainzer Land – er entscheidet sich für Berlin. Die Zeit, die ihm dort bleibt, reicht allerdings nicht einmal aus, um ihn auch nur in der Stadt selbst bekannt zu machen.

Holzamers literarische Produktion von Belang fällt in die Jahre zwischen der Jahrhundertwende und seinem Todesjahr 1907. Zumindest im Ästhetischen befindet sich der Erzähler auf der konservativen Seite – neben seinem unglücklich kurzen Leben sicherlich der wichtigste Grund dafür, dass ihm die Beachtung der Nachwelt verwehrt blieb. In fast archaischer, auf den ersten Blick sogar ein bisschen ungelenk erscheinender Diktion bringt er ganze Gefühlspanoramen zu Papier. Wie er aber das Vernünfteln seiner Figuren liebevoll und wortgewaltig gegen deren überraschende Leidenschaftlichkeiten in Szene zu setzen versteht, wie er deren Unstetigkeiten und Treulosigkeiten als unberechenbare Naturgewalten erklärt und rechtfertigt und damit dem vernunftbestimmten »preußischen« Norden das instinktbetonte süddeutsche Lebensgefühl entgegensetzt – das hat Macht und Kraft.

Bereits der Erstling *Peter Nockler* enthält das gesamte Holzamersche Programm, verpackt freilich in eine Handlung von Novellenformat. Die Geschichte des Schneiders Peter Nockler, der sich in das Mädchen Elise verliebt, von diesem während eines Besuchs bei deren Eltern im Odenwald mit einem dorfbekannten Großsprecher betrogen wird, am Ende aber trotzdem mit der schon verloren geglaubten Geliebten und ihrem unehelichen Sohn zu einem selbstgenügsamen Leben in die von den Stürmen der neuen Zeit noch unberührte Oase Nieder-Olm zurückkehrt – diese Geschichte einer gefährdeten, stets von ruppigen Umschwüngen bedrohten Beziehung und einer stillen Rebellion gegen die herrschende Moral wird ohne alle Schnörkel und Umwege vor dem Leser ausgebreitet, in jener schlichten und doch so bildkräftig bäuerlichen Diktion, wie sie für Holzamer kennzeichnend werden sollte. Eingebettet in einen Alltag von unspektakulärer Gleichförmigkeit, stellen hier die Leidenschaften mit ungezügelter Wucht alles geordnet Zivilisierte in Frage. Bedrohung und Trost zugleich – durch die Liebe treibt das Leben ständig an den Rand der Katastrophe, aber ohne sie wäre es nichts als ein zielloses Vegetieren.

Eng verwandt mit dem *Nockler* ist Holzamers zweiter Nieder-Olmer Roman *Der arme Lukas*, ebenfalls eine Liebesgeschichte mit überschaubarem Personal und mancherlei Einsichten in die Vergeblichkeit menschlichen Glückstrebens – freilich mit weniger Farbe, weniger Sinn fürs Dramatische, weniger Wärme auch in der Figurenzeichnung. Der eigene Vater schnappt dem Titelhelden darin nach dem Tod der Mutter die zögerlich umworbene Freundin weg und holt sie als Wirtschafterin und schließlich als Ehefrau ins Haus. Viel hingebungsvoll beschriebenes Sehnen, doch wenig äußere Handlung – der zweite novellistische Roman des Wilhelm Holzamer lässt den Mangel an Weite und Welt erstmals als schmerzliches Defizit erscheinen.

Die drei Folgebücher – die historische Legende *Der heilige Sebastian* (1902) und die beiden Frauenromane *Inge* (1903) und *Ellida Solstratten* (1904) – haben für die Genese von *Vor Jahr und Tag* keine Bedeutung. Wichtig hingegen ist dafür der von Nina Mardon aus dem Holzamer-Nachlass herausgegebene Roman *Der Entgleiste*, der 1910, zur Zeit seines Erscheinens, für Holzamers letztes Werk gehalten wurde, der aber von dem Holzamer-Biographen Günter Heinemann sehr überzeugend vor die Niederschrift von *Vor Jahr und Tag* in die erste Hälfte des Jahres 1906 datiert wurde.

Was den frühen Arbeiten Holzamers völlig fehlte, ist hier im Überfluss vorhanden: immer neue Figuren, immer neue Schauplätze. Ein Entwicklungsroman. In der Geschichte des Außenseiters Philipp Kaiser, der, beflügelt durch den Ehrgeiz der Mutter, beflügelt auch durch die Widerstände seines Heimatdorfes, die Arztlaufbahn einschlägt, an der Bergstraße heiratet, sich dann aber in eine eigensinnige Patientin verliebt, die in ihm die Lust an der Kultur, am Weltläufigen weckt – in dieser Geschichte steckt unverkennbar Holzamers eigene Biographie. Doch eigenartig: Von Leben erfüllt ist allein der erste Teil des Buches, jener Teil, der die Kindheit in Nieder-Olm schildert. Alles andere bleibt Skizze und angestrengte Kulissenschieberei.

Erst mit *Vor Jahr und Tag* kann Holzamer wieder an die thematische Geschlossenheit und erzählerische Kraft des *Peter Nockler* anschließen – und um einen ganz neuen Blick für das Zeitgeschichtliche, einen Sinn auch für das große, figurenreiche Tableau erweitern. Der novellistische Impetus hat sich endgültig zu einem reichen, weit ausgreifenden Fabulieren ausgewachsen. Die Niederschrift des Romans ging, wie stets bei Holzamer, sehr zügig voran, sie dauerte von Weihnachten 1906 bis Ende Januar 1907. Im Frühling des Jahres hat er an den Druckfahnen, wie Heinemann herausfand, nochmals erhebliche Korrekturen vorgenommen, so dass *Vor Jahr und Tag* als einer der am sorgsamsten durchgearbeiteten und durchkomponierten Texte Holzamers gelten kann.

Erzählt wird die Geschichte der Nieder-Olmer Gastwirtstochter Dorth Rosenzweig, die mit dem kernigen, heute würde man sagen: mackerhaften Jörg-Adam befreundet ist, die dessen poltrige Besitzansprüche aber in dem Moment zurückweist, in dem ihr der junge Dorflehrer Vetterlein den Hof zu machen beginnt. Daraus freilich erwächst keine neue Beziehung, sondern nur ein unentschlossenes Nebeneinander, das schließlich den Weg frei macht für die Verlobung mit dem Eisenbahningenieur Kamper, eine Verbindung, die das zaudernde Mädchen zur kläglichen Befehlsempfängerin herabdrückt und am Ende nicht einmal zu der schon fest verabredeten Heirat führt. Zu guter Letzt bleibt nur eine Vernunftehe – mit einem Müller nahe der Saulheimer Gemarkung, der der Dorth gleichgültig ist und der ihr lediglich die Gewähr bietet, in dieser Welt nicht noch ein weiteres Mal mit einem dieser verheerenden Gefühlsstürme konfrontiert zu werden, die sich Liebe nennen.

Ein Slalom der Hoffnungen und Entmutigungen, eine Ballade von der kleinen Suche nach dem Glück und der großen niederdrückenden Einsicht in die Unfähigkeit des Menschen, im richtigen Moment zuzugreifen. Eingeschmolzen ist diese Erkennntnis in den allerletzten Satz des Buches, eine Formulierung wie hingemeißelt: »Es ist aber doch ein großes Glück, gelitten zu haben, um frei zu sein von allem, was Leiden heißt.« Der ganze Holzamer ist in diesem Satz – und ein gutes Stück von einer Welt, die uns ohne ihn verborgen geblieben wäre.

Jens Frederiksen

Literaturempfehlungen

Wilhelm Holzamer: *Peter Nockler. Die Geschichte eines Schneiders.* Faksimile der Ausgabe von 1902, vertrieben vom Holzamer-Bund, Nieder-Olm 1973; *Der Entgleiste. Roman in zwei Bänden.* Faksimile der Ausgabe von 1910, vertrieben vom Holzamer-Bund, Nieder-Olm o.J.; *Vor Jahr und Tag.* Mit einem Nachwort von

Jens Frederiksen. Verlagsgruppe Rhein Main, Mainz 1997

Günter Heinemann: Wilhelm Holzamer. *Persönlichkeit und Schaffen* (1870-1907).
Inaugural-Dissertation, gedruckt bei Georg Grandpierre, Idstein 1956

In Bingen geboren – Stefan George

Der Rheinländer Heinrich Böll, dem der heimatliche Strom als »ein dunkler, schwermütiger Fluss« erschien, bezeichnete Heinrich Heine als rheinisch wie keinen zweiten und Stefan George so rheinisch wie keinen anderen, und er stellte fest: »Zwischen den beiden fließt der Rhein, liegt die Lorelei; können die Ufer eines Flusses weiter voneinander entfernt liegen?« Gerade die Zunft der Poeten hat immer wieder Exaltierte, Exoten, Paradiesvögel hervorgebracht, Tasso, Rimbaud, D'Annunzio und andere, hochmögende Dichter allesamt, selten jedoch einen derart umstrittenen wie Stefan George, angebetet, buchstäblich vergöttert von einer übersichtlichen Schar handverlesener Jünger, bewundert von einer sehr kleinen Klientel Intellektueller ob seiner ins Höchste verfeinerten Sprache, andererseits verspottet als Verseschmied und eitler Blender, verachtet als Scharlatan von einer breiten gegnerischen Front. Bertolt Brecht urteilte1928 über ihn:

> »Er hat wohl einen Haufen von Büchern in sich hineingelesen, die nur gut eingebunden sind, und mit Leuten verkehrt, die von Renten leben. So bietet er den Anblick eines Müßiggängers, statt den vielleicht erstebten eines Schauenden.«

Als einen solchen sieht er sich: als Seher, und er begreift sich schon früh als Ausnahmemensch, dem die Berufung zum Dichter das Recht gibt, auf einen bürgerlichen Beruf zu verzichten. Als das elterliche Erbe verbraucht ist, gestattet er einigen bemittelten Vertrauten, für seinen Unterhalt zu sorgen. Mit dem Erlös der in geringen Stückzahlen aufgelegten prachtvollen Gedichtbände sind kaum die Herstellungskosten zu decken.

Stefan George wird 1868 in Büdesheim geboren, einem Winzerdorf zwischen der Nahe und dem Rochusberg, an der Peripherie der Stadt Bingen gelegen, der man den kleinen Ort längst eingemeindet hat. Der Vater, ein heiterer, lebenslustiger Mensch, dessen Vorfahren aus Lothringen stammen, ist Kneipier und betreibt nebenher einen Weinhandel; die Mutter, bäuerlicher Herkunft, wird als herb und abweisend geschildert; ihr ähnelt der Sohn vom Wesen her. Georges sind katholisch, besonders die Mutter. Das gottesdienstliche Ritual beeindruckt den Jungen. Die strenge Form und die Litanei entsprechen seiner Mentalität, und so werden sie später auch Elemente seiner Dichtkunst.

Stefan ist fünf Jahre alt, als die Familie nach Bingen zieht, in ein Haus am Nahekai. Hier schafft er sich ein eigenes Reich, das er in einer von ihm erfundenen Geheimsprache »Amhara« nennt; und er schwingt sich zum Herrscher über seine Spielgefährten auf. Ein Gedicht von 1895 aus den *Büchern der hängenden Gärten* beschreibt dieses »Kindliche Königtum«:

»Du schufest fernab in den niederungen
Im rätsel dichter büsche deinen staat.
In ihrem düster ward dir vorgesungen
Die Lust an fremder pracht und ferner tat.
Genossen die dein blick für dich entflammte
Bedachtest du mit sold und länderei.
Sie glaubten deinen plänen, deinem amte
Und dass es süss für dich zu sterben sei.«

Während seiner Gymnasialzeit, die er in Darmstadt, an der Schule Liebigs und Büchners, verbringt, entwickelt er eine auf romanischen Sprachelementen basierende Literatursprache.

In der Schule umgibt er sich mit dem Nimbus des Geheimnisvollen; er ist ein Einzelgänger, der abseits steht, »...über die lärmende Menge hinweg ins Unnennbare starrend...«, wie sich ein Mitschüler erinnert; dabei sei »...ein scharfer, hochmütiger Zug um den schmalen, herben Mund gewesen...«. Und der Lehrer, zu dem er in Pension gegeben ist, bemerkt: »Er wird entweder etwas ganz Großes oder garnichts.« Vorerst werde er immer kosmopolitischer, schreibt der 20jährige Abiturient einem Vertrauten; er müsse seinem Wandertrieb genügen. George begibt sich auf Pilgerreise, in literarischer Mission: nach London, Montreux, Mailand, Turin. All das geschieht scheinbar wahllos und planlos: hektische Suche nach einer geistigen Heimat – und nach Gleichgesinnten. Beide findet er, 1889, in Paris.

Die Stadt verzaubert ihn. Frankophil war er schon als Schüler; seit geraumer Zeit nennt er sich Etienne und spricht seinen Nachnamen französisch aus; die Sprache beherrscht er nahezu perfekt. Sein Gedicht »Franken« aus dem *Siebenten Ring* ist auch eine Huldigung an die reine, elitäre Dichtkunst, die sich gegen eine Demokratisierung der Literatur wendet: L'art pour l'art – Kunst um ihrer selbst willen:

>»Und in der heitren anmut stadt, der gärten
>Wehmütigem reiz, bei nachtbestrahlten türmen
>Verzauberten gewölbs umgab mich jugend
>Im taumel aller dinge die mir teuer –
>Da schirmten held und sänger das Geheimnis: (sic!)
>Villiers sich hoch genug für einen thron,
>Verlaine in fall und busse fromm und kindlich
>Und für sein denkbild blutend: MALLARMÉ.«

Der große Stéphane Mallarmé! An der Rue de Rôme hält er Hof: Ein Zirkel namhafter Lyriker um den Zaubermeister der poésie pure hat sich formal dem Symbolismus verschrieben, den der ungarische Kunstsoziologe Arnold Hauser als »die reinste, intransigenteste [=starrste] Form des Ästhetizismus« definiert; sie drücke »im wesentlichen die Idee aus, dass eine von der... Wirklichkeit gänzlich unabhängige dichterische Welt, ein autonomer, in sich bestehender, sich um die eigene Achse drehender Mikrokosmos durchaus möglich...« sei. Mithin ist der Dichter nicht nur ein Meister des maßvollen Wortes, sondern auch ein in die Mysterien eingeweihter Priester und Prophet. Diese Welt hat George gesucht; Mallarmés Dichterkreis ist sein zentrales Erlebnis; auf dieser kurzen, intensiven Erfahrung basiert fortan seine gesamte Strategie: Er muss Gleichgesinnte, ihm Ergebene, für einen Freundesbund finden, mit dem er ein »Neues Reich« des Geistes gründen kann, das »geheime Deutschland«.

Drei Semester Romanistikstudium in Berlin verleiden ihm endgültig jegliche Bürgerlichkeit, eine Absage, die sich in Äußerlichkeiten niederschlägt: in asketischer Lebensweise, im Mummenschanz eines dämonischen Aufzugs, in der erlesenen Ausstattung seiner Bücher, in der Kleinschreibung mit

STEFAN·GEORGE:
DAS·JAHR·DER·SEELE
NEUNTE   AUFLAGE

GEORG·BONDI
BERLIN·1920

selbstentworfenen Lettern. Die Verehrer fliegen ihm zu; er braucht nur zu wählen: Wolfskehl, Gundolf, Morwitz, Klages, Kommerell, Landmann, Stettler, die Stauffenbergs, hochbegabte Feingeister allesamt, gehören zu seiner Gefolgschaft. Von diesen Jüngern fordert er, der Meister, absoluten Gehorsam:»Die sich zur Kirche halten müssen ihre Gebote halten. Die sich zu mir halten müssen so tun wie ich lehre.« Jugendliche männliche Schönheit hat für George erotische Anziehungskraft. Den 17jährigen Gymnasiasten Hugo von Hofmannsthal, ein beachtliches dichterisches Talent, bedrängt er leidenschaftlich, will ihn erobern. Den Germanisten Friedrich Gundolf, einen der bedeutendsten Repräsentanten des »Heidelberger Geistes«, verstößt George, als der Lieblingsjünger gegen des Meisters Weisung ein »Weibswesen« zu heiraten wagt. Den 14jährigen Maximilian Kronberger nennt George »Maximin«. Er sieht in ihm die Inkarnation der Schönheit, ein vollendetes göttliches Wesen. Ihn verliert er nach nur zweijähriger Freundschaft durch plötzlichen Tod.

»Allerdings gibt es in der Lebensgeschichte Georges ein erstaunliches Kapitel, das die Vermutung nahelegt, es sei zu einer eindeutigen homoerotischen Fixierung erst nach dem unglücklichen Ausgang seiner Freundschaft zu Ida Coblenz gekommen«, schreibt Franz Schonauer, einer der Biografen des Dichters. Die um ein Jahr jüngere, überaus reizvolle »Isi« Coblenz lernt George 1892 in Bingen kennen; es entwickelt sich eine vier Jahre während platonische Freundschaft, in der beide Partner auf beklemmende Weise eine Initiative des anderen erwarten. George wirbt mit schönen Versen:

»Wenn ich heut nicht deinen leib berühre
Wird der faden meiner seele reissen
Wie zu sehr gespannte sehne.
Liebe zeichen seien trauerflöre
Mir der leidet seit ich dir gehöre.
Richte ob mir solche qual gebühre
Kühlung sprenge mir dem fieberheissen
Der ich wankend draussen lehne.«

Doch Ida Coblenz findet nicht »das wort das du hättest finden müssen und das mich hätte retten können«, wirft ihr George vor; und so heiratet sie schließlich überstürzt den Nächstbesten; nach nur drei Monaten endet die Ehe in einem Fiasko; die junge Frau schließt sich Richard Dehmel an, einem Dichter des Naturalismus, den George als sittlich und künstlerisch verwildert bezeichnet; und als sie Dehmel heiratet, kommt es zum endgültigen Bruch zwischen George und Isi Coblenz. Der letzte Brief des Dichters an seine Freundin ist eine furchtbare Abrechnung: »So träume und handle auf deine weise – uns ist nichts mehr gemeinsam: wenn du mir nahe kommst so muss ich dich hassen und wenn ferne bist du mir fremd.« Nur wenige Jahre nach dieser schmerzhaften Trennung beschreibt der niederländische Dichter Albert Verwey, der seinen Binger Freund einen »Priesterkönig« nennt, eine Lesung Georges mit einfühlsamen Worten:

»Wie er da saß, immer die Augenlider wie schwere Decken nieder, das knochige ganz rasierte Gesicht mit dem stark entwickelten Unterkiefer, energisch vorstehendem Kinn, eingefallenen Wangen, scharfer Nase und vierkantiger Stirn unter einer schweren Kappe von dunkelbraunen und hinterwärts gekämmtem Haar: ließ er an einen Bußprediger oder strengen Asketen denken. Und schwer wie Litaneien kamen die Verse mit eintöniger Psalmodierung aus diesem seltsam-strengen Mund, dann und wann etwas stärker durch die nur wenig voneinander weichenden Zahnreihen gepresst und oft wie mit einem Grabklang langsam hertönend zwischen den dünnen Lippen. Das energische, in sich selbst schauende Asketengesicht spricht vom Verdichten der Kraft, vom Kampf gegen die Leidenschaft, von einem inneren Leben in höchster Potenz. Nur mit furchtbarem Ernst muss dieses Leben für die Kunst ihn erfasst haben...«

Die Ruhestätte Stefan Georges auf dem kleinen Friedhof von Minusio am Luganer See, seinem letzten Wohnsitz, wo er im Dezember 1933 beigesetzt wurde, ist von anspruchsvoller Schlichtheit. Die Inschrift, in die Mitte der gewaltigen Grabplatte aus hellem Marmor gemeißelt, sagt viel über den Menschen aus, der hier liegt, über sein Leben, über sein Werk. Dort steht, groß, in kleinen Buchstaben:

»stefan george«

Sonst nichts.

Rüdiger Diezemann

Literaturempfehlungen

Robert Boehringer: *Mein Bild von Stefan George*, Verlag Helmut Küpper, Düsseldorf / München 1967
Stefan George: *Gedichte*, Verlag Philipp Reclam jun., Stuttgart 1958
Franz Schonauer: *Stefan George*, Rowohlt, Reinbek 1960

Carl Zuckmayer und die Rückkehr zum Volkstheater

Am 10. März 1926 ist in Mainz die Hölle los. 200 Polizisten verriegeln die Innenstadt. Ängstliche Ladenbesitzer lassen die Sperrgitter runter. 700 Rheinhessen wollen das Stadttheater stürmen und mit harten Bauernfäusten verhindern, dass »das abscheuliche Machwerk« eines gewissen Carl Zuckmayer in Mainz Premiere hat, *Der fröhliche Weinberg*, der seit Wochen in ganz Deutschland für Aufregung sorgt. Besonders schrill dröhnen die Sprechchöre der Winzer aus Nackenheim, die den Autor krumm und lahm prügeln wollen, weil er sich erdreistet hat, »sein Schweinestück« in ihrem braven Dorf anzusiedeln. Auch die Mainzer Presse tobt gegen die »Verhöhnung deutscher Winzerehre«. Und im Dom schleudert der Bischof Bannflüche gegen die »brutale Darstellung ekelhafter Sittenlosigkeit«. Und alles nur, weil Carl Zuckmayer in seinem *Fröhlichen Weinberg* die Rheinhessen so zeigt, wie sie jeder kennt: lebensfroh, streitlustig und zupackend-realistisch, wenn es um den Wein und die Liebe geht. Da gibt der Weingutbesitzer Gunderloch seinem angehenden Schwiegersohn den guten Rat, nicht die Katze im Sack zu kaufen: »Wenn Sie zu mir komme un sage mir, ihr Klärche kriegt e Kind un ich bin de Vadder, dann hawwe Sie mei Sege und mei halbe Weinberg dazu. Vorausgesetzt, daß das Mädche mit Vergnüge bei der Sache ist.«

1925, bei der Uraufführung in Berlin, tobte das Publikum vor Begeisterung über den dionysischen Liebesreigen aus Rheinhessen. Und die sonst so strenge Kritik überschlug sich: »Endlich ein Autor, der das Theater rettet vor all dem hemmungslosen Literatenmist und sabberndem Chaos, der frisch und lebendig das wirkliche Leben auf die Bühne bringt.« Über Nacht hatte Deutschland einen großen Dichter, der den kleinen Mann zum Helden machte.

Am 27. Dezember 1896 war Carl Zuckmayer in dem Winzerdorf Nackenheim bei Mainz geboren worden – in eine glückliche Kindheit, behütet von musischen, wohlhabenden Eltern. Der Vater betrieb eine erfolgreiche Fabrik für Weinkapseln, in der die Stanzmaschinen noch heute rattern. In Nackenheim beginnt der berühmte Rote Hang, wo Rheinhessens beste Weine

*1890 von Carl Gunderloch erworben, seither in Familienbesitz:
das Weingut in Zuckmayers Geburtsort Nackenheim*

wachsen, von wo aus man den schönsten Blick auf den breit und friedlich dahinfließenden Rhein hat. Für Zuckmayer war der Strom zeitlebens die Metapher seiner Existenz: »Im Bannkreis eines großes Flusses geboren zu werden, ist ein besonderes Geschenk. Im Strome zu sein, heißt in der Fülle des Lebens zu stehen.«

Er war gerade vier Jahre alt, als die Familie ins nahe Mainz übersiedelte, das damals überfloss von Kunst, Fassnacht und Lebensfreude. Dass seine Mutter Jüdin war, hat niemanden gestört, weil jüdische Mäzene mithalfen, in Mainz das weltoffene Klima zu schaffen, das beim künftigen Dichter Entscheidendes wachgerufen hat: seinen unerschütterlichen Glauben an eine harmonische Welt, das unausrottbare Verlangen, Lebensgenuss in Verse zu fassen. »Oh welche Lust, sich mächtig voll zu mästen. / Satt und mit Saft gefüllt vom Hals bis zu den Zehen.«

1914 ist auch der Mainzer Großbürgersohn freiwillig in den Ersten Weltkrieg gezogen. Im Pulverdampf der Schützengräben hat er die Lügen der Generäle schnell durchschaut und sich auf die Seite der Soldaten gestellt, der kleinen Leute, die als Kanonenfutter verheizt werden sollten. 1918 ist der Reserveoffizier mit dem roten Armband der meuternden Soldatenräte nach Mainz zurückgekehrt. Um gleich wieder auszuziehen zum Studium in Frankfurt und Heidelberg, wo er sich unter der Fahne »Nie wieder Krieg« sozialdemokratischen Intellektuellen anschloss. Die gaben ihm den Rat: »Lern lesen! Lern schreiben! Mehr brauchst du nicht!« Zuckmayer hat gelernt auf abenteuerlichen Streifzügen durch die Weimarer Republik. Und er lernte bei der intellektuellen Elite von Brecht bis Einstein, die er sich mit seinem vitalen Lachen und scharfen Verstand zu Freunden machte. Mitten im Feuerwerk der Utopien und Experimente aber hat er dann begriffen, dass sein rheinisches Naturell nicht zur Avantgarde taugte. Sein Realismus verlangte, die Wahrheit im Alltag normaler Menschen zu suchen und unverwechselbare Helden auf die Bühne zu bringen, die mit unverfälschter Mundart das Publikum mitreißen. Den Stoff für sein Volkstheater fand er Zuhause in den rheinhessischen Winzerdörfern. Das Resultat war der *Fröhliche Weinberg*, bis heute Deutschlands meistgespielte Komödie. Er ist diesen Weg weitergegangen mit dem Zirkusstück *Katharina Knie* und der Räuberballade vom *Schinderhannes*. 1931 erzielte er mit dem *Hauptmann von Köpenick* den größten Erfolg seines Lebens. Die Satire vom deutschen Kadavergehorsam vor Uniformröcken gehört zu den Meilensteinen deutscher Gegenwartsliteratur und bringt Zuckmayers Genie, mit dem Dialekt den Zeitgeist zu packen, auf den Höhepunkt. Die bedeutendsten Schauspieler, von Werner Krauß bis Heinz Rühmann, haben in der Rolle des von der preußischen Bürokratie geplagten Schusters Voigt geglänzt, der nur eine Hauptmannsuniform anziehen musste, damit man vor ihm stramm stand.

Bald aber traf solche Kritik am Militarismus auf hasserfüllte Begleitmusik. Die Nazis, 1931 im Anmarsch auf die Macht, sprengten mit Terrortrupps die Aufführungen. Adolf Hitler hatte den Dichter aus Rheinhessen längst auf der Schwarzen Liste. Der konnte sich nach der Machtergreifung der Nazis nur durch die Flucht retten, zunächst nach Österreich und sechs Jahre später in die USA. Zuckmayers rheinhessische Lebensenergie half ihm, nicht ins schwarze Loch der Verzweiflung zu fallen. Im Bundesstaat Vermont wurde der Dichter zum Bauern und züchtete auf eigener Farm Ziegen und Gänse. 1941 hörte er vom Selbstmord seines Freundes, des Fliegergenerals Ernst Udet, der gegen eigene Überzeugung in Hitlers Krieg mitgekämpft hatte. Die Trauer trieb Zuckmayer wieder zum Schreiben. Mitten im eiskalten amerikanischen Winter entstand sein berühmtes Drama über den deutschen Mitläufer *Des Teufels General*. Millionen Deutsche hatten gehandelt wie Zuckmayers General Harras, der Hitler ablehnte und sich doch vom verbrecherischen Regime einspannen ließ. Gerade diesen schwachen Helden lässt Zuckmayer Hitlers Rassenhass ad absurdum führen mit dem schönen Bild vom Rhein, der Völkermühle Europas: »Vom Rhein! Das ist natürlicher Adel! Das ist Rasse! Weil sich die Völker am Rhein vermischt haben. Vermischt wie die Quellen, Bäche und Flüsse, damit sie zu einem großen, lebendigen Strom zusammenfließen.«

1947 kam der Dichter zur deutschen Premiere von *Des Teufels General* ins zerstörte Frankfurt, musste vorher halbverhungerten Schauspielern mit Konserven auf die Beine helfen und erlebte ein tief erschüttertes Publikum, das sich wie in einem Spiegel wiedererkannte. Man hat Zuckmayer vorgeworfen, allzu sanftmütig mit der deutschen Schuld umgegangen zu sein. Zu Unrecht! Weil er zurückkam, ohne Hass und Vorurteil, haben ihm die verwirrten Deutschen zugehört, wenn er in endlosen Diskussionen bei ihnen für ein neues demokratisches Deutschland geworben hat. Bis er mit einem Herzinfarkt zusammenbrach. Er kam wieder zu Kräften und schrieb den *Gesang im Feuerofen* und *Das kalte Herz*, Zeitstücke, die schnell vergessen wurden. Im Mittelpunkt stand jetzt die kluge und behutsame Versöhnung.

Am Ende war die Nation stolz auf ihren großen, weisen Mann vom Rhein, der mit seiner gelassenen Menschlichkeit der Welt ein anderes Deutschland zeigte. Die Nackenheimer reichten ihm die Hand und machten den einst Beschimpften zum Ehrenbürger. Der ehemals so umstrittene *Fröhliche Weinberg* wird seitdem alljährlich von Nackenheimer Laienspielern aufgeführt. Und die Söhne und Enkel der Demonstranten von 1926 lehnen sich genüsslich zurück, wenn auf der Bühne rheinhessisch geliebt und gerauft wird.

Wirklich heimisch aber ist Zuckmayer in Deutschland nicht mehr geworden. Der Schock, dass ein Adolf Hitler unter Deutschen möglich gewesen war, saß zu tief. 1958 hat sich der Dichter ins schweizerische Saas Fee zurückgezogen, wo ihm im Angesicht der Bergriesen des Wallis noch einmal ein großer Wurf mit der Autobiographie *Als wärs ein Stück von mir* gelang. Mit dem Schwung seiner bilderreichen Sprache nimmt er den Leser mit auf eine Zeitreise zu all den Persönlichkeiten, die ihm halfen, der große Volksdichter und Menschenfreund zu werden, der von sich sagen konnte: »Ich wollte an die Natur heran, an das Leben und an die Wahrheit, ohne mich von den Forderungen des Tages, vom brennenden Stoff meiner Zeit zu entfernen.« 1977 ist Carl Zuckmayer gestorben. Viele Menschen fanden, dass die Welt ein Stück ärmer geworden war.

Horst Schäfer

Die Einsamkeit der Elisabeth Langgässer

Rheinhessen lieben Rekordzahlen, feiern die jährliche Sintflut von 250 Millionen Liter Wein als Kulturtat, nach der Devise: »Mer is uff de Welt for sunst nix als for zu profideern.« Eine Frau ist bei soviel Spaß am Profit aus der Reihe getanzt: Elisabeth Langgässer, nach 1945 Deutschlands berühmteste Autorin, die den von Hitler ruinierten Deutschen urchristliche Radikalität gepredigt hat.

1899 wurde die »aus der Art geschlagene« Rheinhessin in Alzey geboren als Tochter eines liberalen jüdischen Kreisbaumeisters und einer strenggläubigen Katholikin. Das multikulturelle Erbe ist wohl verantwortlich dafür, dass Elisabeth Langgässer geradezu überschwänglich zum Ausdruck brachte, was Rheinhessen sonst am liebsten verstecken: Träume, Gefühle und Visionen. Wie ein Vulkan hat sie bildschwere Sätze in die Welt geschleudert: »Sie bedeckte sich mit Federn und Schuppen, sah durch die Augen des Käuzchens und der tausendspiegeligen Spinne und kreiste zuletzt wie eine leuchtende Kugel um sich selbst, angerührt und bewegt von den Kräften des All.« So steht es in Elisabeth Langgässers Erzählung *Proserpina* von 1929, in der sie die Alzeyer Jugendjahre dämonisch umformte. In fiebrigem Stakkato beschreibt sie den Amoklauf der Tochter aus gutem Hause, die sich verliert im Schoß magischer Naturgewalten. »Sie suchte nur noch Zerstörung und Geschlecht, umklammerte fester die schlecht vernähten Beine der Puppe und riss dieselben, mit schluchzendem Lachen, entzwei, um endlich das Messer zu greifen und blindlings, wütend, völlig zu zerfetzen, was am Verenden war.«

Der wilde Ausbruch war der Verzweiflungsschrei nach einer Katastrophe. 1910, als Elisabeth Langgässer elf Jahre alt war, starb der Vater, die tragende Säule ihrer Kindheit. Der hochgebildete jüdische Kreisbaumeister Langgässer hatte sich kurz vor der Hochzeit christlich taufen lassen und gehörte fest zum Alzeyer Establishment. Das Haus der Langgässers mit der vornehmen Jugendstilfassade steht noch. Tagtäglich ist die kleine Elisabeth an Alzeys Fachwerkhäusern vorbei zur Schule getrabt. Ein seltsames Mädchen mit bohrend dunklen Erwachsenenaugen, das am liebsten mit dem Vater

Werner vom Scheidt,
Bildnis Elisabeth Langgässer, 1962

durch die Weinberge zog, »wo die Erde noch dampft von den Geistern der Vorzeit und der Spaten der Winzer tief hineinstößt in den Schlaf der Legionäre« – wie es später in der *Proserpina* heißt. Der Vater nahm sie mit zu den römischen Ausgrabungen am Alzeyer Stadtrand, erzählte von den endlosen Völkerzügen durch das offene Land am Rhein. Und weckte die große Begabung der Tochter, hinter dem Unscheinbaren das Geheimnis zu sehen. 1946 gab sie dem *SPIEGEL* zu Protokoll: »Meine Welt sind die rheinhessischen Weinbergshügel. Die sanfte, unermüdlich dahinlaufende Melodie ist der Grundton meines Werkes.«

Nach dem Tod des Vaters führten die Wege Elisabeth Langgässer nach Darmstadt, wo sie Volksschullehrerin wurde und im Gemüsebauerndorf Griesheim mit Bubikopf und Märchenstunden die Schulkinder begeisterte. Zwischen Kohlköpfen und Runkelrüben entdeckte sie die große Leidenschaft ihres Lebens, das Schreiben. 1924 präsentierte sie sich mit dem Gedichtband *Wendekreis des Lammes* als Dichterin einer leidenschaftlichen christlichen Naturlyrik: »Brich auf, oh Welt / Die Himmel fallen / Von Fülle berstend in das Land / Und jäh empor gleich Meereswellen / Rauscht Volk an Volk in Gottes Hand.« Die Halbjüdin bekannte sich vehement zum katholischen Glauben ihrer Mutter. Das Bild der Madonna half ihr, sich gegen die eigene Sinnlichkeit und die überbordende Fantasie zu wehren. »Schlafe, meine Rose / Schlafe, wenn der Regen rauscht / Und die Schöpfung seufzend lauscht / Ihrem Todeslose.«

Zunächst aber verfiel sie einer großen Leidenschaft. Im heute noch lockenden Teehäuschen in Darmstadts Wolfkehlschen Park feierte sie eine romantische Liebesnacht mit dem attraktiven jüdischen Staatsrechtler der Weimarer Republik Hermann Heller – und wurde prompt schwanger. 1928 kam die Tochter Cordelia zur Welt, unehelich! Die junge Lehrerin floh in die Anonymität der Weltstadt Berlin und wagte den Sprung, sich als freie Schriftstellerin durchzuschlagen. Und hatte Erfolg mit realistisch knappen Erzählungen aus ihrer Heimat am Rhein. Die sonst so ekstatische Sprache bekam eine fast volksliedhafte Stille, wenn sie vom Gang durch das Rheinried erzählte: »Der große Strom ist eingeschlafen zwischen grünen Weiden und Pappelrändern, umschlingt da und dort eine Aue und verbirgt im Schilf der Ufer Reiher und melancholische Schwäne, die wie erlöste Seelen ganz lauter sind und einsam.« Der Langgässer-Biograph Frederik Hetmann fand dafür die treffenden Worte: »Hier wird die Welt aus verdichteter Erinnerung und aus der Fantasie neu aufgebaut. Wer so schreibt, lebt auf der Erde, aber nicht ganz...«

Tatsächlich war sie so mit der Ewigkeit beschäftigt, dass sie gar nicht bemerkte, wie in Berlin die SA den Terror probte. Sie hatte Hitler sogar gewählt. Und wurde als Halbjüdin von den Nazis sofort aus dem Kreis deutscher Autoren ausgestoßen und mit Berufsverbot belegt. Vor Schlimmerem bewahrte sie die Heirat mit dem »arischen« katholischen Philosophen und Theologen Wilhelm Hoffmann, mit dem sie drei Kinder bekam – und in die nächste Katastrophe stürzte. 1943 musste sie im Hauptquartier der SS mit ansehen, wie die älteste Tochter Cordelia, das Kind des jüdischen Staatsrechtlers Heller, dem Rassenwahn der Nazis geopfert wurde und den Weg nach Auschwitz antreten musste. In all dem Elend aber schrieb Elisabeth Langgässer – dem Verbot zum Trotz – einsam im Keller ihres Hauses, während die Bomben Berlin in Trümmer legten.

1945 konnte sie dann als einzige der in Deutschland verbliebenen Autoren ein fertiges Werk vorlegen, den Roman *Das unauslöschliche Siegel*, der sie schlagartig bekannt machte als die große christliche Dichterin der Moderne. Und die Deutschen, die ratlos in ihren Ruinen nach den Ursachen der Katastrophe fragten, bekamen von ihr eine radikale Antwort: »Wir müssen alle den Weg der Flüchtlinge und Bettler gehen, dürfen nichts tragen außer der Liebe Gottes. Gepriesen sei das unbrennbare Holz, das Holz des Kreuzes inmitten der brausenden Feuerflamme.« In der Stunde Null des Unheils wollte Elisabeth Langgässer Europas Uhren zurückdrehen zum blinden, unbedingten Glauben an Gott und an das unauslöschliche Siegel der Taufe. Rigoros wie ein Großinquisitor klagte sie an: Das moderne Europa hat Schuld an Hitler. Freiheitsträume und kritisches Denken haben die Menschen weggelockt von Gott und Kirche und orientierungslos dem Nationalsozialismus in die Arme getrieben. Für diese absonderliche These inszenierte sie mit der ganzen Magie ihrer Sprache einen »Hexen- und Engelskessel«, wie Hermann Broch es nannte.

Mit diesem Übermaß aber schrieb die Dichterin dem eigenen Roman das Todesurteil. Der heutige Leser erstickt im Dickicht der Bilder und Metaphern und wird abgestoßen von den Attacken auf die kritische Vernunft Europas. Da hat das Berufsverbot der Nazis und das fiebrige Schreiben in der Einsamkeit ihres Berliner Kellers den Realitätssinn der Elisabeth Langgässer gestört. Dabei hat sie gerade im *Unauslöschlichen Siegel* mit besonderer Meisterschaft ihre Fähigkeit bewiesen, die sinnliche Dimension des Daseins poetisch-realistisch einzufangen (so die Langgässer-Enkeltochter Elisabeth Hoffmann). Hinreißend ironisch entfaltet sie hier ein Panorama ihrer rheinhessischen Heimatstadt Alzey, so präzise, dass man – mit dem Roman in der Hand – Alzeyer Weinberge und Straßen danach abwandern kann.

1948 ist sie mit ihrer Familie aus dem zerstörten Berlin an den Rhein ins südpfälzische Rheinzabern zurückgekommen. In der ländlichen Idylle fand sie endlich Ruhe und hatte doch nur noch zwei Jahre Zeit für rauschhafte

Gedichte und den Roman *Märkische Argonautenfahrt*. 1950 starb sie an Multipler Sklerose, aufgezehrt von den Katastrophen ihres Lebens, erst 51 Jahre alt. Vier Jahre vor ihrem Tod hatte sie noch erfahren, dass ihre Tochter Cordelia das Grauen von Auschwitz überlebt hatte. Mit dem Bild der Anemonen, die in jedem Frühjahr Rheinhessens Wälder überfluten, feierte die Dichterin die Freudenbotschaft in einem der innigsten Gedichte deutscher Sprache: »Holde Anemone bist du wieder da / Und erscheinst mit heller Krone / Mir Geschundenen zum Lohne / Wie Nausikaa (...) Ohne zu verführen / Lebst und bist du da / Still mein Herz zu rühren / Ohne es zu schüren / Kind Nausikaa!«

Horst Schäfer

Anna Seghers und die verhinderte Heimfahrt

Den rheinhessischen Tonfall hat die Stimme von Anna Seghers nie verloren, wie auch Dialektausdrücke in ihre Erzählungen und Romane hineingerieten, als sie schon längst ihre Geburtsstadt Mainz verlassen hatte. Am 19. November 1900 ist Seghers hier als Netty Reiling geboren worden, ihre Familie gehörte zum jüdischen Großbürgertum. Später studierte sie in Heidelberg und Köln – sie promovierte als Kunsthistorikerin mit einer Arbeit über *Jude und Judentum im Werk Rembrandts* – und ging dann zusammen mit ihrem Mann, dem ungarischen Kommunisten Laszlo Radvanyi nach Berlin. Dort wurden ihre beiden Kinder Peter und Ruth geboren. 1928 erhielt

Netty Reiling, um 1920

Seghers den renommierten Kleist-Preis für ihre beiden Erzählungen *Grubetsch* und *Aufstand der Fischer von St. Barbara*.

Anna Seghers, wie sie sich als Schriftstellerin nannte, blieb lebenslang ihrer linksrheinischen Herkunft verbunden. Dabei hatte die Bindung an die Stadt am Rhein und die rheinhessische Landschaft für sie nie eine nationale, sondern eine soziale und historische Komponente. Wann immer sie darauf zu sprechen kam – in Reden und Aufsätzen oder in Erzählungen und Romanen –, betonte sie die wechselvolle Geschichte dieser Gegend, zu der das keltische Sonnenrad, der Limes, der Landsitz Karls des Großen in Ingelheim, die Völkerwandungen, der Mainzer Dom, die Jakobiner und die Mainzer Republik gehören. Keine andere Landschaft hat in Seghers' Prosa jemals eine ähnlich sinnliche Intensität und Anschaulichkeit erhalten wie die Rheinebene und der Taunus, der Fluss und die Stadt ihrer Heimat. Seghers selbst sprach wiederholt von ihrem »Originaleindruck«, den sie hier empfing, dem ersten aufmerksamen, tiefen und für immer prägenden Eindruck von der Welt.

Die frühe Erzählung *Grubetsch* schlägt ein Grundmotiv ihres Werks an: die spannungsvolle Begegnung zweier Welten, symbolisiert durch den engen Hof, der einer Hadeswelt gleicht, und die Freiheit verheißende Weite des Flusses.

Topographisch konkreter zeigen sich Spuren der rheinhessischen Herkunft Seghers' vor allem in den Erzählungen und Romanen, die entstanden sind, nachdem sie nicht nur Mainz, sondern Deutschland verlassen hatte. Als Kommunistin und Jüdin von den Nazis verfolgt, emigrierte Seghers mit ihrer Familie bereits im Frühsommer 1933, zuerst nach Frankreich, später nach Mexiko. Dass die Nazis ihr absprachen, eine deutsche Schriftstellerin zu sein, hat sie zutiefst getroffen. Ihre außerordentliche Produktivität während der vierzehn Exiljahre stand im Zeichen ihrer »Vaterlandsliebe« (so der Titel einer Rede aus dem Jahr 1935). Sie schrieb über Deutschland und über die Menschen und Landschaften, die sie am besten kannte, nämlich die ihrer Heimat.

In *Der Kopflohn. Roman aus einem deutschen Dorf im Spätsommer 1932* (1933) zeigt sie, wie der Nazismus in den Alltag von Bauernfamilien in einem rheinhessischen Dorf eindringt. Die Fluchtgeschichte – in *Kopflohn* ist der Flüchtling ein junger Arbeiter, der für einen Judaslohn verraten wird – übernimmt Seghers für ihren nächsten Roman und nutzt sie, um einen Querschnitt durch das Land zu zeigen; wieder wählt sie Rheinhessen und den Taunus, Mainz, Oppenheim und Frankfurt als Handlungsraum. 1937 brechen aus dem Lager Westhofen sieben Gefangene aus, und nur einer wird schließlich gerettet: auf einem Rheinschiff gelangt er in die Freiheit. Dieses Buch, *Das siebte Kreuz. Roman aus Hitlerdeutschland* (1942), gehört zu den bedeutendsten Werken der deutschsprachigen Exilliteratur und ist zugleich ein »Heimatroman aus Hitlerdeutschland« (Frank Benseler). Mit dem Schäfer Ernst, der von einem Taunushügel hinunter auf den Rhein und die Stadt Mainz schaut, gewinnt die Leserin, der Leser ein geschichts- und landschaftsgesättigtes Bild, in dem sich auch das Heimweh der Autorin Seghers spiegelt. Wie später in der kleinen Skizze *Zwei Denkmäler*, von der zwei

Fassungen überliefert sind (1945/1965), spielt auch im *Siebten Kreuz* der Mainzer Dom eine Rolle. Der Flüchtling Georg Heisler verbringt hier eine Nacht, in der die Kirchenfenster ihm erscheinen wie ein »in allen Farben glühender Teppich«, der »alle Bilder des Lebens« enthält. Und obwohl der Flüchtling längst nicht mehr alle diese Bilder kennt, erlebt er Trost und Geborgenheit: »Alles, was das Alleinsein aufhebt, kann einen trösten.«

Seghers' Vater war Kustos des Mainzer Doms, und sicherlich hat die junge Netty Reiling ihn oft dorthin begleitet. Der Kontakt zwischen Seghers in Bellevue bei Paris und ihren Eltern in Mainz riss nicht ab. In der Pogromnacht 1938 wurden die Antiquitätenhandlung Reiling Am Flachsmarkt und die Privatwohnung am Fischtorplatz beschädigt. Später lebten Hedwig und Isidor Reiling in einem der sogenannten Judenhäuser in der Taunusstraße. Zwei Tage nach dem erzwungenen Verkauf des Hausese Am Flachsmarkt, im März 1940, starb Seghers' Vater. Ihre Mutter wurde zwei Jahre später, im März 1942, von Mainz aus in das Getto Piaski bei Lublin deportiert, das im November liquidiert wurde. Seghers, inzwischen im mexikanischen Exil, hatte bis zuletzt vergeblich versucht, ihrer Mutter Visa zu verschaffen.

In Mexiko entstand die Erzählung *Der Ausflug der toten Mädchen* (1946), in der die Ich-Erzählerin – sie, die Emigrantin, ist die einzige Überlebende ihrer Schulklasse, ihre Freundinnen kamen bei Bombenangriffen, in Konzentrations- und Vernichtungslagern ums Leben, ebenso ihre Mutter – sich an ihre Kindheit und Jugend in Mainz erinnert, insbesondere an eine gemeinsame Fahrt auf dem Rhein. »Es gab nur noch eine einzige Unternehmung, die mich anspornen konnte: die Heimfahrt«, sagt die Ich-Erzählerin von sich.

Anna Seghers kehrte erst 1947 nach Deutschland zurück – eine Rückkehr, aber keine Heimfahrt. Das ist allerdings eine andere Geschichte. Die Heimat ihrer Kindheit ließ sie nicht los, der »Originaleindruck« der frühen Jahre hatte sich tief eingeprägt.

Noch im mexikanischen Exil entstand die Erzählung *Die Saboteure* (1948), in der die Geschichte einiger Figuren aus *Das siebte Kreuz* fortgeführt wird, und die ebenfalls in Rheinhessen und um Frankfurt herum angesiedelt ist. In dem Band *Die Kraft der Schwachen* (1965), einem Kernstück des Seghers'schen Schaffens in der DDR, finden sich noch einmal zwei Erzählungen, *Susi* und *Agathe Schweigert*, in denen Kronbach im Taunus und Algesheim am Rhein die Ausgangspunkte der Handlung bilden.

Wenn Seghers in ihren Erzählungen und Romanen auf die Landschaften und Orte ihrer Kindheit am Rhein zurückkam, dann geschah es mit einer topographischen und atmosphärischen Genauigkeit, aus der die tiefe Vertrautheit mit dieser Gegend spricht. In der Seghers'schen Prosa bleiben diese Kindheitsorte »unzerstört, unzerstörbar« bewahrt, wie es in *Der Ausflug der toten Mädchen* heißt.

Als Anna Seghers endlich die Ehrenbürgerwürde der Mainzer Universität (1977) erhielt und schließlich Ehrenbürgerin der Stadt Mainz (1981) wurde, war ihre Freude darüber groß. Am 1. Juni 1983 starb sie in Berlin-Adlershof, wo sie fast vier Jahrzehnte gelebt hatte. An ihrem Geburtshaus in der Parcusstraße in Mainz erinnert eine Tafel an Netty Reilig, die als Anna Seghers eine der bedeutendsten Erzählerinnen des 20. Jahrhunderts wurde, eine deutsche Jüdin und Kommunistin, die ihrer rheinhessischen Heimat in ihrer Prosa ein unvergängliches Denkmal setzte.

Sonja Hilzinger

Literaturempfehlungen

Anna Seghers. Eine Biographie in Bildern. Mit einem Essay von Christa Wolf, hrsg. von Frank Wagner, Ursula Emmerich, Ruth Radvanyi, Berlin / Weimar 1994

Christiane Zehl Romero: *Anna Seghers. Eine Biographie. 1900-1947*, Berlin 2000

Sonja Hilzinger: *Anna Seghers*, Stuttgart 2000

Die zwei Leben des Lyrikers und Erzählers Kurt Mautz

»Ich war 66«, pflegte er wie ein Kabarettist zu sagen, der seine beste Pointe präsentiert, »sechs-und-sech-zig, als ich meinen ersten Gedichtband herausbrachte.« Und ein beglücktes Lachen ging über sein Gesicht – wie immer, wenn er im täglichen Leben auf das Verwunderliche stieß. Das freilich geschah beim Rekapitulieren seiner eigenen Biografie nicht allzu oft.

Der Lebensweg des Lyrikers, Erzählers und Sprachzergliederers Kurt Mautz weist eher die für seine Generation üblichen Eck- und Wendepunkte auf: 1911 als Sohn eines Postbeamten im damals deutschen Metz geboren, aufgewachsen in Mainz, Beginn des Literatur-Studiums noch kurz bevor die »Nazi-Bande« an die Macht kam, später Militärdienst, Kriegsgefangenschaft, nach dem Krieg eine Kurzodyssee zwischen Bonn und Halle, schließlich Rückkehr nach Mainz – leider nicht als Universitätsangehöriger, wie er sich das vorgestellt hatte, sondern als Lehrer am Gymnasium – , danach mehr als 25 Jahre in der Pädagogen-Tretmühle. Erst mit dem Ruhestand begann das zweite, das dem Schreiben gewidmete Leben des Kurt Mautz (auch wenn Abend- und Nachtstunden, freie Tage und Urlaube während der Jahrzehnte im Schuldienst ebenfalls schon zu guten Teilen am Schreibtisch verbracht wurden – freilich zuerst und vor allem für literaturwissenschaftliche Studien, deren wichtigste, eine über den expressionistischen Lyriker Georg Heym, bis heute ein Standardwerk ist).

In den 25 Jahren aber, die ihm nach der Pensionierung bis zum Tod im November 2000 blieben, entstand ein höchst originelles literarisches Werk. Sein Debüt mit einem stattlichen Band von Lautgedichten und konkreter Lyrik – *Schreibmaschinenpoesie* (1977) – probt den Aufstand gegen das, was das Material des Schriftstellers ist: gegen die Sprache selbst. Das Ergebnis sind Silbenverschiebungen und Lautkapriolen der schwindelerregenden Sorte: Aus dem »germanisten« kann da der »nistgermane« werden, der schließlich »im argen nest« und am »magern stein« endet. Noch viele Jahre später hat Mautz im Nachwort zu einem Auswahlband aus seinem lyrischen Schaffen darauf beharrt, dass das »gelungene Anagramm« keineswegs eine bloße Spielerei sei, sondern wie eine gute Fotografie »das Moment der Intuition« abbilde. Das Ergründen dieses Moments trieb den Einzelgänger bis zuletzt um – und so entstanden immer neue »grammatische Balladen« und »Permutationen«. Doch das war nur die halbe Welt des Schriftstellers Kurt Mautz. Denn er konnte auch anders.

1982 folgte mit der Erzählung *Passiver Widerstand* ein Meisterwerk unterkühlt realistischer Prosa, das allein schon genügt, ihm seinen Platz in der Literaturgeschichte zu sichern. Aus knappen, mit der Unbestechlichkeit des Stenografen zu Papier gebrachten, chronologisch angeordneten Situationsschilderungen schält sich das Psychogramm eines kleinen Beamten, der bereits in kaiserlichen Diensten nie so recht vom Fleck gekommen ist und 1918/19 nach anfänglichem Zögern ganz auf die Republik setzt, doch weiterhin immer das Falsche für sein Fortkommen tut und schließlich wenige Tage nach der Machtergreifung der Nazis Selbstmord begeht. Eine Figur voller Widersprüche und Ungereimtheiten ersteht da – und voller liebenswerter Eigensinnigkeiten. Auch hier findet sie sich wieder, die Mautz'sche Vorliebe für das Kuriose – eingebettet allerdings in einen ganz traditionellen Erzählrahmen.

War der *Passive Widerstand* durch die Erinnerung an den eigenen Vater inspiriert, so ist das aufwendigste Prosaprojekt des Autors, der 1996 veröffentlichte Roman *Der Urfreund*, ein kaum verschlüsseltes und lediglich in den Schlusspassagen energisch verfremdetes Stück Autobiografie. Mautz erzählt mit der Geschichte des frisch aus der Kriegsgefangenschaft freikommenden Schöngeistes Ronge die eigene Flucht aus der Nazi-Barbarei in den

Neubeginn – und mit der seines Jugendfreundes Kreifeld, der vor 1933 an der Universität ein Wortführer der Linken war, um in der Folge langsam, aber stetig zu den Nazis hinüberzuwechseln und schließlich im Dunstkreis des Goebbels'schen Propagandaministeriums zu landen, den Sündenfall eines Karrieristen, in dem die Kritik schnell den über lange Jahre mit Mautz befreundeten Germanisten Wilhelm Emrich ausmachte.

Ohne quälend lange Erörterungen, einfach nur durch sorgsame Schilderung der äußeren Vorgänge gelingt Mautz das bedrängende Porträt eines Menschen, der nicht leben kann ohne öffentliche Anerkennung und der dafür die Überzeugungen zu wechseln bereit ist wie sein Hemd. Im Nachlass von Kurt Mautz kann der Briefwechsel zwischen Emrich und dem Autor eingesehen werden – der zeichnet dann allerdings doch ein komplexeres Bild dieser Freundschaft und ihres Zerbrechens. Als Dokument eines wichtigen Stücks deutscher Wissenschaftsgeschichte ist der Roman daher wohl nur von begrenztem Wert. Als exemplarisch verdichtetes Schicksal eines Strauchelnden in einem Jahrhundert der Ideologien und Tyranneien indes hätte er mehr Aufmerksamkeit verdient, als sie ihm (vermutlich auch wegen des weithin unbekannten Verlags, in dem er erschien) in der literaturinteressierten Öffentlichkeit zuteil wurde und wird.

Das Querdenkerische und seine Gefährdungen – sie sind der rote Faden im scheinbar so uneinheitlichen Werk des Kurt Mautz. Das alles lässt sich natürlich insgesamt unter rein politischem Vorzeichen lesen. Die Deutschen und ihr Ordnungssinn – so müsste dann das durchgehende Thema lauten. Im *Passiven Widerstand* und im *Urfreund* ist es mit Händen zu greifen. Aber selbst die Anagramme erlauben derlei zeitgeschichtlich inspirierte Interpretationen, spielen sie doch mit nur vorgeschützter Leichtigkeit durch, wie in strenger (Buchstaben-)Ordnung die Anarchie ausbrechen kann, ohne dass das System als Ganzes in Frage gestellt wird. So aber halten sich das Vorgegebene und die Rebellion dagegen auf wunderbare Art die Waage – grad so, als beweise sich das Leben erst im steten Aufbegehren gegen das zumeist Unabänderliche.

Ob das allerdings nur *Deutsche Träume* sind, wie es der Titel von Mautzens letztem Gedichtband nahelegt, darf bezweifelt werden. Gerade eine vermeintliche Petitesse wie die Erzählung *Schwierige Passage* (1992), die von nichts anderem als den Schwierigkeiten eines Schriftstellers vor dem leeren Manuskriptblatt handelt, macht deutlich, wie sehr Mautz sich der Ergründung der menschlichen Natur verschrieben hat. Die bloß politische, bloß zeitgeschichtliche Lesart seines Werks jedenfalls ist eine Engführung, sie trägt den Ecken und Kanten, die in der Figurengestaltung verborgen sind, zu wenig Rechnung. Und die Neugier auf die Ecken und Kanten ist am Ende

wohl doch der eigentliche Antrieb, der ihn den Horror vacui, die Angst vor
dem weißen Papier immer wieder so bravourös hat überwinden lassen.

Jens Frederiksen

Literaturempfehlungen

Kurt Mautz: *Passiver Widerstand*, Eremiten Presse, Düsseldorf 1982; *Der Urfreund*,
Igel Verlag, Paderborn 1996; *Deutsche Träume. Gedichte und Anagramme*, Anabas
Verlag, Frankfurt am Main 1999

Lorenz Jäger: »Der Bürger als Feind. Von Weimar ins Dritte Reich: Emrichs politische Sendung«, in: *Frankfurter Algemeine Zeitung*, 9. 11. 1996

Mainz und seine Schriftsteller – Ein Blick zurück

Dank der Erfindung Gutenbergs, die ein neues Medienzeitalter einläutete,
hat Mainz seinen Ort auf der Weltkarte der Literatur gefunden. Doch auch im
übrigen hat Mainz einen nationalen, teils sogar europäischen Rang. Schon
früh beginnt die Literaturgeschichte der Metropole mit einer feierlichen Entra-
da, nämlich mit Hrabanus Maurus (784-856), dem »Praeceptor Germaniae«.
Das Mainzer humanistische Gymnasium trägt seinen Namen, besonders
gern in der neckischen Verkürzung »RaMa«. Ab 847 war Hrabanus Maurus
Erzbischof von Mainz. Ihm als einem Vertreter kirchlicher Gelehrsamkeit verdanken wir Bibelkommentare, theologische Schriften (*De institutione clerico-
rum*) und Enzyklopädien (*De rerum naturae seu De universo*), aber auch
einer Reihe weltlicher Gedichte. Er gilt zudem als Dichter der bekannten
Hymne »Veni, creator spiritus«.
     Mit einem höfischen Minnesänger, der das Lob der adligen vrouwe gesun-
gen hätte, kann die Mainzer Chronik nicht aufwarten. Dafür nennt sie zwei
Vorläufer des Meistersangs: Heinrich von Meißen gen. Frauenlob (um 1250-
1318), der als »König der fahrenden Sänger« von Hof zu Hof zog und sich
1312 in Mainz niederließ, sowie den Minnesänger und Spruchdichter Barthel
Regenbogen, der Anfang des 14. Jahrhunderts als Schmied in Mainz lebte.
Beide wurden von den Meistersingern zu den zwölf Alten Meistern gerechnet
und trugen den berühmten Wettstreit darüber aus, ob für die weibliche Person der Name wîp (in der höfischen Dichtung die Bezeichnung für Frau) oder
vrouwe (wie die Minnesänger die – adlige – Dame nannten) zu gelten habe.
Frauenlob favorisierte »Frau« – und die Sprachentwicklung gab ihm recht.

Überhaupt ist Frauenlob, der allerdings nicht deswegen, sondern wegen seines Preisliedes auf Maria so genannt wurde, der bedeutendere von beiden. Seine Dichtungen (Leiche, Minnelieder, Spruchstrophen) zeichnen sich durch stolze Gelehrsamkeit aus. Frauenlob soll in Mainz eine Singschule gegründet haben. Das Mainzer Frauenlob-Gymnasium erinnert namentlich an ihn.

Wenn Mainz auch keine Dichterpersönlichkeit der Klassik vorzuzeigen hat, so stand Sophie von La Roche (1730-1807), die »Dame auf dem Parnass«, in engem Kontakt mit Goethe. Eine Zeitlang war sie mit dem Goethefreund Christoph Martin Wieland verlobt, neben Lessing wichtigster Vertreter der deutschen Aufklärung, Verfasser des ersten deutschen Bildungsromans (*Das Leben des Agathon*) – und Autor der *Oden an Sophie*. Sie ist auch die Großmutter von Bettina und Clemens Brentano. Von 1754 bis 1761 lebte sie in Mainz, wo sie mit ihrem Vater im Palais des Grafen von Stadion (der Stadioner Hof ist heute im Besitz der Dresdner Bank) wohnte. Literarischen Ruhm erlangte Sophie von La Roche über Nacht mit ihrem – von Wieland herausgegebenen – Briefroman *Das Fräulein von Sternheim*. Der Roman ist vom Werk des englischen Schriftstellers Samuel Richardson beeinflusst, der den puritanischen Tugend- und Familienroman sowie den Briefroman begründet hat, und stellt die zum ersten Mal erfolgreiche Realisierung dieses Musters in deutscher Sprache dar. Goethe hat seinerseits Elemente des Romans in seine *Leiden des jungen Werthers* aufgenommen. Beifall fand das Werk nicht nur bei der älteren Generation der Aufklärer, sondern auch bei den jungen Autoren des Sturm und Drang (neben Goethe auch Gottfried Herder und J. M. R. Lenz). Mit ihren späteren, zum Teil recht umfangreichen Werken konnte die Dichterin die in sie gesetzten hohen Erwartungen allerdings nicht mehr erfüllen.

Nur fünfundzwanzig Jahre jünger als die »Dame auf dem Parnass« und doch Vertreter einer gänzlich anderen Welterfahrung und Lebenshaltung war Johann Georg Forster (1754-1794), der als Zweiundzwanzigjähriger mit seinem Vater Johann Reinhold Forster an der zweiten Weltumseglung von James Cook teilnahm und später mit Alexander von Humboldt die Niederlande, Großbritannien und Frankreich bereiste. 1788 nahm Georg Forster eine Stelle als Universitätsbibliothekar in Mainz an. Er wohnte in einem der Professorenhäuser in der Neuen Universitätsstraße, dem nach ihm benannten Forsterhaus, wo bis vor wenigen Jahren die »Akademie für Weltkultur« ihren Sitz hatte. Forster wurde begeisterter Anhänger der Französischen Revolution, kämpfte als Führungsmitglied des Jakobinerclubs für die Belange der Mainzer Republik und gab die *Neue Mainzer Zeitung* heraus. Forster hat nicht nur wertvolle Erkenntnisse zur vergleichenden Länder- und

Völkerkunde geliefert; er ist auch der Begründer der künstlerisch geprägten, wissenschaftlich fundierten Reisebeschreibung. Die Erlebnisse und Ergebnisse seiner Weltumseglung hat er in *Reise um die Welt* (zusammen mit seinem Vater) festgehalten. Aufschlussreich ist auch sein mehrbändiges Werk *Ansichten vom Niederrhein*.

Ein Altersgenosse Forsters war der gebürtige Mainzer Niklas Vogt (1756-1836). Er wirkte einige Jahre als Professor der Geschichte in Mainz und war außer Historiker auch Folklorist und Rheinbegeisterter. Entsprechend gefächert ist sein literarisches Werk: *Über die europäische Republik, Heinrich Frauenlob, Malerische Ansichten des Rheins, Rheinische Geschichten und Sagen*. Ein Kuriosum ist sein Faust-Fragment, ein frühes Beispiel für phantastische Begegnungen: in Mainz treffen Faust, Fust, Gutenberg und Don Giovanni zusammen. Nach Niklas Vogt ist eine Straße in Mainz benannt.

Es fällt auf, dass die »Mainzer« Schriftsteller, die ihre Lebensmitte um oder kurz nach 1800 erreichten, ihre politischen Themen hatten. Neben Johann Georg Forster wären Nikolaus Müller (1770 in Mainz-1851 ebendort) zu nennen, Mitglied des Jakobinerklubs und Verfasser von revolutionären Bühnenlustspielen und der *Republikanischen Gedichte*, sowie Friedrich Lehne (1771-1836), Klubist auch er. Mit Müller verfasste er Reden und Hymnen für die revolutionären Feiern. Von ihm erschienen sind die *Versuche republikanischer Gedichte* und die *Gesänge der belagerten freien Deutschen in Mainz*.

Das 19. Jahrhundert kennt eine Reihe von Mainzer Schriftstellern, deren Wirkung kaum nachhaltig war und die von bescheidenerer Bedeutung sind, so etwa den Poeten Andreas Wasserburg (1775-1853) und seinen Sohn Philipp Wasserburg (Pseudonym Laicus; 1827-1897), Verfasser historischer und sozialer Romane; den Dramatiker, Publizisten und Übersetzer Theodor Haupt (Pseudonym Th. Peregrinus; 1784-1832); den Dramatiker, Lyriker und Publizisten Johannes Andreas Schuhmacher (1810-1881). – Besonders erwähnt sei der Mundartdichter Friedrich Lennig (1796 in Mainz-1836 ebendort), dessen Gedichtband *Etwas zum Lachen* in »Pälzer« Mundart und in Hochdeutsch Anerkennung und Verbreitung gefunden hat. Eine Straße mit seinem Namen und die Gedenktafel an seinem Geburtshaus erinnern an ihn. – Ebenfalls zu nennen ist Kathinka Zitz (Pseudonym K. Halein u. a.; 1801-1874), deren Geburtshaus am Kirschgarten im Herzen der Mainzer Altstadt steht. Sie tat sich durch empfindsame Gedichte hervor wie auch durch ihre Revolutionslyrik. Mit ihrem Roman *Magdalena Horix* lieferte sie ein politisch-historisches Kulturbild der Mainzer Republik. Sie fasste Lebensbilder zeitgenössischer Dichter – u. a. Goethes – in Romane. Viel gelesen wurde ihre Novellensammlung *Donner und Blitz*. Der Titel war mit der Angabe der

Autorenschaft (... von Kathinka Zitz) nicht allein des Reimes wegen ein geflügeltes Wort für die Anerkennung weiblicher Courage.

Nicht vergessen werden darf, dass Peter Cornelius (1824 in Mainz-1874 ebendort) nicht nur Komponist, sondern auch Dichter war. Er schrieb den Text zu seiner vielgespielten komischen Oper »Der Barbier von Bagdad«, verfasste Gedichte und Lieder und übersetzte Libretti. Weltweit bekannt wurde sein Weihnachtslied »Drei Kön'ge wandern aus dem Morgenland«. An seinem Sterbehaus erinnert eine Gedenktafel an ihn; das Mainzer Konservatorium trägt seinen Namen; die Peter-Cornelius-Plakette wird vom Land Rheinland-Pfalz an Persönlichkeiten verliehen, die sich in besonders herausragender Weise um das Musikleben des Landes verdient gemacht haben. Der größte Teil des nicht unbeträchtlichen Nachlasses von Peter Cornelius wird im Archiv der Mainzer Stadtbibliothek verwahrt.

Erst jetzt aus dem Dunkel der Vergessenheit zurückgeholt worden ist der politische Aktivist, Denker und Schriftsteller Rudolf Rocker (1873 in Mainz-1958 in New York). Von 1892 bis 1919 und von 1933 (Flucht vor den Nationalsozialisten) bis zu seinem Tod lebte er in Frankreich, England und den USA. Rocker tat sich als einer der bedeutendsten Kämpfer für die jüdische und internationale Arbeiterbewegung hervor und war wesentlich an der Gründung der anarchistischen Internationalen Arbeiter Assoziation (IAA) im Jahr 1921 in Berlin beteiligt. Seine 1938 erschienene Schrift *Anarchosyndikalismus*, in mehrere Sprachen übersetzt, gilt als eines der Grundlagenwerke zu Theorie und Praxis des Anarchosyndikalismus. Das Hauptwerk Rockers ist das Buch *Nationalismus und Kultur*, erstmals 1949 unter dem Titel *Die Entscheidung des Abendlandes* erschienen und jetzt wieder aufgelegt. Es stellt die gründlichste Auseinandersetzung mit der gesellschaftszerstörenden Macht der Staatlichkeit dar und ist ein glühendes Bekenntnis zur kollektiven Freiheit. Zeitgenossen wie Albert Einstein, Thomas Mann, Bertrand Russell (der in seinem Buch *Macht* viele Gedanken Rockers aufgriff) und Lewis Mumford waren von diesem Werk stark beeindruckt.

Neben den beiden klassischen Dichterpersönlichkeiten des 20. Jahrhunderts, Carl Zuckmayer (→ »Zuckmayer«-Essay) und Anna Seghers (→ »Seghers«-Essay), muss der Schauspieler und Schriftsteller Curt Goetz (1888-1960) genannt werden. Seinen frühen grotesken, bisweilen fast zynischen Einaktern (*Menagerie*) folgten versöhnliche Gesellschaftskomödien mit witzigen, intelligenten Dialogen: *Ingeborg*, *Die tote Tante*, *Dr. med. Hiob Prätorius*, *Das Haus in Montevideo* – die beiden letztgenannten Stücke wurden auch erfolgreich verfilmt. Gern gelesen wurde sein Roman *Die Tote von Beverly Hills*. Sein Geburtshaus in der Gartenfeldstraße ziert eine Gedenktafel.

Eine Tradition jüdischer Literatur konnte sich in Mainz nicht entwickeln. Immerhin hat das jüdische Magenza im 11. Jahrhundert eine nicht nur wirtschaftliche, sondern auch geistige Blüte erlebt. Die Rabbinerhochschule (Jeschiwa) wirkte weit über den Mainzer Raum hinaus und zog die berühmtesten Gelehrten, Dichter und Mystiker vor allem des aschkenasischen Kulturkreises an. Unter den Grabsteinen des alten jüdischen Friedhofs sind einige erhalten, die Zeugnis geben. Einen besonderen Namen gemacht haben sich Moses ben Kalonymus, der erste religiöse Dichter in Aschkenas, der in Mainz geborene und als »Leuchte der Diaspora« geltende Rabbi Gerschom ben Jehuda (960-1028), Verfasser synagogischer Dichtungen (pijutim), und Kalonymus ben Jehuda, der in seinem Trauergesang die Märtyrer der mittelrheinischen Gemeinden während des Kreuzfahrerprogroms von 1096 beklagt.

Mainz ist seit jeher weniger ein Ort regionaltypischer literarischer Produktionen gewesen, sonder eher Anziehungspunkt, Treffpunkt, Ausgangspunkt unterschiedlichster literarischer Kulturen. Zu den Dichterpersönlichkeiten, die mit Mainz in Berührung kamen, zählen Walther von der Vogelweide, Leibniz, Hölderlin, Schiller, Kleist, Voltaire, Jean Paul, Hugo – und schließlich Döblin, Mitbegründer der Mainzer »Akademie der Wissenschaften und der Literatur« und dort Leiter der Literarischen Klasse. Und natürlich hat auch Goethe in der Stadt Mainz verkehrt. (→ »Goethe«-Essay)

Literarischer Schauplatz ist Mainz – wie der folgende Beitrag bezeugt – bis heute geblieben.

Heinz G. Hahs

Mainz – Stadt des Schreibens?
Zur Mainzer Gegenwartsliteratur

»Im Februar des Jahres 1966 kam ich nach Mainz. Am Aschermittwochmorgen, einem denkwürdigen und für mich unvergesslichen Tag, stand ich in vorherrschender Eiseskälte vor dem Tor des Rabanus-Maurus Gymnasiums und begehrte Einlass. Es war 7.45 Uhr, spät genug, doch nichts deutete auf einen baldigen Unterichtsbeginn hin. (...)

Mein Kopf aber lebte noch in einer anderen Stadt, in der ich die letzten Jahre meines Lebens verbracht hatte. Es war eine Stadt mit einem dunklen, unheimlichen Namen, eine Stadt, in die niemand freiwillig gereist wäre, um dort ein paar Tage zu verbringen. Ich kam aus Wuppertal, der Schwebebahnstadt, ich war ein fünfzehnjähriger Wuppertaler mit Goldrandbrille, eine exotische, fremde Erscheinung, auf die damals, am Aschermittwoch des Jahres 1966, der Hausmeister des Mainzer Gymnasiums aufmerksam wurde. Er fragte mich warum ich da stehe, vor dem Tor, in der Kälte. Und ich antwortete: ›Ich komme aus Wuppertal. Heute ist mein erster Schultag in Mainz.‹ Am Aschermittwochmorgen des Jahres 1966 erhielt ich gegen 7.45 Uhr meine erste Mainzer Lektion. Ich lernte begreifen, dass ich eine durch und durch komische Erscheinung war, etwas Fremdes, vollkommen Skurriles. Ich erfuhr es, indem sich ein Hausmeister vor Lachen krümmte, Tränen lachte und mich aufforderte, noch einmal zu sagen, woher ich komme. ›Ich komme aus Wuppertal, und jetzt sagen Sie mir, was ist daran komisch?‹«

Hanns-Josef Ortheil sieht sich hier mit einer Mainzer Eigentümlichkeit konfrontiert: Dem überzeugten Fastnachter wird längst klar sein, dass kein Mainzer auch nur auf die Idee kommen würde, am Aschermittwoch so früh zur Schule zu gehen.

Doch diese Lektion sollte nicht die einzige bleiben:

»In Mainz ging man über mein Schreiben nicht einfach hinweg, man ignorierte es nicht wie in Wuppertal, wo man sich beinahe dafür hatte schämen müssen, etwas aufzuschreiben, das sich nicht auf Vorbilder bezog, in Mainz gab es immer wieder Menschen, die mir sagten: ›Schreib weiter, ich weiß zwar auch nicht, wofür es gut ist, denk nicht daran, denk nicht an ein Ziel, schreib einfach weiter!‹ (...) Ich war Mitte zwanzig, als ich endlich begann, auf Mainz zu hören. Ich setzte mich wieder an die Stufen des Rheins, ohne daran zu denken, wie sie zu beschreiben wären. Ich ging über die Rheinbrücke und blieb auf ihrer Mitte stehen, um zum Taunus zu schauen. Ich streckte die Waffen, die ich bisher gegen die Welt ausgefahren hatte. (...) So ist Mainz für mich die Stadt des Schreibens geworden.«

Seitdem hat Ortheil, Stadtschreiber 2000 und 2001 der Stadt Mainz, eine Fülle an literarischen Werken verfasst und zählt zu den wichtigsten Autoren der deutschen Gegenwartsliteratur. Sein erster Roman *Fermer* besitzt regionalen Bezug zur Landeshauptstadt – Ausgangspunkt der Handlung sind die Uferpromenade des Rheins und die Theodor-Heuss-Brücke.

Neben Ortheil lebten und leben noch eine Vielzahl von Schriftstellern in Mainz, für die Mainz zur »Stadt des Schreibens« wurde.

Auch der Weltbürger Nino Erné wurde hier heimisch. Anfang der fünfziger Jahre schrieb Erné für verschiedene Zeitungen der »Direction Générale des Affaires Culturelles«, einer deutsch-französischen Einrichtung, die sich zum Ziel gesetzt hatte, die lange verschmähte Kultur der »Grande Nation« wieder in Deutschland zu verbreiten. Seine Arbeitsstätte war dabei die »Zitadelle«, ein Teil der hoch über Mainz gelegenen alten preußischen Festung. Von 1966 bis 1973 war Erné ZDF-Korrespondent in Rom, bevor er, endgültig

zurück in Mainz, in der Hauptredaktion »Aktuelles« für die Kulturbe-
richterstattung des Senders verantwortlich war. »Ich bin heimisch geworden / in unsrer Stadt / wenn ich auch immer noch nicht / babbeln kann / wie
sich des eichentlich anhöre sollt / ja nein da hilft nix / Määnzer nur halb / und
der andere Seelenteil / irgendwo in Europa«, schreibt Erné in einer
Liebeserklärung nach vielen Jahren. 1953 entsteht das der Stadt Mainz
gewidmete Gedicht »Liebeserklärung an eine Stadt«, 1991 der Band *Von der
Mainzer Freundlichkeit*. Erné starb 1994, sein Grab befindet sich auf dem
Mainzer Hauptfriedhof.

Das ZDF war auch die Arbeitsstätte von Jürgen Kross, einem Dichter der
Kurz- und Kürzestzeilen (u. a. *Schattenwurf, Zwiesprachen*). In Schlesien geboren, kam Kross nach Mainz, um hier seine Ausbildung zum Fernsehredakteur zu absolvieren, bevor er sich als selbstständiger Buchhändler in
Mainz niederließ. Einige seiner Bücher wurden ins Amerikanische übersetzt.

Auch der Fernsehredakteur und Schriftsteller Hans Peter Renfranz arbeitete beim ZDF. Nach seinem Studium und einer Tätigkeit als Regieassistent
war er dort bis zu seinem Tod 1990 als Redakteur tätig, wo er so populäre
Serien wie »Derrick«, »Der Alte« und »Ein Fall für zwei« betreute. Renfranz
schrieb Romane und Theaterstücke und wurde u. a. mit dem Förderpreis für
Literatur des Landes Rheinland-Pfalz und dem Mainzer Theaterpreis ausgezeichnet. 1987 erfuhr Renfranz durch einen Artikel in der *ZEIT* von der
Nazivergangenheit seines Vaters. Dieses Thema, mit dem er sich auch literarisch auseinandersetzte, beherrschte die letzten Jahre seines Lebens.

In seinem Roman *Die Anstalt bedauert* setzt sich Joachim Tettenborn mit
seinen Erfahrungen im ZDF auseinander. Der Roman gilt als Schlüsselroman über die Mainzer Sendeanstalt, in der Tettenborn als Redaktionsleiter in
der Abteilung »Fernsehspiel und Film« tätig war. In der Nachkriegszeit hat er
sich durch seine Arbeit als Chefdramaturg und Schauspieler in Jena und
Erfurt sowie als Dramaturg an Westberliner Theatern einen Namen gemacht;
heute lebt Tettenborn als freier Schriftsteller in Wackernheim bei Mainz.
Neben Theaterstücken, Romanen, Erzählungen und Gedichten hat Tettenborn zahlreiche Hörspiele verfasst.

Mit Hörspielen wie mit Erzählungen und (teilweise verfilmten) Romanen
wurde der in Mainz geborene Schriftsteller Wolfgang Altendorf bekannt. Die
Veröffentlichungen des u.a. mit dem Förderpreis Rheinland-Pfalz und dem
Literarischen Hambachpreis ausgezeichneten Autors erreichen eine
Gesamtauflage von über 750.000 Exemplaren.

> »Da liegt sie
> Meine alte goldene Stadt
> Als hätt sie grad im Rhein gebadet

Sie ist so alt dass sie Gesichter schneidet
Und ich hab immer noch an meinem Auto
Das Mainzer Zeichen
MZ
Heimweh?
Manchmal schon.«

Liebevolle Worte des Liedermachers und Kabarettisten Hanns Dieter Hüsch. Hüsch kam 1946 als Student der Theaterwissenschaften und der Literaturgeschichte von Gießen nach Mainz. Kaum ein Jahr später feierte er erste Auftritte mit dem Mainzer Studentenkabarett »Die Tolleranten« – und war von da an aus der Mainzer Kleinkunstszene nicht mehr wegzudenken: Als Mitglied der »Mainzer Kammerspiele«, mit seinem Kabarettensemble »arche nova«, mit zahlreichen Soloauftritten und immer neuen Premieren im »unterhaus« spielte Hüsch sich in die Herzen der Mainzer.

Die dankten es ihm mit der Verleihung des ersten Deutschen Kleinkunstpreises, worauf Hüsch im Rahmen seines dreißigjährigen Jubiläumsprogramms mit dem Bonmot reagierte: »Es ist zu früh, mich schon zu ehren, obwohl ich's gut vertragen kann... Ich fange grad erst an.« Wohl wahr, denn es folgten die Ehrenbürgerwürde der Stadt Mainz, die Verleihung der Gutenbergplakette und der Carl-Zuckmayer-Medaille des Landes Rheinland-Pfalz. Auszeichnungen, die sich würdig in die fast unüberschaubare Reihe an Kleinkunstpreisen und Ehrenbürgerwürden einreihen, die Hüsch seither zugesprochen wurden. Selbst als Hüsch sich Ende der sechziger Jahre zunehmend aus der Theaterszene der Bundesrepublik zurückzog – Mainz hielt er die Treue. Seit Anfang der siebziger Jahre verging kaum ein Jahr, in dem Hüsch nicht mindestens einmal mit seinem jeweils neuesten Programm im »unterhaus« gastierte. Seiner Verbundenheit mit Mainz verleiht er Ausdruck, wenn er schreibt:

»...Wo immer ich mich aufgehalten hab
Macht mir im alten Mainz ein Grab
Damit ich mit euch spür in ferner Zeit
Den Sieg von Hoffnung und von Zärtlichkeit.«

Der Kinder- und Jugendbuchautor Hans-Peter Richter verbrachte die letzten Jahre seines Lebens in Mainz. Neben zahlreichen Kindergeschichten schrieb er in den sechziger Jahren politische Jugendbücher, die sich mit der Hitlerzeit und dem Zweiten Weltkrieg befaßten. Für *Damals war es Friedrich* erhielt er von dtv das »Goldene Taschenbuch« für eine Million verkaufter Exemplare. Einer der »originellsten, vor allem aber sprachmächtigsten deutschen Autoren der Gegenwart« (*Börsenblatt*, 1992) lebt und arbeitet seit 1973 in

Mainz. Die Rede ist von Ror Wolf. Von der Literaturkritik von Anfang an hochgelobt – die *Frankfurter Allgemeine Zeitung* zählt seinen ersten Roman *Fortsetzung des Berichts* »zu den originellsten und gelungensten Versuchen, die Erzählbarkeit der Welt zu bezweifeln und doch das Erzählen nicht aufzugeben« – wurde Wolf mit zahlreichen Literaturpreisen ausgezeichnet, darunter der Staatspreis des Landes Rheinland-Pfalz für Literatur, der Hörspielpreis der Kriegsblinden, der Doderer-Preis und der Bremer Literaturpreis. Er zählt auch zu den bedeutendsten deutschen Hörspielautoren. Wolf lebt auf dem Kästrich in Mainz.

Dort lebt und arbeitet auch der Experimental-Dichter Heinz G. Hahs. 1978, nach zwanzigjähriger schriftstellerischer Tätigkeit im Verborgenen, hielt Hahs im Eisenturm an der Mainzer Rheinstraße seine erste öffentliche Lesung. Hahs, der u. a. mit dem Joseph-Breitbach-Preis des Landes Rheinland-Pfalz ausgezeichnet wurde, schreibt Lyrik, Essays und Prosastücke.

Sahlheimer, der zweite Roman des Schriftstellers Lothar Schöne, spielt im Mainzer Universitätsmilieu. Das Deutsche Institut, das Mainzer Präsidium und die Altstadt sind Schauplätze des Detektivromans, der zunehmend groteskere und phantastischere Formen annimmt. Mit der Erzählung *Das jüdische Begräbnis* hat Schöne ein von der Literaturkritik vielbeachtetes Plädoyer für (religiöse) Toleranz und Menschlichkeit vorgelegt.

Migrationserfahrungen – die Heimat in der Fremde und die Fremde in der Heimat – sind die literarischen Themen des in Italien geborenen Schriftstellers Franco Biondi. Über zwanzig Jahre hat Biondi in Mainz und Umgebung gelebt. Er zählt zu den populärsten und bedeutendsten Vertretern der deutschsprachigen Migrantenliteratur.

Vielfach verdient gemacht um die rheinland-pfälzische Gegenwartsliteratur hat sich der Leiter des Literaturreferates im rheinland-pfälzischen Kulturministerium, Sigfrid Gauch. Der im Mainzer Vorort Hechtsheim lebende Autor hat mit seinem Roman *Winterhafen*, einem facettenreichen Kriminalstück um eine komplizierte Liebe und den Mut, für eigene Überzeugungen einzustehen, dem Mainzer Winterhafen – idyllisch am Rhein gelegen – ein Denkmal gesetzt. Auch die Erzählung *Goethes Foto* besitzt diesen regionalen Bezug, sie erzählt von einer geheimnisvollen Entdeckung im Mainzer Stadtarchiv.

Das wohl wichtigste Buch Gauchs aber ist *Vaterspuren*, in dem er sich mit der Nazivergangenheit seines Vaters auseinandersetzt: »Gauchs Leistung besteht darin, dass er nicht vor jenem Nazi-Monster erstarrt, als das sein durch den Prozess kompromitierter Vater der Nachwelt erscheinen musste. Da dieser sich ihm vor allem als ein Mensch mit durchschaubaren Schwächen und zugleich als Vater vermittelt hat, vermag er ihn auch nicht allein mit den Augen des Staatsanwaltes zu beurteilen. Er versucht vielmehr, die Wege nachzugehen und die Motive zu erforschen, die jenen aus der rheinischen Provinz bis in die Berliner Zentrale der Reichsführung SS geführt haben.« (Michael Schneider, 1981)

Über sein schriftstellerisches Wirken hinaus bietet Gauch als Mitherausgeber der rheinland-pfälzischen Jahrbücher für Literatur und der Veröffentlichung zahlreicher Anthologien rheinland-pfälzischen Autoren die Möglichkeit, mit ihren Texten an die Öffentlichkeit zu treten. Foren, die sich bereits wiederholt als Sprungbrett für bisher eher unbekannte Autoren erwiesen haben.

Ebenfalls prägend für die Mainzer Literaturszene tätig ist seit Jahrzehnten der Schriftsteller Peter Grosz. Ob als Leiter der Autorengruppe Mainz, als Mitbegründer des Mainzer Kulturtelefons, als Sprecher des Kulturtreff Mainz; ob als Leiter von Schreibwerkstätten, als Organisator des »KulTrubels LUST« oder der »EXperimenta. Tage der rheinland-pfälzischen Literatur«; ob als Leiter des LiteraturBüro Mainz oder als Programmbeirat des TV-Senders K3. Kulturkanal Rheinland-Pfalz – Grosz hat seit seiner Übersiedelung 1977 von Rumänien in die Bundesrepublik die Kulturlandschaft in Mainz immer wieder auf vielfältige Weise bereichert. Seit 1993 ist der mit zahlreichen Literaturpreisen ausgezeichnete Autor Organisator der von ihm initiierten, jährlichen deutsch-polnischen Treffen junger Autoren.

Als eindrucksvolles Beispiel sinnvoller Literaturförderung in Rheinland-Pfalz gelten zu Recht Christoph Peters und Marcus Braun. Braun erhielt 1993 den Literaturpreis der Stadt Mainz für sein Theaterstück *Zett. Neues vom Untergang des Abendlandes*, uraufgeführt anlässlich der »EXperimenta '93« des LiteraturBüro Mainz. Es folgten der Martha-Saalfeld-Förderpreis und der Joseph-Breitbach-Preis des Landes Rheinland-Pfalz. Heute lebt Marcus Braun als freier Schriftsteller in Berlin. Auch Peters, der 1998 den Martha-Saalfeld-Förderpreis, 1999 den »aspekte«-Literaturpreis für das beste deutschsprachige Prosa-Debüt – für *Stadt-Land-Fluss* – und 2000 den Georg-K.-Glaser-Preis erhielt, lebt mittlerweile in Berlin.

In diesem Zusammenhang darf auch der Schriftsteller und Schauspieler Andreas Laudert nicht unerwähnt bleiben: Er wurde bei der »EXperimenta '93« mit dem Förderpreis der rheinland-pfälzischen Literaturtage ausgezeichnet und lebt heute ebenfalls in Berlin.

1995 erhielt die Autorin und Übersetzerin Anke Velmeke den Literatur-Förderpreis der Stadt Mainz. 2000 erschien ihr vielbeachtetes Romandebüt *Luftfische*. Heute lebt sie in Geisenheim bei Wiesbaden.

In dem Gedichtband *nacht. sicht. gerät* von Thomas Kling, einem der wohl innovativsten deutschsprachigen Lyriker der Gegenwart, befasst sich der Autor mit der Landschaft des Mittelrheins. Geschichte und Geschichten des Rheins zwischen Bingen, Mainz und Worms werden in kontrastierenden

Bildern in experimenteller Lyrik thematisiert. Im Wintersemester 1996/97 war Kling, der in Bingen geboren wurde, Dozent für Poetik an der Johannes Gutenberg-Universität in Mainz.

Auch die Werke der Autorin Inge Reitz-Sbresny befassen sich häufig mit Geschichten rund um die rheinland-pfälzische Landeshauptstadt. Die Mainzer Mundart-Dichterin schreibt neben Erzählungen und Gedichten wöchentlich für die *Mainzer Allgemeine Zeitung* die Kolumne »Mainzer Gebabbel«.

Die aus dem Hunsrück stammende Schriftstellerin und Drehbuchautorin Verena Mahlow zog nach Aufenthalten in Italien, Paris und den USA nach Mainz. Nach journalistischen Arbeiten im regionalen und überregionalen Raum erschien 1997 ihr Romandebüt *Ein Mann für den Dreizehnten*, für das sie mit dem 1. Preis des Romanwettbewerbs »Frauengeschichten« des Gustav Lübbe-Verlags ausgezeichnet wurde.

Die freischaffende Malerin Simone Frieling, die seit 1994 in Mainz lebt, begann 1995 auch mit literarischen Arbeiten. Zwei Jahre später erschien ihre erste Buchveröffentlichung *Mutproben und andere Erzählungen*. Hauptfiguren dieser Erzählungen sind Frauen in den unterschiedlichsten Lebenslagen, die eines gemeinsam haben: Sie werden in schwierigen Situationen vor lebensverändernde Entscheidungen gestellt. Es folgten der Roman *KindsBewegungen* (2000) sowie verschiedene Anthologien. Auch die Trägerin des Martha-Saalfeld-Förderpreises Irina Wittmer wohnt in Mainz. 1991 wurde ihre Erzählung *Eine Wintergeschichte für H.* vom Förderkreis deutscher Schriftsteller in Rheinland-Pfalz als Buch des Jahres ausgezeichnet. Ingrid Wiltmann ist als Schriftstellerin, Übersetzerin und Dozentin der Erwachsenenbildung in Mainz ansässig. Ihre Werke, insbesondere Lebensgeschichten aus Israel und über Jüdisches Leben in Deutschland, stellen einen wichtigen Beitrag zur Aufarbeitung jüdisch-deutscher Geschichte dar.

Diese Beispiele sollten zeigen, wie viele Autorinnen und Autoren Hanns-Josef Ortheils eingangs beschriebene literarische Verbundenheit mit Mainz teilen bzw. geteilt haben. Nicht nur die literarischen Traditionen der Jahrhunderte, sondern auch die zeitgenössische Literaturszene machen die Landeshauptstadt zur »Stadt des Schreibens«.

Mareike Goebel

Unterwegs – Rheinhessische Orte im Überblick

Alzey: Ein Muss ist die Fahrt nach Alzey. Wir befinden uns in Nibelungenlied-Kernlanden. In der neunten Strophe des mittelhochdeutschen Heldenepos' wird unter den »besten recken« der Burgunderkönige neben Hagen von Tronje und Ortwin von Metz auch der Spielmann Volker **von Alzey** eingeführt, den der anonyme Lieddichter später als den »spaehen videlaere«, den »klugen Fiedler« bezeichnet und auch sonst nur mit dem Attribut der Geige aufreiten lässt. Seit langem wirbt die Stadt Alzey denn auch mit dem Begriff »Volker-Stadt« für sich und ihre Attraktionen. Die Bronzeskulptur eines wuchtigen Kaltblüters mit dem Instrument des Spielmanns an der Schulter, gestaltet von dem Pfälzer Bildhauer Gernot Rumpf, verbindet am Rossmarkt in augenzwinkernd surrealistischer Manier das Pferde- mit dem Volker-Motiv. – Einmal in den Mauern der Stadt, sollte man auch die Gelegenheit nutzen, den Spuren der hier am 23. 2. 1899 geborenen Elisabeth **Langgässer** zu folgen. Das Geburtshaus befindet sich Ecke Friedrichstraße/Ernst-Ludwig-Straße und ist äußerlich in weitgehend originalem Zustand erhalten; eine Besichtigung ist nicht möglich. Elisabeth Langgässers zweites Alzeyer Domizil in der Nibelungenstraße 2, in das die Eltern 1900 oder kurz danach übersiedelten, hat mit Neo-Renaissance-Giebel, Türmchen und Erkern ebenfalls seinen wilhelminischen Charakter bewahrt. Zur Erinnerung vergibt die Stadt Alzey alle drei Jahre den Elisabeth-Langgässer-Literaturpreis; Preisträgerin 1999 war Christa Wolf.

Badenheim: Das Weindorf Badenheim bei Sprendlingen ist auf den ersten Blick trotz zweier hübscher Kirchen im Ortszentrum und einer Reihe prachtvoll herausgeputzter Winzerhöfe kaum als Dreh- und Angelpunkt eines ganz eigenen dichterischen Werks identifizierbar. Und doch hat hier ein Barockpoet, der Bauernlyriker Isaak **Maus**, trotz verlockender Angebote vom kurfürstlichen Hof in Mainz, sein gesamtes Leben verbracht (geb. 8. 9. 1748, gest. 31. 12. 1833). Sein »Landlied« fängt das Gepräge der Landschaft sehr schön ein:

»Hier schlängelt sich der Silberbach
Durch buntgeschmückte Wiesen,
Die Weide strebt der Erle nach
Und diese jenen Riesen
Von Bellen, deren stolzes Haupt
Zum Staunen, königlich umlaubt,
Bis an die Wolken reichet.«

Ein adlergeschmückter Grabstein auf dem Friedhof am Ortsrand erinnert an den dichtenden »Pflüger«.

Bingen: Die Stadt Bingen gehört seit Einrichtung des »Museums am Strom« mit seiner **Hildegard**-Ausstellung und des »Stefan-**George**-Museums« im »Haferkasten« in der Innenstadt für den Literaturreisenden zu den ergiebigsten Orten Rheinhessens. Aber auch der **Goethe**-Enthusiast kommt auf seine Kosten. Der Dichterfürst hat die Stadt mehrfach besucht. Über die Stiftung eines Rochus-Bildes für die Rochus-Kapelle wird in dem Essay »Goethe und Mainz« berichtet. Einen Hinweis ist jedoch auch das Haus wert, in dem der Dichterfürst 1814 Unterkunft fand: Der grün gekachelte Gasthof »Weißes Roß«, heute Vorstadt 42, ist eine zuverlässig dokumentierte Goethe-Adresse. – Genau dieses Gebäude war auch Schauplatz einer weiteren bemerkenswerten Episode der Literaturgeschichte. Georg **Weerth**, Vormärz-Lyriker und zeitweiliger Redaktionskollege von Karl Marx bei der *Neuen Rheinischen Zeitung* in Köln, floh 1848 vor der preußischen Obrigkeit nach Bingen und wurde von seinem Freund Josef **Soherr** im Gasthaus »Weißes Roß« versteckt. Die anrückenden Gendarmen wurden mit ein paar Flaschen des »göttlichen Scharlachbergers« vom Weinberg an der Burg Klopp feucht-fröhlich außer Gefecht gesetzt. Weerth hat den Vorfall in lyrischer Form in »Leben und Taten des berühmten Ritters Schnapphanski« verarbeitet.

Bingerbrück: Im benachbarten Bingerbrück wohnte 1849 bis 1851 ein weiterer literarischer Mitstreiter der Revolutionäre von 1848, der Deutschlandlied-Dichter August Heinrich **Hoffmann von Fallersleben**. Seine Unterkunft befand sich im Haus des Weinhändlers Euler »mit Blick auf die Burg Klopp und den Rochusberg«. Er schrieb hier Liebeslyrik und Rheinlieder. Das Haus wurde 1958 beim Bau einer Umgehungsstraße abgerissen.

Büdesheim: In Büdesheim, heute ein Ortsteil von Bingen, gehört die Aufmerksamkeit dem Lyriker Stefan **George**, der hier am 12. 7. 1868 geboren wurde. Vom ursprünglichen Aussehen des Geburtshauses in der Saarlandstraße 101, das ehemals die »Wirtschaft zur Traube« beherbergte, ist nicht viel geblieben. Immerhin zitiert

an dem Gebäude, in dem heute die Metzgerei Lunkenheimer untergebracht ist, eine Bronzetafel ein frühes Gedicht Georges:

O du trautes liebliches haus
Wo ich einst als glückliches kind
Sah in die lachende landschaft hinaus.

O du lieblich rieselnder bach
Der in schlummer du mich gewiegt
Der umgrenzte das freundliche dach!

O du hoher, luftiger wald
Wo ich hüpfte arglos und froh
Ernst und sinnend liess ich dich bald.

O du trauter lieblicher ort
Wo ich war zum letztenmal kind –
Festlich klingt dein name mir fort!

Stefan Georges Großonkel Stephan Etienne George, Bügermeister von Büdesheim, lebte einige hundert Meter weiter ortseinwärts in der Saarlandstraße 176. Das Gebäude hat als »Haus mit den hundert Fenstern« Eingang in eine frühe autobiografische Notiz Georges (»Sonntage auf meinem Lande IV«) gefunden, die auf einer Hinweistafel an der Hausfront in Erinnerung gebracht wird.

Gau-Bickelheim: Den Wirren der Zeit nach dem Zweiten Weltkrieg verdankt das am Westrand Rheinhessens gelegene Gau-Bickelheim die (freilich nicht besonders dauerhafte und auch keineswegs schmeichelhafte) Aufmerksamkeit eines erklärten Einzelgängers unter den Schriftstellern. Arno **Schmidt** war am 2. 12. 1950 mit einem Flüchtlingstransport aus der Lüneburger Heide nach Gau-Bickelheim gekommen und sollte hier bis November 1951 bleiben. Seine Frau Alice notierte im Tagebuch als ersten Eindruck nach Verlassen des Bahnhofs nur: »Viel viel Dreck und Lehm.« Auch Schmidt selbst hatte Mühe, Erhebendes in der neuen Umgebung auszumachen: »Manchmal trieb der platte Erdenbauch bucklige Runddörfer, geduckt, dächerwarzig, krötig: hier also ist das Wort vom ›platten Land‹ entstanden.« In seinem Gau-Bickelheimer Jahr schrieb Schmidt die Erzählung »Schwarze Spiegel«. Die Gau-Bickelheimer Eindrücke verarbeitete er 1953 in der Erzählung »Die Umsiedler«.

Guntersblum: An der Rheinfront zwischen Mainz und Worms ist Guntersblum, abgesehen von der evangelischen Kirche mit ihrer markanten, in Teilen romanischen Doppelturmfassade als Geburtsort des zeitkritischen Erzählers Georg K. **Glaser** von Bedeutung. Am 30. 5. 1910 angeblich in der Viertelstraße 7 geboren, bestehen doch erhebliche Zweifel, ob es sich bei dem nichtssagenden, aller historischen Spuren ledigen Bau, der heute an dieser Stelle steht, tatsächlich um Glasers Geburtshaus handelt. Bei einem Besuch in den siebziger Jahren soll Glaser selbst Zweifel daran geäußert haben.

Ingelheim: Der Standort der Lieblingspfalz Karls des Großen hält für den Literaturfreund zwei große Namen bereit. Sebastian **Münster**, Theologe und Verfasser der *Cosmographia Universalis*, wurde 1489 im Ingelheimer Heilig-Geist-Hospital geboren. An seiner Stelle vor der Remigius-Kirche in der Binger Straße erinnert eine etwa lebensgroße Bronzefigur des Mainzer Bildhauers Karlheinz Oswald an den 1552 in Basel gestorbenen Humanisten. – Die zweite Persönlichkeit des Geisteslebens, deren Name mit Ingelheim verbunden bleibt, ist **Multatuli**

(eigentlich Eduard Douwes **Dekker**). Der 1820 in Amsterdam geborene Kolonialbeamte zählt als Verfasser des autobiografischen Romans *Max Havelaar* zu den Klassikern der niederländischen Literatur. Das Buch gilt als frühes und bis heute markantestes Beispiel für eine selbstkritisch-realistische Auseinandersetzung mit der niederländischen Kolonialpolitik. Auf der Flucht vor den Steuerbehörden seines Landes gelangte Dekker 1866 nach Deutschland, lebte in Mainz, Wiesbaden und Geisenheim, bis er am östlichen Ortsrand von Ingelheim von einem Gönner ein Haus geschenkt bekam. Hier starb er am 19. 2. 1887. Heute steht an dieser Stelle an der Landstraße nach Wackernheim und Mainz ein Hotel, dessen Name »Multatuli« an den wunderlichen Steuerflüchtling erinnert.

Mainz: Der Schwenk über die Literaturstadt Mainz führt Autoren nach dem Geburtsjahr auf. Es wurden nur diejenigen berücksichtigt, von denen ein Gebäude, ein Gedenk- oder Grabstein oder eine öffentlich zugängliche Sammlung Zeugnis ablegt.

Beginnen wir mit **Heinrich von Veldeke**. Um 1150 in oder bei Maastricht geboren, gilt er als Begründer der deutschen höfischen Epik. Wie gut er Mainz kannte, wissen wir nicht. Sicher ist, dass er Pfingsten 1184 am Hoffest Friedrich Barbarossas in Mainz teilnahm. Die Beschreibung der Schwertleite Friedrichs an seine beiden Söhne in Heinrichs *Eneas*-Roman ist eine der frühesten Erwähnungen der Stadt Mainz in der erzählenden Literatur. Auf der dem rechten Rheinufer vorgelagerten Maaraue erinnert ein Denkmal (1984) an das kaiserliche Fest.

Er gehörte zu den »Zwölf Alten Meistern«:
der Minnesänger Heinrich von Meissen, der den Beinamen »Frauenlob« trug.
Sein Grabdenkmal im Kreuzgang des Mainzer Domes gestaltete 1841
der Bildhauer Ludwig Michael Schwanthaler. (Foto: Rüdiger Diezemann)

Weit ergiebiger ist der Bezug, den **Heinrich von Meißen**, genannt **Frauenlob**, zur Stadt hatte. Um 1260 in Sachsen geboren, zog der Vers- und Spruchdichter 1312 nach Mainz und starb hier am 29. 11. 1318. Seine letzte Ruhestätte fand er im Kreuzgang des Doms. Die Grabplatte, die heute im Ostflügel des Kreuzgangs an den fahrenden Sänger erinnert, ist trotz ihres desolaten Zustands nicht wirklich alt – sie stammt aus dem späten 18. Jahrhundert, soll allerdings eine relativ gute Nachbildung des zerbrochenen mittelalterlichen Grabsteins sein. Im unteren Teil jedenfalls ist die Szene eingefangen, in der sechs Jungfrauen den Sarg des verehrten Meisters durch den Dom in den Kreuzgang tragen, um ihn schließlich unter Strömen von Wein

(Karl **Simrock** zufolge war es ein »edler Laubenheimer«) dem »kühlen Grund« anheim zu geben. Als Victor **Hugo** auf seiner Rheinreise im Jahre 1840 in Mainz den Frauenlob-Grabstein entdeckte, zeigte er sich übrigens vor allem von den weit aufgerissenen Augen des »edlen Kopfes« fasziniert.

Erst an der Schwelle zur Neuzeit wird die Spurensuche des Literaturfreunds üppig belohnt. In Mainz führen alle Wege zu Johannes **Gutenberg**, der um 1400 in Mainz geboren wurde und um 1450 den Druck mit beweglichen Bleilettern erfand. Der Gutenberg-Rundgang beginnt sinnvollerweise mit dem Besuch des 1900 gegründeten **Gutenberg-Museums**, das nicht nur zwei nachgebaute (und funktionstüchtige) Gutenberg-Pressen, anderthalb originale Gutenberg-Bibeln, das von Gutenberg gedruckte lateinische Wörterbuch *Catholicon* und zahlreiche weitere Frühdrucke beherbergt, sondern einen Überblick über die gesamte Geschichte der Druckkunst bietet. Die Verwaltung befindet sich im »Römischen Kaiser« am Liebfrauenplatz, einem prunkvollen, 1653 erbauten Renaissancebau, der im Dachgeschoss auch die Wohnung des jährlich wechselnden Stadtschreibers beherbergt. Die Schausammlung des Museums wird heute in dem unmittelbar dahinter gelegenen, 1962 eingeweihten Neubau des Architekten Rainer Schnell sowie einem 2000 hinzugekommenen weiteren Anbau gezeigt. Geöffnet Di-Sa 10 bis 18, So 10 bis 13 Uhr. Telefon 06131/122640.

Gutenbergs Geburtshaus ein Stück nördlich der Quintinskirche an der Ecke Schusterstraße / Christofstraße, der »Hof Zum Gutenberg«, musste bereits 1661 einem zeitgemäßeren dreistöckigen Anwesen weichen. Doch auch das steht nicht mehr. An seiner Stelle muss sich der Besucher heute mit einem nichtssagenden Geschäftshaus aus den sechziger Jahren mit Rahmenhandlung und Apotheke zufriedengeben.

Getauft wurde der spätere Erfinder vermutlich um 1400 in der Christofskirche hinter dem Elternhaus. Die Kirche wurde im Zweiten Weltkrieg zerstört und später als betonpfeilergestützte Ruine zum Mahnmal gegen Krieg und Totalitarismus umfunktioniert. Der notdürftig wiederhergestellte Chor beherbergt ein achteckiges, farbig gefasstes Taufbecken aus spätgotischer Zeit, das gern als Gutenbergs Taufbecken ausgegeben wird, aber aus der Zeit nach Gutenberg stammt.

Vom Hof zum Humbrecht, in dem Gutenbergs Druckwerkstatt eingerichtet war, ist in der Schustergasse nördlich der Domplätze in der Betonburg der Firma »Betten-Greisinger« bloß noch ein schmales Türmchen erhalten – und auch das stammt, genau genommen, nicht aus dem Humbrecht-Hof der Gutenbergzeit, sondern aus dem Nachfolgebau kurz nach Gutenbergs Tod.

Im »Algesheimer Hof« neben der Christofskirche (Hintere Christofsgasse 3) soll Gutenberg einer alten Überlieferung zufolge am 3. 2. 1468 gestorben sein. Zu sehen ist heute nur der

Der Buchdrucker.

Ich bin geschicket mit der preß
So ich aufftrag den Firniß reß/
So bald mein dienr den bengel zuckt/
So ist ein bogn papyrs gedruckt.
Da durch kombt manche Kunst an tag/
Die man leichtlich bekommen mag.
Vor zeiten hat man die bücher gschribn/
Zu Meintz die Kunst ward erstlich trieben.

barocke Folgebau des ursprünglichen »Hofes Zum Algesheimer«. Begraben wurde Gutenberg in der Franziskanerkirche, die sich nordwestlich des Doms unmittelbar vor dem Gebäude der heutigen »Alten Universität« befand. Sie wurde 1742 durch einen barocken Neubau, die von Balthasar Neumann entworfene Jesuitenkirche, ersetzt, die bei der Belagerung von Mainz 1793 schwer in Mitleidenschaft gezogen und in der Folge abgetragen wurde.

Über die gesamte Stadt verteilt, gibt es eine Vielzahl von **Gutenberg-Denkmälern**. Das markanteste steht vor dem Theater auf dem Gutenberg-Platz; es stammt von Bertel Thorwaldsen und wurde 1837 mit viel Pomp und einem zu diesem Anlass komponierten *Gutenberg-Oratorium* aus der Feder von Carl Loewe eingeweiht. Eine weitere klassische Gutenberg-Figur wurde 1827 von Joseph Scholl geschaffen; sie ist im Eingangsbereich des »Römischen Kaisers« eher ab- als aufgestellt. Die Gutenberg-Büste auf dem Domplatz vor dem Eingang des Gutenberg-Museums gab die Stadt Mainz 1962 bei dem finnischen Bildhauer Väino Aaltonen in Auftrag. Eine weitere Gutenberg-Büste befindet sich auf dem Campus der Johannes-Gutenberg-Universität im Stadtteil Bretzenheim; sie ist aus Stein, entstand vermutlich im 19. Jahrhundert und befand sich im Hof des Brauhauses »Zum Gutenberg« in der Mainzer Innenstadt.

Erst in der Zeit der Gegenreformation wird Mainz als Bücher- und Literaturstadt wieder interessant. Sophie **La Roche**, Autorin der 1771 erschienenen *Geschichte des Fräuleins von Sternheim* und Großmutter von Clemens und Bettina Brentano,

lebte 1754 bis 1761 mit ihrem Mann im Stadioner Hof. Das Gebäude an der Ecke Große Bleiche / Gärtnergasse ist nach erheblichen Kriegsbeschädigungen wieder ein Blickfang der Stadt – seine heutige Eigentümerin, die Dresdner Bank, hat dem Außenbau in den neunziger Jahren den alten barocken Glanz zurückgegeben.

Womit wir bei **Goethe** wären, der bei den La Roches in seinen jüngeren Jahren ein und aus ging. Doch Mainz stand auch unabhängig davon immer wieder auf Goethes Reiseprogramm. Vieles von dem freilich, was für ihn bei seinen insgesamt sicher zwei Dutzend Besuchen von Bedeutung war, ist nicht mehr vorhanden – das »Komödienhaus« in der Großen Bleiche nicht, der berühmte Gasthof »Zu den drei Reichskronen« nicht, und auch das bewunderte Gebäude der Dompropstei nicht. Dennoch kann man in Mainz mühelos einen halben Tag auf den Spuren Goethes zubringen.

Nur ein kleines Stück südwestlich vom Stadioner Hof befinden sich, etwas unglücklich eingeklemmt zwischen dem Proviantamt aus dem 19. Jahrhundert, dem Finanzamt und der modernen Wohnbebauung des Altmünster-Zentrums, drei der ursprünglich acht klassizistischen »Professorenhäuser«, die zwischen 1784 und 1786 für Bedienstete der Universität errichtet worden waren und in deren westlichstem der Weltreisende und Bibliothekar Georg **Forster** 1788 eine Wohnung bezogen hatte. Hier besuchte Goethe ihn am 21. und 22. 8. 1792 auf dem Weg zum Feldzug gegen das revolutionäre Frankreich.

Goethe erlebte den Konflikt auf preußisch-österreichischer Seite mit, er sah die Niederlage der vereinten deutschen Armee bei Valmy, wurde aber vor allem von Mai bis Juli 1793 Zeuge der Belagerung und Befreiung des inzwischen französisch besetzten Mainz durch das Fürstenheer. Das Haus, in dem der Weimarer Herzog Karl August als Befehlshaber des 6. preußischen Kürassierregiments sein Quartier hatte und in dessen Garten für Goethe ein Zelt aufgeschlagen wurde – das Marienborner Chaussee-haus – , hat sein ursprüngliches Aussehen weitgehend bewahrt. Leider ist es durch die Autobahn von Mainz nach Alzey inzwischen vom alten Marienborner Ortskern abgeschnitten und Tag und Nacht vom Verkehrslärm umtost.

Etwas besser steht in dieser Hinsicht ein anderer Schauplatz da, der in dem Tagebuchmitschnitt der *Belagerung von Mainz* eine Rolle spielt: das Ober-Olmer Forsthaus, das vergleichsweise ruhig an der Kreuzung der Landstraßen von Mainz nach Essenheim und von Drais nach Ober-Olm oberhalb des heutigen Mainzer Stadtteils Lerchenberg liegt und in dem Goethe bei seiner Ankunft in den Reihen der Belagerer vom preußischen Gesandten am kurmainzischen Hof, dem Obristen von Stein, bewirtet wurde.

Das 19. Jahrhundert führt in Mainz zu Kathinka **Zitz**, einer gern als frühe Frauenrechtlerin reklamierten Biedermeier-Autorin. Sie wurde am 4. 11. 1801 im Kirschgarten 21 in dem Fachwerkhaus geboren, das heute das Lokal »Doktor Flotte« beherbergt. Aufschlussreich ist aber vor allem ihr Grabstein auf dem Mainzer Hauptfriedhof, ein gestutzter Obelisk im Quadrat 1 mit der Aufschrift

»Alle die Ihr mich hienieden
Oft gekränkt so tief und schwer

Gönnt mir nun im Tode Frieden
Und verleumdet mich nicht mehr.
Freudlos machtet Ihr mein Leben
Kalt zertratet ihr mein Glück
Meine Rache war Vergeben –
Keinen Groll ließ ich zurück.«

Von den wenigsten als Mainzer eingestuft wird Curt **Goetz**, der eine Zeitlang viel gespielte Autor pfiffiger Boulevardkomödien (*Ingeborg, Das Haus in Montevideo*). Er wurde am 17. 11. 1888 in der Neustadt in der Gartenfeldstraße 20 geboren. Bereits im Kleinkindalter allerdings verschlug es ihn nach Halle und später nach Berlin – und er kehrte nie mehr in seine Vaterstadt zurück. Am Geburtshaus hängt eine Hinweistafel.

Ein Mainzer mit Leib und Seele hingegen war Carl **Zuckmayer** – auch wenn er in Nackenheim geboren wurde. Aber schon als Dreijähriger kam er mit seinen Eltern 1900 nach Mainz – die Familie zog an den Bonifatiusplatz 6. Das Haus wurde im Krieg zerstört, an seine Stelle trat ein Neubau. Mainzer Erfahrungen und Eindrücke hat Zuckmayer immer wieder literarisch verarbeitet – Autobiografisches enthält sein Buch *Als wär's ein Stück von mir*; der Mainzer Holzturm ist Schauplatz im *Schinderhannes*-Stück; Dom und Domplätze spielen eine Schlüsselrolle in der Erzählung *Die Fastnachtsbeichte*.

Anna **Seghers** ist die nächste Mainzer Literatin von Weltgeltung. Am 19. 11. 1900 wurde sie als Netty Reiling in der Parcusstraße 5 geboren. Das Haus ist ziemlich authentisch erhalten, zu besichtigen gibt es allerdings nichts – nur eine Gedenktafel erinnert an die Romanautorin. Das Antiquariat ihres Vaters Isidor Reiling befand sich am Flachsmarkt. Wichtig bei einem Seghers-Rundgang durch Mainz ist der im *Siebten Kreuz* so eingehend geschilderte Dom (und darin vor allem die an einem Pfeiler des östlichen Mittelschiffs eingemauerte spätgotische Grabplatte des Bischofs Siegfried III. von Eppstein), außerdem in der Neustadt der vor dem Haus Adam-Karrillon-Straße 23 in den Straßenbelag eingelassene Stein-Halbkreis, der an zwei 1918 bei einem Luftangriff auf Mainz getötete Frauen erinnert, denen wiederum Anna Seghers in dem Prosatext »Zwei Denkmäler« eine literarische Kurzwürdigung hat zuteil werden lassen.

Bleibt noch Kurt **Mautz**, der 1911 in Metz geborene und 2000 in Wiesbaden gestorbene Verfasser von Lautgedichten und realistischen Erzählungen. Er wohnte in seiner langen Zeit als Lehrer am Mainzer Gutenberg-Gymnasium in sparsamen Verhältnissen in einer Wohnung des Hauses Am Fort Elisabeth 30.

Im Mainzer Alltag hat die aktuelle Literatur darüber hinaus viele Foren. Das wichtigste ist das **Staatstheater** – ab September 2001 mit zwei bestens ausgestatteten Häusern am Gutenbergplatz vertreten: dem 1833 von Georg Moller errichteten, soeben generalsanierten Opernhaus und dem 1997 vollendeten Kleinen Haus des Architekten Klaus Möbius. Hinzu kommt noch die **Studio-Bühne TiC** in der Spritzengasse. Einer besonderen Spielart der Literatur, dem Kabarett, hat sich das »**unterhaus**« in der Münsterstraße verschrieben. 1966 in der »Katakombe« in der Kaiserstraße 10 gegründet und 1971 vorübergehend in einen Gewölbekeller in der Walpodenstraße gezogen, befindet es sich seit September 1978 am jetzigen

Ort. Seit 1972 verleiht das »unterhaus« jährlich den **Deutschen Kleinkunstpreis** – erster Preisträger war Hanns-Dieter Hüsch. Ebenfalls jährlich wird vom ZDF und der Stadt Mainz der **Mainzer Stadtschreiberpreis** vergeben, der mit einem Salär von 2000 Mark monatlich sowie freier Wohnung im Dachgeschoss des »Römischen Kaisers«, des Verwaltungsbaus des Gutenbergmuseums am Liebfrauenplatz, verbunden ist. Erste Stadtschreiberin war 1985 Gabriele Wohmann. Als rührigste und in der Stadt beliebteste Preisträger gelten Ludwig Harig (1987) und Hanns-Josef Ortheil (2000). Brigitte Kronauer, die Kandidatin des Jahres 2001, war bislang die einzige, die den Preis kurz nach der Preisverleihung zurückgab.

Weitere wichtige Literaturpreise sind der mit rund 240.000 DM dotierte, von der Mainzer Akademie der Wissenschaften und der Literatur vergebene **Joseph-Breitbach-Preis**; die **Carl-Zuckmayer-Medaille**; der **Georg-K.-Glaser-Preis** und der **Martha-Saalfeld-Förderpreis** des Landes Rheinland-Pfalz. Von Bedeutung ist außerdem der **V.-O.-Stomps-Preis** für Kleinverleger, der im Rahmen der 1970 ins Leben gerufenen, im Zwei-Jahres-Rhythmus stattfindenden **Mainzer Minipressen-Messe** (in ungeraden Jahren im Mai) vergeben wird. Jedes Jahr zu Pfingsten bietet im übrigen das **Open-Ohr-Festival** neben Konzerten und Diskussionsrunden ein umfangreiches Literaturprogramm.

Nackenheim: Der Weinort ist natürlich Domäne Carl **Zuckmayers**. Am 27. 12. 1896 wurde der später so erfolgreiche Dramatiker hier als Sohn eines Weinkapsel-Fabrikanten geboren. Das Geburtshaus steht noch. Es kann auf dem Hof der Vereinigten Kapselfabriken problemlos besichtigt werden, dient allerdings als Büro und hat seine Original-Ausstattung längst verloren. Zuckmayers *Fröhlicher Weinberg* um den Weingutsbesitzer Jean Baptiste Gunderloch spielt unverkennbar im Mainzer Umland. Zuckmayer selbst hat allerdings immer darauf beharrt, dass Ort, Handlung und Figuren frei erfunden seien. Das verhinderte freilich nicht, dass sich der Nackenheimer Weingutsbesitzer Carl Gunderloch nach der Uraufführung im Dezember 1925 öffentlich der Lächerlichkeit preisgegeben fühlte und vor Erregung einen Schlaganfall erlitt. Inzwischen hat das Weingut Gunderloch, an der Hauptstraße des Ortes Richtung Nierstein gelegen, seinen Frieden mit dem Aufrührer von einst gemacht. Im Hof der Gutsschänke wird sogar alljährlich im Sommer von einer Laienspielgruppe unter Federführung der Carl-Zuckmayer-Gesellschaft bei einem guten Schoppen Wein der *Fröhliche Weinberg* aufgeführt.

Nieder-Olm: Was Zuckmayer für Nackenheim, ist Wilhelm **Holzamer** für Nieder-Olm. Der große Fürsprecher Rheinhessens in der Literatur wurde am 28. 3. 1870 in dem Haus Pariser Straße 113 geboren. Wer nicht aufmerksam danach sucht, wird es wegen seines schlechten Zustands schwerlich finden. Durch Umbau und Renovierungen wurde das ursprüngliche Aussehen getilgt. Immerhin erinnert eine Bronzetafel an den bedeutenden Erzähler. Holzamers Roman *Vor Jahr und Tag*, die Geschichte der Gastwirtstochter Dorth Rosenzweig, spielt zum Großteil in dem Nieder-Olmer Gast-

haus »Schöne Aussicht«. Es ist äußerlich fast im Originalzustand erhalten, dient allerdings nicht mehr als Wirtschaft, sondern als Wohnhaus und Atelier des Bildhauer-Ehepaares Johannes und Liesel Metten (Pariser Straße 42). Die beiden Künstler halten seit vielen Jahren das Gedenken Holzamers durch privat vertriebene Faksimile-Drucke seiner mit Ausnahme von *Vor Jahr und Tag* vergriffenen Romane sowie durch Vergabe einer Wilhem-Holzamer-Plakette für besondere Verdienste um die Pflege des Autors wach.

Oppenheim: Die mit historischen Bauwerken reich gesegnete Stadt stellt sich dem Literaturfreund fast als weißer Fleck auf der Landkarte dar. Lediglich **Matthäus Merian der Ältere**, 1593 in Basel geborener Kupferstecher und Verfasser der *Topographia Germaniae*, betrieb zwischen 1617 und 1620 in Oppenheim eine Drucker-Werkstatt im heutigen Haus Merianstraße 13.

Osthofen: Bei Worms gelegen, ist es durch Anna **Seghers** in der Weltliteratur verewigt – freilich im Zusammenhang mit dem düstersten Kapitel der jüngeren deutschen Geschichte. Der Roman *Das siebte Kreuz* beginnt mit der Flucht des von den Nazis internierten Georg Heisler aus dem KZ Westhofen. Die Autorin spielt damit in kaum verfremdeter Form auf das früh im Jahre 1933 in einer ehemaligen Papierfabrik eingerichtete rheinhessische KZ Osthofen an. Osthofen war ein sogenanntes »wildes« KZ, das spontan von örtlichen Nazi-Aktivisten zur Gefangensetzung politischer Gegner etabliert wurde. Erst nachträglich überführte eine Verordnung des Landes Hessen Osthofen in den Status eines offiziellen Lagers. Das KZ Osthofen bestand nur bis Sommer 1934. In den 15 Monaten seines Bestehens waren hier rund 3000 Menschen, vorwiegend Sozialdemokraten und Kommunisten, eingesperrt. Heute ist in den Räumen des ehemaligen KZs ein NS-Dokumentationszentrum der Landeszentrale für politische Bildung Rheinland-Pfalz eingerichtet, das in einer Dauerausstellung einen Überblick über die Geschichte des KZs Osthofen wie über das gesamte KZ-System der Nazis gibt.

Saulheim: Mit dem Blick nach Saulheim nehmen wir die Fährte des ewigen Pfarramtsanwärters und schriftstellernden Querdenkers Friedrich Christian **Laukhard** (geboren 7. 6. 1757 in Wendelsheim, gestorben 28. 4. 1822 in Kreuznach) auf, der in Rheinhessen vielerorts Spuren hinterlassen hat. Da aber das Alphabeth, das hier die Abfolge der Orte bestimmt, nicht immer mit der Chronologie in Einklang zu bringen ist, muss das 1779 von Laukhard in Saulheim absolvierte Vikariat als Einstieg herhalten. In seiner Lebensbeschreibung erläutert er, dass der »alte Pfarrer Köster zu Obersaulheim« um einen »Substituten und Vikarius« angehalten habe und Laukhards Vater, seinerseits Pfarrer in Wendelsheim, schließlich für die Vermittlung der Stelle an seinen Sohn gesorgt habe. Laukhard zeigt sich zufrieden mit den Konditionen vor Ort: Er habe da »freie Station« gehabt – »das heißt, meinen Koffee, der aber in jenen Gegenden nicht so frequent geschlürft wird als in Sachsen und Preußen, meinen Toback und Wein,

mein Reitpferd zum Vergnügen, monatlich sechs Gulden Geld und endlich alle bei der Pfarrei einlaufenden Accidenzien.« Die heutige evangelische Kirche des Ortes hat Laukhard nicht gesehen; sie wurde erst zu Beginn des 19. Jahrhunderts erbaut.

Udenheim: In dem nahen Weindorf war **Laukhard** kurz zuvor ebenfalls als Vikar tätig. Dort scheint er bis in die Sonntagspredigten hinein heftig gegen den alteingesessenen Pfarrer Wagner gestichelt und polemisiert zu haben – wie es scheint, durchaus zum Vergnügen der Dorfbewohner. In Laukhards Autobiografie heißt es: »Die Udenheimer Bauern hatten noch viel Liebe zu mir, wenigstens liebten sie mich weit mehr als ihren Pastor, den sie nur schlechtweg den Magister ›Weitmaul‹ und den ›Zundermann‹ titulierten. Daher kam es, dass die Udenheimer fleißig nach meinen Predigten liefen und Wageners Kirche leer stehen ließen.« Die spätgotische Bergkirche mit romanischem Turm in den Weinbergen war bis in die sechziger Jahre des 20. Jahrhunderts einziger Sakralbau des Ortes und wurde lange Zeit von beiden Konfessionen benutzt.

Wendelsheim: Hier steht das Geburtshaus **Laukhards**. Es handelt sich um das Pfarrhaus des Ortes. Dort erinnert eine Tafel an den lebenslustigen Individualisten. Das unstete Leben des Magisters, Schriftstellers und Kirchenmannes ist nur bis etwa 1800 einigermaßen zuverlässig dokumentiert – insbesondere durch seine eigenen Schriften. In späteren Jahren scheint er sich als Prediger im Hunsrück und im Naheraum durchgeschlagen zu haben.

Wonsheim: Am 29. 10. 1868 kam hier Heinrich **Bechtolsheimer**, Sammler rheinhessischer Legenden und Erzähler bodenständiger Geschichten (*Zwischen Rhein und Donnersberg*, 1903, *Das Hungerjahr*, 1907) zur Welt. Als Pfarrer verschlug es ihn nach Gießen, später ins Niedersächsische. Er starb am 8. 5. 1950 in Hannover. Begraben liegt er auf dem Wonsheimer Friedhof.

Worms: Die Hinweise werden nach Autoren gegliedert, nicht nach Schauplätzen. Bei der Chronologie sind die Geburtsdaten, im Falle des *Nibelungenliedes* ist die Entstehungszeit des Dokuments maßgebend.

Der **Nibelungenlied**-Rundgang beginnt am Nordportal des Doms. Gern wird behauptet, hier habe der Königinnenstreit zwischen Brunhild und Kriemhild stattgefunden. Das freilich nimmt man besser nicht allzu wörtlich. Die historischen Nibelungen gehören schließlich ins 5. und 6. Jahrhundert, das Nordportal aber stammt aus dem hohen 12. Jahrhundert. Trotzdem besteht ein Zusammenhang zwischen Epos und Stauferdom: Der Dichter des *Nibelungenliedes* nämlich, dessen Namen wir bis heute nicht zuverlässig wissen, der jedoch um 1200 an seiner Arbeit gesessen haben muss, kann durchaus dieses Portal vor Augen gehabt haben, als er die konfliktträchtige Szene in Verse goss. Die jüngst aufgestellte These, der Minnesänger **Bligger von Steinach** aus dem nahen Neckarsteinach sei der Lieddichter, stützt sich unter anderem auf derlei Planspiele. Das Worms des Liedes freilich ist dann eindeutig das Worms der Staufer, nicht das der historischen Nibelungen.

Nibelungen-Denkmäler und **-Bil-**der sind über die ganze Stadt verteilt. Vor dem Ostchor des Doms befindet sich der Siegfriedbrunnen aus dem Jahre 1913. An dem daneben stehenden »Haus zur Münze«, einem modernen Zweckbau für die Stadtbibliothek, gibt es einen Steinfries über Siegfrieds Einzug in Worms. Im oberen Foyer des Festhauses gibt es zudem einen großen Nibelungenteppich, der Mitte der sechziger Jahre zur Theater-Eröffnung entstand. Einen eigenen Spaziergang wert ist das am Rheinufer gelegene Hagen-Denkmal, das den wüsten Recken in dem Moment zeigt, in dem er von seinem Schild schwungvoll den Nibelungenhort in den Rhein gleiten lässt.

Die Zukunft wird den Nibelungen einen noch größeren Stellenwert in der Stadt bescheren. In einem Turm der alten Stadtmauer zwischen Dom und Rhein soll ein **Nibelungen-Museum** eingerichtet werden – mangels historisch bedeutsamer Exponate ist es freilich als »virtuelles« Museum geplant. Außerdem sollen ab 2002 jeden Sommer in Worms **Nibelungenfestspiele** stattfinden. Der Schauspieler Mario Adorf hat sich dafür stark gemacht, und der junge Autor Moritz Rinke (*Vineta*) konnte als Verfasser einer modernen Bühnenfassung des Stoffes gewonnen werden. Der Gefahr einer trutzgermanischen Heldenschau ist damit energisch vorgebaut – aber ob das Unterfangen gelingt, steht noch dahin.

Bedeutendster Autor des Barock ist der am 9. 7. 1721 in Worms geborene Johann Nikolaus **Götz**, ein in Liebessehnsüchten schwelgender Naturlyriker, der im Geiste des antiken Poeten Anakreon dichtete. Im Garten des Heylshofs in unmittelbarer Nachbar-

schaft zum Dom erinnern eine Bronzestatue und ein in Bronze gegossenes Schmetterlingsgedicht an die »Nachtigall von Winterburg«. Er starb am 4. 11. 1781 in eben jenem Winterburg in der Nähe von Bad Kreuznach.
Eine Zeitgenossin von Götz war Charlotte **Nebel** (*1727 in Halle). Im Jahre ihres Todes 1761 kam von ihr ein pietistisches Besinnungsbuch heraus. Doch ohne Goethe und dessen Lebenserinnerungen wäre sie vermutlich vergessen. Charlotte Nebel war die Schwester der mit Goethes Mutter befreundeten Pastorin Griesbach, die nach einer Formulierung aus *Dichtung und Wahrheit* (II, 8) einen besonders »großen Apparat auf dem Wege zur Seligkeit mit sich führen konnte«. Charlotte Nebel lebte in dem barocken Palais Prittwitz – einem der schönsten Wormser Barockhäuser, in dem heute die Adlerapotheke untergebracht ist.
Schiller und Worms – das Kapitel gibt nicht viel her. Dennoch gibt es in Worms einen »Schillerturm«, und zwar im Herrnsheimer Schloss. Schiller selber allerdings war nie hier – die Turmbenennung ist eine Reverenz vor dem Mannheimer Nationaltheater-Intendanten Wolfgang Heribert **von Dalberg**, einem Bruder des Schloss-Eigentümers Karl Theodor von Dalberg. 1782 hatte der Theaterleiter Dalberg Schillers ungestümen Erstling *Die Räuber* zur Uraufführung angenommen – und sehenden Auges den Tumult riskiert.
Ein Autor der klassischen Moderne, der in Worms seine Prägung erfuhr, war Georg K. **Glaser**. 1910 in Guntersblum geboren, siedelte er mit seiner Familie am 4. 3. 1917 in den nördlichen Wormser Vorort Neuhausen über und lebte hier bis Sommer 1926. Glasers Sympathie für die Kommunisten entwickelte sich wohl in diesen Jahren. Der KP trat er 1927 in Frankfurt am Main bei.

Jens Frederiksen

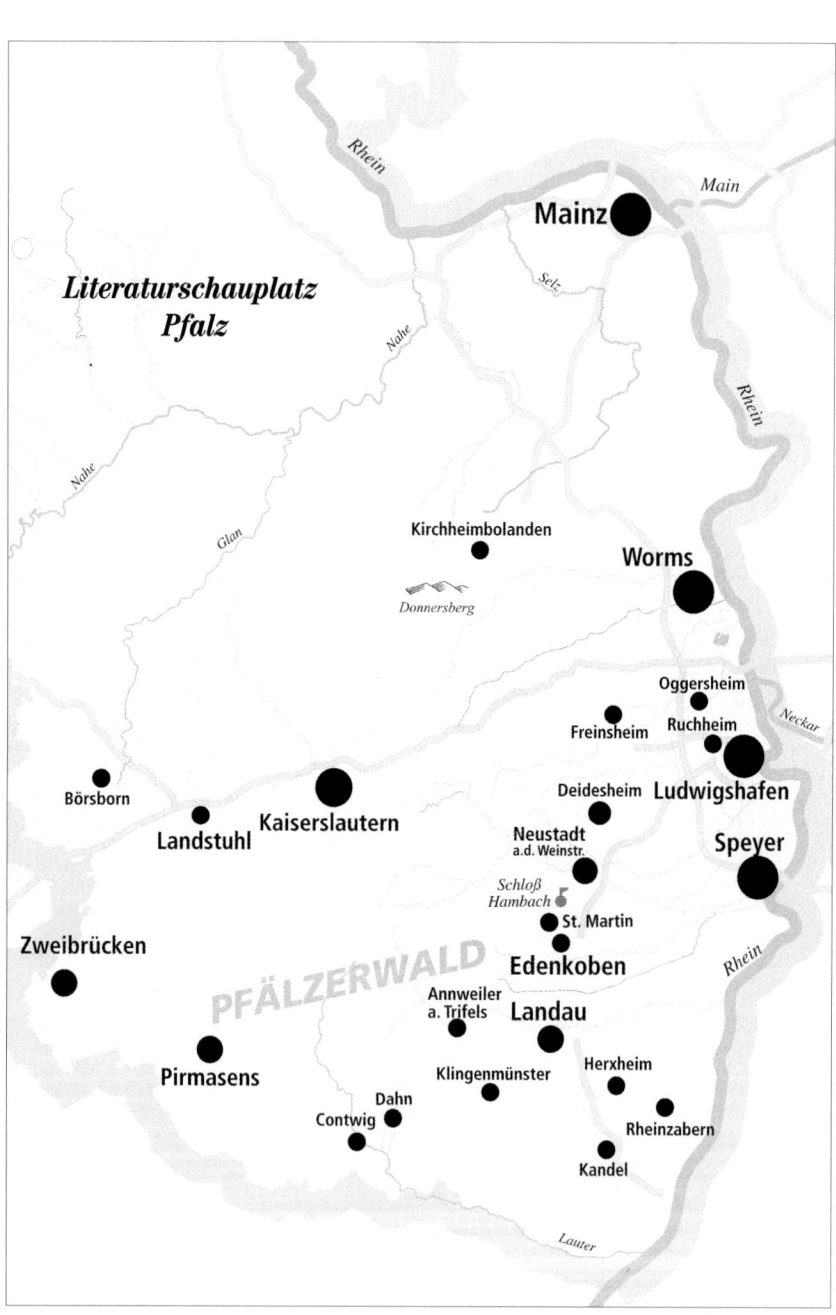

Literaturschauplatz Pfalz

Mainz

Worms

Kirchheimbolanden

Donnersberg

Oggersheim

Freinsheim Ruchheim

Börsborn

Deidesheim Ludwigshafen

Kaiserslautern

Landstuhl

Neustadt
a.d. Weinstr.

Speyer

Schloß
Hambach

St. Martin

Zweibrücken

PFÄLZERWALD

Edenkoben

Annweiler
a. Trifels Landau

Pirmasens

Klingenmünster

Herxheim

Dahn

Contwig

Rheinzabern

Kandel

PFALZ

»Hinauf Patrioten, zum Schloss! Zum Schloss!« –
Als »Wiege der Demokratie« wurde das Fest vom 27. Mai 1832 rund um das
Hambacher Schloss euphorisch apostophiert: eine Fehleinschätzung.
Kulisse und Stimmung waren prächtig, der politische Effekt höchst dürftig.
(Foto: Rüdiger Diezemann)

Markus Clauer
Produktive Dialektik aus Flucht und Ankunft
Die Pfalz – eine literarische Sondierung

Die Karrieren Pfälzer Dichter und Denker folgen fast immer der gleichen Logik. Dem Erfolg geht ein Umzug voraus. Weg aus der Pfalz, dem Grenzland, jahrhundertelang umstritten, umkämpft, Schauplatz von Kriegen, Territorium, auf dem bis ins 20. Jahrhundert Geschichte gemacht worden ist. Tabula rasa war oft »in des Reiches mildestem Teil« (Ludwig I.), die Traditionen in der »Toskana Deutschlands«: lose Enden. Aber gerade deshalb konnten sich immer wieder Einflüsse von andernorts einschreiben in die Kunst- und Literaturgeschichte der Gegend: so, wie schon die niederländischen Protagonisten der sogenannten Frankenthaler Malerschule im 17. Jahrhundert, u. a. Anton Mirou, Hendrik Ghysmann, Pieter Schoubroek, Gillis van Coninxloo; so wie Sophie La Roche, die von 1780 bis 1786 in Speyer lebte und die Frauenzeitschrift *Pomona* herausgab. Oder wie der Impressionist Max Slevogt. Der Wahlpfälzer aus Landshut hat der Landschaft der Burgen und Schlösser am Anfang des 20. Jahrhunderts ein wunderbares Bild gemalt mit der Leidenschaft des Entdeckers einer Welt, die ihren Bewohnern Alltag ist. Er starb 1932 in Neukastel.

Diese produktive Dialektik aus Flucht und Ankunft im Landstrich, der unter seinem »Weck-Worscht-Woi«-Image leidet, wie er davon profitiert, ist geblieben bis heute. Den großen Pfalzroman fordert niemand ein. Ohne eine Metropole, eine ausgeprägte Verlagslandschaft und ohne ein literarisches Zentrum fehlt der Region die Anbindung an den »Betrieb«. Und der produziert (auch) die Karrieren der Dichter und Schriftsteller. Die, die sie machen wollen, gehen weg. Die, die sie gemacht haben, kommen gerne hierher – ins international renommierte Künstlerhaus nach Edenkoben zum Beispiel, um dort ihr Stipendium zu leben, oder: um mit Dichtern aus der ganzen Welt in der Übersetzerwerkstatt an der Werkbank der Sprache zu arbeiten. »Auf den Rebstöcken / angeordnet in vollkommenen Reihen / in den Strophen der Reben / warten die Trauben darauf / in Wein übersetzt zu werden / während in den Seiten / die französischen Silben / sich darauf vorbereiten / deutsche Poesie zu werden«, hat dort der Dichter und Generalsekretär des Goethe-Instituts, Joachim Sartorius, ein Gedicht des Franzosen Jacques Rouboud übersetzt. »Edenkoben« heißt es. In der Nähe der Stadt steht die Villa Ludwigshöhe. Als man ihren Bauherrn Ludwig I. einmal fragte, ob man in der Nähe nicht einen Garten anlegen solle, wies er das zurück:

»Ein besonderer Garten ist überflüssig: alles Land ringsum, soweit das Auge reicht, ist ein großer Garten.«

Der ostdeutsche Schriftsteller Wolfgang Hilbig, ein hoch dekorierter Geodät seiner inneren Welt wie kaum jemand sonst in der Gegenwartsliteratur, durchstreift ihn in den achtziger Jahren ein paar Jahre mutmaßlich verzweifelt wie überall. Seine mit Schonungslosigkeit überwältigende, verschlüsselte Roman-Autobiographie *Das Provisorium* gibt keine Auskunft. Sie reicht bis kurz vor die pfälzische Episode. Jetzt lebt Hilbig in Berlin.

Einige indes lassen sich ganz nieder in der Pfalz – wie die Alzeyerin Elisabeth Langgässer, die in Rheinzabern die *Märkische Argonautenfahrt* zu Ende geschrieben hat und 1950 dort gestorben ist. Andere staunen nur. Der Schwabe Friedrich Hölderlin fühlte sich in Speyer »wie neugeboren« den »Geist ins Unabsehliche fliegen«, der zum Deidesheimer Turmschreiber berufene Frankfurter Herbert Heckmann sang das »Lob der Pfalz« in seiner unvergleichlich heiter-schlauen Art. Der in Berlin geborene Heidelberger Michael Buselmeier machte in seinem Roman *Schoppe* (1989) die Pfalz zu einem Sehnsuchtsland, das auch in seinem zehn Jahre später erschienenen Gedichtband *Ode an die Sportler* als »Garten Eden im November« auftaucht. Der »Held« von *Schoppe*, der »ein kleiner, zarter, etwas aufgeschwemmter Mann um die Vierzig« ist, hat seine Hoffnungen verbraucht. Sein Leben ist Revidierung, für die er die Landgänge und Pfälzerwald-Wanderungen zum Orientierungspunkt eines neuen Anlaufs nimmt; nach vorn in die Vergangenheit. Die Pfalz ist ein »gelobt Land«. Schon 1623 in Passagen von *Atlas Minor* des Gerardus Mercator, die der Frankfurter Peter Uffenbach in seiner Übersetzung wohl mit eigener Erfahrung forciert hat:

»Dieses Land der Pfalz stöst gegen Occident an das Herzogthumb Württemberg / gegen Mitternacht zum Theyl an den Mayn / zum Teil an den Otenwaldt / und endlich gegen Mittag an das Elsaß. Das gantze Land gibt an schöne / fruchtbahrkeit und allem Überfluß keinem andern in gantz Teutschland jegtes bevor alle seine Berge sindt mit Weinreben bedeckt und bringen herrlichen gesundten Wein / so hin und wieder in fremde Länder wird verführt: gegen Mitternacht zu hat es sonderlich viel Castaneen: auff den Äckern einen reichen Vorrath von Korn / Weytzen / Dinkkel und Gersten: ist an allen Orten und Enden mit schönen lusten Bamgährten gezieret.«

Von Pfälzer Dichtern indes gibt es Liebeserklärungen, die den Trauerflor der Enttäuschung tragen. August Becker (1828-1891) aus Klingenmünster, die pfälzische Dichterpersönlichkeit des 19. Jahrhunderts, Freund von Fritz Reuter, Gustav Freytag, Hoffmann von Fallersleben, starb in Eisenach. Kein Philosoph im eigenen Pfälzer Land. »Außer uns vier Söhnen und unseren

Freunden umstanden kaum so viel Trauergäste als ich Finger an einer Hand habe, das Grab«, beschreibt Carl August Becker, einer der Söhne, die traurige Angelegenheit des Begräbnisses von August Becker. Zum Schluss war der doch vom Leben und der Pfalz enttäuscht. Die *Pfalz und die Pfälzer* (1858) heißt August Beckers bekanntestes Werk, eine Kulturgeschichte und ein oft gebrauchtes Hausbuch noch heute. Genutzt hat es ihm nicht. »Hinzu kommt, dass ich der einzige Pfälzer bin, der sich in Deutschland literarischen Ruf errungen. Mein Pfälzertum allerdings hat mich nicht darin gefördert, das Gegenteil wäre zu behaupten (...) Während die 500.000 Mecklenburger Fritz Reuter zum reichen Mann gemacht haben, haben 600.000 Pfälzer so gut wie nichts für mich getan (...)«, schreibt er Ende der siebziger Jahre des 19. Jahrhunderts an den Oberlandesgerichtsrat Carl Alwens in Bad Bergzabern.

Den 1886 in Pirmasens geborenen Hugo Ball führte die notorische Heimatlosigkeit selbst in seiner Sprache und Dichtung auf neues Terrain – an die Grenze des Absurden nämlich, die er mit seinen lautmalerischen Gedichten (»Gadji beri bima«) ausmaß. Hugo Ball, der über Nietzsche promovieren wollte, war Mitbegründer des Dadaismus, Dramaturg der Münchner Kammerspiele, deren Namen er erfunden hat; er war Dichter, Dramatiker, Revoluzzer, Religiöser. Das ins literarische Herz schießende Foto von Ball, 1916 aufgenommen im Züricher Cabaret Voltaire, zeigt ihn seiner Zeit weit voraus bei einer frühen Performance.

»Meine Beine standen in einem Säulenrund aus blauglänzendem Karton, der mir schlank bis zur Hüfte reichte, so dass ich bis dahin wie ein Obelisk aussah.« Der pelerineartige Mantelkragen war »am Halse derart zusammengehalten, dass ich ihn durch Heben und Senken der Ellbogen flügelartig bewegen konnte«. Ball schielte ganz leicht. Auf dem Kopf trug er einen »weiß und blau gestreiften Schamanenhut«. So rezitierte er seine Lautgedichte, »fleißig mit den Flügeln schlagend«, erst »langsam und feierlich«. Dann bemerkte er, »dass seine Stimme (...) die uralte Kadenz der priesterlichen Lamentation annahm, jenen Stil des Messgesangs, wie er durch die katholischen Kirchen des Morgen- und Abendlandes wehklagt«.

Aber Ball war nicht nur der »Tonträger der Avantgarde« (Thomas Kling), Priester eines neuen Sounds, in den Glossolalie gesampelt ist. Er stellte dem kriegstaumelnden Heimatland 1919 mit *Zur Kritik der deutschen Intelligenz* ein glasklares Armutszeugnis aus. Ball schrieb seinem Tessiner Nachbarn Hermann Hesse eine ideenfunkelnde Lebensgeschichte und sich selbst später mit dem *Byzantinischen Christentum* ein asketisches Lebensprogramm. Dem Jahrhundert lauschte Ball die in *Flucht aus der Zeit* versammelten Notate ab, er legte Romane (etwa *Flametti* oder *Vom Dandyismus der Armen*) vor, Traktate, Theaterstücke. Ball entdeckte die bizarren Formen des

frühen Mönchtums in Ägypten und Palästina für sich. Er ist der bedeutendste Dichter, den die Pfalz hervorgebracht hat – trotz Otfried von Weißenburg,
mit dem man pfälzische Dichtung im Mittelalter beginnen lassen kann. In
Pirmasens wehrten sich aber bis in die achtziger Jahre zwei Schuldirektoren
mit juristischen Kniffen, als das Staatliche Gymnasium nach Hugo Ball
benannt werden sollte. Vergebens, gottlob.

Schon 1920 wäre das turnlehrergesichtige Genie nach einem Auftritt in
seiner Geburtsstadt beinahe gesteinigt worden, hätte nicht seine Emmy
(Ball-Hennings) geistesgegenwärtig eine Stein-Jonglage aufgeführt. Der
Mob ließ sich nur mit List gewinnen – und im letzten Moment.

Ball starb 1927 in Sant' Abbondio im Tessin mit bösen Erinnerungen an
das, was dem Ludwigshafener Philosophen Ernst Bloch (1885-1976) in seinem hochliterarischen Prophetenton, der »Blochmusik« (Adorno), zur utopischen Kategorie gerann, »worin noch niemand war: Heimat«. Für den marxistischen Philosophen Bloch, der sich mit seinem sprachmagischen
Hauptwerk *Prinzip Hoffnung* (1959) in das 20. Jahrhundert einschrieb, war
Bodenständigkeit zeitlebens mit »Stickluft« verbunden. Trotzdem hatte
Heimat außerhalb der Theorie für ihn einen ganz realen Ort. Für jeden, der
Bloch kannte, meinte Hans Mayer, sei unverkennbar gewesen, dass Heimat
bei Bloch »imaginiert wird als ein von Entfremdung befreites Bauernland. Mit
Weinbau natürlich. Bei der Frage, ob Bloch sich als Pfälzer empfinde, hätte
es kein Zögern gegeben. Das war seine Heimat.« Und auch Dolf Sternberger
schreibt in *Personen und Wirkungen*, die »freudige Barschheit der
Sprachmelodie«, mit der der Eisenbahnersohn Bloch während seiner
Emigrantenzeit auch das Amerikanische einfärbte, sei »ebenso pfälzisch wie
blochisch« gewesen.

Bloch steht für viele. Es zieht sie bis heute weg. In die Metropolen, wie die
Beispiele der im westpfälzischen Börsborn geborenen Schriftstellerin Ute-
Christine Krupp (Köln), des Speyerers Thomas Lehr (Berlin), des
Zweibrückers Norman Ohler (New York, Berlin) oder des Contwigers Wolfgang Stauch (München) zeigen. Sie sind Vertreter einer neuen Autorengene-
ration, die in traditionsreichen Verlagen veröffentlichen. Doch die meisten
kommen irgendwann auf die Pfalz zurück – in ihren Werken.

Thomas Lehr schildert in seinem von autobiographischen Erfahrungen
aufgeladenen Roman *Nabokovs Katze* eine *éducation érotique* und wie die
Liebe den Helden durch das Leben treibt. Sehnsucht grundiert das fulminan-
te wie überbordende Erzählwerk, deren Urort – gleichwohl er schlecht weg
kommt – Speyer ist. Der Theaterkritiker Hermann Sinsheimer aus Freinsheim
starb in England, doch in *Spatz in den Kirschen* oder *Gelebt im Paradies.
Erinnerungen und Begegnungen* (1953) kommt er zurück auf seine pfälzi-

sche Heimat. Den Essayisten und Hagiographen Friedrich Burschell aus Ludwigshafen verschlug es nach 1933 nach Frankreich, die Tschechoslowakei, England und Spanien. Seine »Abkunft besang« er überall (Herbert Müller). Der 1934 in Mannheim geborene und in Ludwigshafen aufgewachsene Arno Reinfrank hat seit 1955 in London sein selbstgewähltes Exil. Von dort aus schreibt er sich in seiner schnurrenreichen Literatur in seine Heimat zurück – manchmal auch in Pfälzer Mundart.

Und selbst der Wahlkölner Dieter M. Gräf, einer der am meisten ausgezeichneten Experimentallyriker der deutschen Gegenwartsliteratur, ist bei der Rückkehr in seine Heimatlandschaft Maudacher Bruch bei Ludwigshafen bezaubert von den »unendlichen Wegen« eines Kindheitssommers und bekennt: »Ich, ein Bastard / mit den Lungen voll / Raps, fang an, die Heimat zu lieben: / wahllos.«

Was Gräf als Rückkehr einer fernen Erinnerung so nah geht – Pfalz, Heimat, »ehemals ödester Ort (der / im Kopf ist)« – war für andere, Hiergebliebene, Wiedergekommene, wie den in Kaiserslautern geborenen Journalisten und Autor Michael Bauer, der jetzt in Herxheim lebt und mit der Theatergruppe »Chawwerusch« das pfälzische Volkstheater neu definiert, immer Ausgangspunkt. Bauer gehört zu den die Literatur der Region von innen prägenden Schriftstellern wie Monika Beckerle, Wolfgang Diehl, Gerd Forster, Emil Schuster oder Wolfgang Schwarz. Die 1934 in Kaiserslautern geborene Marlies Fuhrmann schaffte mit ihrer engagierten Literatur über Frauen aus der Pfalz (*Zeit der Brennessel*, 1981; *Schneebruch*, 1993; *Uns hat der Winter geschadet überall*, 1994) Resonanz für die Region über die Region hinaus. Gabriele Weingartner aus St. Martin ist gerade im Begriff, sich in die Charts national wahrgenommener Autorinnen zu schreiben: mit Werken, die die Pfalz als Spielstätte ausblenden. Das erfolgreichste Exemplar eines pfälzischen Schriftstellers im 20. Jahrhundert ist aber wohl der Bestsellerautor Paul Münch aus Ruchheim (1879 bis 1951), der in seinem Hauptwerk bei Adam und Eva anfängt und kurzerhand die Welt und ihre Geschichte regionalisierte – auf pfälzisch versteht sich.

Auf Michael Bauers Schreibtisch in einem Mainzer Hochhaus jedenfalls lag neben Stiften und Markern auch eine Markierung aus Annweiler: »e Stää. E roder Pälzer Sandstää vum Trifels.« Bauers gesellschaftskritische Lieder, Sprechgesänge und Gedichte sind geerdet von einer kratzbürstigen Liebe für die Landschaft, »wo ich herkumm«. Der Speyerer Dom verdankt ihm Reime, die im maulfaulen Duktus der Pfälzer ein Ich mit dem Monument und der Unendlichkeit konfrontieren, Landschaft als existentielle Erfahrung beschreiben: »Do de Dom / do de Mond / Du Dom do / do doi Mond / do de Dom / do de Mond / du Mond do / do doi Dom / Do de Dom / do de Mond / und do du.«

Die Lust am Lautlichen teilt Bauer mit dem in Kaiserslautern geborenen Kandeler Werner Laubscher, dessen in der Ball-Nachfolge und an der Seite von Rühm und Jandl stehende Poesie (*Wortflecht und Lautbeiß*, 1989) und lyrische Prosa (*Germannsviller Dokumente. Auf der Suche nach einer kleinen Winzerhütte*, 1996) einen einsamen Status haben. »Djö – djö zickewitt, Luitnit luitnit. / Djö – djö gillkiwitt t-t-t-t suitsit. Djö-dijeeh t-t-t grr – ßihirr ß-ß-ß-ßihirruju«, transkribiert er Paul Klees »Zwitschermaschine«. Eine große literarische Karriere blieb Laubscher bisher jedoch versagt. Ein Schicksal, das ihn mit der Landauer Dichterin Martha Saalfeld (1989-1978) verbindet, deren Gesamtwerk erst jetzt im Gollenstein Verlag herauskommt.

»Martha Saalfeld war schon vor 1933 ein Name und ein Begriff. In dieser höchst eigenständigen Natur- und Landschaftsdichtung mischen sich schärfste Beobachtung, unbestechliches Gefühl und genauer Ausdruck mit visionärer Kraft, eine fast männliche Diktion und Vollendung der Form mit weiblicher Phantasie, Kälte und Bitterkeit des in sich kreisenden Daseins mit der tiefen Süße des Kerns«, wurde sie durch ihre Freundin Elisabeth Langgässer charakterisiert. Martha Saalfeld ist dennoch eine Dichterin der Dichter geblieben, gelobt und bewundert von Hesse und Krolow und Eich und Kasack und Lehmann.

Die introvertierte Autorin Saalfeld mag mit der *Judengasse* (1965), einer melancholischen Recherche über ein jüdisches Leben in Zeiten des Antisemitismus, mit *Herbstmond* (1958) und *Pan ging vorüber* (1954) einigen Erfolg gehabt haben, ihre Naturlyrik mag zur besten ihres Genres gehören, sie ist zu wenig bekannt. Etwas anderes wäre auch gegen die pfälzische Karrierenlogik gewesen.

Stimmen zur Pfalz

Bastard, daheim, Feld bei Maudach

Fliegt ein Fasan auf, gleitet schwer
durch die Luft, die sehr heiß ist;
Ich, ein Bastard
　　　　　　mit den Lungen voll
Raps, fang an, die Heimat zu lieben;
wahllos. Andächtig gehe ich an
　　　　　　　　　　　den
Spuren der Traktoren vorbei –
　　　　　　　　　　　(ein
Wolkenflocken, der sich langsam in die Himmelslichtung löst; lautloser
Vogelschwarm, blättert hin
　　　　　　　　　　unters auf
brachliegende Feld –)
　　　　　　　Dieter M. Gräf, Treibender Kopf. Gedichte (1997)

Edenkoben

Der Kiesweg ist da,
Himmel und Haus, das Hochbeet.
Nur du fehlst am Bach.

Gleisweiler

Gemalter Garten,
im Gerümpel der Scheune
ein blaues Klavier
　　　　　　Michael Buselmeier, Ode an die Sportler (1998)

Pfälzische Landschaft

I
Die sanfte Linie! Und es übersteigt
Sie keine kühnere. Da wölbt das Blau
Der Beere sich am Holz und goldnes Grau
Der edlen Äpfel und das Nächste neigt

Sie wie das Fernste; schwankte je im Licht
ein Acker so wie dieser, so beschwingt,
So zarten Flügels? – Aber es gelingt
Ein Zärtliches nur selten zum Gedicht.

Dann ist das Rauhe da; die braune Nuß,
Die feiste Rübe, borstiges Getier
Und Hopfenfelder, und ein bittres Bier
Bei süßen Trauben; Saftiges zum Schluß

Geschlachtetes. Noch vieles stellt sich ein;
Kastanien noch und Mandeln, Brot und Wein (...)

II
Wie einer Muschel glattes Innre, blau
Und rosig überlaufen und besprengt
Mit starkem Strahl – er mildert sich und mengt
Sich mit der Krume, mäßigt sich in Grau

Und sanftes Rot – so ist dies Land, so blank
Und so beglänzt. Der Falke fliegt ins Licht,
Doch schifft die Taube sicher. Es zerbricht
Der Stein am Eisen, mischt sich in den Trank

Der jungen Männer, macht sie groß und breit
Und prahlerisch und ihre Ernten mehr
Die volle Sonne. Doch ihr Herz begehrt
Die ganze Erde und sie wandern weit (...)«

Martha Saalfeld, Zyklus »Pfälzische Landschaft« (Werkausgabe 1998)

»Wie man unter dem Begriff der Pfalz gewöhnlich nur den vorderen Teil im Auge hat, so findet man den pfälzischen Volkscharakter in der Vorderpfalz und hier vor allem bei den Bewohnern des herrlichen Weinlandes von der Haardt und den Vogesen am reinsten und ausgeprägtesten. Dort findet man sowohl die Licht- als auch die Schattenseiten potenziert. Es gibt kein gastfreieres, edelsinnigeres, großherzigeres Völkchen als die Weinpfälzer, aber auch keines, wo so viel Übergescheitheit bei wirklichem Verstande, so viel ›Krischerei‹ bei Wohlberedtheit und gesundem Urteil herrscht wie hier. Die Heiterkeit und Zutraulichkeit, das offene, biedere Wesen des Weinländers und seine Umgänglichkeit machen ihn jedoch noch immer zu einem liebenswürdigen Menschen, während die Einbildung und das Selbstgefühl des Gaubauern, der die reiche Ebene bewohnt, dieses Pochen auf den Geldsack einen Bauernhochmut entwickelt, der recht unliebenswürdig sein kann.«

August Becker, Die Pfalz und die Pfälzer (1958)

»Diese Gegend, wo der laubbekränzte Lyäus seinen Thron errichtet zu haben scheint, und wo seine herrlichen Pflanzungen sich von den mit mannigfachem Grün geschmückten Hügeln in die lachende Ebene hin erstrecken, ist so lieblich und reizend, daß selbst der geist- und gemüthvolle Abbate Bertola, Geßners Freund, sie für eine der schönsten und anziehendsten erklärte, die er auf seinen Reisen erblickt, und durch ihren besonderen Charakter an eine lombardische Landschaft erinnert ward.«

Karl Geib, Reise-Handbuch durch alle Theile der königl. Bayerischen Pfalz in localer und historischer Beziehung (1841)

»Die Pfälzer haben kein Genie für Trauerklößerei, sie sind vielmehr Meister der Hemdsärmeligkeit, doch haben sie durchaus ein Gefühl für das Differenziertere, für das Feine, was sie jedoch nicht gerne zugeben. Sie leben gern und haben die schönste Umgebung dazu. Vielleicht hilft ihnen diese Umgebung, gerne zu leben.«

»Die Pfalz ist nichts, damit wir uns recht verstehen, für hechelnde Touristen, die von Ort zu Ort eilen, um wenigstens die Klischees mitzukriegen. Erst wenn man länger in der Pfalz gewesen ist, versteht man die sich aufreckende Fröhlichkeit, die sich aus der Trauer erhebt, aus der Todeswürdigkeit, die die Geschichte lehrt.«

»Etwas Aufmüpfiges, ein beherzter Freiheitsdrang, eine Lust anzuecken prägten ihren Charakter. Charakter, das wissen wir nur zu gut, ist das Beste, was man aus der Geschichte lernen kann. Das war auch die Lektion des Hambacher Festes. Die Pfälzer haben schon immer verstanden, Nägel mit Köpfen zu machen, während andere sich noch im politischen Wolkenkuckucksheim ergingen. Die Not macht erfinderisch. Das ist noch die zwingendste Praxis, aus der die Pfälzer gelernt haben.«

Herbert Heckmann, »Das Lob der Pfalz«, in: Das Große Pfalzbuch (1995)

Eine Station auf der Flucht
Schiller in Oggersheim

Am späten Nachmittag des 13. Oktober 1782 treffen zwei erschöpfte Reisende in dem linksrheinischen Städtchen Oggersheim ein. Den Wirtsleuten im Gasthaus »Zum Viehhof« stellen sich die beiden jungen Herren mit den Namen Doktor Wolf und Doktor Schmidt vor.

In Wirklichkeit handelt es sich um den Dichter Friedrich Schiller und seinen Freund, den Musiker Andreas Streicher aus der gemeinsamen württembergischen Heimat.

Friedrich Schiller befindet sich auf der Flucht vor seinem Landesvater, dem Herzog Karl Eugen von Württemberg, bei dem er in Ungnade gefallen ist. Unter Strafandrohung hat der Souverän dem Dichter und Regimentsmedikus in herzoglichen Diensten das Dichten sowie »jeglichen Kontakt mit dem Ausland« verboten. Die Flucht über die Landesgrenze schien für Schiller die einzige Lösung. Landesgrenzen sind überall nahe zu jener Zeit. So ist die Kurpfalz, wohin es Schiller verschlägt, bereits »Ausland« (und Karl Eugen meint hauptsächlich die Hauptstadt der Kurpfalz, also Mannheim, wenn er »Ausland« sagt). Mannheim wird zum ersehnten »Eldorado«. Zu Jahresanfang 1782 ist Schillers revolutionäres Jugenddrama »Die Räuber« im Mannheimer Nationaltheater mit stürmischem Erfolg uraufgeführt worden. Schon von Stuttgart aus hat Schiller mit dem Intendanten des Mannheimer Theaters, dem Freiherrn von Dalberg, Kontakt aufgenommen, und nun steht er vor der Tür des Intendanten, flehentlich, mittellos, mit großen Hoffnungen. Er hofft auf eine Anstellung als Theaterdichter der Mannheimer Bühne, auf einflussreiche Protektion, zumindest auf Aufträge nach den glänzenden Anfängen.

Die Situation ist prekär, auch für den Freiherrn von Dalberg, der ein Mann des Hofes ist, den Interessen der fürstlichen Herren verpflichtet. Er kann den fahnenflüchtigen Regimentsmedikus nicht öffentlich schützen – oder meint es nicht zu können. Er hält ihn hin, lässt ihn von Regisseur Meyer in das kleinstädtische Oggersheim schicken, wo er in einem unauffälligen Gasthof in Deckung bleiben und alles weitere abwarten soll. Sein neues Drama, wichtigster Bestandteil seines Reisegepäcks, »Die Verschwörung des Fiesko zu Genua«, solle Schiller einstweilen umschreiben, verfügt Dalberg. In der vorliegenden Form, so urteilt Dalberg schon nach kurzem Hinsehen, sei es für die Bühne unbrauchbar.

Mit seinem treuen Gefährten Andreas Streicher, der eigentlich nach Hamburg weiterreisen will, um dort seine musikalische Ausbildung zu beenden, verbringt Schiller sechs sorgenvolle Wochen in dem Oggersheimer Gasthof »Zum Viehhof«. Der Dichter hat Schulden und lebt vom Reisegeld des Freundes, lässt beim Gastwirt anschreiben. Der Gasthof, dessen Gebäude erhalten ist und das in unserer Zeit zur Schiller-Gedenkstätte umfunktioniert wurde, liegt mitten im belebten Stadtzentrum von Oggersheim. Oggersheim hat seinerzeit eine Poststation, was eine gewisse Weltläufigkeit, aber auch große Unruhe in das Städtchen bringt. Etwa zwanzig Pferde befinden sich, so die Überlieferung, in den Stallungen des kaiserlichen Posthalters, die gegenüber von Schillers Gasthof liegen. Die Pferde werden hier ausgewechselt und umgespannt. Zahlreiche Reisende und die Postillone mit ihren hohen Reitstiefeln und weißen Fräcken prägen das Stadtbild. Oggersheim ist ein Verkehrsknotenpunkt, eine Anschlussstation nach beiden Seiten des Rheins. Kein Ort im Grunde, um der Muße eines Dichters entgegenzukommen.

Die Stadt Ludwigshafen ist zu dieser Zeit noch nicht gegründet. Oggersheim, einer der ältesten späteren Stadtteile, besitzt seine Stadtrechte dagegen bereits seit 1317.

Das etwa fünfzehn Quadratmeter große Zimmer, das Schiller und Streicher bewohnen, ist kärglich eingerichtet und besitzt wahrscheinlich keine Heizmöglichkeit. Die Freunde teilen sich aus Sparsamkeit ein Bett. Abends spielt Streicher auf seinem mitgebrachten Reiseklavier, während Schiller im Zimmer umherläuft und Gedanken sammelt für den »Fiesko« sowie für ein zweites Stück, mit dem er sich herumträgt: »Luise Millerin«, später unter dem Titel »Kabale und Liebe« bekannt. In »Fiesko« geht es um den republikanischen Freiheitskampf im Genua des 16. Jahrhunderts, in dem Stück »Luise Millerin« um den gesellschaftlichen Bruch zwischen Adel und Bürgertum. Revolutionäre Stoffe wie die »Räuber«, die Schiller bereits in Probleme mit der Obrigkeit versetzt haben.

Schiller ist Stürmer und Dränger, 23 Jahre alt, von glühenden Idealen erfüllt – dichterisch, gesellschaftlich, politisch. Er hat nichts zu verlieren, er wagt und hofft alles in diesen Wochen vom Beginn der Flucht bis zu den Oggersheimer Tagen, die eine Wegscheide in seinem Werdegang bilden.

Es ist feucht und kalt im Spätjahr 1782. Im Schutze der Dunkelheit begibt sich Schiller manchmal abends in einem einstündigen Fußmarsch von Oggersheim über die große Chaussee zur Rheinschanze und über die Brücke nach Mannheim.

Jede weitere Woche des Wartens und des Aufenthalts in dem Oggersheimer Gasthof verschärft indessen angesichts der laufenden Ausgaben – ohne Aussicht auf Einkünfte – die Situation.

Hoffen und Bangen bis zum Schluss – und dann das Aus, Dalbergs Entscheidung. Der Intendant lehnt auch die mittlerweile überarbeitete Fassung des »Fiesko« ab. Schiller ist enttäuscht und flüchtet ins thüringische Bauerbach, eine weitere Fluchtstation. Zu einem Spottpreis hat der Dichter in der Not die Druckfassung seines »Fiesko« an den Mannheimer Buchhändler Schwan verkauft.

Dass der Intendant Baron von Dalberg mit seiner Hinhaltetaktik und seiner Ablehnung im Wesentlichen »politisch« handelt, erweist sich daran, dass er Schiller nur acht Monate nach der Ablehnung nach Mannheim zurückholt. Mit einem Knebelvertrag unter schlechten Bedingungen bindet er den Dichter an die Mannheimer Bühne. Doch auch dieser Aufenthalt steht für Schiller unter keinem guten Stern. Er bleibt zwei Jahre, von 1783 bis 1785, und verlässt anschließend für immer die Kurpfalz.

Schiller in Oggersheim – eine Station auf der Flucht. Die bedrängten und sorgenvollen Wochen des Dichters in der linksrheinischen Kleinstadt dokumentieren sehr einprägsam die Verbindung zwischen Werk und Lebensproblematik. Der Verfechter der physischen und moralischen Freiheit wusste eben sehr genau, wovon er sprach, wenn er die Freiheit vermisste.

Sabine Appel

Literaturempfehlung

Andreas Streicher: *Schillers Flucht von Stuttgart und Aufenthalt in Mannheim von 1982 bis 1785* (Erstausgabe 1836), hrsg. v. Paul Raabe, Stuttgart 1968

––––––––––

»Hinauf, Patrioten! zum Schloss, zum Schloss!«
Das Hambacher Fest vom 27. Mai 1832

Das Hornberger Fest sei ausgegangen wie das Hambacher Schießen. So ironisch urteilte 1982 der radikal-demokratische Liedermacher Christof Stählin über die staatlich verordneten Festlichkeiten zum 150. Jahrestag des Hambacher Festes. Wie recht er doch hatte! Mehr noch: Diese Einschätzung traf nicht nur auf die Jubiläumsfeier zu, sondern gilt gleichermaßen für das Ereignis selbst, jene von hochfliegenden Fahnen und nicht minder hochfliegenden Träumen begleiteten Veranstaltungen im Mai 1832 am Fuß der Ruine des Hambacher Schlosses über Neustadt an der Haardt.

Beim Hornberger Schießen beabsichtigten die Bürger besagter Stadt, ihren Potentaten mit Böllern zu begrüßen, doch hatten sie schon vorher ihr Pulver verschossen; die Böller blieben stumm. Beim Hambacher Fest krach-

Das Hambacher Fest, im Vordergrund die für die Honoratioren festlich gerichtete Tafel, unbekannter Zeichner

ten die Böller zwar, doch die Schüsse gingen nach hinten los: Die wenigen Mündigen, die gewagt hatten, sich öffentlich gegen Fürstenwillkür und für Freiheit und Demokratie auszusprechen, wurden letztendlich mundtot gemacht. Gleichwohl gilt diese Volksversammlung in der Pfalz neben dem Frankfurter Wachesturm und den Parolen des *Hessischen Landboten* als wichtigstes Ereignis des Vormärz.

»Sie haben sicher Berichte über die Hambacher Geschichten erhalten. So weit sind die Dinge in Deutschland gekommen!«, schrieb der Restaurator Europas, Fürst Metternich, voller Empörung und mit Unterstreichung des letzten Satzes an den preußischen Fürsten Wittgenstein. Was war geschehen?

Unter dem Deckmantel eines Volksfestes zur Feier des 14. Jahrestages der bayerischen Verfassung hatte der 42jährige Doktor der Jurisprudenz Philipp Jakob Siebenpfeiffer, ein patriotischer Schriftsteller und Journalist, für den 27. Mai 1832 zu einem »Nationalfest der Deutschen« aufs Hambacher Schloss geladen. In seinem Aufruf hieß es:

»Im Mai hielten – nach germanischer Sitte – die Franken, unsere ruhmbekränzten Väter, ihre Nationalversammlungen; im Mai regt sich die ganze physische und geistige Natur. Wie sollte, wo alle keimenden Kräfte zur Entwicklung streben, die Empfindung des freien Daseins, der Menschenwürde starren unter der Decke strafbarer Gleichgültigkeit? Will der Deutsche ein

Fest begehen, so ist es ein Fest der Hoffnung; nicht gilt es dem Errungenen, sondern dem zu Erringenden, dem Kampf für Erstrebung gesetzlicher Freiheit und deutscher Nationalwürde.«

Kühne Worte waren das! So redeten »Demokraten«, und die galten als Staatsfeinde, wie auch jene aufrührerischen Elemente, die in den Wirtshäusern zersetzende Lieder anstimmten, mit Vorliebe dieses:

»Fürsten, zum Land hinaus!
Jetzt kommt der Völkerschmaus.
Naus, naus, naus, naus!«

»Wilhelm liebt Bürgermord.
Mit ihm aus Preußen fort!
Schlaget den Hund!«

»Metternich, marsch mit dir,
Rothschild und Staatspapier!
Hep, hep, hep, hep!«

»Dem deutschen Bundestag
Werft faule Eier nach!
Kikeriki!«

»Nun ist im Lande Raum;
Pflanzet den Freiheitsbaum!
Hoch, hoch, hoch, hoch!«

Das auf dem Wiener Kongress arg zerzauste Deutschland, in 34 auf Souveränität bedachte Staaten zersplittert, wurde nur lose durch das Band des Deutschen Bundes zusammengehalten. Die Pfalz, vordem französisch, war willkürlich dem Königreich Bayern zugeschlagen worden. Obschon sich bei den Pfälzern so etwas wie Zuneigung zum weit entfernten Hause Wittelsbach entwickeln wollte, verspielte der Regent in München rasch alle Sympathie, weil er die Rheinprovinz nach absolutistischer Manier als Ausbeutungsobjekt betrachtete und wie eine Kolonie ausplündern ließ. Wenn wahr ist, was der Historiker Golo Mann behauptete: dass der Keim aller Geschichte Wirtschaftsgeschichte sei, dann war das Hambacher Fest im Kern ein sozialer Protest des Kleinbürgertums. 1829 hatte die Errichtung einer Zollschranke den Rheinbayern die Handelsfreiheit genommen; den Winzern brachten die Jahre um 1830 kaum Wein; jeder sechste Pfälzer war infolge überhöhter Holzpreise wegen Forstfrevels vorbestraft; eine Missernte im Jahre 1831 verteuerte die Grundnahrungsmittel und führte zu Hungersnöten; Massenauswanderungen nach Amerika waren die Folge.

Über das Elend, in dem seinerzeit das Proletariat lebte, aber auch über den heimlichen Widerstand gegen die verhasste Obrigkeit berichtet die Schriftstellerin Ursula Wölfel in ihrer romanhaften Erzählung von *Jacob, der ein Kartoffelbergwerk träumte*. Sie handelt von einem Buben, der sich in seinen Hungerphantasien ein unerschöpfliches Reservoir an Kartoffeln ausmalt, das alle Menschen satt werden lässt. Die Erzählung ist die authentische Lebensgeschichte des Urgroßvaters der Autorin, der aus Rüngsdorf am Rhein stammte, in ärmlichsten, erbärmlichsten Verhältnissen aufwuchs, als Fabrikjunge in Bonn schuften musste, als Elfjähriger von daheim fortlief, sich einem blinden Händler anschloss, dem Juden Daniel, der auf seinem Handkarren in Körben mit doppelten Böden »Bücher mit verbotenen Wörtern«, schwarz-rot-gelbes Tuch für Schärpen und Kokarden sowie »Flugblätter für das Fest« mitführte, um sie unter hohem Risiko in den Polizeistaat Rheinpreußen einzuschleusen. »Das Fest«: Das war das geplante Hambacher Treffen, jenes kühne Vorhaben, das die Menschen elektrisierte, das Hoffnungen weckte, das sie ermunterte, sich auf den Weg zu machen, um dabei zu sein wie Daniel, der Blinde, mit Jacob, dem Kartoffelträumer:

»Am Sonntagmorgen wieder Glockengeläut und Böllerschüsse, und dann kam der Festzug den Berg hinauf. Jacob, in einen Baum geklettert, beschrieb ihn für Daniel: Erst Musik und dann die Bürgergarde, alle mit schwarz-rot-goldenen Schärpen, und sie sangen, ein bißchen atemlos vom Steigen:

Was ist des Deutschen Vaterland?
Ist's Preußenland? Ist's Schwabenland?
Ist's, wo am Rhein die Rebe blüht?
Ist's, wo am Belt die Möve zieht?
O nein! O nein! Sein Vaterland muß größer sein!

Daniel sang leise mit und rieb sich dabei das Kinn. Kannte er das Lied?
Lange schon, viel zu lange. Arndt hatte es vor beinahe zwanzig Jahren gedichtet.
Der Arndt, der in Bonn wohnte, der Professor?
Ja, der, vor zwanzig Jahren. So lange schon sang man das Lied vom ganzen Deutschland. Man hörte sich eben gern laut singen.
Nun kamen Frauen und Mädchen in weißen Kleidern, mit ihnen ein Fähnrich, der trug eine Polenfahne, und dahinter wieder Festordner mit schwarz-rot-goldnen Schärpen und dann die große deutsche Fahne, der Wind schlug sie auf zu schweren Wellen, und im roten Feld stand: ›Deutschlands Wiedergeburt‹, und mit der Fahne gingen Herren in dunklen Fräcken, würdige und vornehme Herren, fand Jacob, vielleicht war der Ludwig Börne dabei?«

Er war dabei! Börne, der polemische Feuilletonist, einer der Wortführer des »Jungen Deutschland«, hatte riskiert, sein Exil in Paris zu verlassen, um in Hambach Flagge zu zeigen. Die Neustadter ehrten ihn mit einem Fackelzug, doch das war's dann auch, wie man es überhaupt bei einer zwar eindrucksvollen, jedoch wirkungslosen Großdemonstration beließ, bei der viel Wind gemacht wurde, aber der Sturm ausblieb.

> »Hinauf, Patrioten! zum Schloß, zum Schloß!
> Hoch flattern die deutschen Farben:
> Es keimet die Saat und die Hoffnung ist groß,
> Schon binden im Geiste wir Garben:
> Es reifet die Aehre mit goldnem Rand,
> Und die goldne Erndt' ist das – Vaterland.«

Unter den Klängen dieses von Siebenpfeiffer verfassten Liedes zogen etwa 30.000 Menschen zur Burgruine, und die Obrigkeit ließ sie gewähren. In der 1838 unter dem Titel *Träume und Schäume vom Rhein* veröffentlichten Beschreibung der Hambacher Tage durch den Schriftsteller Friedrich Blaul, einem protestantischen Pfarrer, liegt ein relativ sachlicher Augenzeugenbericht vor, aus dem, wie auch aus den Protokollen anderer Beteiligter, man schließen darf, dass es fröhlich und friedlich zuging bei dieser »ersten politischen Volksversammlung auf deutschem Boden«. Ein Wir-Gefühl, ein Band der Solidarität einte die Teilnehmer. Namhafte Dichter waren mit von der Partie: Uhland, von Platen, von Bentzel-Sternau und der Pole Zygmunt Graf Krasinski, mit ihm weitere polnische Intellektuelle, die wegen ihres Widerstandes gegen die zaristische Herrschaft als Helden gefeiert wurden. Man tafelte und becherte und sang. Vor allem aber wurden Reden geschwungen noch und noch, begleitet von viel Applaus und lauten »Vivat!«-Rufen. Zunächst sprach Siebenpfeiffer, der Initiator, dann der Wortführer, Johann Georg August Wirth, ein 33jähriger Jurist und Publizist, nach ihm noch etliche. Unisono beklagten sie das Elend der Kleinstaaterei und die Willkür der blutsaugerischen Fürsten; allesamt forderten sie die Souveränität des Volkes, die Gleichberechtigung, die Republik, ein geeintes Deutsches Reich, ein Vereinigtes Europa und, zur Durchsetzung ihrer Ziele, das Recht auf freie Meinungsäußerung und eine freie Presse. Zum Teil waren aggressive Töne zu vernehmen, häufig leidenschaftliche, zumeist feierlichbeschwichtigende. Johann Philipp Becker schloss seine Rede mit pathetischen Versen:

> »Alle Graun der Nacht verschwinden,
> Wenn der Freiheit Morgenröte glüht
> Und ein Deutschland groß und frei erblüht;

Wenn die Männer kräftig sich verbinden.
Deutschland lebe! Dieser goldne Schimmer
Seiner Freiheitsfahne bleiche nimmer!
Hoch lebe Freiheit! Deutschland lebe hoch!«

Heinrich Heine urteilte später ironisch:»Dort, auf Hambach, jubelte die moderne Zeit ihre Sonnenaufgangslieder, und mit der ganzen Menschheit ward Brüderschaft getrunken.« Doch damit allein war keine Revolution zu machen. Dass »die Männer kräftig sich verbinden«, misslang bereits am nächsten Tag bei einem konspirativen Treff des harten Kerns im Neustadter »Schießhaus«; man ging unverrichteter Dinge und frustriert auseinander. Die acht führenden Köpfe des Hambacher Festes wurden des Hochverrats ange-klagt und zunächst vor dem Landauer Assisengericht freigesprochen, Wirth und Siebenpfeiffer aber dann in neuerlicher Verhandlung wegen Beleidigung jeweils zu zweijähriger Haftstrafe verurteilt, die Wirth verbüßte und der sich Siebenpfeiffer durch Flucht entzog.

Der Schriftsteller Frederik Hetmann bilanzierte in einer literarischen Collage zum 150jährigen Jubiläum des Festes: »So liefert, was das konkre-te politische Tun und Handeln betrifft, das Hambacher Fest ein Beispiel dafür, dass Politik, getragen vom deutschen Bürgertum dieser Zeit, selten über die Bekundung freiheitlicher Gefühle hinausdrang.« Geblieben sei am Ende die Feier und eine liberale Aufregung, bei der nichts herauskam; dies das kühle Fazit des Mainzer Historikers und Autors Anton Maria Keim.

1840, drei Jahre nach Börnes Tod, notierte Heine, rückblickend, im Pariser Exil:»Von Rheinbayern sollte die deutsche Revolution ausgehen... Nur damals und während der Tage des Hambacher Festes hätte mit einiger Aussicht guten Erfolges die allgemeine Umwälzung in Deutschland versucht werden können.« Doch letztlich fehlte den Hambachern der Mut oder ein Aufwiegler, der gesagt hätte, was zu tun war, das nämlich, was der neun-zehnjährige Medizinstudent Georg Büchner zehn Monate nach dem Hambacher Treffen aussprach:»Wenn in unserer Zeit etwas helfen soll, so ist es Gewalt!«

Kurzum: Das Hambacher Fest war ein »Tag der offenen Tür der Demo-kratie«, mit vielen Elementen des Dürkheimer Wurstmarktes, und realpoli-tisch ein Flop. Die es für ihre großen Ziele hätten nutzen können, ver-schwanden in der Versenkung oder versanken in Verbitterung und Resigna-tion. Schon das »Vaterunser« habe man 1832 weder zu predigen noch zu drucken gewagt; denn allein »die fünfte Bitte: Erlöse uns von dem Übel, sei eine Aufforderung zum Hochverrat« gewesen, hat später einmal Theodor Heuss hintersinnig bemerkt. Die »Demokraten« von damals hatten ihr eige-nes Gebet, ein »Landesvaterunser«:

»Unser Landesvater, der du bist in der Residenz, hochgeehrt sei dein Name;
zu uns komme dein Steuereinnehmer;
dein Wille geschehe wie in der ersten Kammer also auch in der zweiten;
unser trocknes Brot lass uns heute;
vergiss uns unsere Forderungen
wie auch wir vergessen deine Versprechungen;
führe uns nicht in Untersuchung, sondern erlöse uns von der Revolution;
denn dein ist die Gesetzgebung, die Verwaltung und die Ausübung
ohne Einschränkung und Vertheilung – Amen.«

Rüdiger Diezemann

Literaturempfehlungen

Theodor Heuss: *Profile*, Rainer Wunderlich Verlag, Tübingen 1964

Helmut Mathy / Anton Maria Keim: *Hambach 1832-1982. Ein politisches Bilderbuch zur Geschichte von Freiheit und Demokratie*, Verlag Dr. Hanns Krach, Mainz 1982

Ursula Wölfel: *Jacob, der ein Kartoffelbergwerk träumte. Nacherzähltes aus seinem Leben 1832-1854*, anrichverlag, Modautal-Neunkirchen 1980

»Trotz alledem und alledem!«
Die Revolution 1848/49 in Rheinhessen und der Pfalz

In Boppard am Rhein war es eine Rotbuche und im rheinhessischen Monsheim eine Eiche. Auch in Trier stellten sie einen Baum auf, ebenso in Kaiserslautern – eine Kastanie. Einhundertfünfzig Jahre nach dem »frühlingshaften Rausch der Revolution« pflanzten Bürger und Volksvertreter an diesen und anderen Orten wieder Freiheitsbäume: wie 1848/49, als man für demokratische Grundrechte und ein einiges Vaterland gekämpft hatte.

Literarisch hat die Euphorie von damals keine tieferen Spuren hinterlassen. Pathetische Gedichte, volksnahe Lieder, provokative Flugblätter und spöttische Karikaturen waren im Umlauf. Barrikadenlyrik und flammende Appelle statt hehrer Kunst und großer Dichtung.

Als Anfang 1848 von Paris aus der Freiheitsfunke auf andere Länder übersprang, zündelte es auch in unseren Landen. Andernorts hatten revolutionäre Unruhen die herrschenden Fürsten verunsichert und zu Konzessionen bewogen. Doch die reaktionären Mächte erholten sich schnell. Ferdinand Freiligrath, der »Trompeter der Revolution«, der einige Zeit in St. Goar lebte, dichtete schon im Juni 1848 ahnungsvoll:

> »Das war 'ne heiße Märzenzeit,
> trotz Regen, Schnee und alledem!
> Nun aber, da es Blüten schneit,
> nun ist es kalt, trotz alledem –
> Trotz alledem und alledem,
> Trotz Wien, Berlin und alledem –
> Ein schnöder, scharfer Winterwind
> Durchfröstelt uns trotz alledem!«

Auch in der Bundesfestung Mainz, damals zum Großherzogtum Hessen gehörend, gärte es. Preußische und österreichische Soldaten lagen in der Stadt und befehdeten sich. Oft gerieten die Mainzer Bürger mit den »Besatzern« aneinander.

Eine treibende Kraft im politischen Leben war der Anwalt und Demokrat Franz Zitz, Sohn eines Gastwirts. Als Präsident des Mainzer Carneval Vereins »MCV« politisierte er, unter dem Schutz der Narrenkappe, die Mainzer Fassenacht, kräftig unterstützt von Ludwig Kalisch, dem Redakteur der Zeitschrift *Narrhalla*. Dr. Franz Zitz, Landtagsabgeordneter und radikaler Linker im Paulskirchenparlament, war nicht nur auf dem politischen Parkett erfolgreich, sondern auch in der Mainzer Damenwelt – ein Mann der Tat, nicht der großen Worte. Seine Heirat mit der etwas älteren Kathinka Halein, einem »Meenzer Mädchen« aus dem Kirschgarten, sorgte in der Gesellschaft für viel Getuschel und Gespött. Es war eine stürmische und kurze Ehe. Bald schon trennte das Paar sich wieder. Was blieb, war der gemeinsame Kampf für Freiheit und Demokratie.

Kathinka Zitz-Halein war trotz ihres Ehedesasters eine bemerkenswert starke Frau! Bereits als junges Mädchen hatte sie mit einem Zeitungsartikel Aufsehen erregt. Sie schrieb gefühlvolle Gedichte und Novellen. Man sprach von ihr als der »deutschen Sappho«, der »rheinischen Kamöne« oder der »Mainzer Nachtigall«. Ihre Gedichtsammlung *Herbstrosen* bescherte ihr 1846 Erfolg und Ansehen. Doch auch sie erfasste der Zeitgeist. Sie »forderte zur Aktion auf, propagierte revolutionäre Werte und antwortete direkt auf die Ereignisse der Zeit«.

> »›Was ist denn wohl mißliebig,
> kannst Du mir's sagen nicht?‹
> mißliebig ist, wer denket.
> mißliebig ist, wer spricht.

Und wer sich den Interessen
Des Vaterlandes weiht,
Ja der ist erzmißliebig
Und bleibt es allezeit.«

Bedeutender als ihre literarische Produktion war eine engagierte Tat: 1849 gründete Zitz-Halein den Frauenverein »Humania«, der notleidende Demokraten und Revolutionäre sowie deren Angehörige materiell unterstützte. Unter der Präsidentin Zitz-Halein wurde der Verein zu einem »der bedeutendsten Zusammenschlüsse revolutionärer Frauen in ganz Europa«. Von Kathinka und dem Leben der »kleinen Leute« erzählt die Schriftstellerin Maria Regina Kaiser im rororo-Band *Die Trommeln der Freiheit – 1848 – Märzrevolution in Mainz*. Aus der Perspektive eines jungen rheinhessischen Mädchens schildert sie die Stimmung in der Stadt – eine spannende Geschichte, besonders für jugendliche Leser.

In »Rheinbayern«, der ehedem bayerischen Pfalz, blieb es lange Zeit ruhig, trotz der revolutionären Unruhen im benachbarten Baden und Württemberg. Erst als der König in München es ablehnt, die neue, demokratische Reichsverfassung anzuerkennen, begehren die Pfälzer auf; sie befürchten, ihre unter Napoleon erworbenen Rechte zu verlieren. Ein Aufruf lädt zu einer Volksversammlung für den 2. Mai 1849 nach Kaiserslautern ein. Zehntausend folgen dem Appell und ziehen in die Stadt. In der Fruchthalle wird ein Landesverteidigungsausschuss gewählt, kurz darauf eine provisorische Regierung. Die Pfalz sagt sich von Bayern los. Es herrscht Revolution. Allerdings »auf pfälzer Art«.

»Sie meinten es redlich und herzlich mit der Revolution wie mit ihrem ehelichen Weibe, aber eine blinde, sprühende Jugendliebe trugen sie nicht in der Brust. Um so mehr sind ihre Opfer anzuerkennen«, schreibt Ludwig Bamberger, Mainzer Radikaldemokrat und Revolutionsteilnehmer, in dem Buch *Erlebnisse aus der pfälzischen Erhebung*, das bereits 1849 in Frankfurt am Main veröffentlicht wurde.

Härter und spitzer noch urteilt Friedrich Engels als Beobachter vor Ort: »Die Herstellung der Kneipfreiheit war der erste revolutionäre Akt des pfälzischen Volkes: Die ganze Pfalz verwandelte sich in eine große Schenke, und die Massen geistigen Trankes, die ›im Namen des pfälzischen Volkes‹ während dieser sechs Wochen verzehrt wurden, übersteigt alle Berechnung.«

Man hört's: Die »fröhliche Revolution« stieß nicht überall auf Gegenliebe. Als auch finanzielle und materielle Opfer verlangt wurden, verflog die Begeisterung schnell, selbst bei vielen Anhängern.

Von den aufregenden Tagen und Wochen des heißen Sommers 1849 handelt das Theaterstück *Trotz alledem!*, das vom Chawwerusch-Theater im pfälzischen Herxheim erarbeitet wurde. 1998 erlebte es seine Uraufführung auf dem Hambacher Schloss. Die Handlung spielt in einem kleinen fiktiven Ort namens Hagenheim. Das Idyll gerät ins Wanken, als der fahrende Schustergesell Jakob in die Ortschaft kommt, seine revolutionären Ideen verbreitet und der Schusterstochter den Kopf verdreht. Die Figuren repräsentieren die geistigen Strömungen der Zeit: der konservative Amtmann, der liberale Gastwirt, der revolutionäre Geselle, der einfältige Dorfbüttel. Dazwischen und dabei sind die Frauen, die wenig von Politik, dafür um so mehr vom Leben verstehen. Aus der heiteren und friedlichen Revolution wird auf der Bühne plötzlich blutiger Ernst, – wie in der wahren Geschichte.

War es der Wein, der Freiheitsrausch, oder beides? Von überall her strömten Freiwillige in die Pfalz, ein bunt gewürfelter Haufen, der im Verein mit den schwachen Bürgerwehren die Freiheit verteidigen sollte. An revolutionärer Gesinnung fehlte es nicht, wohl aber an Waffen, Munition und militärisch geschulten Führern. Freischaren wurden aufgestellt, manche nur mit frisch geschmiedeten Sensen bewaffnet. Dieses Volksheer hatte nicht den Hauch einer Chance gegen die gut gerüsteten und militärisch gedrillten Preußentruppen, die der bayerische König zur Hilfe gerufen hatte.

Am 14. Juni 1849 nehmen die Preußen kampflos Kaiserslautern ein. Die Aufständischen und die provisorische Regierung entkommen. Wenige Tage später ist die pfälzische Revolution niedergeschlagen. Es herrscht wieder Ruhe im Land. Aufrührer und Demokraten fliehen und werden von der Obrigkeit verfolgt. Trotz oder gerade wegen der einsetzenden Reaktion schreibt der Kaiserslauterner Tabakhändler Friedrich Albert Karcher 1851 eine Novelle mit dem Titel *Die Freischärlerin*. Darin schildert eine erfundene Zeugin anschaulich ihre Revolutionserlebnisse. Ein Nachdruck erschien 1977, der leider vergriffen ist.

Ebenfalls am 14. Juni 1849 ereignet sich eines der traurigsten Kapitel jenes stürmischen Jahres. In Kirchheimbolanden, einem Hauptversammlungsort der Freischaren, wurde das erste vollständige Volkswehr-Bataillon aufgestellt. Befehlshaber sind Franz Zitz, inzwischen Oberst der Mainzer Bürgerwehr, und der »rote« Ludwig Bamberger. Voller Begeisterung sind sie mit dem Rheinhessenkorps, jungen Arbeitern, Handwerkern und Turnern, in die Pfalz gezogen. »So schnell schießen die Preußen nicht«, sagt man, um sich Mut zu machen. Aber die vorrückenden Soldaten unter dem Kommando des »Kartätschenprinzen« Wilhelm von Preußen, dem späteren König und Kaiser, schießen doch – und zwar gnadenlos. Angesichts der aussichtslosen Lage lösen Zitz und Bamberger das Freikorps auf. Wer fliehen kann, der flieht und rettet seine Haut. Bis auf einige rheinhessische Schützen, die sich im Schlossgarten versteckt haben. Sie werden von den preußischen

Soldaten umzingelt, und es beginnt eine wahre Hasenjagd: 17 junge, fast wehrlose Männer werden erschossen, einige von Bäumen herunter, auf die sie sich geflüchtet haben.

»(...) die meißten Tote von den Freischaren lagen in den Schloßgarten, und die so noch gefangen wurden mußten sich an die Wand stellen und wurden erschossen (...)«, schreibt ein preußischer Gefreiter am 19. Juni 1849 an seine Eltern. Die Briefe aus der Militärzeit seines Urgroßvaters, in denen dieser von den Kämpfen in »Rheinbayern« und der Einnahme Kirchheimbolandens berichtet, hat vor nicht allzu langer Zeit ein Lehrer in Brandenburg entdeckt.

Berichte und Zeugnisse von den Kämpfen in Kirchheimbolanden sind in einem umfangreichen Geschichtsband des Vereins Heimatmuseum gesammelt: ein Buch, das es verdient hätte, auch im Buchhandel vertrieben zu werden.

Die hiesige Revolution endet wie das Hornberger Schießen.

Kathinka Zitz veröffentlichte ein Gedicht mit dem Titel »Die Bluttaufe im Garten zu Kirchheimbolanden« und sammelte Geld für ein Denkmal.

In Paris dichtete der todkranke Heinrich Heine:

»Gelegt hat sich der starke Wind,
und wieder stille wird's daheime;
Germania, das große Kind,
erfreut sich wieder seiner Weihnachtsbäume.«

Zum Gedenken an die gefallenen Freiheitskämpfer wurde 1872 auf dem Friedhof von Kirchheimbolanden ein Denkmal enthüllt: eine überlebensgroße Figur der Germania – Sinnbild des geeinten Vaterlandes. Dem »Kartätschenprinzen« und späteren Kaiser Wilhelm I. huldigte man in Koblenz mit dem monumentalen Reiterstandbild am Deutschen Eck. Wie so oft wurde die Geschichte der Sieger verklärt und die der Verlierer vergessen.

Volker Privonitz

Literaturempfehlungen

Erich Schneider / Jürgen Keddigkeit: *Die Pfälzische Revolution von 1848/49*, hrsg. im Auftrag der Stadt Kaiserslautern und des Bezirksverbandes Pfalz Kaiserslautern – Kulturamt der Stadt 1999

Konrad Lucae: *Kirchheimbolanden und der pfälzisch-badische Aufstand 1848-49*, hrsg. v. Verein Heimatmuseum e.V. 1979, Verlag »Mielke Druck« W. Mielke, Kirchheimbolanden o. J.

Veit Valentin: *Geschichte der deutschen Revolution von 1848-49*, 2 Bde., Berlin 1930/31, Nachdruck: Weinheim 1998

»Das Prinzip Hoffnung«
Ernst Bloch, Philosoph aus Ludwigshafen

Mit dem Bild der Fabrikschornsteine wuchs er auf. Rauch, Baracken, Milieu und Alltag der Arbeiterschicht prägten sein Bewusstsein schon in früher Kindheit und bildeten einen wichtigen Bestandteil seiner späteren Philosophie, die die Hoffnung zur Grundlage aller Veränderung erklärt: Ernst Bloch, geboren am 8. Juli 1885 in Ludwigshafen am Rhein.

Dabei entstammt Bloch selbst nicht der Arbeiterschicht. Der Vater Max Bloch, wie die Mutter Berta jüdischer Herkunft, war Eisenbahnbeamter im damals noch bayerischen Ludwigshafen und schaffte den zähen, allmählichen Aufstieg in die bürgerliche Mittelschicht.

Die ersten Jahre wohnte die Familie in der Maxstraße 10, Stadtmitte Ludwigshafen. Das Geburtshaus von Ernst Bloch fiel den Bombenangriffen in den letzten Jahren des Zweiten Weltkriegs zum Opfer. Von der Kaiser-Wilhelm-Straße zogen die Blochs schließlich in den vornehmeren Stadtteil Süd. Da aber wohnte der Sohn schon nicht mehr bei den Eltern, sondern führte sein akademisches Nomadenleben unter wechselnden Verhältnissen in den unterschiedlichsten Gegenden des Deutschen Reichs.

Ernst Bloch war ein waches und phantasievolles Kind mit frühem politischen Bewusstsein. Die Begegnung mit den raueren Seiten der Wirklichkeit scheute er nicht. In den verwilderten Gegenden des Rheinhafens streunte er herum und auch im Hemshof, dem klassischen Arbeiterviertel, das sich rund um den damals schon die Stadt Ludwigshafen prägenden Chemiekonzern BASF gruppiert hatte – wo die Wäsche rußgeschwärzt trocknete und wo kaum ein Sonnenstrahl in die dunklen, feuchten Hinterhofwohnungen fiel. Die sozialen Brennpunkte des frühen Industriezeitalters waren hier offenkundig.

Das Jahrmarkttreiben der Gaukler und Schausteller faszinierte den jungen Ernst Bloch wie die haarsträubenden Geschichten der weitgereisten Seeleute am Rheinhafen. Dabei las er wie jeder Junge Karl May, um der Phantasie weitere Nahrung zu geben. Die öde Brachlandschaft um die Stadt Ludwigshafen herum assoziierte er mit der Prärie in den Romanen Karl Mays. »Wildwest am Rhein« würde er später einmal über Ludwigshafen sagen.

So überaus positiv sind die Erinnerungen an die Heimatstadt nicht. Ludwigshafen ist das Gegenmodell zur gewachsenen Stadt, die erst Heimat versinnbildlichen kann. Ludwigshafen ist »der Fabrikschmutz, den man gezwungen hatte, Stadt zu werden« (*Erbschaft dieser Zeit*, 1928, GA 4, S.

209). Die Stadt der Chemie und der Arbeit verkörpert für Bloch indessen rückblickend ein Stück ungeschminkte Authentizität – ein wichtiger Bestandteil auch seiner frühen Weltwahrnehmung, Anlass zugleich zum Sich-Hinaussehen ins »andere«, was die Grundlage jeder Utopie und Hoffnung für ihn ist. Dem Philosophen Bloch ist Ludwigshafen ein Archetyp, das Urbild eines Phänomens. Auf der anderen Rheinseite lag dagegen die alte Residenzstadt Mannheim, bürgerlich geprägt, mit ihrem Barockschloss, »Schillers« Hof- und Nationaltheater und den Flaniermeilen der besseren Gesellschaft. Gegenüber, nur vom Rhein getrennt, Fabrikschmutz, Rauch und Proletariat. »So sieht es jetzt aus in der deutschen Seele«, schreibt Bloch 1928, »eine proletarisch-kapitalistische Mischwirklichkeit ohne Maske« (a.a.O., S. 211). Mannheim und Ludwigshafen sind für Bloch der Januskopf des 20. Jahrhunderts.

In der Mannheimer Schlossbibliothek, die in ihren größeren Teilen noch aus den Sammlungen des Kurfürsten Carl Theodor bestand, las der Schüler Ernst Bloch philosophische Schriften, »den ganzen spekulativen Farbenbogen von Leibniz bis Hegel«. Den Schriften des Deutschen Idealismus folgte später die Linie Schopenhauer-Nietzsche, dann die Lebensphilosophie der Jahrhundertwende und eine gewisse Tradition des Links-Hegelianismus.

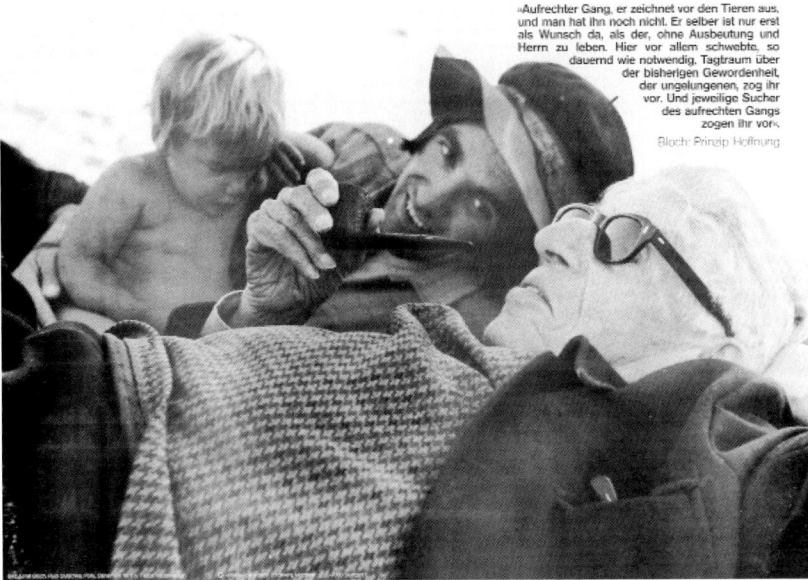

»Aufrechter Gang, er zeichnet vor den Tieren aus, und man hat ihn noch nicht. Er selber ist nur erst als Wunsch da, als der, ohne Ausbeutung und Herrn zu leben. Hier vor allem schwebte, so dauernd wie notwendig, Tagtraum über der bisherigen Gewordenheit, der ungelungenen, zog ihr vor. Und jeweilige Sucher des aufrechten Gangs zogen ihr vor.«
Bloch: Prinzip Hoffnung

Ernst Bloch, Rudi Dutschke, Polly (1971). Plakat der siebziger Jahre

In der Schule versagte Ernst Bloch. In einer Zeit, in der der Gymnasiast bereits mit den namhaftesten Philosophen seiner Zeit korrespondierte, reichten seine Leistungen auf dem Humanistischen Gymnasium in Ludwigshafen nur gerade so. 1905, mit 20 Jahren, schaffte er mit knapper Not das Abitur. München war zunächst der sehnsüchtig erwünschte Studienort nach dem Verlassen der Heimatstadt. Es folgten zahlreiche Stationen in Blochs bewegtem Lebensgang. Berlin, Garmisch, Bern, Paris und Prag, New York und Cambridge/Massachussets in der Zeit seiner Emigration während der Nazi-Herrschaft, Leipzig (bewusst nach Kriegsende) und schließlich Tübingen, der Alterssitz, wo Ernst Bloch 1977 starb, sind nur die wichtigsten Stationen auf der Wegstrecke, die von zeitbedingter Unruhe geprägt war. Wanderschaft, ewiges Werden. Die Reise wird zum Sinnbild menschlicher Erfahrungsdimension. »Die Menschheit ist unterwegs«, sagt der Philosoph. Der Utopie-Begriff bildet eine wichtige Grundlage seiner Philosophie, und diese beginnt in Ludwigshafen am Rhein. »Die Träume vom besseren Leben bewegen den gärenden Tag« (*Spuren*, 1930, GA 1), so schreibt Ernst Bloch in seiner »Spurensuche«, die wie die Philosophie seiner späteren Jahre immer wieder von den Anfängen ausgeht – von den ersten Regungen und Erwartungen einer besseren Welt. Die Linie führt weiter über Religion, Mythen und Kunst bis zu den großen Utopien der Menschheit. Ausgangsbasis ist immer der Mangel, das »noch-Nicht«. Es ist die Voraussetzung für konstituierendes Leben. Die Hoffnung ist Blochs Paradigma.

Für den linksgerichteten und engagierten Denker bleibt der Hoffnungsbegriff nicht im utopischen Raum. Er muss im Einzelfall konkret werden, sich auf Veränderung der sozialen und politischen Verhältnisse richten. Von Visionen getragen bleibt das Bild des Menschen und seiner Zukunft. »Ich bin. Aber ich habe mich nicht. Darum werden wir erst.«

Ludwigshafen ist das »experimentum mundi«, »eine der ersten Seestädte auf dem Land, am Meer einer unstatischen Zukunft«. So betrachte er es als richtig und auch nicht undankbar, sagt Bloch in einem Interview in den letzten Lebensjahren, dass das seine Geburtsstadt geworden und in einem sehr übertragenen Sinn auch geblieben sei.

Als Ernst Bloch am 4. August 1977 92-jährig in Tübingen stirbt, ist er Ehrenbürger von Ludwigshafen. Er hat die Stadt in den sechziger und siebziger Jahren noch dreimal besucht.

Sabine Appel

Literaturempfehlungen

Tagträume vom aufrechten Gang. Sechs Interviews mit Ernst Bloch, hrsg. von Arno Münster, Suhrkamp Verlag, Frankfurt am Main 1977

Die Bloch-Zitate entstammen der 16-bändigen Werkausgabe, Edition Suhrkamp, Frankfurt am Main 1977

Ein ungeliebter Sohn seiner Heimat
Hugo Ball und die Pfalz

Der 1886 in Pirmasens geborene Hugo Ball, einer der revolutionärsten Dichter und Denker des 20. Jahrhunderts, hatte es in Deutschland – insbesondere in seiner pfälzischen Heimat – nicht leicht. Mit seinen Lautgedichten, mit denen er 1916 in Zürich DADA begründete, ihm den Namen gab und dessen erster Wortführer war, ging er in die internationale Literatur- und Kulturgeschichte ein. Dabei soll nicht verschwiegen werden, dass Hugo Ball aber auch der erste Kritiker von DADA war, als er feststellen musste, dass Mitstreiter und Trittbrettfahrer daraus einen »-ismus«, eine Kunstrichtung – und ein Geschäft – machten. Für den pazifistischen Idealisten Ball war DADA ein Protest gegen die »vermaledeite Sprache, an der Schmutz klebt« (»Dadaistisches Manifest«), gegen die durch den Journalismus, die Kriegstreiber, Volksverhetzer und Chauvinisten korrumpierte Sprache. Mit seinen Lautgedichten löste er die Sprache auf, zerstörte die Syntax, die Worte und deren Bedeutung. Er zog sich damit – wie er in seinem Tagebuch bekannte – »in die innerste Alchemie

Hugo Ball, um 1903

des Wortes zurück« und gab »auch das Wort noch preis«, um so »der Dichtung ihren letzten heiligsten Bezirk« zu bewahren.

Nachdem sich Hugo Ball von DADA abgewandt hatte, nahm er bald darauf als politischer Journalist den Kampf gegen all das auf, was er als Wurzeln der geistigen Fehlentwicklung Deutschlands und des Ersten Weltkriegs sah. Danach schrieb er sein wohl bedeutendstes Buch *Zur Kritik der deutschen Intelligenz*, später umgearbeitet zu *Die Folgen der Reformation*. Auch mit diesem mutigen und aufrichtigen Buch führte der engagierte Literat den Kampf gegen Chauvinismus, Völkerhass und Krieg fort. Es trug ihm, wie nicht anders zu erwarten war, ebenfalls massive Kritik ein.

Der in Ludwigshafen am Rhein geborene Philosoph Ernst Bloch zählte dagegen Hugo Balls *Zur Kritik der deutschen Intelligenz* zu den »zwölf wertvollsten Büchern der Gegenwart«. Hugo Ball habe

> »(...) wie niemals ein Deutscher bisher, die geheimen Causalitäten des blasphemischen Staates an sich begriffen. (...) Die deutsche Schuld wird auf Jahrhunderte zurückverfolgt und derart über alle ephemeren Tagesbegriffe hinaus auf ihre Quellen und Ursprünge gebracht. Man sieht mit Balls Augen die Ludendorffs und erkennt an ihnen Bismarck und Metternich mitspielend und diesen Beiden nicht immer so weit entfernt, wie man denken möchte, Karl Marx zur Seite und dahinter Hegel und schließlich Luther, das sanft lebende Fleisch von Wittenberg, eine urpreußisch gewordene Instanz des Gewissensverrates, der Absetzung des Geistes zugunsten der Fürstenmacht.«

Seine *Kritik* brachte Ball den Vorwurf des »Landesverrats« durch eine nationalistisch voreingenommene Publizistik ein. Bei einem Besuch in seiner Heimatstadt Pirmasens im Jahre 1920 wurde er deswegen mit Steinen beworfen. Doch seine Frau hob geistesgegenwärtig die Steine auf und rettete ihn mit Jongleur-Kunststücken vor den blindwütigen Fanatikern.

Vieles hat sich seitdem geändert. Pirmasens hat seinen international bedeutendsten Sohn »heimgeholt« mit der 1976 der Öffentlichkeit zugänglich gemachten, von Ernst Teubner zusammengetragenen *Hugo-Ball-Sammlung*, die Pirmasens zum internationalen Zentrum der Hugo-Ball-Forschung machte, mit dem seit 1977 jährlich erscheinenden *Hugo-Ball-Almanach*, mit der Stiftung des *Hugo-Ball-Preises* und der Benennung eines Städtischen Gymnasiums nach Hugo Ball. Damit hat Pirmasens deutliche Zeichen eines Bekenntnisses zu dem berühmten Sohn der Stadt gesetzt.

In Pirmasens, im Unterpetersbächler Hof – genannt »Krottenhof« – zwischen Fischbach und Petersbächel im Pfälzer Wasgau und in Zweibrücken, wo Ball seinen Gymnasialabschluss machte, entstanden seine frühesten und frühen Werke.

Hugo Ball musste nach dem Abitur aus der Enge der Provinz ausbrechen, ohne je wieder für längere Zeit dorthin zurückzukehren. Dennoch blieb er seiner Heimat verbunden – auch nach seinem letzten Arbeitsaufenthalt im September/Oktober 1914 im Unterpetersbächler Hof. Dieser war nicht nur die »Erholungsfreude und das Ferienheim der ganzen Familie« (Emmy Ball-Hennings), dorthin zog sich Hugo Ball ab 1908 immer wieder zurück, um »in Klausur« ungestört zu schreiben.

Hugo Ball, der Weltbürger, der »draußen« sein Heil suchte, ist zwar gebürtiger Pfälzer, aber sah er sich auch als Pfälzer? In einem Brief vom 4. Januar 1924 an seinen Freund August Hofmann schrieb er:

> »Was Du von den Pfälzern sagst, hat mich lachen gemacht. Ich bin doch gar kein Pfälzer. Ich bin doch irgendwoher aus dem Spessart und aus dem rheinischen Bauernblut. (...) Aber der Wald um den Wasigenstein herum, und schon vorher, das ist trotz aller Krähwinkelei sehr schön. (...) Dort oben unter turmhohen Buchen – oh, ich weiß nicht, ob Du das kennst. (...) Wenn man das Unglück hat in der Pfalz geboren zu werden, dann muß man immer im Wald herumlaufen (Anm.: So lautet die Stelle bei Ball richtig und nicht wie bisher nach der falschen Transkription von 1957 immer wieder zitiert: »in den Wald laufen«), das ist die einzige Rettung.«

Das heißt nicht, dass Hugo Ball nicht mehr an Pirmasens und die Pfalz dachte. Am 26. April 1918 schrieb er auf einer bisher unveröffentlichten Postkarte aus Bern an seine Schwester Maria in Pirmasens:

> »Wie oft bin ich in Gedanken zu hause bei Euch! Der Krieg hat die Entfernungen verzehnfacht. Mir ist die kleine Stadt viel lebendiger geworden, als sie es mir je war. Ich sehe die Straßen, den Rathausturm, die Chausseen alles zum Greifen vor mir.«

1927 ist Hugo Ball in Sant' Abbondio im Tessin gestorben. Trotz des internationalen Bekanntheitsgrades, den Hugo Ball heute hat, ist sein Werk besonders bei uns noch zu entdecken. Die 1998 gegründete *Hugo-Ball-Gesellschaft* hat es sich als Hauptziel gesetzt, seine *Gesammelten Werke* herauszugeben. Die Herausgabe seines schriftstellerischen Gesamtoeuvres wird voraussichtlich zehn Bände umfassen, die durch zwei Bände mit den ca. 800 bekannten Briefen Balls ergänzt wird.

Franz L. Pelgen

Martha Saalfeld – Schriftstellerin aus Landau
Realismus – mit Märchen, Traum, Magie

Martha Saalfeld, am 15. Januar 1898 in Landau in der Pfalz geboren, etwa gleichaltrig mit Elisabeth Langässer, Marie Luise Kaschnitz und Oda Schäfer, hat wie viele ihrer Generation die Tiefen der ersten Hälfte des vergangenen Jahrhunderts ausloten, erleben und erleiden müssen: den Niedergang alt-bürgerlicher Familien und das menschenverachtende antihumanitäre »Dritte Reich«, die schwierige Nachkriegszeit und bis zu ihrem Tod das Anschreiben gegen eine Epoche, die vergessen wollte.

Von Anfang an war ihr Leben geprägt vom Erleben des Todes, des Verlustes. Als sie sieben Jahre alt war, kam sie zu ihrer Großmutter, die 1922 starb. Mit 15 verlor sie die immer kränkelnde Mutter. Schon als Kind fand sie in ihren Gedichtbüchern ein Mittel gegen den Tod: »Wenn ich die Worte vor mich hinsprach ›O Stern und Blume, Geist und Kleid / Lieb, Leid und Zeit und Ewigkeit‹, dann konnte mir nichts geschehen.«

Noch bevor sie 1921 zum Studium der Philosophie und Kunstgeschichte in Heidelberg aufbrach, war sie eine Dichterin. Die erste bekannte Veröffent-lichung ist ein Gedicht vom April 1916, in dem bereits der spätere Lyrikton anklingt: »Im Abendfrieden blaut die Luft / Und atmet tief den herben Duft / Der neuerwachten Erde.« Zu Beginn der zwanziger Jahre entstanden ers-te Sonette, die zum Teil in der *Neuen Rundschau* des S. Fischer-Verlages und in den Zeitschriften des Literari-schen Vereins der Pfalz erschienen. Sie reüssierte als Lyrikerin. Rudolf G. Binding und Georg Britting förderten sie wie Hermann Hesse und Stefan Zweig. 1929 war sie mit neun Texten in der *Anthologie jüngster Lyrik* (Hrsg. Willi Fehse und Klaus Mann) vertreten, darunter fünf Sonette aus *Der unendliche Weg*, einer Samm-lung, die geschlossen erst 1934 erschien – ein Nachklang des Pathos des O-Mensch-Expressionismus.

Werner vom Scheidt, Martha Saalfeld, 1949, Kaltnadel-Radierung

Schon 1931 veröffentlichte sie die ersten Texte der »Pfälzischen Landschaft« in dem Bändchen *Gedichte*. Sie bewies, dass sie einen eigenen Ton gefunden hatte, der in sprachlicher Perfektion und äußerster Formstrenge ein neues Naturbild schuf. Die Darstellung der wahrgenommenen Bild-Bewegung der pfälzischen Landschaft durch den Gebrauch der Verben, das Spiel der Klänge (Alliteration, unterschiedliche Reimformen), die gezielte Verwendung der Substantive ist schon im ersten Sonett außergewöhnlich: »Die sanfte Linie! Und es übersteigt / Sie keine kühnere. Da wölbt das Blau / Der Beere sich am Holz und goldnes Grau / Der edlen Äpfel und das Nächste neigt / Sich wie das Fernste. Schwankt je im Licht / Ein Acker so wie dieser, so beschwingt / So zarten Flügels?« Die ihre Lyrik nur sparsam veröffentlichende Autorin publizierte 1946 das schmale Bändchen *Deutsche Landschaften* und 1958 die Sammlung (auch älterer Zyklen) *Herbstmond*.

Martha Saalfeld, die schon 1921 »eigentlich« schreiben wollte und seit der Zeit mit dem Studenten der Nationalökonomie Werner vom Scheidt befreundet war, der »eigentlich« in Holz schneiden wollte, heiratete ihn 1928. Nach dem Tod des Vaters 1929 absolvierte sie 1931/32 eine Ausbildung zur Apothekenassistentin, eine Tätigkeit, mit der sie wesentlich zum Unterhalt ihrer kleinen Familie während und nach dem Krieg beitragen konnte. Dabei hatte es anfangs der dreißiger Jahre weitaus besser ausgesehen. Sie debütierte als Theaterautorin mit zwei Stücken *Staub aus der Sahara* und *Beweis für Kleber, eine Tragikkomödie*. Nach der Uraufführung von *Beweis für Kleber* am 6. März 1932 lobte die Presse »die ehrliche Arbeit einer jungen hochbegabten Dichterin, für die sich junge Talente einsetzen und ihr zum überzeugenden Erfolg verhelfen«.

Als die Nationalsozialisten an die Macht kamen, waren Menschen wie Martha Saalfeld, die sich politisch nicht vereinnahmen ließ, nicht mehr gefragt. 1937 erhielt sie Publikationsverbot. 1934 entstanden während eines längeren Aufenthalts im Allgäu Geschichten, die aber erst 1947 unter dem Titel *Das süße Gras* mit Illustrationen von Willi Geiger veröffentlicht wurden. Um dem Düsseldorfer Holzschneider Otto Pankok in Freundschaft nahe zu sein, zog sie mit Werner vom Scheidt 1937 zunächst nach Worms, wo Martha Saalfeld wie kurz darauf in Düsseldorf in Apotheken tätig war. Diese Erlebnisse schlugen sich später in dem Roman *Anna Morgana* nieder. 1938 entstanden im Emsland die *Emsland-Gedichte*. 1939 erfolgte der Umzug nach Babenhausen in Hessen, wo sie wieder in ihren Apothekenberuf ging und schließlich in eine Munitionsfabrik dienstverpflichtet wurde. Nachdem durch Bombeneinwirkung die bewegliche Habe zerstört war, ließ sich das Paar in Zeiten extremer Wohnraumbewirtschaftung nach einem Umweg über Wasserburg am Inn schließlich im Hause einer älteren Tante in Bad

Bergzabern nieder – im Tausch Wohnraum gegen Pflegedienst. Dort blieben die beiden, teilweise unter ärmlichen und beengten Verhältnissen (siehe: *Von mir – über mich*, 1952) bis zum Lebensende.

Trotz ihrer Naturverbundenheit und ihrer streckenweise in poetischen, magischen und zauberischen Zwischenreichen angesiedelten Romane war Martha Saalfeld in ihrer Prosa so unbestechlich klar wie in ihrer Lyrik, ohne falsche Sentimentalität. Elisabeth Langgässer charakterisierte die Prosa wie die frühe Lyrik der Dichterfreundin als »stark, unendlich stark, dämonisch, phrasenlos, originell und düster wie eine Sonnenblume mit geschwärzten Samenkernen.« (15. Mai 1948)

»Ich bewahre die Erinnerung an die Zeit der Demütigung mit besonderer Sorgfalt«, schrieb Martha Saalfeld in der autobiografischen Skizze *Stationen der Freiheit*: »Mein Leben hängt ja in den Maschen, die besten Jahre meines Lebens, wie man zu sagen pflegt.« Die Werkreihe, zu der die Fünfzigjährige aufbrach, begann mit der vom Land Rheinland-Pfalz ausgezeichneten Erzählung »Der Wald« (1949). Es folgten die Romane *Pan ging vorüber*, 1954, *Anna Morgana*, 1956, *Der Mann im Mond*, 1961, *Die Judengasse*, 1965 und *Isi oder die Gerechtigkeit*, 1970, die Fortsetzung der *Judengasse*. Diese Bücher stehen für eine in der deutschen Literatur wohl einzigartige Mischung aus strengem Realismus, märchenhaften Einfügungen, magischen und naturmagischen Erscheinungen und Tagträumen, hinter denen sich eine eigene neuheidnische Humanität und ein unumstößlicher Sinn für Recht und Gerechtigkeit verbergen. So gesehen, beinhalten sie nach den Verheerungen des »Dritten Reichs« Vergangenheitsbewältigung, die zwischen schicksalhaftem Erfolg und tragischem Niedergang angesiedelt ist.

Für manche Betrachter war diese Vermengung von Märchen, Traum und politischer Verantwortung in Zeiten extremer Politisierung der Literatur nicht mehr akzeptabel. Tatsächlich gelangen Martha Saalfeld Meisterwerke, weil sie auf die Trivialisierung der politischen Fragestellungen verzichtete. Dagegen ließ sie einen eigenen Menschentyp zum Werkzeug der Gerechtigkeit werden: die etwas androgynen Gestalten junger Frauen oder fast erwachsener Mädchen als Heldinnen ihrer Bücher. Diese Mädchen stehen an Schnittstellen des Schicksals. Sie spiegeln leitmotivisch Naturerscheinungen, Familiengeschichten, Schicksale der Familienvillen aus der Gründerzeit mit ihrer Geschichtslast. Die gänzlich undamenhaften Damen, wohl immer auch als eine Art Selbstportrait der Autorin angelegt (vor allem in *Die Judengasse*), sind Wesen, die in ihrer Offenheit und Betroffenheit sensibel die Last der Vergangenheit wahrnehmen, das Böse ahnen und die Verhältnisse zum Guten wenden wollen. Sie sind Antipoden des Zeitgeistes, unkonventionell und emanzipiert, besitzverachtend und naturverliebt.

Die Bandbreite dieses Schaffens offenbart sich am ehesten im Vergleich des Erfolgsbuches *Pan ging vorüber*, des »Buchs des Monats« November 1954, für das sie ein Jahr später mit dem Literaturpreis der Bayrischen Akademie der schönen Künste ausgezeichnet wurde, mit dem Romankomplex *Judengasse*. Zum *Pan* schrieb der Freund Kasimir Edschmid in sein *Tagebuch*: »Ihre Gartenbesessenheit dringt in Gebiete ein, in denen neben dem Aroma der Blüten auch die dämonischen Schauer erlebt werden. Ihr *Pan ging vorüber* – ein mirakulöses Buch. Wenig Handlung, naiver Surrealismus. Die Hauptpersonen: Blumen, Bäume, Tiere und liebenswürdige Geister. Poetisch, romantisch, bei aller Anmut aber hart.« In ihrem wohl bekanntesten Roman *Die Judengasse* erzählt die Autorin aus der Perspektive eines Mädchens ihre Begegnungen mit einigen Menschen vor dem Ersten Weltkrieg in einer Gasse, in der neben Christen auch jüdische »Gestalten alttestamentarischen Zuschnitts und kauziger Weltentrücktheit« als Außenseiter leben. Diese sind verfolgt von Demütigungen und Herabsetzungen, bedroht von der Boshaftigkeit und Intoleranz der Spießer. Sie teilen das Schicksal mit den Künstlern. Und so endet das Leben der Lichtgestalten des Buchs, eines jungen Seiltänzers und des hoffnungsvollen Judenknaben Sigi mit dem Tod, durch Unfall und Selbstmord. Das Buch ist anrührend und vom autobiografischen Kolorit der Landauer »Theaterstraße« (ehemals: Judengasse), in der die Autorin als Kind lebte, mitgeprägt. Letztlich ist das Buch aus der Perspektive des umfassenden Nachkriegswissens geschrieben und will die Vorgeschichte des Holocaust wie in einem Brennglas sammeln.

Martha Saalfelds letzter Roman *Isi oder die Gerechtigkeit* bringt die überlebenden und die von den Nazis ermordeten Juden in Erinnerungen und Tagträumen wieder zusammen und zeichnet für den auf den Spuren seiner aus der Judengasse stammenden Vorfahren aus den USA anreisenden Fred vor allem im Erleben einer erlöschenden jüdischen Gegenwart, die mit den »Schuldigen« des »Dritten Reichs« konfrontiert ist, eine Lemurenwelt voller Frechheit, Betroffen- und Beklommenheit. In dem Buch wird das Mädchen Lisa, deren Familie eine Opferrolle spielen musste, nachdem ihr Versöhnungs- und Liebesangebot von Fred abgelehnt worden ist, von der personifizierten Gestalt der Rache, einem »lebenden« Sekretär (Märchenmotiv), erschlagen. Das Ende zeigt die Vergeblichkeit der Liebe und die Vergeblichkeit der Versöhnung. Das Buch versteckt sich hinter der Bezeichnung Roman. Es kann aber nicht mit der Suche nach erzählter Wirklichkeit erkundet werden, sondern braucht eine philosophisch-psychologische Erschließung.

Martha Saalfeld glaubte gewiss, was Sigi zu Hannah, ihrem alter ego in *Die Judengasse*, sagte: »Ach, dir gehen Traum und Wirklichkeit in eins.« Für die Dichterin verlangte die Poesie zur Darstellung der Wirklichkeit neben den

Fakten die Ebene der Märchen, des Traums und der Magie, weil die Realität allein nicht die Tiefe offenbaren kann, die Dichtung erst ausmacht. Martha Saalfelds Lyrik entwickelte die Intensität und Weite hinter dem vordergründig Objektiven durch Präzision, formale poetische Perfektion, beschwörenden und berauschenden Rhythmus der Sprache und anrührenden Zauber unverwechselbarer Bilder.

Die Dichterin starb 1976 und wurde in Landau beerdigt. Zu ihren Lebzeiten fand sie durchaus öffentliche Anerkennung, hatte als P.E.N.-Mitglied Freunde und Förderer wie Heinz Schöffler, Ernst Johann und das Feuilleton der *Frankfurter Allgemeinen Zeitung*, war Mitglied der SPD, engagierte sich politisch, z. B. in der Aktion »Kampf dem Atomtod«, und veröffentlichte im bekannten Desch-Verlag in München. Trotzdem fanden ihre verspielt erscheinenden und lyrisch klingenden Romane keine breite Leserschaft, nachdem in den sechziger Jahren die Politisierung der Gesellschaft einen Paradigmenwechsel der Literatur einleitete. So war das Ehepaar vom Scheidt-Saalfeld zu äußerster Bescheidenheit gezwungen, zumal der Verleger die Honorare nicht korrekt abrechnete.

Zu Martha Saalfelds 100. Geburtstag hieß es, dass sie schon so gut wie vergessen sei, was aber zumindest für ihre Geburtsstadt Landau nicht galt. In den letzten Jahren begann der Inhaber der Rechte am Werk der Autorin, Berthold Roland, mit der Herausgabe ihrer *Gesammelten Werke* beim Gollenstein Verlag in Blieskastel. Damit stellt sich ihr Werk einer neuen Prüfung und Sichtung.

Wolfgang Diehl

Literaturempfehlungen

Wolfgang Diehl (Hrsg.): *Martha Saalfeld 1898-1976. Dokumente mit Materialien*, Landau 1986

Martha Saalfeld: Werkausgabe in Einzelbänden (Hrsg.: Berthold Roland), Bd. I: *Die Gedichte*; Bd. IV: *Romane 1: Pan ging vorüber / Anna Morgana / Mann im Mond*; Bd. V: *Romane 2: Judengasse / Isi oder die Gerechtigkeit*, Blieskastel 1998ff

Mundartliteratur der Pfalz

Könnte man schon die Literatur der Pfalz als »kleine« Literatur bezeichnen, so steht die Mundartliteratur nochmals in deren Schatten. Das ist üblich: die »Regionalliteratur« als kleine Schwester der »großen« Literatur verdeckt die noch kleinere. Als Pfälzer verstehen sich die Bewohnerinnen und Bewohner zwischen Rhein und Saarland, zwischen dem Elsass und Rheinhessen. Genauer wäre eine Topographie der Autorinnen und Autoren, die im Osten die Kurpfalz mit Mannheim und Heidelberg umgreift und im Westen mit Eugen Croissant (1862-1918) bis Zweibrücken und mit Heinrich Kraus (*1932) bis Miesau reicht, und mit Lina Sommer (1862-1932) von Jockgrim im Süden bis Obermoschel im Norden, wo Richard Müller (1861-1924) lebte und wirkte.

Die Geschichte der pfälzischen Mundartliteratur beginnt vor etwa 160 Jahren, ausgerechnet mit einem bayerischen Mineralogieprofessor aus München. Franz von Kobell (1803-1882) veröffentlicht 1839 Gedichte in hochdeutscher, oberbayerischer und pfälzischer Mundart und sieht sich in der Tradition von Johann Peter Hebel, dessen Alemannische Gedichte schon 1803 in Kobells Geburtsjahr erschienen waren. Mit einem einzigen Werk, aber dem schlagkräftigen Slogan *Fröhlich Palz, Gott erhalts!* (1847) wird der Heidelberger Jurist Karl Christian Gottfried Nadler (1809-1849) zu seinem Nachfolger (»Du bischt e Deiwelskerl in Deine pälzer Sache«) und zum Klassiker. Zur gleichen Generation gehört Ludwig Schandein (1813-1894), der Speyerer Archivrat, der aber in westpfälzischem Dialekt 1851 mit einem Auswanderer-Gedicht debütiert und 1854 mit einer erstaunlich hohen Auflage von 1200 Exemplaren im renommierten Cotta Verlag Gedichte in westricher Mundart publiziert.

Auch Max Barack (1832-1901) ist kein Pfälzer und dennoch ein Pfälzer Autor. Er stammt aus Durlach in Baden, schreibt Gedichte und Erzählungen, die z. T. in Hebels *Rheinischem Hausfreund* gedruckt werden, teils hochdeutsch, teils pfälzisch. Ab 1875 erscheinen zu Lebzeiten fünf Bücher, darunter der Schwank *Der Brand im Hutzelwald* nach einem Gedicht von Nadler, sowie posthum *Pälzer Schnorre* (1907). Im Wesentlichen nur mit einem Gedichtband (1868), vor allem aber dank der Neuausgabe von 1993, ist der Theologe Karl August Woll (1834-1893) noch präsent, zu seiner Zeit wohl auch als Herausgeber der »Palatina«, der Literaturbeilage zur christlich-konservativ orientierten *Pfälzer Zeitung*. Auch die kulturpolitische Leistung Eugen Croissants (1862-1918) als Redakteur der Zeitschrift *Der Pfälzerwald*, dem Vereinsorgan des Pfälzer Waldvereins, dürfte seinerzeit größer gewesen sein als die Wirkung seiner Gedichtesammlung *Buschur* (1898) und seiner Erzählungen *Pälzer Schnokes* (1900).

Das 20. Jahrhundert eröffnet der Nordpfälzer Richard Müller (1861-1924), bei dem ebenfalls Einflüsse der Heimatkunstbewegung auszumachen sind, mit Gedichten, vor allem aber mit den bis heute bekannten Büchern *Das Schneiderche vun Mackebach. Ein Dorfidyll in Pfälzer Mundart* (1905) und *Die Budderbärwel vun Diefedahl. Dorfbilder in Pfälzer Mundart* (1909). Besonders beliebt waren auch seine Volksstücke und Schwänke. Noch größer ist bis heute die Wirkung der bekanntesten, wenn auch nicht einzigen Autorin der ersten beiden Jahrzehnte des 20. Jahrhunderts, Lina Sommer (1862-1932). Von ihrem Erstling *Schtillvergniegt* (1905) bis *Des un sell* (1925) mischt sie in ihren neun Büchern Gedichte und Erzählungen, nimmt Bewährtes aus den vergriffenen Bänden auf und ergänzt es mit neuen Texten. Dieses Verfahren behalten die Herausgeber immer neuer Anthologien bei; bisher ist keine Gesamtausgabe ihres Werks zustande gekommen. Sie schreibt auch für Kinder, ein paar Theaterstücke, findet aber keinen Verleger, der sich ständig für sie einsetzt, ein Charakteristikum für die Mundartliteratur bis heute.

Folgte man den Geburtsjahrgängen, so müssten vor den beiden folgenden Klassikern Münch und Hartmann noch Karl Räder und Friedrich Rudolf Dacqué genannt werden, Emil Weber und Heinrich Meyer (Pseudonym Kunnrädel), deren Werke teilweise bis in die Zeit nach dem Zweiten Weltkrieg reichen. Nur Paul Münch (1879-1951), der Zeichenlehrer vom Hohenstaufen-Gymnasium in Kaiserslautern, ist bisher mit einer mehrbändigen Gesamtausgabe geehrt worden; er bleibt im Bewusstsein der Pfälzer mit seinem Erstling, der *Pälzisch Weltgeschicht* (1909), ungeachtet ihrer zeitbedingten, wenn auch humorvoll verpackten nationalistischen, militaristischen und rassistischen Töne. Und sein unverwüstliches Stück *Pfälzers Höllen-Himmelfahrt* (1930) füllt noch immer Theatersäle. Auch Ludwig Hartmann (1881-1967) ist wie kein anderer lebendig geblieben mit einem einzigen, immer wieder aufgelegten Buch, den *Kinnersprich vum Ludewig* (1920), das in der Tat *Ein pfälzisches Bilderbuch in Reimen für groß und klein* ist, wie es im Untertitel heißt. Von 1914 bis 1958 veröffentlicht er sieben Bücher mit Lyrik und Prosa, immer wieder lesenswert *De Unkel aus Amerika* (1923), eines der in der Mundartliteratur seltenen Beispiele größerer Erzählungen. Mit seiner zweibändigen Anthologie *Pälzer Ausles* (1925/26) erneuert er nach zwanzig Jahren unter gleichem Titel »eine Sammlung bester Dialektdichtungen bekannter Pfälzer Dichter«; so nannte sich damals sein Versuch, die Spreu vom Weizen zu sondern.

Mehr als mit seinen Büchern hat der Bellemer Heiner (1881-1965), der eigentlich August Heinrich hieß, wahrscheinlich sein Publikum als Vortragskünstler begeistert. »Millione haw ich froh gemacht«, so der Titel einer Darstellung von Hans Blinn (1991), war seine Devise; einzig auf diese Funktion wird Mundartliteratur meist irrtümlich eingeengt. Mit gereimten Geschichten wie etwa »Die Handkäsräs«, die manchmal sogar als »wohri Gschicht« ausgegeben werden, befriedigte Heiner das Unterhaltungsbedürfnis der Besucher seiner »Heiteren Pfälzer Heimatabende«.

Aus der Zwischenkriegszeit sind zunächst drei Männer zu nennen, deren Leistung eher in der Erforschung und Vermittlung pfälzischer Kultur liegt als in ihren Dichtungen: Dr. med. Fritz Heeger aus Landau schreibt Theaterstücke, vor allem aber volkskundliche Aufsätze; Lorenz Wingerter ist von 1922 bis 1934 Schriftleiter der Zeitschrift *Palatina* und gibt 1955 eine Anthologie heraus, *Pälzer Muddersbrooch*; wie Ernst Christmann, der Vater des *Pfälzischen Wörterbuchs*, Namensforscher, Dialektologe und Volkskundler, bringt er neue Töne in die Mundartliteratur. Die Gedichte verzichten auf die üblichen Witzeleien, sind elegisch und stehen in Beziehung zur zeitgenössischen hochdeutschen Naturlyrik.

Zu den produktivsten Autoren jener Zeit gehören der Mannheimer Hanns Glückstein (1888-1931) und der Heidelberger Karl Ludwig Münnich (1890-1985), die es in der Bibliographie von Bruno Hain (1985) auf 26 bzw. 21 Titel bringen. Mit 19 Büchern während der NS-Zeit ist die Mundartliteratur nur schwach vertreten; nichts vom Bellemer Heiner, auch nichts von Kurt Kölsch (1904-1968), dem Gaukulturwart der NSDAP (und auch nach dem Krieg einflussreichen Kulturmanager) und ausschließlich hochdeutsch schreibenden Lyriker, und nichts in der von ihm linientreu geführten Zeitschrift *Die Westmark*. Das mag verwundern, aber als Heimat galt nicht die Pfalz, sondern das Reich. Erst 1956 erscheint sein Band *Pälzer Bauregarte*. Auch der Krieg findet im Mundartgedicht nicht statt getreu dem naiven Motto, wie es sich in Andreas Ebels (1885-1968) *E bissel Sunneschei(n)* findet, zwar schon 1942 erstmals gedruckt, dann aber 1948 ohne Verweis darauf wieder veröffentlicht: »Mei Fräd' isch, jedem Fräd zu mache / (...) / Wenn jeder so wär' ei(n)gestellt, / wär' Friede uf de ganze Welt.«

Nach 1945 bleibt alles beim Alten; Hugo Siebenlist (1892-1961) sieht das durchaus unkritisch: »Diese Verse könnte schon mein Urgroßvater geschrieben haben und mein Urenkel.« Auch eine weitere scharfsichtige Beobachtung verdanken wir ihm, dass man nämlich »erst als alter Knabe die Feder zum Verseschreiben zur Hand« nimmt. Das ließe sich an vielen Beispielen belegen; Helmut Metzger (1917-1995), Hansgeorg Baßler (*1928) oder Michael Bauer (*1947) sind da eher die Ausnahme. Thematisch und sprachlich fällt Karoline Kriechbaum (1899-1973) aus dem Rahmen mit ihrem unbekannt gebliebenen Dokument der Kriegs- und Nachkriegszeit *Familie Henner. Die Geschichte einer Arbeiterfamilie* (1955).

Seit 1952 bietet der Bockenheimer Mundartdichterwettstreit, auf Initiative u.a. von Kurt Kölsch und dem örtlichen Lehrer und Heimatforscher Jakob Böshenz eingerichtet, sowohl Anregungen zum Schreiben als auch durch die ausgewählten Texte ein gutes Bild von der »Szene«, natürlich stark geprägt von den führenden Köpfen, allen voran Oskar Bischoff. Einer der ersten Preisträger war der aus dem Banat stammende Hans Wolfram Hockl (*1912); er gehört zu den wenigen schreibenden Auslandspfälzern wie Jacob Enders (1898-1981) aus Galizien oder John Birmelin (1873-1950) aus Pennsylvanien. Schon im 19. Jahrhundert hat Henry Harbaugh in Pennsylvanisch-Deutscher Mundart gedichtet. Während die einen in der Folge von Auswanderungen und Umsiedlungen ins Ausland gerieten, haben die Brüder Carl und Hermann Sinsheimer in den USA bzw. in London gelebt, weil sie während des »Dritten Reichs« als Juden ins Exil vertrieben wurden. Die Stücke der Brüder stammen bereits aus den Jahren 1909 und 1910. Seit 1955 lebt Arno Reinfrank (*1934) in London. Reinfrank schreibt wie die beiden Sinsheimer sowohl in Hochdeutsch wie in Mundart.

Seit 1988 gibt es einen zweiten Mundartwettbewerb; die »Dannstadter Höhe« hat natürlich keine völlig neue Klientel aufgetan, es hat sich vielmehr im Laufe der Jahre ein fester Stamm von Autorinnen und Autoren gebildet.

Zu den Ur-Bockenheimern, zu den häufiger ausgezeichneten, gehören Helmut Metzger, Albert Bleyer (*1928) und vor allem Gerd Runck (*1929), dessen unverkennbare Kurzprosa seit Ende der siebziger Jahre Aufmerksamkeit findet. Die genaue Beobachtung und liebevolle Gestaltung der kleinen Dinge des Alltags findet sich in jüngster Zeit auch bei Robert Schultz (*1940).

Was man die Neue Mundartliteratur in Deutschland genannt hat, politisch offensiv und sprachlich an der Wiener Gruppe orientiert, ist in der Pfalz nicht angekommen, mit Ausnahme ganz weniger Texte von Michael Seifert, sowie der Politsongs von Michael Bauer auf der Platte »Meier Jean live aus der Pfalz« und seinem viel diskutierten Sprachspiel »Speyer bei Nacht«. Bauers kritische und sprachkritische Analysen, zunehmend nicht allein in Mundart, zeichnen ihn bis heute aus; dass er 1991 den Bockenheimer Böshenz-Preis zurückgab, ist auf diesem Hintergrund verständlich. Eine Sonderrolle spielt der Kabarettist Christian Habekost (*1962), der Mundart mit Sprachartistik und Rap verbindet. Dezidiert fremdenfeindliche Töne sind bis heute nicht auszumachen, auch wenn z. B. die Kritik von Schuschu (1912-2001) mal in die eine, mal in die extrem andere Richtung greift. Die Parteinahme für

Ausländer in Deutschland von Ilse Rohnacher (*1926) mit ihrem Gedicht »Na un« stieß 1981 bei den Festzeltbesuchern in Bockenheim auf lautstarke Gegenwehr. Gemeinsam mit Marliese Klingmann (*1937) hat sie inzwischen drei Bände veröffentlicht mit einem breiten Spektrum von Themen. Seit einigen Jahren gibt es das »Chawwerusch«, das Herxheimer Dorftheater, das ein Volkstheater neuen Stils geschaffen hat, das auf seine Weise Spurensuche in der Alltagsgeschichte der Region betreibt und erfolgreich Aufklärungsarbeit leistet.

Sieht man von den in allen deutschen Mundarten ihres parodistischen Effekts willen beliebten Nachdichtungen ab: *Grimms Märchen uf pälzisch* (1995) von Walter Sauer (*1942) oder schon 1975 *De Jammerlabbe* nach Molières *Der eingebildete Kranke* von Hansgeorg Baßler (*1928), dann müssen abschließend als eigene, kleine Gruppe einige AutorInnen genannt werden, die dem Ziel am nächsten kommen, der Mundartliteratur den Rang von Literatur zu geben. Beeindruckend am Werk von Heinrich Kraus (*1932) ist nicht nur die Fülle an Titeln und Gattungen (Romane, Hörspiele, Kinderliteratur, Kompositionen) in Hochdeutsch und Mundart seit *Herzdrickerte* (1966); einmalig ist zugleich die Kunstfertigkeit, mit der er, auch in Übersetzungen von den Psalmen bis zu den Liedern der Vaganten, von Horaz bis Shakespeare, die literarischen Formen beherrscht, die klassische Elegie ebenso wie das Distichon oder den Blankvers: lebensfroh und der Natur zugewandt auf der einen Seite, grüblerisch und elegisch auf der anderen. Immer jedoch selbstkritisch: »Onnere hätte / viel an mir rumsekrittele. / Ich a!«

Auch Susanne Faschon (1925-1995) würde man nicht gerecht, wenn man sie nur als Mundartautorin würdigen wollte, obwohl sie seit 1962 Jurorin in Bockenheim war, wo ihr 1956 der erste Preis verliehen worden war. Mit ihren beiden Bänden *Mei Gedicht is mei Wohret* (1988) und *Altweiwersummer* (1994) setzte sie Maßstäbe, öffnete der Mundart Themenbereiche, die ihr bisher verschlossen waren: Krankheit und Tod, Ängste und Schmerzen. Sie benennt das Besondere des Dichtens in Mundart gegenüber dem Schreiben im Hochdeutschen wie folgt: »In Mundart dichte / 's is mer manches / zu viel gsaat, / was ich hochdeitsch / ausdricke will. / Die Werter simmer / Uff äämol zu groß, / als wann ich / e bißche was Gudes / imme brääde Hääbche / a(n)richte wollt'.«

(Der Beitrag wurde auf der Grundlage der von Jürgen Beckmann und Heinz-Jürgen Kliewer herausgegebenen Anthologie *Ich redd mein Muddersprooch*, Landau 1997 erarbeitet.)

Heinz-Jürgen Kliewer

Das Künstlerhaus Edenkoben
Ort der Begegnung, Refugium der Dichter

»Nach einer mittellangen Wanderung war ich in Edenkoben angekommen, zufällig gerade hier. Am Ende einer langen Straße betrat ich ein Landhaus, meinen Koffer stellte ich neben die Wand und schaute mich um. (...) Edenkoben liegt an einer geographisch klaren Stelle. Gerade hinter dem Ort fängt eine neue Landschaft an und vor ihm auch. Hinter ihm das Gebirge, vor ihm die Ebene. Und es gibt eine innere Verpflichtung, Edenkoben zu kennen, diese Stadt, in die man von einem fremden Planeten aus risikolos einfliegen kann. Man peile den deutlich sichtbar dunkelgrünen Rheingraben an und gehe, genau in der Mitte des breiten Grabens, einfach auf das westlich gelegene Gebirge zu.«

Mit diesen Worten beschreibt die Schriftstellerin Zsuzsanna Gahse, eine der ersten Stipendiatinnen, ihren »Einzug« ins Künstlerhaus Edenkoben.

Ein Haus für die Literatur, ein Refugium für Dichter, Künstler, Übersetzer und bisweilen auch für Musiker ist das am westlichen Ortsausgang von Edenkoben, inmitten von Weinbergen gelegene Künstlerhaus, das seit seiner Gründung im Jahre 1987 zu einer festen Institution im literarischen Leben von Rheinland-Pfalz geworden ist. Seit dem Umzug aus dem barocken Herrenhaus in die benachbarte »Bergelmühle« 1997 verfügt man endlich auch über ein eigenes, dauerhaftes Domizil. Die Stiftung Rheinland-Pfalz für Kultur hatte die 1837 erbaute Getreidemühle erworben, die herrliche Ausblicke in die Rheinebene, auf die bewaldeten Hänge des Haardtgebirges, auf das wenige Kilometer entfernte Hambacher Schloss und die nahe Villa Ludwigshöhe eröffnet. Zum Anwesen gehören das Haupthaus und mehrere Nebengebäude mit Weinkeller, ein neu errichteter Trakt mit Veranstaltungssaal sowie ein kleiner Park und ein Garten mit Streuobstwiese. Vier Wohnungen finden hier Platz, außerdem vier Gästezimmer, zwei Ateliers, eine Druckwerkstatt, ein Kaminzimmer und die Verwaltung mit Bibliothek.

So kann das Künstlerhaus inzwischen noch besser seinen Zweck erfüllen, Begegnungsstätte für Künstler untereinander und für Künstler mit ihrem Publikum zu sein. Durchschnittlich acht Stipendiaten pro Jahr (sechs Schriftsteller, zwei Musiker oder bildende Künstler) erhalten einen kostenfreien Aufenthalt (Wohnung und Atelier) für einen Zeitraum bis zu fünf Monaten sowie eine monatliche Zuwendung. Während des Aufenthaltes finden Werkausstellungen bzw. Lesungen statt. Neben den Stipendiaten sind stets auch Gäste anwesend, viele von ihnen kommen seit Jahren gern hierher, sei es zu Arbeitstreffen oder zu einem eher privaten Aufenthalt.

Das bewusst literarisch geprägte Jahresprogramm des Künstlerhauses umfasst ca. 20 Veranstaltungen. Die Reihe »Poesie und Musik« führt Autoren und Musiker zu gemeinsamen Auftritten zusammen, »Poesie der Nachbarn« vereinigt deutsche und ausländische Lyriker in einer Übersetzerwerkstatt, deren Arbeit das Publikum in Original und Nachdichtung (in öffentlicher Lesung und später als Buch in der »edition die horen«) verfolgen kann. »Literatur im Lande« stellt in Zusammenarbeit mit Verlagen und Verbänden Schriftstellerinnen und Schriftsteller aus Rheinland-Pfalz vor, die beliebte »Lesezeit« bietet Literatur für Kinder und Jugendliche. Die abends stattfindenden Reihen »Bühne Edenkoben« und »Café noir« stellen auch durch unterhaltende Formen der Darbietung junge Talente vor oder präsentieren Literaturgeschichtliches in Lesung, Kommentar und Gespräch. Einen festen Platz nehmen das traditionelle Sommerfest und das mehrtägige Festival für internationale Gitarrensolisten ein.

Eine weitere Besonderheit, ja publizistische und handwerkliche Rarität stellt die von dem Speyerer Schriftsteller Artur Schütt begründete »edition bergelmühle« dar, in der bisher eine Palette unterschiedlicher, höchst kunstvoller Drucke erschienen ist. Bei der Gestaltung des neuen Künstlerhauses nahm Schütt die Gelegenheit wahr, eine Druckwerkstatt und Handsetzerei einzurichten, in der typographische Interpretationen der Edenkobener Texte (von Stipendiaten bzw. von Teilnehmern der Übersetzerwerkstatt) entstehen. Die bibliophilen, in kleiner Auflage publizierten Bergelmühle-Drucke (von Jule und Artur Schütt selbst bzw. von befreundeten, renommierten Meistern der Materie geschaffen) sind im Künstlerhaus zu erwerben und bei Freunden dieser alten handwerklichen Kunst gesuchte Sammlerobjekte.

Die Stiftung Rheinland-Pfalz für Kultur als Träger des Künstlerhauses hat die Edenkobener Einrichtung in den fast anderthalb Jahrzehnten ihres Bestehens zu *dem* literarischen Begegnungsort in Rheinland-Pfalz ausgebaut und ist bemüht, dass diese Institution nicht nur ins Land hineinwirkt, sondern auch nach außen das literarische Leben des Bundeslandes repräsentiert. So ist es Ingo Wilhelm, dem rührigen Geschäftsführer des Hauses, gelungen, neben Lesungen beim SWR in Mainz (»Kultur im Foyer«) und in der Landesvertretung Rheinland-Pfalz in Berlin, Kooperationen mit der Universität Tübingen, dem Literaturhaus Berlin und der Akademie in Leipzig zu initiieren, wo Lesungen und literarische Veranstaltungen der »Edenkobener« stattfinden. Eine besonders fruchtbare Zusammenarbeit gab es auch acht Jahre lang mit dem WDR in Köln. Rheinland-pfälzische Autoren können darüber hinaus, durch Vermittlung des Künstlerhauses, Stipendien für Amsterdam, Cismar/Ostsee und Schöpping bekommen.

Publizistisch begleitet wird die Arbeit des Künstlerhauses von Einzelpublikationen und Buchreihen, die die literarischen Projekte und Veranstaltungen dokumentieren. »Freundschaft der Dichter«, 1997 zum zehnjährigen Bestehen des Künstlerhauses erschienen, bietet wohl den besten literarischen Einblick in die Edenkobener »Dichterwerkstatt« und vermittelt nebenbei auch ein wenig von der literarischen Atmosphäre, die das Haus und die Umgebung für die »Besucher auf Zeit« bieten. Rund dreißig Autorinnen und Autoren, von Hans Bender bis Joseph Zoderer, von Mircea Dinescu bis Oskar Pastior, sind in diesem Band mit Texten vertreten, die Begegnungen mit dem Haus und der Landschaft sowie in Edenkoben gewachsene Kollegenfreundschaften in Gedichten und kurzen Prosastücken dokumentieren.

In der Reihe »Dialogue« erscheinen Bücher, die (in zweisprachigen Anthologien bzw. Publikationen einzelner Autoren) Texte elsässischer und rheinland-pfälzischer Schriftsteller präsentieren (in Kooperation mit der René-Schickele-Gesellschaft, Straßburg). Die »Edition Künstlerhaus« hat es bereits auf zahlreiche Einzelbände gebracht, während in der oben erwähnten Reihe »Poesie der Nachbarn« Autorinnen und Autoren aus zwölf europäischen Ländern bzw. Sprachen mit Originaltexten und ihren deutschen Übersetzungen dokumentiert sind. In der jüngsten Buchreihe des Künstlerhauses, »Deutsche Reise nach Plovdiv«, werden die während eines Bulgarien-Aufenthaltes deutscher Schriftsteller entstandenen Texte publiziert (u. a. von Michael Buselmeier und Lutz Stehl). Diese grenzüberschreitenden Begegnungen haben das Künstlerhaus Edenkoben in besonderer Weise geprägt: als Begegnungsstätte der Schriftsteller und Künstler, als ein Ort des geistigen und künstlerischen Austauschs in Europa.

Karl-Friedrich Geißler

Literaturempfehlungen

Werner Söllner (Hrsg.): *Freundschaft der Dichter*. Eine Anthologie im Auftrag des Künstlerhauses Edenkoben zum zehnjährigen Bestehen, Ammann Verlag, Zürich 1997

Gregor Laschen (Hrsg.): *Schönes Babylon. Gedichte aus Europa in 12 Sprachen*, Du Mont Buchverlag, Köln 1999

Deutsch-französische Reihe »Dialogue«, erschienen in: Pfälzische Verlagsanstalt, Landau, Éditions Oberlin, Strasbourg, Verlag Das Wunderhorn, Heidelberg, Verlag K. F. Geißler, Edenkoben

Reihe »Deutsche Reise nach Plodiv«: Verlag Das Wunderhorn, Heidelberg

Reihe »Edition Künstlerhaus«: Verlag Das Wunderhorn, Heidelberg

Reihe »Poesie der Nachbarn«, hrsg. v. Gregor Laschen, in: »edition die horen« im Wirtschaftsverlag NW Verlag für neue Wissenschaft, Bremerhaven

Kontakt:
Künstlerhaus Edenkoben, Klosterstr. 177, 67480 Edenkoben
Tel. 06323-2325   Fax 06323-980925

Es ist auch Gold unter dem, was nicht weithin glänzt
Zeitgenössische Literatur pfälzischer Autoren

In der Pfalz gedeihen nicht nur Wein und Wald. Neuerdings werden sogar Texte pfälzischer Autorinnen und Autoren von renommierten Verlagen ediert. Diese erfreuliche Wende ist nicht zuletzt das Ergebnis gezielter Talentförderung durch das Ministerium für Kultur in Mainz und sein Literaturreferat (Druckkostenzuschüsse, Stipendien, Literaturpreise; besonderes Gewicht hat inzwischen der vom Kulturministerium und dem SWR vergebene Georg-K.-Glaser-Preis). Oft sind diese Autorinnen und Autoren nicht mehr im Land, viele wohnen inzwischen in Berlin, wo ihnen, wie sich zeigt, eine größere Aufmerksamkeit zuteil wird.

Schon früh hatten sich die Daheimgebliebenen angesichts ihrer Erfahrung, in einer vom rauschenden Literaturbetrieb vernachlässigten Region zu leben, einer Organisation angeschlossen, in der sie sich in ihrer Arbeit gegenseitig unterstützen und in der Hoffnung bestärken konnten, irgendwann doch wahrgenommen zu werden, falls sie sich nicht mit lokaler Bekanntheit zufrieden geben wollten. Die Rede ist vom Literarischen Verein der Pfalz. Dieser Verein, dem nicht nur Autoren angehören, behielt auch dann noch seine Bedeutung, als der Verband deutscher Schriftsteller Rheinland-Pfalz mehr Profil gewann, zumal dessen Schwerpunkt aufgrund des Wohnortes seines langjährigen Vorsitzenden Hajo Knebel (in Simmern) und der Landeshauptstadt Mainz doch mehr im Norden lag. In dieser Zeit sind es hauptsächlich zwei Frauen gewesen, die sich bemühten, die pfälzischen Autoren näher an den VS heranzuführen: die Liedermacherin Anni Becker (*1926) aus Kaiserslautern und Susanne Faschon (1925-1995), die lange in Kaiserlautern gelebt hat und nicht nur als Lyrikerin für die einheimischen Autoren ein Vorbild war mit Gedichtbänden wie *Korn von den Lippen* (1967), *Vogelzug* (1984), *Mei Gedicht is mei Wohret* (1988) und zuletzt *Sommers Ende* (1994), sondern auch als Sammlerin und Herausgeberin, zusammen mit Wolfgang Schwarz, mit Sigfrid Gauch, viel für die regionale Literatur getan hat.

Der Literarische Verein der Pfalz und auch die später entstandene Autorengruppe Kaiserslautern haben freilich etwas andere Ziele als der gewerkschaftlich orientierte VS. Der Literarische Verein verbindet Leser und Schreibende, denen pfälzische Themen ein Anliegen sind. Zudem lädt er jeden Herbst zu einem vom Bezirksverband Pfalz unterstützten Jungautorentreffen nach Lambrecht ein. Einige Schriftsteller, die heute bundesweit Beachtung finden, haben dort zum ersten Mal ihre Texte einer kritischen Runde vorgestellt, z. B. Dieter M. Gräf (→ Auftaktessay M. Clauer), Wolfgang Stauch und Markus R. Weber.

25 Jahre existiert nun schon, benannt nach der Stadt ihrer Gründung, die Kaiserslauterer Autorengruppe, deren Mitglieder sich einmal im Monat treffen (in Kaiserslautern, im Künstlerhaus Edenkoben oder im Herrenhof Mußbach), um neu entstandene Texte zu diskutieren. Alle Altersstufen sind vertreten. Neben den Gründungsmitgliedern Theo Schneider und dem Verfasser, den Spätstartern Marliese Fuhrmann und Werner Laubscher (→ Auftaktessay M. Clauer) gehören ihr u. a. Elmy Lang, Karin Voigt, Andreas Dury, Andreas Fußer, Fred Heidingsfelder und Lutz Stehl an.

Elmy Lang (*1921) aus Pirmasens hat ihre zahlreichen Bücher allesamt in ihrem Monia-Verlag herausgebracht (jüngster Roman: *Bis der Adler abstürzt*, 1997; jüngster Gedichtband, zweisprachig: *Verdammt geliebtes Leben. Vie maudit bien aimée*, 1993). Dabei wäre im Bereich der Prosa für die Art ihres Schreibens – ein leichter, eleganter, unterhaltender Ton – gewiss ein größerer Verlag zu begeistern gewesen.

Karin Voigt (*1936), die sich aufgrund ihres ländlichen Domizils »Grüne Minna« in Gräfenhausen bei Annweiler – ihr erster Wohnsitz ist Mannheim – zu den Pfälzern zählen lässt, hat sowohl Prosa und Lyrik veröffentlicht, u. a. 1976 den Gedichtband *Bewahre mich nicht* und 1990 die Novelle *Eisenherz erwache*, als auch Libretti geschrieben.

Andreas Dury (*1961), kürzlich vom südpfälzischen Dahn nach Saarbrücken gezogen, um etwas urbanere Luft zu atmen, ist 1999 für seine Erzählung »Grünmann«, danach aufgenommen in sein Erstlingsbuch *...als ich in die Stadt kam*, der Georg-K.-Glaser-Preis zuerkannt worden. Sowohl in seinen Erzählungen als auch in seinem neuen Roman *Schachtelkäfer* verblüfft und erschreckt zuweilen seine Lust am Grotesken, das er expressionistisch hart und durch keinen Humor gedämpft vorträgt, trifft man auf Konfrontationen zwischen Banalem und Irrationalem und auf eine bedrückende existenzielle Begrenztheit der zumeist männlichen Protagonisten, die plötzlich ins Rauschhafte umschlägt oder sich in Gewalt entlädt. Auch stockt dem Leser zuweilen der Atem, wenn eine deplazierte Idylle im Kontrast zu einer Ungeheuerlichkeit das Groteske noch steigert:

»Robert (Vater), sagte Jakob (Sohn), es geht um deinen Finger! Robert sagte: Ich weiß, der wird abgeschnitten. Amelroth (Arzt) sagte: Ich würde vorschlagen, dass wir es bei mir zu Hause machen. Da ist es schöner als hier in der Praxis. Das Küchenfenster geht auf den Garten hinaus, auf eine von gestutzten Tannen gesäumte Wiese. In der Mitte steht ein kleiner Birnbaum und im Sommer stolziert manchmal ein Reh über die Wiese.« *(aus: Schachtelkäfer)*

Lutz Stehl (*1948), wie Werner Laubscher wohnhaft im südpfälzischen Kandel, Wahlpfälzer, in mehreren Sprachen zu Hause und darüber hinaus ein wahrer poeta doctus, zeichnet und schreibt, ist vielseitig kreativ tätig. Seine Veröffentlichungen, darunter der mit eigenen Zeichnungen ausgestattete Gedichtband *Nichtseßhafte Bekannte* (1991) und das lyrische Tagebuch *Thrakien, Thrakien* (1997), Produkt eines Aufenthalts als Stipendiat im bulgarischen Plovdiv, wie die Tatsache, dass er auch in Französisch publiziert, haben noch nicht zu der ihm zustehenden überregionalen Würdigung geführt. Bei aller Weltläufigkeit thematisiert Stehl auch immer wieder seine pfälzische Umgebung:»Kandels blaugrauer Himmel / Am Sonntagabend dritter September / Auf der Hauptstraße müder Verkehr / Der heimliche Boulevard zwei Schritte breit / Führt durch Gärten / Wo der Bach versumpft an Gattern / An offenen Zäunen vorbei / Vom Rücken der steilen Zäune gleitet / In Schwefelfarbe ein Mantel herab / Die Trauer / Hat wieder ein neues Kleid / Auf beiden Schultern. Das alte / Ist noch nicht aufgetragen // Was sie hat / Das behält sie.« *(aus: Nichtseßhafte Bekannte)*

Stolz ist die Autorengruppe auf Tobias Hülswitt (*1973), Absolvent des Deutschen Literaturinstituts in Leipzig, dessen Sammlung erfrischender Geschichten, vom Verlag werbewirksam Roman genannt, unter dem Titel *Saga* bei Kiepenheuer & Witsch herausgekommen ist. »Das ist so ein haspelnder, liebenswerter, verdammt kluger Ich-Erzähler (...), dass es schade wäre, ihn nicht kennenzulernen.« (Anke Stelling, Klappentext zum Buch)

Uneingemeindet von der Autorengruppe lebt und schreibt in Kaiserslautern die Erzählerin Ruth Istock (zuletzt erschien nach langen Vorstudien ihr Buch *Da du nun Suleika heißest. Marianne von Willemers Goethe-Jahre)* und, nur zuweilen Gast, Klaus Wiegerling (*1954), der vorwiegend philosophische und essayistische Texte publiziert. Im nahen Landstuhl wirkt Karlheinz Schauder (*1931), dessen Hauptanliegen literarische Recherchen auf pfälzischem Territorium sind, und hinter dem amerikanischen Militärdepot Miesau der friedliche Heiner Kraus (*1932), der hauptsächlich Mundartliteratur veröffentlicht.

Eingerahmt von der Grenze zu Lothringen und dem Saarland, in der Zweibrücker Ecke, findet sich ein regelrechtes Autorennest. Wolfgang Stauch (*1968 Contwig), wie Norman Ohler (*1970 Zweibrücken) ein früher Nestflüchter, hat zwei Bücher bei Suhrkamp verlegt und Drehbücher verfasst. In seinem Erstlingswerk *Eine schlechte Geschichte* (1992), das er bereits mit 24 Jahren präsentierte, versuchen fünf Personen in kontroverser Auseinandersetzung, eine Geschichte zustande zu bringen und einen Mord aufzuklären. Die Struktur des Textes wird in eigenwilliger Stilisierung vom Gewirr der Redebeiträge bestimmt. *Brubecks Echo* (2000) ist ein Kriminalroman, ein Genre, das man bei Suhrkamp nicht vermutet und dort daher wohl zum Nachteil des Verfassers nicht unbedingt sucht. In diesem Buch sind Personen eines Kommissariats über einen noch nicht restlos aufgehellten Unfall eng verflochten, wie sich schließlich erweist. Ein weiterer Roman Stauchs, *Blochs Stechen*, ist in Arbeit.

In Zweibrücken geblieben sind, wie viele pfalztreue Autoren aus beruflichen und familiären Gründen, Wolfgang Ohler und Michael Dillinger. Der schreibende Vorsitzende Richter Wolfgang Ohler (*1943) kann nicht nur auf die steile Karriere seines Sohnes Norman stolz sein, der mit dem ersten deutschen Internet-Roman *Die Quotenmaschine* (1996) Furore machte, weil er darin die Möglichkeiten des neuen Mediums, zu neuen Perspektiven der Literatur zu führen, aufzeigt, indem er die Hauptfigur zu ihrer Identitätsfindung, zur aufregenden und unvorhersehbaren Neukonstituierung im virtuellen Raum u. a. Suchmaschinen in Gang setzen lässt. Wolfgang Ohler hat selbst eine stattliche Anzahl von Büchern publiziert, u. a. *Das Auge der Amsel* (1990), *Der König von Laputa* (1994) und *Doppelkopf. Kriminalerzählung* (1996). Jüngstes Oeuvre ist der Roman *Carlemanns Gold oder der Schnittpunkt der Parallelen* (2000), die Geschichte einer Familie in den fünfziger Jahren; thematisiert wird darin der latente Antisemitismus der Adenauer-Ära.

Michael Dillinger, schreibender Studiendirektor, hat sich nach Prosa und Lyrik in jüngster Zeit verstärkt der Gattung Hörspiel zugewandt. Und dies mit großem Erfolg. Das 1996 entstandene Debüt-Werk *Zeilensprung* gilt als das erfolgreichste Hörspiel des Saarländischen Rundfunks der letzten Jahre, es wurde von sämtlichen deutschen Rundfunkanstalten übernommen und auch in Österreich und in der Schweiz ausgestrahlt. 1997 folgte *Marthas Schlüssel* nach der gleichnamigen Erzählung und 1999 *Das blaue Boot*.

Gleichermaßen dürfte Reiner Gödtel (*1938) aus beruflichen Gründen im Land geblieben sein. Er lebt und schreibt mit Blick auf die Burg Lichtenberg in seinem Haus in Kusel. Gödtels Thematik wird stark von seiner Arbeit als Mediziner und Psychotherapeut bestimmt. Die Grenzen zwischen Fachliteratur und Belletristik sind bei ihm fließend. In seinen Romanen, z. B. *Der lange Weg dahin* (1990) und zuletzt *Surrogate* (»Bericht der Ersatzpartnerin Karen B. über ihre Arbeit und die Tätigkeit des Sexualtherapeuten Dr. K an die psychoanalytische Gesellschaft«) geht es, ähnlich wie in seinen Lyrikbänden, hauptsächlich um die Beziehungen der Geschlechter, um Verletzung und Heilung, Unterdrückung und Befreiung, Sexualität und Liebe. Auf anderer Ebene bewegen sich seine Veröffentlichungen im Briefstil, z. B. *Leih mir dein Ohr, großer Häuptling. Briefe an den Sohn* (1984).

In der Nähe von Kusel sind zwei Autoren geboren, die zu den geförderten Nachwuchstalenten gehören, in Altenglan Jörg Mattheis und in Börsborn Ute-Christine Krupp (*Greenwichprosa*, 1997, und mehrere Hörspiele).

Die Förderung solch junger Begabungen ist dem Leiter des Literaturreferates im Kulturministerium in Mainz, Sigfrid Gauch, ein wichtiges Anliegen. Hinzu kommt noch seine umfangreiche Aktivität als Herausgeber. An erster Stelle zu nennen sind die *Rheinland-pfälzischen Jahrbücher für Literatur*, zu deren Edition er jeweils zwei weitere Autoren im Wechsel heranzieht. Zudem ist er Vorstandsmitglied des P.E.N. Hinter all dem soll aber der Autor Sigfrid Gauch nicht zurückstehen. Sein 1979 erstmals erschienenes Buch *Vaterspuren* ist als äußerst offene und mutige Auseinandersetzung mit der bedrückenden NS-Vergangenheit seines Vaters – einst Reichsamtsleiter in der Reichsführung SS, Adjutant Himmlers und Verfasser des Werks *Neue Grundlagen der Rassenforschung* – in den Feuilletons aller wichtigen Zeitungen gewürdigt worden; nun erscheinen Übersetzungen des Buches in Israel und den USA. Begonnen hatte Gauch als Lyriker. Später folgten auch Prosaarbeiten: *Goethes Foto* (1992), ein Erzählband, in dessen Titelgeschichte der Autor seine Phantasie im Gewand der Sachlichkeit spielen lässt und damit den Realitätssinn des Lesers auf die Probe stellt, der 1987 erstmals publizierte und 1997 in überarbeiteter Fassung wieder vorgelegte Roman *Zweiter Hand*, zuletzt der Roman *Winterhafen*.

Sigfrid Gauch ist wie Michael Bauer (→ Auftaktessay M. Clauer) in Kaiserslautern zur Schule gegangen. Geboren wurde er in Offenbach am Glan. Nicht weit davon entfernt liegt die nordpfälzische Kreisstadt Kirchheimbolanden. Dort, wo die Menschen nicht unbedingt durch übersprudelnde Erzähllust auffallen, hat sich ein Autor niedergelassen, dessen durch orientalische Fabulierfähigkeit ausgezeichnete Bücher inzwischen Millionenauflagen erreicht haben. Die Rede ist von dem aus Syrien stammenden Erzähler Rafik Schami (*1946).

Dass der jugendliche Rebell Friedrich Schiller einst in Ludwigshafens Vorort Oggersheim untergetaucht war, hat die hier geborenen oder aufgewachsenen Autoren kaum dazu ermuntert dazubleiben: Arno Reinfrank (*1934) wohnt schon lange in London, Fanny Morweiser (*1940) hat sich über den Rhein ins benachbarte Mannheim davongemacht und seitdem mit ihren bei Diogenes erscheinenden Romanen hohe Auflagenzahlen erreicht,

Dieter M. Gräf (*1960) lebt bereits einige Jahre in Köln, sein Freund Thomas Gruber, der für seine Lyrik und Sprachinstallationen ausgezeichnet wurde, in Heidelberg. Nun allerdings hat sich vor Ort eine junge Germanistin und Autorin deutlich zu Wort gemeldet: Sabine Appel. Eine Goethe-Biografie vorzulegen, dazu gehört Selbstbewusstsein und Mut: *Im Feengarten. Goethe und die Frauen*, 1998 (Titel gegen den Willen der Verfasserin). Die Resonanz in Deutschland war durchweg positiv. Zuvor schon (1994) war die Biografie *Elisabeth I.* erschienen. In Vorbereitung ist eine Nietzsche-Biografie: *Die Felsspalte. Best days of my life*, möglicherweise der erste Teil einer Roman-Trilogie.

Speyer verbinden Literaturkenner mit Monika Beckerle (Romane u.a. *Das Kartenhaus*, 1983, *Der Toten Tanz*, 1986, *Die Geliebte*, 1997), neuerdings mit Thomas Lehr (→ Auftaktessay M. Clauer) und schon lange mit Artur Schütt, dem »Engel der Poesie« (so heißt auch eine Editionsreihe), und dies nicht nur, weil er die jährlichen Speyerer Literaturtage (einschließlich der »Nacht der Poesie«) ins Leben gerufen hat, bei welchen sich Autoren und Handpressendrucker ein Stelldichein geben. Nachdem Schütt mit seinen Schulgeschichten *Die Löcher im Stundenplan* (1980, Neuauflage 1994) bundesweit vielen Lesern aus dem Herzen gesprochen hat, findet auch seine Lyrik mehr und mehr Beachtung. Besonders eindrucksvoll ist das bibliophile Bändchen *Flugwörter & Zeilenrisse* (1999), worin er die Trauer um seine bei einem Unfall ums Leben gekommene Tochter in überlebensfähige Verse verwandelt hat: »Poesie / Jetzt / werde ich Schicht / um Schicht den / Sommerberg an Liebe / abtragen / Zei-

Die spiralförmigen Gedanken der Köchin beim Kartoffelschälen

Armin Hott, Aussitzen. Aus: Artur Schütt,
Die spiralförmigen Gedanken
der Köchin beim Kartoffelschälen

le um Zeile / wird er verschwinden / im Gedicht / damit ich dem / Winter gewachsen / bin der mich / erwartet / flügellos / und kalt.« Das sind Texte, »die
durch den Schmerz und das Schweigen und das Nicht-mehr-Wollen hin-
durchgegangen sind, die dort entstanden sind, wo es keine Sprache mehr
gibt. Nur Poesie ist fähig davon zu sprechen, worüber man schweigen
muss.« Dies das Resümee Theo Schneiders, der nicht nur viel von Lyrik versteht, sondern selbst ein exzellenter Lyriker ist, leider jedoch nur wenig veröffentlicht.

Im nahen Haßloch lebt der junge Autor Guido Dieckmann, der kürzlich mit
seinem im Berliner Aufbau-Verlag erschienenen Roman *Die Poetin* ins literarische Rampenlicht getreten ist. Um die Hauptfigur Nanette werden darin die
politischen Unruhen in Heidelberg im Zusammenhang mit der Ermordung
Kotzebues 1819 lebendig.

Fährt man im Geiste mit dem Finger die Weinstraße entlang, scheinen vor
allem drei Namen auf: in Neustadt Erwin Damian, in St. Martin Gabriele
Weingartner und in Landau Wolfgang Diehl.

Erwin Damian, 1912 geboren, publiziert seit Mitte der dreißiger Jahre bis
in unsere Tage. Zuletzt die humorvoll-erotische Erzählung *Römische Begebenheit* (1989), die Sammlung von Erzählungen *Die Wahl des Mr. Poe*
(1996) und *Das Kind* (2000), worin es um das Schicksal einer Familie im letzten Krieg geht. Länger, stets in bescheidener Zurückhaltung, hat keine pfälzische Persönlichkeit gewirkt, als Literat wie als Literaturpädagoge. Viele
Jahre leitete Erwin Damian das Lambrechter Jungautorentreffen; seine
Fähigkeit zu geduldigem Zuhören, seine behutsame Kritik, sein aufbauender
Rat war bei den Schreibanfängern hoch geschätzt.

Eine gute Rezensentin zu sein und gleichzeitig selbst rezensionswürdige
Literatur zu produzieren, kommt selten in einer Person zusammen. Gabriele
Weingartner (*1948) scheint dieses Kunststück zu gelingen. Nach dem stark
beachteten Romandebüt *Schneewittchensarg* (1996) ist ihr mit dem bei C. H.
Beck erschienenen Roman *Bleiweiß* der Aufstieg in die literarische
»Bundesliga« (Martin Lüdke) geglückt. In einer melodischen, schwingenden,
an den großen Romanciers des 19. und beginnenden 20. Jahrhunderts
geschulten Sprache erzählt die Autorin die Rückkehr des Protagonisten
Folke in das »Paradies« seiner Kindheit, die »saumseligen-traumseligen«
Ferienwochen in Sachsen zu DDR-Zeiten. Während seines »Gedächtnispar-
cours« trifft er auf Ernst Maletzke, den Humpler, den »körperbehinderten Spion«, den »Sommerschatten« damaliger Tage, der ihn mit vorgehaltener Pistole zum Zuhören zwingt, um ihn aus seiner »Blindheit zu befreien« und darüber aufzuklären, was sich hier einst wirklich abgespielt hat.

Eine kritische Liebe zur Pfalz bestimmt das umfangreiche Oeuvre des

Landauers Wolfgang Diehl (*1940) in seinen historischen und volkskund-
lichen Publikationen, besonders aber in seinen Gedichtbänden *Linksrheinisches* (1975), *auswärts – einwärts* (1983), *Heimatliebe – Heimattreue*.
Pfalzgedichte (1987), *AbendLand – NachtHeimat* (1993). Sein Schreiben
nährt sich aus der Spannung zwischen europäischem Kulturbewusstsein (ein
schönes Beispiel ist das Bändchen *O Venedig*) und regionaler Verwurzelung, wobei ihn »Heimat als Wunde... ständig schmerzt«, weil er sie immer
mehr verfälscht und entfremdet erlebt: »Der Heimat Wunschhut / ein französischer Dreispitz / vielleicht eine Zipfelmütze / weiterzuschlafen / fortzuge-
hen und heimzukehren / beides nicht ganz im Glück.« Aus Diehls Feder gibt
es daneben Erzählungen und Essays, in denen er deutlich zu seiner Meinung steht. Auch als Herausgeber ist er immer wieder hervorgetreten.

Vor den Toren Landaus, in Herxheim, wohnt seit einigen Jahren Michael
Bauer (*1947), durch den die pfälzische Literatur, besonders im Bereich des
Dialektes, eine deutliche Aufwertung erfahren hat.

Viele Dagebliebene sind inzwischen in die Jahre gekommen. Als sie jung
waren, hatten sie die Möglichkeiten nicht, die sich heute jungen Autoren bieten. Dieser Wandel ist zu begrüßen, falls nicht ausschließlich das ökonomi-
sche Kalkül der Verlage dahinter steckt. Ulrich Greiner *(Die Zeit)* merkt dazu
kritisch an: »Wenn der Markt alles, was jung ist, hemmungslos favorisiert und
prämiert, ausstellt und ausbeutet, dann betrifft das auch den literarischen
Markt«, denn »Literatur ist nur Teil des herrschenden Verwertungssystems«;
er gibt aber zu bedenken, »dass die Chance, ein Siebzigjähriger werde mehr
zu erzählen haben als ein Siebzehnjähriger, wesentlich größer ist«.

In einer verlagsarmen Region wie der Pfalz sind Publikationsmöglichkei-
ten, welcher Art auch immer, für die Schreibenden besonders wichtig. Ein
Forum bietet das Organ des Literarischen Vereins *Die neue literarische
Pfalz*, ein weiteres die mit kräftiger Unterstützung des Bezirksverbandes seit
kurzem von Karl Friedrich Geißler in Edenkoben herausgegebene Literaturzeitschrift *Chaussée*.

Gerd Forster

Unterwegs – Pfälzische Orte im Überblick

Albersweiler: Hellmut **Culmann** (1898 Albersweiler-1949), ev. Pfarrer in Luthersbrunn und Billigheim, dazwischen Professor in Rio Grande do Sul, Brasilien, verherrlichte das Bauerntum mit »Erdrausch und Schollendampf« u.a. in den Bändchen *Hinter den blauen Bergen. Märchen, Legenden und Skizzen aus dem Wasgau, Dahinten im Westrich. Geschichte und Gedichte aus dem Bauernleben, Trifelsträume* und *Klirrende Sense. Ein deutsches Bauernbuch.*

Altleiningen: Stammsitz der Grafen von Leiningen. Aus diesem Geschlecht stammt der Minnesänger Friedrich **von Leiningen**, der im ersten Drittel des 13. Jahrhunderts lebte. Er schrieb das schöne Frühlings- und Abschiedslied: »Swes muot ze fröuden sî gestalt, / der schouwe an den vil grüenen walt, / wie wünneclich gekleidet / Der meie sîn gesinde hât / von rîcher varwe in liechte wât...« (Wessen Lebenssinn der Freude zugewendet ist, der schaue nur in den überaus grünen Wald [und erkenne], wie herrlich der Mai seine Boten mit kostbaren Farben und in leuchtende Gewänder gekleidet hat.)

Altrip: Wilhelm Michael **Schneider** (1891-1975), geboren in Altrip, lebte als Kaufmann in Frankfurt am Main und publizierte unter dem Pseudonym Wilhelm Michael den realistischen Kriegsroman *Infantrist Perhobstler. Mit der bayrischen Division im Weltkrieg* (1929) und als Fortsetzung *Franzosen im Land. Infantrist Perhobstler nach*

dem Krieg. Ein Besatzungsroman (1930). Unter dem Namen Wilhelm Michael Perhobstler legte er eine Trilogie der Vorkriegs-, Kriegs- und Nachkriegszeit *Flut um Hohenufen* vor, alle Bücher bei Berliner Verlagen.

Annweiler: Friedrich **Aulenbach** (1810 Annweiler-1882) war der Sohn des dichtenden Pfarrers Christian Aulenbach. Er wuchs in → Zweibrücken auf. – Joseph Victor **von Scheffel** (1826-1886) lebte ab 1864 in seiner Geburtsstadt Karlsruhe, von wo er viele Ausflüge in die Pfalz machte. Aus seiner äußerst erfolgreichen Gedichtsammlung *Gaudeamus* (1868) stammt das Trifels-Gedicht: »...Annweilers Berge seh' ich wieder / Und ihre Burgdreifaltigkeit, / In Ehren alt, vernarbt und bieder, / Kriegszeugen deutscher Kaiserzeit. / Dort Scharfenburg, die schlanke feine, / Vor ihr der Felsklotz Anebos, / Und hier als dritter im Vereine / Der Reichspfalz Trifels Steinkoloss...« – Die auf dem Trifels bei Annweiler spielende Sage der Rettung des britischen Königs Richard Löwenherz, der in Reichsgefangenschaft geraten war, durch seinen getreuen Sänger Blondel, ist von vielen Autoren bearbeitet worden (u.a. von L. Zapf, F. Aulenbach, F. Baader, K. Simrock).

Bad Bergzabern: Am 9. 3. 1835 war Georg **Büchner** (1813-1837) im »halbzopfigen«, heute rosafarbenen »Engel« auf der Flucht nach Frankreich. – Georg **Weber** (1808-1888), Historiker und Schuldirektor in Heidelberg, schrieb in viele Sprachen übersetzte

Bücher zur Weltgeschichte, darunter eine 15bändige *Allgemeine Weltgeschichte.* Lesenswert sind seine autobiographischen Jugenderinnerungen. – Edith **Stein** (1891-1942) verbrachte wiederholt ihre Ferien in Bad Bergzabern; im Sommer 1921 liest sie die Selbstbiographie der Hl. Theresia von Avila, was zu ihrer Konversion führte. – Von 1948 bis zu ihrem Tode 1976 lebte im Haus Zeppelinstr. 13 die Dichterin Martha **Saalfeld**. Die Gartenwelt der »Villa« und die das Städtchen umgebende Landschaft haben sich in vielen Gedichten und Prosastücken, vor allem in dem Roman *Pan ging vorüber,* niedergeschlagen. Im städtischen Museum ist heute ein Martha-Saalfeld-Gedächtnis-Raum eingerichtet.

Bad Dürkheim: Anna **Croissant-Rust** (1860-1943) lebte in Bad Dürkheim bis 1866, von 1895 bis 1904 in Ludwigshafen. Sie gehörte als einzige Frau zum Münchener Naturalistenkreis. Erzählungen, Romane, Dramen von 1893 bis 1933, u. a. *Pimpernellche. Pfälzer Geschichten* (1901). – Karl **Räder** (1870-1967), geboren in Bad Dürkheim, Mundartdichter, lange Jahre Redakteur der Werkzeitung der BASF in Ludwigshafen; Karl-Räder-Allee in Bad Dürkheim. – Im Leiningenschen Schloss (heute Kurhaus) wurde 1784 ein Theater eröffnet, in dem August Wilhelm **Iffland** (1759-1814) Liebhabertheater inszenierte. – 1833 kam François René Vicomte **de Chateaubriand** (1768-1848) nach Dürkheim, 1840 Victor **Hugo** (1802-1885). James Fenimore **Cooper** (1789-1851) schrieb seine *Lederstrumpf*-Erzählungen teils während seines Europaaufenthaltes 1826 bis 1833, sowie, angeregt durch einen längeren Besuch Dürkheims

(über den er des Lobes voll ist), die Sage *The Heidenmauer,* die, rasch übersetzt, für den Rest des Jahrhunderts zum Klassiker der Badbesucher wurde. – Weitere Kurgäste waren Friedrich **Gerstäcker** (1816-1872), Ferdinand **Freiligrath** (1810-1876), Paul **Heyse** (1830-1914) und Ludwig **Uhland** (1787-1862). – Eduard **Jost** (1837-1902), arbeitete in Dürkheim, Landau, Kaiserslautern und Neustadt als Journalist. Er veröffentlichte zwei Sammlungen *Pfälzische Geschichten aus alter und neuer Zeit* (1901/02). Für sein »Pfälzer Lied« (»Am deutschen Strom, am grünen Rheine, ziehst du dich hin, o Pfälzerland!«), das auf der Limburg bei Bad Dürkheim enstand, erhielt er dort ein Denkmal. – Hermann **Schaefer** (1847-1932) war ein vollmundiger Lyriker der Weinpfalz mit den Bänden *Bunte Herbstblätter* (1900), *Rebengold und Weinrosen. Distichen zum Preis des deutschen Weines* (1907), *Von den Hängen der Haardt* (1912).

Bellheim: August **Heinrich**, genannt **Bellemer Heiner** (1881 Bellheim-1965) war als Mundartautor, vor allem als Vortragskünstler in der ganzen Region bekannt. »Gebore bin ich, des isch kloor, / un zwar in Bellem, des isch wohr.«

Böbingen: Leopold **Reitz** (1889 Böbingen-1972), Lehrer, Autor von Büchern meist heimatlichen Inhalts: *Geschichten um den Kinnelsbrunnen, Schelm Schinderhannes, Der Weinpfarrer von Wachenheim, Der lateinische Bürgermeister* und die autobiographischen *Jahre im Dunkel.* Als Ordensmeister der Weinbruderschaft der Pfalz genoss Reitz größte Reputation.

Deidesheim: Alexander **von Humboldt** hat sich in der »Kanne« verewigt. – Karl **May** (1842-1912) besuchte im Juni 1897 auf einer großen Rundreise durch Deutschland mit seiner Frau für zwei Wochen den Weingutsbesitzer Kommerzienrat Emil Seyler in Deidesheim. Zur Tafelrunde gehörte der Kaplan Andreas **Kempf**, der in der *Palatina* einen längeren Beitrag veröffentlichte: »Einige Plauderstündchen von Pfälzern bei Old Shatterhand.« Die Seylers haben nicht nur Wein nach Dresden geschickt, sondern auch Obst und Erdbeerpflanzen.

Dörrenbach: In der Nähe des Dorfes liegen die Überreste der Burg Guttenberg, von der nur der lädierte Bergfried erhalten ist. Sie war der Sitz eines Geschlechts, aus dem der vor 1220 geborene Dichter Ulrich **von Gutenburg** stammt. Im Gefolge der Kaiser Friedrich I. Barbarossa und Heinrich VI. dichtete er nach dem Vorbild Friedrichs von Hausen in virtuos gehandhabter Sprach- und Reimkunst (auch unter provenzalischem Einfluss) Minnestrophen und einen Minneleich, den ersten dieser Kunstform in der deutschen Literatur. Eines seiner Liebeslieder beginnt so: »Ich hôrte wol ein merlikîin singen, / mich dûchte der sumer wolte entstân. / ich waene ez al der werlt fröide sol bringen, / wan mir einen, mich'n triege mîn wân. / swie mîn frouwe will, so solz mir ergan, / der ich zallen zîten bin untertan...« (Ich hörte wohl ein Amselchen singen, mir schien, das ist der Beginn des Sommers. Ich vermute, dass es der ganzen Welt Freude bringen soll, wenn mich Einsamen meine Hoffnung nicht täuscht. So wie es meiner Geliebten

gefällt, der ich jederzeit ergeben bin, so soll es mir ergehen.)

Dudenhofen: In Dudenhofen lebt und schreibt die Erzählerin und Lyrikerin Monika **Beckerle** (*1943). Bekannt wurde sie vor allem mit dem Roman *Der Toten Tanz* (1986), der in die Neuzeit von 1515 bis 1555 führt, eine Zeit des Umbruchs.

Ebernburg: Hier wurde 1481 Franz **von Sickingen** geboren, er starb 1523 in Landstuhl. 1520-1522 fand in dieser »Herberge der Gerechtigkeit« Ulrich **von Hutten** Unterschlupf und schrieb sein *Gesprächsbüchlein*; auch Reformatoren wie Martin Butzer, Johannes Schwebel, Kaspar Aquila und Johannes Oekolampadus standen in diesem Zentrum der Reformation unter dem Schutz des Renaissance-Kondottieres und Führers der Ritter zwischen Oberrhein und Hunsrück. Über sein tragisches Schicksal schrieben viele: von Herder über Goethe (im *Götz von Berlichingen*) bis Simrock und Otto Flake. Zum Dramenhelden machten ihn J. von Soden (1808), Ernst Bauernfeld (1850) und Ferdinand Lassalle (1859). Epen schrieben über ihn J. Stammel (1794), H. von Königswald (1934) und Mirko Jelusich (1937).

Edenkoben: Am Rathaus erinnert eine Tafel daran, dass der hier geborene und 1764 nach Amerika ausgewanderte Johann Adam **Hartmann** (1748-1826), ein Kämpfer im Unabhängigkeitskrieg der USA und bekannter »Ranger« an der Indianergrenze, das Vorbild für J. F. **Coopers** »Lederstrumpf« gewesen sei. Richtiger muss man wohl sagen »ein Vorbild«; immerhin wird er in einem der Romane Coopers namentlich genannt. Die pfälzische Lederstrumpftradition schlägt den Bogen von Hartmann zu Max **Slevogt**, dessen künstlerischer Nachlass in der nahe Edenkoben liegenden **Villa Ludwigshöhe** eine eigene Galerie fand. Die »Villa« wurde 1845-1852 nach Plänen von Friedrich Gärtner als Sommersitz für den bayerischen König Ludwig I. erbaut. In der Galerie begegnet man dem Impressionisten Max Slevogt als einem Literaturfreund und genialem Illustrator (u. a. *Ilias, Sindbad der Seefahrer, Märchen, Die Eroberung von Mexiko durch Ferdinand Cortez, Ein Liederbuch, Die Zeit der Völkerwanderung)*; zu seinen Meisterwerken gehören die Lithographien zum *Lederstrumpf* Coopers. Dem zeichnenden Slevogt, Lederstrumpf und seinem Indianerfreund Chingachgook begegnet man im »**Lederstrumpfbrunnen**« von Gernot Rumpf (im Ortszentrum) in Gestalt überlebensgroßer realistischer Bronzefiguren. – Unweit der Villa Ludwigshöhe ist das **Künstlerhaus Edenkoben** der rheinland-pfälzischen Stiftung für Kultur in der ehemaligen Bergelmühle zu finden. Es beherbergt Wohnungen für Literatur-, Kunst- und Musikstipendiaten und ist die bedeutendste literarische Begegnungsstätte der Region. Reihen wie »Poesie und Musik«, »Poesie der Nachbarn«, »Literatur im Lande«, »Lesezeit«, »Bühne Edenkoben«, »Café noir« prägen das Jahresprogramm. Autoren von Hans **Bender** bis Joseph **Zoderer**, von Mircea **Dinescu** bis Oskar **Pastior** waren bislang literarische Gäste. Rheinland-Pfalz fördert mit dieser Einrichtung insbesondere auch Begegnungen von Autorinnen und Autoren aus ganz Europa mit deutschen Autoren und Überset-

zern. Eine Druckerwerkstatt für bibliophile Prints ist angeschlossen. Dokumentationen und Texte dieser Begegnungen erschienen in der »edition die horen« und im Verlag Das Wunderhorn, Heidelberg. – Seit 1950 lebte der in Köln geborene Hans **Reetz** (1899-1984) in Edenkoben als renommierter Journalist, Kritiker und Kunsthistoriker. Er initiierte 1948 das *Große Pfalzbuch*, von dem sieben Auflagen erarbeitet wurden. – In Edenkoben wurde 1948 die pfälzische Schriftstellerin Gabriele **Weingartner** geboren (*Schneewittchensarg*, 1996; *Bleiweiss*, 2000). Sie lebt heute in St. Martin.

Edesheim: Am 8. 12. 1723 Geburtsort von Paul Heinrich Thiry, den unter diesem Namen niemand kennt. Er trug jedoch nach der Adoption durch einen Bruder seiner Mutter, den Bankier, Börsenspekulanten und Herrschaftsbesitzer Franz Adam von Holbach, dessen Namen. Paul Thiry Baron **von Holbach** wurde in Paris mit dem Erbe seines Onkels einer der großen Förderer der Enzyklopädisten. Als Freund von Diderot schrieb er selbst zahlreiche, vor allem naturwissenschaftliche Artikel für das Werk *Dictionnaire raisonné des sciences, des arts et des métiers....* Holbach war ein führender Philosoph der Aufklärung und des Materialismus. Sein Hauptwerk ist das anonym erschienene *Système de la nature ou des loix du monde physique & du monde moral* (Amsterdam 1770). Der Edesheimer Wohnsitz des Onkels, in dem Paul als Knabe eine perfekte Erziehung genoss, ist als das barocke »Kupperwolfschlösschen« erhalten.

Eschborner Hof: Geburtsort von Karl **Leibrock** (1877-1923). Der Bahnbeamte dichtete romantische Märchen und Sagen, die 1911 als *Träumereien aus dem Westrich* erschienen. Erfolg hatte er mit seinen Mundartstücken *Nickels Rache, Mei Herzkersch*. In Hochsprache erschienen seine Schauspiele *Fressendes Feuer*, in dem die Rätezeit geschildert wird, und *Marlene*, ein Stück um die Reichsgräfin Marianne von der Leyen. Als Kind des früher manchmal als abgelegen und reizlos beschriebenen Westrichs schrieb er: »Ihr sollt mir meinen Westrich nicht verachten, lernt ihn erst kennen, o, dann liebt ihr ihn!«

Eulenbis: Hier lebt der Schriftsteller Gerd **Forster**, 1935 in Ludwigshafen geboren. Veröffentlichte u. a. *Die pfälzische Krankheit* (1990); den Roman *Lesarten der Liebe* (1995); *Ein Schreibtisch in der Wüste* (1999), das Tagebuch seiner Zeit als Writer in Residence an der Universität in Beer-Sheva in Israel. Als Dichter ist Forster in bedeutenden Anthologien deutschsprachiger Lyrik vertreten.

Feil-Bingert: Theodor **Bohner** (1882-1963) hat seine Heimat im nördlichsten Zipfel der Pfalz, in Feil, kam allerdings in Abokobi an der Goldküste auf die Welt. Seine Gymnasialzeit verbrachte er in Kaiserslautern und Mannheim. Als Pädagoge war er u. a. in Berlin und Rom tätig. Der liberale Politiker (1924-1932 Mitglied des preußischen Landtags) wurde 1933 von den Nazis aus seinem Amt als Schulrat gejagt. Als Schriftsteller veröffentliche er ca. 30 Romane und Sachbücher, darunter 1935 die Biographie seines Vaters Heinrich Bohner *Der Schuhmacher Gottes. Ein deutsches Leben in Afrika*. Der Vater (1842-1905) kam als Hand-

werker an die Goldküste und wirkte in Kamerun als Missionar, Lehrer und oberster Leiter der Basler Mission.

Frankenthal: Paul **Bertololy** (1892-1972), ein in Frankenthal geborener und in Lembach im Elsass ansässiger Arzt und Schriftsteller schrieb zahlreiche Romane, u. a. *Eine Frau geht vorbei* (1931), *Dora Holdenrieth* (1939), *Die Lausbuben* (1952), *Im Angesicht des Menschen. Aus dem Leben eines Landarztes* (1956). – Sophie **La Roche** (1731-1807) interessierte sich 1787 für das »Backzimmer« im Mädchenphilantropin. – Reinhold **Schneider-Baumbauer** (1894-1942), in Frankenthal geboren, schrieb neben Theaterstücken und Gedichten u. a. die Romane *Geschütztes Land* und *Die Heimkehr*.

Frankweiler: Fritz **Eckerle** (1877 Frankweiler-1925), Jurist in Bamberg, schrieb ein pfälzisches Geschichtsepos *Das Hohe Lied. Eine rheinische Dichtung* (1921), Gedichte: *Der Pflüger*, Schauspiele: *Schatten, Die heiße Zone,* sowie Erzählungen und Romane: u. a. *Die grünen Türme. Ein Buch der Erlebnisse* (1921).

Freinsheim: Hermann **Sinsheimer** (1883-1950), in F. geboren, war nach Jurastudium und Rechtsanwaltstätigkeit in Ludwigshafen, Regisseur, Theaterdirektor und Theaterkritiker in München, Chefredakteur des *Simplicissimus*, Feuilletonchef des *Berliner Tageblattes* und Romanautor. Als Jude emigrierte er 1938 über Palästina und England. Er schrieb mit seinem Bruder Mundartschwänke *Die Reblaus*, Erzählungen *An den Wassern von Babylon. Novellen. Ein fast heiteres Juden-*

buchlein (1920), mehrere Romane, das herausragende Buch jüdischen Schicksals *Shylock* sowie eine Autobiografie *Gelebt im Paradies*. Zu Ehren des erklärten Regionalisten und Freundes der pfälzischen Heimat verleiht die Stadt Freinsheim seit Jahren den Sinsheimer-Preis an bedeutende Persönlichkeiten des deutschen Kulturlebens und seit 2000 die Sinsheimer-Medaille für Verdienste um die pfälzische Literatur.

Germersheim: Eugen **Croissant** (1862-1918), in G. geboren, begann als Journalist mit den *Gedichten eines Skeptikers*, er war Leiter des *Pfälzischen Merkurs* und der PWV-Zeitschrift *Der Pfälzerwald*. Daneben betätigte er sich als Mundart- und Heimatdichter.

Grünstadt: Von dem in G. geborenen Minnesänger und Kreuzfahrer Friedrich **von Leiningen** ist das Lied »min trost, min heil gar an dir lit« in der Manessischen Sammlung erhalten (→ Altleiningen). – Aus G. stammt Christoph Karl Ludwig Freiherr **von Pfeil** (1712-1784), Jugendfreund Zinzendorfs; seine pietistischen Lieder sind in heutigen Gesangbüchern nicht mehr zu finden, wohl aber in früheren: »Betgemeinde, heilge dich / mit dem heilgen Öle / Jesu Geist ergieße sich / dir in Herz und Seele.« – G. bezeichnet der Lyriker Chr. H. **Gilardone** als seine Vaterstadt. Er veröffentlichte ab 1844 zwei umfangreiche Bände anonym als *Gedichte von Maler Müller's Neffen* mit viel Pfalzlob. – Anna Franziska **Riotte** (1845-1922), geboren in G., Malerin und Erzählerin, u. a. *Rheinfahrt* (1903)

Herxheim: In H. lebt und schreibt der in Kaiserslautern geborene Journalist und Schriftsteller Michael **Bauer** (*1947). Er veröffentlichte u. a. den Gedichtband *Dem Maier Jean soi Määnung* (1976) sowie *Olwerdolwer* (1980), *Es Landauer Jaköbsche* (1987) und *Die Liebestinte* (1991).

Imsweiler: Paula **Best** (1898-1976), geboren in I., Lehrerin, schrieb aus dem Erlebnis ihrer nordpfälzischen Heimat Erzählungen, Romane und Gedichte (*Das heimliche Läuten*, 1935)

Jakobsweiler: Dort starb und liegt begraben die Lyrikerin, Erzählerin und Hörspiel-Autorin Susanne **Faschon** (1925 Kaiserslautern-1995). Sie öffnete die pfälzische Dialektdichtung für ernste Themen und zeitkritisch-realistische Töne.

Jockgrim: Lina **Sommer** (1862-1932) lebte lange in Jockgrim und ist hier begraben. Mit ihren Bändchen *Stillvergniecht, Vun allem ebbes, Pälzer Blumestreißel, So Sache, Wisseblume* und *Pälzer Humor* war sie die beliebteste Mundartautorin in der Pfalz. In Jockgrim erinnert ein kleiner Platz mit einem Denkmal (Portraitbüste) an die Autorin. (→ Ludwigshafen)

Kaiserslautern: Der Minnesänger Friedrich **von Hausen** (um 1150-1190), aus dem Kreuznacher Land stammend, begleitete Kaiser Barbarossa; möglicherweise entstanden viele seiner Lieder in der Pfalz in K. – Johann Heinrich **Jung-Stilling** (1740-1817), mit Herder und Goethe befreundet, aus pietistischen Kreisen stammend, wurde 1776 als Professor der

Landwirtschaft, Technologie, Handlungswissenschaft und Vieharzneikunde an die Kameral-Hohe-Schule nach K. berufen. Sein wichtigstes literarisches Werk ist seine Lebensbeschreibung. – Franz **Weiß** (1808-1843), geboren in K., Theologe, Lehrer und Schriftsteller, wurde wegen seiner Verbindungen zur Revolution von 1849 entlassen. 1855 gab er seine mit gefühlsstarken Gedichten durchsetzte Landeskunde der Pfalz *Die malerische und romantische Rhein-Pfalz* heraus. Wegen seiner zahlreichen Stahlstiche ist es eines der schönsten Bücher über die Pfalz. – Friedrich Albrecht **Karcher** (1814-1855), ein in Kreuznach geborener Tabakkaufmann, kam in jungen Jahren nach K. Er publizierte Fastnachtsspiele und das Mundartlied »Em Westricher sei Lied vom Tuwwak«. 1851 veröffentlichte er als Augenzeuge die einzige um Wahrheit bemühte Darstellung der Kaiserslauterer Revolutionsereignisse von 1849 in *Die Freischärlerin. Eine Novelle aus der Revolution von 1849.* – Max **Braun-Rühling** (1874-1967), in Thüringen geboren, kam vierjährig nach Kaiserslautern, wo er mit 50 seine literarische Laufbahn begann. Er schrieb *Anno... ergötzliche Geschichten aus Alt-Kaiserslautern* (1927), *Der junge Schiller am Rhein* (1929), den ganz im nationalsozialistischen Geist die Freikorpskämpfe verherrlichenden Pfalzroman *Nibelungenland* (1932), *Das Fähnlein Hiltebrand* (1939). Nach dem Krieg veröffentlichte er die Berichte *Eine Stadt im Feuerregen* und *Kaiserslautern und sein Schrifttum.* – Paul **Münch** (1879-1951), Sohn eines Landpfarrers, geboren in Ruchheim, wuchs bis zu seinem 12. Lebensjahr in Kusel auf, dann in Oberlustadt und

besuchte Schulen in Germersheim und Landau. Ab 1907 bis zur Pensionierung Kunsterzieher in K.; sein bekanntestes Buch *Die pälzisch Weltgeschicht'* (1909), 1988 im 140. Tausend erschienen, ist das bekannteste Mundartbuch der Pfalz. – Josef **Lenhard**, 1886 in K. geboren, lebte in Ludwigshafen; der Lyriker und Erzähler veröffentlichte 1932 den Industriearbeiter-Roman *Mensch unterm Hammer* und die Gedichte *Dem Werke sing ich mein Lied* (1938). – Kurt **Kölsch** (1904-1968), geboren in K., Lehrer und Schriftsteller, war zunächst Lyriker (»Lob der Heimat«, »Der Trifels«). Ab 1933 stellte er als Gaukulturwart der Nazis die gesamte pfälzische Kultur unter nationalsozialistische Vorzeichen. Nach dem Kriege veröffentlichte er zunächst unter Pseudonym (Peter Luginsland) Mundartgedichte (*Pälzer Bauregaarte*), später Gedichte, die zwischen naturlyrischer Begabung, epigonaler Bildsuche und Selbsttrost (*Abendländische Elegie*) schwanken. – In oder nahe K. leben und arbeiten die Schriftstellerinnen und Schriftsteller Helga **Arnold** (*1942), Gerd **Forster** (→ Eulenbis), Marliese **Fuhrmann** (*1934 Kaiserslautern; *Zeit der Brennnessel*, 1981; *Weiwerwirtschaft*, Uraufführung 1992), Ruth **Istock** (*1933 Alzey; *Da du nun Suleika heißest*, 1998).

Kandel: Der in Kaiserslautern geborene Lyriker und Prosaist Werner **Laubscher** (*1927) lebt in Kandel. Er schreibt eine experimentelle Poesie, getragen von Lust am Wortspielerischen und Lautlichen. – Auch Lutz **Stehl** (*1948), Lyriker und Prosaist, lebt in Kandel.

Klingenmünster: August **Becker** (1828-1891), Begründer der pfälzischen Volkskunde mit dem Handbuch *Die Pfalz und die Pfälzer* (1858) ist Autor zahlreicher Romane und Erzählungen, u.a. *Die Nonnensusel, Hedwig. Roman aus dem Wasgau, Zigeunerstoffele*. Er starb in Eisenach, ist aber seit 1930 auf dem Friedhof von Klingenmünster begraben. – Oskar **Bischoff** (1912-1985), geboren in Klingenmünster, Redakteur des *Jäger aus Kurpfalz* und Leiter der *Rheinischpfälzischen Monatshefte*, schrieb Lyrik und Geschichten, war aber einflussreicher als Leiter der Buchproduktion der Pfälzischen Verlagsanstalt Neustadt / Landau und als Herausgeber.

Kusel: In dem 1643 in Amsterdam erschienenen Buch *Ruina Palatinatus Bipontini* schildert der Pfälzer Theologe Nikolaus **Lorch** die Zerstörung Kusels durch die Kroaten. – Christian **Böhmer** (1823-1877) war als Bosenbacher Pfarrer der poetische Chronist des Kuseler Landes. 1855 veröffentlichte er *Lieder aus Fremde und Heimat*, 1877 sein Geschichtsbilder-Epos *Remigiusberg. Ein Heimathsang*. – Der Mittelbacher Hermann **Lorch** (1878-1964) schrieb neben *Heimatborn. Geschichten und Sagen der Pfalz* die Schulmeistergeschichte *Die Chronik der Musikantenschule*. – Der im nahen Höringen geborene Daniel **Kühn** (1859-1920) zählt zu den besten pfälzischen Dialektdichtern.

Lambrecht: Kurt **Faber** (1880 Mühlhausen-1929/30 in der nordkanadischen Wildnis), Weltenbummler und Reiseschriftsteller, wurde 1913 in Lambrecht »sesshaft«. Veröffentlichte zahlreiche abenteuerliche Reisebe-

schreibungen: *Unter Eskimos und Walfischfängern, Dem Glücke nach durch Südamerika, Rund um die Erde, Mit dem Rucksack nach Indien, Tage und Nächte in Urwald und Sierra, Tausend und ein Abenteuer, Weltwanderers letzte Fahrten und Abenteuer*. – Heinz **Lorenz** (1888-1966), der sich nach seinem Geburtsort Lorenz-Lambrecht nannte, war zunächst Berufsoffizier, später Journalist. Er veröffentlichte zahlreiche Bühnenwerke und Prosa mit historischen und zeitgeschichtlichen Themen, darunter den Sickingen-Roman *Der Koloss* und die bekannte Erzählung *Die Weinbergsfehde*.

Landau: »Landau kann in der Tat das Schlüsselloch zu Frankreich heißen«, schrieb Jakob Michael Reinhold **Lenz** (1751-1792). Er kam in französischen Diensten von Fort Louis, wenige Kilometer östlich von Sesenheim, ins französische Landau und lebte hier 1772/73 vier Monate, fern von Goethe und der gemeinsamen Geliebten Friederike Brion. – »Ein gar sonderbarer Dialekt, der dem Judenidiom der Polen nicht ganz unähnlich ist«, entdeckte Johann Gottfried **Seume** (1763-1810) in Landau (1802). – Heinrich Jakob **Fried** (1802-1870), in Landau geboren, war romantischer Maler (Burgenfreund) und Poet dazu. Er veröffentlichte seine etwas schwerfälligen Texte 1840 in der umfangreichen Sammlung *Epheuranken*. – Konrad **Krez** (1828-1897) publizierte als jugendlicher Lyriker *Dornen und Rosen aus den Vogesen* und *Gesangbuch* (1848), bevor er sich in Schleswig-Holstein und 1849 während der Reichsverfassungskampagne in der Pfalz als Freischärler und

Revolutionär einsetzte. Zum Tode verurteilt, konnte er aus der Festung Landau entkommen und in die USA emigrieren. Als Anwalt kämpfte er im Bürgerkrieg gegen die Südstaaten und stieg zum General auf. Schließlich trat er als Staatsbeamter und führender Politiker der Demokraten für die Interessen der Emigranten und die Wohlfahrt seiner neuen Heimat ein. – Thomas **Nast** (1840 Landau-1902 in Ecuador), der als Kind in die USA auswanderte, ist der Begründer der amerikanischen politischen Karikatur; er erfand die Symbolfiguren für Republikaner und Demokraten, Esel und Elefant, und schuf aus dem Pfälzer Belzenickel den amerikanischen Santa Claus. Thomas-Nast-Preis der Stadt Landau. – Ludwig **Zoeller**, geboren 1868 in Landau und aufgewachsen in Frankenthal und Zweibrücken, schrieb die dokumentarische Biographie *Kriegs- und Friedens-Erinnerungen eines Pfälzers* (1918). – Martha **Saalfeld** (1898-1976, bestattet im Familiengrab auf dem Landauer Friedhof), vor 1933 erfolgreiche Lyrikerin und Theaterautorin, lebte mit ihrem Mann, dem Grafiker Werner vom Scheidt, zunächst in Landau, während und nach dem Krieg u. a. in Worms, Düsseldorf und Wasserburg am Inn, bis sie sich 1948 in Bad Bergzabern niederlassen konnten. Im »Dritten Reich« hatte sie Publikationsverbot; deshalb fallen ihre Prosaarbeiten in die Nachkriegszeit, auch die Verknüpfung ihrer Kindheitserlebnisse mit dem Thema des Holocaust in den Romanen *Judengasse* und *Isi oder die Gerechtigkeit*. In den letzten Jahren hat Berthold Roland mit der Neuausgabe ihrer Werke begonnen. Ihren Namen trägt der Förderpreis für Literatur des Landes Rheinland-Pfalz. – Hans **Ufer** (1896-1920), geboren in Karlsruhe, wuchs in Landau auf und trat sehr jung als Lyriker in Erscheinung. – Kurt **Becker,** geboren 1909 in Landau, gestaltete unter dem Pseudonym W. v. H. die Lebensbeschreibung eines Offiziers des Zweibrücker Regiments Royal Deuxponts *Zwischen Mars und Venus.* – Ludwig **Kohl-Larsen** (1894-1969), geboren in Landau, schrieb als Arzt, Professor der Universität Tübingen, Anthropologe und Ethnologe ein Dutzend Bücher über seine lebenslangen Forschungsunternehmungen. Der Mann, »der Lucys Ahnen fand«, eiszeitliche Felsbilder entdeckte und erforschte, sammelte vor allem in Lappland und in Afrika mündlich überlieferte Literatur, Märchen, Sagen, Geschichten, Lebensbeschreibungen und rettete sie vor dem Vergessenwerden. – Paul **Ginthum** (1894-1959), der gebürtige Heidelberger, war 30 Jahre führender Journalist, Kritiker und Schriftsteller in Landau. Er schrieb Schauspiele, veröffentlichte *Pfälzer Sagen und Balladen*, sowie Gedichte und Feuilletons. – Hans **Weyland**, geboren 1899 in Landau, publizierte 1939 den Roman *Der Bauerngeneral*. – In Landau lebt und schreibt der Gymnasiallehrer Wolfgang **Diehl** (*1940 Landau) Erzählungen, Gedichte, landes- und volkskundliche Abhandlungen. – In Landau-Mörzheim lebt und schreibt die Romanautorin Sibylle **Knauss** (*1944; u. a. *Die Missionarin*, 1997; *Evas Cousine*, 2000).

Landstuhl: Ob Ulrich **von Hutten** (1488-1523) außer auf der Ebernburg bei Bad Münster am Stein und der Burg Nanstein bei Landstuhl auch auf der Burg Diemerstein zwischen Frankeneck und Hochspeyer wohnte, ist nicht sicher. – Der bayerische Volksschriftsteller Ludwig **Thoma** (1867-1921) kam nach dem Tod seines Vaters mit einer Schwester zu einer Tante nach Landstuhl und besuchte dort 1874-1876 die Schule, bis sein Onkel wieder nach Bayern versetzt wurde. – Zu Franz **von Sickingen** → Ebernburg.

Lauterecken: Claire **Weitzel** (1889-1945) in L. geboren, wuchs in Klingenmüster auf, lebte in Bad Dürkheim. Sie schrieb die Heimatromane *Armer Hans* (1919) und *Heimat* (1920).

Ludwigshafen: Friedrich **von Schiller** (1759-1805) wohnte nach seiner Flucht aus Stuttgart im Oktober und November 1782 im Viehhof in Ludwigshafen-Oggersheim; er arbeitete an *Luise Millerin* und *Fiesko*. – Adam **Ritzhaupt**, geboren 1882 in Ludwigshafen, schrieb als Pfarrer in Erfurt realistische Romane und Erzählungen aus dem pfälzischen Industrierevier: *In Sonne und Rauch. Erzählungen aus dem Kinderleben, Der mißratene Vikar* und *Jungschmied Fasolt. Ein Roman aus der Gründerzeit* (1935). – Hedwig **Laudien** (1884-1968), geboren in Ludwigshafen, schrieb Skizzen, Lyrik und Erzählungen mit Bezug zu Ludwigshafen: *Es war ein Haus mit vielen Fenstern. Erinnerungen und Gedichte* (1964). – Bürgersohn, Schöngeist und Revolutionär war der Philosoph von Weltrang und Schriftsteller Ernst **Bloch** (1885-1977). Geprägt vom Proletariererlebnis in seiner Heimatstadt und vom Bildungspotenzial der ehemaligen Residenz Mannheim, entwickelte er seine marxistische Philosophie des *Prinzips Hoffnung*. Seine

Erinnerungen an Ludwigshafen-Mannheim finden sich in *Verfremdungen II*. (→ »Bloch«-Essay) – Friedrich **Burschell** (1889-1970), geboren in Ludwigshafen, war Erzähler, Kritiker, Essayist und Übersetzer. Freund von Ernst Blass, Rainer Maria Rilke und Ernst Bloch. Von 1933 bis 1952 lebte er in der Emigration. Er veröffentlichte die Essaysammlungen *Einfalt des Herzens. Briefe an einen Künstler* (1919), *Vom Charakter der Seele, ein Gespräch* (1920) und biografische Arbeiten über Jean Paul und Friedrich Schiller sowie (postum) *Erinnerungen von 1889-1919*. – Im nahen Ruchheimer Pfarrhaus wurde Paul **Münch** (1879-1951), Autor des erfolgreichsten Mundartbuches *Die pälzer Weltgschicht*, geboren.

Meckenheim: Ludwig **Scharf** (1864-1938), in Meckenheim geboren und in Blieskastel aufgewachsen, wurde als revolutionäre Natur eine Schwabinger Institution: »Mein Herz ist eine Granate ... Mein Hirn eine eiserne Bombe ... Meine Faust ein goldener Hammer.« 1892 veröffentlichte er *Lieder eines Menschen*, 1905 die *Tschandala-Lieder*. Er war einer der »Elf Scharfrichter« des berühmten Münchener Kabaretts; lebte in München und Berlin und schließlich mit seiner Gattin, einer ungarischen Gräfin, auf einem Magnatensitz in Südungarn.

Neunkirchen / Potzberg: Armin Otto **Huber** (1904-1977) wurde in Neunkirchen / Potzberg geboren, wuchs in Steinwenden und Ludwigshafen auf, lebte später u. a. in Berlin und Neustadt. Er war Weltreisender, Trapper, Indianerspezialist, Sammler, Kriminal-, Reise- und Abenteuerschriftsteller, der ein unübersehbares Werk (z. T. unter Pseudonymen: Achim F. Strubberg, Fred Larsen, Armin Frank) geschrieben hat, u. a. *Das Buch vom Trapper, Raritätenjäger, Weißer Mann und roter Mann, Bring ihn lebend ein, Mit Tomahawk und Friedenspfeife, Nonstop ins Ungewisse.*

Neustadt / Weinstraße: Joseph Victor **von Scheffel** (1826-1886), Lyriker und Erzähler, Lieblingsschriftsteller des bürgerlichen Hauses u.a. mit dem Versepos *Der Trompeter von Säckingen* (1854) und dem Roman *Ekkehard* (1855), kam ab 1865 häufiger nach Neustadt u. a. zu dem Verleger und Weingutsbesitzer E. Witter am Markt. – Johannes **Hüll** (1828-1907), geboren in Neustadt, war einer der rührigsten Autoren der Pfalz; er veröffentlichte neben *Schwert und Harfe* (1871) die Sammlung *Dichtungen eines Pfälzischen Poeten*, darin Dutzende von Balladen und lyrische Texte zu pfälzischen Themen (u.a. König Dagobert, Richard Löwenherz auf dem Trifels, Franz von Sickingen, Kloster Rosenthal, Trippstadt, Am Aschbacher Hof, Im Wald bei Hohenecken) – Eduard **Jost** (1837-1902), der Dichter des »Pfälzer Liedes«, starb hier. Sein Grab ist auf dem Hauptfriedhof. (→ Bad Dürkheim) – Lina **Staab** (1901-1987), geboren in Neustadt; Lyrik, Erzählungen, Märchenspiele; 1920 Musikstudium in Würzburg, nach der Geburt eines Kindes abgebrochen; 1942-1960 Bibliothekarin an der Pfälzischen Landesgewerbeanstalt in Kaiserslautern. Neben Martha Saalfeld die begabteste Lyrikerin der Pfalz. Erzählungen: *Zwischen den Ufern* (1930), *Traum und Tröstung. Aus einer Kindheit* (1949), Gedichte: *Erdachtes und Vollbrachtes*

(1920), *Neue Gedichte* (1930), *Jahr der Liebe, Die festliche Stadt* (1940). – In Neustadt wurde Heiner **Goebbels** 1952 geboren, ein experimentierfreudiger Wanderer zwischen Literatur, Musik, Film und Theater.

Pirmasens: Mit dem **Hugo-Ball-**Archiv setzt seit 1970 eine späte Ehrenrettung des berühmten DADA-Dichters (1886-1927) ein, der bis zum Abitur in Pirmasens und Zweibrücken lebte. Seine Beziehung zur Pfalz wird unterschiedlich bewertet; er selbst schreibt 1924: »Wenn man das Unglück hat, in der Pfalz geboren zu werden, dann muss man immer im Wald herumlaufen, das ist die einzige Rettung.« – Roland **Betsch** (1888-1945), geboren in Pirmasens, zunächst Ingenieur der Luftstreitkräfte bei den Fokkerwerken, nach dem Ersten Weltkrieg in Ettlingen wohnend, war und ist der erfolgreichste Pfälzer Autor. Seine Flieger-, Sport- und humoristischen Romane (*Die Verzauberten, Die sieben Glückseligkeiten*) erreichten hohe Auflagen. Sein Pfalz-Roman *Ballade am Strom* ist ein monumentales Grenzlandepos mit Geschichtsklitterung aus nationalistischer Perspektive. – Ludwig **Diehl** (1866-1947), gebürtiger Pirmasenser, zunächst Berufsoffizier dann freier Schriftsteller, schrieb historische Romane, u. a. *Ahasver, Suso. Roman eines deutschen Seelenmenschen* (Auflage 137.000) und *Aton. Roman aus dem alten Ägypten* sowie einen Reisebericht aus dem Nilland *Sphinx*. – Lutz **Knecht** (1893 Pirmasens-1959) schrieb mehrere Romane, darunter eine sprachlich gelungene, eng an den Tatsachen orientierte Darstellung der Ereignisse in Pirmasens während der Separatistenzeit, u. a. den Sturm aufs

Bezirksamt am 12. 2. 1924: *Eine Handvoll Männer und ein Mann* (1932). – Geburtsort und Wohnort von Hein und Oss **Kröher** (*1927), Sänger und Schreiber.

Rheinzabern: Max **Joseph** (1875-1926), Pseudonym für Maximilian **Pfeiffer**, war Reichstagsabgeordneter und Zentrums-Abgeordneter der Nationalversammlung von Weimar, Gesandter des Deutschen Reiches in Wien und namhafter Kulturpolitiker. Er schrieb *Kyrie eleison. Roman von Christen und Juden im alten Speyer* 1922-1923. – In Rheinzabern lebte Elisabeth **Langgässer** (1899-1950) kurz vor ihrem Tod und vollendete hier die *Märkische Argonautenfahrt*. Ostern 1948 zog sie von Berlin in das pfälzische Dorf, was die Dichterin als Idylle empfand. (→ »Langgässer«-Essay im Rheinhessen-Teil) – 1779 schrieb Johann Wolfgang **von Goethe**, der schon als Straßburger Student das Rheintal kennenlernte, schließlich sind es von der pfälzischen Grenze nach Sesenheim nur 25 Kilometer, aus Rheinzabern: »Ein ungemein schöner Tag, eine glückliche Gegend, noch alles grün, kaum hie und da ein Buchen- oder Eichenblatt gelb. Die Weiden noch in ihrer silbernen Schönheit, ein milder willkommener Atem durchs ganze Land. Trauben mit jedem Schritt und Tage besser. Jedes Bauernhaus mit Reben bis unters Dach, jeder Hof mit einer großen vollhängenden Laube. Himmelsluft weich, warm, feuchtlich, man wird auch wie die Trauben reif und süß in der Seele. Wollte Gott, wir wohnten hier zusammen, mancher würde nicht so schnell im Winter einfrieren und im Sommer austrocknen.«

Rüssingen: Jakob **Böshenz** (1871-1957), in Rüssingen geboren, wirkte seit 1907 in Bockenheim als Lehrer, war ein Autor mit heimatkundlichen Ambitionen *(Bürger- und Lebenskunde für die Sonntagsschule, 3 Bde.)* und Förderer der heimischen Literatur (*Bockenheimer Mundarttage*). Er veröffentlichte 1925 *Hans Linden. Dichtung aus der Zeit des pfälzischen Bauernkrieges 1525* und ist neben Eduard Jost Autor eines bekannten vertonten »Pfälzerliedes« (»Es liegt ein Land am grünen Rhein...«). Kennzeichnend ist seine Sammlung *Stimme der Heimat. Geschichte und Geschichten von Bockenheim nebst einem Anhang heimatlicher Lyrik* (1951).

Sankt Martin: Alfons **Schreieck** (1886-1965), geboren in Sankt Martin, Hauptlehrer in Neustadt, erfolgreicher Romanautor auch außerhalb der Pfalz, schrieb u.a. *Das Land unter dem Regenbogen, Das Domgesicht und seine Wächter.* – In Sankt Martin lebt die in → Edenkoben 1948 geborene Schriftstellerin und Journalistin Gabriele **Weingartner**.

Schifferstadt: Ernst **Johann** (1909-1980), promovierter Metzgerssohn aus Schifferstadt, herausragender Feuilletonist, Chefredakteur der *Rheinpfalz* 1946-1948, Generalsekretär der Deutschen Akademie für Sprache und Dichtung in Darmstadt 1960-1978, Autor von *Deutschland, deine Pfälzer* (1978).

Speyer: Sophie **La Roche** (1731-1807) lebte 1780-1786 im Haus des Domherren von Hohenfeld. – Friedrich **Hölderlin** (1777-1811) berichtet in einem Brief über die fünftägige Reise von Maulbronn an den Rhein ausführlich über Speyer. – Friedrich **Blaul** (1809-1863), geboren in Speyer, Pfarrer in Germersheim, ist Autor des zeitkritischen Reisebuchs *Träume und Schäume vom Rhein. Aus den Papieren eines Müden.* Er trat auch als neuromantischer Erzähler in Erscheinung (u.a. *Das Kreuz. Eine spanische Geschichte, Novellenkranz)* – Martin **Greif** (1839-1911) – eigentlich Hermann **Frey** –, geboren in Speyer, war zuerst Berufsoffizier, dann freier Schriftsteller, Verfasser zahlreicher heute vergessener Schauspiele, u.a. *Die Pfalz am Rhein* (1887) und einer der berühmtesten Lyriker seiner Zeit (stimmungsbetonter Neuromantiker). – Karl Philipp **Spitzer** (1887-1959), geboren in Speyer, Maler und Schriftsteller, veröffentlichte den Gedichtband *Erde. Gedichte. Ein Buch vielfältiger Liebe* (1921) und expressionistische Prosa. – Die Mundartautorin Lina **Sommer** (1862-1932) lebte bis zum 10. Lebensjahr in Speyer, kehrte nach einer Odysee durch Deutschland in die Pfalz nach → Jockgrim zurück. – In Speyer geboren und in Landau aufgewachsen ist der Schriftsteller und Nervenarzt Hermann Wolfgang **Zahn** (*1879), der in Baden-Baden ansässig war. Als Student Leiter des Münchener literarischen Kabaretts »*Die Sieben Tantenmörder*« schrieb er »magische« Novellen und Romane nach dem Vorbild von E. T. A. Hofmann und E. A. Poe, u. a. *Gestalten hinter mir, Zwischenreich* und *Die Wunderlampe.* – In Speyer wuchs der in Lingenfeld geborene Willi **Gutting** (1901-1986) auf, der in seinem preisgekrönten großen Roman *Die Aalfischer* wie in seinen Erzählungen (u. a. *Unter dem roten Dom. Miniaturen aus einer Kindheit)*

als großer Stilist das Wesen und die Arbeit der Menschen am Rhein darstellte. – Lorenz **Wingerter** (1890-1969), Apotheker in Speyer und Hauenstein, sowie Schriftsteller, Schriftleiter der *Palatina*, engagierter Literaturjournalist und Kritiker, war auch Lyriker (u. a. *Heimat öffne deine Quellen, Pfälzer Gedichte,* 1924), Herausgeber von Sammelwerken (u. a. *Pälzer Mudderschbrooch* und mit Roland Betsch des ausgezeichneten Heimatbuchs *Rheinpfalz).* – Nach dem Manuskript eines Jettenbacher Wandermusikanten schrieb der in Speyer geborene Hermann **Moos** (1896-1950), Direktor des Kaiserslauterner Volkskundemuseums, den Roman *Auf den Straßen der Welt. Reiseabenteuer des Pfälzer Musikanten Edmund Leonhardt;* andere Werke sind *Köpfe, Schöpfe, Tröpfe; Wetter leuchten am Rhein* sowie die Erzählungen *Die Silberwolke* und *Der Birnbaum.* – Lange in Speyer ansässig als Herausgeber des Bistumsblatts *Der christliche Pilger,* schließlich in Hainfeld wohnhaft, war der in Lautzkirchen bei Blieskastel geborene Prälat Nikolaus **Lauer** (1897-1980) einer der erfolgreichsten Autoren der Pfalz. Er publizierte u.a. die Romane: *Lindelbrunn* (1938), *Das Schloß an der Blies* (1956), *Die Blutstaufe* (1979). – Ludwig **Dillmann** (1902-1957), geboren in Speyer, war Lehrer und Lyriker. Eine Auswahl von Gedichten aus drei Jahrzehnten erschien in *Aus Jahr und Tag* (1950). – In Speyer lebt Artur **Schütt** (*1932), der mit den Schulgeschichten *Die Löcher im Stundenplan* (1980) bundesweit Furore machte. – Speyer ist Geburtsort des Erzählers Thomas **Lehr** (*1957; u. a. *Nabokovs Katze,* 2000; *Frühling,* 2001). Speyer hinterlässt beständig biographische Spuren in seinem Werk.

Trippstadt: Ludwig Philipp **Hahn** (1746-1814), geboren in Trippstadt, herzoglich Pfalz-Zweibrückischer Kammersekretarius und Rechnungsrevisor, war auch als Verleger und Journalist in Zweibrücken tätig. Er veröffentlichte 1786 ein Bändchen *Lyrische Gedichte*, daneben drei dramatische Werke (*Der Aufruhr in Pisa, Graf Karl von Adelsberg* und *Robert von Hohenecken*) und eine Erzählung »Kunigunde«, die »im Holzlande, einer gewissen Gegend im Oberamt Lautern« spielt, womit er seiner engeren Heimat ein Denkmal setzte. – Der erste Bundespräsident Theodor **Heuss** (1884-1963) war als Bub in den Ferien bei seinem Onkel, dem Forstmeister Gümbel, im Trippstadter Schloss: »Geblieben ist als mächtiger Kindheitseindruck dies eine: Wald.« – Auch Friedrich **von Schiller** weilte als Gast im Schloss, als die Kohlenmeiler im Karlstal noch rauchten; seine Ballade »Ein Gang zum Eisenhammer« soll hier angeregt worden sein. – Heinrich **von Kleist** (1777-1811) war 1793/94 in den Rheinfeldzügen bei der verlorenen Schlacht von Trippstadt dabei, auch bei der Schlacht von Moorlautern bei Kaiserslautern und beim Kampf um die Huster Höhen bei Pirmasens.

Westheim: Fritz **Heeger** (1856 Westheim-1915) ist mit Georg Wüst der höchst verdienstvolle Sammler und Herausgeber der pfälzischen Volkslieder in zwei Bänden (1909) und der volkstümlichen Sammlung *Rirarritzelsche*. Der Mundartforscher schrieb auch das Schauspiel: *Pälzer Kerwe*.

Winnweiler: Hippolyt August **Schaufert** (1835-1872), geboren in Winnweiler, errang als Polizeikommissar und Gerichtsassessor bei einem Lustspielwettbewerb des Wiener Burgtheaters mit *Schach dem König* den ersten Preis. Er schrieb Dramen (u.a. *Vater Brahm. Ein Trauerspiel aus dem vierten Stand*, 1871), Lyrik und Erzählungen.

Wolfstein: Pauline **König** (1868-1938), geboren in Wolfstein, zahlreiche Erzählungen, die aus dem Erlebnis der Nordpfalz schöpfen. Zu ihren Büchern zählen *Hannetraudelchen und andere pfälzische Erzählungen* (1921), *Die Saufehde* (1931) und der Roman *Von friedlichen Leuten*.

Zweibrücken: »1770, da die ersten Rosen blühten, weilte der junge Goethe offenen Auges und Sinnes in der Heimat seines würdigen Freundes Franz Lerse, hier in der schönen und merkwürdigen Residenz.« (aus der Gedenktafel von 1932) – Friedrich **Müller**, genannt **Maler Müller** (1749-1825), geboren in Kreuznach, Maler, Lyriker, Idyllenautor und Dramatiker des Sturm und Drang, Konkurrent Goethes *(Faust)*, war in Z. in der Lehre bei einem Hofmaler. Kam durch ein Stipendium Carl Theodors nach Rom, von wo er nicht mehr zurückkehrte. – Der in Straßburg geborene Johann Christian **von Mannlich** (1741-1822), Sohn des Hofmalers Konrad M., wuchs in Zweibrücken auf. Von Herzog Christian IV. besonders gefördert, erhielt er seine Ausbildung zum Maler in Mannheim, Paris und Rom. Als zweimaliger Retter der herzoglichen Gemäldesammlungen errang der Maler, Architekt und Kunstbeamte nicht zu überschätzende Verdienste. Seine umfangreiche Lebensbeschreibung *Histoire de ma vie* (deutsch: *Zwischen Rokoko und Revolution*) ist eine der bedeutendsten Biographien seiner Zeit. – Johann Friedrich **Hahn** (1753 Zweibrücken-1779) war als Lyriker mit J. H. **Voss** und L. H. Ch. **Hölty** 1792 Mitbegründer des Göttinger »Hain-Bundes« und Anreger des exzessiven Klopstock-Kultes. Er endete gemütskrank als »unglücklicher Hypochondrist«. Mitglied des Bundes war auch der Zweibrückener Poet Karl August Wilhelm **von Closen**, der schon als 20jähriger starb. Hahn und Friedrich Christian **Exter d. J.** (1746 Zweibrücken-1817) (*Apollos Zuruf an das Zweibrücker Land*, 1775) waren mit Friedrich **Müller** (Maler Müller) befreundet und regten ihn zum Dichten an. Der Dichter Johann Karl **Bonnet** veröffentlichte 1786 anonym das Bändchen *Lieder, Oden und Gesänge*. – Karl Joseph **Schuler** (1810-1889), geboren in Zweibrücken, Jurist (Friedensrichter in Otterberg, 1848), schrieb »Gedichte« mit starkem Heimatbezug, u. a. *Das Dorf meiner Kindheit. Altheim bei Zweibrücken*; sie erschienen 1844 in Mannheim. Sein Hauptwerk ist das Epos *Die Jahreszeiten* (1869). – Friedrich **Aulenbach** (1810-1882), in Zweibrücken geboren, Sohn des in Annweiler, dann in Homburg als lutherischer Pfarrer wirkenden Christian Aulenbach (gest. 1840), ist ein poetischer Zwillingsbruder Schülers. Beide waren mit Uhland, Kerner und Schwab befreundet. 1874 erschien Aulenbachs *Blüthenkranz von Erinnerungen: Aus sonnigen Tagen*, in dem er u. a. sein »pfälzisches Graubünden« besingt. – Georg Wilhelm

Molitor (1819-1880), geboren in Zweibrücken, von Haus aus Jurist, schrieb unter dem Pseudonym Ulrich **Riesler** Theaterstücke mit heimatlichem Inhalt und den immer wieder aufgelegten Roman *Die schöne Zweibrückerin. Ein Bild aus der vaterländischen Vorzeit.* 1846 erschienen seine *Lieder und Romanzen vom Kaiserdom zu Speyer*, die als *Domlieder* neu aufgelegt wurden. Der Spätberufene wurde 1851 zum Priester geweiht und 1857 Domkapitular in Speyer. – Eduard **Koelwel**, 1901 in Zweibrücken geboren, Maler und Sprachwissenschaftler (1936-1943 Geschäftsführer des Deutschen Sprachpflegeamtes, anschließend Lehrer an der Universität Berlin), veröffentlichte Erzählungen (*Spuk im Westrich*) und Romane, die in seiner Zweibrücker Heimat spielen, u.a. den Maler-Müller-Roman *Der Maler in Flammen* (1939). – In Zweibrücken lebt und schreibt der Gymnasiallehrer, Lyriker und Erzähler Michael **Dillinger** (*1950). Er ist aufgewachsen in Speyer. Lange Jahre war er Vorsitzender des Literarischen Vereins der Pfalz. – Auch Barbara **Franke** (*1944 Zweibrücken; Lyrik, Kurzprosa, Schultheater) wohnt in Zweibrücken. – Der in Zweibrücken geborene Schriftsteller Normann **Ohler** (*1970) schrieb mit *Die Quotenmaschine* (1996) den ersten deutschsprachigen Roman aus dem Internet. – Sein Vater Wolfgang **Ohler** (*1943) lebt ebenfalls als Schriftsteller in Zweibrücken. Im Hauptberuf ist er Richter. Werke u.a. *Doppelkopf* (1996), *Magermilch und Rock'n Roll* (1997).

Wolfgang Diehl /
Hans-Jürgen Kliewer / Josef Zierden

RHEINLAND-PFALZ
LITERARISCHE EXKURSE UND
EXKURSIONEN

*Der »Heilige Sand« in Worms, größter und ältester jüdischer Friedhof Europas.
Der früheste Stein des Feldes mit seinen mehr als zweitausend Gräbern
stammt aus dem Jahr 1076, wurde mithin bereits ein halbes Jahrhundert
vor der Grundsteinlegung des Wormser Domes gesetzt.
(Foto: Rüdiger Diezemann)*

Anton Maria Keim
Liturgie und Tradition
Orte und Exempla jüdischer Poesie

Natürlich denken wir an den »Rabbi von Bacherach«, dieses novellistische Fragment, das Heinrich Heine 1840 aus der Schublade zur Publikation hervorkramte, als er – selbst ein Kind der westeuropäischen Judenemanzipation – von den blutigen Pogromen in Damaskus erfuhr. Ein (düsteres) jüdisches Motiv, der Ritualmordvorwurf, in der deutschen Literatur. Keine »jüdische Literatur«, die ohnedies schwer ohne antisemitischen haut-goût definierbar ist: am ehesten wäre dies hebräische Dichtung der Synagoge in der Galut oder Traditionspflege oder Selbstbekenntnis leidender oder auch stolzer Juden in unseren Landschaften. Rheinische Themen gibt es bis in die junge hebräische Literatur. Shaul Tschernikowski etwa, der, 1875 auf der Krim geboren, über Berlin, Heidelberg und den Mittelrhein 1931 nach Palästina ging, zum poetischen Schwarm der jungen Zionisten wurde und 1943 in Jerusalem starb. Er schrieb eine der neuhebräischen Kultballaden »Baruch mi magenza«, vom Rabbi, der die Leiden der Mainzer und mittelrheinischen Juden in der Zeit der Kreuzfahrerpogrome bezeugt.

Diesem Nationaldichter der israelischen Pioniergeneration steht ein junger deutscher Autor gegenüber, der das gleiche Thema 1999 in seinem weitverbreiteten Buch *Das Vermächtnis des alten Pilgers* aufgreift: Rainer Maria Schröders 500-Seiten-Roman stellt jüdische Schicksale zwischen Trier, den Hunsrückdörfern und Mainz bewegend dar.

Jüdische Literatur?

Martin Buber (1878 Wien-1965 Jerusalem), als Frankfurter Professor in Heppenheim an der Bergstraße lebend bis zu seiner Allijah, schreibt 1933, in dem Jahr, in dem die deutsch-jüdische Symbiose brutal von den Nazis aufgekündigt wurde, ein religiös-literarisches Bekenntnis zur jüdischen Tradition in unserer Landschaft, die er mit Worms identifiziert:

> »Ich lebe nicht fern von der Stadt Worms, an die mich auch eine Tradition meiner Ahnen bindet, und ich fahre von Zeit zu Zeit hinüber. Wenn ich hinüberfahre, gehe ich immer zuerst in den Dom. Das ist eine sichtbar gewordene Harmonie der Glieder, eine Ganzheit, in der kein Teil aus der Vollkommenheit wankt. Ich unwandle schauend den Dom mit einer vollkommenen Freude. Dann gehe ich zum Jüdischen Friedhof hinüber. Der besteht aus schiefen,

zerspellten, formlosen, richtungslosen Steinen. Ich stelle mich darein, blicke vom Friedhofsgewirr zu der herrlichen Harmonie empor, und mir ist, als sähe ich von Israel zur Kirche auf. Da unten hat man nicht ein Quentchen Gestalt; man hat nur die Steine und die Asche unter den Steinen. Ich habe da gestanden, war verbunden mit der Asche und quer durch sie mit den Urvätern. Das ist Erinnerung an das Geschehen mit Gott, die allen Juden gegeben ist. Davon kann mich die Vollkommenheit des christlichen Gottesraumes nicht abbringen, nichts kann mich abbringen von der Gotteszeit Israels. Ich habe da gestanden und habe alles selber erfahren, mir ist all der Tod widerfahren: all die Asche, all die Zerspelltheit, all der lautlose Jammer, aber der Bund ist mir nicht aufgekündigt worden. Ich liege am Boden, hingestürzt wie diese Steine. Aber aufgekündigt ist mir nicht...«

Werke jüdischer Autoren, auch aus unseren Landschaften, die wie Buber in deutscher Sprache denken, dichten, schreiben, findet, wer sie sucht, auf der ganzen Welt. Desider Stern hat sie in einer umfangreichen Bio-Bibliographie in den siebziger Jahren aus Anlass der Bnai Brith – Buchausstellung in der Universitätsbibliothek Frankfurt, dann unter anderem in Berlin, München, Düsseldorf und Hamburg – auf fast 500 Seiten versammelt. Es sind viele dabei, die, im heutigen Rheinland-Pfalz geboren, von hier emigrierten, deportiert und ermordet wurden. Oder in ihrer höchsten Not sich selbst den Tod gaben wie der Neuwieder Carl Einstein (1885-1940). Und es fehlen gewiss auch viele Namen jüdischer Autoren, die sich auch in ihren neuen Heimaten nicht von ihrer (Mutter)Sprache getrennt haben.

Natürlich ist hebräische Dichtung, »jüdische Literatur«, eng mit der tausendjährigen Geschichte der mittelrheinischen Judengemeinden verbunden. SCHUM – Speyer, Worms, Mainz – ist auch eine poetische Chiffre, kündet von großer literarischer Tradition. Nicht nur rabbinatische Theologie und pragmatische Ethik wurden in diesen drei Gemeinden in ihrer Glanzzeit verbindlich für die jüdische Welt festgeschrieben, gleichsam codifiziert, auch religiöse Dichtung, die Piutim. Samuel Hirschhorn hat 1995 die Piutim Mimagenza herausgegeben und unter dem Titel »Tora, wer wird dich nun erheben« kommentiert. Eine ganze Reihe dieser Piutim sind in Mainz entstanden. Sie stammen von bedeutenden Rabbinern, deren Gedenksteine bis heute auf dem alten jüdischen Denkmalfriedhof zu sehen sind – auch ein literarischer Ort. Es sind liturgische Poesien, die in die Gebete an Schabbat und an den hohen jüdischen Feiertagen in die Liturgie aufgenommen wurden, lyrische Kompositionen, die das obligate Gebet oder eine Zeremonie ausschmücken. Den Autor solcher Poesie bezeichnete man im Hochmittelalter hebräisch als Paitan, ein Wort, das sich von dem griechischen »poietes« (Dichter) ableitet. Die Verfasser dieser Piutim haben im Laufe der

Jahrhunderte geradezu legendären Rang erhalten. Legenden ranken sich um ihre Schicksale. Rabbi Amnon ist zu nennen oder Rabbiner aus der Familie Kalonymos oder der vielgepriesene Gershom ben Jehuda, der den Ehrentitel trägt »Maor ha gola« – Leuchte des Exils. Von ihm stammt der Text, der um das »verlorene, gelobte, schöne Land« klagt. Die Tradition dieser Piutim ist ungebrochen. Sie leben bis heute weltweit in den Synagogen.

Juspa Schameschs Sagen aus der Judengasse

Literatur von Juden für Juden, auf dem Boden unserer Landschaften entstanden. Dazu gehört auch der Wormser Rabbi Juspa Schamesch. Er hat in der Zeit des Dreißigjährigen Krieges das Buch *Maaseh-Nissim* geschrieben. Das Werk des 1604 in Fulda geborenen, in Worms 1678 verstorbenen Rabbiners ist in hebräischer Sprache geschrieben, aber nur in deutsch-jüdischer Übersetzung seines Sohnes Elieser Libermann überliefert. Ein merkwürdiges Buch, das – fast erinnernd an die Geschichtensammlung der Brüder Grimm – alles zusammenfasst, was an jüdischen Legenden und Sagen aufzeichnenswert schien. Es sind wundersame Geschichten aus der rheinischen Judengasse, aus dem Alltag und der Phantasiewelt der den Juden vom Absolutismus auferlegten Enge und Bedrückung.

In einem knappen Jahrhundert hat diese jüdische Geschichtensammlung neun Auflagen erlebt, ein Bestseller des 18. Jahrhunderts, eine Generation vor den Memoiren der bekannten Glückel von Hameln geschrieben, Exempla jüdischer Existenz, die Geschichte von Vertreibung und Mord, Glaubensfanatismus und Rückkehr reflektierend, beklagend, erklärend. Das schlichte Geschichtsbild der jüdischen Welt in der Zeit des Absolutismus wird gezeichnet – und jüdisches Heimatrecht in Speyer, Worms und Mainz gott- und schicksalsgewollt reklamiert. Die Leidenszeit der Kreuzzüge, des Schwarzen Todes gehört in den Themenkanon des Juspa Schamesch, wie auch wundersame Rettungen und versöhnliche Schwänke.

Marcus Lehmanns historische Erzählungen

Das jüdische Mittelalter geht links des Rheins mit der Französischen Revolution zu Ende. In das 19. Jahrhundert tritt die rheinische Judenheit ein im Besitz der bürgerlichen Gleichberechtigung – marginale, aber auch mentale Abstriche gab es regional dennoch. Heinrich Heine, das ist der deutsche Dichter jüdischer Herkunft, der in der Pariser »Matratzengruft« todkrank mit dem in Lissa geborenen, in Mainz publizistisch heimisch gewordenen, 1849 ins politische Exil getriebenen Literaten Ludwig Kalisch Unterhaltungen über sein und ihr gemeinsames Judentum – und Deutschtum – pflegt, bewegende Texte, die zum Nachdenken über jüdische Deutsche, deutsche Juden, Juden in der deutschen Literatur zwingen ...

Vor dem Hintergrund der Konflikte, die die bürgerliche Emanzipation in die jüdischen Gemeinden trägt – Sabbath und Orgel, Liturgie und Sprache, Synagogenarchitektur und Friedhofsordnung – und die bis zu schmerzhaften Spaltungen in Orthodoxe und Reformer führen, pflegen sprachmächtige Lehrer und Rabbiner literarisch die tausendjährige Tradition. In der ersten Hälfte des 19. Jahrhunderts entsteht eine jüdische Belletristik – historische Erzählungen und Romane –, die zum Exempel einer »didaktisch motivierten jüdischen Tendenzliteratur« gerät. Das Genre der in dieser Zeit aufkommenden jüdischen Dorf- und Ghettogeschichten wird von jüdischen Literaturkritikern zunächst entschieden abgelehnt. In der Zeit eines aufstrebenden gleichberechtigten jüdischen Bürgertums, das vorwiegend Stadtbürgertum war, ist die Wiederkehr der selbstgenügsamen Beschaulichkeit, wie sie die Legenden und Sagen des Juspa Schamesch anboten, nicht gefragt. Was sollte in dieser modernen Zeit die larmoyante Erinnerung an die Enge des aufgesprengten Ghettos?

Marcus Lehmann hat mit seinen historischen Erzählungen die Geschichte mit diesem aktuellen Anspruch in Einklang gebracht, vielleicht sogar versöhnt. Der in Verden Geborene kam 1853 nach Mainz, als Lehrer und – wenn auch obrigkeitlich nicht als solcher ausdrücklich benannt – als Rabbiner der orthodoxen israelitischen Religionsgemeinschaft. Er war ein kompromissloser orthodoxer Geistlicher, allerdings in einer Synthese von jüdischer Tradition und bewusstem Deutschtum. Seine Schulgründung bestand bis ins »Dritte Reich«. Er schrieb eine Fülle von Novellen und Romanen, nicht nur für Jugendliche. Sie mögen heute Staub angesetzt haben, gehören aber bis ins 20. Jahrhundert, in fast alle Sprachen der jüdischen Diaspora übersetzt, zum festen Bestand der jüdischen Volks- und Hausbücherei. Die Titel signalisieren den Hintergrund des Geschichtsverständnisses: *Rabbi Josselmann von Rosheim, Rabi Elchana, der Fürst von Coucy, Akiba, des Königs Eidam.* Lehmann verband tiefgründiges Wissen und aufrichtige Frömmigkeit mit einer betörend volkstümlichen Sprache. Und er wurde, auch mit seiner Gründung der Wochenzeitschrift *Der Israelit*, zum Wortführer der jüdischen Orthodoxie in Deutschland.

»Besonnte Kindheit« – Nachklänge

Ist der Trierer Karl Marx, aus einer Rabbinerfamilie stammend, ein »jüdischer Autor«? Ist es der große liberale Politiker, der wortmächtige Mainzer Demokratenführer von 1848, der Emigrant, der Bismarckberater und

Bismarckgegner Ludwig Bamberger (1823-1899) mit seinen großartigen *Erinnerungen* (Mainz – Paris – Berlin)? Gehört der Pfälzer Hermann Sinsheimer (Freinsheim 1883 – London 1950) zu ihnen, der Rechtsanwalt in Ludwigshafen, dann künstlerischer Leiter der Münchner Kammerspiele wurde, Chefredakteur des *Simplicissimus*, der über Palästina nach England kam und 1953 auf seine Pfälzer Jahre zurückblickte, *Gelebt im Paradies. Begegnungen und Erinnerungen*, und dessen Witwe 1960 das nachgelassene signifikante Werk herausbrachte *Shylock. Die Geschichte einer Figur*.

Rudolf Frank (Mainz 1886 – Basel 1979), Theatermann (Spielzeit meines Lebens, 1960) und Schriftsteller, hat in der frühen Zeit seiner Emigration jüdische Spurenvergewisserung zum Thema gemacht (*Ahnen und Enkel*, 1938) und 1961 auf das *Doktorshaus in der Judengasse* zu Bingen erzählerisch zurückgeblickt.

Besonnte Kindheit mischt sich bei Emigranten mit dem schrecklichen Schicksal, dem ihre Familien, die aus Heimatstolz blieben, nicht entgingen. So hat sich die Dichterin Lotte Kramer (*1923 in Mainz) in der neuen Heimat England mit Deutschland nach 1933 und der Deportation der Familie in der neuen Sprache mit der alten Heimat auseinandergesetzt.

> »What do we know of nights in cattle trains...«
> (»Was wissen wir von den Nächten in den Viehwaggons...«)

Ebenso wurde die Tochter des letzten Mainzer Rabbiner Saly Levi, Ruth Eis, in den USA zur Lyrikerin – in Englisch – und zuweilen in wehmütiger Zweisprachigkeit. Der hoffnungsvolle Lyriker Fritz Blumenthal (*1913 in Mainz), dessen erste Gedichte Ernst Gläser für seine »Viertelstunde Lyrik« 1932 ins Programm des Südwestdeutschen Rundfunks Frankfurt annahm, verließ im amerikanischen Exil weitgehend seine Muttersprache. Aber noch in dem Kompendium *Deutsche Exilliteratur seit 1933*, New York 1982, liest man:»Die Korrelation von magischem Betroffensein, Schicksalsbewußtsein, die ausgelöst von der Exilsituation nur in der ästhetischen Form zum Ausgleich findet, charakterisiert die Exilgedichte des Mainzer Artzes und Grafikers Fritz Blumenthal.«

Epilog, Abgesang einer gern beschworenen deutsch-jüdischen Symbiose zwischen Mendelssohn und Leo Baeck und Martin Buber. Wenn heute vielen Deutschen das Wort Jude so schwer über die Lippen geht – ein antisemitisches deutsches Jahrhundert hat semantische Spuren eingegraben –, so ist es objektiv riskant, nach »Jüdischem« und Juden in der Literatur unserer Landschaften zu fragen. Dennoch, jüdische Literatur in der rheinisch-pfälzischen Region hat ihre Tradition: in der fortlebenden liturgischen Poesie des Mittelalters, in der Legendensammlung des 17. und der Verinnerlichung jüdischer Geschichte im hoffnungsvollen 19. Jahrhundert. Im 20. Jahrhundert dann: Klage um Verlorenes, Heimweh ohne Heimkehr. Die genuin deutsch-jüdische Erfahrung, aus der zwischen dem Ende des 18. und dem ersten Drittel des 20. Jahrhunderts eine so vielfältige deutsch-jüdische Literatur entstanden ist, scheint heute nur noch schwer vorstellbar, stellt lapidar das von Julius H. Schoeps 1992 herausgegebene *Neue Lexikon des Judentums* fest.

Hans Georg Meyer
Unterdrückung und Vernichtung
Die KZ-Gedenkstätten in Osthofen und Hinzert

»Osthofen – Weinstadt im Wonnegau«, so der offizielle Titel des Freistempels der Stadt Osthofen. Zweifelsohne verkündet dieser Werbestempel nicht die Unwahrheit. Besonders in den Sommer- und Herbstmonaten kann man die Weinstadt genießen – im wahrsten Sinne des Wortes – und den Wonnegau sinnlich erfahren. Berühmte Literaten wie Georg K. Glaser sind hier geboren, haben hier gelebt, haben diese Gegend Rheinhessens gewürdigt. So der wohl berühmteste Sohn, Carl Zuckmayer, der in seinem Roman *Als wär's ein Stück von mir* die rheinhessische Heimat so beschreibt:

> »Rot ist die Grundfarbe des Bodens, besonders in der Gegend meines Geburtsortes Nackenheim. Rot ist in vielen Schichten und Stufen über die Rebhügel, Felder und Wege versprengt: das stumpfe Hellrot zerbröckelter Ziegelsteine, das fleckige Rotbraun von verrosteten Radreifen, das satte volle Geleucht von den Brustfedern des Blutfinken, das verwaschene Karmin eines föhnischen Abendhimmels, all das mischt sich im Staub und in der Feuchte des wurzelkräftigen Lehms und wird im Herbst von der Verfärbung des Weinlaubs und der Baumblätter überfunkelt. Bescheidene Haufendörfer, manche mit einer hübschen, alten Kirche und ein paar Fachwerkhäusern, die meisten aus schlichtem, graugelbem Backstein gebaut, ins Gefäll der Wingerte eingeschmiegt...«

Die Mainzerin Netty Reiling, besser bekannt als Anna Seghers, lässt uns über diese Landschaft wissen:

> »Hinter dem Rücken des Schäfers fiel das Land ab in gelassenen weitatmigen Wellen. Wenn man den Rhein auch jetzt von hier aus nicht sieht, da er noch fast eine Eisenbahnstunde weg ist, so ist es doch klar, dass diese wei-

ten, ausgeschwungenen Abhänge mit ihren Feldern und Obstbäumen und tiefer unten mit Reben, dass der Fabrikrauch, den man bis hierherauf riecht, dass die südwestliche Krümmung der Eisenbahnlinien und Straßen, dass die glitzernden schimmrigen Stellen im Nebel, dass auch der Schäfer mit seinem knallroten Halstuch einen Arm in die Hüfte gestemmt, ein Bein vorgestellt, als beobachte er nicht Schafe, sondern eine Armee – dass das alles schon Rhein bedeutet.«

Eine Beschreibung aus *Das siebte Kreuz*, dem *Roman aus Hitlerdeutschland*, mit dem das Konzentrationslager Osthofen in die Weltliteratur einging.

Im Roman erhält das erste KZ des damaligen Volksstaates Hessen den Namen der heute ebenfalls zu Rheinland-Pfalz gehörenden Nachbargemeinde Westhofen. Aus diesem Konzentrationslager »Westhofen« sind bei Anna Seghers sieben Häftlinge entkommen, und um die anderen Insassen abzuschrecken, lässt der Lagerkommandant auf dem »Tanzplatz« des KZ sieben Kreuze errichten. Nur einem der Flüchtlinge gelingt die Flucht, das siebte Kreuz bleibt leer. Es wird zum Symbol der Hoffnung und des Widerstands. *Das siebte Kreuz* erschien 1942 in Mexiko und zählt zu den

Konzentrationslager Osthofen 1933

wenigen Widerstandsromanen in deutscher Sprache, die auch im Ausland ein breites Publikum fanden.

So erfuhr die Weltöffentlichkeit (1944 wurde der Roman bereits in den USA verfilmt), dass in Osthofen vom März 1933 bis in den Sommer 1934 hinein ein Konzentrationslager existierte, von den nationalsozialistischen Machthabern verniedlichend Schutzhaft- und Erziehungslager genannt. Es war eine ehemalige Papierfabrik, deren ehemaliger Prokurist, der jüdische Kaufmann Ludwig Ebert, einer der ersten Häftlinge im KZ Osthofen wurde. Am 26. März 1944 wurde er in Auschwitz ermordet.

An diesem Beispiel wird deutlich, wie richtig es ist, davon zu sprechen, dass in Konzentrationslagern wie Osthofen Auschwitz begann. In Osthofen wurden alle unliebsamen Gegner des Naziregimes aus Rheinhessen bzw. dem damaligen Volksstaat Hessen eingeliefert. Dieses Lager war Teil des Systems von Unterdrückung, Einschüchterung, öffentlicher Anprangerung, Ehrabschneidung, Misshandlung. Hier wurden Menschen eingesperrt, die nach dem Willen der nationalsozialistischen Machthaber als entindividualisierte Masse das Lager verlassen sollten. Und dieses Lager war bekannt in der Bevölkerung, sollte bekannt sein. Es sollte Angst verbreiten, gefügig machen. Nationalsozialisten in vielen Ortschaften drohten unverhohlen ihren Gegnern, so wie die Gau-Algesheimer Ortsnazis:

>»Nun ist ihm (dem örtlichen Kommunisten F. J. Sch., d. Verf.) Gelegenheit geboten, über seine Vergangenheit Bilanz zu machen, und hoffen, dass er nach seiner Rückkehr es gelernt hat, M... zu halten. Auch denjenigen, die es noch nicht halten können, möchten wir empfehlen, es schleunigst lernen zu wollen, damit auch ihnen nicht eines Tages die Aufenthaltsbescheinigung nach Osthofen ausgehändigt werden muss.«

Der wohl bekannteste Häftling in Osthofen war Dr. Carlo Mierendorff, Reichstagsabgeordneter der SPD und Pressechef der damaligen hessischen Staatsregierung. Bekannt war auch der Chefredakteur der *Binger-Zentrums-Zeitung*, einer angesehenen rheinischen, katholischen Tageszeitung, Dr. Peter Paul Nahm. Er wurde nach dem Zusammenbruch der Nazidiktatur Beauftragter für Flüchtlingsfragen des ersten Kanzlers der Bundesrepublik Deutschland, Konrad Adenauer.

Überproportional waren Juden im Lager eingesperrt, sie zählten 16% der Insassen und mussten am meisten leiden. SA und SS hatten kein Erbarmen, wenn es um Juden ging. Sie waren Antisemiten, Rassisten. Es ging aus der Sicht der Nazis nicht um Schutzhaft für Juden oder deren Erziehung. Juden gehörten nach ihrer Diktion nicht zum »Deutschen Volkskörper«. Deshalb mussten sie zum Gespött gemacht werden. So wurden Juden gezwungen, die Latrinen mit ihrem Essgeschirr oder auch mit Konservendosen zu leeren.

Dies hatte im Laufschritt zu geschehen, mit übervollen Kübeln. Gerne stellten ihnen die Wachen ein Bein, damit sie stolperten und die Kübel ausflossen. Spott, Hohn und Prügel waren den Ärmsten sicher. Mindestens 3.000 Menschen mussten in diesem Konzentrationslager leiden, für viele Juden, Sozialdemokraten, Kommunisten, Zentrumsleute und andere war es der Beginn einer langjährigen Terrorzeit, für viele die erste Station auf dem Weg in weitere Konzentrations- und Vernichtungslager. Ein Teil der Täter von Osthofen machte »Karriere« in Konzentrationslagern wie Dachau, Buchenwald, Flossenbürg, Lichtenburg, Lublin und Auschwitz.

Landschaftswechsel. Von der rheinhessischen Rheinebene in den Hochwald auf dem Hunsrück in die heutige Verbandsgemeinde Hermeskeil, früher in Landeshoheit des Kurfürstentums Trier. Trier hat immer eine wichtige Rolle für die Leute im Hochwald gespielt, auch für jene, die nicht freiwillig hierher kamen. Zur Verbandsgemeinde gehört seit 1969, bedingt durch die Verwaltungsreform von 1968, die Gemeinde Hinzert-Pölert. Früher waren dies zwei selbständige Gemeinden. Hinzert, um diesen kleinen Ort geht es, zählt 313 Einwohner (1998) und hat eine aufgeschlossene Ortsbürgermeisterin, die unlängst Mitglied im Förderverein Dokumentations- und Begegnungsstätte ehemaliges KZ Hinzert e.V. wurde.

Die Homepage der Verbandsgemeinde preist die »reizvolle Mittelgebirgslandschaft« und – belegt durch das Umweltbundesamt in Berlin – »ein gesundes Reizklima mit besonders reiner Luft«. Die Menschen, vor allem die Touristen, erfreuen sich an der Landschaft mit über fünfzig Prozent Waldanteil, den man auch um das Hunsrückdorf Hinzert-Pölert findet. Wälder haben immer etwas Geheimnisvolles, auch der um Hinzert. Insbesondere bei schlechten Wetterlagen haben die hohen Bäume etwas Bedrohliches. Es regnet viel, der Wind weht fast immer und der Winter ist lang und hart, mit Schnee und Eis. Doch der Kristallisationspunkt Hinzerts ist das ehemalige SS-Sonderlager / KZ Hinzert. Das zweite, sich auf rheinland-pfälzischem Gebiet befindliche Konzentrationslager neben Osthofen. Doch es war ein anderes Lager; ein Lager des Laufschritts, der Qualen und der Vernichtung.

Mehr als 300 Menschen sind hier ermordet worden, sind an den Folgen unmenschlicher Behandlungen gestorben, die Justiz würde dennoch wohl »nur« von Totschlag – wenn überhaupt – sprechen. Das Lager hatte und hat eine internationale Dimension, waren hier doch Häftlinge aus Frankreich, Luxemburg, Belgien und Holland, aber auch aus Russland, Kroatien und Polen. Weit über 13.000 Menschen hat dieses Konzentrationslager von 1939 bis 1945 aufgenommen, viele haben es nicht mehr lebend verlassen. Hier, in der kleinen Lagerwelt, wo man sich noch die Gesichter und Nummern der Eingekerkerten merken konnte, wo keine Möglichkeit der Anonymität bestand, traf der Terror der Wachmannschaften besonders hart. Häftlinge wurden im Kaffeebottich und im Lagerteich ertränkt, ein jüdischer Häftling erstickte an einem Wasserschlauch mit laufendem Wasserstrahl, andere mussten bei Minusgraden im Schnee so lange stramm stehen, bis sie der Kältetod ereilte.

In seinem Prozess in Zürich erzählte später der wegen Mordes angeklagte ehemalige Kapo im Hinzerter KZ, Eugen Wipf, dass er den Häftling Hanau, weil er Jude war, nackt ausgezogen und mit einem Schlauch so lange kalt abgespritzt habe, bis er ohnmächtig zusammenbrach, um ihn dann in dem Brunnentrog zu ertränken. Wieder andere wurden einfach erschlagen. 1942 und 1944 wurden 43 Luxemburger im nahen Steinbruch – über den heute die Bundesautobahn nach Trier verläuft – im Wald erschossen und in Massengräbern verscharrt; 70 sowjetische Gefangene wurden aus einem Lager in Baumholder mit LKWs nach Hinzert gebracht, mit Zyankali »abgespritzt« und im nahen Forst anonym vergraben. Der Hochwald bei Hinzert birgt noch viele Geheimnisse, ist weiterhin eine große Grabfläche. Niemand weiß, wie viele ehemalige Gefangene der nationalsozialistischen Mörder hier liegen und an welchen Stellen. Einige Lagerinsassen wurden auf dem Lagerfriedhof begraben, andere auf dem jüdischen Friedhof in Hermeskeil. Die Massengräber der Luxemburger sind identifiziert, es stehen dort von den Überlebenden gestiftete Gedenksteine. Viele »ehemalige Hinzerter« kommen regelmäßig und gedenken der ermordeten Luxemburger Patrioten.

Im Hochwald des Hunsrücks, in der Rheinebene der Stadt Osthofen wollten sich die Bewohner über viele Jahre nicht erinnern. Sie fühlten sich an den Pranger gestellt, zu Unrecht beschuldigt. Sie hätten gewusst und geschwiegen. Darüber sollten wir Nachgeborenen nicht richten, doch wir müssen Fragen stellen. In Osthofen, der Stadt im Wonnegau, in Hinzert, Hermeskeil und Trier müssen sich die Menschen erinnern! Und auch wir müssen uns erinnern. Weil es Teil unserer Geschichte ist und weil wir den Kampf gegen Rassismus, Antisemitismus und Gewalt fortsetzen müssen.

Aus Trier stammt die jüdische Lyrikerin und Schriftstellerin Gerty Spies, die 1997 hundertjährig in einem jüdischen Altersheim in München verstorben ist. Drei lange Jahre musste sie im KZ Theresienstadt verbringen. Nach ihr wurde 1996 der Literaturpreis der Landeszentrale für politische Bildung Rheinland-Pfalz benannt. Gerty Spies hat ein Gedicht geschrieben, über das ihre Freundin Hildegard Hamm-Brücher in einem Brief gesagt hat, es sei eines ihrer am tiefsten unter die Haut gehenden Gedichte, weil sie darin die von Theodor Heuss so genannte »Sünde des Wegsehens« beschreibe. Es trägt den Titel »Des Unschuldigen Schuld«:

»Was ist des Unschuldigen Schuld –
Wo beginnt sie? Sie beginnt da,
Wo er gelassen, mit hängenden Armen
Schulterzuckend daneben steht,
Den Mantel zuknöpft, die Zigarette anzündet und spricht:
Da kann man nichts machen.
Seht, da beginnt des Unschuldigen Schuld.«

Heute dürfen wir nicht erneut wegsehen. Auch nicht die Augen vor dem
Vergangenen verschließen. Das gilt auch für die Menschen in Osthofen und
in Hinzert-Pölert. Hier hat sich in den letzten Jahren manches verändert. Die
Stadt Osthofen wurde Mitglied im Förderverein ehemaliges KZ Osthofen,
und der Stadtbürgermeister ist bei den Veranstaltungen des Vereins und der
Landeszentrale für politische Bildung regelmäßiger Gast. Auf den Home-
pages der Stadt Osthofen und der Verbandsgemeinde Hermeskeil werden
die ehemaligen Konzentrationslager nicht verschwiegen. Sie sind in verschiedenen Rubriken zu finden, mit allgemeinen Informationen versehen. In
Osthofen ist die Homepage verlinkt mit der des Fördervereins. Ein virtueller
Besuch lohnt sich: www.osthofen.de oder direkt www.projektosthofen-
gedenkstaette.de und www.hermeskeil.de. Über einen Link »Überblick«
gelangt man zum Lager Hinzert. Literatur zur Geschichte – in deutsch, englisch und französisch – der beiden Lager kann (kostenlos) bei der Landeszentrale für politische Bildung Rheinland-Pfalz in Mainz über www.politische-
bildung-rlp.de bestellt werden.

––––––––

Josef Zierden
Es muss nicht immer Zuckmayer sein...
Bedeutende Autorinnen und Autoren
der rheinland-pfälzischen Gegenwartsliteratur

Stefan Andres (1906-1970) und Carl Zuckmayer (1896-1977), Elisabeth
Langgässer (1899-1950) und Anna Seghers (1900-1983): über Jahrzehnte
bildeten sie die Gipfel in der literarischen Landschaft Rheinland-Pfalz,
Leuchttürmen gleich an Größe und Strahlkraft. Das Maß aller literarischen
Dinge über Lesergenerationen hinweg, alphabetische Eckpunkte in Lexika
der Weltliteratur. In den Grenzen des späteren Bundeslandes Rheinland-
Pfalz vor und nach 1900 geboren: im Moselland und in Rheinhessen, in

Breitwies bei Trier und in Nackenheim, in Alzey und in Mainz. Nach reichem literarischen Schaffen gestorben in Rom und in Visp im Kanton Wallis, in Rheinzabern und in Ostberlin. Stefan Andres: der »christliche Humanist«, vor allem in den fünfziger Jahren weithin bekannt geworden mit seinen Novellen *El Greco malt den Großinquisitor* (1936) und *Wir sind Utopia* (1943). Carl Zuckmayer: einer der erfolgreichsten Dramatiker des 20. Jahrhunderts, berühmt geworden in der Weimarer Republik mit realistischen Volksstücken wie *Der Fröhliche Weinberg* (1925), *Schinderhannes* (1927), *Katharina Knie* (1928) und vor allem *Der Hauptmann von Köpenick* (1931), 1956 mit Heinz Rühmann erfolgreich verfilmt. In dem 1955 verfilmten Drama *Des Teufels General* (1946) rechnete er mit Heldenidealen und Lebensphilosophien der Hitlerdiktatur ab. Elisabeth Langgässer, Büchner-Preisträgerin des Jahres 1950 (postum), als »Halbjüdin« verfolgt im Dritten Reich: das Geheimnis von »Schuld« und »Sünde« und die Möglichkeiten von »Läuterung«, »Erlösung« und »Heil« in einer Welt des »Bösen« sucht sie in ihrer christlichen Lyrik ebenso zu ergründen wie in ihren Romanen *Der Gang durch das Ried* (1936), *Märkische Argonautenfahrt* (1950) und vor allem *Das unauslöschliche Siegel* (1946). Am bekanntesten bis heute: ihre Kurzgeschichte »Saisonbeginn« der Sammlung *Torso* (1947): eine eindringliche Auseinandersetzung mit Judenverfolgung, Hybris und Machtwahn in der Hitlerdiktatur. Anna Seghers: ihr Roman *Das siebte Kreuz* (1942) verschaffte ihr Weltruhm und gilt bis heute als bedeutendster »Roman aus Hitlerdeutschland«.

»Rheinland-Pfälzer« als Größen der deutschen Literaturgeschichte, von »A« wie Andres bis »Z« wie Zuckmayer. Ähnlich wie die rheinland-pfälzischen Schriftstellerinnen und Schriftsteller Hugo Ball (1886-1927), Joseph Breitbach (1903-1980), Curt Goetz (1888-1960), Fritz von Unruh (1885-1970), Friedrich Wolf (1888-1953), Martha Saalfeld (1898-1976) und Clara Viebig (1860-1952), geboren in der Pfalz, im Rheintal, in Rheinhessen und im Moselland. Hugo Ball aus Pirmasens war einer der literarischen Hauptvertreter des anarchischen Dadaismus. Joseph Breitbach aus Koblenz-Ehrenbreitstein schrieb mit seinem Hauptwerk *Bericht über Bruno* einen der wichtigsten Romane der Nachkriegszeit. Curt Goetz aus Mainz ist einer der wenigen populären Namen unter den deutschsprachigen Komödienschreibern mit filmbekannten Erfolgsstücken wie *Das Haus in Montevideo* (1945) oder *Dr. med. Hiob Praetorius* (1949). Fritz von Unruh aus Koblenz schuf mit der Weltkriegstrilogie *Ein Geschlecht* (1918), *Platz* (1920) und *Dietrich* (1936) das dramatische Hauptwerk des deutschen Expressionismus. Friedrich Wolf aus Neuwied: sein sozial- und zeitkritisches Drama gegen den Abtreibungsparagraphen *Cyankali-§ 218* (1929) war ein heftig bewegendes Theaterereignis. Martha Saalfeld aus Landau schrieb böse Naturidyllen in der Nachfolger Adalbert Stifters (*Pan ging vorüber*, 1954). Clara Viebig aus Trier gilt bis heute als bedeutendste Erzählerin des deutschen Naturalismus mit Novellen und Romanen wie *Kinder der Eifel* (1897), *Das Weiberdorf* (1900), *Das tägliche Brot* (1900) und *Das schlafende Heer* (1904).

Literaturgrößen aus Rheinland-Pfalz, teils ungebrochen prominent, teils verblasst und eher vergessen. Während längst schon andere rheinland-pfälzische Autoren die literarische Bühne betreten und große Aufmerksamkeit auf sich ziehen – Schriftstellerinnen und Schriftsteller, die in Rheinland-Pfalz geboren sind und / oder in diesem Bundesland leben und arbeiten.

Geboren in Rheinland-Pfalz: Von Thomas Kling bis Ursula Krechel

Bingen am Rhein: nicht nur Stefan George wurde hier geboren, sondern auch Thomas Kling (1957). Lyriker auch er, von radikaler Experimentierfreude. Mit seinen Gedichtbänden *Erprobung herzstärkender Mittel* (1986), *geschmacksverstärker* (1989) und *brennstabm* (1991) avancierte er zu einem der bedeutendsten deutschsprachigen Lyriker der Gegenwart. Und das mit Gedichten, die geprägt sind von der anarchischen Lust am Zerhacken, Zerfetzen und Zertrümmern von Sätzen, Wörtern und phonetischen Einheiten, von der Lust an bizarren Collagen und Montagen. Zuweilen durchstreift Thomas Kling dabei auch die Landschaft des Mittelrheins und befasst sich kritisch mit Rheinhistorie und Rheinromantik von Bingen über Mainz bis Worms und Speyer: Landschaft als Sprach-Raum, in dem sich Volkslieder, Sagen und Kinheitserinnerungen verklärend überlagern. Immer wieder konfrontiert mit Bildern von Krieg und Zerstörung, von Fremdenhass und Judenpogromen.

In der Pfalz geboren wurden Sigfrid Gauch, Heiner Goebbels, Dieter M. Gräf, Fanny Morweiser, Volker Ludwig und Thomas Lehr.

Sigfrid Gauch (*1945 in Offenbach am Glan): gleich mit seiner ersten Erzählung *Vaterspuren* (1979) schrieb er eines der faszinierendsten Vater-Bücher zum »Dritten Reich«, ein literarisches »Such-Bild« über den Faschismus, ähnlich wie Bernward Vespers *Die Reise* (1977) und Peter Härtlings *Nachgetragene Liebe* (1980).

Heiner Goebbels (*1952 in Neustadt an der Weinstraße): er wurde bekannt als Grenzgänger zwischen Musik und Theater. Mit Stücken, in denen sich Musik, Theater, Literatur und Philosophie zu einem Gesamtkunstwerk verbinden. *Die Wiederholung* wurde von einer Kritikerjury der Deutschen Akademie der Darstellenden Künste zum »Hörspiel des Jahres 1997« gewählt.

Dieter M. Gräf (*1960 Ludwigshafen): er schaffte mit seinem Lyrikband *Rauschstudie. Vater + Sohn* (1994) den bundesweiten Durchbruch mit einer radikal modernen Gedichtsprache. Chaotisch-komplex in ihren Verletzungen gewohnter orthographischer, syntaktischer, semantischer und phonetischer Ordnungen. In der »Staunschule« Natur des Buchs *Treibender Kopf* (1997) führt Gräf an die winterlichen Orte der Kindheit in der pfälzischen Heimat um »Ludwixhafen«.

Zur »Meisterin des feinen Horrors« avancierte Fanny Morweiser (*1940 Ludwigshafen) – in der Tradition romantischer Schauer- und Gruselgeschichten (Debüt: *Lalula lalula, arme kleine Ophelia*, 1971). Im Roman *Ein Sommer in Davids Haus* (1978) beschreibt sie die Rheinauen in Altrip und die Kunstschule am Rheinufer, die sie Ende der fünfziger Jahre noch besucht hatte.

Volker Ludwig (*1937 Ludwigshafen) ist Gründer, Leiter und Hauptautor des Grips-Theaters Berlin, das als bestes Theater für Kinder und Jugendliche im deutschsprachigen Raum gilt. Er schuf das realistische Kindertheater, in dem die Stücke nicht mehr *Frau Holle*, *Schneewittchen* oder *Peterchens Mondfahrt* heißen, sondern *Stokkerlok und Millipilli* (1969), *Trummi kaputt* (1971) oder *Ein Fest bei Papadakis* (1973). Aufklärerische Gebrauchskunst statt sentimentalem Märchenzauber. »Renner« und »Kultstück« wurde die rockige Berlin-Revue *Linie 1* (1986), ein Hymnus auf die Kreuzberger U-Bahn-Linie 1 und die Großstadt Berlin. Das meistgespielte deutsche Musical machte Ludwig zum »erfolgreichsten Kinder- und Jugendstück-Autor der Welt« (*Theater heute*, 2/1992).

Als »Enkel von Günter Grass«, als eine der großen Hoffnungen der deutschen Gegenwartsliteratur feierte das Nachrichtenmagazin *Der Spiegel* den pfälzischen Autor Thomas Lehr (*1957 Speyer) im Jahre 1999 und katapultierte ihn auf seine Titelseite. Da war, nach den vielbeachteten Debütromanen *Zweiwasser oder die Bibliothek der Gnade* (1993) und *Die Erhörung* (1995) gerade sein enthusiastisch gerühmtes jüngstes Buch *Nabokovs Katze* erschienen. Ein Roman voller erotischer Phantasien und Beziehungen, angesiedelt nicht zuletzt in Lehrs Heimatstadt Speyer, leicht verschlüsselt als »Kleinstadt S. zwischen Kaiserdom und mittelalterlichem Wehrturm«. In den erzählten Jugendjahren Inbegriff von Enge und Beschränktheit mit dem Gewirr enger Gassen, die jungen Liebenden in der Öffentlichkeit das Gefühl vermittelten, »zwischen den Backen eines Schraubstocks zu stecken«. Zuweilen als »Schlammstadt« empfunden, in der man fast erstickt wäre.

Thomas Lehr, Thomas Kling, Sigfrid Gauch, Heiner Goebbels, Fanny Morweiser, Dieter M. Gräf und Volker Ludwig: in Rheinland-Pfalz geboren, überwiegend nach dem Zweiten Weltkrieg, sind sie längst zu namhaften Vertretern der deutschen Gegenwartsliteratur avanciert. Eine neue Schriftstellergeneration, die aus dem Schatten der rheinland-pfälzischen Literaturklassiker herauszutreten beginnt. Ebenso wie Thorsten Becker (*1958 Lahnstein; *Die Bürgschaft*, 1985), Andreas Höfele (*1950 Bad Kreuznach; *Das Tal*, 1975), Ursula Krechel (*1947 Trier; *Nach Mainz!*, 1977), Dagmar Leupold (*1955 Niederlahnstein; *Edmond*, 1992) und Hanns-Josef Ortheil (*1951 in Köln; aufgewachsen im Westerwald; *Schwerenöter*, 1987). Überwiegend abgewandert in Literaturmetropolen wie Berlin, Köln, München oder Stuttgart, aber dennoch vielfältig Rheinland-Pfalz verbunden geblieben, bis hin zu poetischen Reminiszenzen in Romanen, Erzählungen und Gedichten.

In Rheinland-Pfalz leben und schreiben:
Von Sibylle Knauss bis Ror Wolf

>»Was verbindet den Autor mit Rheinland-Pfalz? Verarbeitet er in seinen Büchern so etwas wie rheinland-pfälzische Grundstimmungen? (...) Soviel ist sicher: Alles, was ich in den letzten 24 Jahren veröffentlicht habe, ist in diesem Gelände entstanden: in Mainz und in den geographisch angeschlossenen Gebieten. – Reicht das aber aus? Hat das etwas mit Rheinland-Pfalz zu tun oder mit Mainz? Dünstet da etwa eine Art Heimatgefühl, etwas verbindlich Regionales?«

So fragte der Schriftsteller Ror Wolf in seiner Dankesrede anlässlich der Auszeichnung mit dem Staatspreis des Landes Rheinland-Pfalz im November 1997. Und fuhr fort:

>»Ein regelrechter Heimatschriftsteller bin ich nicht gerade. (...) Immerhin: Ich habe über Olm geschrieben. Ich habe oft über Olm geschrieben, nicht nur über Nieder-Olm, auch über Ober-Olm. Ich habe über Mainz geschrieben, über ›Die große Kaltluftglocke über Mainz‹. Ich habe über einen Fall geschrieben, der sich zwischen Boppard und Bacharach ereignet hat und über andere Fälle, die sich in Mörz ereignet haben oder in Prüm, auf dem Motzenberg oder auf dem Betzenberg, ich habe über Schwabenheim geschrieben, Essenheim, Ingelheim und über Zornheim, besonders über Zornheim. Das sind Beispiele. Ich habe – noch ein Beispiel – zwei Jahre im 13. Stock eines Gonsenheimer Hochhauses geschrieben, und Sie dürfen sicher sein, dass fast alles, was damals im 13. Stock eines Gonsenheimer Hochhauses zu hören war, in meinen Büchern steht. Es war viel zu hören. Ich habe außerordentliche Erfahrungen gemacht mit den Geräuschen, die man natürlich nicht nur in Gonsenheim hört, nicht nur im 13. Stock eines Gonsenheimer Hochhauses, sondern in sämtlichen Hochhäusern der Welt. Das ist nichts Heimatspezifisches. Aber

bitte glauben Sie mir: Wenn ein Mann, ein Spezialist für das Verschwinden und Fortziehen, keine Anstalten macht, fortzuziehen, nicht einmal umzuziehen, dann hat das etwas zu bedeuten. Vielleicht schätzt er ja diese Gegend besonders und zieht sie inzwischen sämtlichen anderen Gegenden vor.«

Reflexionen über literarische Identität im Spannungsfeld von Regionalbezug und Weltoffenheit, über konkrete rheinland-pfälzische Arbeitsspuren und Lebensspuren im phantasievollen Kosmos der Poesie. Angestellt von einem Autor, der in seinem Leben mehr als dreißigmal umgezogen ist im gesamten deutschsprachigen Raum – und der seit 1990 wieder in Mainz ansässig ist, wie zuvor schon von 1974 bis 1978.

Zu den »originellsten, vor allem aber sprachmächtigsten Autoren der Gegenwart« zählt Ror Wolf (*1932 in Saalfeld/Thüringen). Und ist doch, nach über 25 Buchveröffentlichungen in mehr als 30 Jahren, immer noch ein »Geheimtipp für Kenner« geblieben, eher ein »Außenseiter« im Literaturbetrieb. Dabei hat es an renommiertem Kritikerlob vom Start weg nicht gefehlt, an gewichtigen Literaturpreisen nicht und auch nicht an weltliterarischen Vergleichen mit Franz Kafka, James Joyce oder Beckett. Erzählen als Komponieren mit Fundstücken, Collagen und Montagen, Unterlaufen aller Erzählkonventionen, Selbstthematisierung des Erzählens, Reihung und Häufung von Katastrophen und Unglücken, »Kopferfahrungen« mit irritierenden Wendungen und Abstürzen: das ist charakteristisch geblieben für Ror Wolfs Erzählen bis in unsere Tage. Von dem furiosen Debüt *Fortsetzung des Berichts* (1964) bis zum Prosaband *Nachrichten aus der bewohnten Welt* (1991) und darüber hinaus: Prosaexpeditionen in das poetische Zauberreich des Grotesken und Absurden, der Sprachphantasien und Clownerien, im steten Wechsel von Unerhörtem und Banalem, von Idyllen und Katastrophen. Geschichten vom Auftauchen und Verschwinden, vom Erinnern und Vergessen der Welt.

Ror Wolf ist sicherlich der bedeutendste Schriftsteller der Gegenwart, der in Rheinland-Pfalz lebt und arbeitet, in der Landeshauptstadt Mainz. Demgegenüber hat sich der Schriftsteller Theodor Weißenborn (*1933 Düsseldorf) seit 1969 in die ländliche Einsamkeit der Südeifel zurückgezogen, auf Hof Raskop bei Landscheid. Hier, wo der erste volkstümliche Dichter der Eifel, Peter Zirbes (1825-1901), begraben liegt. Mit zwei Gedichtbänden und fünf Romanen, mit über 25 Erzählbänden und mehr als fünfzig Hörspielen seit Anfang der sechziger Jahre ist Weißenborn ein sehr produktiver Autor. International bekannt geworden vor allem durch seine psychiatriekritischen Hörspiele, die in 26 Sprachen übersetzt wurden. Seine Eifelskizze *Altweibersommer* (1994) ist eine autobiographische Erinnerung an einen Herbstabend im Jahre 1975, als Weißenborn gerade ein

Ferienhaus gekauft hat und auf einem Spaziergang die Gegend erkundschaftet. Ein Gang zunächst durch den Raum, zum Raskoper Hammer, zu Lieser und Sülz, vorbei an einer alten Häuserzeile, hin zum Wasserfall des Mühlbachs. Ein Gang aber auch durch die Zeit, bis ins frühe 19. Jahrhundert. Erinnert im Schreibtisch-Sessel, mit Blick durch das Fenster in die Weite der Landschaft. Potenzierte Erinnerung, sogar an die früheste eigene Kindheit, und zugleich eindringliche Reflexion über das Wesen der Zeit, über Vergänglichkeit und Erinnerung. Und über den unauflöslichen Zusammenhang allen Seins.

In der pfälzischen Kleinstadt Kirchheimbolanden knüpft der syrische Erzähler Rafik Schami (*1946 Damaskus) phantastische Geschichten des Orients und autobiographische Eindrücke und Erlebnisse zu einem dichten Fabulierteppich, mit immer neuen Bildern und Farben. Ein meisterhafter Erzählkünstler, der längst schon zu den weltweit meistgelesenen deutschsprachigen Schriftstellern zählt, mit Übersetzungen in mehr als 15 Sprachen (*Der Fliegenmelker*, 1985; *Der Erzähler der Nacht*, 1989; *Eine Hand voller Sterne*, 1987; *Der ehrliche Lügner*, 1992).

In der Pfalz, in Landau-Mörzheim, lebt und schreibt seit 1993 auch die Schriftstellerin Sibylle Knauss (*1944 Unna). Verfasserin zahlreicher Romane seit 1981, zuletzt des Romans *Evas Cousine* (2000): die letzten Tage auf Hitlers Obersalzberg. Triviale Ferienfreuden der Cousine von Eva Braun vor titanischer Alpenkulisse, während ringsumher die Welt in Schutt und Asche versinkt. Nazi-Troja im Untergang.

Ror Wolf, Theodor Weißenborn, Rafik Schami und Sibylle Knauss: sie sind hier stellvertretend genannt für gewichtige Autorinnen und Autoren der Gegenwartsliteratur, die in rheinland-pfälzischen Landen ihr poetisches Domizil aufgeschlagen haben. Wie einst auch der bekannte Kabarettist Hanns-Dieter Hüsch. Ihm und anderen an den Stätten ihres poetischen Wirkens nachzuspüren, sich vom Fluidum des realen Orts in fiktive Literaturwelten tragen zu lassen, das war – über mehr als 500 Seiten – das wichtigste Anliegen des *Literarischen Reiseführers Rheinland-Pfalz*.

Literaturempfehlungen

Josef Zierden: *Literaturlexikon Rheinland-Pfalz*, Frankfurt am Main 1998

Rheinland-pfälzische Jahrbücher für Literatur, hrsg. v. Sigfrid Gauch u. a., Frankfurt am Main 1994ff.

ANHANG

Biobibliografie

Sabine Appel, 1967 in Schotten im Vogelsbergkreis geboren, lebt in Ludwigshafen; Promotion mit einer Arbeit über Thomas Mann; veröffentlichte die Biografien *Elisabeth I. von England* (1993) und *Im Feengarten. Goethe und die Frauen* (1998); Mitherausgeberin des Literaturjahrbuchs *Annäherungen* (2000).

Markus Clauer, 1964 in Pirmasens geboren, Studium der Publizistik, Rechtswissenschaft, Politikwissenschaft und Geschichte, wissenschaftliche Projekte für die Deutsche Forschungsgemeinschaft und die Konrad-Adenauer-Stiftung, ZDF-Mitarbeiter, seit 1991 Feuilletonredakteur der *Rheinpfalz*, lebt in Oppenheim.

Wolfgang Diehl, 1940 in Landau geboren, war Redakteur, Journalist und Gymnasiallehrer, lebt in Landau; zahlreiche literarische, historische und kunsthistorische Veröffentlichungen, zuletzt *Pfälzer Köpfe und Schicksale* (2000).

Rüdiger Diezemann, 1935 in Schwarzenberg im Erzgebirge geboren, lebt in Mainz; zahlreiche Filme für den Südwestrundfunk, u. a. über Friedrich Spee, Stefan George, Carl Zuckmayer, Rolf Schneider, Stefan Heym; verfilmte den Roman *Kopflohn* von Anna Seghers; Essays in Zeitschriften und dem Literaturjahrbuch *Annäherungen* (2000).

Heiner Feldhoff, 1945 in Steinheim in Westfalen geboren, Studium der Germanistik und Romanistik in Münster, lebt in Lautzert im Westerwald; Joseph-Breitbach-Preis 1996; veröffentlichte mehrere Gedichtbände, Übersetzung von Henry D. Thoreau, Biografien: *Vom Glück des Ungehorsams. Die Lebensgeschichte des Henry David Thoreau* (1989); *Paris, Algier. Die Lebensgeschichte des Albert Camus* (1991); Prosa: *Waffelbruch oder Was allen in die Kindheit scheint* (1996); *Kafkas Hund oder Der Verwirrte im Sonntagsstaat* (2001).

Gerd Forster, 1935 in Ludwigshafen am Rhein geboren, Studium der Musik und Germanistik, Gymnasiallehrer, lebt auf der Unteren Pfeifermühle bei Kaiserslautern; zahlreiche Veröffentlichungen, zuletzt *Schrittwechsel*, Erzählung (1985); *WirbelSäulen*, Gedichte (1987); *Die pfälzische Krankheit*, Geschichten (1990); *Lesarten der Liebe*, Roman (1995); *Ein Schreibtisch in der Wüste*, Israelisches Tagebuch (1999).

Jens Frederiksen, 1955 in Neumünster geboren, Feuilleton-Chef der *Allgemeinen Zeitung* in Mainz, lebt in Mainz; Herausgeber u. a. von *Mainz-Lesebuch* (1992), *Literaturschauplatz Rheinhessen* (1993), *Mainz – Ein literarisches Porträt* (1998), Neuedition von Wilhelm Holzamers *Vor Jahr und Tag* (1997).

Volker Gallé, 1955 in Alzey geboren, lebt in Mauchenheim; *Bewegungen. Gedichte* (1979); *Kindergedichte* (1979); *Kunstreiseführer Rheinhessen* (1992);

Geheimnisvolles Rheinland-Pfalz (1996); *Worms – wie es früher war* (1994); *Worms – Die 50er Jahre* (1996).

Sigfrid Gauch, 1945 in Offenbach am Glan geboren, Promotion in Germanistik, Leiter des Literaturreferates im rheinland-pfälzischen Kulturministerium, lebt in Mainz; Erzählung: *Vaterspuren*, 5. Aufl. 1997, israelische Ausgabe 2001, amerikanische Ausgabe 2002; Roman: *Zweiter Hand*, überarbeitete Neuauflage 1997; Roman: *Winterhafen* 1999; Herausgeber der rheinland-pfälzischen Jahrbücher für Literatur, 8 Bde. seit 1994; Vorstandsmitglied im P.E.N. Zentrum Deutschland.

Karl-Friedrich Geißler, 1952 in Rockenhausen in der Pfalz geboren, lebt als Verleger in Edenkoben; Erzählung: *Die Kälte des Feuers* (1984).

Mareike Goebel, 1975 in Jugenheim an der Bergstraße geboren, Studium der Allgemeinen und Vergleichenden Literaturwissenschaft, Kunstgeschichte, Film- und Theaterwissenschaft, Vorstandsmitglied im Literaturbüro Mainz, Geschäftsführerin der Filmseher Kulturmanagement, lebt in Mainz.

Werner A. Güth, 1930 in Montabaur geboren, Studium der Germanistik, Theologie und Philosophie in Frankfurt am Main, Gymnasiallehrer, Bibliotheksleiter; lebt in Hachenburg. Buchveröffentlichungen: *Zachor. Ein Buch des Gedenkens. Zur Erinnerung an die jüdische Gemeinde von Hachenburg*, mit J. Kempf (1989); *Anne Frank und Sophie Scholl heute* (1999).

Daniel Haas, 1982 in Waldbröl geboren, lebt in Altenkirchen; nach dem Abitur journalistisch tätig.

Clarissa Haenn, 1961 in Mainz geboren, Studium der Germanistik, Schauspielschule, lebt als Video- und Multimedia-Redakteurin in Mainz; Filmdokumentation *100 Jahre Opel* (1999), CD-ROM zum *Literarischen Reiseführer Rheinland-Pfalz* (2001).

Heinz G. Hahs, 1934 in Köln geboren, Gymnasiallehrer, lebt in Mainz, zahlreiche literarische Veröffentlichungen, zuletzt *Grübelungen* (1997); *Der Spaziergänger von San Antonio*, Roman (1999); Joseph-Breitbach-Preis 1993.

Sonja Hilzinger, 1955 in Offenburg in Baden geboren, Promotion in Literaturwissenschaft, Privatdozentin an der Universität Mainz, lebt in Berlin; Veröffentlichungen u. a. zur Exil- und DDR-Literatur, zu moderner Lyrik und deutschjüdischen Autorinnen, Mitherausgeberin der rheinland-pfälzischen Jahrbücher für Literatur *Horizonte* (1996) und *WortBrüche* (1998).

Anton Maria Keim, 1928 in Hechtsheim in Rheinhessen geboren, Studium und Promotion in Mainz, Gymnasiallehrer, ab 1972 Kulturdezernent der Stadt Mainz; lebt in Mainz; zahlreiche geschichtliche Veröffentlichungen zur demokratischen Tradition des Landes Rheinland-Pfalz.

Heinz-Jürgen Kliewer, 1935 in Bochum geboren, nach Studium und Promotion Professor für Literaturwissenschaft und Literaturdidaktik an der Universität in Landau, lebt in Landau; Veröffentlichungen zur Literaturdidaktik, Kinder- und Jugendliteratur und zur pfälzischen Mundartliteratur.

Verena Mahlow, 1958 in Simmern im Hunsrück geboren, Magisterarbeit über Ernst Jandl, Promotion mit einer Arbeit über Claire Goll, lebt als Drehbuchautorin und Lektorin in Mainz; Roman: *Ein Mann für den Dreizehnten* (1997); Mitherausgeber des rheinland-pfälzischen Jahrbuchs für Literatur *Flugwörter* (2001).

Hans-Georg Meyer, 1944 in Bad Hönningen geboren, lebt in Ingelheim, Direktor der Landeszentrale für politische Bildung Rheinland-Pfalz; zahlreiche Veröffentlichungen in den Bereichen Gedenkstättenarbeit, Nationalsozialismus, Jüdische Geschichte, Rechtsextremismus sowie zu Israel und dem deutsch-israelischen Verhältnis, zuletzt *Heimat: Das allen in die Kindheit scheint und worin noch niemand war. Deutsch-israelisch-palästinensisches Lesebuch* (1997); *Sie sind mitten unter uns. Zur Geschichte der Juden in Ingelheim* (1998); *Die Zeit des Nationalsozialismus in Rheinland-Pfalz*, 3 Bde. (2001).

Hanns-Josef Ortheil, 1951 in Köln geboren, aufgewachsen in Wissen im Westerwald, Wuppertal und Mainz, Promotion und langjährige Tätigkeit am Deutschen Institut der Universität Mainz, lebt heute in Stuttgart; zahlreiche Esssaybände (u. a. *Mozart – Im Innern seiner Sprachen*, 1982), Tagebücher, autobiografische Prosa; Romane: *Fermer* (1979); *Hecke* (1983); *Schwerenöter* (1987); *Agenten* (1989); *Abschied von den Kriegsteilnehmern* (1992); zuletzt erschien die Romantrilogie *Faustinas Küsse* (1998), *Im Licht der Lagune* (1999) und *Die Nacht des Don Juan* (2000); zahlreiche Literaturpreise, Stadtschreiber von Mainz 2000 und 2001.

Franz L. Pelgen, 1929 in Speyer geboren, Studium der Theaterwissenschaft, Literatur- und Kunstgeschichte, Promotion; Rundfunk-Kulturredakteur, lebt in Nieder-Olm; Hrsg. von Werken von Hugo Ball (u. a. *Nero*, Tragödie, 1985; *Der Henker von Brescia*, Drei Akte der Not und Ekstase, 1995; *Die Nichtgesammelten Gedichte*, 1996) sowie von Paul Münch und Elisabeth Langgässer; *Das Speyerer Karfreitagsspiel aus dem Jahre 1766.*

Volker Privonitz, als Volker Kurt Simon 1943 in Potsdam geboren, Journalistik-studium in Mainz und Berlin, seit 1970 Mitarbeiter des Südwestrundfunks; lebt in Mainz und Spanien.

Andreas Range, 1947 geboren, Studium der Theologie, Germanistik und mittellateinischen Literatur in Köln, Zisterzienserpater in der Abtei Marienstatt, Schulleiter des Abteigymnasiums; Übersetzertätigkeit, Veröffentlichungen zu Marienstatt.

Ilse Rosenschild, 1961 in Düsseldorf geboren, Studium der Politik, Geschichte und Volkswirtschaft, Redakteurin des *Trierischen Volksfreunds*, lebt in Morbach im Hunsrück.

Horst Schäfer, 1933 in Berlin geboren, Journalist, Redakteur beim Zweiten Deutschen Fernsehen und ab 1965 beim Südwestrundfunk, Verfasser von zahlreichen Kulturfilmen zu Rheinland-Pfalz, lebt in Freinsheim.

Clas DS Steinmann, 1941 in Gießen geboren, Studium an der Hochschule für Bildende Künste Berlin, seit 1972 Professor für Zeichnen und Gestaltungsgrundlagen an der Fachhochschule Trier, zahlreiche Ausstellungen und Projekte im öffentlichen Raum, Buchillustrationen und Buchgestaltungen seit 1976, zuletzt *Eine ganz falsche rechte Hand – Bilder von greifbaren Dingen* (Brandes & Apsel 1996); *Felici – Gesichter und Gesichte* (Eremiten-Presse 2000).

Josef Zierden, 1954 in Prüm geboren, Promotion über Clemens Brentano, Leiter eines Gymnasiums, lebt in Prüm; Mitarbeit am *Kritischen Lexikon zur deutschsprachigen Gegenwartsliteratur* und an der Zeitschrift *Text + Kritik*; Mitherausgeber der rheinland-pfälzischen Jahrbücher für Literatur *Horizonte* (1996) und *Unterwegs* (1997); Autor von *Die Eifel in der Literatur* (1994) und *LiteraturLexikon Rheinland-Pfalz* (Brandes & Apsel 1998).

Anwendungshinweise zur CD-ROM

Mindestvoraussetzungen	*Empfohlen*
PC Pentium II Pro	PC Pentium III
64 MB Arbeitsspeicher	128 MB Arbeitsspeicher
8 x CD-ROM Laufwerk	24 x CD-ROM Laufwerk
800 x 600 Display mit High Color	800 x 600 Display True Color
Windows 95	Windows 98
16 Bit Soundkarte	16 Bit Soundkarte
DirectX Version 6.0	DirectX Version 7.0

Hinweis: Bitte deaktivieren Sie vor dem Programmstart Ihren Bildschirmschoner und sämtliche Anwendungen.

Ortsregister

Personenregister

Weitzel, Claire 502
Wellstein, Gilbert P. 237
Welser, Else 334
Wenz, Richard 78
Wenzeslaus, Clemens 351
Werder, Hans 160
Werf, Fritz 296, 301, 359
Werner, Anton von 147
Werner-Weiss, Christa 276
Westerburg, Freiherr Reinhardt von 283
Weyand, Michael **144**, 145, 168
Weyland, Hans 501
Weyrauch, Wolfgang 24, 26, **70**, 75, 78, 79, 80, 81, 148, 167, 280
Wichmann, Jürgen 89, 150, 167
Wickert, Ulrich 218
Wied, Maximilian Prinz zu 280
Wiegerling, Klaus 487
Wieland, Christoph Martin 352, 357f., 389, 420
Wild, Adolf 320, 341
Wildenbruch, Ernst von 349
Wilhelm, Armin 261
Wilhelm, Ingo 483
Wilhelm von Heinzenburg 209, 220
Wilhelm von Nassau 334
Wilkie, Colin 211
Wille, Fritz von 22
Willemer, Marianne 391, 487
Willinski, Klaus 387
Wimschneider, Anna 178, 223
Wingerter, Lorenz 479, 505
Winter, Michael 355
Wipf, Eugen 519

Wirth, Johann Georg August 459, 460
Witter, E. 503
Witthüser & Westrup 211, 219
Wittmer, Irina 429
Wölfel, Ursula **458**, 461
Wohmann, Gabriele 437
Wolf, Christa 358, 416, 430
Wolf, Friedrich 363f., 521
Wolf, Klaus-Peter **256-258**, 276
Wolf, Ror 13, 81, 426f., **524f.**
Wolff, Julius **307**, 363
Wolfskehl, Karl 404
Woll, Karl August 477
Wortelkamp, Erwin **266-272**, 278
Württemberg, Karl Eugen von 453
Wüst, Georg 506
Wyttenbach, Hugo 111, 153
Zahn, Hermann Wolfgang 505
Zender, Matthias **57f.**, 59, **80**
Zender, Michael 59, **74**
Zerfaß, Julius 222
Zierden, Josef 25, 50, 56, 128, 258, 526
Zilligen, Therese 170
Zirbes, Peter, **28-31**, **77**, **80**, 525
Zitz, Franz 462, 464f.
Zitz, Kathinka 373, **421f.**, **436**, **462f.**, 465
Zoderer, Joseph 496
Zoeller, Ludwig 501
Zuckmayer, Carl 13, 120, 133, 163, 178, 180, **197**, 198, 222, 225, 368, 375, 376, **406-409**, 422, **436**, **437f.**, 515, 520f.
Zurhorst, Meinolf 42
Zweig, Stefan 472

Verfasserregister

Appel, Sabine 453ff., 466ff.
Clauer, Markus 444-449
Diehl, Wolfgang 472-476, 493-507
Diezemann, Rüdiger 105-115, 288-302, 306-365, 401-405, 455-461
Feldhoff, Heiner 230-235, 240-254, 259-265, 275-284
Forster, Gerd 485-492
Frederiksen, Jens 368-376, 380f., 384-391, 397-401, 416-419, 430-441
Gallé, Volker 381-384, 395f.
Geißler, Karl-Friedrich 482ff.
Goebel, Mareike 423-429
Güth, Werner A. 238-240
Haas, Daniel 256f.

Hahs, Heinz. G. 419-423
Hilzinger, Sonja 413-416
Keim, Anton Maria 392ff., 510-515
Kliewer, Heinz Jürgen 477-481, 493-507
Mahlow, Verena 174-180, 182-212, 217-227
Meyer, Hans-Georg 515-520
Ortheil, Hanns-Josef 266-272
Pelgen, Franz L. 469ff.
Privonitz, Volker 461-465
Range, Andreas 273f.
Rosenschild, Ilse 213-217
Schäfer, Horst 406-413
Zierden, Josef 20-25, 28-83, 86-91, 94-105, 116-171, 254ff., 359-365, 493-507, 520-526, 532-551

RHEINLAND-PFÄLZISCHE LITERATUR

Josef Zierden
LiteraturLexikon Rheinland-Pfalz
360 S., vierf. geb., ISBN 3-86099-458-1
Fast 500 AutorInnen und ihre Werke werden übersichtlich und anschaulich präsentiert. Ein einmaliges Standardwerk für alle an rheinland-pfälzischer Literatur Interessierte.

Sigfrid Gauch
Vaterspuren. Erzählung
144 S., 2. Aufl., ISBN 3-86099-450-6

Clas DS Steinmann
Eine ganz falsche rechte Hand
108 Dop.-S., vierf. jap. Br.
ISBN 3-86099-452-2

Franco Biondi
Der Stau. Roman
280 S., vierf. geb., ISBN 3-86099-481-6

Arno Reinfrank
RaketenGlück
Poesie der Fakten 10
152 S., vierf. Pb., ISBN 3-86099-482-4

Wolfgang Hermann Körner
Sommerhofen. Roman
352 S., vierf. geb., ISBN 3-86099-487-5
Fronäcker. Roman
216 S., vierf. Engl. Br., ISBN 3-86099-478-6
Der Ägyptenreisende. Roman
208 S., vierf. geb., ISBN 3-86099-467-0

Susanne Faschon
Sommers Ende. Gedichte
104 S., Pb., ISBN 3-86099-433-6

Jürgen Kross
Zwiesprachen. Gedichte
96 S., vierf. Pb., ISBN 3-86099-477-8
Schattenwurf. Gedichte
96 S., vierf. Pb., ISBN 3-86099-457-3

Sigfrid Gauch u. a. (Hrsg.)
Rheinland-pfälzisches Jahrbuch für Literatur
jeweils ca. 300 S., vierf. Pb.
Lyrik, Essay, Prosa. Seit 1994. Das Jahrbuch bietet Autorinnen und Autoren ein Forum, das die zeitgenössische Literatur des Landes Rheinland-Pfalz in ihrem Reichtum spiegelt.»... für Freunde der Sprachkunst in Rheinland-Pfalz.« *(Rhein-Zeitung)*

Gerty Spies
Bittere Jugend. Roman
192 S., vierf. Pb., ISBN 3-86099-456-6

Lotte Kramer
Heimweh. Homesick. Gedichte
152 S., vierf. Pb., ISBN 3-86099-468-9

H.-G. Meyer/K. Wiegerling
Heimat: Das allen in die Kindheit scheint und worin noch niemand war
Deutsch-israelisch-palästinens. Lesebuch
176 S., vierf. Pb., ISBN 3-86099-147-7

Ernst Heimes
Die Nacht geht Farben holen
Worte wider den herrschenden Klamauk
128 S., vierf. Pb., ISBN 3-86099-473-5
Schattenmenschen. Erzählung
128 S., vierf. Pb., ISBN 3-86099-449-2

Simone Frieling
KindsBewegungen. Roman
136 S., Pb., illustr., ISBN 3-86099-474-3

Gerd Forster
Lesarten der Liebe. Roman
176 S., vierf. geb., ISBN 3-86099-442-5

Heinz G. Hahs
Grübelungen
112 S., Pb., ISBN 3-86099-447-6

Weitere rheinland-pfälzische Titel und das sonstige Programm finden Sie in unserem Gesamtverzeichnis.
Brandes & Apsel Verlag ◆ Scheidswaldstr. 33 ◆ D-60385 Frankfurt/M.
◆ Fax 069/957 301 87 ◆ E-Mail: brandes-apsel@t-online.de